U0685580

版权声明

何澄

何亞農

增订版

上

苏华 张济 著

山西出版传媒集团 三晋出版社

何澄　字亚农　号真山

清代科举世族灵石两渡何氏第十五世孙
同盟会会员、丈夫团成员、辛亥革命老人
上海光复时的“何将军”
苏州振华女学校校董
“有官无路”的沧石铁路工程局局长
二十世纪三十年代的“在野要人”
以诗为匕首，痛斥南北汉奸的“打油博士”
享誉南北的大收藏家、鉴赏家
身后由子女将其旧藏一千多件文物捐献给苏州博物馆
七十二钮印章印材捐献给南京博物院
世界文化遗产——苏州网师园最后一位私人园主
身后由子女捐献给国家

一九〇二年，何澄赴日留学剪辫子像

何澄（二十世纪三十年代）

何澄夫人、[明]大学士王鏊第十四世孙女王季山

一九一二年八月十九日，沪军二十三师师参谋长何澄与长女何怡贞（坐地者）、长子何泽明（怀抱者）摄于上海

一九二七年，何澄夫妇与子女在苏州十全街灵石何寓“两渡书屋”前合影。前排左起：一、核物理学家何泽慧（次女），二、医学家何泽涌（次子），三、机械技术专家何泽源（三子），四、物探高级工程师何泽诚（四子），五、植物学家何泽瑛（三女）；后排左起：一、何澄夫人王季山，二、物理学家何泽庆（五子），三、教育家何泽明（长子），四、何澄，五、物理学家何怡贞（长女）

一九二七年，何澄一家人与王谢长达一家人合影于苏州十全街『灵石何寓』『两渡书屋』前。前排左起：次女何泽慧，夫人王季山怀抱小儿何泽庆，岳母王谢长达，次子何泽涌，王季同五子王守融，三子何泽源、四子何泽诚、三女何泽瑛；中排左起：王季同三女儿王守璨，小姨子王季常，收藏家王季迁嫂子，王季同次女王明贞，五内弟王季绪，何澄，长女何怡贞；后排左起：何澄夫人王季山三姊王季玉、大姊王季昭、王季同夫人管尚孝抱着小儿王守觉，内嫂郑孝瑯、大内兄王季烈，二内兄王季同、四内兄王季点，长子何泽明

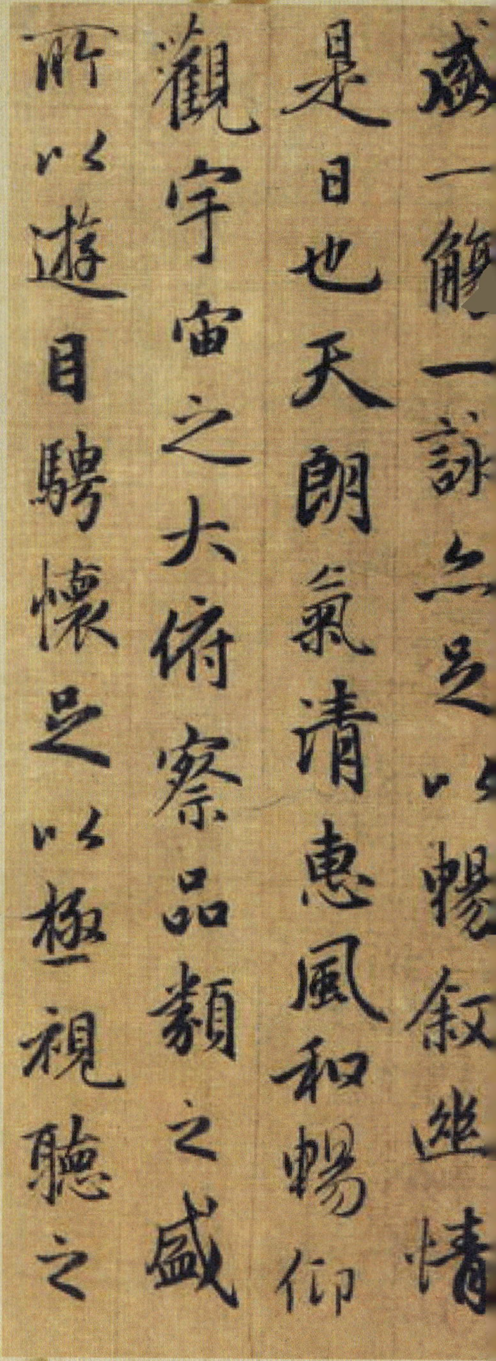

盛一觴一詠亦足以暢敘幽情
是日也天朗氣清惠風和暢仰
觀宇宙之大俯察品類之盛
所以遊目騁懷足以極視聽之

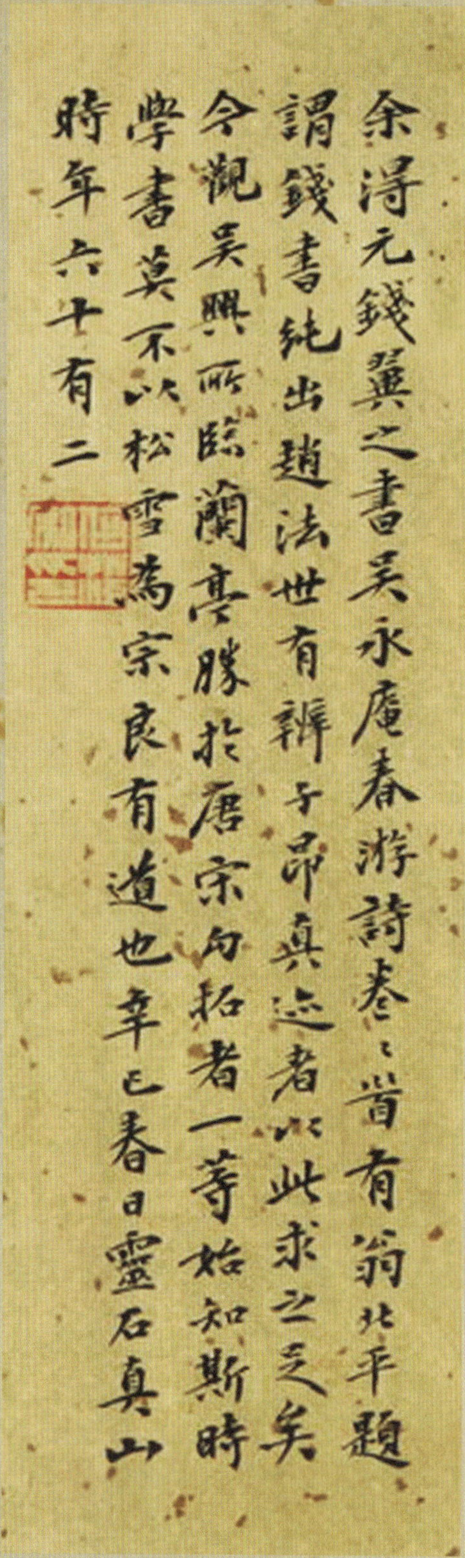

余得元錢翼之書吴永庵春游詩卷卷首有翁北平題
謂錢書純出趙法世有稱子昂真迹者以此求之足矣
今觀吴興所臨蘭亭勝於唐宋所拓者一等始知斯時
學書莫不以松雪爲宗良有道也辛巳春日靈石真山
時年六十有二

何澄在赵孟頫《临兰亭册》跋

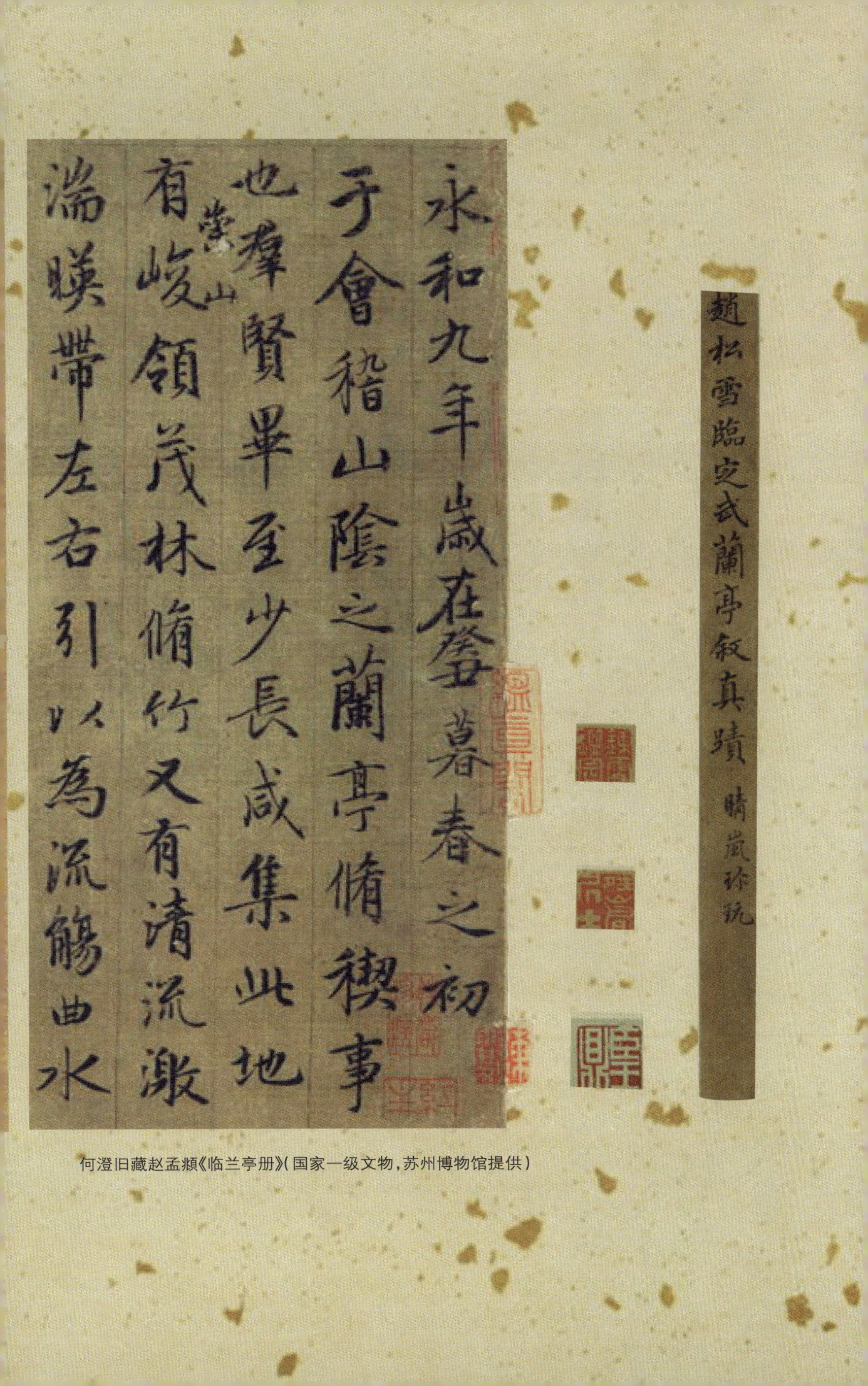

趙松雪臨定武蘭亭叙真蹟　晴嵐珍玩

永和九年歲在癸丑暮春之初于會稽山陰之蘭亭脩禊事也羣賢畢至少長咸集此地有崇山峻領茂林脩竹又有清流激湍暎帶左右引以為流觴曲水

何澄旧藏赵孟頫《临兰亭册》(国家一级文物,苏州博物馆提供)

何澄旧藏南宋《五王嬉春图》(国家一级文物，苏州博物馆提供)

何澄书赠侯少白扇面

何澄给长女何怡贞所书扇面

何澄给四子何泽诚所书扇面

目　录

两渡村人

真山老人

真山

两渡村人

何澄自署『两渡村人』『真山』『真山老人』

一　闻名清代的科举世族

何澄，原名何厚僩，字亚农，初号两渡村人，一九三一年“九·一八”事变后，慕清初傅山不事异族的气节，自号曰真山；一九三七年“七·七”事变后，又号真山老人。何澄于一八八〇年五月三十一日[①]出生于山西灵石县两渡镇。至今那个八卦院旁的“小院”宅屋尚完整地保存着。两渡何家是清代延誉百年的科举世族，何澄是这个家族的第十五世，族内排在“厚”字辈，大排行行八，后在京城以“何八爷”闻名于古玩界。

灵石八景之一——两渡秋晴（选自清嘉庆二十二年《灵石县志》）

灵石两渡何氏宗祠图

何澄的始祖名立本。据灵石两渡《何氏族谱》记载，何立本乃河南淅川大石桥人，曾任“文学掾”（一种未入官职的教职），职掌学校，教授学生，于明季来到山西灵石。因喜好两渡镇的风土，更喜这里民情质朴，遂决定在此设塾发蒙，开馆立业。何立本在河南时已为岁贡生，定居在灵石两渡后，更加清晰地认识到科举考试的影响已经是无孔不入，普通的平民子弟要想有地位，有声望，有荣誉，就必须加入科举洪流，一代一代在青灯下苦读。于是，立下了“读书世业”的祖训。从此以后，两渡何氏子孙，一而再，再而三地为了“登天子堂”攀爬，“儒术起家”、“耕读并重”的家训也一代又一代地传承下来，“食廪饩，续明经，垂为家学；嗣是耕读并重，砚田墨庄，人人知务，故游胶庠，入成均，举孝廉，曳紫纡朱，相间不绝”②，最终成为清代闻名全国的科举世族。

及至何澄出生时，灵石两渡何家已出一名武进士，十四名文进士，入翰林者

乾隆丙申孟夏之月十一世孙何思钧所立“进士”匾额

山西巡抚兼兵部侍郎、都察院右副都御史鄂宝为何思钧所立“文魁”匾额

九人，举人十五名（不含已中进士的十五人）[③]。何氏宗祠里所立“进士”、“文魁”、“兄弟同榜进士”、“父子翰林”、“两代兄弟同榜进士”、“叔侄兄弟同榜举人”匾额琳琅触目。

何澄高祖何思钧是灵石两渡何氏第一位博取进士科名的先祖。

何思钧，生于一七三五年，卒于一八〇一年，字季甄，因故乡两渡有双溪，故号双溪，是何家第十一世孙。乾隆三十五年庚寅科（一七七〇）山西乡试中式副榜，乾隆三十六年辛卯科（一七七一）乡试中式举人，乾隆四十年乙未科（一七七五）会试中式，殿试第三甲第八十四名，赐同进士出身。与王念孙、汪辉祖、吴锡麟、戴震同年。朝考，授翰林院庶吉士[④]。是年冬，充武英殿纂修，旋入四库全书馆编纂中国古代最大的丛书《四库全书》。乾隆四十四年（一七七九），乾隆皇帝奖励《四库全书》编纂人员，经叙议，因“笃古饬书，校雠极精密”[⑤]，何思钧改授翰林院检讨（官从五品），并由分校官升任缮书处总校官，与其他几位总校官如王燕绪、仓圣脉等，一起负责对下属一百七十九名分校官已抄校好的书作总校。在编校《四库全书》的三百六十馀人中，集中了纪昀、陆锡熊、戴震、王念孙、刘墉、董诰、

一七八二年，乾隆帝御赐给何思钧的如意玉佩（何景齐旧藏，何引提供）

一七八二年，乾隆帝赐何思钧御砚。御铭：月之精顾，兔生三五，盈扬光明，友墨卿宣，管城浴华，英规而成（何泽宝旧藏，何元信提供）

翁方纲、朱珪、吴省兰、姚鼐等一大批名流学者和硕儒，何思钧能立足于纂修者之列，委实凭了他“人品端方、学问纯粹”、“校书善之”。据《纂修四库全书档案》，何思钧前后共校过贮藏于紫禁城文渊阁的头份书，盛京文溯阁的两份书，圆明园文源阁的三份书，共计一万四千馀册[6]。乾隆四十七年（一七八二）二月初二日，乾隆帝在文渊阁赐宴编纂《四库全书》头份书成的有功之臣，何思钧也在其中，赏得御制墨刻一本、如意一柄、八丝大缎二匹、砚一方、笔一匣、墨一匣、绢笺十张[7]。这是灵石两渡何家拥有皇帝赏赐的第一份。乾隆帝赋诗纪盛之后的第三年，何思钧以疾告辞缮书处总校官，专理为编纂《四库全书》在全国范围内搜访征集、发还图书的书局。一年后，书局裁撤，何思钧闭门养疴，训子读书，逍遥辇下，所交游者，多为当世知名人士，如浙江会稽章学诚、江苏兴化顾九苞、安徽歙县程瑶田、苏州长洲汪元亮等。辑录有《檀几丛书录要》和《钦定钱录》。

何思钧有两位胞兄，大哥何思明，生于一七〇八年，卒于一七七〇年，字惺轩，号静斋，廪贡生，乾隆二十六年（一七六一）授太谷县教谕。二哥何思温，生于一七二七年，卒于一七七七年，字圣客，号石峰，贡生，历任浙江武义、定海，直隶武邑、丰润县知县，户部福建司主事。何思钧中进士的第二年，特为长兄何思明题写了一块“棠棣竞秀”的匾额，取《诗经·小雅·棠棣》“棠棣之华，鄂不韡韡；凡今之人，莫如兄弟”之意，谓兄弟三人同棠棣花那般彼此相依但又各自竞放。

何思钧幼年即丧父母，长兄何思明、继嫂梁太恭人肩负起抚养两个弟弟的重任。不数年，“双溪仲叔两弟皆成……俱入学官录牒”[8]。长兄何思明和继嫂梁太恭人逝去后，二兄何思温又把何思钧领进了桐城派古文大家姚鼐的家门。经过长达六年的苦学，何思钧终成始祖所期望的“读书世业”第一人。据《何思钧行状》载：其“为人朴重，寡言笑，颀身瘦面，对客漠然，类深中者。情款既接，天真盎流，与人

一七七六年，何思钧题“棠棣竞秀”匾额

有终始，事兄嫂曲尽恩敬。中年服官后，见兄至，犹却坐，竦侍若严师。兄殁，遗三子，教之成材，皆官于时；以所自卜吉壤葬兄，以其子道生所历官赠兄为御史。”⑨

姚鼐与何思钧师生感情极深极好。何思钧去世后，姚鼐怀着极为惋惜缅怀的心情写下了《何季甄家传》，此文收录在嘉庆五年（一八〇〇）刊行的《惜抱轩文集》第十卷。以后的灵石两渡何家长辈，在教育子弟时，往往用姚鼐所撰《何季甄家传》来言传身教。这个故事是这样的：乾隆二十三年（一七五八），姚鼐居京师等待礼部考试的这段日子里，曾开馆授课。何思钧拜姚鼐为师之前，已把《四书》和《诗经》背得滚瓜烂熟。但在老师面前，他却努力向学，毕恭毕敬。姚鼐说：何思钧上课时，不但“背诵诸经，植立不移尺寸”，而且总是恭恭敬敬地立在他面前，一直到把书背完，才鞠躬退下。姚鼐对何思钧谦逊沉着的风范印象深刻，认为何思钧“其后学日进”。这之后，小姚鼐六岁的何思钧与姚鼐或别或聚，但这种亦师亦友的真挚感情一直保持终生。乾隆三十九年（一七七四年），何思钧在中举三年之后携家到京，准备赴京会试，适值姚鼐以病辞官，准备离京前往扬州讲学。一日，姚鼐到何思钧家聚谈，入其室，见其子道冲、道生才智出众，惊叹道：“何氏其必兴乎然！”⑩

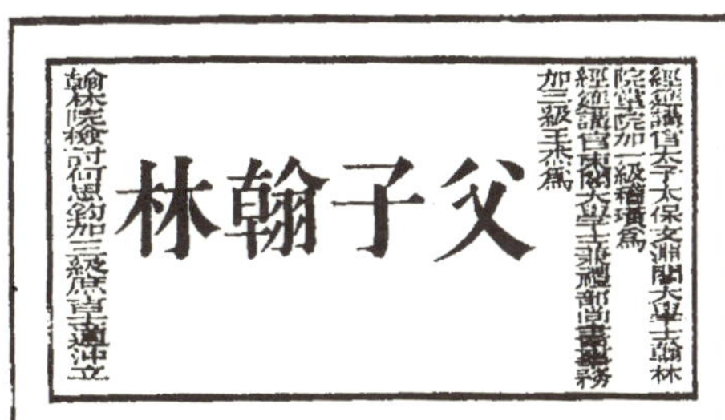

文渊阁大学士、翰林院掌院稽璜，东阁大学士兼礼部尚书王杰，为何思钧及其长子何道冲所立“父子翰林”匾额

东阁大学士兼礼部尚书王杰为何道冲、何道生所立“兄弟同榜进士”匾额

姚鼐的这一声惊叹，真叹出了灵石两渡何家此后在科举上的代代繁盛。乾隆五十二年（一七八七），何思钧喜见其子道冲、道生同中进士。自此，灵石两渡何家首次出现父子翰林、兄弟同榜进士的科考盛举。

第十二世何元烺，原名道冲，字良卿，号砚农，生于乾隆二十六年十二月二十六日（一七六二年一月二十日），卒于道光三年正月二十二日（一八二三年三月四日）。乾隆五十二年丁未科（一七八七）会试中式，殿试第二甲第八名，赐进士出身，朝考，改授翰林院庶吉士，户部主事、员外郎。官至广西太平府知府，署左江道。乾隆五十七年壬子科（一七九二）顺天乡试，嘉庆五年庚申恩科（一八〇〇）顺天乡试同考官。与状元和榜眼史致光、孙星衍同年。有《方雪斋试帖诗》。

第十二世何道生，生于一七六六年，卒于一八〇六年，字立之，号兰士。乾隆五十一年丙午科（一七八六）乡试、乾隆五十二年丁未科（一七八七）会试联捷进士（第二甲第二十九名），与兄何元烺为同科进士，故又有“兄弟进士”的美名。累擢工部都水营缮司主事、员外郎、郎中，山东道监察御史，江西九江、甘肃宁夏府知府。乾隆五十七年壬子科（一七九二）、五十九年甲寅科（一七九四）、六十年乙卯科（一七九五），嘉庆三年戊午科（一七九八）顺天乡试同考官。居官廉明，政声卓著，有《双藤书屋诗集》留世[11]。是灵石两渡何家由仕途走向文人雅士的杰出代表，清中叶才华横溢的大诗人，善书画，富收藏，与乾嘉时期的书画金石名家交游极广，诸多藏品传播于世。

第十三世何荣绪，字绍臧，号鸿溆，生于乾隆四十八年七月三十日（一七八三年八月二十七日），卒于道光七年七月二十九日（一八二七年九月十九日）。嘉庆

一七八七年，何道生赴京参加会试时，由灵石两渡故里携带到京的衣物书箱小柜（何芑旧藏，何引提供）

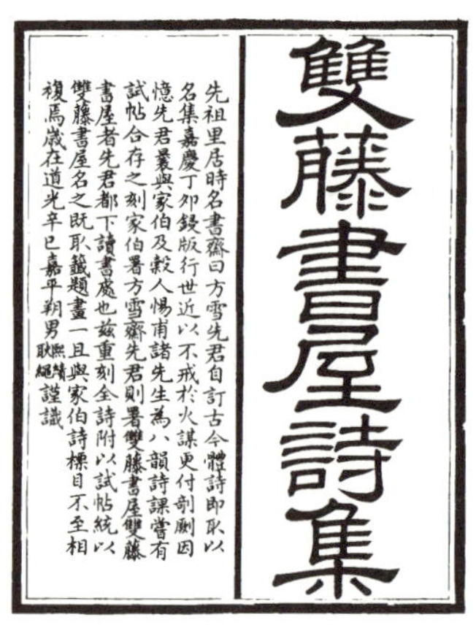

雙藤書屋詩集

先祖里居時名書齋曰方雪先君自訂古今體詩即取以名集嘉慶丁卯鋟版行世近以不戒於火謀更付剞劂因憶先君曩與家伯及數人惕甫諸先生為八韻詩課嘗有試帖合存之刻家伯署方雪齋先君則署雙藤書屋雙藤書屋者先君都下讀書處也茲重刻全詩附以試帖統以雙藤書屋名之既取鐵題畫一且與家伯詩標目不至相複焉歲在道光辛巳嘉平朔男耿熙耿緒謹識

何道生《双藤书屋诗集》扉页

何澄旧藏何道生《琵琶行图》白面扇（苏州博物馆提供）

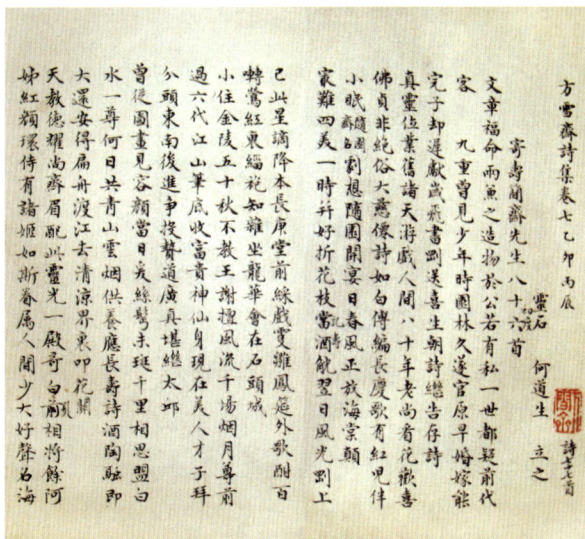

何澄旧藏何道生《方雪斋诗集》稿本（苏州博物馆提供）

何澄旧藏姚鼐为何道生书联“说剑鼓侠气，闻琴生道心”（苏州博物馆提供）

十五年庚午科（一八一〇）乡试中式举人，嘉庆十九年甲戌科（一八一四）会试中式，殿试第三甲第二十一名，赐同进士出身，授内阁中书，协办侍读。与此后大名鼎鼎的同乡寿阳人祁寯藻同年。

第十三世何炳彝，生于乾隆四十九年十一月二十六日（一七八五年一月六日），卒于道光二十四年十一月初一日（一八四四年十二月十日），字用邕，号春舟。嘉庆九年甲子科（一八〇四）乡试中式举人，嘉庆十六年辛未科（一八一一）会试中式，殿试第三甲第七十二名，赐同进士出身，授翰林院庶吉士，改兵部职方清

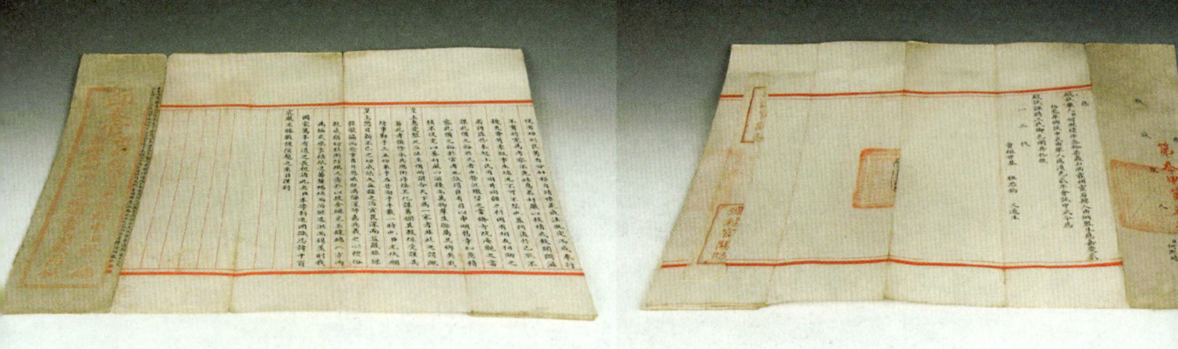

何澄旧藏何熙绩一八二二年殿试策考卷(国家三级文物,苏州博物馆提供)

吏司主事。

何荣绪和何炳彝为何元烺的长子和次子。兄弟俩亦步父亲和叔父前趋,再举兄弟进士的科名,将"天下皆知双溪何氏"[12]的双溪之水,绵延流长。

第十三世何熙绩,生于乾隆五十一年九月二十五日(一七八六年十一月十五日),卒于一八二八年,字亮臣,号春民。嘉庆二十三年戊寅科(一八一八)乡试中式第五十五名举人,道光二年壬午恩科(一八二二)会试中式第一百一十三名,殿试第三甲第三十三名,赐同进士出身,钦点即用知县。历官顺天文安、直隶肃宁县知县。有《月波舫遗稿》。与翁心存同年。

第十三世何耿绳,生于乾隆五十三年十一月二十四日(一七八八年十二月二十一日),卒于咸丰五年二月二十六日(一八五五年四月十二日),字正甫,号玉民。嘉庆二十四年己卯科(一八一九)乡试中式第九名举人,道光二年壬午恩科(一八二二)会试中式第十四名,殿试第二甲第二十名,赐进士出身。朝考,钦取第

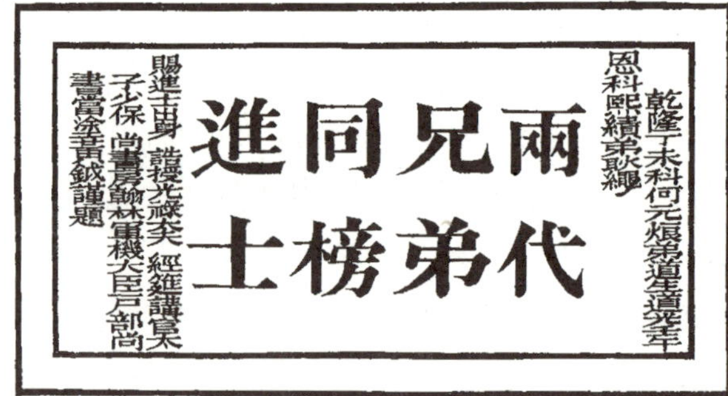

军机大臣、户部尚书黄钺为何元烺、何道生、何熙绩、何耿绳所立"两代兄弟同榜进士"匾额

十名，引见即用知县。历官陕西褒城、渭南，直隶定兴、永年，顺天大兴县、京县知县；道光十六年（一八三六）升东路刑钱督捕同知，直隶大名府知府；二十六年（一八四六）调保定府知府，一年后升补直隶清河导督；光绪二十九年冬（一八四九）奏调直隶大顺广兵备河道；咸丰三年（一八五三）告休回籍。祁寯藻评论他说：“性情凝重，不苟言笑，当官接特，谦慎和平，未尝以厓岸自異，亲师信友。嗜古文诗词，善隶楷，多蓄彝鼎汉碑，考校精审。”⑬著有《学治一得编》和《退学诗斋诗集》。《学治一得编》有裨于地方事务，特别有助于司法审判，成为官员踏入仕途的指南，曾多次重刊并流传至今。

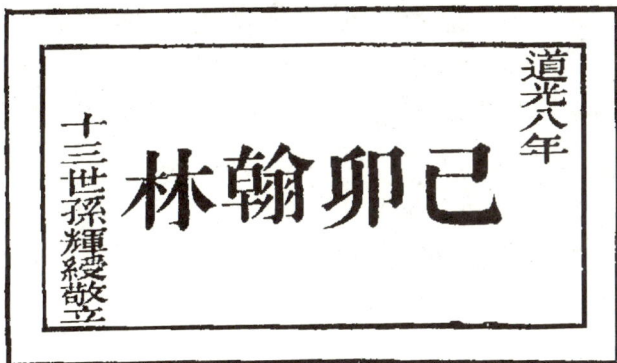

道光八年十三世孙何辉绶所立“己卯翰林”匾额

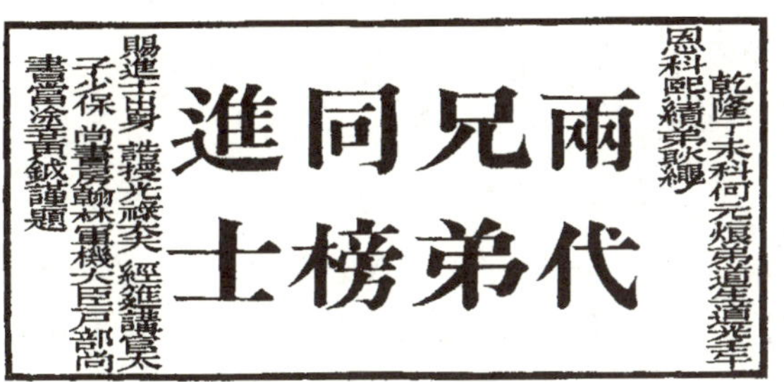

军机大臣、户部尚书黄钺为何元烺、何道生、何熙绩、何耿绳所立“两代兄弟同榜进士”匾额

何熙绩和何耿绳为同胞兄弟，是何道生的长子和次子。在嘉庆朝，克继了父辈同科进士前美。

第十三世何辉绶，字寔甫，号春舫。嘉庆十八年癸酉科（一八一三）乡试中式举人，嘉庆二十四年己卯恩科（一八一九）会试中式，殿试第三甲第四十四名，赐同进士出身。授翰林院检讨，武英殿纂修。历官山东道监察御史，稽查户部本裕仓颜料库甲兵米事务，山东莱州府知府，护理登莱青兵备道，后降官云南鹤庆、陕西耀州、直隶保安州知州，署直隶邢台元城、丰润县知县。道光三年癸未科（一八二三）会试同考官，道光六年丙戌科（一八二六）翻译会试监试官，考取满汉教习监试官。

第十三世何耀纶，生于道光八年十月初九日（一八二八年十一月十五日），卒于一八七八年。咸丰元年辛亥恩科（一八五一）顺天乡魁，咸丰三年癸丑科（一八五三）会试中式，殿试第二甲第八十八名，赐同进士出身。授翰林院庶吉士，武英殿纂修，国史馆协修。历官吏部验封司主事，稽动验封司员外郎，考内文选司正拿用，京察一等，考功司郎中，特授四川顺庆府知府。

第十四世何福咸，生于道光五年六月初六日（一八二五年七月二十一日），字吉辅，号受山。道光二十三年癸卯科（一八四三）顺天乡试中式副榜第十六名，道光二十六年丙午科（一八四六）顺天乡试中式第二百五十九名举人，道光三十年庚戌科（一八五〇）会试中式第一百六十名，保和殿复试一等第十名，殿试第二甲第十二名，赐进士出身。朝考入选一等第一名，钦点翰林院庶吉士，授翰林院编修，文渊阁校理，国史馆、功臣馆修纂。历官江南道掌贵州道，协理京畿道，转掌京畿道监察御史，兵科给事中，工科掌印给事中，甘肃甘凉、云南迤西兵备道。咸丰五年乙卯科（一八五五年）、八年戊午科（一八五八年）顺天乡试同考官。与俞樾同年。

何福咸为何思钧曾孙，何道生孙，何熙绩子。至此，两渡何家便成为中国科举史上“累代甲科”的一家而被记载下来。所谓“累代甲科”，即“举一家人成进士逾三世以外而世系直接者”[14]。清人朱彭寿在史料笔记类著作《旧典备征》卷四“科名佳话”中载有：“山西灵石何思钧（乾隆乙未）、思钧子道生（乾隆丁未）、道生子熙绩（道光壬午）、熙绩子福咸（道光庚戌）。”[15]

两渡何氏科举功名，自何思钧起家于京师翰林院，四代兄弟父子继之一门，群从登贤，书捷春官者先后相望达八人之众！难怪姚学塽[16]感叹：“科名之盛者称何氏，子姓蕃衍，并家京师，而籍仍隶灵石。”[17]

第十四世何玉福，咸丰二年壬子科（一八五二年）乡试中式举人，同治二年癸亥恩科（一八六三年）会试中式，殿试第三甲第九十九名，赐同进士出身。授刑部督捕司主事、广东司主事、员外郎，官湖广道监察御史。

第十四世何莱福，生于道光十七年六月初三日（一八三七年七月五日），字仲采，号海如，同治元年壬戌（一八六二年）恩科乡试中式第二十五名举人，同治七年戊辰科（一八六八年）会试中式第一百一十八名进士，殿试第二甲四十六名，赐同进士出身。朝考，钦点翰林院庶吉士。授翰林院编修，国史馆协修，武英殿协修。何莱福与父何辉绶，同为翰林，由此，灵石两渡何家再次出现“父子翰林”的盛举。

第十四世何福堃，生于一八四九年，字寿萱、受轩。同治六年丁卯科（一八六七年）乡试中式举人，光绪三年丁丑科（一八七七年）会试中式，殿试第二甲第四十一名，赐同进士出身。选翰林院庶吉士，授编修，国史馆纂修。历官广西道监察御史，甘肃按察使，甘肃布政使，护理陕甘总督（管辖陕西、甘肃、新疆三省）。著有《午阴清舍诗草》和《刑案新编》。

第十五世何乃莹，生于咸丰六年二月十八日（一八五六年三月二十四日），卒于民国元年七月十四日，字润夫，一字梅叟，号鲁孙。同治九年庚午科（一八七〇）顺天乡试挑取誊录第一名，光绪二年丙子科（一八七六）乡试中式第三名举人，光绪六年庚辰科（一八八〇）会试中式第二甲第七十六名进士。朝考一等第七名，钦点翰林院庶吉士，保和殿复试钦定一等第六名，授工部营缮司琉璃窑监督，累擢营膳司员外郎，内阁侍读学士，京察一等，掌山东道监察御史，奉天府丞兼学政，旋升顺天府府尹，都察院左副都御史。著有《灵樵仙馆诗草》。与何澄岳父王颂蔚，甲骨文发现者之一王懿荣同年。

灵石两渡何家不但文进士辈出，在乾隆朝，还出过一位大名鼎鼎的武进士何道深。

何道深，生于一七四二年，卒于一七六八年。字会源，号朗崖。少有奇志，喜读孙吴兵法，遂习武。乾隆二十四年（一七五九）应武院试，督学惊其异才，遂大力推举，中武举，乾隆二十五年庚辰科（一七六〇）武会试中式，殿试第二甲第五名。依雍正五年（一七二七）定制：一甲一名授一等侍卫（正三品），二、三名授二等侍卫（正四品）；二甲之中选十名授三等侍卫（正五品）；三甲之中选十名授蓝翎侍卫（正六品），遂任清宫乾清门侍卫。乾隆三十年（一七六五），迁贵州提标右营游击。游击，是低于参将的武职。贵州兵一向强悍，但缺少自我约束和组织纪律。何道深来到提标右营后，严字当头，厉行整治，所带贵州兵不数年就以“勇健有节、整练异于他军”而闻名云贵。乾隆三十年（一七六五），缅军进犯到云南九龙江橄榄坝，入据车里城。乾隆帝闻讯大怒，三十二年（一七六七），派兵部尚书明瑞总督云贵，进讨缅甸。乾隆三十三年二月初七日（一七六八年三月十一日），何道深中缅军鸟

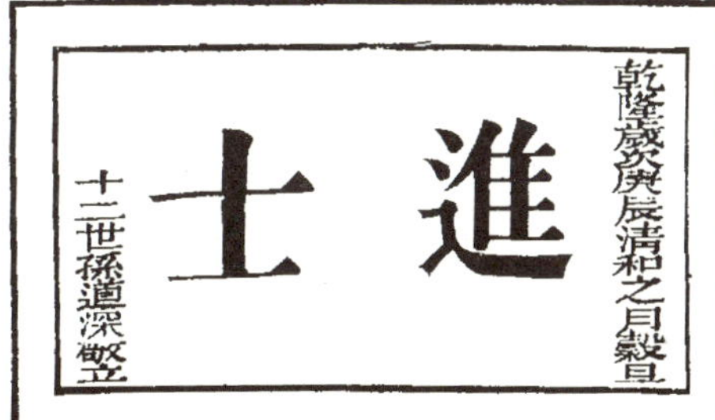

乾隆岁次庚辰清和之月穀旦十二世孙武进士何道深所立“进士”匾额

经筵讲官、吏部左侍郎、著名宫廷画家董邦达为武进士何道深所立“进士”匾额

御前侍卫府

恩隆世袭

枪铅弹，夜息，有“军校曰：‘君伤重矣！贼至日众，道险难与敌。盍称病，且逸归乎？’君曰：‘贼众，乃将卒致力时也。’叱之退”[18]。三月十三日，明瑞所率中军如约到达猛域，但左右两军却迟迟不见前来会师，而缅军已尽塞蹊隘。眼见前阻大山，缅军环围数重，粮草殆尽，全军杀马以食，明瑞不得不下令连夜拔营起行，何道深率提标右营殿后。次日上午，缅军追来，何道深立于高冈相拒，掩护其他军士从其身旁撤去。战至日中，终因寡不敌众，被数创，始仆，英勇战死。

何道深平时抚士严而有恩，对己则是严而苛。接到进讨檄令后，他将无子无兄弟的将士全都留下，身先士卒，奋驰疆场。因他亲兵爱民，右营贵州兵得悉何道深游击英勇战死后，无不悲涕，剪下何道深的带发返回。在这场被海外史家认为是“严重处置失当”和“政策草率”的征讨战役之后，乾隆帝“以中军多战功，其没以无援”，赐恤何道深特厚，而“左右两军死事者，杀其制不与之等”。于是何道深“得赠武义大夫，祀于昭忠祠，祭葬恤荫如制”[19]；恤银四百两，葬银三百两，祖父何龙腾、父何思义恩赠中宪大夫，褒奖其遗腹子何膺绶守备世袭恩骑尉。

一七六九年，乾隆帝亲撰“谕祭阵亡游击何道深之灵”曰：

鞠躬尽瘁，臣子之芳踪；恤死报功，国家之盛典。尔何道深，赋性忠直。国而亡身，御敌冲锋。奋勇阵没，朕用悼焉。特颁祭葬，以慰幽魂。呜呼聿昭，不朽之荣，庶享匪躬之报。尔如有知，尚克歆享[20]。

何道深的衣冠冢在两渡汾河西朱家岭。内有御碑亭三间，石人、石马、石虎、

乾隆帝诰赠何道深祖父何龙腾、父何思义中宪大夫“奕世荣光”何氏墓道石牌坊

乾隆帝敕建石牌坊“恩荣”石匾

乾隆帝敕建茔图

石羊、石猪各二，石牌坊一，华表二。

乾隆三十四年（一七六九年）六月，姚鼐为其亡友何道深作了《赠武义大夫贵州提标右营游击何公墓志铭并序》，铭曰：

颀与何君！眉目清美；揖让温温，以与余友。佩韇横戈，徂险而驰；急难舍生，义孰与多？汾流之侧，君起厥邑；往不生归，铭窆无极[21]。

其后，姚鼐再作挽诗云：

别离胡断发，借此达慈闱。
但欲狼烟靖，何知霜刃挥。
飞沙吹白骨，凄雨泣黄旗。
欲拟招魂赋，衣冠是也非[22]。

这是一代文章大师姚鼐为灵石何家故人所撰第一篇祭文，另一篇便是《何季甄家传》。姚鼐对何家的知遇之恩，何家代代相传。他为何道生所书对联“说剑鼓侠气，闻琴生道心”，何家更是倍加珍爱，新中国成立后由何澄子女捐献给苏州博物馆。

举人是清代科举路上的重要一站，取得举人资格，即是功名出身，可被授予官职或从事其他职业。何澄幼年时，灵石两渡何家不但有十五位先人取得了最高科举功名——进士，还有十五位举人在全国各地为官或从教：

何道隆，乾隆四十二年丁酉科（一七七七）中式，拣选知县。

何道统，乾隆四十八年癸卯科（一七八三）中式，拣选州同。

何维四，嘉庆十五年庚午科（一八一〇）中式，实录馆誊录，山东范县知县，直隶大顺广兵备道。

何慎五，道光二年壬午科（一八二二）中式第八十三名，国子监典籍，銮仪卫经历，光禄寺良酝署署正，广西左州知州。

何焕纶，道光二年壬午科（一八二二）中式第一百五十七名，户部四川司员外郎。著有《棠阴书屋诗集》。

何焕经，道光二年壬午科（一八二二）中式第一百三十名，国子监助教，云南剑川州知州，奉天府复州、宁远州知州，海防同知。

何庆澜，道光十五年乙未恩科（一八三五）中式，截取知县。编纂有《灵石县

經筵講官太子少保南書房行走軍機大臣戶部尚書加三級黃鉞爲

叔姪兄弟同榜舉人

道光二十三年科中式第六十三名何慎五 一百五十七名何煥綸 一百三十名何煥經立

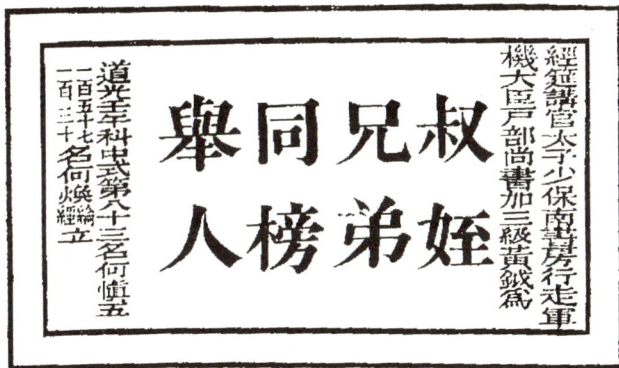

军机大臣、户部尚书黄钺为何慎五、何焕纶、何焕经所立“叔侄兄弟同榜举人”匾

志》(光绪七年),著有《两渡竹枝词一百首》(手稿本)。

何焕祖,道光二十三年癸卯科(一八四三)中式,江苏华亭县知县,署江阴县知县,钦加同知衔。咸丰九年己未恩科(一八五九)江南同考官。

何福宇,道光二十三年癸卯科(一八四三)中式,直隶试用知县。

何焕绮,道光二十六年丙午科(一八四六)中式,拣选知县。

何福恩,道光二十九年己酉科(一八四九)中式,浙江象山、庆元县知县,咸丰八年戊午科(一八五八)浙江乡试同考官。

何福奎,咸丰元年辛亥恩科(一八五一)顺天乡魁,记名国子监学正、学录,陕西葭州、宁羌州知州,升鄜州、直隶州知州,河南候补道,赏戴花翎。

何厚惠,同治六年丁卯科(一八六七)中式,刑部湖广司郎中。

何厚康,光绪八年壬午科(一八八二)中式,湖北通山、东湖、武昌知县。

何厚琦,举人(中举科年不详),前清晚期,先后任辽阳、通化、锦县知事,长春府太守,滨江厅江防同知,钦加三品衔、赏戴花翎。入民国,任奉天东边道、辽沈道尹,营口道交涉员。大收藏家。诸多藏品被故宫博物院和一些国立博物馆收藏,亦有一些流散到民间。

灵石两渡何家,以始祖何立本的儒术起家,以何思钧、何道生、何耿绳、何福堃、何乃莹为代表,由一个外来的移民户,发迹于明末,兴起于清乾隆年间,此后一百多年来,科甲鼎盛海内,在清廷中枢机关——内阁、各部院衙门、内府以及地方文武官衙门供职者凡六十余人。两渡何家族人在黄卷青灯之下,把读书、应考和做官发挥到了令人叹为观止的地步。光绪二十七年(一九〇一),清廷下诏改科举，废八股，以八股考试为核心的科举制度终告废止，但通过考试为国家选拔人才的制度并未从人们的视野和生活中消失。灵石两渡何家，这个科举历史的标本和先贤层出不穷的百年文化族群，直到今天，仍是研究中国科举制度缘何延续千余年的历史剖面。

何澄，作为一个对家族繁衍兴亡具有承上启下意义的代表性人物，其一生的文化积淀多源于两渡何家的文化传承。

注释：

① 何澄生年，早年似误记为一八八二年。据房兆楹辑《清末民初洋学生题名录初辑》（台湾精华印书馆，一九六二年四月）“日本留学中国学生题名录”（一九〇三年）二十一岁，何澄等撰《山西留日学生呼吁乡人出洋游学公启》（一九〇四年）二十二岁。何澄于乙酉夏在一幅个人剪辫、平头、日本学生装束像上亲题“真山老人二十岁时摄影”。此照片上的年龄当为误记。清兵入关后，清朝统治者曾强令汉族男人剃发梳辫。一六四五年八月，清朝统治者下令，自布告下达后十日之内，各地男子一律剃发留辫，“遵依者为我朝之民，迟疑者同逆命之寇”，并有“留头不留发，留发不留头”之语。从此，清代中国男人的头后便拖了一条辫子，一直拖了二百多年。何澄剪辫子，是在一九〇二年，当为有据可凭的山西剪掉辫子的第一人。

② 何长旺藏《何氏族谱》，光绪八年刻本。

③ 灵石两渡何氏进士、举人名录，据如下书目集成：顾廷龙主编《清代硃卷集成》，台湾成文出版有限公司，一九九二年；耿步蟾纂、李凯朋修《民国灵石县志》，一九三四年影印本；江庆柏编著《清代人物生卒年表》，人民文学出版社，二〇〇五年十二月；朱汝珍辑《清代翰林名录》，北京燕山出版社，二〇〇八年五月；法式善撰《清秘述闻三种》，中华书局，一九八二年五月。

灵石两渡何氏人物生卒年，以灵石两渡何氏第十八世孙何引先生所藏先祖牌位和《清代硃卷集成》以及相关墓志铭、人物传确定。

截止一八八二年，有确切史料可据的，灵石两渡何家共计中武进士一人，文进士十四人，举人三十人（含十五名已中进士者）。

④ 清代翰林院设庶常馆，选新中进士之优于文学、书法者入馆学习，凡学习者，均称为庶吉士。

⑤ 陈康祺撰《郎潜纪闻初笔二笔三笔》（上），第六十七页，中华书局，一九八四年三月。

⑥ 中国第一历史档案馆编《纂修四库全书档案》（下册），第一八五一页，上海古籍出版社，一九九七年。

⑦ 同上，第一四六四页。

⑧ 灵石县两渡镇两渡村村委会藏：程瑶田撰《皇清诰封太恭人静斋赠公继配梁太恭人墓志铭》碑。

⑨ 《灵石文史》（内刊），二〇〇九年第一期，第三页：王芑孙撰《何思钧行状》。

⑩ 何长旺藏《何氏族谱》，光绪八年刻本；姚鼐著《惜抱轩诗文集》，第一五一～一五二页：《何季甄家传》，上海古籍出版社，一九九二年十一月。

⑪ 何道生在灵石两渡读书处名曰"方雪斋"，自订古今体诗时即以《方雪斋诗集》名。道光元年（一八二一），其子何熙绩、何耿绳重刻先父诗，考虑到先父曾集伯父何元烺、王芑孙等九人八韵诗为诗帖诗合存，伯父何元烺署"方雪斋"在先，故在此次刻印时，以何道生在京读书处"双藤书屋"改署之。坊间多以何道生曾刊二本诗集为名，实则只有先后、诗集名不同之分，而《双藤书屋诗集》则增补了何道生自刻本《方雪斋诗集》所删及遗漏的诗作，是为全诗。

⑫ 祁寯藻集编委会编《祁寯藻集》第一册，第七一〇页：《皇清诰授中宪大夫晋封通奉大夫直隶分巡大顺广兵备河道加三级何君暨配诰封夫人刘夫人合葬墓志铭》，三晋出版社，二〇一一年二月。

⑬ 同上。

⑭ 朱彭寿撰《旧典备征·安乐康平室随笔》，第九十页，中华书局，一九八二年二月。

⑮ 同上，第九十六页。

⑯ 姚学塽（一七六六～一八二六），字晋堂，一字镜塘，浙江归安人。乾隆五十四年（一七八九年），举浙江乡试第一，嘉庆元年（一七九六年）进士，官内阁中书、兵部主事、职方司郎中。生活简朴，耿直清廉，生活简朴，拒受馈赠，亦不附权贵。治学以"致知、力行、慎独"为要义。有《竹素斋全集》及后人所编《姚镜塘先生全集》。

⑰ 何引藏《皇清诰授中宪大夫广西太平府知府砚农何君墓志铭》。

⑱ 何长旺藏《何氏族谱》，光绪八年刻本；姚鼐著《惜抱轩诗文集》，第一七五页：《赠武义大夫贵州提标右营何君墓志铭并序》，上海古籍出版社，一九九二年十一月。

⑲ 同上。

⑳ 何长旺藏《何氏族谱》，光绪八年刻本。

㉑ 同上。

㉒ 同上。

何澄旧藏“复庵”鸡血章

二　不幸的家事和国难

何澄的曾祖父何立三，是何思钧的三子，字子久，号恒斋，国子监太学生，选入与刑部、都察院并称为“三法司”的大理寺，累擢司务厅司务（官正六品）、湖北安陆府（今湖北钟祥市及京山县地）同知（官从四品）。何立三有八子，其三子何焕经就是何澄的祖父。

何焕经，字耕畬，配袁氏。道光二年（一八二二）成为“桂榜举人”，授国子监六堂学正（官正八品）。国子监，又称国子学，简称国学，别称太学，是清廷为培养人才而设的最高学府。学子一般是由朝廷所派王公大臣从三次会试未中进士的举人中选拔贡，入国子监读书，升入太学者也可以取得官职。由此，国子监既是贡生、监生学习之所在，又是这些落第举人向官阶仕途攀登的重要阶梯。国子监共设六堂，分别称为率性堂、修道堂、诚心堂、正义堂、崇志堂和广业堂。前四堂各有汉学正一人，后二堂各有汉学录一人，掌分教入学之贡生和监生之职，何焕经即是前四堂汉人学正之一。道光五年（一八二五）外放云南剑川州知州；咸丰元年至咸丰三年（一八五一～一八五三），任奉天府复州（今辽宁大连瓦房店市）知州（官从五品）；咸丰五年至咸丰八年（一八五五～一八五八），任奉天府金州（今辽宁大连金州区）同知（官从五品）；咸丰九年（一八五九），任奉天府宁远州（今辽宁兴城市，辖境相当于今葫芦岛市以西，山海关以东，明水堂、白石咀门以南至海一带）知州。同年，因山海关解送税银车辆行至抱河岭时，被骑马贼抢劫一万七千余两，咸丰帝大怒，著奉天中后所界官骁骑校赵松岚和知州何焕经先行摘去顶戴，勒限一个月，务将赃盗并获，傥限满无获，即行严参惩办。后官至海防同知。

何焕经三子何福荃（原名何福兴），是何澄的父亲。因现存《何氏族谱》从“福”字辈即已失修，何福荃的经历不能完备。从他为徐树年（一八四七～一九一六，字立叔，号月溪老人，复州人）《柯园诗钞》所撰序文中得知，曾为文林郎（散官，正七品），候补知县。以此判断，何福荃此后似在东北为官，卒于一八八三年前后。

何澄在家行三。

二哥何厚贻，字子良，族内大排行行七，庚子事变前后曾在日本留学，回国在东北做官。一九一一年辛亥革命，清廷被推翻，共和肇始，何厚贻从任上带着三个男仆，寄居在京城教子胡同三十八号。此处为清顺天府尹、都察院左副都督御史何乃莹府宅的东院，何厚贻在此过着与新社会隔绝的生活。一九二八年六月，国民革命军北伐成功后，靠何澄与阎锡山说项，给这位二哥在平绥铁路局找了一个挂名的总务会计两处秘书的事做，月支薪水二百元[①]。何厚贻原配不生育，在教子胡同娶了一位生于一九〇五年的如夫人冯姑娘，但也没有生养。[②]。

何澄的大哥何厚吾，字子宽，生于一八五四年，卒于一九〇五年一月七日，族内大排行行二，初应直隶试，官县丞。朝阳民乱，因佐军有功，擢知县，加同知，仍直隶州用，署赤峰知县，兼理事司员。一八九四年春，母亲病故，何厚吾辞仕，回灵石两渡丁忧。安葬好母亲后，带了小弟弟何澄离开灵石，居于复州先父旧居。

一八九四年八月一日，日本明治天皇发布对中国的宣战诏书。同日，清廷也对日本宣战，中日甲午战争正式爆发。十月二十四日，日本第一军渡过鸭绿江，侵入中国领土。同日，日本第二军在辽东半岛距金州八十公里处的花园口登陆。倭寇入侵，烽火四起，何厚吾匆匆安排何澄离开复州，转道避难于京城同族大哥何

一九四三年三月，何厚贻在北平中央公园（何引提供）

晚年冯姑娘

董寿平为何厚贻书扇(何引提供)

乃茔家,自己则树义旗、募团勇御敌。十一月六日,日倭已大至,尚未募集多少团勇的何厚吾间道趋海上,襄赞清军营务,后随张光前所统亲庆军五营驻守在盖平东三里的凤凰山,准备进行辽阳南路保卫战。章高元所率嵩武军八营则沿盖平城南盖平河岸布防,准备扼守盖平城③。何厚吾有《甲午乙未军中感事诗》六首记整个甲午战事,"之三"对盖平之战所叙甚详:

雪花匝地冻云稠,渡海孤军战盖州(登州章镇军鼎臣,率八营渡海来援)。

金镞瘢攒裨将面(杨、李两分统,李、贾两帮带阵亡,伤哨弁三十馀人,兵五百馀人),宝刀血污郅支头。

风驰鼓角人心愤,阵合鱼龙士气遒。

多少援师观壁上,不堪羽檄久淹留(正定军驻高坎,距离盖州七十里,奉檄应援三日不至)④。

盖平血战开始于一八九五年一月十日凌晨五时半。驻守盖平主力为山东登莱青镇总兵章高元。章高元,字鼎臣,安徽合肥人,早年入淮军,是刘铭传的部下。一八七四年日军侵略台湾,一八八四年法军侵扰台湾,均被台湾巡抚刘铭传檄调

鎰當遥紅粉醉千觴全軍乃竟停東海片旗何曾
効北洋 太息劉公孤島畔模糊一死報 君王
太守聲威萬口傳危城撐柱動經年推心早置諸人腹
萬目能將鉅任肩悍卒亦遵良吏法島夷多讓長官
賢 九重一電撫和議畢竟難爭將相權
鎖鑰綏綏啓北門義旗慷慨更誰論燕巢覆卵家安在
虎口餘生命偶存十萬蟲沙成底事五千貂錦究何冤
從軍詎為終童志聊答 朝廷養士恩
博生為繪遠南征戍圖因録甲午乙未軍中感事
舊作數首用誌當日情事冀以引玉
己亥初春子寛氏未定草

兩渡村人

大同江上亂山青，敗葉蕭蕭戰血腥。有險不聞隨地據，無功翻欲動天聽。爭持旄節分秦越，各擁纛旌謝尹邢。獨為寧南悲馬革，一輪孤月照英靈。甲午中秋左忠壯公義役平壤

百戰勛名碩果餘，龍鍾猶自握兵符。文饒湯訴軍全墨，籌筆真推將不儒。何日東南恢半壁，驚看氣複逼陪都。長城到底堪終倚，差勝吳家一策無。

雪花匝地凍雲稠，渡海孤軍戰蓋州。登州章鎮軍高元率八營渡海來援 金鏃瘢攢裨將面，楊李兩分統、李賈兩幫帶陣亡，傷哨弁三十餘人，兵五百餘人 寶刀血污郅支頭。風馳鼓角人心憤，陣合魚龍士氣遒。多少援師觀

何厚吾《甲午乙未军中感事诗》

守台，有“骁将”之称。盖平之战，在日军跨过同伴尸体，仍然直前的攻势下，章高元所率嵩武军没有像张光前所率亲庆军那样放弃抵抗，而是“回队顾城”，与攻到盖平南城门的日军展开了激烈的争夺战。分统杨寿山，在指挥战斗中被日军排枪击中胸部，仆地气绝，壮烈殉国；李仁党在抢夺盖平南门的战斗中，高呼“杀贼”，中弹殒命；帮带李世鸿和贾君廉在李仁党阵亡后，“犹抽靴刀搏战，刌数人，冲入敌阵死之”[5]。何厚吾诗句“多少援师观壁上，不堪羽檄久淹留”，道出了盖平失守的关键所在。当时，正定镇总兵为四川涪陵人徐邦道。帮办北洋军务的分统总兵宋庆在一月七日即饬徐邦道的正定军火速回援盖平，但直到章高元军被日军腹背夹攻之时徐邦道才赶到。此时，处于日军南北两面炮火轰击下的清军已无法立足，章高元和徐邦道二军同时败退。

一八九五年春，何厚吾提三千卒助守辽阳[6]。“辽为沈阳门户，辽先丢沈不可守，大局且不可问，故倭屡悉锐犯辽。卒赖诸军力御，倭不得逞，辽幸获全”[7]。在辽阳守卫战中，“何侯奋髯如张戟，匹马纵横人辟易。自树义旗招健儿，战血刀头照人碧”[8]，功不可没。据戚其章先生研究，甲午之战辽东战场，“清军败绩连连，给人以战局不可收拾的印象，从而得出了败局已定的结论。因此，在一些有关论著中，多半将辽东战场的清军写得一无是处，不是不堪一击，就是遇敌即逃，简直是一群毫无战斗力的乌合之众。情况绝非如此。辽东战场上的清军，淮军也好，湘军也

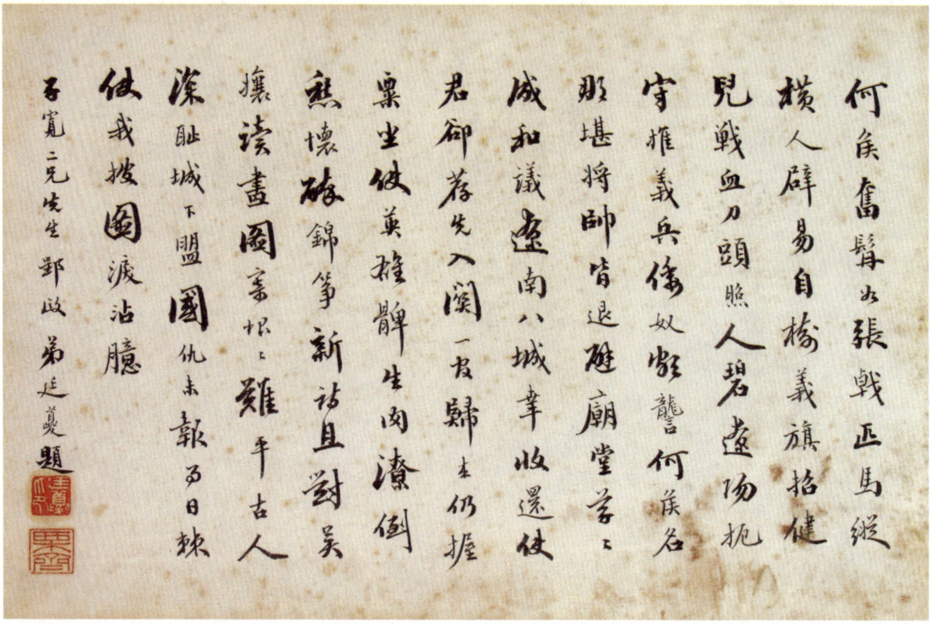

胡廷夔在何子宽《辽南征戍图册》上所题之诗

好，还是具有相当战斗力的。如果战争能够持久下去的话，那么，不仅胜败之数难以预料，而且整个形势很有可能发生逆转”[9]。

何厚吾在其《甲午乙未军中感事诗》之五，不无自豪地道出当时已是七五高龄的宋庆“身先士卒，前后七战，敌之为慑”，故连交战的日军也交口称赞毅军“不愧为闻名的白发将军宋庆的部下，不轻露屈挠之色”[10]，为甲午之战留下足可告人的一笔：

太守声威万口传，危城搘柱动经年。
推心早置诸人腹，蒿目能将巨任肩。
悍卒亦遵良吏法，岛夷多逸长官贤。
九重一电排和议，毕竟难争将相权。

一八九五年三月二十日，清廷派李鸿章到日本马关作议和谈判，四月十七日，双方在春帆楼签订《马关条约》，五月八日，双方互换条约手续。“和议成，当事议守辽功事，各者或得优叙，独子宽以未能杀敌克城，使朝廷曲徇倭请割地偿费引为大耻，力却荐札，并拳解兵柄，匹马入关，仍就粗官”[11]。

何厚吾在《甲午乙未军中感事诗》“之六”记其事：

锁钥纷纷启北门，义旗慷慨更谁论。
燕巢覆卵家安在，虎口馀生命偶存。
十万蟲沙成底事，五千貂锦究何冤。
从军讵为终童志，聊答朝廷养士恩。

甲午时遭母忧，提三千卒，树义旗，抵御倭寇之事，何厚吾记忆哀切，曾于清廷割地赔款后请好友、清宗室崇恩之孙元寯（字博生）绘一幅《辽南征戍图》，“用志当日情事，冀以引玉”。此图迁延三年未果，直到一八九九年，元寯出沽上，赴官江右道，何厚吾赋诗赠行，再次索画，元寯为偿宿诺，补绘了一幅何厚吾在军帐中伏案沉思的《辽南征戍图》。图成，何厚吾将《甲午乙未军中感事诗》六首，重新录入元寯题识之后，集为《辽南征戍图册》。其后有胡延夔和徐琪[12]的题诗。徐琪的题诗尤为悲怆：

迢迢远塞起寒云，独扼边城领一军。

元寯绘何子宽《辽南征戍图》(何泽宝旧藏，何元信提供)

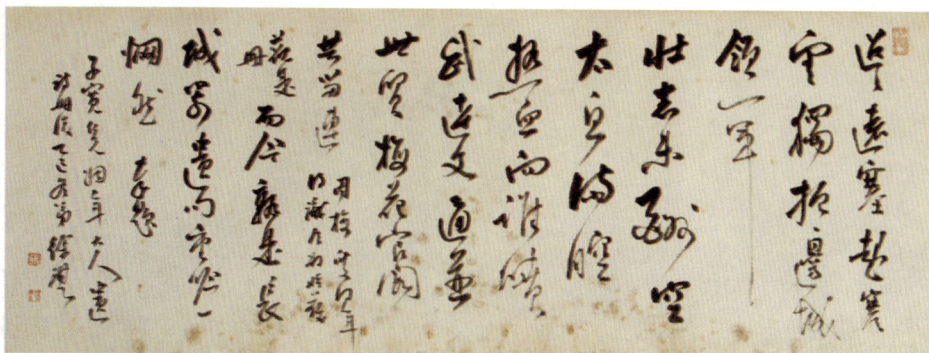

何子宽《辽南征戍图册》徐琪(花农)题跋(何泽宝旧藏,何元信提供)

壮志未酬空太息,满腔热血向谁喷。
武达文通並世贤,梅花官阁共留连。
(因梅叟同年[13]得识乃翁,始获观是册)
而今孰是长城罪,遗句得吟一惘然。
　　奉题子宽仁兄姻年大人遗诗册后
　　乙巳冬　弟徐琪

一八九七年,何厚吾丁忧期满,署直隶深州安平知县。为了让幼弟受到最好的教育,他没有把何澄就近安排进县学、府学,而是送到了直隶最高学府——保定莲池书院的东文学堂。

莲池书院,又名直隶书院、保定书院,因清雍正十一年(一七三三)创设于历史名园古莲池内而名。设官课、斋课、古课,分别课试《四书》《五经》、经史、策论等。乾隆年间,浙江钱塘人汪师韩、会稽人章学诚先后在莲池书院出掌山门,成绩斐然。乾隆帝曾三次临院视察,赐匾"绪式濂溪",题诗予以表彰。

嘉庆十九年(一八一四)三月,经直隶总督那彦成之招,山西寿阳人、历史地理学家祁韵士赴保定直隶衙署课读,同时兼充莲池书院山长。令人惋惜的是,祁韵士主讲署课和莲池书院仅仅一年多一点,就因病逝于莲池书院。病逝之前,还曾忍痛手书家信:"药病不投,是以未即痊愈,不过身子发软而已。可令世彝(祁韵士长孙)速来伺候。家中见字切勿惊惶。[14]"孰料祁世彝于五月三日赶到保定,祁韵士次日中午就一病不起,与孙儿仅是一面而别。众人无不哀叹!

光绪四年(一八七八),咸丰年间任山长的贵州贵筑人黄彭年重主莲池书院,不但提倡经世济用,以培养体用兼备之材为办学宗旨,还筹集资金大肆置书,计购得三万三千多卷。由此,奏请直隶总督李鸿章将莲花池之万卷楼拨归书院,"增椟十，别以十干；续增椟十二，别以十二支，藏之万卷楼。楼之前辟学古堂，置之长，佐以斋长、使典守焉。楼之下为学者观书之所，日有所课，月刊一册，行之数年，朴学之士，济济盈庭矣”。[15]何澄入学时，“万卷藏书楼”依在，只是书院的讲席和山长换为曾任深州、冀州知州的吴汝纶。而在吴汝纶掌院的七八年中，莲池书院传统的“学古堂”人才辈出，已然成为北方的学术中心；为了培养造就救国于颓弱的真才，吴汝纶在创办了西文学堂之后，又于一八九七年九月，开设了东文学堂。

吴汝纶（一八四〇～一九〇三），字挚甫，又字至父、质夫，安徽桐城高甸人。晚清著名学者、教育家，桐城派古文家，当时即有“海内大师”和“古文宗匠”的盛名，也是一位兼通新旧、融合中西的新派人物。同治三年（一八六四），举江南乡试，中式第九名举人。同治四年（一八六五），入京会试，中式三甲第一名进士。同治五年（一八六六）冬，辞去清廷内阁中书差事，进入曾国藩幕府。在幕中，吴汝纶除了起草章奏，办理钱粮事务外，得以专心读书、作古文，且时与曾国藩论学。在曾国藩幕府，吴汝纶另一大收获是涉足“夷务”，了解“夷情”，遂对中外关系和西学有了全新的认识。同治十年（一八七一），经曾国藩推荐，吴汝纶到直隶深州任知州。同治十三年（一八七四），曾入江苏巡抚张树声（字振轩，安徽合肥人，淮军将领）幕。光绪二年（一八七六），到天津入直隶总督兼北洋大臣李鸿章幕。光绪五年（一八七九），代理天津知府。光绪七年（一八八一），任直隶冀州知州。光绪十四年（一八八八）辞官，就任保定莲池书院讲席、山长。

光绪二十七年（一九〇一），吏部尚书兼学部大臣张百熙[16]有奏举吴汝纶为京师大学堂总教习的奏折：

> 窃维大学堂之设，所以造就人才，而人才之出，尤以总教习得人为第一要义，必得德望具备、品学兼优之人，方足以膺此选。臣博采舆论，参以旧闻，惟前直隶冀州知州吴汝纶，学问精粹，时事洞明，淹贯古今，详悉中外，足当大学堂总教习之任。臣素悉吴汝纶籍隶安徽，同治乙丑进士，为前大学士曾国藩门人。其为学一以曾国藩为宗，任冀州后澹于荣利，不复进取。前大学士直隶总督李鸿章尤重之，延主保定莲池书院多年，生徒化之，故北方学者以其门称盛，允为海内大师。以之充大学堂总教习，洵无愧色……[17]

光绪二十八年正月初六日（一九〇二年二月十三日），吴汝纶被清廷“著赏加五品卿衔,充大学堂总教习”。[18]吴汝纶被命为京师大学堂总教习后,考虑到张百熙听命于荣禄,且思想保守,再加总教习没有什么人事权,办新式大学堂恐难有成绩,坚辞不就。后因清廷圣旨已下,若再不就,张百熙会面临被弹劾的危险。于是,吴汝纶与张百熙商量了一个折中办法:先派他去日本考察学制,回来后再定就任与否。光绪二十八年五月(一九〇二年六月),吴汝纶访问日本,调查日本学制。在日访问后期,写成《东游丛录》一书,此书遂成为晚清最高教育当局派员访询日本明治维新以后教育制度的第一份调查报告。同年九月,吴汝纶回国,先回家乡安庆创办了桐城中学。光绪二十九年正月十二日(一九〇三年二月九日),不幸因病在家乡辞世。

何澄所进的莲池书院东文学堂,因主要经费系“提淮军公所岁修余款四百金”,所以学生名额定以安徽籍二十名,外省十名。学期为五年,最短为三年,“不满三年,不得他往、辍业。违者,无论皖省、外省,一律罚出五年修金,照每月二两核算”[19]。为把东文学堂办好,吴汝纶专门订有奖惩学生的章程,不但对入学的学生殷殷期许,同时也有许多严格的纪律。其奖励措施主要是仕进之路:“现拟一年之后,挑选高等生送入同文馆三班学堂;二年之后,挑选高等生送入同文馆二班学堂;三年之后,挑选高等生送入同文馆头班学堂。一入同文馆,不惟月有膏火,并为入仕径路。每届钦差出使,必酌带同文馆学生数员。愿出洋者,即可随往历练,储为使才之选。其不送同文馆留堂肄业者,但能用心精进,不患无仕进之路。”[20]东文学堂的堂规堂律主要有三条:

> 一、东学一似中学,人读一书,同学二三十人,皆应合班受业。其敏钝不齐,应分两班者,亦由教习酌定。无论一班、两班,皆应同班共学,不得一人落后。虽风雪阴雨,不得旷功不到,不得以家有事端,或藉口小病,率行请假。
>
> 一、本生或患病,或有昏丧大事,必应告假者,假满应暂停中学,每日上午亦讲习东学,加班勇进,庶冀追及同班,与之共学。以中学入执一业,进止可以自由,东学则同班共读一书,先后不可参差也。
>
> 一、学生自家至学,路有远近,诚恐参差不齐。今议特立提调一员,督率进退。每日提调到后,倘有学生未到,应遣人立追。其散归时,俟学生毕归,提调始去[21]。

何澄入学以后,古文和日本语文兼习。上午在所居的房子里攻读古文,下午一时，与全班同学齐集于保定淮军公所，在学受业。

何澄莲池书院的同学中有三位大名鼎鼎的人物：一位是中国历史上最后一名状元刘春霖，一位是中国现代大藏书家傅增湘，另一位是国民党元老张继。

刘春霖（一八七二～一九四四），字润琴，号石箕，直隶肃宁人。光绪三十年（一九〇四）甲辰科状元。一九〇七年赴日本留学，入东京政法大学补修科。一九〇九年归国，被清廷授翰林院编修，后任福建提学使、直隶政法学校提调、北洋女子师范学校监督。一九一七年，任“中央农业试验场”场长。南京国民政府成立后，赋闲北平，以鬻字自给。热心公共事务，成为社会贤达。著有《六十自述》等。

傅增湘（一八七二～一九四九），字叔和，初号润元，后号沅叔，别署双鉴楼主人、藏园居士等，原籍江西抚州府金溪县，出生在四川江安。光绪十四年（一八八八年），应顺天府乡试，中第一百九十八名举人。光绪十七年（一八九一年），入莲池书院受业。光绪二十四年（一八九八），参加戊戌科会试，中第二甲第六名进士，选翰林院庶吉士。一九〇五年始，先后创办天津女子公学、高等女学、北洋女子师范学堂、京师女子师范学堂。一九〇八～一九一一年，任直隶提学使。武昌起义后，为南北议和之北方代表。一九一七年十二月四日至一九一八年五月十五日，任北京政府教育总长。“挂冠以后，定居北平，闭户不交人事。所居有山石花木之胜，取东坡‘万人如海一身藏’之句，颜之曰‘藏园’。聚书数万卷，多宋、元秘本及名钞精椠”[22]。“藏园”内另有“双鉴楼”，以其元刊《资治通鉴》及宋百衲本《资治通鉴》冠名；后又得南宋内府写本《洪范政鉴》，“双鉴楼”更名副其实。抗日战争爆发后，傅增湘滞留北平，任日伪东亚文化协会副会长。傅增湘故后，其家属将部分藏书和手校之书分别捐给国立北平图书馆和四川大学图书馆，另有一批藏书在新中国成立后散出，“藏园群

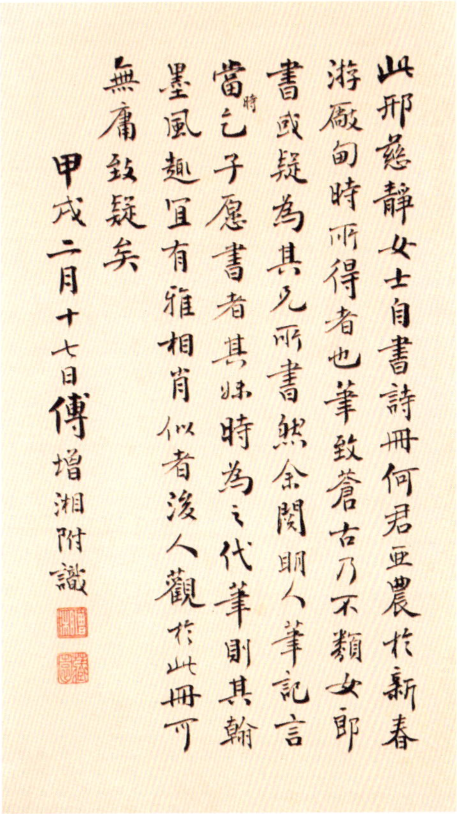

傅增湘为何澄所藏《邢慈静草书七绝册》题跋

书”就此散尽。一九五〇年一月一日，邓之诚在日记中对傅增湘所藏宋元板书的来源有另外一说：“闻傅增湘故后，其家属以百衲本《通鉴》、元绍兴本《通鉴》及所校书二百馀种献诸政府得褒奖。傅之书皆由巧取，清季为直隶提学时，尽窃莲池书院宋元板书，仅留元刻《东莱博议》一部不取。三年前已献过所校书一部分矣。”[23]

张继（一八八二～一九四七），原名溥，字溥泉，河北沧县人。一八九八年，随父张以南（任保定莲池书院斋长）来到保定，在莲池书院学习。一九〇二年，东渡日本早稻田大学学习经济。一九〇五年加入中国同盟会，任同盟会机关报《民报》编辑兼发行人。一九〇八年，因热衷无政府主义活动，离开日本转赴法国，参与李石曾、吴稚晖、蔡元培、褚民谊等人创办的《新世纪》周刊编辑工作。辛亥革命爆发后回国，在民元国会上被选为第一任参议院议长。北伐结束后，出任南京国民政府司法院副院长兼北平政治分会主席，故宫博物院副院长。历任国民党中央监察委员、国民会议主席团委员等职，是国民党内著名的“西山会议派”主要成员。晚年主要负责国民党党史和民国史的撰写之事。一九四六年十二月，出任国史馆馆长，一年之后病逝于南京。

吴汝纶长莲池书院，有一个很奇特的健身习惯：每天朝起，必散步到保定城外一个小时许，而且是今天出东门，明天出西门，后天出西门，大后天出北门，循环往复不断。何澄注意到，后来在吴汝纶轮换着城门散步时，张继也每每随行。所以，何澄他们以后述张继受业于吴汝纶时，多以不得其文学而得其卫生之道作为笑谈。

一九〇〇年，义和拳运动从山东曹州府（大刀会）开始，经山东西北部（神拳）和直鲁交界地区（德州、故城、景州的义和拳），向华北八卦教的中心转移并迅速呈区域性扩大之态。五月初，义和拳从深州（武邑）传播到了何厚吾所署的安平县。安平只有四座小教堂，二十多户教民。这些外来拳民到来之后，在梅花左村开设了拳场，供奉了伏羲、吾（无极）等牌位。村里的绅士们对此看不惯，试图制止，但拳民肆无忌惮，以辱骂和拳脚相威胁。在此之前，朝廷曾晓谕各地“迅即严拿首要，解散协从。倘敢列仗抗拒，应即相机剿办，以昭炯戒”。何厚吾担心前不久发生在河间府和清苑县的拳民骚乱事件在安平上演，得讯后于五月十九日赶到这里，逮捕了开展义和拳活动的陈锅元等人，从拳场没收了“灵符”、“供物之黄豆一包”、“药末儿二包”、“传单一纸”、“传单名帖一卷”、“账簿一本”、“单刀十把”、“长枪四根”等物。这一逮捕、镇压义和拳的消息很快传遍城乡，从现场逃脱的百余拳民再次在拳场结集，摆出了和县衙对抗的架势。何厚吾看县衙里差役少，无法应付，于是向直隶布政使廷杰和按察史廷雍请求派兵，但由于廷杰和廷雍在“剿”与

"抚"的意见上相左，所以迟迟没有官兵前来。五月二十三日，安平县内的十四名绅士上访县衙，跟何厚吾说："城内及四乡人情汹汹，市面钱行、粮行吃紧异常。"并说明他们已与义和拳交涉，并曾向他们承诺：如果义和拳解散的话，愿意出面请求县官释放被逮捕的人。所以恳请何厚吾把捉起来的拳民放了，以安民心。何厚吾看到县衙门前的民众已逾千数，为稳妥地处理事态，不致使事态扩大，听从劝和，决定放人[24]。事后，直隶总督府给何厚吾派来的不是剿拳民的官兵，而是一纸因捕拿拳民陈锅元"办理不善，革职查办"的咨开。

六月四日，何厚吾族内大兄何乃莹被刚毅[25]推荐晋升为都察院左副都御史，六月五日便被朝廷委派与赵舒翘[26]前往涿州。一方面"宣布晓谕"，劝导义和团"一齐解散，各安生业"，一方面察看实际情况，然后上奏究竟是"剿"还是"抚"。事实上，义和团事件的最终结果，在很大程度上取决于他们两人实地调查的结果。六月八日，后出京的"主抚派"刚毅在良乡县窦店与赵舒翘、何乃莹会合。尽管赵舒翘认为义和团"皆市井无赖、乞丐穷民，殊不足用"[27]，且与刚毅意见不合，但何乃莹却站到刚毅一边，听从了刚毅的意见，"回京，揣太后意向之，不以实对"[28]。结果导致清廷在六月二十日的御前会议上议决"先照会各使馆，遣令出京，如不从令，乃以兵临"，并向各国发出最后通牒，从而造成一场宣战的"误会"和空前的庚子国难。

八月十四日，由英国舰队司令西摩尔率领的八国联军攻陷皇城。八月十五日晨，在一个本该团聚的日子，慈禧太后携光绪皇帝仓皇西逃。京师王宫近臣，强半不知，何乃莹则是少数扈从者之一。

慈禧太后在太原驻跸近两月，本想长久待在这里，可是和议尚无端倪，联军又扬言继续西进，遂急急起驾南行入秦。过了祁县、太谷，何乃莹特意安排两宫驻跸灵石。十一月四日，当两宫途经何乃莹的老家两渡时，两渡村人都伏在大道两旁高呼万岁万万岁！有些胆大的村人，一边喊万岁，一边抬起头来偷偷看慈禧太后的真容。直到现今，两渡村人还有"慈禧太后到过两渡"、"慈禧太后就住在两渡弥福堂(何思钧、何道生一门的老宅院)"之类的传说。灵石是个山区小县，哪里接待过皇太后皇帝?更没有接待如此庞大的两宫随从和护驾队伍的经验，所幸在何乃莹的指点下，官绅筹备有方，办理得力，不但没出什么差错，而且还得到两宫的嘉许。据当时县衙估算，灵石县接待两宫的花费一天高达三万银。此笔接待费用在慈禧太后回京后即由清廷藩库拨来，以示加恩。何乃莹有件事在两宫驻跸灵石时很是流传：有一护驾武官在灵石停留时，竟从县衙冒领差款三百缗。何乃莹查明确有此其事后，气愤至极："太后一路素衣将敝，豆粥难求，困苦饥寒，不如氓庶，宗庙社稷都快不保了，在这大难当头之时，你还敢冒领差款，实属罪该万死，立斩！”地方官绅闻之，无不感喟，拍手称快，盛赞何乃莹是个“对国家事知无不言，言无不中”的好官[29]。

慈禧太后偕光绪帝入抵西安后，列强的法德联军迅即占据了保定、定州，进驱正定、获鹿等城，士气大作，准备继续西进山西。此时，直隶总督长吏才想起何厚吾，爰建起一支号曰振远的新军，命何厚吾率之，以遏逆乱。之后，又命何厚吾率军坚守法德联军入晋的必经之道井陉。

一九〇〇年九月，江宁城守协副参将刘光才被任命为大同镇总兵，督率忠毅军取道山东、直隶西上，准备赶赴大同办理防务。行至威县（清属广平府，今属邢台）后，接到谕旨：“洋兵如果西趋，著即择地驻扎，相继堵御，毋落后者。”旋即星驰前进，抵达栾城（清属正定府，今属石家庄），与何厚吾的振远军、湖北的武功营汇合后，被命总统各军，“驻防井陉一带，以固晋东门户”，抗击法德联军突破娘子关[30]。就这样，在晚清两次大敌当前、国难当头的关键时刻，何厚吾皆是挺身而出，毅然举起义旗，与列强军队进行着生死的拼搏，维护了清国臣民抗争到底的尊严。

一九〇二年一月初，慈禧太后率两宫从西安返回北京，一月十三日即下谕旨将何乃莹以逢迎附和拳匪罪革职，永不叙用。何澄的堂叔父何福堃却因监刑被西方列强加罪的毓贤，擢升为护理陕甘总督。何厚吾则以“天子西狩，命守井陉，迎銮叙劳，赐四品顶戴”[31]，被北洋大臣、直隶总督袁世凯保署成安知县。未及上任，改署直隶承德府建昌知县。建昌县，清乾隆四十三年（一七七八）改塔子沟厅置，治所在塔子沟（今辽宁凌源市）。未几，再改署朝阳知县。光绪三十年（一九〇四），朝阳县升为朝阳府，辖朝阳、凌源、建平、建昌、阜新五县，何厚吾擢署知府。在署朝阳县、府期间，“境外蛮触，方争奸宼，乘隙蠢然肆虐，万民惊扰”。何厚吾以他两次出生入死练就的淡定，将这些突出的社会问题一一化解。他不循旧规，先后在文庙办起初等小学、高等小学，后又募捐创办了朝阳中学堂，在府辖五县内广揽学生。衙门内外和地方绅士对其评价：为政宽平，治理有方，植树造林，重视教育。何厚吾逝世后有百姓送的“万民伞”，长子何浙生一直存放在家中。何浙生幼子何滋鏐年少时在家里还看见过。

一场“义和团事件”，灵石两渡何家有三人被直接卷入其中。何福堃因国祸得福，由布政使擢升为总督；何厚吾先被革职，后被奖赏；何乃莹则被革职，永不叙用。同一事件，不同的命运，让何澄颇感官场的无情和悲凉。

“义和团事件”也中断了何澄在莲池书院东文学堂的学业。先是，办有西学和东学的莲池书院成为义和团围劫的重点，师生星散，吴汝纶挈全家老小避地深州，何澄则听从大哥何厚吾的叮嘱，到京城族内大哥何乃莹的教子胡同“养寿园”避难。同年八月，法德联军准备内犯，驻扎保定达十月之久，莲池书院半成灰烬，复学几无可能。好在一年之后，吴汝纶把原淮军公所资助莲池书院东文学堂的经费，转而资助由侄女吴芝瑛的丈夫廉泉[32]等人在北京创办的东文学社[33]，何澄得以在中岛裁之的教习下，继续日文学业。

光绪二十七年六月九日（一九〇一年七月二十四日），清廷与西方列强签订《辛丑条约》之后，朝廷规定“滋事”州府县的学子，五年之内都不再给予参加科举考试的机会，但先前的山西全省学子都不得参加乡试的传言，还是像一片不散的乌云笼罩在何澄头上。此时，清廷被迫推行的新政业已开始：光绪二十七年六月九日（一九〇一年七月二十四日），清廷设立外务部，班列六部之首；七月十六日（八月二十九日），下诏改科举，废八股；八月五日（九月十七日）正式发布《广派游学谕》，命各省选派留学生，学成分别赏给进士、举人出身：

> 造就人才，实系当今务急。前据江南、湖北、四川等省选派学生出洋肄业，著各省督抚一律仿照办理。务择心术端正文理明通之士，遣往学习，将一切专门艺学，认真肄业，竭力讲求。学成领有凭照回华，即由该督抚、学政，按其所学，分门考验。如果学有成效，即行出具切实考语，咨送外务部覆加考验，据实奏请奖励。其游学经费，著各直省妥筹发给，准其作正开销。如有自备旅资出洋游学者，著各该省督抚咨明该出使大臣随时照料。如果学成得有优等凭照回华，准照派出学生一体考验奖励，候旨分别赏给进士、举人各项出身，以备任用而资鼓舞。将此通谕知之[34]。

亲历了两次国耻的何澄，看到光绪皇帝鼓励“广游学”的谕旨后，遂决定自备斧资，专务实用，留学日本。何澄此举，诚如当时流行在知识界的一句反语：世界列强，英、俄、法、德、美、奥、意、日八国也，今以中国战败之后，无兵，无械，无饷，徒恃奸民邪教，手执大刀，杀洋人，焚教堂，围使馆，口念邪咒，不用枪弹，大刀一挥，洋人倒地，有此理乎？所以早觉醒者，大多认为再行科举取士之道与救亡求存来说，实在是无一用而有百害的千年家法，不跨出国门游学，不弃旧图新，永无晨鸡高唱、图强御侮的希望。

何厚吾赴建昌任后，何澄曾到建昌看望大哥并做出洋东游的决定，然后又到两渡何氏厚字辈族内大排行为四的何厚琦和排行为三的何厚忱署衙做临行前的告别。

何厚忱，凤凰厅同知，西丰县知县。加上何厚吾和何厚贻等人，灵石两渡何家厚字辈，在东三省已形成一个为清廷“挽救危局”的地方官僚群体。

然而，何澄的长兄们万万没有想到，跟随吴汝纶扬帆东渡的这位八弟，赴日后不过三年，就成为这个忠心耿耿服务了清廷七朝的科考世族的最终叛逆者。

注释：

① 平绥铁路局《铁路公报》，一九二八年第六期（一九二八年八月一日），局令第五一七号。

② 李治华著《里昂译事·〈红楼梦〉法译本的缘起和经过》，第一二二页，商务印书馆，二〇〇五年十二月。“《红楼梦》法译本的缘起和经过”一文，最早是中法文翻译家李治华于一九八二年在剑桥欧洲汉学会议上的讲演，后经改定刊发在《欧华学报》一九八三年五月第一期上。李治华的父亲李香谷曾在何乃莹家当过家庭教师，教何乃莹孙子英文和数学，全家在何府西跨院住了二十多年。由此，李治华对灵石两渡何家的人与事颇为熟悉，但也有一些失实之处。因李治华在文中记叙了在巴黎一同学处认识何澄二女儿何泽慧及在里昂去巴黎的高速火车上遇见何澄大女儿何怡贞和大女婿葛庭燧之事甚详，杨振宁看到这篇文章后，即把这篇长文复印下来，于一九八四年七月三日邮寄给葛庭燧。

③ 国家图书馆藏《清故朝议大夫何公（厚吾）墓志》；何泽宝旧藏《辽南征戍图册·元寯题识》。元寯，崇恩之孙，字博生，清宗室名画家。工书画，山水得其祖授笔法，秀润而有文士气。官江右道。

④ 此诗括注为何厚吾自注。

⑤ 戚其章著《甲午战争史》，第二四五～二四八页，上海人民出版社，二〇〇五年七月。

⑥ 国家图书馆藏《清故朝议大夫何公（厚吾）墓志》。

⑦ 何泽宝旧藏《辽南征戍图册·元寯题识》。

⑧ 何泽宝旧藏《辽南征戍图册·胡廷夔题跋》。胡廷夔，字子韶，山西繁峙人（一说浙江山阴人，寄籍繁峙），咸丰六年丙辰科（一八五六）进士。历官礼部主事、员外郎、郎中，山东道监察御史，四川顺庆府知府。

⑨ 戚其章著《走近甲午》，第三八一页，天津古籍出版社，二〇〇六年一月。

⑩ 同上，第三六八页。

⑪ 何泽宝旧藏《辽南征戍图册·元寯题识》。

⑫ 徐琪（一八五九～一九一八），字涵哉，又字玉可，号花农，浙江仁和人。光绪六年（一八八〇）进士。授编修，历官广东学政、兵部侍郎。有《花砖日影集》《粤轺集》。

⑬ “梅叟”即何乃莹。徐琪观《辽南征戍图册》并题诗于上时，何厚吾已故。

⑭ 祁寯藻集编委会编《祁寯藻集》第一册，第一六五页：《先君祭文》，三晋出版社，二〇一一年二月。

⑮ 保定市教育局史志办公室编《保定教育史料类编》，第三十五～三十六页，河北人民出版社，一九九〇年六月。

⑯ 张百熙（一八四七～一九〇七），字埜秋，号潜斋，湖南长沙人。同治十三年（一八七四）进士。甲午战争时，疏劾李鸿章阳作战备，阴实主和之罪。一八九八年，迁内阁学士，管理京师大学堂事务。戊戌政变起，因曾奏保荐康有为而被革职留任。一九〇一年，奏请改官制，理财政，变科举，办学堂，设报馆，嗣迁工部、礼部、吏部尚书，充管学大臣，主持京师大学堂，专门负责京师大学堂的恢复和筹建事宜，又创办医学堂、译学馆、实业馆，选派学生出国留学。一九〇二年，拟定京师大学堂、考选入学、高等学堂、中学堂、蒙学堂等各级学堂共六个章程进呈，被清廷以《钦定学堂章程》加以颁布，遂为中国近代史上著名的“壬寅学制”，张百熙以此成为中国近代教育改革的先驱。

⑰ 北京大学校史研究室编《北京大学史料》第一卷，一八九八～一九一一，第三〇五页，北京大学出版社，一九九三年四月。

⑱ 同上，第三〇五～三〇六页。

⑲ 施培毅、徐寿凯校点《吴汝纶全集》（三），第二七四页，黄山书社，二〇〇二年九月。

⑳ 同上，第二七五页。

㉑ 同上，第二七五～二七六页。

㉒ 傅增湘撰《藏园群书题记》：余嘉锡《旧序》第一页，上海古籍出版社，一九八九年六月。

㉓ 邓瑞整理《邓之诚文史札记》（上册），第四九八页，凤凰出版社，二〇一二年四月。

㉔ 北京大学历史系、中国近现代史教研室编《义和团运动史料丛编》第一辑，第二四八～二四九页：何子宽《义和拳民陈锅元等讯供保释案》，中华书局，一九六四年。

㉕ 刚毅（一八三七～一九〇〇），镶黄旗人，清末朝廷大臣。一八八五年起，先后任山西、江苏、广东巡抚，一八九六年起，累任工部、刑部、兵部、吏部尚书，一九〇〇年，为统率义和团对八国联军作战的大臣之一。八月，八国联军占领北京，随同慈禧太后西逃，在山西侯马病死。

㉖ 赵舒翘（一八四七～一九〇一），字展如，号琴舫，晚号慎斋，陕西长安人。同治十三年甲戌科（一八七四）进士。光绪二十一年（一八九五），任江苏巡抚。二十三年（一八九七），任刑部左侍郎兼礼部左侍郎，次年擢为刑部尚书。二十五年（一八九九），升任总理各国事务衙门大臣、军机大臣兼顺天府尹。一九〇〇年八月，八国联军攻陷北京后，随慈禧太后西逃。之后，被八国联军列为“惩办伤害诸国国家及人民之首祸诸臣”之一，一九〇一年二月三日“赐令自尽”。

㉗ 史晓风整理《恽毓鼎澄斋日记》，第二册，第七八五页，浙江古籍出版社，二〇〇四年四月。

㉘ 同上。

㉙ 李凯朋、耿步蟾修纂《灵石县志》，卷九“忠孝”第十八：《何乃莹》，民国二十三年铅印本。

㉚ 台北《山西文献》，第六十九期，第六十四页：刘光才《固关抗拒法德联军记》；国家图书馆藏《清故朝议大夫何公（厚吾）墓志》；岑春煊著《乐斋漫笔》，第十九～二十页，中华书局，二〇〇七年六月。

㉛ 国家图书馆藏《清故朝议大夫何公（厚吾）墓志》。

㉜ 廉泉（一八六八～一九三一），字惠卿，又作惠清，号扁笑，又号南湖、岫云，别署南湖居士、小万柳堂，法名显惠和南，江苏金匮人。妻为带何澄赴日的桐城文学家吴汝纶侄女吴芝瑛（吴芝瑛系吴汝纶弟吴鞠隐之女，擅联语，“小万柳堂”集句短联，多出其手）。光绪二十年（一八九四），中式江苏省乡试第十名举人。光绪二十三年（一八九七），任清廷度支部郎中。光绪三十年（一九〇四），移居上海。光绪三十二年（一九〇六），在上海曹家渡筑帆影楼。同年，创办文明书局，为中国近代最早教科书专业出版社之一。光绪三十三年（一九〇七），在曹家渡新筑小万柳堂。光绪三十四年（一九〇八），在杭州西湖苏堤第一桥筑小万柳堂，于是人称吴芝瑛为万柳夫人。一九一四年四月赴日本东京，参加大正博览会，设小万柳堂书画陈列室。同年，在神户筑别业诹访山下，名“三十六峰草堂”。一九一五年娶日本春野为如夫人。一九二〇年回国后，募赀建良弼祠，为良弼编印《天荒地老录》，在北京潭柘寺编校柯劭忞《蓼园诗》。一九二四年，有《中山先生有东坡海外之谣诗以哭之》《闻中山先生病起喜而有作》诗作。一九二七年，任江苏省教育经费管理处处长。著有《剪淞留影集》《东游草》《南湖集》《梦还集》《梦还续集》，刊印自藏《名人书画扇集》。

㉝ 施培毅、徐寿凯校点《吴汝纶全集》（三），第三七〇页：《上李相（李鸿章）书》，黄山书社，二〇〇二年九月。

㉞ 陈学恂、田正平编《中国近代教育史资料汇编·留学教育》，第四页，上海教育出版社，二〇〇七年四月。

三　负笈东瀛入清华

光绪二十八年五月初四日（一九〇二年六月九日），何澄跟随考察日本学制的吴汝纶从塘沽登上赴日的邮船[①]，开始了他求知求新、学切实可法者的征程。

在东渡的这条船上，与吴汝纶同行的还有京师大学堂提调官、浙江补用道荣勋（时任清廷文华殿大学士荣禄的侄婿），京师大学堂提调官、兵部员外郎绍英等五名文武官吏和其他十五名或官费或自费的学生，何澄在京城的日文教习中岛裁之亦以翻译身份同往[②]。

乘船浮海了六天，船入高丽湾，左右有远山，有同行者指着一海岬告诉吴汝纶："此甲午战时初击高升船处也，距高丽仁川四十英里，士人呼为黄海冲。"[③]六月二十日，船至长崎，清国驻长崎领事邹小清先派翻译唐宝锷[④]登船相候，邹小清则陪长崎县知事荒川义太郎上船拜访吴汝纶；随后上船拜访的有大阪《朝日新闻》报社长崎通信部主任山本静、大阪《每日新闻》社长崎特派员田代直树、《长崎新闻》报记者上野秀次郎。

六月二十一日，船抵马关，靠岸停泊。因此关是日本本国海船上煤之最佳良港，所以往来中国的邮船往往要在此泊舟几个小时，直至把邮船所用动力煤装好后再开行。但在这个甲午战败的媾和之地，凡中国人，没有不痛心的；凡晚清思想进步的知识分子，没有不会背诵黄遵宪这首伤心千古的悲歌的：

括地难偿债，台高到极天。
行筹无万数，纳币一千年。
恃众忘蜂虿，惊人看雀鹯。
伤心偿博进，十掷辄成鞬[⑤]。

吴汝纶欲上岸前往马关条约谈判处春帆楼一览，但中岛裁之不肯。吴汝纶只好在船上作诗写字，给上船采访的《门司新报》记者日野种吉、《福冈日日新闻》记者丁吉治、大阪《朝日新闻》特派员藤昌树各一首[⑥]。吴汝纶作诗写字时，何澄等众生徒均围绕在四周，其中的一首叫《过马关》，让何澄铭记在心，历年难忘：

> 愿君在莒幸无忘，法国摧残画满墙。
> 闻道和亲有深刻，欲移此碣竖辽阳[⑦]。

也许是为了缓解丧权辱国的媾和悲愤之情，邮船从下关开行不久，便见“左右皆山，浓树扶疏，耕渔错落，风景绝佳。入夜，渔火隐现如繁星，尤称绝景”[⑧]。在甲板上眺望，众人心情为之转好。六月二十二日，船抵神户。清国驻神户领事蔡薰（驻日公使蔡钧之弟）上船相候，神户同文学校干事、书记员郑焕之、教习陈秀峰、吴肇修、何天柱、钟龄、冯翼年等，挈领生徒十馀人来船欢迎吴汝纶[⑨]。吴汝纶等清国官员被兵库县知事用小轮船接走，何澄等留学生在清国留学生会馆神户招待员孙实甫的招待指点下，把行李贴明留学生字样，交与神户海岸清商盛源号当差，一一点清，然后拿上到时凭牌领物的铜牌，即上了口岸。那时到日本，不需要任何签证手续，如同在国内出省一样，自由进出。只是上岸以后，要把所带行李先

赴日的轮船（何泽明摄，何长孝提供）

早年到日本留学必经之路神户港

搬至税关，经过简单的查证：所带物品重量是否超过所规定的磅数，有无携带烟、酒、绸缎等入港时应课税的物件，然后即可通关。在清商盛源号吃饭休息之后，何澄和其他同学拿到孙实甫给他们代买的火车票，即从神户改坐火车前往东京。

一九〇二年，何澄摄于日本东京

火车经过一天的行驶，何澄一行到达东京新桥车站时已是次日的晚上。到站后，即有清国留学生会馆干事前来接站。在会馆干事的招呼下，何澄住进了距清华学校较近的一个下宿处，第二天即到清国驻日公使馆报名、留书信地址。此举，一为拿到公使馆开具的入学咨文或作保书；二为备案；三为便于查询、照料和保护。其时清国驻日公使为蔡钧，留日学生对其评价不高，认为“不学无术，善钻营，顽固自大”[10]。蔡公使对何澄还算友善，因为一听何澄说着一口京白，又是有清科考世族灵石两渡何家的后人，自然另眼相待，不但很快为何澄办好入学咨文，还问到何副宪（何乃莹）、何总督（何福堃）的近况。何澄一一禀答，颇有他乡遇故知的亲切。

公使馆的一切手续办好后，何澄顺路到理发店剪掉了辫子。割取这一缕青丝，在这个初渡异国的年轻人心头自有一番抛别旧主的决绝。不二日，他便到小石川区传通院旁的清华学校办理了入学注册手续。

清华学校占地面积不大，进了校门没几步，正面就是一座长方形的两层教学主楼，是一种很简陋的实用型建筑；楼门前厅设计为亭子状，很高，与二楼中间唯一的一个阳台差不多能挨住；屋顶很难看，前后长方形、左右正方形，就那么顺着坡向上合拢，除了四角多出四根柱头，没有一点装饰和美感，很像中国古代的石棺。主楼左手另有一座长方形的二层学生宿舍楼，学习和生活倒是很方便。

初入清华学校没几天，何澄便在江苏籍同学陆规亮、刘锺英处结识了后来成

一九〇二年的东京清华学校(选自《东方杂志》)

为国民党元老的吴稚晖[11]。吴稚晖此行的目的是携其十二三岁的女儿吴芙、外甥女冯元赛,好友女儿周佩珍(十二岁)、华桂(十六岁)、胡彬(即胡彬夏,十五岁)赴日游学。与吴稚晖同行的还有曹汝霖的二妹曾曹汝锦(理蕴,上海人),以及章宗祥的夫人陈懋勰(彦安,苏州元和人,二十三岁)。

曹汝锦,时年二十四岁,她的丈夫曾志忞与之同行,并把五岁的儿子宏杰带到日本准备入幼稚园。曹汝锦初入以从事中国女性留学教育闻名的下田歌子创办的实践女学校,一年后改入东京美术学校西洋画科。曾志忞入早稻田大学政治科,后因喜爱音乐,又兼入东京美术学校。归国后,终把副业当正业,成为民国早期著名的音乐教育家。

在吴稚晖此行所带最早赴日留学的女子中,当时年龄才十五岁的胡彬夏日后最有成绩,成为提倡女性在教育、社交、就业、财产以及人身自由等等基本权利的典范人物[12]。

何澄本来想,吴稚晖贵为"先生",本该乘坐一等舱的,但他乘坐的居然是比自己还要低一等的三等舱。这种舱,只有小小的圆形玻璃窗,以通空气,一遇上海浪,就要关闭,所以又臭又闷;舱铺也不是床,而是日本式"他他密",每人各占一席。由此，何澄对吴稚晖这位“先生”就有了一种距离极近的亲切感。经过攀谈，何澄知道吴稚晖早先叫吴眺，后改名“敬恒”以自警，因为他认为唯“敬”与“恒”方可肩天下之重任，又因景仰南朝诗人谢玄晖，便取字“稚晖”。生在常州武进雪堰桥，六岁时母亲病故，由外婆将其带到无锡养大，所以一口无锡话。当许多人把他当作是无锡人时，他总是笑着说：“说我武进人可，无锡人可，总之，是中国人也。”何澄听到这儿也笑着说：“我生在山西灵石，母亲病故后被长兄带到复州和京城，他们都是一口京话，我也跟着学会了官话，现在又借吴汝纶先生的帮助，得以到日本求学，所以您说我是山西人可，京城人亦可，总之，是中国人也。”说完，两位就如忘年交那般无所顾忌地哈哈大笑。此后，何澄经常乘吴稚晖前来或随江苏同学前去拜访之际，与其晤谈闲聊。吴稚晖说起自己的经历，不禁摇头苦笑：光绪十七年（一八九一），我乡试中举，次年参加会试未中，仍一心苦读求功名，简直是个只慕咬文嚼字的陋儒。何澄听说吴稚晖是个得过功名的举人，便有些惭愧：您中举已经够让我仰慕了。我才不幸，十五岁时，文章已完篇，正盘算遇上小考[13]之年便到县上考起，但因母亲病逝，丁忧服阕时又赶上甲午战败，连个秀才也不能考。后来入了莲池书院，能考了，先是戊戌变法，再是庚子之乱，什么又都不能考了。您早知“秀才乃宰相之根苗”，我连这求功名的第一阶级都没踏上，还能求什么功名？只好读读洋装书试试看。吴稚晖说：西学好，西学可以救己也可以救国。我也是直至甲午惨败，方觉中国不能不学西方工艺，学了西方工艺，才能造大炮机关枪。当时却也颇遭守旧的“正人君子”所疾视，看作一种怪物。丙申（一八九六）那年，张之洞允许康有为办《强学报》，因为用了孔子纪年，第一期出版，即停刊了。我们也不大相信康有为，因为他叫康祖贻的时节，传说年纪未满三十，已留了长胡子，作了《孔子改制考》等等，当时却骇怪得利害。他自号长素，意思是长于素王，孔子是老二，他才是老大。此时他又用起孔子纪年，所以他虽在一八九五年号召“公车上书”，终疑心他不伦不类，是江湖一类的人物。是年五月，《强学报》停刊，七月，《时务报》又在上海出版。梁启超的议论，大家方惊异是闻所未闻，才承认康、梁都是了不起的“维新党”。一八九七年冬天，我在北洋学堂教书，放了年假到北平米市胡同去看康有为，大家论到最重要的问题，还是八股、小脚、鸦片三害。我说：“八股，我们可以自动不赴考，小脚，可以不缠，鸦片，可以相戒不染。”康有为就伸了两个大拇指狂喊：“好极了呀，好极了呀！”那种气概，现在是三四等政客都优为之的，当时我们却从未见过，不觉惊异是天人。光绪二十四年戊戌科（一八九八）会试，我真自动地不赴考，而梁启超却还去入场，更暗惊他们说话不大当话，更懒得亲近他们。后来我到南洋公学教书，盛宣怀[14]是面长面短，我都无缘相识，章太炎却骂我是盛宣怀的洋奴，真太无聊了。一八九八年春天，我在北洋学堂教书，其时北洋校长，名曰总办，是宁波王苑生[15]先生，那是一个透新的人物。他与夏穗卿[16]、严又陵[17]等，正作《国闻杂志》，译载《天演论》，作《国闻日报》，讲新政治。我自以为新的厉害，可是学生和王校长都说我是保皇，于是一气之下，就辞职到了上海南洋公学教书了。时值六月，康、梁在北京大变法，我自以为毕竟是个维新党，当然也大兴奋，也在无锡怂恿朋友，在崇安寺立下一个学堂。能立学堂，当然自认进步。我在学校有三句口号，叫做："皇帝与百姓打官司，我助百姓；先生与学生打官司，我助学生；老子与儿子打官司，我助儿子。"为了师生同理校务的主张，没通过，就又离了南洋公学，东渡日本高等师范学校学教育，这是一九〇一年三月的事了。

维新人物的这些趣事，何澄是第一次听说。他所崇拜的圣人康有为和梁启超竟是如此好玩，如此存有变数；教他睁开眼睛看世界的《国闻日报》，原来竟是这么几个人办的，不免对吴稚晖有相见恨晚的感慨。又一天，他问吴稚晖缘何带了这么多女眷和女孩子到日本？吴稚晖说：去年冬天，两广总督陶模和广东巡抚德寿招我去办广东大学堂，我在广东看见了官场内幕，觉得格格不相近，在一九〇二年招考完毕，就请胡展堂（胡汉民）带二十六名粤派官费生由香港赴日，我则离粤抵沪，即回无锡偕夫人带了留学的亲友复至上海，一同再来日本求学[18]。何澄听完急问："您夫人和您所带的这些太太小姐也要到日本求学？"吴稚晖反问何澄："不带她们出来，还不是八股、小脚、鸦片？"此刻，何澄对自己到日本游学已经感到是一件不可思议的事了，听到吴稚晖所带家眷和女生也来游学，更惊愕得说不出话来："那她们都上什么学校？"吴稚晖告他：曹理蕴、陈彦安、华桂、胡彬她们打算寄宿在东洋女士下田歌子家，并入她所办的华族女校[19]。周佩珍、俞文婉、冯元赛、吴芙她们四个，拟分别入中小学校。

听吴稚晖如此轻松讲出，何澄好奇地问：下田歌子受过什么教育，竟能开办华族女校？吴稚晖告诉他：下田歌子，一八七二年入日本皇宫，当"女官"，其实是地位较高的一种宫女。一八七九年结婚后离开皇宫，但婚后不久她丈夫就去世了，遂从国家主义立场出发，投身到女子教育事业之中。为了把日本上流家庭出身的女子培养成贤妻良母，她于一八八一年开办了桃夭女塾。开办女塾前后，还曾前往欧美各国考察教育，眼见大开。一八九八年，为防止妇女劳动问题于未然，同时为了解决有损日本国家声誉的妓女海外卖淫问题，发起组织了帝国妇人协会并担任会长。一八九九年，创立实践女学校。中国人开始留学日本的时候，担任日本华族女校的学监。她十分关心清国的教育问题。清国官员前往日本考察，也经常拜访她[20]。“听君一席话，胜读十年书”，何澄顿感走出来真是海阔天空，神人奇人无处不在！

每天正午时分，位于东京千代田区江的户城天守阁遗址处都要施放午炮。午炮一响，公司休息，学校放学，开始午餐。还有幽默诗曰：“家家筷子响，乃午炮之回音。”留学指南一类的书上没有说到这件事，何澄对此不解，乃问吴稚晖。吴稚晖告他：“呵，这打午炮起源自明治四年（一八七一）九月九日，在我国，这一天是登高望远之日，而日本当时的太政官却接受了兵部省的提案，将这一天定为打午炮报时的开始日，目的是为了培养和加强国民的时间观念和意识。”[21]刚到东京的何澄，还没有被东京的午炮击中，已被吴稚晖这门“启蒙大炮”轰倒……

在东京就与吴稚晖相识，对何澄以后成为革命党人有着脱胎换骨的影响。吴稚晖一年前在东京高等师范学校就读时，常至清华学校与范源濂[22]、蒋百器[23]、蒋百里[24]、梁启超等往还纵谈[25]，对清华学校的情况极为熟悉。原来，清华学校亦叫东亚商业学校，其前身是由逃亡到日本的梁启超向郑席儒、曾卓轩等横滨华商募款三千元，于一八九九年九月在东京牛込东五轩町设立的东京大同高等学校。因横滨在一八九七年已有康有为的弟子徐勤创办的一所大同学校，所以特加“东京”以别于早两年创办的大同学校。最初的学生有前湖南时务学堂旧生林圭（亦名林锡圭）、秦力山、范源濂、李群、蔡锷、周宏业、陈为璜、唐才质、蔡锺浩、田邦璇、李炳寰等十馀人，再加上由横滨大同学校转过来的冯自由、郑贯一、冯斯栾、曾广勷、郑云汉、张汝智等七人，一共才近二十人，多是流

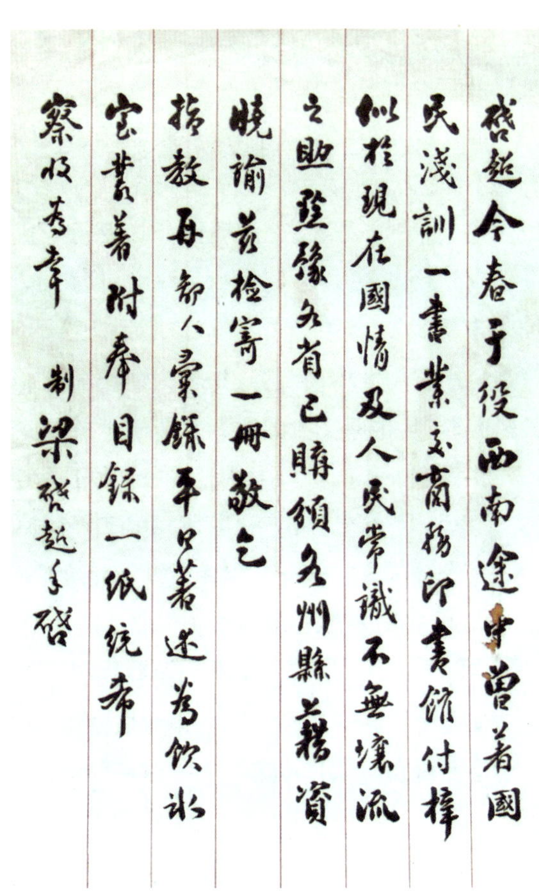
啓超今春于役西南途中曾著國
民淺訓一書業交商務印書館付梓
似於現在國情及人民常識不無壤流
之助茲緣各省已購頒各州縣普資
曉諭茲檢寄一冊敬乞
指教再鄙人彙錄平日著述為飲冰
室叢著附奉目錄一紙統希
察收爲幸　制梁啓超手啓

一九一六年，梁启超就商务印书馆出版其新著《国民浅训》致何澄信（何澄旧藏，何为群提供）

亡到日本的各种维新人物。东京大同高等学校由梁启超任校长，日人犬养毅[26]的亲信柏原文太郎[27]为干事[28]。

光绪二十六年(一九〇〇)夏季，清末维新派领袖之一唐才常[29]成立自立军。乘八国联军攻占北京，慈禧太后偕光绪帝出逃之际，密谋于八月二十三日在武昌、汉阳、汉口三处同时起义，武装勤王。于是约赴日留学生中有志返国者相助。东京大同高等学校湘籍学生几乎全部响应，校外则有傅良弼、吴禄贞、蔡丞煜、黎科、郑葆丞、张煜全、戢翼翚等返国策动，在当时总数不过一二百人的留日学生中，就有二十馀人回国参加这次起义。然而，自立军未起先败，湖广总督张之洞在英国驻汉口领事的告密和默许下，抢先于八月二十一日凌晨，由都司李士桓捕获藏匿在英租界内李慎德堂的会党邓永材、向联申。审讯之后，得悉唐才常等自立军起义骨干在宝顺里，遂以兵围，逮捕了唐才常、林圭、李虎生和日本人甲斐君靖等三十馀人。除秦力山、吴禄贞、戢翼翚等少数人逃脱外，唐才常等起事者二十馀人于八月二十二日在武昌紫阳湖畔被杀害[30]。东京高等大同学校的第一批学生就此消亡。

而在自立军起事之前，梁启超因在《清议报》上屡屡发表"排满"言论，深为康有为不满，遂于一八九九年十二月派叶觉迈携旅费至日，强迫梁启超远赴檀香山设保皇会，另派麦孟华[31]代理校务。麦孟华代理校务后，以"诸生咸心醉民族主义，与保皇会宗旨不合"，废止了汉文讲席，而把这所学校改为攻读日文的专修学校。未及多久，校中经费不继，渐到无法维持的地步，遂改由清公使蔡钧接办，校舍迁至小石川区传通院旁，易名为清华学校，以表示大清统治中华之义云云。校长是犬养毅，柏原文太郎和湖北留学生总督钱恂[32]任监督。

一九〇一年四月二十八日，清华学校易名曰东亚商业学校(对外亦称清华学校)。之所以改名，是由于"商业与国家兴亡关系密切，内政和外交亦以商业为基础"。在举行创校典礼时，来宾有前首相大隈重信[33]、贵族院议长近卫笃麿等日本知名人士，还有横滨华侨百馀人。校长仍是犬养毅，学生有一百馀名。除旧生外，新来者颇不乏人，其中王宠惠[34]、蒋尊簋、蒋方震是该校最著名者[35]。

何澄是清华学校易名后的第二届学生，山西籍学生只他一人，也是清末出国潮中山西自费游学日本第一人。何澄的清华同学共有五十五名：

直隶同学五人：

张殿玺，字璧堂，直隶衡水人，时年二十五岁。

张书诏，字子纲，直隶衡水人，时年二十三岁。

杨毓萃，字鹿宝，直隶丰润人，时年二十岁。

李士熙，字季芝，直隶永年人，时年二十岁。

陈之骥，字舛良，直隶丰润人，时年十九岁。

江苏籍同学十三人：

顾次英，字水畦，江苏南汇人，时年三十岁。

蒋凤梧，字韶九，江苏常熟人，时年二十八岁。

陆规亮，字以行，江苏松江人，时年二十九岁。

刘锺英，字东海，江苏松江人，时年二十四岁。

陆梦熊，字渭渔，江苏崇明人，时年二十三岁。

吴钦廉，字一清，江苏金山人，时年二十二岁。

盛郁文，字迴新，江苏华亭人，时年二十一岁。

李益新，字铭文，江苏海门人，时年十九岁。

陆家鼐，字味辛，江苏崇明人，时年十九岁。

董瑞熙，字缉唐，江苏吴县人，时年十九岁。

张肇熊，字谓生，江苏金匮人，时年十八岁。

华　鸿，字裳吉，江苏金匮人，时年十八岁。

冯鸿图，字翔甫，江苏崇明人，时年十四岁。

浙江籍同学十三人：

虞祎祺，字子瑶，浙江镇海人，时年三十六岁。

高　平，字运枢，浙江上虞人，时年三十一岁。

周承德，字翼舜，浙江海宁人，时年二十六岁。

陶成章，字焕卿，浙江会稽人，时年二十六岁。

经亨颐，字子渊，浙江上虞人，时年二十七岁。

张竞仁，字心縠，浙江海宁人，时年二十五岁。

施绍堂，字德南，浙江吉安人，时年二十四岁。

陈　威，字公孟，浙江山阴人，时年二十三岁。

丁嘉樨，字拜尧，浙江山阴人，时年二十岁。

胡濬济，字沇东，浙江慈溪人，时年十七岁。

钱家沅，字武斋，浙江仁和人，时年十九岁。

姚永元，字伯和，浙江嵊县人，时年十八岁。

潘国寿，字君颐，浙江乌程人，时年十六岁。

湖南籍同学八人：

许　翔，字子训，湖南善化人，时年三十四岁。

杨子玉，字凤生，湖南埡口人，时年三十一岁。

张伯良，字葆光，湖南芷江人，时年二十八岁。

许　兼，字绍周，湖南善化人，时年二十四岁。

曾继焘，字乾伯，湖南新化人，时年二十三岁。

龙毓峻，字飏原，湖南攸县人，时年二十二岁。

李念嗣，字彦士，湖南长沙人，时年十五岁。

许定一，湖南善化人，时年十四岁。

贵州籍同学五人：

黎　迈，字再稚，贵州遵义人，举人出身，时年二十一岁。

毛邦伟，字少猷，贵州遵义人，举人出身，时年二十一岁。

遵义蹇氏有三人入清华。其中两个都叫蹇先伟，一个字方舛，一个字经升，时年都是二十一岁；另一个叫蹇先骢，字恒驹，时年十六岁。

广东籍同学六人：

甘歒元，字璧笙，广东香山人，时年二十九岁。

钟　铁，字朗山，广东嘉应人，时年二十二岁。

陈子鋥，字韵楼，广东新会人，时年二十二岁。

鯱应荣，字声远，广东香山人，时年十八岁。

万室镛，字楚璧，广东香山人，时年十六岁。

萧宝镛，字楚璧，广东香山人，时年十六岁。

福建籍同学二人：

陈与年，字筱远，福建闽县人，时年二十三岁。

王　任，字勇公，福建闽县人，时年十九岁。

江西籍同学一人：

熊正瑄，字冬老，江西南昌人，时年十六岁。

云南籍同学一人：

杨骏业，字质斋，云南昆明人，时年十九岁[36]。

何澄的这届清华同学中日后颇有几位知名者，如：陆梦熊，归国参加了学部举行的第二次游学毕业生考验，廷试上列一等，被授予商科进士；陶成章，光复会著名领袖，辛亥革命重要人物；近代著名教育家、篆刻家经亨颐；长期担任北京女子高等师范学校校长并著有《中国教育史》的毛邦伟；北京大学数学门最早的两位教授之一、中国现代数学教育早期代表人物之一的数学家胡濬济。

清华学校本以"日内政，日外交，其才悉此校是赖，商业云乎哉！商业云乎哉！"[37]但从何澄这届学生毕业后的走向来看，从事商业的微乎其微，反倒是终生从事教育者众多。

何澄入校时，孙中山尚未为留学生所知。由于梁启超所办东京大同高等学校的"教材多采用英法名儒之自由平等，天赋人权诸学说，学生受此新知的洗礼，耳目为之一新。因此，该校学生多高谈革命，各以卢梭（法国哲学家、作家）、福禄特尔（法国哲学家）、丹顿（法国大革命期间的革命领袖）、罗伯斯庇尔（法国大革命时期的革命领袖）、华盛顿相期许……"[38]所以，东京高等大同学校具有浓厚的革新倾向。这种革新倾向一直延续到梁启超离开并改名为"清华学校"之后仍未散尽。谈到留日学生的政治活动，吴稚晖说："一九〇一年左右，留日学生约略分为清华派、大学派、士官派及不定派，其中以清华派的思想最为激烈。"[39]

果不其然，何澄刚入清华学校农艺科一个多月，就参加了成城学校"入校事件"请愿活动[40]，从而成为留日学生由"思想激烈"派向革命活动过渡的"新清华派"。

注释：

① 何澄《往事回想录》，一九一二年八月十九日；施培毅、徐寿凯校点《吴汝纶全集》（四），第七七四页，黄山书社，二〇〇二年九月。

② 郑德新著《中国教育近代化的起步——以吴汝纶教育思想和实践为中心的考察》，第四十五～四十六页，安徽教育出版社，二〇〇九年三月。

③ 施培毅、徐寿凯校点《吴汝纶全集》（四），第七七四页，黄山书社，二〇〇二年九月。

④ 唐宝锷（一八七八～一九五三），广东香山县人，出生在上海，系清廷专为学习翻译而于一八九六年派赴日本的第一批十三名留学生之一。

⑤《黄遵宪诗选》，第一四四页，中华书局，二〇〇八年一月。

⑥ 施培毅、徐寿凯校点《吴汝纶全集》（四），第七七五页，黄山书社，二〇〇二年九月。

⑦ 同上（一），第四四七页。

⑧ 钱单士厘著《癸卯旅行记·归潜记》，第三十二页，湖南人民出版社，一九八一年一月。单士厘，生于一八五八年，卒于一九四五年，祖籍浙江萧山，后迁居海宁硖石。晚清著名外交家钱恂妻子，著名核物理学家钱三强、何泽慧的伯母。《癸卯旅行记·归潜记》，被编辑家钟叔河称为

"中国第一部女子出国旅行记",因而有"女旅行家"的美名。此外,单士厘还有《受兹室诗稿》《懿范闻见录》《清闺秀艺文略》《闺秀正始再续编》等著述,有研究者称其为"当世女使"和中国"闺秀传统"、"才女文化"的彰显者。邱巍所著《吴兴钱家:近代学术文化家族的断裂与传承》(浙江大学出版社,二〇〇九年十月)第四章"单士厘:闺秀传统与近代知识女性",对单士厘的生平和著述有着详尽的研究。

⑨ 施培毅、徐寿凯校点《吴汝纶全集》(四),第七七五页,黄山书社,二〇〇二年九月。

⑩《曹汝霖一生之回忆》,第十九页,中国大百科全书出版社,二〇〇九年四月。

⑪ 何澄《往事回想录》,一九一二年八月十九日。

⑫ 房兆楹辑《清末民初洋学生题名录初辑》,第四十五页,台湾精华印书馆,一九六二年四月;舒新城编《近代中国留学史》(影印本),第一三一页,上海文化出版社,一九八九年四月。

胡彬夏(一八八八~一九三一),江苏无锡人,早年入读苏州教会景海女校。一九〇二年六月赴日,在实践女子学校学习。在日期间,与林宗素、曹汝锦等留日女生发起成立"共爱会",每月召集会议,讨论妇女教育和妇女权益问题;在《江苏》杂志撰文,提倡"振兴女学,恢复女权"。一九〇七年八月,与何澄从未谋过面的二姨子王季茝及曹芳芸、宋庆龄等一同赴美,入读威尔斯利女子学院。一九一三年,以优异的成绩在该校毕业。在校期间,积极参加留学生团体的各种活动,曾担任中国留美学生会中文刊物《年报》主编,促进中国留美学生专业进步的"中国艺术与科学学会(Chinese Academy of Arts and Science)主席。一九一四年回国后,与留美的哈佛大学毕业生朱庭祺结婚。一九一六~一九一九年,担任当时影响很大的《妇女杂志》主编,全力鼓吹改造家庭的观点。她认为:家庭是一个国家的基础,而中国的家庭几千年来已变得腐朽。中国女性在今后五十年的任务就是改造家庭,以便男人们能够全力以赴地投身到把中国建设成一个富强的国家的工作中去。而改造家庭需要有很强的能力,因此女性需要接受高等教育,以便担当起这个艰巨的任务。

⑬ 小考:科举时代有别于乡试、会试的一种考试,考中者便是秀才。小考先从县试开始,主试的是县官;县试完毕,就是府试,主试的是知府。县试、府试考过以后,便由学台主持院试(俗称道考)。院试考中了,才是一名秀才。然后才可以去乡试,乡试中式了,即为举人;又可以去会试,一直到殿试。旧时举世所艳称的进士、状元,就是以秀才为始基的。

⑭ 盛宣怀(一八四四~一九一六),字杏荪,又字幼勖、荇生、杏生,号次沂,又号补楼,斋名愚斋,晚年自号止叟,江苏武进人。清末著名政治家、企业家和福利事业家。一八七〇年,入李鸿章幕府,任行营内文案兼充营务处会办,旋调会办处陕甘后路粮台、淮军后路营务处会办。一八七三年,任上海轮船招商局会办。一八七五年,奉派督办湖北煤铁矿务。一八七九年,先后署天津河间兵备道、津沪陆线电报局总办、天津海关道、招商局督办、山东登莱兵备道道台兼东海关监督。一八九二年,调补直隶津海关道兼津海关监督,创办省立北洋大学堂。一八九四年,在沪筹设华盛纺织总厂。一八九五年,奏设天津中西学堂。一八九六年,以四品京堂候补督办铁路总公司事务;十一月,奏设私立上海南洋公学。一八九八年,创办中国通商银行。一九〇〇年,任会办商务大臣,驻沪办事。一九〇二年,先后任清廷工部左侍郎、邮传部大臣。一九一一年十月,迁

居日本。一九一三年，任招商局副董事长兼汉冶萍煤矿公司董事长。著有《愚斋存稿》《盛宣怀未刊信稿》；刻有《常州先哲遗书》《经世文续集》《林胡曾三公奏议》等。

⑮ 王修植（一八五八～一九〇三），字苑生，号俨庵，宁波人。光绪十六年（一八九〇）进士，授翰林院庶吉士、编修，外放直隶省道员，创办水师学堂。光绪欲意变法之时，草拟开铁路、设邮政、裁绿营、立学堂、废科举、开经济特科等十二章上奏。后任北洋大学总办兼定武军营务处帮办。一八九七年，与夏曾佑、严复等在天津创办《国闻报》；请求拨出海关款项，开设北洋西学官书局，普及科学知识。“义和团事件”初期，力谏不可轻信义和拳之神话。八国联军攻陷京城后，悲愤成疾病殁。著有《行军工程测绘》。

⑯ 夏曾佑（一八六三～一九二四），字穗卿，号碎庵、碎佛，浙江钱塘人。光绪十六年（一八九〇）进士，授礼部主事。一八九七年，任天津育才馆教师，与严复等创办《国闻报》，主持《国闻报》旬刊编务。戊戌变法失败，《国闻报》被迫停刊，亦被育才馆解聘。一八九九年，任安徽祁门知县，任满后寓居上海。在沪期间，曾任《中外日报》主笔。一九〇六年初，清廷派五大臣出洋考察，为随员之一。一九〇七年，充安徽省提学使司学务公所图书课长，旋任安徽广德、泗州知州，后任学部二等谘议官。一九一二年，先后任北京政府教育部社会教育司司长、高等文官甄别委员会委员。一九一六年，任京师图书馆馆长。著有《最新中学中国历史教科书》。一九三三年，商务印书馆重新印行时，改名为《中国上古史》。

⑰ 严复（一八五四～一九二一），乳名体乾，谱名传初。投考马尾船政学堂时改名宗光，字又陵。入仕后，改名复，字几道，晚号痛壄老人，别观我生室主人、辅自然斋主人、尊疑学者、痛壄堂主人，福建侯官人。近代中国开启民智的一代宗师。一八六六年冬，考入福州船政学堂（初名求是堂艺局），习海军。一八七七年，派赴英国，入格林尼次（今通译“格林威治”）海军学院学习。在英留学期间，对英国的社会政治发生极大的兴趣，涉猎了大量书籍，尤赞赏达尔文的进化论。一八七九年，离英回国，在母校任教习。翌年，李鸿章电召任天津北洋水师学堂总教习。一八八九年，赴京应顺天恩科乡试。一八九〇年，升为北洋水师学堂总办，一直任职到一九〇〇年。一八九七年，与夏曾佑等在天津创办《国闻报》，积极倡导西学的启蒙教育，第一次把西方的古典经济学、政治学以及自然科学和哲学理论较为系统地引入中国，启蒙与教育了一代国人。期间，翻译出版了赫胥黎的《天演论》，以“物竞天择”、“适者生存”的生物进化理论告诫国人“救亡图存”，在当时的知识界广为流传。黄遵宪在读了《天演论》后写诗云：“一卷生花天演论，因缘巧作续弦胶；绛纱坐帐谈名理，胜似麻姑背蛘搔。”一九〇二年，应聘为京师大学堂译书局总办。一九〇二年，协助马相伯创办私立复旦公学，任校长。一九〇九年，被派为宪政编查馆二等谘议官，后又被学部聘为审定名词馆总纂。一九一〇年，被清廷赏给文科进士、资政院议员。一九一二年，任京师大学堂校长。一九一三年，任袁世凯总统府外交法律顾问。一九一五年八月，列名为筹安会发起人之一，任理事。袁世凯死后，黎元洪继总统位，国会要求惩办祸首及筹安会六君子，避居天津。一九二一年十月二十七日，病逝于福州郎官巷寓所。著有《严几道诗文钞》《野堂诗集》等。另译有亚当·斯密的《原富》，孟德斯鸠的《法意》，约翰·穆勒的《群己权界论》，甄克思的《社会通诠》，斯宾塞的《群学肄言》，耶方斯的《名学浅说》等。后由商务印书馆辑印为《严译名

著丛刊》,并有《严复集》等。

⑱ 上海通社编《上海研究资料续集》(一九三九年八月),第一○一~一○三页:吴稚晖《回忆蒋竹庄先生之回忆》,一九八四年十二月,上海书店影印本。

⑲ 一九○二年,吴稚晖并不是率广东官派男学生赴日及所带上海、江苏学生的事考和行期,见桑兵著《清末新知识界的社团与活动》,第一六四页,三联书店,一九九五年四月。另据章宗祥《任阙斋主人自述》(上海市政协文史资料委会员编《上海文史资料存稿汇编》,第一卷,上海古籍出版社,二○○一年十二月),第三十九页:"数年以来,内地自费来学者日盛,适南洋公学有学潮起……吴稚晖亦以意见不合辞去教员职,偕退学诸人来东,并携其子女同行,共二十余人。陈颂平之妹彦安,与余已订婚,亦附舟至。与曾曹理蕰、钱包丰子(钱稻孙夫人)、蒯龚图常(蒯若木夫人)、方君笄、胡彬(胡雨辰侄女)、华桂(胡雨辰侄媳)等,同受学于下田歌子女史,进下田经营之实践女校,即寄宿其中。"

⑳ 一九○一年,中国女子留学生首次赴日,即师从下田歌子。华族女校系下田歌子在其实践女学校中开设的中国女生部。一九○四年,实践女学校又专门成立了附属清国女子师范、工艺速成科。

㉑ 董炳月著《"国民作家"的立场——中日现代文学关系研究》,第三十二页,三联书店,二○○六年一月。

㉒ 范源濂(一八七六~一九二七),字静生,湖南湘阴人。近代著名教育家。曾两次出任北京政府教育总长及首任国立北京师范大学校长。

㉓ 蒋尊簋(一八八二~一九三一),字百器,又名伯器,浙江诸暨人。一九○○年,以官费选送日本留学,毕业于日本陆军士官学校第三期。一九○四年,在东京加入光复会。一九○六年,加入中国同盟会。浙江光复后,被推为浙江都督兼民政长。袁世凯政府成立后,辞去都督,出国考察。一九二三年,任孙中山大本营参谋处主任。一九二六年,任浙江省政府委员兼军政长。一九二八年,任北伐革命军总司令部高等顾问等。

㉔ 蒋方震(一八八二~一九三八),字百里,晚号澹宁,浙江海宁人。中国近代兵学开山鼻祖、民国第一流军事家和军史学家。一九二一年,即在长沙公开演讲《军国主义之衰亡与中国》,主张中国以持久战对付日本的速决战,并断言日本大陆政策和所奉行的军国主义必败。抗日之始,中国对日即采取持久战方针,终使日本无条件投降。一九○一年,考中浙江公费赴日留学名额,毕业于日本陆军士官学校第三期。一九○六年,赴德国学习军事,在德国第七军充当实习连长。一九一二年,任保定陆军军官学校校长。之后,未被重用,只居客卿地位。一九三○年,因支持唐生智反蒋,在杭州被捕,转押南京,一年后被释放。一九三五年,任国民政府军事委员会高等顾问,同年冬赴欧洲考察。抗日战争爆发后,奉命赴德国请求军援,后又到意、法进行减少对日军火物资供应的外交活动。一九三八年,任陆军大学代校长。此时陆大由南京迁往湖南桃源,再迁贵州遵义,绕道湘桂公路前往接事时,于十一月四日在广西宜山病逝。有《蒋百里先生全集》留世。其所译美国斯迈尔《职分论》,历史学家吴相湘曾著文,备极推崇,言"今日仍值得阅读"。其女蒋英嫁给我国著名科学家钱学森。

㉕ 杨恺龄撰编《民国吴稚晖先生敬恒年谱》，第二十三页，台湾商务印书馆，一九八一年四月。

㉖ 犬养毅（一八五五～一九三二），字子远，号木堂，日本本冈山县人。庆应义塾毕业。一八八二年，立宪改进党成立时入党。一八九〇年，日本国会开设后，在第一次众议院选举中当选众议院议员，此后连续十七次当选，成为议会著名活动家。一八九七年，受日本外务省委托，派宫崎滔天、平山吉等人到中国调查秘密结社和会党活动，借此之际与孙中山相识。一八九八年，为大隈重信内阁文相。宪政党分裂后，离开宪政本党，于一九一〇年组织立宪国民党，主张打倒藩阀政府。大正政变时，与尾崎行雄等为护宪运动前驱，发起普选运动。一九二九年，为政友会总裁。一九三一年，任总理大臣；翌年，因五一五事件为少壮派军人山岸宏、三上卓等刺杀。犬养毅是日本政界同情亚洲民族主义运动的少数人物之一，曾广泛与中国志士结交。一九〇五年，中国同盟会成立，曾予相助。一九一三年，二次革命失败后，孙中山流亡日本，曾帮助孙中山在日居留。犬养毅汉学造诣颇深，号称日本政界“中国通”，著有《木堂丛谈》。

㉗ 柏原文太郎（一八六九～一九三六），日本千叶县人，号东亩。一八九三年东京专门学校毕业，以学业优秀受大隈重信赏识，随即任该校舍监，又为早稻田大学评议员。后与近角常规发起大日本佛教青年会，以谋复兴佛教。一八九八年十一月，担任东亚同文会干事，积极留意中国问题；十二月，协助亡命日本的康有为居留日本，后又助梁启超赴夏威夷。出任康有为、梁启超所主持的高等大同学校（牛込区）舍监。辛亥革命之际，与犬养毅同赴上海，协助革命党人组织临时政府。一九一二年以后，屡任众议院议员，又受同文会的委托，于中国各地设立学校。

㉘ 冯自由著《革命逸史》初集，第七十二页，中华书局，一九八一年六月。

㉙ 唐才常（一八六七～一九〇〇），字伯平，号绂丞，后改佛尘，自号洴澼子，湖南浏阳人。一八八七年考入岳麓书院，拜浏阳名学者欧阳中鹄为师，与谭嗣同属同门，与之订“生死交”，被称为“浏阳双杰”，是南方维新变法的重要人物。百日维新失败后逃往日本。一九〇〇年夏，在上海组织正气会（后改名为自立会）。组织自立军，自任总司令，设总机关于汉口。曾邀社会名流和会党首领在上海张园（又称愚园）召开国会（亦名“中国议会”，容闳和严复分别任正副会长，唐才常自任总干事），宣布“保全中国自立之权，创造新自立国”，拥护光绪帝当政。会后赴汉口，准备起义，由于组织不严密，各处行动不一，匆促行事，且会党部各怀异志，轻易被清军官兵破获，被捕殉难。

㉚ 吴剑杰编著《张之洞年谱长编》（下卷），第六四〇、六四八页，上海交通大学出版社，二〇〇九年七月。

㉛ 麦孟华（一八七五～一九一五），字孺博，号蜕庵，广东顺德人。一八九一年，入万木草堂，成为康有为弟子。光绪十九年（一八九三年），与康有为同为癸巳科举人。系“公车上书”者之一。戊戌政变失败后，逃亡日本，协助梁启超创办《清议报》。一八九九年，任《清议报》主编，撰写了三百余篇宣扬保皇的文章，提倡学习日本维新，增强国力以救亡。一九〇二年，任《新民丛报》撰述，后随康有为在海外从事保皇党宣传组织工作。著有《蜕庵诗》。

㉜ 钱恂（一八五四～一九二七），字念劬，浙江湖州归安人。晚清著名外交家，国学大师钱

玄同长兄。早年肄业于国子监，后从薛福成幕，一八八九年，随薛福成出使英、法、意、比四国。一八九〇年，奉调俄国参赞。一八九五年，入张之洞幕，专办洋务文案，先后兼差湖北自强学堂、枪炮局、农务、工艺学堂提调。一八九九年初，被张之洞派充游学日本学生监督。张之洞镇压自立军后，钱恂对张之洞颇感失望，屡请辞差，一九〇一年改任湖北筹办处及交涉事务委员。一九〇三年，再任驻俄罗斯使馆参赞。一九〇五年，随五大臣以参赞身份随行出国考察。一九〇七年，充出使荷兰国大臣。一九〇八年，转任出使意大利国大臣。一九〇九年，被开缺，归潜吴兴。一九一二年，任浙江省图书馆馆长。一九一三年，在教育部社会教育司任职，与鲁迅同事。同年，任袁世凯总统府顾问。一九一四年，任参议院参政。一九一七年，任北京大学国史编纂处纂辑员。著述有《韵目表》《史目表》《重校唐韵考》《光绪通商综覈录》《中外交涉类要表》《东省铁路干线驿表》《师船图考》《帕米尔图说》《帕米尔分界私议》《中俄界约校注》《财政四纲》《日本政要十二种》《金盖樵话》《有清进书表》《清骈体文录》《壬子文澜阁所存书目》《日本法规大全解字》《日本军事教育编》《日本国民教育》《各国政治考》等。（据邱巍著《吴兴钱家：近代学术文化家族的断裂与传承》第三章《钱恂生平大略》《钱恂著述考释》缩编而成，浙江大学出版社，二〇〇九年十月）何澄游学日本，钱恂仍任清华学校监督，俩人想必是相识的。钱恂去世十九年、单士厘在法国巴黎去世一年后，何澄的二女儿何泽慧与钱恂、单士厘的三侄儿钱三强结婚。

㉝ 大隈重信（一八三八～一九二二），日本佐贺城人。明治维新之际，以尊王攘夷派志士身份参加倒幕运动。为明治政府的参议之一。在制定宪法和开设国会的问题上，与伊藤博文的主张相对立。一八八一年下野，组织立宪改进党。一八八二年，创设东京专门学校。一八八八年，为黑田清隆内阁外相，因为主张条约改正，遭玄洋社社员狙击，失去右脚。一八九六年，任松方正义内阁外相。一八九八年，任首相兼外相，主张东亚保全论，在康有为、梁启超等改良派的心目中，信望甚高。

㉞ 王宠惠（一八八一～一九五八），字亮畴，原籍广东东莞县，生于香港。蜚声国际的法学家。一八九五年，考入天津北洋大学堂法科。一九〇一年，赴日本留学，入东亚商业学校。一九〇二年，赴美国，就读于加利福尼亚州州立大学。一九〇三年，转入耶鲁大学，获博士学位。一九〇五年，加入中国同盟会。一九〇八年，考取英国律师资格。一九一一年九月回国，任沪军都督陈其美顾问。中华民国肇建，出任首任外交总长。一九二一年冬季，赴华盛顿参加九国会议。会中，以严斥日本“二十一条”无理而为世人津津乐道。一九二二年九月，出任北京政府国务总理。这届内阁，被胡適等知识分子誉为“好人政府”。一九二八年，出任南京国民政府司法院院长，在司法及立法方面贡献众多，最令人感快的是，收回了上海临时法院，因此举是取消各国在华领事裁判权的先声。一九三〇年，膺选为海牙国际常设法庭正式法官。一九三六年一月，向国际法庭请辞归国。一九三七年三月，任国民政府外交部长。一九四一年，任重庆政府国防最高委员会秘书长。一九四三年十一月，随蒋介石赴埃及出席开罗会议。一九四八年，当选为中央研究院院士。一九四九年赴台。一九五二年，任台湾私立东吴大学董事长。主要著作有《因学斋文存》等。

㉟ 冯自由著《革命逸史》初集，第七十三页，中华书局，一九八一年六月。

㊱ 房兆楹辑《清末民初洋学生题名录初辑》，第三十四～三十八页，台湾精华印书馆，一九

六二年四月。

㊲ 实藤惠秀著《中国人留学日本史》,第四十五页,三联书店,一九八三年八月。

㊳ 黄福庆著《清末留日学生》,第二一五页,台湾“中央研究院”近代史研究所,一九七五年七月。

㊴ 同上,第二二三页。

㊵ 何澄《往事回想录》,一九一二年八月十九日。

何澄旧藏“子庄启事”鸡血印章

四　罢课声援吴稚晖

成城学校创设于一八八五年，原名文武讲习所。一八八六年，始改为今名。一八九八年，浙江官派吴锡永等四名学生赴日习武备，开始代日本陆军省施行预备教育，于是成立了留学生部。从此，凡赴日习陆军的学生，即须先入成城学校接受预备教育，然后进入陆军士官学校。从该校毕业的学生，除武备生大部分进入陆军各校深造外，文科生几乎都能考进帝大或官立各高等专门学校，其办学成绩，为当时的中国学生所称道[①]。

最初，武备学生亦如文科系的学生，有官派者，有自备资斧者，肄业于成城学校的武备生，两者人数几乎相等[②]，“但不必使节保送”[③]。

光绪二十八年正月三日（一九〇二年二月十日），驻日公使蔡钧在东京九段坂偕行社宴请全体留日学生二百七十四人。这个偕行社，本是日本陆军军官于甲午战胜中国之后，公众集资所建，取义“同袍”，故有“偕行社”之名。蔡钧选择这么一个场所宴请留日学生，颇耐人寻味。偕行社因是陆军军官公所，不容他国国旗悬挂、飘拂在院门门墙，故是日的团拜会，只在主席台墙上悬挂了一个炫耀飞扬的中国龙的徽章。留学生于此，不免有故国河山之感。

这一日，从下午三四点，就有学生联翩结袂而来。刚到偕行社门口，就听得乐声洋洋，鼓声镗镗；进了厅堂，但见堂宇壮阔，庭园轩敞，留学生们或在里面列坐叙谈，或到庭园散步游观。约五时，有接待者引导蔡公使到。少憩，即喊“升堂”，蔡公使登上讲台与留学生相见。留学生没有行跪拜礼，而是鞠躬为礼。蔡公使答“如仪”，留学生监督钱恂进而讲话：“今日之会，诚未有之盛事，诸生甚感谢。惟自今以往，尚欲永享此种团聚之乐。因愿更有所请。”随即把同人所拟创办留学生会馆意见书递给蔡公使。蔡钧浏览之后，大加叹赏：“我必竭力替成之。”全体与会留学生同声应道："是必请极力提倡。"蔡公使旋讲话："昔吾旅欧洲时，虽遇一作苦之华工，犹以异城同乡之故，抱感于怀，辄眷眷不忍别，况诸君皆学生乎哉！中国之弊，莫大于上下隔绝，今日诸君聚首言欢，此乐何极。诸君离乡别井，万里负笈，未尝不苦，但必耐苦，然后能成学。学成，则公足以报国，私足以荣身。中国需材孔殷，予不能不为诸君日企望之。吾国摧败至此，岂人之摧败我哉？我自摧败耳！苟我能自振作，虽外人竟以禽兽目我乎，于我何伤？而况必不尔耶。在山林易忘廊庙，在外国亦易忘父母之邦。惟望诸君做学生时，常以'忠君爱国'四字存于心，则他日必为有用之才也。"说完这一段语重心长的话后，蔡钧又提高声调说："会馆事甚善，我必竭力替成。今日之会，略备薄酒佳肴，诸君不用客气，如家人团聚然，尽兴放量畅饮数杯。"话毕，留学生鞠躬致谢，退移食堂就餐。

进得宴会厅，但见每张饭桌上都摆放着两瓶红梅和水仙，芬馥盈室；往窗外望去，天光开朗，地势雄峻；往外俯瞰，万家灯火，乐声也似乎随风缭绕，真乃壮人气、移人情。留学生倚桌立饮，觥筹交错，此时此际，郁以山河故国之思，肆以春天即将来临，少年之气，竟有不觉[④]。酒酣耳热之余，陆军学生依士官生如果推崇某人，就把他抬起，举过头抛起的惯例，步调一致走到蔡公使面前，把他高抬举起，边抛边口呼"公使万岁！"陆军学生的这种举动，本系致敬之意，但蔡钧不知，吓得变色，急呼："下来！下来！"陆军学生以为蔡公使是有些害怕，便更加抬高，又抛了三下，呼三声"公使万岁"之后，才将蔡钧放下[⑤]。如此欢呼庆祝之后，陆军生或舞或歌，酣乐不止。当时，还有文科留学生感慨于"陆军学生同起居，同服食，同受一种之教育，同养一种之精神，其结果自应与他之不同居、不同学、不同习惯者有异也。即此可见，日本军制之要素，更可见教育之能力矣"[⑥]。

宴会即终，蔡公使也把受了惊吓事搁置一边，督请众人演说筹建留学生会馆之事。演说者都表示了留学生会馆要尽快建成的心愿。之后，就有人把早已准备好的愿捐款为创建留学生会馆的捐册拿出，不一时便集款多多。最后，留学生又公举蔡公使为中国留学生会会长，钱恂为副会长。事毕，摄影于庭园，以为他日之纪念。

对于蔡公使宴请全体留学生一事，有一位颇有感触者事后回忆说："夫此会之所以有特价也，则以其非徒为饮食之徵逐，而足令人生国家思想。且更有一事足以令与会者终身不忘，并足令吾全国人猛然自奋也。盖公使者，我国现在之代表学生者，即我国未来之主人；以公使而宴学生，在吾国固为非常之盛事，而为地主之日本人，亦必不视为寻常之宴会也。"[⑦]

然而，宴请留学生，蔡钧表面是极尊重留学生，实则是借以观察留学生是否如他前两天给清廷外务部密函中所说的那样“自由之说日横，醉民主之风，而革命之议愈肆”。在致外务部的这封密信中，蔡钧说：

> 查各省遣派生徒，例给咨文，由使臣送学及查察照料。殊不知照料自属应为，查察实难越俎。诸生徒不受范围，犹属细事……闻各省仍须添派学生，恐将来愈聚愈多，流品愈杂，逆势日炽……若各省更能永停添派游学，俾卒业者有去无来，则根株悉拔，流毒有时而尽。[⑧]

在给清廷的这封密信里，蔡钧不但反对清廷再派留学生前来日本游学，还坦诚自己在来日本之前，曾“立论各省宜多派生徒，游学观摩，藉开风气。乃至此细加考察，而后知日本之号称维新者，有名无实。其政府多树党援，各分门户，不顾公义，每叹所闻不符所见。又不料康(有为)、梁(启超)以逋逃之薮，为邪说之丛，败坏人心，一至于此，尤不敢自护片言前失，而弗国家大局久远计也”[⑨]。如此不利清廷统治的外部环境该怎么办呢？他给清廷给开出的秘方是：与其派遣留学生来游学，不如“各省自设学堂”，“延聘泰西著名教习，主讲于学堂，慎选清白子弟，分门肄业，再由使臣多译东西有用书籍，无民权平等诸邪说者，咨送贵衙门核印，颁行各省学堂，亦足资借镜从长之益”[⑩]。

在蔡钧发出密信两天之后，陆军学生在此宴会上“抬举”蔡钧的事，又被他认为是日本留学生中多有革命分子，中自由学说那一套的毒已深，所以才戏弄他，侮辱他，是目无公使之举，而目无公使，便是目无朝廷。这就为他以后拒送自费留学生习武备留下了伏笔。

蹊跷的是，事不机密，蔡钧致清廷外务部的密信，竟被东京《万朝报》于四月七日全文披露。因为内有“日邦民德久衰，风俗淫乱，政府腐败，天皇徒拥虚名于上，庇我逆臣，袒我匪徒，且暗中引诱学生以作乱之谋，以便从而取利，故于匪党之倡言革命者，反多方以奖励之”[⑪]等语，引起日本各界一片哗然。认为蔡钧身为公使，其见识如此卑劣，不但对日本国民极尽污蔑，而且还语侵日本天皇，于是各报纷纷发起了对蔡钧的声讨。但蔡钧所说也是实情，日本方面为了息事宁人，草就定章：“外国人欲入陆军士官学校及陆军各种专门学校者，须由本国使节保送。”[⑫]

一九〇二年七月下旬，浙江归安自费留学生钮瑗（字翔青，同年四月到东京），因前已入读的手工学校不甚理想，便准备与另外四位自费留学生入成城学校学习武备，其中便有与何澄同入清华学校的江苏籍同学刘锺英和董瑞熙。此时，他们尚不知成城校方已与清廷有约规：无论官费生还是自费生，非由驻日使臣保送，否则不得自请投学[13]。结果可想而知——蔡钧以自费生为由，拒绝保送。吴稚晖闻听钮瑗等五名学生被蔡钧拒保入学的事情之后，便给蔡钧拟写了一封反复婉转、百计恳求的长信，并声明由在校学生五人互保一人，先在使馆出具保证书，留存备案，以换取公使的咨文。吴稚晖致蔡钧的信函甫一写就，正赶上日人以“清国大儒”称之、备受招待的吴汝纶来到东京。七月十三日，吴汝纶到中国留学生会馆考察，吴稚晖亦至，于是拿出写好的致蔡公使信函与吴汝纶婉商，请他代为与蔡公使交涉。吴汝纶看到吴稚晖身为北洋大学堂、南洋公学之教师，广东大学堂之顾问，又是举人出身，不愿作教师而愿作弟子，在自费留学生入学遇到阻碍时，挺身而出，代学生哀请于蔡公使，十分敬佩和感慨，但在交谈中还是流露出此事恐怕难以办成的意思，只是答应代达。

七月十八日，欲入成城学校习武备的自费生得到好消息，吴汝纶代达的事有了音讯。他在致吴稚晖的信中说：“前日大札，未转交使馆。至所谓五人送学堂，蔡公使已允可。惟属照尊议，取五人环保，与名单并送，谓是使馆旧章。谨奉闻。即乞赐交，以便转达。”[14]

吴稚晖得吴汝纶信后即奔告于欲入成城学校的五名留学生之间。不但这五名学生兴高采烈，认为环保后便可被蔡公使咨送，另有四名早先有畏难顾虑的学生，也受此利好消息的鼓舞，加入了进来，一同由章宗祥等二十余人共同签印，缮就九人入学的保证书。第二日，章宗祥把保证书携交吴汝纶。学生们等了好几天也没有入学的消息，很是着急。因为成城学校没有多少天就要放假了，如果能在放假前入学，就能随同教师一起旅行，获益良多，所以特想在成城学校放假前入学。吴稚晖急学生所急，七月二十日，又跑去找吴汝纶催请。谁知蔡钧玩了一个“各生自行环保，即允转送”的花招，实际上并没有按公使咨送学生的行文惯例具文保送，只是将章宗祥保送江苏、浙江、江西自备资斧学生九人的保书送给了日本参谋本部。

七月二十六日，蔡钧把日本参谋本部署理这一咨文的第二部长青木宣纯回函交给吴汝纶，说他已尽力，但参谋本部不允，他也没有办法。当天晚上，吴汝纶即把日本参谋本部复蔡钧的回函转给了吴稚晖：

> 敬复者：
>
> 顷接来文。现由在京贵国留学生章宗祥，保送江苏、浙江、江西自备资斧学生九人，愿入成城学校肄业等因。准此。惟向例进学均由贵大臣

保送,方准进校。今据来文,似稍与向例不符。仍请贵大臣亲行保送,以符向例,是为至祷。专复。顺颂时祉。

再成城学校现值歇伏之期,一俟敝历九月初旬,再行开课,此时未便即准进学。顺此

附达。

蔡钦差阁下

署理参谋本部第二部长青木宣纯

日历七月二十六日

吴稚晖拿到这份函件后再三循诵,也不得其解,只知暑前进校已是不可能的事,如此而已。吴稚晖不解蔡钧何以忽将保证留学生向参谋部保送,而改为由保证人章宗祥保送?又怀疑蔡钧原咨文所叙事由不明,是不是引起参谋本部无端误会?但又一想,假若原咨文不明,蔡钧是不难轻轻驳正的,只要说明"留学生章宗祥等保送之学生钮瑗等九人愿入成城学校肄业,是向本大臣处保送的,故本大臣准为咨送贵署,核与向例相符,请烦查照,施行俾遂入学之愿,是为至祷",入学一事便能妥善解决,所以很怀疑咨送入校之事,蔡钧不过是虚与委蛇,如谚所谓"推死人过界",故谬其词,以得一驳,既可堵住学生之口,且把责任推给日本人。带着这些疑问,吴稚晖连夜约定入校诸生明日早晨面叩吴汝纶,问个究竟[15]。

七月二十八日一早,吴稚晖带着保证人胡尔霖、庄达、刘勋臣,以及欲入成城学校的钮瑗、刘锺英、顾乃珍、李显谟、许嘉澍、陈秉忠、夏士骧和陈纲、俞亮、段彦修、朱弦、吴宗椿、吴忠杰、董瑞熙、张懋德、陆辅、陆爽、沈觐恒、沈觐鼎及孙揆均[16]等人前往吴汝纶下榻处[17],请京卿大人据实以告。吴汝纶此时才掏出心里话,告诉他们:蔡公使的本意是不肯咨文亲行保送你们,所以才有参谋本部与惯例不符的说法。这里的奥妙就在"咨送"、"保送"和"亲送"的三种差别上。我明知公使的这番心计,但又能奈公使若何。一行人闻听吴汝纶此说,十分悲愤,当即辞别吴汝纶,到公使馆要求蔡钧切实保送。

到了公使馆,蔡钧无论留学生如何请见,就是躲着不见。日落西斜,看着吴稚晖带领的留学生大有见不到公使就在使馆请愿过夜的不绝势头,蔡钧才讲好诸如要行跪拜礼等等条件才勉强接见。

吴稚晖问蔡公使不保的理由,蔡钧答:"自费生不能学陆军。"吴稚晖再询:"是否奉有政府训令,且成城尚不是陆军学校,日本方面,亦无公使保送入学之章程,贵公使到底据何理由,不肯保送?"蔡钧因吴稚晖是学者,不是显宦,即存有轻

视之意，说："我不保送即不保送，请君不必多言。"吴稚晖听了甚怒，说道："政府派你来，不但专办交涉，亦为保护本国人，今君对学生，尚且无理取闹，不肯送保学校，非说出理由不可。"相持之下，蔡钧竟不理吴稚晖，拂袖上楼去了。吴稚晖见蔡钧这样无礼，乃云："真是岂有此理！今日不得保送许可，我不出馆门！"后经公使馆馆员一再劝慰，请回去再商，吴稚晖坚执不肯，遂留在客厅不走[18]。蔡钧即电召日本警察，入公使馆执行驱逐，拘留吴稚晖、孙揆均于警署，留学生被撵出公使馆。稍后，警署署长又决定将吴稚晖、孙揆均送回寓所。但吴稚晖、孙揆钧视此事为极大耻辱，不肯退回寓所。到了次日上午，才勉强同意离去。

七月二十九日下午，吴稚晖又往警署，抗议被捕之事。署长对吴稚晖说："逮捕的事，并非我们警署的主意，而是贵国公使的命令。你们何不向公使责问？"吴稚晖非常愤慨，表示要前往公使馆申论。当时在场的日本外务省通译官小林光太郎劝说道："公使馆明令：三日之内，留学生不准到访。还是过三日后再去吧。"吴稚晖无气可出，无计可想，只好折回[19]。

在吴稚晖去警署抗议的时候，何澄和留学生数十人风闻蔡钧召日本警察拘人之事，认为"公使馆有治外法权，今蔡公使不显本国主权，电召日本警察，入馆驱逐本国人员，丧权辱国，莫此为甚"[20]，分外愤怒。梁启超对于此事亦是极为痛心："我国民以此为区区仅小之问题乎？内争之事，而托调停于外人，即辱国矣；内争不能克，而假外人之权力以干预之，辱益甚矣；乃至内并不争，而防其萌蘖焉，乞外人以先事而锄之，其辱更何如矣。辱犹可也，而生此国为此民者，苟有一毫不肯放弃权利之心，则一启口一举手一投足而无不为罪，而四万万人岂有复见天日之望耶？本国政府已矣，而复有他国政府为之后援。吾民之在内地者，他国未能直接奴隶之，则借本国政府为傀儡焉；吾民之在海外者，本国不能直接奴隶之，则借他国为傀儡焉。于彼乎于此乎，无所往而不奴隶。苟不甘是者，则五洲虽大，竟无所容。痛乎！"[21]于是，何澄和前后脚赶到公使馆门前的留学生们决定直闯公使馆，找蔡钧论理。但蔡钧已先期嘱咐日本警察守门，所以，留学生大半被堵门外，何澄等少数闯入者，还没见到蔡钧的影子，便被日本警察架了出来。

七月三十日，何澄和二十余名留学生陪伴吴稚晖再到公使馆找蔡钧申论，仍被日本警察和守门人拦阻。

事情又弄到吴汝纶那里："约来考学制诸公并留学生十馀人，议学生与公使争持之事。"[22]何澄等留学生认为，官立学校既必须由公使保送，则学生非求公使不可，不求将更何求？如果说，求公使送学而有罪，那么，来日本留学就先有了罪。况且，吴、孙二君又不是自己求保入校的，而是代其他学生求之，代他人求送学而有罪，是不是凡关涉于学事者皆有了罪呢？蔡钧之职，是公使，不管是否为国民之代表，即以朝廷论，去年秋冬间，不是屡下诏令，命公使保护照料学生吗？既为朝廷之代表，送学之事，还用学生自求吗？还待他人代学生求学吗？待其自求，待其代求，是公使有罪，怎么反以己罪罪无罪之人，真是何其怪焉！现在的事情已不是这区区九人的事。这九人不见送，此后源源而来留学的学生不知几何，欲入官立学校者也不知几何，待请公使保送者亦不知几何，而公使于学生既已视如仇雠，此后与私费生之交涉如何，实以这九人者为最后之问题。有此争持，而得不得尚未可知；无此争持，则私费生入学之途以后真永绝于此。㉓

八月一日，蔡钧以给光绪皇帝过圣寿节之名，邀吴汝纶前往公使馆接待贺客。吴汝纶是如何与蔡公使交涉的，众人不得而知。回到寓所后，吴汝纶的日记只记："吴止欺（振麟）、方常季（方伦叔）均在寓久候，以学生与蔡使争持事责望于我甚至。"八月四日，"诸生陆世芬（仲芳）、曹汝霖（润田）与章仲和（宗祥）来见，商吴稚晖事。"㉔

显然，吴汝纶所做的调解没有见效。不但没有见效，而且更有令人气愤的事发生。八月五日早六点，突有一日本警官到吴稚晖寓所，通知吴稚晖、孙揆均二人须立即到警察局。吴稚晖、孙揆均跟着这位警官到了警察局之后，又在三位巡警的护送下，被带至警视厅会客室等候。少顷，警视厅主事菅井诚美进来，向吴、孙二人出示内务大臣内海氏的命令：

> 自清国来本邦居留之吴敬恒、孙揆均二人，因触犯妨碍治安之例，饬令离开本国。特令彼二人于明朝六时，与巡警同乘火车至神户，即日登轮返回。此令。

吴稚晖、孙揆均接此递解令后，即请求延期。但菅井诚美解释说："此事纯因贵国公使的请求，我国警官才到公使馆逮捕留学生，绝非我国要行使强权。你们不要弄错，请立即离去吧。"㉕

何澄和其他留学生听到这个消息后，顿时骚动起来，即刻赶到吴稚晖寓所探究一切。听了整个事件的过程，留学生议论纷纷：日本政府命吴、孙二君退去，警察遮护，无异于虏囚。逐吴、孙二君，辱学生事小；蔡公使与学生交涉，而日本政府强行干预，失国权事大。现在又对吴、孙二君下驱逐令，出于蔡公使之请，是惟恐国权不失，而求外人夺我权的莫大耻辱事。什么叫妨碍治安之例？使馆为治外法权之地，与你日人有何相干？你日人凭什么干预？即曰妨害，数日之内，前前后后到公使馆静坐论说者不下数百人，为何独独以妨害治安罪拘解驱逐吴、孙二君？若说这也叫妨害治安，那我们在座的诸位岂不是都有罪？真是欲加之罪，何患无辞！这便是列强外交家的要诀[26]。诸留学愈议愈气愤不已，均觉如不全体退学归国，不足以雪此双重污辱。然而，就在留学生们积极联络，抗议日本政府实施帝国主义干政中国和留学生之合法权益时，离八月六日日警拘解吴稚晖、孙揆均出境的时间已所剩无几。

吴汝纶"闻吴敬恒被警视厅捉捕即送回国，与蔡鹤庼（按：蔡元培此时正与高梦旦结伴在日本游历）、夏悌山往见蔡公使论之"。事情依然无果。

八月七日早六时，日警押解吴稚晖、孙揆均出境，何澄和其他留日学生数百人等候在新桥火车站相送。吴稚晖在路过皇城二重桥时，忽然跳入皇城护城河，"以尸为谏"。日警慌忙下水把吴稚晖救起，幸水不深，仅湿履袜衣裤而已。吴稚晖被扶回警署换衣后，下午两点，又被挟送到神户，押上法国邮船。吴稚晖被日警挟送走后，有人检其衣底得一小包，封题曰"其言也善"四字，内有一封遗书：

信之以死，明不作贼。民权自由，建邦天则。削发维新，片言可决。以尸为谏，怀忧曲突。唏嘘悲哉！公使何与？孔曰成仁，孟曰取义。亡国之惨，将有如是。诸公努力，仆终不死。

吴敬恒绝命作此。敬恒所以就死于大日本国者，奉劝大日本念唇齿之义，留学一事，不可阻碍。如欲兴我国家，尤以顾全私费学生之便利为最要。若专取现在政府之信用，恐未得其益，先受其害，因我国皇上方蒙难，官场之腐败，为二十四史所少见。若大日本国官人久与相处，与之俱化，则支那之利益不可得，而大日本之良风隳矣。大日本良风一隳，将胥黄种人尽奴于白种人，岂不可哀矣哉。

又敬恒一人已伏其罪，一切被连引之孙君等，宜可复其自由归国之权。

光绪二十八年七月三日（阴历）[27]

得知吴稚晖投水的消息后，吴汝纶即给蔡钧写了一封信：

今晨吴敬恒投水，已改迟起解，此正可徐图救护，敬乞卓裁。此事乃是日本乘机侵夺吾国权，日后公使保护留学生之权尽失，而学生与华商寄居日本，一例归日本管束，此于国际所关甚巨。某昨临别时，谓此为星使(蔡钧)身事者,此也。此事当视学生为一体,阋墙御侮,星使以争回保护学生之权为重要,万乞断决行之,幸甚!不宣[28]。

吴汝纶与蔡钧此书,言简意赅,就是要蔡钧把救护吴稚晖之事视为争回保护学生之权来断决行事,但蔡钧根本不为所动,致使吴稚晖仍被日警押解出境。吴汝纶“目见此变,一筹莫展,愤憾无极”,便给清廷发了一份电报,要求严惩蔡钧:“日本游学生有聚众至使馆肆闹情事,经日本巡警弹压始散。学生聚众滋事,闯入使馆,应从严惩以警刁风。出使大臣蔡钧不洽舆情,激成巨变,请严予惩处。参赞铨林任性妄为,士心不服,应一并撤回。”[29]第二日,即八月七日,吴汝纶在致张百熙的信中,再次陈述了对成城事件的看法:“……近日此间多持官生贤于私费之生之说,某甚不谓然。官生用官家经费,势不能多。其派遣并非核实考选,则亦贤不贤参半。私费之生,用本家私财,近时民力拮据,其父兄必尚不愿,因本生稍已开化,知中学之有缺点,乃赍装越海,从学他国,此乃维新基础。虽人多则不能皆贤,要是志士特多。又国家财力艰窘,此等生徒,不烦国家供给,而能自求新学,备国家缓急之用,此宜奖劝鼓励,使之源源而来,不宜挫折摧抑,使之闻风裹足……近日学生因欲入成城学校,保送未允之故,与蔡公使牴牾,日本内务省乘机侵夺吾国权,径将举人吴敬恒、孙揆均二人驱逐出境,谓是妨害渠国治安,实则此二人曾在使馆与公使辩论。使馆吾国辖地,与渠国无干,学生去留,亦吾公使权力所专管,日本不应羼与。此于国际关系不小,某眼见而无如何,诚为愤愤!此后来学者必希,即来亦归人管束矣!”[30]

事已至此,蔡元培亦放弃了原本预备逗留一月的游历,从东京专诚赶到神户,偕陪吴稚晖返回上海[31]。若干年后,何澄才知他的岳父王颂蔚竟是蔡元培光绪庚寅科(一八九〇年)会试的房师。

吴稚晖、蔡元培离开日本后,吴稚晖那“欲以一死唤醒群梦,起国民权利思想”的生死大义,使何澄大受刺激,无日不往中国留学生会馆议集如何应对“吴孙事件”。

中国留学生会馆,位于神田区骏河台铃木町十八番地骏河台最高点(现骏河台二丁目三番地),系留学生会馆成立后租得的一座洋楼。右可视御茶之水,前可眺望本乡一带住家,其对面可见小石川牛込。外观颇为宏伟,规模尚大,正面有五间之宽,纵深八至十间。正中有走廊通过,楼下设接待室、会议室、事务室等多种房间,后面还有花园。中国留学生会馆干事为曹汝霖、范源濂、蔡锷、钱念慈等十二人,吴止欺任书记,陆仲芳、王璟芳任会计,金伯屏、章宗祥任庶务,曹润田、张敬舆任书报，吴绶卿、高旷生任招待（一年后，这十二名干事均被改选）。据冯自由《记东京中国留学生会馆》载："会馆成立后，以经费支绌，乃请清公使蔡钧拨款补助，蔡钧要求须将'中国'二字改为'清国'，始允所请。干事会不得已许之。未几，清贝子载振东游，会馆欲其为经费之捐助，而干事曹汝霖等亦借此为仕途进身之捷径，竟号召全体学生开大会欢迎之……之后，会馆以经费不足，通知各省学生同乡会请代征收每人月费以资维持。照会章，每一学生须纳月费三角，由同乡会代收缴付。自会馆改名'清国'后，学生借口不交者，大不乏人。因是发生种种纠纷，而干事会遂穷于应付。时广东同乡会亦为此事开会讨论办法。有粤省派来学务视察员崔伯越者，谓'吾人益属大清国学生，顾名思义，当有缴付月费之责任'，劝告各人勿为邪说所惑。冯自由起言，'区区三角之月费，吾人照章缴付，原无问题，但吾人是中国人，而非清国人，故只可缴付中国会馆之月费，而不可缴付清国会馆之月费。若谓吾人各享会馆权利，而不尽会馆义务为不当，则满清既可强占我中国土地二百四十馀年，吾人又何不可享受清国会馆之权利。吾人念亡国之仇，殊无交纳任何经费之义务'云云。众多鼓掌和之。讨论结束，卒通过缴纳月费与否任人自由之议案，其他各省同乡会亦如之。"[32]在这之后的一段时间内，留学生的公共事务，常在会馆商议决定。于是这里便成为留学生活动的策划机关，集会时的会议场、演说场及俱乐部等，同时还是留学生书刊的翻译和出版总部，如《译书汇编》《游学译编》《江苏》《湖北学生界》（后改为《汉声》）杂志的出版部都设在会馆内。在留学生会馆的旁边，有一户门牌细小的日本人家，被租赁为会馆的门房，由一个姓细川的日本人为会馆的门房传达，兼卖会馆所有出版的留学生书刊[33]。

在中国留学生会馆讨论如何抗议日本政府干预中国主权和内政时，时在宏文学院肄业、后为孙中山的主要助手的胡汉民是当时最为激进的一员。不但电请清廷撤换蔡钧，还积极鼓动全体留学生弃学归国，以示抗议。何澄也认为："以日本人循一俗吏所请，蔑视我国民全体，毫无可指名之罪而放逐我同学。吾侪腼颜留此，实无面目，誓相率归国，宁失学问，勿失名誉。万喙一声，汹汹不可压抑。"最后议决："拟暂停课，以待此事之着落。若无着落，退学未晚。"[34]至此，"留日学界第一次大规模的政治行动，留学生普遍参加到斗争的行列中来……一批思想激进，热衷于社会政治活动的活跃分子在留日学界聚合起来，他们关注时政，对各种社会事务积极表明态度，发挥影响，使留日学界的政治激情不断强化"[35]。

八月十二日，"广东学生有毅然欲退学者"[36]。

由于在校就读的留学生罢课退学的呼声日益高涨，东亚同文会[37]及日本外务省颇忧此事会扩大成风潮,乃遣人至留学生会馆,与留学生会馆干事商转圜之法。据章宗祥回忆:翌日,会馆干事等至华族会馆,与东亚同文会会长长冈护美子爵晤谈。长冈护美说,留学生如有意见,可由同文会代达彼国政府。为计便利,干事等归馆,乃熟商意见书致同文会如下:

一、留学生入校事宜,由中国政府设总监督一员,专司其责。

二、官费生由中国官吏咨照总监督。自费生由会馆干事二员保送于总监督,由总监督转送入校。

三、官费生可学诸学科,如陆军、警察等类,自费生亦得一律学习。

同文会得意见书后,与外务省互商,达成答复如下:

一、设学生总监督事,俟贵国政府决定后,日本应无异议。

二、入文部省直辖学校者,可由左记之三校保请外务省送如下学校:(一)东亚同文书院;(二)弘文学院;(三)清华学校。

三、志望军事教育者待俟福岛少将归国后再行商议㊳。

由留学生会馆干事与长冈护美子爵、柏原文太郎等往复商议的留学生之善后事宜,遭到包括何澄在内的一大批留学生的质疑。他们认为,长冈护美与柏原文太郎不过是同文会中之人员,能否代表日本政府,很是怀疑。关于设学生总监督一条,他们认为,中国各省所派监督,从未与日人商议,并且要待日人同意后再从命。其目的无非是派一名总监督以束缚自费学生。既如此,直接求之我政府足矣,又何必求日人呢?以我政府所派总监督办理我国留学生之事,名正言顺。我国虽弱,日人亦何能侵我自主权而有所异议?以往各国派于我国公使,动多掣肘,畏外人如虎,俨如君父之诏命,无不曲意承顺,有识者痛恨国权全失,而今仅仅要派一名留学生总监督,还要问问日政府"有异议与否",而且条件是以日人许我政府派遣才派遣为前提。如此,则不如直接受治于日人之下,反倒省却许多周折。留学生总监督来了之后,是否能贤达于蔡钧?他们更是表达出强烈的不信任:"蔡使之所以不允保送成城者,承政府之密旨,防家贼耳。政府所派之总监督,果能与政府反对乎?与公使反对乎?窃恐未必然也。"这是其一。其二,他们认为:"我等出外留学皆已成人,能自治,非若襁褓,须人扶掖也。""既肯离乡背井,缩衣节食,以求学于海外,又非若怠惰自弃,须人督责也。"其三,至于保送入校一层,他们觉得,自今东京各学校，无论官立私立，几皆有留学生之足迹，在没有留学生总监督以前，都能获保进入各校。现在欲派一名总监督前来，不知所谓监督者将监督何事？无非是觉得留学生之中良莠不齐，内中有“心术不纯正之徒”累及君等清名，必须有一总监督来了之后，始能分清泾渭，辨别邪正。除此之外，于留学生全体又有哪些利益呢？所以，他们强烈抨击这一条件：“实欲送国权与外人，送自由于政府，其于我留学生果有何便利之足云耶？”

对于第二条，他们进一步认为，国与国交际，个人与个人交际必须彼此均有利益可沾，而后订立契约，才是人情之常。我国留学生来日，向来进出各种学校均极自由，如见此校课程未善，才改入他校，并非喜新厌旧，因为资斧之窘，年限之促，求学之切，所以不得不图速成。如果照此条定规，不入同文、弘文、清华三校者，将来便不能入文部省直辖的各学校，此事真是奇之又奇。这三所学校，在日本有何资格得此特权，而能使我留学生不准入其他学校？再者，这三所学校，并不言课程之如何改良，待遇之如何加意，仅曰入我等学校，则他日可以依赖我等得入官立学校，如有不合我等之意者，绝其求学之路，引诱加恫吓，无所不至。此外，他们还指出：进入指定学校方才保送对文科生的危害：“文学生之入官立学校，本极便利，今则非在此三校出身者，反有不能入校之势。学生与公使所争者，在武备学生入成城一事，今成城依然不能入，反尽将文学生送与三校管辖，是非倒置，文不对题，殊令人迷惑难解也。”

何澄等留学生，对于第三条尤为不满：“此事为起衅之原因，亦为善后之要点。今乃淡淡着笔，一则曰‘志望军事教育者’，一则曰‘俟福岛少将回国后再行商议’……不曰‘学陆军’，而曰‘有志于军事教育’，是仅得在成城学校稍受军事之教育云耳，将来允进联队与否，未可必也；曰‘俟福岛少将回国后再行商议’，现在福岛之代理非有青木乎？何不可与青木即行商议，而必俟福岛乎？设福岛一日不归，则吾留学生即一日不能进校？又假使福岛竟不归国，则吾留学生即永无入校之期？况福岛即归，其能允与否，又未可必耶！诸君亦知吴君何为而去，我等何为而与日人有此一番交涉。岂不曰九人欲入成城学校乎？然则此条未定。九人未入，此外又何交涉之可言？又何条件之可订？所谓俟福岛归国商议一语，蔡使亦尝言之矣。吴君因不信其言，而致被送回国，今日人所言，与蔡使无异。”[39]

八月十七日，长冈护美子爵到吴汝纶寓所来谈：“学生与公使相持，出为调停，已与蔡使议定：官费生由蔡使送学，私费生由长冈送学。蔡使业经应允。”听罢这种结果，吴汝纶仰天长叹：“此后教育之权又归日本矣。”[40]

然而，“愤于公义，谋所以归国之道”，终不过是谋谋而已。同批赴日的广东速成师范生，对胡汉民"平时崇拜尊奉，至是同和者甚寡，且生反对之潮"，全体退学之举终付流水。胡汉民后来回忆道："余遂率同学反对清公使，反对日政府，提出条件于日本教育当局，以退学为要求。日本稍缓和其事，而教育当局更诱胁诸言罢学者。余本为广东同学之领袖，退学之议，又经开会而决定，顾同学多畏祸，则中变而私为悔觉书上于学校。余益愤，遂单独提出退学书，径归国，从者数人而已。"与胡汉民一起退学的广东同学是詹菊隐、刘伯中、庄丙汉、区彬如[41]。何澄倒不是因为怕事畏祸而没有退学归国，只是觉着退学归国后没有一个退处，如果让大兄二兄知道了因反朝廷命官而退学归国，那岂不是让大兄二兄气死?！于是抱着等等看的想法留了下来。呼吁"退学归国"的主角胡汉民也没有立即归国，而是在日本人三矢氏家迁延了一个多月，直到九月中旬才登轮启程返国。"中秋之夜，胡汉民伫立船头，夜色沉沉，沧海茫茫，掐指算来，'东去西还止十旬'，为时百日，几经挫折，不由感慨万千"[42]。

何澄积极参与其中的成城学校入学事件终于有了结果：九名"肇事者"获得保送，一九〇三年一月进入成城学校学习武备；日本参谋部福岛安正少将返回日本后，在一九〇三年七月，为陆军学生在东京牛込河田町建立振武学校，这九名"肇事者"和在成城学校学习军事的学生全部转入此校，继续攻读。

但与此同时，与留日学生不利的事也接连发生：

一九〇二年十月三十一日，清廷决定设立留日学生监督处，并派遣汪大燮为首任留日学生总监督。一九〇三年初，汪大燮率润璋、秦文锦、玉琪三位随员到达日本，只是处理公牍及翻译等一些日常事务，并没有管理留日学生的具体章程。但成城学校入学事件发生后，引起西太后的高度警觉，同年五月间，饬张之洞筹划防范之法。九月二日，张之洞就约束留日学生事致函外务部尚书瞿鸿禨。从中可窥见清廷为防止留日学生再生"不安分"，是如何绞尽脑汁的：

> 前奉旨与日本政府商订约束留学生一事，尊指最重者，以不安分学生必须驱逐回国、私学奖励与官学有别两端。随即与内田公使晤商，辩论多次。现经彼政府复电允许，无可再争矣。两条分别如左：一、不安分留学生官遣回一条。此条彼甚不愿。告以如不安分学生不肯遣逐，则安分学生之奖励不能从优，始勉允商之彼国政府添此一条。惟驱逐、押送、勒令等字，彼坚执不肯。现改为如察其无悛改之望者，即行饬令回国，不准稍有逗留。虽不明言驱逐，其语意似已切实。一、奖励私设学堂毕业生宜示区别一条。内田谓私设学堂必其教育管理确实可信，与官学堂毫无

差别，方能认可。现在约束章程私设学堂既与官学堂一体照办，若奖励显分区别，即不能使其照章认真约束。因与商云，如此则以后官学多送，私学少送。内田云，如私学堂之学生其品行科学实不如官学堂，届时中国自可酌情办理，日本可不过问。所言亦尚有理。此事一切俱已议妥，谨另录清稿，计照会日本约束鼓励章程一件计十六条，中国自行酌办案章程一件计三条，分别签注，送请鉴裁[43]。

一九〇三年十月六日，张之洞将修改过的《约束游学生章程》十款，奏陈清廷：

拟议约束游学生章程

一、此次章程奏定后，以后续往日本游学生，无论官费生、私费生，并无论日本官设学堂、私设学堂，均非出使大臣、总监督保送，不准收学。

一、总监督保送学生入私设学堂，须经文部省认可其教育程度与官学堂相等者，方为合格。

一、游学生在学堂中品行应归学校考察。其在外言动举止如有不轨于正之据，经中国出使大臣、总监督察访得实，随时知会该学堂商酌，务必减其品行分数。

一、游学生在各学堂非有实病证，概不准其轻易请假外出，及虽在学堂而托故不上讲堂，应请与日本学生一律督责，勿稍宽假。

一、学生在学堂时，应以所修学业为本分当为之事。如妄发议论，刊布干预政治之报章，无论所言是非，均属背其本分，应由学堂随时考察、防范，不准犯此禁令。如经中国出使大臣、总监督察访留学生有犯此禁之人，随时知会该学堂，应即剀切诫谕学生立即停辍。如有不遵，即行退学。

一、凡现在已留学堂学生，无论官费生、私费生，查有过犯及品行不端者，经中国出使大臣、总监督知会该学堂为斥退者，日本各学堂应即照办。

一、各省所派官费生及私费生往日本游学者，经本省督抚查有不安本分、品行不端之人，随时咨明中国出使大臣、总监督转达日本各学堂请为斥退者，日本各学堂亦应照办。

一、学生于功课之暇，如有编辑教科书及译录所习科学之讲义及翻译有裨实用之书，自不在禁例。此外无论何等著作，但有妄为矫激之说，紊纲纪、害治安之字句者，请各学堂从严禁阻。或经中国出使大臣、总监督查有凭据，确系在日本国境内刊刷翻印者，随时知会日本应管官署，商酌办法，实力查禁。其污蔑人名节者，经本人或本人委托之人按律在日本应管官署指控查实后，仍行惩办。

一、中国游学生会馆办事有紊纲纪、害治安，若不安分之事者，应由出使大臣、总监督知会日本应管官署随时查禁，严加裁制，务期杜绝流弊。

一、凡现在日本各学校及已经退学之中国留学生，如确有紊纲纪、害治安，若不安分之事者，应由当该管官员严加约束。如察其无悛改之望者，即行饬令回国，不准稍有逗留[44]。

留日学生监督处，这个在世界各国教育行政制度上都是独创的怪胎，自从有了张之洞拟议的这两个具体办事章程之后，的确在阻止游学生"异端"思潮的扩展，以及"规心术"、"端品行"、"守本分"等方面，取得了相当大的成绩，并成功争取了一批对清廷仍抱幻想的学生。

具体到学习军事，一九〇三年，清廷外务部业已正式通告留日学生总监督：凡自备资斧学生，未经各省督抚咨送者，概不准入士官学校肄业。一九〇四年四月，清廷练兵处正式颁布《奏定选派陆军学生游学章程》，其中更加言明并规定："学习兵事，专为国家振武之用，自应由官遣派，不得私自往学，其有现时业经在日习武之自费生，应由驻日大臣及监督察其志趣向上，学业精励，年限未满者，随时咨明练兵处，贴给旅费，改为官费生，以资造就。自此次定章后，凡赴日本习武备之自费生，即行禁止，以备一律。"[45]从此以后，自费生欲习武备之途，为之断绝。自一九〇四年以后赴日习武备者，皆系清廷派遣的官费生。

清廷练兵处奏定的这个《选派陆军学生游学章程》，确实有它的优长处，如将派往日本学习武备的学生做了长远规划，"拟以四班为一轮，每年选送一班，每班一百名"；选派学生各省均有定额，"京旗、直隶、江苏、湖北、四川、广东各六名，奉天、山东、河南、安徽、江西、浙江、福建、湖南、云南各四名，山西、陕西、甘肃、广西、贵州各三名，江宁、杭州、福州、荆州、西安、宁夏、成都、广州、绥远城、热河、察哈尔、密云、青州十三处驻防各一名，计共一百名"；所选派学生也有了具体要求，

"必须身家清白，体质强壮，聪明谨厚，志趣向上，并无暗疾嗜好，于中学已有根柢，武备各学已得门径，年在十八岁以上，二十二岁以下者为合格"；所派选学生的川费、学费，也有保证，"其款定于每年七月前解交练兵处，由练兵处汇付驻日大臣转交各学校及陆续支付各生"；甚至连选派学生在留学期间的生活杂费也考虑到了，"各生除学费外，每名月给杂费银五元，按月亲赴练兵处所派之驻日监督寓所支领。其有考入大学校及各专门学校者，由练兵处酌量加增。如随队习旅行、野操及秋后大操，一切费用则由驻日大臣督同监督临时酌定，咨明练兵处发给"；对学生回国后的出路问题，也做出了明确规定，"在日本士官学校毕业，充见习士官期满，除考入大学校及各专门学校外，其馀回国由练兵处就其历年所学一一考试，最优者奏请授职守备，次者授千总，次者授把总……开写履历，均按授职之年系以某某年守备、千、把出身字样，俾与保奖武职，示有区别；如该学生本有官职，即照其原有之官，晋一秩；若系文职，亦照原品晋一秩"。清廷对于选派陆军学生游学所做的种种规定，于一般家庭子弟来说是极有吸引力的，可以说，留学的吃喝穿游学都由清廷负担了。但所有这一切，都有一个前提，那就是，"驻日大臣有督察学生之权，须随时悉心考校各学生之品行学业，按年督同监督造册，咨送练兵处，以备查核"；"此次咨送学生及以前公私费各学生倘有聚合行废学者，由驻日大臣随时儆斥，如仍不知改，即声叙该生行径，咨回练兵处惩办，并追缴官发历年经费"[46]。这一条很厉害，也是导致以后许多学陆军的革命党人很少在公开反清的场合上露面的一个重要原因。

练兵处《选派陆军学生游学章程》一出，也有竭力表示反对者。反对者主要在以下四方面对清廷提出了质疑：

（一）官费生每省限额太少。中国面积人口较之英法德美诸国有过之无不及，惟与俄国差一些。如果以军制相比较，俄国有常备军一百二十万人，中国以十八省均分，计每省当有七万人的军队才可达此数。七万人的军队中又分步、骑、工、炮、辎重五军种，而工兵中如电线队、铁道队等，炮兵中如要塞炮、野战炮等又必须别有专门的部队职掌其事。而成一师团中之大联队、中队、小队各长，皆非有切实军事知识之人不能胜任。就中国一省七万人而言，必得自士官以上军官人才七百人，而后才可以组织成一局部像样的兵力。这样，全国合计军事上的人才，则须一万二千六百五十人。以今日中国之财政艰难，每省每年遣送七百人，也无尽学于外国之事。但在中国军事教育毫无基础之时，令每省每岁遣送陆军学生百人，实为现今当务之急。即或中小省份无遣送百人之资力，也应该于四年期限内每年遣送五十人，方可收守疆御侮之效。练兵处选派官派武备生既然定期限为四年，在此四年每年之中陆续遣派大省百人,中小省五十人,四年合计起来,也不过数千人,其与一万二千六百之数相去尚远,所以于军事上之职任犹多缺乏,万无可减省之理。

(二)官费生宜免练兵处考察之繁。练兵处与各省相去尽远,必无从考察所选之人的素行,如其寄耳目于练兵处,不如寄耳目于各省督抚。现今由各督抚咨送练兵处再加考察,考察者既不能如各省督抚之就近易周,又徒生万一选派学生不得出洋,又须回省消磨岁月,荒废学务的无奈。而且到了日本后,入校前还有必须检查身格一项,如果练兵处检查后已合格,但到了日本入学例行检查时,竟以不可知的原因导致被剔除,则反足以损伤练兵处的威信。故此,练兵处考察之繁不能不省去。

(三)官费生不宜限定世家官族。天下最艰辛、最危险之事莫过于军人,故陆军学生必其精力强壮,甘耐劳苦,平时则研究学业,临事则抛舍身命,无燕安怠惰之习,无瞻顾畏葸之情。而中国世家官族子弟,自幼娇养,躯干脆弱,起居晏逸,不耐劳苦,其发奋自厉愿学陆军者并无多人,即使在少数之中有出类拔萃者,人家也不愿为伍。练兵处欲以此望之于世家官族子弟,恐数年以后无一真实陆军学生之可用。况且,近代以来,所谓世家官族,并无确然的一定界限。先辈有一二荣达之人,后辈安富尊荣,互相攀引家世自矜,其实与平民有何差别?当学校未立以前,上下所崇贵者曰科甲出身,曰劳绩保奖,两方所出人才,寒贱之士究多,富贵子弟较少,所以不应限制志士的进身之路。练兵处现在反而分别此有名无实之平民和贵族,恐未收学生干城之选,先已启人民阶级之争,这绝非一个国家的所为。所以,决不可限学生必为世家官族。

(四)自费生设禁太苛。自费习陆军者,自筹资本,远涉重洋,非素有学业,志气坚卓者,必不能出于此。此其求学之心当益坚决,其进步必在官费生之上。其利有三:一,官费遣送,各省均有定额,以额满见遣,向隅兴叹者。而被定额排斥在外的人士,岂无性情材质近于军人资格者呢?二,自费学陆军之人,尤当给予异常奖励,即不能奖励,也要破除苛禁,使人人得以自达其学陆军的目的。这样,即可以呼动全国视听,使趋于尚武一途,下令流水,捷如转圜,在朝廷不费檗书之劳,而海内已有从风之势。三,练兵处限制自费生学陆军的缘故,是以排除排满革命之人,岂不知,提防排满革命之风潮,不在于分别自费官费,而在分别其果,为排满革命之人与否。禁制自费,一语既出,即以自费官费划线,自费生皆有自处于排满革命之嫌;而官费生与自费生究竟不过是一形式上的分别,如果官费生内有排满革命者,有何不可?即不学陆军,亦岂不能倡乱?如能开此禁例,则自费生愈踊跃出洋学习军事，在国家不费一钱的情况下，可收无数将校人才之用[47]。

何澄对成城学校入学事件以及随后演变成为“吴孙事件”的这场风波，有着刻骨铭心的记忆和反思：“余将入清华学校未一月，即罢课，议论此事，年少气壮，不知厉害”[48]。“年少气壮”，是说他并没有做到当时“汹汹不可压抑”的退学返回誓言；“不知厉害”，是指学生运动终归会被政客利用。

成城学校入学事件及其后续，对何澄以后看待学生运动有着非常巨大的影响。

“成城入学事件”过后，何澄经常到位于东京小石区西江户川町的宏文学院找去黄兴（此时黄兴仍名黄轸）。黄兴此次来日，系湖广总督张之洞鉴于省城及各府、厅、州、县先后开办中小学堂，师资紧张，特从两湖、经心、江汉三所书院挑选了三十名学生派赴日本学习师范科的。其中，愿学八个月速成师范科的有李熙、卢弼、张继煦、李步青等十二人；愿学一年半速成科的有黄兴、金华祝、余德元等六人；愿学三年科的有李书城、周维桢、胡铮、陈文哲等十二人。一九〇二年六月初，由武昌知府双寿带队，连同黄立猷、程荫南、易乃观和卢启泰四名自费生一起前来日本[49]。而在一八九九年十月十一日，黄兴等二十人便被张之洞从两湖、经心书院选派赴日学习农工商和陆军测量。头一次赴日，黄兴除专心上正课外，还热衷于兵法和练习枪法，立、膝、伏各种射姿，都能完成。而且一到射击操场，“书生余习，一切扫除”。[50]当时，黄兴作过一首《咏鹰诗》，以鹰自况心志：

独立雄无敌，长空万里风。
可怜此豪杰，岂肯困樊笼？
一去渡沧海，高扬摩碧穹。
秋深霜气肃，木落万山空[51]。

黄兴另给自己定有《自勉规则》六条：一、行动必须严守时刻；二、说话必须说到做到；三、读书须分主次，纵使事忙，主要者不得一日荒旷；四、处理重要事务及文书，必须亲自动手，不得请托他人；五、对人必须真诚坦白，不得怨怒；六、游戏可以助长思想，不应饮酒吸烟[52]。

第二次到日本留学的黄兴还没有剪辫子，也没有革命的声音和举动发出，何澄为什么会常常找黄兴去呢？时在宏文学院普通科的鲁迅对此看得真切：“黄克强在东京作师范学生时，就始终没有断发，也未尝大叫革命，所略显其楚人的反抗的蛮性者，惟因日本学监，诫学生不可赤膊，他却偏光着上身，手挟洋磁脸盆，从浴室经过大院子，摇摇摆摆地走入自修室去而已。”[53]确实也是，何澄从“成城入学事件”中，也看出黄兴此时虽未尝有所表现，实则较之众多“傲然以未来之主人翁自居，然思想无统系，行动无组织，保皇党之余波，立宪派之滥觞杂于其间的留学生”[54]，更能成大事。果然，通过近距离交往，何澄发现黄兴确实是一个蓄志反清闹革命的人：他仍不剪辫子，是为了掩护革命的身份；他仍留意于军事技能的学习，如，课余则请日本退伍军官讲授军略，暇则参观士官联队各种兵操，每日晨起，必赴神乐坂武术会，参加射击比赛，是为了实现“救国不独心力，尤以身力为必要；只有挺身杀敌或杀身成仁，才真有力”。[55]这才是一个革命者如雄鹰般的抱负。

由于和黄兴的交往，何澄对军国民教育开始有了全新的认识。

注释：

① 黄福庆著《清末留日学生》，第一三六～一三八页，台湾“中央研究院”近代史研究所，一九七五年七月。

② 同上，第四十一页。

③ 曹汝霖著《曹汝霖一生之回忆》，第十九页，中国大百科全书出版社，二○○九年四月。

④《新民丛报》，一九○二年第五期，第一一七～一一八页：《中国留学生新年会记事》，光绪二十八年三月一日（一九○二年四月八日）。

⑤ 曹汝霖著《曹汝霖一生之回忆》，第十九页，中国大百科全书出版社，二○○九年四月。

⑥《新民丛报》，一九○二年第五期，第一一九页：《中国留学生新年会记事》，光绪二十八年三月一日（一九○二年四月八日）。

⑦ 同上，第一二○页。

⑧ 同上，第八十六～八十八页：《蔡星使钧致外务部信》。

⑨ 同上，第八十七～八十八页。

⑩ 同上，第八十七页。

⑪ 同上，第八十六页。

⑫ 曹汝霖著《曹汝霖一生之回忆》，第十九页，中国大百科全书出版社，二○○九年四月。

⑬ 实藤惠秀著《中国人留学日本史》，第三五三页，三联书店，一九八三年八月。

⑭《新民丛报》，一九○二年第十三期，第一○五页：《蔡使要求日本警察入署拘捕学生始末记》，光绪二十八年七月一日（一九○二年八月四日）。

⑮ 同上，第一○五～一○七页。

⑯ 孙揆均(一八六六～一九四一),字叔方,又名道毅,号寒厓,江苏无锡人。光绪二十年(一八九四)中举,内阁中书、军机章京。光绪二十八年(一九〇二)随吴稚晖一起携子、女赴日。因"成城入学"事件中的被"驱逐回国"后,任甘肃兰州道台衙门文案。南京国民政府成立,任江阴县县长,教育部简任秘书等职。有《寒厓集》诗集。

⑰ 前往驻日公使馆人员名单,据《新民丛报》,一九〇二年第十三期,《蔡使要求日本警察入署拘捕学生始末记》中附图"蔡公使接见留学生图"确定。

⑱ 曹汝霖著《曹汝霖一生之回忆》,第二十页,中国大百科全书出版社,二〇〇九年四月。

⑲ 实藤惠秀著《中国人留学日本史》,第三五七页,三联书店,一九八三年八月。

⑳ 曹汝霖著《曹汝霖一生之回忆》,第二十页,中国大百科全书出版社,二〇〇九年四月。

㉑《新民丛报》,一九〇二年第十三期,第五页:《论留学生公愤事》,光绪二十八年七月一日(一九〇二年八月四日)。

㉒ 吴闿生编《桐城吴先生汝纶日记》,第七九六页,台北文海出版社,一九六九年。

㉓《新民丛报》,一九〇二年第十三期,第二～三页:《论留学生公愤事》,光绪二十八年七月一日(一九〇二年八月四日)。

㉔ 吴闿生编《桐城吴先生汝纶日记》,第七九六～七九七页,台北文海出版社,一九六九年。

㉕ 实藤惠秀著《中国人留学日本史》,第三五八页,三联书店,一九八三年八月。

㉖《新民丛报》,一九〇二年第十五期,第一一一～一一三页:秦毓鎏等《上蔡公使书》,光绪二十八年八月一日(一九〇二年九月二日)。

㉗《新民丛报》,一九〇二年第十三期,第六～七页:《论留学生公愤事·附记》,光绪二十八年七月一日(一九〇二年八月四日)。

㉘ 施培毅、徐寿凯校点《吴汝纶全集》(三),第四〇一～四〇二页:《与蔡和甫星使》,黄山书社,二〇〇二年九月。

㉙ 陈学恂、田正平编《中国近代教育史资料汇编·留学教育》,第三九二页:戴振《查复日本游学生聚众滋事情形折》,上海教育出版社,二〇〇七年四月。

㉚ 施培毅、徐寿凯校点《吴汝纶全集》(三),第四〇二～四〇三页:《与张尚书》,黄山书社,二〇〇二年九月。

㉛ 高叔平撰著《蔡元培年谱长编》(上),第二四二页,人民教育出版社,一九九六年三月。

㉜ 冯自由著《革命逸史》(第四集),第一〇〇页:《记东京中国留学生会馆》,中华书局,一九八一年七月。

㉝ 实藤惠秀著《中国人留学日本史》,第一六八～一七二页,三联书店,一九八三年八月。

㉞ 桑兵著《清末新知识界的社团与活动》,第一六六页,三联书店,一九九五年四月。

㉟ 同上,第三三七页。

㊱ 吴闿生编《桐城吴先生汝纶日记》,第七九八页,台北文海出版社,一九六九年。

㊲ 东亚同文会:由东亚会和同文会合并组成,隶属于日本外务省一个从事文化情报活动

的组织，亦是二十世纪初，日本对中国文化事业问题进行研究决策的最重要机构。一八九七年春，由犬养毅发起成立东亚会，该会聚集了明治中期新闻界的重要人物陆羯南、三宅雪岭、志贺重昂、池部吉太郎及中国留学生井上雅二，主要研究中国当前形势，发表他们的看法。同文会是由近卫笃麿及其同道组织的一个收集中国情报，在中日两地从事教育和出版活动，在中国进行特殊投资和交易的组织，成立于一八九八年。这两个组织成立后，经费都不足，无法达到预想的目的。当时的大限重信内阁鉴于两会目的大体相同，成员也相互交错重叠，要求两会合并。于是，东亚会和同文会在一八九八年十一月合并为东亚同文会。从一八九九年开始，每年从外务省机密费中获得津贴。

㊳ 上海市政协文史资料委会员编《上海文史资料存稿汇编》（第一卷），第四十～四十一页：章宗祥《任阙斋主人自述》，上海古籍出版社，二〇〇一年十二月。

㊴《新民丛报》，一九〇二年第十七期，第一一四～一一九页：《留学善后事宜质疑》，光绪二十八年九月一日（一九〇二年十月二日）

㊵ 吴闿生编《桐城吴先生汝纶日记》，第七九八页，台北文海出版社，一九六九年。

㊶ 桑兵著《清末新知识界的社团与活动》，第一六七页，三联书店，一九九五年四月。

㊷ 同上。

㊸ 吴剑杰编著《张之洞年谱长编》（下卷），第七九三～七九四页，上海交通大学出版社，二〇〇九年七月。

㊹ 同上，第七九九页。

㊺《东方杂志》，一九〇四年第四期，第九十九页：《练兵处奏定选派陆军学生游学章程》第十一条，光绪三十年四月二十五日。

㊻ 同上，第九十七～一〇〇页。

㊼《新民丛报》，一九〇四年第四期（总第五十二期），第七十三～七十七页：《练兵处陆军留学生章程私议》，光绪三十年八月一日（一九〇四年九月十日）。

㊽ 何澄《往事回想录》，一九一二年八月十九日。

㊾ 吴剑杰编著《张之洞年谱长编》（下卷），第七三四页，上海交通大学出版社，二〇〇九年七月。

㊿ 刘泱泱编《黄兴集》（一），第三页，湖南人民出版社，二〇〇八年一月。

51 同上，第二页。

52 同上，第一页。

53《鲁迅全集》（第六卷），第五五七页：《因太炎先生而想起的二三事》，人民文学出版社，一九八一年。

54 毛注青编著《黄兴年谱长编》，第四十二页，中华书局，一九九一年八月。

55 同上，第四十二、四十五页。

何澄旧藏“鸣谦贞吉”兽钮白田章

五　组织军国民教育会

一九〇三年，沙俄拒不从东三省撤军，留日学生愤怒之极。

还是在一九〇〇年“义和团事件”中的七月中旬，沙皇尼古拉二世宣布亲任“总司令”，调集十五万军队，以保护中东路的名义分七路入侵东北。到十月底，俄军已完全控制了东三省全境。十一月八日，沙俄胁迫清廷签署了《中俄奉天交地暂且章程》。其中规定：俄国驻兵盛京（今沈阳）及其他各地，清军一律撤出，俄国在盛京设总管。十二月二十七日，清廷同意接受西方列强提出的《和约大纲》十二条，派奕劻和李鸿章与各国代表进行议和谈判。俄国入侵东三省的事件原本就是八国联军入侵中国的一部分，本该列入议和谈判中一并解决，但沙俄不愿其他列强妨碍“黄俄罗斯”计划，坚持要与清廷单独交涉。一九〇一年一月二日，清廷任命驻俄公使杨儒为全权大臣，与俄国谈判交收东三省事宜。杨儒在与俄方谈判代表——外交大臣拉姆斯道夫和财政大臣威特进行的十三次艰苦的谈判中，看透了沙俄的野心，顶住了沙俄的恫吓、欺骗和逼迫，坚持俄军必须撤出东三省，“非奉全权特旨，决不画押”。但俄方非但没有撤军之意，外交大臣拉姆斯道夫反而向杨儒书面提出十二条章约，不仅规定沙俄有驻兵“保护”东北的铁路权，有出兵帮助“剿抚”义和团权，有要求革办中国官吏权，清廷不得驻兵东北，不得运入武器，不得自行修路，还要求将蒙古、新疆、华北等地划为沙俄的势力范围。

消息传出后，立即激起中国人民的巨大愤怒。三月十五日，上海爱国人士集会于张园，名士汪充中、汪康年等发表演说，号召人民“出死力以争此一日之命”，要求清廷“力拒俄约，以保危局”。三月二十四日，上海爱国人士得悉，沙俄逼迫清廷将于近日在俄方提出的约款上画押，第二次举行集会，再度要求清廷“始终坚拒”。由于人民同仇敌忾，给清廷壮了胆，终于拒绝在俄方的约款上签字画押。但

《辛丑条约》订立后，各列强军队陆续从华北撤走，惟独沙俄仍有十万军队赖在东三省不走。在清国艰危之时，晚清著名的外交家李鸿章于一九〇一年十一月二十七日病逝于京城贤良寺，另一个被人从记忆中忽略的中俄谈判代表杨儒也于一九〇二年二月十七日，含恨死在清国驻俄公使馆寓所。

李鸿章、杨儒死后，对俄交涉由清廷代表总理外务部事务的和硕庆亲王奕劻，军机大臣、和外务部会办大臣王文韶继续担任。一九〇二年四月八日，双方签订了《交收东三省条约》。六月二十九日，该约在圣彼得堡交换批准。《交收东三省条约》主要内容是：由签字画押之日起，俄军一年半内分三期从东三省撤出，每期六个月。第一期：俄军撤出盛京省西南段辽河以西，交还山海关、营口、新民屯之间的铁路；第二期：俄军撤出盛京省其余各地和吉林省；第三期：俄军撤出黑龙江省。十月六日，沙俄实施第一期撤军。但到了一九〇三年二月七日，沙皇政府大臣会议决定：延期从东三省撤军；二月十日，俄皇批准沙俄军队无限期留驻东北。四月八日，是《条约》中规定的俄军第二期撤军的最后期限，可沙俄不但拒不执行，反而对清廷提出在东三省享有特殊权益的七项无理要求，作为撤军的前提条件①。

沙俄拒不撤兵，且重新派兵前往安东，再次占领营口的消息被日本《朝日新闻》等报纸披露后，何澄对俄军借"义和团事件"，趁火打劫东北的丑陋行径极为愤慨，与黄兴及留日学生串联相告，商讨如何让俄国如约撤兵。恰在此时，从上海返回日本的钮永建②，拟组建一支"拒俄义勇队"，把队伍拉回东三省与俄人决斗。为此事，钮永建走商于留学生会馆干事章宗祥、曹汝霖，请他们以留学生会馆的名义召集全体留学生开会，议决此事。章宗祥、曹汝霖以学生手无寸铁，绝无所成，拒绝出面召开此会（曹汝霖以后为拒俄义勇队捐了款）。在留学生会馆干事这里碰了壁，钮永建又游说到秦毓鎏③、叶澜④处，阐述自己的主张，得到秦毓鎏和叶澜的赞同，并许允为联名发起人。钮永建非常兴奋，旋在秦毓鎏寓所起草传单，通知各省留学生在四月二十九日到锦辉馆议决此事。

锦辉馆，位于东京市中心的神田区神保町，当时是一家放映"活动写真"的电影院。二十世纪初，被中国留日学生认为是时髦处所，常常光顾；及留学生渐多，各省留学生，也常租用此馆举行集会；早年流亡日本的政治活动家也多到此约会、面晤。

四月二十九日下午，留学生全体大会在锦辉馆召开，决议是否成立拒俄义勇队至前敌与沙俄占领军决战。此日，到锦辉馆的留学生多达五百余人。公推汤槱（汤尔和）⑤为临时议长。汤尔和、钮永建、王璟芳⑥、叶澜等相继登台发表演说。凡演说者无不慷慨陈辞，激动人心。汤尔和在演说中，历数沙俄的侵华罪行，哀戚清国随时被吞噬的危险，然后厉声说："留学生遇重大问题，充类至尽，不过打个电报，发封空信，议论一大篇，谁肯担当半点血海干系?还说是待我学成归国再议办法。徒待尔学成归国时，中国已亡了几十年。支吾瞒混，待骗谁来?我看学生中真正敢死，不作那空言的人，料也不少。故我意今日有不怕死、肯牺牲一身，为中国请命的，立刻签名，编成一队，刻日出发，迳投北洋，痛哭流涕，剖陈不战之害，情愿奋身前敌，万死不惧。更立本部专为后应。我中国自甲午以来，久成为世界三等国。以三等国民而敢与世界第二雄国死抗，我辈虽被大炮炸成飞灰，还不值得吗?"汤尔和演说至此，众皆举手赞成。但也有一人起而诘问汤尔和："此是既无军粮，又无器械，徒手搏战，势所不能。设投北洋，安知北洋必能录用?又安知政府之必能主战?以学生之力，何能担此任?虽率全体学生回国，战而死之，亦不足挡俄人之铁骑，轻举妄动固宜，切戒孤注一掷，尤所下取。"汤尔和回答说："君议极周密。政府主战与否，固非我辈所能逆料，然今日之势，战与不战亡一耳。据各与所载，政府毅然拒绝俄人。既曰拒绝俄人，岂为空言所吓!此不辩自明。至虑北洋不见信用，亦甚远到。然吾闻申包胥一哭七日，异国且为之感动。何况我辈决心啮齿，可誓天日。但能与俄人战，虽为苍头走卒不辞。北洋方招军，何遽疑虑。至云军火等，学生本不应蓄备，使果队伍整齐，运粮输用，吾知甫入国门，已遭大辟，又何能为沙场之鬼，达拒俄之目的乎?至云学生无用，则诚无用。吾辈徒以国家大义所激，誓以身殉，为火炮之引线，唤起国民铁血之气节，中国死吾辈数人，如九牛一毛。我国民有知，当亦为之感泣。"汤尔和演说至此，动情万分，厉声呼曰："死生一发之际，还想四面周到，难道还要预备衣食棺椁么?"与会者闻听此言，皆愤发涕泣，不能抑止⑦。

汤尔和演说之后，包括何澄在内的赞成成立拒俄义勇队的签名者纷纷不绝，并议决主要事项如下：

一、愿入义勇队赴前敌者，尽两日内签名。

一、未即赴前敌者，别设本部，部署军队各事。

一、致电北洋大臣袁世凯及上海各团体。

……

四月三十日，签名愿入义勇队的留学生已有一百三十余人，愿入本部办事的留学生有五十余人。年方十六岁的福建侯官人方声煊(字耀廷)也来签名参加义勇队。众人看他年纪太小，便劝阻他不要入军队了。方声煊却说："我愿为国死，怎么能因为我年龄小而不让我战死呢?”遂奋起签名。方声煊的福建侯官同乡、二十七岁的翁浩,一把搂过小方声煊哭道:“我北片且战,留汝为吾国义勇种子,死更有光大于我者。吾辈日言报国,今为势所迫,仅以一死塞责,罪且不可逭,汝复轻身殉胡为者。”前来签名者,无不感泣。浙江乌程的潘国寿(字君颐),身殊弱小,也签名入军队。当同乡欲以劝退时,他坚决不肯。同乡又劝说:“义勇队事,吾乡人皆当任其义务,往皆既以死自誓。念子年幼,留之以继其后,不亦愈乎?”潘国寿大哭不止,且边哭边说:“国亡无日,欲求死所行,且不可得我得。从军以死于北边,其为吾乡人荣,不更大乎?!”入军队之志,终不可止。

差不多与何澄同时来到日自费留学的女生胡彬夏,闻听学生有建义勇队之举,乃前来商议协助。她的演讲词愈发催人泪下:“呜呼!我最爱之祖国,将为他族所统辖;我最亲之同胞,将为异种所奴隶,岂不伤哉!岂不耻哉!我等既为中国之国民,中国之安乐既当受之……我同胞姊妹既皆久学海外,自必深明其理,不待烦言。我等既知亡国之惨伤,奴隶之羞辱,使任其灭亡,任其残害,岂我辈之所宜出此耶?亦岂共爱会之本旨耶?我思现在同志诸姊妹,无不热心爱国,当必出其所学所能,奋发以救祖国,以援同胞也……我虽不才,欲以志臂之微,为国尽力,愿从义勇队北行。事虽无济,即至捐躯殒命,誓无所惜。诸姊妹当以为然。我想,祖国瓜分,同胞奴隶,我辈有何面目更在日本留学,愿诸姊妹图之。”[8]男儿有泪不轻弹,在群情激奋的气氛中,早已签名入军队的何澄,听到胡彬夏首次以“祖国”之称代替了“国家”和“清国”,而且还是“我最爱之祖国”,愈发感到不是一个人的“家国”,是全体中国人的“祖国”的沉重。

五月二日,何澄与黄兴及签名参加义勇队的留学生们再度在锦辉馆开会,因拒俄义勇队之议遭到新到任的留学生总监督汪大燮的阻拦,遂讨论改名为学生军,并制定《学生军规则》十二条:一、定名为学生军;二、以拒俄为目的;三、性质是代表国民公愤和负担主战责任;四、体制采用在政府统治之下等等。散会后,何澄与大家边走边高呼“学生军万岁!”场面十分热烈激动……[9]

五月三日,学生军开始编制成军,分甲乙丙三个区队,每区队又分为四个小队。公推蓝天蔚[10]为队长,各区队另有区队长。何澄被编在甲区四分队,此时仍用原名何厚僩入编。区队长为龚光明,字云青,湖北江夏人,一八九九年十月湖北官费赴日,习陆军,时为见习士官;分队长为陈秉忠,字纯方,自费武备生;队员有:

罗元熙,字汉蕃,湖南新化人,一九〇二年十二月湖南官费赴日,陆军生。

苏子谷,字禄田,即后来以“情僧、诗僧、画僧”著称的作家苏曼殊,广东香山人,一九〇二年九月浙江官费赴日,陆军生。

留日时期的王季绪（左一，王守实提供）

李书城，字筱垣，湖北潜江人，一九〇二年六月湖北官费赴日，师范生。后与何澄同在清廷军谘府供事。

伍嘉杰，字筱魏，广东南海人，一九〇二年九月自费赴日，武备生。

周维桢，字干臣，湖北保康人，一九〇二年六月湖北官费赴日，师范生。

杨言昌，字味兰，广东香山人。后与何澄同为振武、陆军士官学校同学。

在乙区三分队中，队长虽然由钮永建担任，但由于黄兴懂军事，精枪法，所以真正组织练习枪法者，实为黄兴。

在学生军的其他区队和本部中，后来在中国近现代史上有名的人物有：陈天华、陈去病、林长民、林白水、刘成禺、许寿裳、王季绪（后为何澄内弟）等等。随吴稚晖同船前来的那几位女生华桂、胡彬夏、龚圆常、吴芙、周佩珍等，则组织起"赤十字社"（红十字社）看护队，准备开展救护训练[11]。

五月六日，学生军按课程表齐聚中国留学生会馆开始操练。但操练仅仅进行了一天，蔡钧即请日本政府强行禁止。

五月七日，日本外务省以义勇队事召见留学生总监督汪大燮，说此事于国际上有碍，请汪大燮约束。汪大燮即命义勇队停止活动，立即解散。

五月八日，学生军队成立仅五天，神田警察即来中国留学生会馆请王嘉榘、钮永建、张肇桐、林长民四人前往警察署约谈。时值钮永建、张肇桐不在会馆，王嘉桀、林长民被带到警察署盘问：

警察长问：贵国留学生因满洲问题，有义勇队之设，确否？

王嘉桀答：有之。

警察长问：闻队中规则及组织，有队长，有军曹等名目，是与军队无别，此事于日本外交上颇有阻碍。

林长民答：此事虽名为队，其内容不过练习体操，并无军械军服，不能成为军队。

警察长问：留学生监督知之乎？

王嘉桀答：知之。昨日已有命，嘱吾等废止。但此次创立此举时，本因俄国七条之约，并俄使宣言欲收东三省入俄版图而起。据目下情形，七条之约已经取消，此事照原定规则已议停。

警察长问：体操时有铁铳否？

王嘉桀答：无之。但会馆中本有体操器械，即不关满洲问题。留学生亦时至练习。

警察长问：练习时人数过多，邻舍闻之，亦颇张皇。

林长民答：教育的体操亦与乱暴举动不同。

警察长言：教育的体操尚无妨害，若组成军队，则日本有主权不能不干涉。

林长民答：并非军队。此事当俄使宣言号外发行时，本度即日开战，则留学生等当即日返国。彼时成军与否，系在敌国国境，并不在贵国也。若今日情形，则在贵国一日，便为一日学生，与军队实不相类。

警察长言：君等爱国之心，实在可敬。

林长民答：此为有生所同，具无所别于众。

警察长言：自表面视之，实有军队形式，务望速解。

林长民答：照规则办理，自当解队。但体操为体育起见，仍时常练习。此于外交主权等问题，似不相关，今晚当有覆信[12]。

当天晚上，何澄与学生军其他成员及本部各职员聚集在留学生会馆，先听王嘉桀报告与神田警察长问答情形，后讨论义勇队何去何从。钮永建、蓝天蔚、蒯专枢、叶澜、谢晓石等均主张改变面目，最后决定"解散形式，不解散精神"。

五月八日至十日，何澄与黄兴、秦毓鎏等二三十人决定仿照上海教育会组织军国民教育会，把学生军改为实行爱国主义的机关。

五月十一日，学生军开全体大会于锦辉馆，继续商议学生军散与存的问题。有人提议改名军事讲习会，何澄与黄兴等二三十人提议改名为军国民教育会，得到一致赞成。于是大家推举谢晓石为临时议长，议决何澄、黄兴、秦毓鎏等二三十人早就拟好的《军国民教育会公约》。

《军国民教育会公约》共有十一章，规定军国民教育会的宗旨为"养成尚武精神，实行爱国主义"；职员有"运动员"、"特派员"等；会员责任有"负保全国土，扶植民力之责"，"遇国事危急之时，有遵依宗旨担任军务之责"等；有课程、课目如：射击、打靶、击剑、兵式体操、普通体操、讲习战术、军制、地形、筑城、兵器等等。

《军国民教育会公约》经表决获得通过，大家又投票公举"运动员"和"特派员"。会议结束，何澄与全体与会人员齐声高呼"军国民教育会万岁！"[13]

五月十四日，特派员钮永建、汤尔和返国赴津专程晋见袁世凯请愿。

在此期间，兼署湖广总督的端方[14]以高度的政治敏感，从一九〇三年一月开始出版的《湖北学生界》中嗅出了什么，特调该报馆主要编辑发行人王璟芳、尹援一、窦燕石等四人回鄂询问，而四人中仅王璟芳一人舍身回里。初晤端方时，端方声言，要严究报务倡论平权、自由之事。王璟芳详说了所刊这些文章并无非理不道的议论。端方无言，也没做出什么查禁的举动。端方又问拒俄义勇队到底是怎么回事？王璟芳回答，纯粹是拒俄起见，如果身居文明之邦，尚无爱国思想，居内地者更不堪问矣。端方当即送客无他。次日，端方即往日本驻汉口领事馆拜会领事，询问留东洋之学生组织拒俄义勇队有无叛逆之举动。领事笑谓："贵国之前途，其在留学生乎？如谓联队即是叛逆，是禁锢个人之爱国心也。我初闻贵国学生之举动，颇为贵国贺。今闻阁下之言，不禁为贵国前途悲。"端方听完此言，大窘，遂归。反复思之，只有仍派王璟芳重赴日本留学为是。次日又传见王璟芳，令其仍回日本留学，勉以万不可行非理不道之事和倡论平权自由之谬说。及至王璟芳回到日本，端方才觉此事办理得太草率，不合官事，电商在京的张之洞如何处理。张之洞复电："切实保举，以安其心。"据此，由端方保奏王璟芳"效忠守正，请破格奖励"。[15]于是，王璟芳便得了清廷赏赐的举人，从此叛变了拒俄义勇队，也叛变了推翻清廷专制统治的新知识分子革命群体。从一九〇三年第六期起，《湖北学生界》便改名为《汉声》，也算是王璟芳对清廷赐给举人的一个回报。

七月五日，学生军全体在锦辉馆听取钮永建、汤尔和回国运动袁世凯经过的报告。报告结束后，秦毓鎏宣读了由他领衔草成的《发起军国民教育会意见书》。该意见书与先前的《军国民教育会公约》，在宗旨上有较大改动：

满洲杀我祖宗，夺我财产，已二百馀年，今且迫我同胞，割我土地，遗之外人，致吾有灭种之惨。

东三省亡，不足忧，东三省亡，而吾之土地皆随东三省而俱亡矣。一俄不足忧，各国皆随俄而瓜分我矣。呜呼！吾族亡于野蛮满洲，犹有独立之希望；若亡于文明各强国，真为万劫不复之奴隶地矣。与其坐以待毙，不如奋斗而死。此吾军国民教育会之所以起，凡吾同人当无不知也。

……

因是之故，某等拟于今日开会，定本会之宗旨，曰养成尚武精神，实行民族主义……祖父世仇则报复之，文明大敌则抗拒之。事成即为独立之国民，不成则为独立之鬼雄[16]。

意见书宣读完毕，“得政府赏”[17]的王璟芳跳上讲台大喊大叫“大清不可背负，政府不应乱诋”，煽动已加入军国民教育会的成员退会。秦毓鎏问他：“何故除名？”王璟芳回答：“不同宗旨故。”秦毓鎏又追问他：“何以不同宗旨？”王璟芳理直气壮道出：“本是拒俄，变为排满，我所以除名。”尽管王璟芳等保皇派极力分裂军国民教育会，但民族主义已成为任何人都阻挡不了的洪流，表决结果，《发起军国民教育会意见书》以半数赞成而获得通过[18]。

何澄“与同志二三十人组织的军国民教育会”[19]，虽然仅仅生存了三个月，但它在辛亥革命史上占有重要地位。因为它代表了晚清新知识分子群体的一个大觉醒，并且赋予这个新兴群体崭新的意义，为以后的一系列革命行动开辟了一条启蒙的通道：即统一国民意志和行动，举民族主义大旗挽救民族危机，挟风雷而走，“结成大团”[20]。难怪当年的《苏报》（一九〇三年五月六日）惊呼：“呜呼！癸卯年万岁！何其民气之奋，进步之速，如是其惊人？倘海内应和者能愈接愈厉，岂非我中国得见天日之日正不在远？”

拒俄义勇队和军国民教育会解散后，何澄没有像有些留日学生那样一饭之微则散学，一事之末则散学，一言之细则散学，而是在清华学校的课堂和校外度过了一段暂时平静的读书时光。

除正课之外，何澄朝餐夕飧的另一种物品就是书报刊——他期待着一种比军国民教育更新、更加锐利的思想出现，以代替那种自由散漫、形形色色、各行其是的思想和主张。这期间，何澄陆续读到了最终促使他做出由学农改学军的两本书。一是在拒俄义勇队时期本部办事员陈天华所著《警世钟》，二是十八岁的邹容所著《革命军》。与读罢《警世钟》之后热血沸腾的众多留日学生不同，何澄对《警世钟》一书唤起国人“杀！杀！杀！杀我累世的国仇，杀我新来的大敌”的激情陈述，已没有什么可再激励起来的冲动，也不会因为看到、听到几句令人热血沸腾的口号，就能排遣掉他在“排满”与“革命”之间徘徊的苦闷。但他读到陈天华《猛回头》，谈及日留学生中间的一种现象时，求索之路却一下开朗起来：

从前只有守旧、求新二党，到了晚近，即求新一党，又分出许多党来。有主张革命的，有主张勤王的，有主张急进的，有主张和平的，有主张陆军的，有主张科学的，比那从前两大党的争竞还急烈一些。不晓得都没有平心去想，革命固是要紧，但那勤王的只是一时见不到，久后一定要变。除非是两军阵前，总不可挟持意气，只可将真理慢慢与他讲明。今日的时势，急进是万不可无，然没有和平一派，一败之后，遂没有人继起了。要把现在的江山，从那虎狼口中抢转来，怎么不要陆军呢？但江山抢转来了，没有科学，又怎么行得去呢[21]？

再看“第三要：重武备，能战能守”，边看边闪现出他亲眼目睹清军在甲午之战惨败的历史图像，边看边对自己选择学农而汗颜：

列位！今日的世界，什么世界？是弱肉强食的世界。你看于今各国，哪国不重武备？每人到了二十岁，就是王子也要当兵三年。不当兵的，任是什么贵族，也没有个出身。这兵的贵重，比中国人的举人、秀才还贵重些……不比中国好儿不当兵，好铁不打钉，把兵看得极贱，平时操练一点没有，到开差的时候，妇啼子哭，恐怕就不生还。一路奸淫掳掠，闻风就跑。列位！你看外国的兵是那个样子，中国的兵是这个样子，怎么不有败无胜！若不仿照外国的法子，人人当兵，把积弊一切扫除，真真不可设想了[22]！

又看邹容的《革命军》，最吸引何澄的是第六章，即“革命独立之大义”。在这一章，邹容采用卢梭自由平等的学说，仿美国革命独立之义，设计了一个“中华共和国”的组织方案，其主要内容是：定国名为“中华共和国”，行民主共和制，中华共和国为自由独立之国；建立中央政府，为全国办事之总机关；每省投票公举一总议员，各省总议员再投票公举一人为暂行大总统，另举一人为副总统，各州县府，各选议员若干；宪法、法律和关于全体、个人之事，及交涉之事，设官分职之事，悉照美国办理；全国无论男女，皆为国民；全国男子有军国民义务；凡为国人，男女一律平等，无上下贵贱之分；各人的权利，包括生存权利，人身自由，言论、出版自由以及其他各种权利，皆由天授，不得剥夺。看到这里，何澄不由为之击节：在他到日本之后，接触了那么多新思潮，新学说，新人物，但还从来没有一个人像邹容这样详细、清晰地描绘过推翻专制政府、建立民主共和国的最好最美的蓝图。直到此时，何澄才豁然开朗，觉得这才是革命的主张，革命的内容，革命的思想，革命的崇高理想！而在第十九条中，邹容还特别强调：

> 无论何时，政府所为，有干犯人民权利之事，人民即可革命，推倒旧日之政府，而求遂其安全康乐之心。迨其既得安全康乐之后，经承公议，整顿权利，更立新政府，亦为人民应有之权利。若建立政府之后，少有不洽众望，即欲群起革命，朝更夕改，如弈棋之不定，固非新建国家之道。天下事不能无弊，要能以平和为贵，使其弊不致大害人民，则与其颠覆昔日之政府而求伸其权利，毋宁平和之为愈。然政府之中，日持其弊端暴政相继施行，举一国人民悉措诸专制政体之下，则人民起而颠覆之，更立新政，以求遂其保全权利之心，岂非人民至大之权利，且为人民至重之义务哉？我中国人之忍苦受困，已至是而极矣！今既革命独立，而犹为专制政体所苦，则万万不得甘心者矣，此所以不得不变昔日之政体也[23]。

邹容所强调的是，对一个侵犯了人民权利之事的政府，人民采取各种措施和革命手段将之推翻，是一种合法的反对权。这种反对的权利，既是民主制度的一条重要原则，也是检验一个政府是否真民主的重要标尺。掩卷之余，何澄不由地亦同邹容在书中的最后呼吁一同呼喊："中华共和国万岁！中华共和国四万万同胞的自由万岁！"——自古以来，"万岁"都是臣民向皇帝呼喊的，自来日本后，何澄虽然在拒俄义勇队时，呼喊了一次"学生军万岁！"一次"军国民教育会万岁！"但那都是为小团体所为，而为中华共和国和人民的自由呼喊"万岁"，邹容是开天辟地第一回，何澄跟着邹容呼喊出的则是以后辛亥革命党人为之终生奋斗的声波。

注释：

① 王芸生编著《六十五年来中国与日本》(第四卷)，第一二〇、一三六～一三九页，三联书店，二〇〇五年七月。

② 钮永建(一八七三～一九六五)，字惕生，上海县人。光绪十九年(一八九三)江南癸巳恩科中式第九十四名举人。一八九五年，入湖北武备学堂。一八九九年，考取张之洞选送日本留学生官费学额。一九〇二年，应两广总督陶模之邀，在广州黄埔筹备广东武备学堂。一九〇五年，在东京加入中国同盟会。一九一一年，参加上海光复起义，任沪军都督府司务长。一九一二年，任南京临时政府参谋次长。一九三〇年三月，代理国民政府内政部部长；十二月，任"考试院"铨叙部部长。一九三二年五月，任"考试院"副院长。一九三七年十一月，兼任铨叙部部长。一九四三年十月，任政务官惩戒委员会委员长。一九四九年，去台湾。一九五二年，任"总统府"资政暨国民党中央评议委员，"考试院"副院长。一九五九年，定居美国纽约。一生以其自撰联语"不强人谓之恕，不恕己谓之强"为总结。

③ 秦毓鎏(一八八〇～一九三七)，又名念萱，字晃甫，号效鲁，江苏无锡人。一九〇二年，留学日本早稻田大学政治科。与张继、苏曼殊等发起组织"青年会"，以"民族主义"为宗旨，以"破坏主义"为目的，宣传民族觉醒。一九〇二年，任江苏同乡会创办发行的《江苏》杂志总编辑。一九〇四年，在沪创办"国学社"，编译西学书籍；同年，与黄兴等人在长沙成立"华兴会"，为副会长。一九〇五年，加入中国同盟会。一九一一年，南京临时政府成立，任总统府秘书。一九三〇年，任江苏省民政厅厅长，不久去职。晚年皈依佛教。著有《读庄穷年录》等。

④ 叶澜，字清漪，浙江仁和县人。著有《地学歌略》《重订天文地理歌略》，与汪荣宝编纂过《新尔雅》。

⑤ 汤槱(一八七八～一九四〇)，字尔和，后以尔和行，晚号六松老人，浙江钱塘人。一九〇二年十二月赴日，入成城学校习武备。一九〇七年，入金泽医科专门学校，后转读于德国柏林大学医学院。一九一一年十二月，以浙江军政府代表出席各省都督代表会议，被推为临时议长。一九一二年十月，筹办国立北京医学专门学校。一九一五年九月，发起成立中华民国医药学会，任会长。一九二二年，任北京政府教育部总长。一九二六年，任顾维钧内阁内务部总长。一九二七年十二月，任张作霖大元帅府财政部总长，兼盐务署督办。一九二九年三月，赴日本游历，获日本帝国大学医学博士学位。一九三三年五月，出任国民政府行政院驻平政务整理委员会委员。一九三七年十二月，出任伪中华民国临时政府行政委员会委员长兼教育部总长。一九四〇年，任伪华北政务委员会常务委员兼教育总署督办、东亚文化协会会长。

⑥ 王璟芳(一八七七～一九二〇)，字小宋，湖北恩施人。一八九九年十月，以湖北官费游学日本，初入高等商业学校，后入早稻田大学商科。毕业回国后，任清廷户部郎中。一九一〇年，

以各部院衙门官任资政院议员。一九一一年，任度支部主事。一九一二年九月，署理北京政府审计处总办。一九一六年七月，任山东省财政厅长。一九一八年八月，任安福国会(新国会)众议院议员。

⑦《江苏》杂志，一九〇三年第二期，第一四五～一四七页：《军国民教育会之成立》，光绪二十九年四月二十八日印刷，五月一日(一九〇三年五月二十七日)发行。

⑧ 同上，第一四八～一四九页。

⑨《湖北学生界》，一九〇三年第四期，第一二五～一二六页：《学生军缘起》，光绪二十八年四月(一九〇三年五月)。

⑩ 蓝天蔚(一八七八～一九二一)，字秀豪，湖北黄陂人。早年入湖北武备学堂。一八九九年十月，获湖北官费赴日习武备，入成城学校。一九〇三年六月，入陆军士官学校，第三期步兵科生。一九一〇年，经吴禄贞推荐，被东三省总督锡良派赴日本考察军事，其后考入日本陆军大学，同年肄业归国，任陆军部第二混成协协统，驻防奉天北大营。一九一一年十月二十九日，约同第二十镇统制张绍曾、第三镇第五协统领卢永祥、第三十九协统领伍祥桢、第四十协统领潘矩楹等联名致电清廷，提出"请愿意见政纲十二条"，要求速开国会，改定宪法，组织内阁。民国元年，孙中山组织六路北伐军，委派蓝天蔚为关外军政府大都督和北伐军第五军司令。一九一六年，与王天纵等组织讨袁联军，失败后，在夔州举枪自戕未死。后南下广州，在南方军政府任职。一九二一年，潜入湖北，于川鄂交界处组织鄂西联军，任总司令。一九二一年一月，所部为孙传芳部击败，遁往四川，又为川军捕获于夔州。三月十一日，在押解至重庆途中自戕。

⑪ 冯自由著《革命逸史》(第五集)，第三十三～三十五页，中华书局，一九八一年七月。

⑫《湖北学生界》，一九〇三年第五期，第一二九页：《军国民教育会之组织》，黄帝纪元四千三百九十四年五月朔日(一九〇三年五月二十七日)

⑬ 同上，第一三〇～一三三页。

⑭ 端方(一八六一～一九一一)，字午桥，号匋斋，满洲正白旗人。光绪八年(一八八二年)中举。光绪十一年(一八九一年)，官工部员外郎，兼任会典馆协修、纂修、帮办总纂等职。光绪二十四年(一八九八年)，补授直隶霸昌道御史。同年八月，被光绪帝命为农工商总局督办；九月二十六日，慈禧下令推翻新政，恢复旧制；十月九日，维新机构农工商总局撤销，端方被革职；十一月二日，任陕西按察使。光绪二十五年至光绪二十七年(一八九九～一九〇一年)，先后三次护理陕西巡抚。光绪二十七年四月十一日(一九〇四年五月二十五日)，署理江苏巡抚。光绪三十年十二月一日(一九〇五年一月六日)，调任湖南巡抚，同年七月，担任出洋考察宪政大臣。光绪三十二年七月十四日(一九〇六年九月二日)，被任命为两江总督兼南洋大臣。一九〇九年六月，调任"各省督抚之首——直隶总督。一九一一年五月，由盛宣怀推荐，出任督办粤汉、川汉铁路大臣。同年十一月，被民党在四川资州乱刀砍杀，身首异处。端方在京城为小官吏时，便与何澄的岳父王颂蔚交好。及至署理江苏巡抚和两江总督兼南洋大臣时，对何澄的岳母王谢长达的女权事业多予支持。据南京大学海外教育学院教授张海林研究，端方在晚清新政活动中，创造了诸多"第一"：创办中国历史上最早的现代幼儿园；第一个见到伯希和所劫敦煌藏经洞遗书的

中国人，亦成为中国敦煌学的创始人之一；晚清督抚中第一个提倡全民植树，美化城市的人；第一个向国人介绍西方牲口屠宰和肉类食品卫生检验的中国官员；第一个提及公司职工股的中国官员；第一位引入电影放映机的中国人；筹办中国历史上第一次工商博览会。

⑮ 桑兵著《清末新知识界的社团与活动》，第二七〇～二七一页：《岭东日报》，一九〇三年九月二十一日，《关于王璟芳赐举的报道》，三联书店，一九九五年四月。

⑯ 冯自由著《革命逸史》（初集），第一〇九～一一一页，中华书局，一九八一年六月。

⑰ 何澄《往事回想录》，一九一二年八月十九日。

⑱ 桑兵著《清末新知识界的社团与活动》，第二五五～二五六页，三联书店，一九九五年四月。

⑲ 何澄《往事回想录》："因俄横于满洲，学生组织义勇队。王小宋得政府赏，义勇队解散，与同志二三十人组织军国民教育会。"

⑳ "结成大团"，为一九〇三年流行于新知识界的一个词语，是希望将各省、各种专业的社团结为全国性国民政治团体。

㉑ 陈天华著《猛回头·警世钟》，第三十二～三十三页，华夏出版社，二〇〇二年十月。

㉒ 同上，第三十五页。

㉓ 邹容著《革命军》（内部读物），第三十六～三十七页，中华书局，一九七一年九月。

何澄旧藏“行中书省门下同三品”青田章

六　由学农改学陆军

一九〇三年七月，何澄决心改学陆军——因为“军队革命事半功倍”[①]。此时，清廷已下令禁止自费留学生学习陆军，振武学校也便有了如下种种限制：

> 申请入学本校者，年龄须十六岁以上，具备适当学历，连同入学申请书及下列文件，经清国政府派驻东京留学生总监督，呈交清国学生监理委员长：
>
> 一、清国各省负责官员之咨文；
>
> 二、驻京留日学生总督之保证；
>
> 三、学生东渡前后之履历[②]。

何澄良友蔡文森[③]为他办理了入读振武学校的一切咨文。一九〇三年九月，何澄跨进了为有志进入陆军士官学校的中国学生实施预备教育的振武学校，为振武学校首届新生。为明其志，何澄弃用原名何厚僩，正式改名为何澄，寓意“玉宇澄清”，为建立一个“澄澈明净”的民主自由的中华共和国而奋斗。

在中国传统社会，向来重文轻武。谚语“好铁不打钉，好男不当兵”，大概就是积以成习的世俗之见。家境稍好些的，没人愿意送子弟投军，只有文盲和最下层的人为了吃饭才去当兵。像何澄这样科举累世的旺族士人子弟，由学农改学军，不但是对固有重文轻武观念的反叛，更是决心推翻清朝专制统治的革命志士才有的一种果敢举动。而何澄所说“余深以军队革命事半功倍”，才“由农而改学陆军”，足以证明崛起于东瀛的新知识分子团体，其革命的思想是以跳越性步伐向前跨越的。而惟有武备强大，才能无往而不胜，无坚而不摧，才能建立一个自由独立的中华共和国，在革命风起云涌的前夜早已是一种普及了的常识。

此时，新设立的振武学校已由成城学校旧校址东京牛込区药王寺前町藤城方，搬迁至设在牛込区河田町的新校舍，并由过去隶属于日本文部省改属于日本参谋本部管辖。校长为福岛安正大将[4]。学生监督为木村宣明，舍监为野村岩藏、木下健太，教官为尾野实信（步兵中佐）、三原辰次（步兵少佐）及一些由士官学校派遣过来的兼职教师担任。

到校报到，何澄即在振武学校日籍学生监督木村宣明的命令下，填写了"振武学校学生入校须填誓约"，誓词如下：

一、宜照规专攻学术，决勿稍惑世论，干涉政事；

一、宜以顺上为要道，常克遵守纪律，以昭敬顺；

一、宜常养耐劳忍苦之性，以期缓急，并克胜任；

一、宜尚威重，起居有节，进退有度，衣帽必整，仪容必肃，凡浮靡惰慢之习，一切力祛，以重体面；

一、本校所有功课即为军学之门，均应一意讲求，勿敢私议功课轻重；

一、阖校学生均是同国之士，自应敦睦厚谊，互相规劝，庶不致乖切偲辅仁之道；

一、凡方有遇本校将校教官职员等官，无论何处，均当照式起行敬礼[5]。

连同由成城学校转入振武学校的公私武备生，首届入读该校的留学生共有七十六人[6]。

当时习武备的中国留学生，从接受预备教育起至成为一名正式的陆军军官，必须经过以下几种教育阶段：

一、预备教育。课程分普通学和军事学两种。普通学为日语、历史、地理地文、数学、化学、博物、生理卫生、军事绘图八科；军事学为典令教范、徒手教练、枪械教练、部队教练、测量及战术等。何澄那一届学生的修业期为十五个月。

二、实习教育。预备教育结业后，以"士官候补生"身份，分配到各联队实习。

三、正式教育。进入陆军士官学校，修一年半士官课程。

四、后期教育。修毕陆军士官必修的课程后，再入联队，任"见习士官"半年，然后才能正式授予士官（军官）资格。

入振武学校是接受预备教育。但振武学校对中国日后革命的重要性，舒新城在《近代中国留学史》中说得很明确："二十年来中国军界之重要人物底姓名，几十之九可以从明治四十年(一九〇七年)《振武学校一览》之学生名册中查出，其影响于中国军政者可谓大矣。"⑦

振武校园坐北朝南，进门左手是校长室和一排教官的办公室。再往前，从东至西，分别是第一至第四学生宿舍，第一和第二学生宿舍中间，是安放有各种体育器械的大操场，右边是学生食堂。正门北边是第五学生宿舍。第五学生宿舍的左手和后面，建有两个由廊桥连接起来的大讲堂，后边一个大讲堂为二层梯阶式。学校里自修室、叙话室、会客室、盥洗室、冷水浴室、热水澡堂、洗衣处、理发室、校医所、养病所、茶室、酒保(一种提供学生日常用品的杂货店)应有尽有，设施极为完备。

振武学校推行严格的规律化生活，所以日常生活管理极为严格。仅《振武学校规则》中的《斋房条规》(学生守则)，就多达六十五条。从班长的职责，到讲堂及其他场所的使用、打扫卫生、出门(在外住宿、回国)、服装的穿戴及生病以后的请销假等等，都有一套要求。学生一律住校，平时无故不能随意请假外出，即使是星期日和节假日，亦限定时间返校，违者有罚。

一九〇六年，何澄顺利从振武联队毕业，考入日本陆军士官学校接受正式教育，并由自费改为清廷官费⑧。

顺利通过振武学校一系列预备教育后，何澄于一九〇六年考入日本陆军士官学校接受正式教育。陆军士官学校的入学考试，是由日本陆军省参谋本部、教育总监等合组的一个考试委员会主持举行的。程序和过程都非常严格，要连考三天。第一天检查体格，量身长、体重、胸围，查验关节运动，验证视力是否正常，其中是否色盲要求最严，甚至连生殖器和肛门都要检查一下，好像要确定一下生理是否正常，大小便是不是通畅。体格检查过关了，第二天进行笔试。笔试科目不太难，除了作一篇日语作文，翻译一段日文外，再作几道简单的代数、几何、三角、物理、化学题就算过关。最厉害的还是第三天的口试，共有六个考官，分别坐在考场的两张桌子后面。地板上，用粉笔画有前进符号，到考生要站立的位置，特别醒目地画着两只脚印，考生要站在这个画好的脚印上，由六个考官轮流发问。"所问的事情，忽大忽小，或轻或重，而且东一句，西一句，毫不联贯，叫你无从预测。有时问问你对于世界大局的感想，有时忽而又和你谈谈家常。你的保证书，你的考卷，就摊在他们桌上。他们高起兴来，还会问你这次如考不取打算怎样？也许根据你的卷子，夸奖你几句，或是申斥你一顿。弄得你面红耳赤，窘不可言。所以考生不但要日语流利，口齿清楚，还要头脑敏捷，态度镇静，才应付得下来。无论你体格怎样得健壮，笔试成绩怎样好，假使口试不及格，照样不取”[9]。这种口试的目的，不单单是考核你的日语程度，同时还借此察验你的人品、态度、精神、口才、思想、常识等等，但这些对于何澄来说，都不在话下。

入学考试一个星期后，何澄到陆军省看榜。看到自己被录取，非常高兴。为什么高兴？一是因为自己的“军队革命事半功倍”的想法终于得以实现；二是当时的留学生都知道，无论武备生从哪个学校毕业，你即使有天大的本事，如果不经过陆军士官学校，也绝对升不到尉官。日本的现役将校，只要是少尉以上的，就没有一个不是陆军士官学校出身的，能考入陆军士官学校，是非常不容易的；三是因为经济方面的原因：陆军士官学校所收清廷选派武备生的学费，一年大体在四百两银子左右，而这笔学费，包括军服，膳食费（日本陆军省的会计算得异常精密，每年暑假年假，学生多半不住在学校里，这期间的膳食费，每次都算出来退还给士官生）、住宿费和书籍文具，以及出外演习参观的火车、电车车票都在里面。所以一入陆军士官学校，从换上军服起，以后的一切，衣食住行，不用再花一个钱。何澄入伍后，如愿分配到了兵科（良友蔡文森在为他办理公使馆保送咨文时就选定了兵科）。

当一名陆军士官生，真是有苦有乐。先说衣食住行。学校发给士官生的服装计有：军帽两顶，冬夏军服各三套，呢外套一件，雨衣一件，白帆布运动衣帽两套，冬夏衬衣三套，教练时所穿的皮靴两双，马靴一双，皮便鞋、皮拖鞋各一双，背囊一个，水壶饭盒等一应俱全，袜子手套，随时补充。手套是骑马和擦拭枪炮时用的，织得很粗糙但结实，袜子有趣些，看上去好像一只纱线袋，没有脚底脚背后跟之分，随便怎么穿都可以。这些行头发下来，从头到脚、里里外外都像嫁妆一样，穿装真是好极了。

提起饭食，何澄就不寒而栗。饭倒没有什么，不过是加了几成麦子（去掉皮的大麦）的米饭而已，但是菜呢？则根本让人没法吃。从表面上看每天都有鱼肉，但食堂的厨师一按科学营养炮制，就不是鱼肉的味道了。比如，炒鸡蛋，厨师非要搁上一大把糖，弄得原本香香的炒蛋，咸不咸，甜不甜，不知是什么味道了。有时还要在米饭上面撒上一层黄豆粉；一碗甜赤豆汤，还要加上一条二指宽的红鱼（日本叫做鲷鱼），饭菜不像饭菜，西点不像西点。看着这样的饭菜，何澄胃里就直泛酸水！但你也不能否定它的科学性和铁定不变的标准性。食堂里，每个星期的菜单食谱，都是提前印好贴在墙上的。星期几，早饭是什么酱汤（每天早饭，吃的都是这种酱渣汤，不同的仅仅是里面的蔬菜种类不同），中饭什么菜，晚饭吃什么，写得很清楚。“从星期一到星期日，七天二十一顿，全部印在上面。照表施行，绝不变更，非常标准。更让人觉得可怕的是，连每顿用鱼（或肉）几两，配菜多少，盐若干，酱油几何，吃了下去，能发生多少卡路里（热量）；每一顿，每一样东西，一项一项，详详细细开在上面。可是，话虽如此，碰到万分难吃的无论如何不能下咽的菜，空有如许的卡路里，也是根本无法吸收的啊！到那时候，望着那张菜单，真觉得啼笑皆非。”[10]不过还好，在联队和陆军士官学校里，有酒保，里面除了牙刷、手巾和文具，还有两三种水果罐头和面条可吃，除此之外，只好等到星期日和节庆日到外面去好好改善一顿了。有清廷发给的五两银子，这种出外的改善，绰绰有余了。

士官生平时起坐的地方，是自习室。每人一张桌子，桌面一边，有固定的书架，另外每人还有一个小书柜。何澄的固定书架和那个小书柜总是摆满了各种军事书籍和军事参考书。从他保留下来的五页共计三十六种军事书目清单来看，完全可以证明他对所学军事科目和军事理论有着一种读好学通的钻研精神。寝室里，五六人至十二人睡一间。每人一张很短很窄的小铁床，没有棉被，只有好多条有布而没有毛的“毛毯”（是上一届士官生用过收回再下发来使用的）。每人的步枪，都放在寝室里的枪架上。每张床的床头，一个衣柜子，所有的衣服，都折叠好

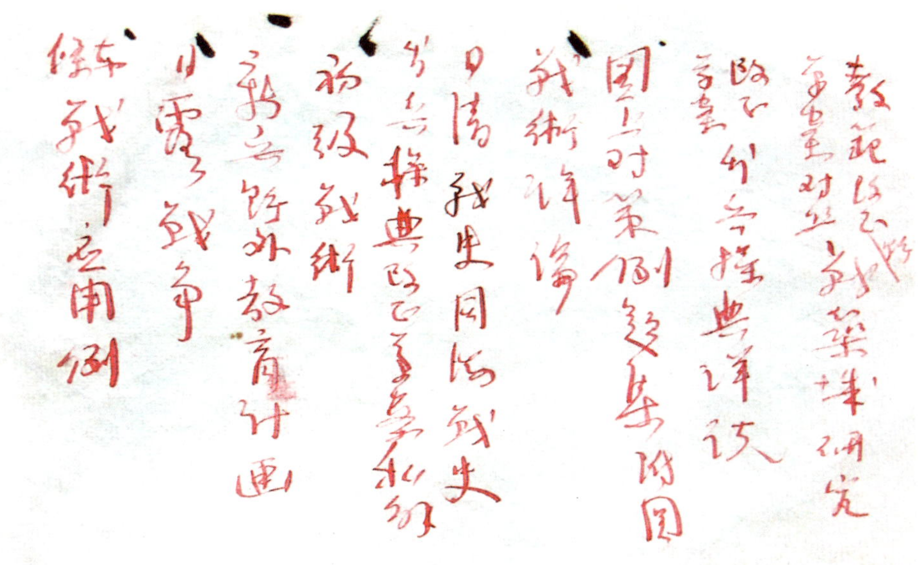

何澄留学日本陆军士官学校时所学科目书单

1. 日露戰爭陸海軍ノ共同動作
2. 日露戰爭論ニ就テ
3. 日露戰ニ於ケル機關砲ノ研究
4. 國際互相ノ連繫及協同動作
5. 從內戰爭ノ關ニ所感
6. 伊犁旅行談
7. 將道新書與精典ヲ讀ム
8. 延高二ケ月露戰爭任務
9. 日露戰爭ニ關スル回顧ト思想
10. 紫金山陣地ノ攻擊ヲ論ス
11. 千九百七年普國秋季演習參觀報告

廿一、將道基本戰術 二冊
廿二 海戰術 一冊。

廿三、艦砲射擊學 一冊
廿四、海軍基本戰術 一冊。
廿五、直隸 二十二縣
廿六 山西州各縣

兩渡村人

一、日露戦史 四冊。
二、仝 附図 二袋。
三、陸軍成規類典 三冊
四、海軍陣誌例則 二冊
五、野外要務令詳解 五冊
六、野戦砲兵戦術 二冊
七、陸軍士官教程 一部（戦術
附録（4隊）39
八、仝 40年教程 一部
戦術 三冊
兵器 二冊
築城 二冊
地形 二冊
馬術 一冊
衛生学 一冊

九、独仏戦史 四冊
十、仝 附図 二袋
十一、作業大隊勤務令。
十二、戦時編成表大綱
十三、動員計画令附録 一冊。
十四、仝 附表 一冊。
十五、兵站勤務令 一冊。
十六、輜重兵大隊勤務令 一冊。
十七、鉄道輸送及補充馬徴発 一冊
十八、糧秣倉庫勤務令 共一冊。
十九、馬薬局部勤務令 一冊。
廿、陸軍秘密目附録十一種

何澄留学日本陆军士官学校时所购军事书籍

放在里面。皮带刺刀、皮鞋、图囊、水壶等等，就挂在衣柜之下墙壁的钉子上。次序和位署都有规定。如果半夜里忽然来个紧急集合，不开灯，伸手一摸，也决不会拿错，马上就能武装整齐地跑出去。

每天起床之后，到晚上点名为止，虽然可以进寝室拿衣服，取物件，但是床铺上面，不但不许躺卧，就是连坐一下也是绝对不允许的。一旦被值星官发现了，轻则一顿申斥，重则就是"禁足"（星期天不许外出）。

起居作息时间是每天早晨五时半起床，夏天总在天刚亮的时候，冬天更是天天抹黑起来（夏天和野营演习时，则提早半小时）。号音一响，马上一跃而起，以极快的速度，穿上军裤，抓起军帽，往头上一扣，拖着鞋便走。上衣是边跑边穿，纽子是且奔且扣。奔到外面，换上皮便鞋，到操场上集合点名。一切动作，都要以消防队员救火时的速度来做，不容你有丝毫的迟延。差不多号音一落，队伍就站齐了。值星官老早就军装整齐，站在那里等着。学生动作稍微慢一点，马上就是兜头一顿痛骂。说不定点过名之后，所有学员都要站着听训示，不许解散。一人有过，祸延全体。点名一完，奔回寝室，每两人一组，折叠床铺。然后都用冷水洗漱，面盆也没有，是用手巾掬起自来水擦脸。派着寝室勤务的士官生，要打扫寝室，整理内务。

六时半，早餐。早饭过后，寝室勤务的还要去请周值星官来检查内务。因为内务整理也有详细的规定，如，毛巾折叠几层，皮靴带子结多长，衣服叠起来长有多长，宽有多宽，必须丝毫不差，值星官认为满意了，嘉奖几句；不满意，就申斥一顿；更不满意，还要罚你再来一遍。

七时，有教练时，士官生出场教练；没有教练时，则自习一小时。

八时，开始上课。

十二时十分午餐。

下午一时，不是教练就是运动，如马术、劈刺、体操等等。

四时至六时休息。入浴、会客、写私信、上酒保，都在这两个小时内处理。

六时晚餐。

七时起，自习。这是名副其实的自习。因为功课既重且考试频繁，所以在自习室里，几乎个个士官生都在埋首用功。

九时自习终了。号音一响，马上站到走廊里去，排队点名。点过之后，想早一点睡觉的，就可以上床就寝。不然至迟到九点半，熄灯号一响，值星官又要来巡查了[11]。

这所旨在培养陆军中级士官的学校，在何澄成为第四期学生之前，已在招生条件、学制、科目设置和学制等等方面积累了许多经验，除传统的步兵、骑兵、野炮、机械科外，又增设了后勤科。何澄这一期士官生，原本有九十人，但因下联队实习时有六人不合格，进入士官学校接受正式教育的只有八十四人。其中习步兵的有三十七人，习骑兵的有十四人，习野炮的有二十人，习机械的有九人，习后勤的有三人，另一人不详[12]。学制也由前三期的一年半改为两年。

陆军士官学校格外重视军国主义精神教育，尤其以“忠”、“勇”两大精神支柱为基础，把“天皇——日本国——自我”三位一体的意识形态在学生的头脑中不断强化。日本政府于一八八二年颁布的国家对军人的要求——《军人敕语》，在这里得到了残酷的体现。阎锡山在日留学期间的见闻笔记中描述：“尝见夫日本军队之培植此最后十五分钟也：其练冻也，而一营全数僵死于野者有之；其练热也，而成灼疮者有之；其练跑也，至大多数绝倒于地者有之；其练饥也，至一昼夜之操练而不暇饮食者有之；其他因地因时之训练，均必至人所不能忍受之时而后已……彼国近年教练，每至疲劳困乏之不胜，有自断其指者，有卧于铁轨之中有火车压死者，究未闻有因不堪其苦而能以逃逸者，亦未闻有怨恨其军官而加害者。此种心理，纯系国民教育之功效，尊重军人之作用，始有以收此最后十五分钟之完全效果也。”[13]此种军事训练状况未必在士官学校中出现，但既膺军职，这种赴汤蹈火的精神培养总是必须的。正因如此，从明治维新开始，日本走向富国强兵之路到跨进帝国时代，陆军军官无论将军还是少尉，几乎都曾是这所学校的学生；更厉害的是，这所学校的学生中竟有六人曾担任过内阁首相。随着日俄战争以日本的胜利而告结束，该校的声望也达到了顶峰。

态度严肃，精神紧张，动作敏捷，言语明了，这是军人必具的条件，而陆军士官学校的教育更是十分注意这一点。在校内，烟是不能吸的，酒是绝对不准喝的，乐器也不许带到学校，围棋、象棋也一概禁止，不是军事方面的参考书，都不能看，更别说小说杂志了。如果有人闲来无事，哼了几声歌曲，或是吹了两下口哨，那么好了，非要罚你禁足。因为在陆军士官学校教习联队长、区队长的眼里，这是一种吊儿郎当的行为，有损军人的形象。

陆军士官学校的训练，有两大类，一是学科，二是术科。在联队入伍期间，读的最多的是典范令，主要是练习兵士和下士官的操作以及在兵营里的各种勤务。这样做的目的，一是使士官生熟习士兵的动作，将来毕业后，能够用这种熟能生巧的动作即刻训练新兵；二是叫士官生身体力行，将来带起兵来，可以洞悉士兵的甘苦；三是熟悉军营里的各项勤务，以备毕业后正式任军官，能驾轻就熟地下达命令，即便以后晋升为将官，对于军队里的一切，仍旧是事无巨细，件件精通。

进入士官本校后，军制、筑城、交通、兵器、地形等各种课程增多。同时，各种参观见习，也根据学科的进度按时进行。大体说来，从入校到毕业，有三次野营，两次测图演习，两次现地战术，一次幕僚演习。总之，差不多从进校起，到毕业为止，无时无刻不在紧张严肃之中。

何澄旧藏一份术科野练时用日文所作的"前卫命令作业报告"：

第六题：前卫命令（何泽涌译）

（五月二十四日上午五点三十五分，于大淀桥北方稻荷祠田地）

步兵学生何澄出发命令：

一、敌情除昨夜命令所述外，无变化。

二、前卫应向金州大青梅街道前进。

三、步兵第一大队（缺二中队）大队长应率其大队以及工兵第一中队、骑兵一分队作为前兵，应于上午六时自大淀桥出发，向青梅街道前进。

四、步兵第三中队，作为左卫，上午前六时自大桥出发……经吉祥寺四田，向砂川方向前进；带三传令骑兵。

五、……为前卫本队，各中队应依次相隔二百米前进。

六、本人位置是在前卫本队的先头。

前卫司令官某某大佐（大校）

本命令传达方式：集合步兵各大队长、骑兵分队长、炮兵、工兵中队长集体传达。⑭

晚清时，有一万多人到日本留学，但留下来的信史实在无多。所谓留学，到底读了些什么书？何谓"下联队"，究竟下去干了些什么？都是空泛说说而已，并无多少可靠的史料留存。何澄一百年前的这些书目清单和这份"前卫命令"，不但补充了中国留日学生读书史料，还是军事史学家研究中日军校教学、训练的一份珍贵档案。

在陆军士官学校，不但部属要服从于长官，即使是下一期的士官生，对于上一期的学长，也讲究服从。因为是寄宿制度，同一期的士官生饮食起居都在一起，朝夕不离，学术科时，又一齐受累，一齐流汗，甘苦相共，自然而然，陆军士官同学

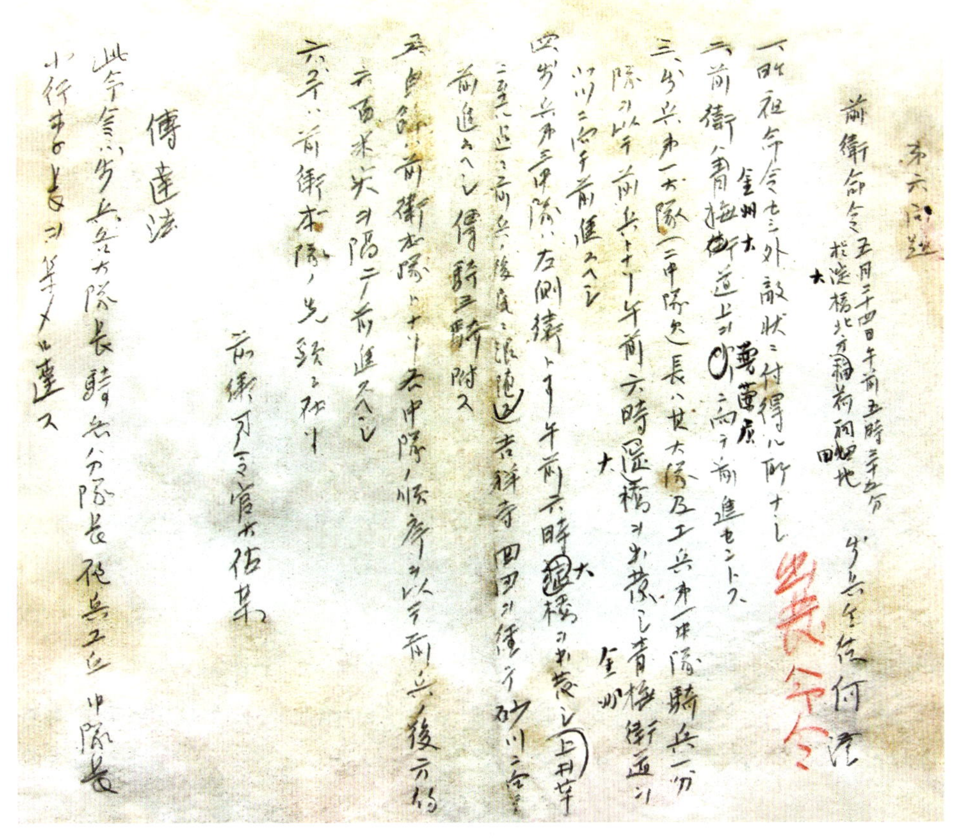

何澄在日本陆军士官学校下联队实习时用日文所记《前卫命令》(何澄旧藏,何泽瑛提供)

之间的感情之深,远非其他文科学校的同学可及。日本陆军士官学校的同期同学,彼此相称,有两个非常独特的日文用语:即“オレ”和“キサマ”。“オレ”中文是“俺”,“キサマ”中文是“贵样”。“キサマ”本为敬语,是士兵对长官的敬称,后来士兵之间开玩笑,反而衍用成对下级和后来者的鄙称,并逐渐转化成粗暴的俗语——“你这家伙”或“你小子!”这种称呼,是任何学校都没有的,只有陆军士官学校的同期同学才这么叫。也正因为如此,不管是中国留学生,还是日本学生,只要是陆军士官学校同期的,都是不拘礼节,彼此相称。一般而言,自称是“俺”(オレ),称对方是“贵样”(キサマ)。如若不用这个“キサマ”,则显不出亲密无间的程度。而且不管你以后做官做到多大,同期的士官生见了面,彼此仍旧是“オレ”和“キサマ”。⑮

进了这所军校,何澄才听说,中国人到日本留学,从涓涓细流到汇成洪水,形成了“大规模的知识分子移民潮”,而打头阵的居然是武备生。一八九八年五月,在首先派出留学生的浙江学生动身之前[16]，日本驻清国公使谷野文雄和清廷达成协议，日本将为中国培训武备士官。

戊戌政变前，张之洞已自行与日本达成协议，派遣军校生及普通学生一百人赴日。但由于受到戊戌政变的影响，协议未能如期执行。他见浙江已先行，在取得朝廷同意后，迅速行动，首批派出从武备学堂、两湖书院遴选的徐传笃、易甲鹇、傅慈祥、万廷献、吴绍璘、邓承拔、杜钟岷、吴禄贞、文华、高曾介、刘邦骥、田吴炤、铁良、刘庚云、顾臧、吴元泽、吴茂节、卢静远、吴祖荫、张厚琨（张之洞之长孙）二十名武备生于一八九九年一月四日启程赴日，一月二十七日到达东京[17]。同船赴日的还有两江总督刘坤一选派的十三名军校生和七名普通学生。三月中旬，湖北、两江游学生和北洋派送的八名军校生及十二名普通生会合，武备生全部安排入成城学校，普通生则进入日华学校。这便是真正有定向、有准备派遣武备生的肇始。

由此何澄也知：不管是留学，还是维护政权统治最有力的工具——军队，都是要听从政治家的，而政治家则是从国家的整个利益考虑一切事端的。振武学校和日本陆军士官学校虽说“同学中同党颇多”，但在没有推翻清朝、肇建民国之前，他们的到来，总归还是清廷为巩固其摇摇欲坠的统治而与日本政府进行的一种政治交易。这种交易从表面上看，也确实为清廷新军的编练发挥了作用，并表现出了不同以往的近代化军官的良好素质。据统计，从一九〇〇年第一期至一九〇六年的第四期，在日本陆军士官学校学习毕业的中国留学生共有二百四十三人，再加上在一九〇七年一月入校的第五期五十八人，一九〇七年六月入校的第六期一百九十九人，加上第四期于一九〇八年十一月毕业的留学生，共有五百人[18]，回国后在清廷新军担任统制及统领的指挥官有近三十名：

驻近畿陆军第三镇统领：陈文运

驻近畿陆军第四镇统领：孙铭、王遇甲

驻近畿陆军第五镇统领：贾宾卿、张树元

驻近畿陆军第六镇统制：吴禄贞

驻京师禁卫军（二协）统领：良弼、王廷桢

驻河南暂编陆军第二十九混成协统领：应龙翔

驻奉天陆军第二十镇统制：张绍曾、潘榘楹

驻奉天混成协统领：蓝天蔚

驻山西暂编陆军第四十三混成协统领：姚鸿法

驻陕西混成协统领:毛继成

驻湖北陆军第八镇统领:邓承拔

驻福建陆军第十镇统领:许崇智、王麒

驻浙江陆军第二十一镇统制:萧星垣;统领:刘询

驻安徽暂编陆军第三十一混成协统领:赵理泰

驻江北陆军第九镇统领:吴锡永、杜淮川

驻四川陆军第十七镇统领:施承志

驻云南陆军第十九镇统领:张毅、蔡锷、曲同丰

驻广东陆军第四十九混成协统领:张哲培、蒋尊簋[19]

这些学长或同学,无论是民党中人,还是维护清廷统治的新军领军人物,何澄大多认识,尽管人各有志,但私交总是甚好的。在第四期步兵科的同学中,最有名的是蒋作宾,也是何澄最佩服的人。

蒋作宾(一八八四~一九四二),字雨岩,湖北应城人。湖北官费留日生。一九〇五年八月,加入中国同盟会。一九〇八年从日本陆军士官学校毕业返国后,与何澄被清廷陆军部派往保定通国陆军速成武备学堂(即后来著名的保定陆军军官学校)任兵学教官。一九〇九年,参加清廷游学毕业生考试,获优等第二名,调陆军部军衡司任科长,两年后升司长。这期间,他干了一件"轰动朝野、名重一时"的大事,那就是把日本陆军的《步兵操典》译成中文,在新军中推广。一九一二年一月,任中华民国南京临时政府陆军部次长。张勋复辟,他又干了一件受人称赞的事——危急中助黎元洪逃到东交民巷日本使馆避难。一九二八年,在北伐军中担任战地政务委员会主席,曾赴沈阳说服张作霖易帜。北伐军抵达济南时,日军于五月三日制造了阻止北伐军北上的"济南事件",无辜屠杀中国军民六千余人,战地政务委员会外交处长蔡公时被日军残忍杀害。蒋作宾从济南突围而出,随蒋介石绕道"北伐",为中国的统一作出了贡献。一九二八年十月,任驻德国公使兼驻奥地利公使。据说派蒋作宾当驻外使节,是因文辞雄辩不如蒋百里,而仪容俊伟,凝重木讷,允为最适当之使节。因不谙德语,诸多扞挌,蒋作宾在给友人的函中屡有"囚坐柏林"之叹。但他竟把德国前参谋总长塞克特等游说来华充当蒋介石的军事顾问要,可见凝重也有凝重的好处。翌年三月,蒋作宾代表国民政府出席日内瓦国联军缩会议,在大会上首次用中文发表演讲,引起震动,不少与会者视为中国的莫大光荣。一九三一年八月,任驻日公使。一九三五年五月,中日双方公使馆升格,首任驻日大使,旋回国改任内政部部长。一九三七年十一月,任安徽

省政府主席，后往重庆任国民党中央监察委员。一九四三年六月十二日，被国民政府追赠为陆军上将。

在第四期同学中，另有石星川、吴经明、方声涛也较有名。

石星川（一八八〇～一九四八），字汉舫，湖北兴国人。一九〇三年，湖北官费留日，先后入振武、士官学校。回国后任第二镇步兵第七十九标及八十标标统。辛亥革命时，回鄂参加湖北都督府的工作，后任湖北陆军第一师师长。一九三八年十月，武汉沦陷，出任伪汉口市参议府副议长、议长。一九四〇年十二月，先后任汪伪国民党中央执行委员、全国经济委员会委员、豫鄂赣三省财政整理委员会主任委员。一九四三年十月，任汪伪汉口市市长。抗战胜利后，被湖北高等法院以“通敌叛国”罪，判处无期徒刑。

吴经明（一八七六～一九七〇年），字述斋，湖北建始人，一九〇三年，湖北官费留日，入振武、士官学校。一九〇九年回国后，与何澄同派至保定通国陆军速成武备学堂任教官。中华民国肇始，任南京临时政府陆军第一师参谋长。后长期从事陆军军事教育工作。一九三二年辞职返乡，致力于家乡的教育事业。一九四九年，随其子吴国桢（汉口、重庆及上海市市长）赴台。

方声涛（一八八五～一九三四），字韵松，福建侯官人。一九〇二年自费赴日，入成城学校学陆军，一九〇九年士官学校毕业回国，与何澄同派至保定通国陆军速成武备学堂任教官。一九〇九年年底，赴昆明，任云南陆军讲武堂教官。一九二七年一月，北伐军攻克福建，任福建临时政治分会代主席；五月，福建省政府成立，任省政府委员兼军事厅厅长；十月，代理福建省政府主席。国民政府定都南京后，任赈款委员会委员，赈灾委员会委员，军事委员会委员。一九三三年，十九路军发动“福建事变”，失败后去职。

一九〇八年十一月，经过两年基础科目学习和半年下联队训练，何澄以优异的成绩从陆军士官学校毕业（另有九人因成绩不合格或其他原因没有毕业）。举行毕业式时，日本天皇莅临，参谋总长、陆军大臣、教育总监和王公大臣，以及清国驻日公使、留学生监督等，都来出席。先举行阅兵式、分列式、马术劈刺等表演，然后由日本优等生在“御前演说”关于军事研究的论文，最后才是毕业典礼。发过毕业证书，所有的优等生，挨次唱名，到天皇站着的帐幕前行礼，领受御赐奖品——银表。奖品发完，整队送天皇离校，仪式告终。中国留学生里的优等生，则由清国驻日公使赏给与日本学生同样的银表，第一名，再由日本陆军大臣加赏一把军刀。其他留学毕业生，清公使也一体发给一份纪念品，诸如自来水笔或手表之类，以作纪念[20]。

颁奖完毕，全校官长、教官和毕业生，齐集大食堂，举行最后一次会餐。会餐结束，向队长、区队长和教官整队告别。至此，历时七年的东渡扶桑的游学生活终告结束。在这七年中，何澄结识了孙中山、黄兴、吴稚晖、胡汉民、于右任、张继、蔡元培、黄郛等一批后来成为国民党元老级的人物。七年的学业与交游，奠定了何澄归国后将革命进行到底的心路历程——从日本带回了三把军刀、两把手枪[21]。

注释：

① 何澄《往事回想录》，一九一二年八月十九日。

② 实藤惠秀著《中国人留学日本史》，第四十九页，三联书店，一九八三年八月。

③ 蔡文森，字松如，江苏无锡人。早年留学日本，一九〇八年归国后，进商务印书馆辞典部，曾为当年《辞源》正编、续编和《新字典》《国音白话注解学生词典》的主要编辑者之一。另编译有《食品经济学》《日本议会纪事全编》《十六国议院典例》，均由商务印书馆出版发行。

④ 福岛安正（一八五二～一九一九），生于日本长野县松本藩一个武士家庭。步入军队后，初为步兵大佐，后任参谋次长，随即升为大将。一八八七年，在德国任武官五年。回国时，骑马从柏林起身，横跨西伯利亚到达海参崴，沿途勘测地形，收集情报，用时五百零四天，行程一万五千公里，一下成为日本家喻户晓的人物。参加过中日甲午战争。从一八九八年开始，任主管中国留学生在日本学习军事教育的官员。"义事团事件"起，担任日本派遣军侵华司令官，被认为是中国的"陆军通"。

⑤ 舒新城编《近代中国留学史》（影印本），第六十四页，上海文化出版社，一九八九年四月。

⑥《东方杂志》，一九〇四年第二期，第一五九页。

⑦ 舒新城编《近代中国留学史》（影印本），第六十四页，上海文化出版社，一九八九年四月。

⑧ 郭荣生编著《清末山西留学生》，第四十一页：《光绪三十二年山西留学日本自费生调查表》，台湾山西文献社，一九八三年二月。

⑨《杂志》（第十五卷第二期），一九四五年五月号，第五十三页：老总《回忆陆军士官学校》。

⑩ 同上，第五十五～五十六页。

⑪ 同上，第五十六～五十七页。

⑫ 黄福庆著《清末留日学生》，第三十九页：《志愿士官之中国学生人数》，台湾"中央研究院"近代史研究所，一九七五年七月。

⑬ 阎锡山著《军国主义谭》，第二十五页，山西督军公署，民国四年六月。

⑭ “前卫命令作业报告”，何澄旧藏。

⑮《杂志》（第十五卷第二期），一九四五年五月号，第五十九、六十二页老总《回忆陆军士官学校》。

⑯ 一八九八年六月初，经由浙江巡抚和日本驻杭州领事的安排，浙江率先派出四名武备生及四名普通生由两名官员陪同，前往日本。六月二十日，四名武备生正式入读陆军中将川上操六（时任日本陆军参谋总长）属下的成城学校新成立的留学生部，这所学校由此而成为日本士官学校的预备学校。

⑰ 吴剑杰编著《张之洞年谱长编》（下卷），第五七一、五七三页，上海交通大学出版社，二〇〇九年七月。

⑱ ［美］任达著《新政革命与日本：中国，一八九八～一九一二》，第一五四页：《士官学校的中国毕业生表》。

⑲ 尚小明著《留日学生与清末新政》，第一九七～二〇一页：《清末新军统制及统领出身表》，江西教育出版社，二〇〇三年九月。

⑳《杂志》（第十五卷第二期），一九四五年五月号，第六十二～六十三页：老总《回忆陆军士官学校》。

㉑ 何澄从日本带回三把军刀、两把手枪，一直藏在侄孙何芑家中，“文化大革命”始起，何芑将此物交到北京前门派出所。

七　动员晋人留学东瀛

一九〇三年,山西籍在日本游学的留学生已有三人。除何澄之外,据说还有湖广督标张彪之子张策平已在东京宏文学院学警务。另有一位叫王睢的自费生,想学警务(后毕业于日本大学部法律科),但仅闻其名,未见其人。何澄眼见湖南、湖北、江苏、浙江等省的留学生纷纷组织起学生会,学习之余,常常聚在一起,以办杂志,发表介绍新思想新知识,鼓吹军国民主义,激发爱国革命精神,提倡女权和女子教育、实业救国的文章为一大乐趣,他便多了几分盼望和感叹:山西的留学生何时才能像江苏、浙江、湖北、湖南、福建、广东那样多来一些到日本!这一年的年底,何澄终于盼来了一位山西籍游学生——安邑(今运城市)的景梅九①。

景梅九是由京师大学堂定向派往日本学习速成师范的三十一人之一,学农②,入东京第一高等学校。刚入校不久,有一位认识何澄的一高同学和景梅九初次见面,即问:“贵姓,台甫(字叫什么),贵省?”这位一高同学一听说景梅九是山西人,觉得非常稀罕,便道:“好极了!贵省只有一个留学生在这里,和我很好。明天我给他说一声,叫他来看你。”景梅九听了很是喜欢,当下即问:“这位同乡姓甚,名谁,哪县人,住甚么学校?”这位留学生道:“是灵石县人,叫何澄,在振武学校,离这里很远。不过我和他一说,他一定来瞧你。”

景梅九的这位一高同学很快就跑到振武学校与何澄说了,你盼望的山西同乡终于有了一位。仅过了两天,何澄就来探望景梅九。同乡见面,自然非常高兴。何澄问他从哪里坐船来?景梅九说从天津,还说船行数日,“忽然到一处名叫下关的地方,说是李鸿章的议和地点,友人诗云:‘可怜万古伤心地,第一难关是此关!’怕经过此关的中国人,都有这样的感慨罢。可算是游日本的人,最先受的大刺激了。”何澄说:不止是这关,还有生活关呢。你盘个辫子,有人说你是“富士

早年中国留日学生租用的多是这种书屋(何泽明摄于二十世纪三十年代初,何长孝提供)

山”;你不懂日语,说个不知道,有人讥你不知礼仪哉;你说话声音大些,日本人开窗就大骂:豚尾奴不要闹,再闹我就要喊警察了!有小脚女生穿着绣花鞋上街,日本男人见了伊们,总要呆呆地瞧一下;女生去洗澡,满浴堂的日本女人都望着那双小脚嗤嗤地笑;在这“卖淫国”,有留学生与生活无着落的看护、下女苟且或同居,警察抓去就说,你们贵国留学生也太不自爱了吧!留学生如果抗议什么不对的地方,外务省和文部省的那帮假警察就训导你:贵国政府,是因国体太弱,才派你们来求学的,你们整天弄学潮,还不是低能儿来低能儿去……你看看,清廷把国民都弄成这样羞耻的地步了,康有为和梁启超还整天喊叫保皇。

何澄的这番话,很对景梅九的口味,印象很深。他后来回忆说:当时何澄正和革命派人来往,言下带着菲薄康有为、梁启超保皇的意思,正和他气味相投。于是便问何澄:“甚么人应近,甚么人应远?”何澄就把几个主张种族革命的人都告诉了景梅九。景梅九又问:“主张革命的人,有党会没有?”何澄说:“当下没有,不过同声相应,同气相求,久而久之,自然会有个团体出来。况且现在虽然说在外国,讲什么革命不要紧,究竟还不能公然倡导,仍然是秘密进行。不过革命书报有几种出来,可以随意买些看,不比在中国内地的严密。”这些话,这些事,现在看来没有多大意义，但在当时已促进景梅九初涉革命道路。景梅九后来评价这种影响说："真是先入之言为主，以后反对革命的话，简直不中听了。"[③]

与何澄见过面后一星期，有先来的留学生在上野公园为景梅九这批留学生开欢迎会。景梅九即席作了"化除省界"的演说，觉得山西留学生太少，遂自嘲道："这叫作自家撞着，也叫作自相矛盾，也叫作理想与事实不合。"演说之后景梅九便找何澄，想商量出个法子，叫山西自行派送几个学生来。两人想了半天，也没个主意。又过了片刻，何澄忽然笑道："有了，横滨那个领事叫渠本翘[④]，是咱们同乡，祁县人。到那里求他，给山西巡抚写封信，就从山西筹款，多派些人来，岂不是妙？况且他是个大资本家，祁县半个城都是他家的，就请他自己拿几个钱出来，作为留学生的费用，也是容易的。"景梅九听何澄这么一说，觉得很有道理，便道："好极了，趁礼拜日走一趟，看他的意思如何？劝他自己出钱，我看未必办得好，求他写信给巡抚设法，派送学生来，总还容易些。"

一个星期日早晨，何澄和景梅九从新桥上火车，前往横滨。在火车上，他们议论起这条铁路：日本最初也是借外债修筑的。当时人民，也有反对的。及到修成，人人觉得便利，反对的人，一变都成了赞成的了。不多几年，就把全国的铁路都筑起来了。说到这里，他们又想起中国铁路的历史了，起初和日本的情形差不多，后来虽有觉着便利的，究竟是少数人，那多数人，仍然是不赞成。所以，直到如今，南北铁道还没有贯通，可悲可叹！

到了横滨，何澄和景梅九寻到领事馆，就拿同乡的名义求见。还好，没有挡驾，渠本翘出来与之见面。说了几句应酬话，景梅九就言归正传："山西在日本留学生太少，先生可否向山西巡抚写信，教他多派几个人来，于山西前途，国家前途，都有好处。"渠本翘问："山西现在有几个人在日本？"何澄说："近来张彪的儿子张策平从湖北才来，算有三四个吧。"渠本翘笑道："三人成众，也就不算少了。"渠本翘这句话，不过是开玩笑的，但景梅九却很不喜欢，当下也没有再提别的话，俩人告辞就走。从领事馆出来后，景梅九对何澄说："算牺牲了几元火车费，空空跑了一回。"何澄也说："做官人究竟靠不住，咱们回东京再说。"[⑤]

回到东京，何澄和景梅九找到山西籍老乡张策平，又议论山西人出国留学之事。何澄感叹地说：你看你们张总督，虽贵为封疆大吏，但对留学教育却是一个最能身体力行的人。早在一八九二年，他就派十名工匠到比利时学习冶铁；一八九六年，选派学生四十名分赴美、法、德三国学习，还派了一名公费生来日游学；一八九八年，分别从湖北选一百名、湖南选五十名聪颖学生到日留学。各省留日学生有一千三百多人了，两湖人就占了差不多四分之一！景梅九亦叹道：湖北真是

"留学先进省啊",山西巡抚要像张之洞就好了。仨人议论来议论去,也没想下个特别法子,只好学着他省劝同乡父老遣子弟航洋游学书的样子,写了一封劝乡人来日留学的信寄给太原缉虎营的山西官报《晋报》。这封署名为景定成、何澄和张叔三的"劝同乡出来留学"的信,不多久就由该报主办程守清刊发出来[6]。

光绪三十年七月八日(一九〇四年八月十八日),山西巡抚张曾敭向清廷奏报晋省学生东赴日本就学事:"……现由省城文学堂遴派学生三十人,以十人入速成师范习教授管理等法,以备开办师范学校之用;以二十人入普通学校,习各门普通,以期进求专门实业之学。又由武备学堂遴派学生二十人学习陆军,以储常续备军将校之材,皆属心术端正,文理明达之士。"[7]这年九月,山西首次选派大批官费生去日本游学,何澄和景梅九作招待员,到东京新桥火车站迎接,把留学的这一行同乡分别送到振武学校和经纬学堂。

经纬学堂是明治大学一九〇四年九月为落实与直隶和山西两省达成的协议,专为这两省选拔的留学生考入明治大学而设立的预备学校,校址在神田区三崎町。校名是明治大学校长岸本辰雄起的,教学宗旨以中国先圣之道为经,外国各科之学为纬,故名为经纬学堂。注册人是吉田义静,但实际主持校务的是樋口秀雄。除预备科和警务速成科外,还开设为期十个月的师资速成科[8]。像宏文学院一样,经纬学堂设立双轨制课程,学生也须先入读速成科。山西这次选派的官费生,入经纬学堂的有景耀月、王用宾[9]等三十二人,再加上由练兵处选派来日学习武备的阎锡山、姚以价、张维清,入振武学校习军事的有十七人,入预备学校的五人,入大阪高等学校的一人,入第一高等学校的一人,共计五十六人[10]。由山西和清廷练兵处选派来日的这批山西留学生,以后与何澄私交甚好的有阎锡山、温寿泉[11]、王用宾、景耀月。

那时候,何澄和景梅九安顿好同乡后第一件热心的事是劝其剪发,第二件是劝其革命。剪辫子,起先仅仅是为了文明,不要再自我搞笑,及至后来才有了"革命"还是"保皇"的象征意义。

一九〇五年,山西第二次选派留学生到来,几位老学生里头,好像一条生命似的,宁死也不肯剪掉辫子。这其中,便有后来成为阎锡山心腹智囊的赵戴文[12]。

一九〇四年底,到日本留学来的山西人已有近六十位了,于是着手组织山西同乡会,景梅九被公推为会长。与这批留日生混熟了,何澄便作了一封《呼吁乡人出洋游学书》,由山西同乡会捐钱印出来,让所有山西留日生写信,把《呼吁乡人出洋游学书》散回山西,劝更多的乡人来日本留学。于是,山西人来日本留学的,便一天多于一天[13]。

何澄所撰的这份《呼吁乡人出洋游学书》，最后定名为《山西留日学生呼吁乡人出洋游学公启》[14]。以他一贯的长于思辨的文风，首述山西历史的悠远，地理位置和地缘政治的优劣以及物产的丰富："知吾山西一块土，经黄帝尧舜艰难缔造，为历史上最有名誉之一纪念物耶？其亦知吾山西之形势险要，物产丰饶，占世界地图上最美最富之一区域耶？"再从广义言说："山西黄河萦抱三面，为入西北门口。在黄河流域上，颇与湖北相似，由此而西南经西安、甘肃而达新疆为一路；经西安过汉中而入四川走云贵为一路。其地富于山林，生货最繁，北边接连蒙地，形势广展，又最为殖民之善地。故当宋明之际，西北之势在秦，而至今日，其势又不在秦而在晋，盖昔为边疆，而今为腹要也。自交通进步，各国群为经济之战争，通商与地利，遂为密切之关系。吾山西全省中，必有一区可为东南之汉口者，虽今尚未发达，而其形势固已跃跃于地图上矣"。之后自狭义处论述："祁、太数县，号称富庶，久为外人所垂涎，此犹在形质上论之也；尤足保护者，莫如铁矿权。欧洲无论何国，皆以煤铁为必需之要品，有此而铁路，而轮船，而枪炮，而一切制造乃可成立，其出产衰旺，至于以国家贫富比例焉。吾山西煤铁所在皆有，各国莫不垂涎。据日本地质调检所列，东西两部产煤地之并含有烟无烟两种者，合计二万方里有奇，其平均之厚，假定为三十尺，与欧美所产者相等，以每一立方坪（长厚宽各六尺为一立方坪）为八吨，则其量当有一万二千亿吨，一年间采掘之数，以一亿二千万吨计之，可一万年取之不竭。其产铁之富，亦略与煤矿相埒。西人称中国煤矿之盛，当为世界第一，而山西又为中国第一。"二述山西现在的危难，已处在各国列强"爪攫齿噬之冲"："凡彼族之所以谋我，辱我，奴隶我，愚弄我者，一旦若发蒙，而吾山西之祸患，亦如在弦之矢、临崖之丸，骎骎有不可终止之势。"三举各国列强商战风驰电掣："越太行而突及山西，于是正太铁路，俄、比首先攫之；继而泽潞矿权，亦入福公司之手；而英人亦利用赔款设立学堂，其隐谋尤为叵测。"

面对这种侵略态势，他急切地呼吁："同胞兄弟们，你甘以己之土地财物，任人掠夺攫取吗？你甘以己之妻子亲族，为人隶妾犬马吗……事已至此，吾同胞之伯叔兄弟，即不为名誉计，亦当为利害计；即不为扩张其利权计，亦当为保全其生命计。"具体该怎么办呢？他说，指望那十几个朝廷命官救山西是靠不住的："此辈中无论挈妻子，引亲族，以来兹土者，无非剥吾同胞脂膏，以肥厚其身家，志满则捆载归装而去矣。"即使有一两个能以民生国计为念的贤良吏，面对"士者无教育之精神，为商者无远大之经营，工无改良之制造，农无半获之报酬"的老旧朽腐，怎样才能把一座即将崩塌的大厦支撑起来呢？何澄把走出来进行留学教育，比喻为拯救这座即将崩塌的大厦所需之大木奇材，每一个留学生分别成为供这座大

早年中国留日学生在所居之屋（何泽明摄于二十世纪三十年代初，何长孝提供）

厦为栋为柱为栌为桷的有用之材，这座大厦才能有重新的美观。所以，培养造就人才是今日山西最急的大事情；而造才之策，舍出洋留学者莫它。

何澄特别针对山西出国留学的人少、留学难的情况进行了分析说明。有人说，留学以求西学，我们山西大学堂有西斋在，何必远求日本？何澄批驳道：说这话的人是"不知西学必分普通、专门二级，初学须先普通，而应用必在专门。吾省西斋乃普通学耳，毕业后尚须入专门，无论数年迫不及待也。以吾省之蔽固，分门专业之学堂，亦恐非旦夕所能成立。日本若商业，若工业，若师范，若法政，设有专门学堂，而尤济吾急者，莫如速成之科。倘以吾固有之普通，入日本之专门，其收效之捷，当有未可以道里计者，则此说不足听也。"还有人说，留学固善，而留日本乞邻为直，何如留西洋之取法乎上？何澄对此也以事实指出："查留学西洋，每人年约费千金，派三十人即需三万金，以日本每人三百金计之，当可得百人，而俗变相类，尤足收议卑易行之效。"何澄强调留学日本较西洋强的第二个好处尤为难得，他说，日本与中国［按：在这里，何澄用了一个"宗国"，意即日本过去不过是中国的一个附属国而已］甚近，风声易达，清廷和省内腐败情状，很快就能传达到留日学生中间，"近年来日本爱国之风潮，磅礴激烈于留学界上"，留学生可以干政；而留学"西洋则寂然无闻，且传闻有学成不归，沼业营生为终老计者，岂非以声气远隔，则爱情渐消也"。因此，他的留学观大显其上："嗟呼，远游求学以为国耳，无益于国，学将安用？故某等甚愿吾同胞之留学日本，以激起爱国热诚也。”

针对守旧派不愿改服制及剪发者的说词，何澄解释说：“日本各学校皆有一定服制，以示区别，于吾周礼班定服制，殆相符合。并学生倘有狭邪行，警察得识而禁遏之，其有益于学风，甚非浅鲜！中国欲振学校，亦当留意于此，尚何顾而不改。至辮发垂后，损生碍体，原为赘疣，中朝既未下全剃之令，存留自可任便，只须从脑后剪少许，盘顶上如螺形，隐之帽中，即与日人无别，解垂后依然今之中国人也，此一说不足虑也。”对于守旧派所害怕的出去留学所学皆是平权自由诸说，何澄亦有妙对：“夫此一说，当时通人多已论及，要之西国所重者法律，平权自由者，使法律中得伸其自由之权，非于法律外独放其自由之权也，故自由即孔门自尽其道之自，平权即《大学》平天下之平。但孔子主归纳义，其极至偏于保守，西儒主演绎法，其弊或激于进取。《大学》在理想上，尚属乌托之言，西儒在实际上，乃征权利之公，故孔子必责凡人以道德，而西儒必限个人以法律，然使孔子而得行政治于天下，终亦以法律为进道德之初级。世未有无君无父之法律，亦岂有无君无父之自由平权耶？此一说不足虑也。”

《山西留日学生呼吁乡人出洋游学公启》，中西贯通，思想激进，世界大势和山西省情了如指掌。一百多年前所述山西矿产资源概况，直到今日，也还是差不多这样表述的。相对于其他省份留学生所撰劝同乡留学书，何澄所写这篇更具开放性和针对性，是一篇足可载入近百年来文告类的世纪佳作。

注释：

①景梅九（一八八二～一九六一），名定成，字梅九，以字行，号无碍居士，山西安邑县（今运城市盐湖区）人。七岁入塾，十一岁通五经。早婚，十六岁生子，十八岁生女。一九〇〇年，入晋阳书院。时值庚子事变，同学多逃散，唯他仍留校。一九〇二年，转入山西大学堂中斋肄业，旋被保送至京师大学堂，进师范馆。一九〇三年，考取京师大学堂选派速成生留学日本学额，入东京帝国大学预科第一高等学校，一九〇七年毕业，获法学博士学位。一九〇四年十一月，山西留日同乡会成立，被推选为会长。一九〇六年加入中国同盟会。一九〇四年九月，与秋瑾合办《白话》月刊。一九〇五年七月，主编山西同乡会创办的《第一晋话报》。一九〇六年，与王用宾回太原，创办同盟会山西支部《晋学报》（后改为《晋阳白话报》）。一九〇七年一月，与宁调元主编《汉帜》杂志；七月，与景耀月、谷思慎、荣福桐创办《晋乘》杂志。景梅九认为：“政府是聋子，人民是哑巴，弄成了聋哑世界，”而要“医治聋哑，惟有开通民智一法；要开通民智，设十个学堂，不如立一

家报馆；立十家报馆，不如开一场演说；开十场演说，不如唱一台戏剧。”回国后，竭尽全力办报。一九一一年二月，创办《国风日报》，八月，联手田桐、续西峰、井勿幕创办《国光新闻》，同时，又参与创办《爱国日报》。辛亥革命爆发，在简称为“三国”的报纸上大声呼喊。尤其是在《国风日报》，有时一天发表几篇时评，以敢言著称。一九一一年十月底，回到太原参加山西光复举事，任军政府政事部部长。新任山西巡抚吴禄贞在石家庄被袁世凯使人暗杀后，代都督阎锡山拟致黎元洪、段祺瑞札，文情激越，传诵一时。一九一二年，被选为首届国会众议院议员。一九一三年三月二十日，宋教仁在上海遇刺身亡，在“三国”上揭露“宋案”真相和袁世凯的阴谋，同时在《山西民报》发表小说《捣乱党》，予以讽刺，袁世凯下令封闭了“三国”报馆。一九一六年一月二十四日，作《讨袁檄文》，此文被誉为“讨袁檄中第一文”，影响甚大。旋由言获罪，被袁世凯党羽逮捕，押送北京。袁世凯死后，获释，《国风日报》随即复刊。一九一七年，“张勋复辟”，再次投身护法斗争，连续撰文痛斥，致《国风日报》第二次停刊。再度复刊后，开辟《世界语周刊》，并有《世界语》专栏，被誉为在中国传播世界语的功臣。民国著名报人喻血轮评介景梅九，说他为“关中文豪之一，学问渊博，文章瑰丽，确有下笔千言，倚马可待气概……其为人天真烂漫，跅驰不羁，有时衣冠楚楚，有时邋遢不堪。早年曾在运城成立回澜公司，专售戒瘾药丸，不料，因参加‘三原起义’被捕，在狱中却染上烟霞癖，戒瘾不成，后酷嗜之。国民政府定都南京，当时新贵以其腐化，不与亲近，即畴同志，亦加白眼。梅九因是郁郁！仍闭门著《腐化记》一小册，阐述腐化涵义。凡诋其腐化者，即将欺腐化隐私，直言揭露，以是人多恨之。”一九三四年，景梅九在西安成立“国学社”，同时在西安商专兼课。六月，创办《出路》周刊。之后，还创办了《工商日报》《国光月刊》《民党》杂志，出版了《葵心》等书。抗战开始，蛰居西安，右手病风。新中国成立后，为陕西省政协委员。主要著作有《罪案》《〈石头记〉真谛》。

②《东方杂志》，一九〇四年第二期，第一六〇页。

③景梅九著《罪案》，第二十页，京津印书局，一九二四年。

④渠本翘（一八六二～一九一九），字楚南，号湘笙，行一，山西祁县人。累世为票号财东，其父渠源桢，人称“旺财主”。光绪十四年戊子科（一八八八）山西乡试中式第一名，复试二等第八十八名，光绪十八年壬辰科（一八九二）会试中式第二十五名、保和殿复试一等第五十四名、殿试三甲第七名、朝考三等第一百十一名进士。钦点内阁中书，翰林院编修。光绪二十九年（一九〇三），由外务部司员改任驻日横滨领事，光绪三十年（一九〇四）归国。光绪三十四年（一九〇八），山西争矿运动涌起，酝酿组织“山西省保晋矿务公司”，劝募有志于民族工业的财东认股。公司正式备案成立后，被推选为山西保晋矿务局第一任总理。在规划组织、制订公司章程方面出力尤多，清廷给予三品京堂候补的奖励。宣统二年（一九一〇），以民选议员当选为资政院议员。同年秋，山西大学堂监督解荣辂辞职，任山西大学堂监督，次年辞职，专心于保晋公司。武昌起义后，被清廷任命为山西宣慰使，未应命。袁世凯篡夺共和果实后，即于天津作寓公。刊刻戴廷栻的《半可集》，又拟编纂祁县地方志并刊刻李杨清的《萝苇轩诗稿》，品题介绍所藏名家书画，不再出仕。民国八年，病逝于天津。渠本翘孙渠川（小说家），近年著有以祖父为背景的长篇小说。

⑤景梅九著《罪案》,第二十二~二十四页,京津印书局,一九二四年。

⑥山西省出版局编志办公室编《山西出版志》,第四十七页,一九八三年三月。《晋报》主办程守淯,以《东方杂志》一九〇五年第二卷第八期,《山西晋报局总办程守淯上山西巡抚张遵拟白话报并演说简章禀附批(白话报章程略)》为准。

⑦《东方杂志》,一九〇四年第九期,第二〇四页:《山西巡抚张(曾敭)奏选派晋省学生前赴日本就学折》。

⑧[美]任达著《新政革命与日本:中国,一八九八~一九一二》,第五十八页,江苏人民出版社,二〇〇六年九月。

⑨王用宾(一八八二~一九四四),原字利臣,后改字太蕤,号鹤村,山西猗氏(今山西临猗)人。法政大学毕业。一九〇五年参加中国同盟会,后被推为同盟会山西支部支部长。一九〇七年,在太原创办《晋阳公报》,任总编辑。一九一一年十月二十九日,山西起义成功,王用宾在陕西革命党人的协助下,攻克运城,成立河东军政分府,被推为兵马节度使兼民政长。一九一二年,为山西省临时议会副议长,与刘绵训在太原创办政法专门学校,任首任校长。一九一三年,当选为北京政府第一届国会参议员。一九一七年,到广州,任孙中山大元帅府参议。一九二五年,受国民军第二军军长胡景翼之邀,出任河南省政府秘书长,并暂短代理省长。一九二八年,任国民党北平政治分会秘书长。一九二九年,任南京国民政府立法院立法委员,主持了《考选委员会组织法》《典试委员会组织条例》等法律法规的起草工作。一九三一年,改任考试院考试委员会副委员长。一九三五年至一九三七年,任南京国民政府司法行政部部长。一九三七年,任重庆国民政府中央公务员惩戒委员会委员长。一九四一年冬,被推为前线将士慰劳团第一团团长。早岁即有诗名,著有《南輶草》《劫后屑尘》《半隐园词草》《王用宾诗词》,另著有《中国历代法制史》等。

⑩李喜所著《中国留学史论稿》,第二一〇~二一三页,中华书局,二〇〇七年四月。

⑪温寿泉(一八八一~一九五五),字静庵,山西洪洞人。清末秀才。一九〇五年,加入中国同盟会。从陆军士官学校毕业后,回到太原,任公立山西大学堂兵学教官。一九一〇年,任山西督练公所会办兼陆军小学堂监督。一九一一年,参加太原起义,与阎锡山等组织山西军政府,任军政部长。一九一二年,被推为山西军政府副都督,七月,任山西都督府军政司司长。一九二八年,任国民党中央政治委员会太原分会委员及山西党务指导委员,六月,任河北省政府委员兼建设厅厅长,嗣任傅作义部高级顾问。一九四八年,当选为行宪国民大会代表。一九四九年,参加北平和平起义。新中国成立后,任北京市文史馆馆员。

⑫赵戴文(一八六七~一九四三),字次陇,别署清凉山人,山西五台人。一九〇五年冬赴日本游学,入东京宏文学校师范速成科。同年,加入中国同盟会。一九〇七年回国,先后在山西农林学堂晋阳中学任教。中华民国肇建,任山西都督府秘书长,督军署参谋长,将校研究所所长。一九一九年,任山西驻军第四混成旅旅长,兼办山西育才馆、国民师范学校、洗心社等事。一九二七年,任国民党山西省党部委员及山西省党务改组委员会委员。一九二八年,任察哈尔省政府主席,同年十一月,任国民政府内政部次长,十二月,任赈款委员会常务委员,蒙藏委员会副

委员长。一九二九年一月，派为南京国民政府首都建设委员会委员，三月，当选为国民党第三届中央执行委员，中央政治会议常务委员，九月，任监察院院长。一九三〇年，阎锡山与冯玉祥联合反蒋失败后，陪伴阎锡山避走大连。一九三二年，任国民政府委员、太原绥靖公署总参议。从一九三六年起，任山西省政府主席长达七年之久。一九三七年，任第二战区司令长官部政治部主任。一九四三年，病逝于山西吉县克难坡二战区司令部。著有《周易翼卦补正》《周易序八卦说》《孟子学说足以救世界》《唯识入门》《惮静初谭》《宇宙缘起说》《洗心社讲演录》《清凉山人文稿》等。

⑬景梅九著《罪案》，第二十四页，京津印书局，一九二四年。

⑭山西省文史研究馆编印《山西辛亥革命资料选编》（下），第三一六～三二四页，一九八一年十月。

八　孙中山、黄兴、同盟会

一九〇三年，由军国民教育会派为运动员的黄兴，于十一月四日在长沙组织起国内第一个反清革命组织——华兴会。华兴会的奋斗目标是推翻满清、光复中华，建立共和政体，实行的是“国民革命”。具体方法有两种：一为“倾覆北京首都，建瓴以临海内，有如法国大革命发难于巴黎，英国大革命发难于伦敦；”另一为“若吾辈革命，既不能借北京偷安无识之市民得以扑灭虏廷，又非可与异族之禁卫军同谋合作，则是吾人发难，只宜采取雄据一省，与各省纷起之法。”[①]待辛亥革命的枪声打响，各省纷纷响应、宣布独立后，已被证明是结合中国国情、最终推翻清廷统治的正确战略构想。虽然华兴会于一九〇四年十一月十六日（旧历十月十日，慈禧太后生辰日）组织实施的长沙起义以失败而告终，但想想那时连俄国革命还没有发生，黄兴就已提出一种革命的方法并付诸于实施，这无论如何也是世界革命史上一个划时代的创举。

一九〇四年十一月下旬，黄兴逃脱清廷的通缉，带着成功的革命战略思想和一笔失败的战术遗产避难到了日本。来到东京后，窘于衣食和住宿，他想起追随孙中山革命并以自传性著作《三十三年之梦》闻名一时的宫崎滔天，相信此人一定会帮助自己，于是拜访了这位后来被辛亥革命史研究专家视为近代中日两国民间交往最值得怀念和尊敬的人物。

宫崎滔天（一八七一～一九二二），原名寅藏，又名虎藏，号滔天，以号名世。出生于熊本县玉名郡荒尾村（今熊本县荒尾市，一九二九年十一月四日，国民党中委会决定，拨款买回日本熊本荒尾村宫崎民藏、宫崎寅藏旧家之屋舍园圃，以作孙中山在日本之永久纪念）一个下级武士家庭。父亲宫崎长藏，曾设击剑道场。共有子女十一人。武平、伴藏、兵藏、左藏等早夭。宫崎八郎（一八五一～一八七七),为宫崎滔天的长兄,名真乡,通称八郎。本为次男,因长男武平早逝,故称长兄。一八七四年,日本出兵侵扰台湾(琉球生蕃事件),他应召作战。归国后,正当自由民权运动高涨之时,因读中江兆民所译卢梭的《民约论》,大受感动,弃国权主义而倾向自由与民权。曾有诗云:“天下朦胧皆梦魂,危言独欲贯乾坤。谁知凄月悲风底,泣读卢梭民约论。”同年末,在熊本创设植木学校,日授以自由之理、万国公法及中国汉籍。在校即高唱自由民权,复往外地演说开会,倡立民会,一时成为熊本地区自由民权运动的中心。西南战争中,在八代萩原堤战死。接其死讯后,宫崎滔天的父亲戒滔天兄弟以后要弃绝仕途。宫崎八郎一生及其思想,对宫崎滔天有着深刻影响。长兄宫崎八郎战死后,宫崎滔天所能依靠的只有大哥宫崎民藏和二哥宫崎弥藏。宫崎民藏(一八六五～一九二八),号巡耕,为宫崎家的第六子,因各位兄长早逝,宫崎滔天呼其为大哥。宫崎民藏早年受长兄八郎的影响,亦主张自由民权。对土地问题、社会问题甚为关心,尤醉心于美国亨利·佐治(H. George)在《进步与贫穷》中所阐述的土地学说。一八九五年,组织土地问题研究会,其后又到美、英、法等国游历,考察其土地、社会与农业的劳工问题。归国后,于一九〇二年创立土地复权同志会。一九〇五年,出版其主要著作《土地均享、人类之大权》(新进书局)。一九一〇年,因受大逆事件的牵连,土地复权同志会被当局弹压,宫崎民藏逃往朝鲜。一九一二年二月,曾到中国滞留半年。直至一九二八年八月逝世为止,仍然常常往返中日之间,同情并协助中国的革命运动。宫崎民藏是宫崎滔天思想的真正理解者,也是宫崎滔天最大的精神支持者。二哥宫崎弥藏(一八六七～一八九六),因逃兵役,自小作岛津姓的养子,故又称岛津弥藏,为宫崎家第七子,宫崎滔天呼为二哥。少游学大阪、东京,十七八岁时即有志于中国革命事业,与宫崎滔天的抱负相同[②]。宫崎弥藏在卧病多年、生命垂危之际的一八九六年,经人介绍结识了陈少白[③],写信给远在泰国的宫崎滔天,要他赶快回来会见中国革命的重要人物。宫崎滔天赶回来,宫崎弥藏已经病逝。宫崎滔天经过多方探询,才找到了陈少白,又于一八九七年九月,在横滨拜会了孙中山。两人初次见面时,孙中山不到三十一岁,宫崎滔天只有二十七岁。孙中山由于经历了一年前清廷策划的伦敦公使馆绑架案而赢得世界性的声誉,宫崎滔天不过是一个刚刚被犬养毅重视起来的小人物。

有志向的人交谈,自然是以政治主张为主。宫崎滔天首先向孙中山发问:“我早已听闻你是以中国革命为志的,但还不知详情。希望能够详细领教你那所谓革命的宗旨,以及方法手段。”孙中山徐徐开口说道:“我认为人民自治是政治的极则。因此,我的政治主张是共和主义。单以这一点来说,我认为就有责任从事革命。何况满虏执掌政权已经三百年，以愚民政策为治世的要义，以压榨人民的膏血为官吏治民的能事。积弊日深，卒致造成今日的衰弱不振，坐令大好山河，陷入任由他人宰割攘夺的悲境。有志之士，谁忍袖手旁观？故我辈力量虽小，仍冒险犯难，欲乘变乱起事，以谋自立。但不幸而遭受失败的挫折……可能有人说，共和政体不适合中国这个野蛮国家。这只是一种不了解情况的说法。所谓共和，是我国治世的真髓，先哲的遗业。我国国民之所以怀古，完全是因为追慕三代之治。而所谓三代之治，的确掌握了共和的真谛。不能说我国国民没有理想的资质，不能说我国国民没有进取的气概。其所以怀古，岂不正是抱有伟大理想的证据吗？岂不正是大有发展的征兆吗？试看没有受到满虏恶政的荒村僻地，他们现在就是自治之民。他们拥戴尊长听讼，设置乡兵防御盗寇，一切共同利害，都由人民自己协商处理；凡此种种，岂不证明了中国人民已实行着一种简约的民主之治？今天如有豪杰之士兴起，打倒满虏，施行善政，与民约法三章，人民定必欢欣景从，讴歌企待的。倘如此，则能以爱国之心而振兴，以进取的气概而崛起。而且共和政治不仅因为它是政治的根本原则，适合于中国国民的需要，并且在进行革命上也是有利的。征诸中国古来的历史，每当国内发生变乱，地方豪杰便割据要地，互相争雄，有时长达数十年而不能统一，无辜的人民因此不知要遭受多少灾祸。在当今的世界更难保没有外强乘机以谋私利的。避免这种灾祸的方法，只有实行迅雷不及掩耳的革命。同时，还在于使各地素孚众望的人各得其所。这样使有声名威信的人成为一地之长，然后由中央政府妥善驾驭，就可以避免纷乱而安定下来。所以说，共和政治对进行革命也是有利的。现在竟把我国广大的土地和众多的人民当作俎上之肉，如果被饿虎取而食之，则将增加其蛮力而雄视天下；如果为道义之士所用，便足以用人道而号令宇内。作为一个世界上的平民和人道的维护者，尚且不能坐视，何况我生于此邦，与它直接痛痒相关呢？我才疏学浅，本不足以担当大事。然而，现在不是以此重任来要求他人而自己袖手旁观的时候。因此，我才自告奋勇，愿为革命前驱，顺应时势的要求。如果上天庇佑我党，有豪杰之士前来援助，我立时让出现在的地位，愿效犬马之劳。如果无人，只好奋力肩此重任。我确信，为了中国苍生，为了亚洲黄种人，更为了世界人类，上天一定会佑助我党。你们来和我党缔交就是一例。征兆已经出现，我党一定发愤努力，不负诸位厚望。也请诸位拿出力量援助我党，实现吾人的志业，拯救中国四亿的苍生，雪除东亚黄种人的耻辱。恢复和维护世界的和平和人道，关键在于我国革命的成功。如果中国革命成功，其馀问题均可迎刃而解。”④

闻此一席话，宫崎滔天顿时觉得孙中山实在已接近真纯的境地：“他的思想何其高尚！他的见识何其卓越！他的抱负何其远大！而他的情感又何其恳切！在我国人士中，像他这样的究竟能有几人？他实在是东洋的珍宝。从此时起，我已把希望完全寄托在他身上了。”[5]在宫崎滔天撰写《三十三年之梦》之前，孙中山的形象在中国留学生的心目中并不高大。如，参加戊戌维新运动失败后流亡日本的秦鼎彝[6]，就认为孙中山是“海贼”，吴稚晖则怀疑孙中山“不识字”[7]。但《三十三年之梦》于一九〇二年一月三十日开始在日本发行量最大的《二六新报》连载后，再加半年之后即由东京国光书局的清藤幸七郎出版发行了单行本，所以很快引起国内知识界的注意。先是章士钊感到海内革命论已风起云涌，但绝少有人将革命与孙中山联系在一起，于是以“黄中黄”的笔名译出了一个节译本《孙逸仙》，于一九〇三年十月十日在上海列入“荡虏丛书”之一种出版；这一年的十月二十日，江南四大国学大师之一的金天羽也把《三十三年之梦》撮译成《三十三年落花梦》，由上海国学社出版。于是，孙中山的名字在日本的留学生中传播开来。而黄兴也是在上海租界避难时读了这本书才对孙中山的思想和事业有了最初的了解，并奠定了日后他与孙中山会晤后一见如故、一拍即合的思想基础。

谁料，当黄兴找到宫崎滔天时，因多年来跟随孙中山东奔西走，宫崎滔天几乎到了倾家荡产的地步。为了维持生活，拜日本第一流的“浪花节”演员桃中轩云右卫门为师学艺，唱起了落花之歌，奏起了落花之曲，当起了连艺妓都劝他回心转意、不要干这个职业的流浪说唱艺人[8]。黄兴初次造访宫崎滔天，就是在神田广市场亭乐屋里。宫崎滔天对此回忆说：“那正是我当‘乞丐’的时候。当时我在四条谷相住町（爱住町）的一条胡同里租了一间陋室……每天晚上去说书，一般讲‘浪花节’，挣来三四角钱，靠此糊口过日。这时，黄兴突然来访，我与他谈了好久，觉得他不同于其他的学生。一打听，知道他是有经历的男子汉。后来，我们便很快熟了起来。”[9]吃了上顿没下顿的职业革命者，并不在乎是否衣食无忧，只要是同道，是同志，往往一见如故，一拍即合。在宫崎滔天所租的这间陋室，黄兴隐居了好长一段时间。

此时留学日本的中国学生，早已闻知黄兴为了革命，不但卖掉了所有祖产，而且把个人的生死置之度外，对此无不崇拜敬仰。留日新知识分子群体，什么人物都有，独独缺少黄兴这样善于组织实施革命行动的侠义志士。黄兴气魄雄伟，态度磊落，往往在旁人还在掂量一件事该如何办时，他却猛然以一种特殊的、有智力的、有德性的表达方式成为遇山开路、遇河搭桥的先锋勇士。一九〇四年十一月，黄兴从上海逃难到东京后，何澄兴奋异常，认为可以订革命生死契约的“一号兄弟”回来了，所以每到星期天，他就来到宫崎滔天的这间陋室，与黄兴谈论革命的种种问题。

流亡日本后，黄兴有感于不断革命、不断失败的经验教训，开始着手进行打破地域的有组织的联合。一九〇四年十二月，于东京成立了一个有湖南、湖北、云南、江苏、直隶、河南等省百馀名留日学生参加的革命同志会，从事民族革命。何澄也参加其中。

一九〇五年六月十一日，孙中山怀着联络革命志士，组建革命大团体，以早日发动推翻清廷专制行动的意图，乘东京号邮轮离开法国马赛前往日本。七月十九日，抵达横滨。向往革命的留学生得程家柽[10]传告，纷纷前往拜见。何澄早已得到消息，内心欢动却不能言说，仍按部就班地在振武学校上课、训练。七月二十二日，是个星期天，照例可以外出。出了校门，何澄即到新桥火车站乘火车前往横滨，下了火车，急急找到孙中山所租住的山下町一百二十一番寓所。孙中山开门后先问来意？何澄说，追随先生一起推翻专制！孙中山把何澄拉进家里，头一句就说，你有志革命救国很好！接着就问何澄在日本学什么？何澄把初学农、后学军事的心路历程如实禀告。孙中山听后就说："列强想瓜分中国，清廷不图振作，我们爱国志士要及时采取行动，准备随时发难。如果必待学成后归国带了兵才干，恐怕不及待吧！革命党人只要学会打枪打炮就够了，革命军与正规军所采取的战略战术迥然不同，只有冒险犯难，不畏牺牲，才可望成功。"[11]孙中山讲这番话的时候，言辞恳切，态度雍容，与宫崎滔天所形容的那个光彩夺目的孙先生一点不差。快到中饭时分，孙中山居然礼贤下士，请何澄边吃饭边谈，诚如其他前来拜访过孙中山的留学生所说，孙先生是"自捧面盆盥客"[12]。如同顾维钧回忆与孙中山会晤的情景一样，何澄也同样感受到孙先生坦白正直、真挚诚恳、气量宽宏，并极具民主作风的人格魅力："当他和你交谈的时候，你立刻就会意识到，你是和他处于平等地位的。他平等待人，一如他是你们中间的一员。他滔滔不绝地说话，也会发问：'对于我的计划，您有些什么想法'等等。但是，他说这些话的时候，并不表示任何姿态。他从不摆架子，装腔作势。我揣想，这就是他团结吸引其他同志的伟大品格之一……在我的整个生活中，从未见到过像他这样的一个人物：一个如此伟大的领袖，竟然如此平易近人！他确实是一个非常和蔼可亲的人，一个非常讲究民主的人，同时又是一个热情奔放的人。当他阐释自己的军事战略的时候，总是流露出蕴量极大的热情。孙中山是具有这样一种性格的人：虽然他不能使所有的人追随他的党，但是，他能顺乎自然地激发起人们的感情，赢得友朋同志来追随他的事业。"[13]

由于下午六点，振武学校要限时点名，回来迟了的要罚下星期日不许外出。

所以，何澄没有留宿在孙中山处彻夜长谈，有些不舍但又不得不匆忙告辞，以赶上火车返回学校[14]。

三天之后，有东京留学生前往横滨将孙中山迎往东京。孙中山一到东京，即四处拜访有志之士。其中真正经典的历史画面是孙中山和黄兴两人的会晤。据宫崎滔天回忆：

> 孙逸仙由欧洲回到日本后，来我家里访问。他询在日本的中国人中，有没有杰出的人物？我说："仅仅两三年间，留日学生猛增。有一个叫黄兴的，是个非常的人物。"孙说："那我们就去看看他。"我说："我到他那里去把他请来吧！"孙说："不要那么麻烦了。"于是，我们俩人就一起到神乐阪附近黄兴的寓所访问。和我同住过的末永节，那时和黄兴同住在一起。到达黄寓时，我要孙逸仙在门口等一等，我推开格子门喊了一声"黄先生！"末永节和黄兴一起探出头来，看到孙逸仙站在外面，忙说："啊！孙先生。"黄兴想到有许多学生在里面，立即作手势，示意孙先生不要进去。我们会意了，随即出门等待。片刻，黄兴、末永节、张继三个人出来了，将我们带到中国餐馆凤乐园。寒暄过后，彼此不拘礼节，大有一见如故之感。他们很快就开始谈起国家大事。我虽然不懂中国话，不知他们讲些什么，但是，中国的革命豪杰在此欢聚一堂，畅所欲言，使我们感到非常高兴。我和末永节互相频频干杯。大约有两个小时，孙、黄两人专心商议国家大事，酒肴少沾。直到最后，他们才举杯庆贺[15]。

孙中山和黄兴会晤后没几天，各革命团体联合起来，组织一个全国性政党的筹备会议就在一九〇五年七月三十日举行。鉴于当时只能从事秘密活动的形势，在讨论新团体的名称时，黄兴建议把"中国革命同盟会"的"革命"一词删掉，"中国同盟会"的名称就这样定了下来，党纲和为之奋斗的口号也获通过。党纲共计六条：(一)推翻满清政府。(二)建设共和民国。(三)维持世界真正平和。(四)主张土地国有。(五)主张中日两国国民的联合。(六)要求世界列邦赞成中国革命事业。总括其口号为四，即：(一)驱除鞑虏；(二)恢复中华；(三)建立民国；(四)平均地权[16]。

一九〇五年八月十三日，在黄兴等人积极推动下，东京留学生租用麹町区饭田河岸富士见楼为会场，举行欢迎孙中山大会。宋教仁致欢迎辞后，即请孙中山演说。孙中山在东京中国留学生欢迎大会上的这次演说，头一句话即是："兄弟此次东来，蒙诸君如此热心欢迎，兄弟实感佩莫名。”[17]伟岸如山的孙中山，开口即以兄弟的口语和身份与留学生们交谈，何澄的心里一下子热乎乎的，忍不住大声喝彩——想想蔡钧等一批清廷官员张口说话的嘴脸，何澄更觉出孙中山亲切仁慈的风度，温文有礼的品行，对别人设身处地的考虑和尊重，以及兄弟般的平等相待。也许就是从孙中山此次演说之后，晚清及民国时的革命党人，但凡发表演讲，无论官职多大，身份若何，演说的对象是谁，演说者都以“兄弟”自谦。

待留学生拍手喝彩声稍小下来，孙中山语气一转，即回到此次演说的主题：“窃恐无以副诸君欢迎之盛意，然不得不献兄弟见闻所及，与诸君商定救国之方针，当亦诸君所乐闻者。”[18]孙中山的这种极具民主的话语及民主的风度，亦是许多留学生闻所未闻，于是，又是一阵欢呼。欢呼声过后，孙中山惊喜友善地说：“离东二年，论时不久，见东方一切事皆大变局，兄弟料不到如此，又料不到今日与诸君相会于此。近来我中国人的思想议论，都是大声疾呼，怕中国沦为非、澳。前两年还没有这等的风潮，从此看来，我们中国不是亡国了。这都由我国民文明的进步日进一日，民族的思想日长一日，所以有这样的影响。从此看来，我们中国一定没有沦亡的道理。”何澄听到孙中山赞赏留学生们的革命思潮，与全体留学生再次为孙中山鼓掌并欢呼。

针对当时“人皆说中国最守旧，其积弱的缘由也在于此”的普遍看法，孙中山饶有风趣地说：“兄弟自至西方则见新物，至东方则见旧物……”此言一出，留学生们皆发出会心的笑声。孙中山不愧为天生的大演说家，接下来的演词既振奋人心又不乏启人心智：“于今因游学志士见各国种种文明，渐觉得自己的太旧了，故改革的风潮日烈，思想日高，文明的进步日速。如此看来，将来我中国的国力能凌驾全球，也是不可预料的。所以各志士知道我们中国不得了，人家要瓜分中国，日日言救中国。倘若是中国人如此能将一切野蛮的法制改变起来，比米(美)国还要强几分的……我们生在中国，实为幸福，各国贤豪皆羡慕此英雄用武之地而不可得。我们生在中国，正是英雄用武之时，反都是沉沉默默，让异族儿据我上游，而不知利用此一片好山河，鼓吹民族主义，建一头等民主大共和国，以执全球的牛耳，实为可叹……所以现在中国要由我们四万万国民兴起。今天我们是最先兴起一日，从今后要用尽我们的力量，提起这件改革的事情来。我们放下精神说要中国兴，中国断断乎没有不兴的道理。”[19]说到此，会场又是一片如雷的掌声。

接下来，孙中山的语调有些低沉，特别指向当时保皇党鼓噪的“中国此时的政治幼稚、思想幼稚、学术幼稚，不能猝学极等文明”；“欧米共和的政治，我们中国此时尚不能合用的，盖由野蛮而专制，由专制而立宪，由立宪而共和，这是天然的顺序,不可躁进的,我们中国的改革最宜于君主立宪,万不能共和";"中国人民的程度,此时还不能共和"等等言论,列举留学生最喜听的西方国家的事实一一驳斥,"殊不知不然","殊不知又不然","殊不知此说大谬" 等等结语不停顿地说出,坚定而有力:"我们人民的程度比各国还要高些。兄弟由日本过太平洋到米国,路经檀香山,此地百年前不过一野蛮地方,有一英人至此,土人还要食他,后来与外人交通,由野蛮一跃而为共和。我们中国人的程度岂反比不上檀香山的土民吗?后来米国的南七省,此地因养黑奴,北米人心不服,势颇骚然,因而交战五六年,南败北胜,放黑奴二百万为自由民。我们中国人的程度又反不如米国的黑奴吗?我们清夜自思,不把我们中国造起一个二十世纪头等的共和国来,是将自己连檀香山的土民、南米的黑奴都看作不如了,这岂是我们同志诸君所期望的吗?!"留学生们齐声呐喊:"不是!"孙中山嘉许地往下说:"所以我们决不能说我们同胞不能共和,如说不能,是不知世界的进步,不知世界的真文明,不知享这共和幸福的蠢动物了。若使我们中国人人已能知此,大家已承担这个责任起来,我们这一份人还稍可以安乐。若今日之中国,我们是万不能安乐的,是一定要劳苦代我四万万同胞求这共和幸福的。"

到底是创立宪的政体,还是建共和的政体,孙中山对留学生们说:"不是在别的缘故上分判,总在志士的经营。百姓无所知,要在志士的提倡;志士的思想高,则百姓程度高。所以我们为志士的,总要择地球上最文明的政治法律来救我们中国,最优等的人格来待我们四万万同胞。若单说立宪,此时全国的大权都落在人家手里,我们要立宪,也是要从人家手里夺来。与其能夺来成立宪国,又何必不夺来成共和国呢?"全场又是掌声不绝。

最后,孙中山针对"中国此时改革事事取法于人,自己无一点独立的学说,是事先不能培养起国民独立的性根来,后来还望国民有独立的资格吗"之说,加以严厉批判:"此说诚然。但是此时异族政府禁端百出,又从何处发行这独立的学说?又从何处培养起国民独立的性根?盖一变则全国人心动摇,动摇则进化自速,不过十数年后,这'独立'两字自然印入国民的脑中。所以中国此时的改革,虽事事取法于人,将来他们各国定要到中国来取法的……若我们今日改革的思想不取法乎上,则不过徒救一时,是万不能永久太平的……我们中国先是误于说我中国四千年来的文明很好,不肯改革,于今也都晓得不能用,定要取法于人。若此时不取法他现世最文明的,还取法他那文明过渡时代以前的吗?我们决不要随天演的变更,定要为人事的变更,其进步方速。兄弟愿诸君救中国,要从高尚的下手,万莫取法乎中,以贻我四万万同胞子子孙孙的后祸。"[20]

演说至此，掌声如雷。何澄和许多留学生都觉得四万万中国人的代表，中国的英雄豪杰，非孙中山莫属！追随孙中山革命，建立民主、自由的共和国，反对封建专制和帝国主义，实现为四万万中国人民求共和幸福，便成为何澄一生的终极目标和行为准则。

何澄用黄兴语意所刻“功不可以虚成，名不可以伪立”青田章

一九〇五年八月二十日，中国同盟会正式成立大会在《二六新闻》社社长坂本金弥寓所举行。坂本金弥是日本众议院议员、东亚同文会会员，对孙中山和革命党人一直持钦佩态度，并为孙中山提供过经济和其他方面的援助。中国同盟会正式成立大会选择在坂本金弥的寓所举行，实在是安全至极。在这天的会议中，通过了同盟会章程，孙中山当选为总理，黄兴为庶务，协助总理主持本部工作，总理不在时，代行一切。至此，中国开始了“孙氏理想、黄氏实行”的创立民国的新时代。

一九〇五年九月二日，由黄兴介绍，何澄加入了同盟会[21]。随着与黄兴的接触越来越多，何澄对黄兴更加崇拜。不但崇拜其少说话、多干事的实干精神，而且崇拜其事成后之境界，即“名不必自我成，功不必自我立，其次亦功成而且不居”[22]。若干年后，何澄对黄兴的这种人生境界愈发钦佩，特请篆刻家用上好青田石，依黄兴语意刻了一钮“功不可以虚成，名不可以伪立”的印章。正是由于黄兴的激励，何澄加入同盟会后，投入了更多的革命热情和见多识广的智慧。尤其在应对秘密革命活动遇到的难题时，往往能支出妙招，因而在革命同志那里便有了忠直明敏、智略不凡的赞誉和一个“牛皮博士”的雅号。

注释：

① 刘泱泱编《黄兴集》(一)，第四～五页，湖南人民出版社，二〇〇八年一月。

② 宫崎滔天著、林启彦译注《三十三年之梦》，第八～九页，广西师范大学出版社，二〇一一年三月。

③ 陈少白(一八六九～一九三四)，原名闻韶，号夔石，后改号少白，广东新会人。辛亥革命早期主要领导人，兴中会创办人之一。一八八八年，入读广州城西的格致书院。一八九九年冬，在香港士丹利街主编《中国日报》，一九〇〇年，协助孙中山发动惠州起义。一九〇五年，任香港中国同盟会会长。一九一一年，广东光复，任广州都督府外交司司长，翌年，南京临时政府成立，外交权归中央，即辞外交司长职。民国以后，不再从事政治活动，致力于交通事业，创办粤航公司，购两轮，行驶于广州香港。一九一五年，与李煜堂组设上海保险公司，出任公司主席。一九三〇年，任中国国民党党史史料编纂委员会委员。著有《兴中会革命史要》和《兴中会革命史别录》。

④ 宫崎滔天著、林启彦译注《三十三年之梦》，第一一五～一一六页，广西师范大学出版社，二〇一一年三月。

⑤ 同上，第一一七页。

⑥ 秦鼎彝(一八七七～一九〇六)，字力三，别名遁公、恐黄，祖籍苏州，后迁湖南长沙。一八九九年，入东京大同高等学校。一九〇〇年回国参加唐才常自立军，被推为安徽后军统领。“勤王”起义失败后又逃避日本。一九〇一年，创办《少年日报》。一九〇二年，与章太炎发起创办“支那亡国二百四十年纪念会”。一九〇五年，加入中国同盟会。后被派回安徽，发动安庆起义，事泄后逃往香港。一九〇六年去仰光，后回云南干崖土司刁安仁寓所，未几病逝。著有《说革命》。

⑦ 吴稚晖回忆：一九〇一年在日本，有人约他去见孙中山，他以为孙不过是“绿林豪杰”，所以不想见。后来听说孙中山是个书生，也以为不过是刘秀、邓禹之流，还是不想见。直到一九〇五年的一天，他在英国，有人来敲门，自称“孙逸仙”，见其“温和端正”，他才感到很吃惊。在自述认识孙中山的过程时，他颇有感慨地说：“我起初不满意孙文，就是因为他不是科第中人，不是经生文人，并且疑心他不识字。到认识以后，才知道他手不释卷。”当年留学欧洲的朱和中也回忆说，孙中山去动员他们参加革命时，他念着孙中山亲笔起草的誓词草稿禁不住笑了。孙中山问其故？他回答说：“康有为和梁启超常说您目不识丁，我见誓词简练，知康、梁所言之妄。”孙中山傲然说：“我亦读破万卷也。”

⑧ 宫崎滔天著、林启彦译注《三十三年之梦》，第二三四页，广西师范大学出版社，二〇一一年三月。

⑨ 毛注青编著《黄兴年谱长编》，第七十七页，中华书局，一九九一年八月。

⑩ 程家柽（一八七四～一九一四），字韵荪，又字下斋，别名润生，安徽休宁人，辛亥革命志士。十九岁考入武昌两湖书院。一八九九年，获官费留学日本，入东京帝国大学。与孙中山相识后，加入兴中会。先后和同志创办《译书汇编》《国民报》《二十世纪之支那》等刊物。一九〇五年，中国同盟会成立时，参与起草章程。随后，又被推选为同盟会外务科长。一九〇六年回国，任京师大学堂农科教习。民国元年，被孙中山任为幽燕招讨使。二次革命失败后，与熊世贞组织铁血团，谋划毒死袁世凯，事泄被捕，于一九一四年九月二十三日在北京菜市口刑场英勇就义。国民革命军北伐胜利后，国民政府于南京建筑先烈祠，其事迹陈列其中。

⑪ 尚明轩主编《孙中山的历程——一个伟人和他的未竟事业》（内部发行），第三四〇页：《熊克武追记孙中山》，解放军文艺出版社，二〇〇一年一月。

⑫ 陈锡祺主编《孙中山年谱长编》（上册），第三三九页，中华书局，一九九一年月八月。

⑬ ［美］韦慕庭著《孙中山：壮志未酬的爱国者》，第五页，新星出版社，二〇〇六年八月。

⑭ 何澄与孙中山的交往，据何澄自撰《致孙科的公开信》（一九三〇年）：“吾与中山先生有三十余年之交游情感。”但也许早在一九〇二年八月至十一月间，孙中山在日期间，何澄即与其有了直接联系。

⑮ 毛注青编著《黄兴年谱长编》，第八十四页，中华书局，一九九一年八月。

⑯《孙中山全集》（一），“年谱”第九页，上海三民公司印行，一九二七年。

⑰ 广东省社会科学院历史研究室、中国社会科学院近代史研究所中华民国史研究室、中山大学历史系孙中山研究室合编《孙中山全集》（第一卷），第二七七页，中华书局，一九八一年八月。

⑱ 同上。

⑲ 同上，第二七七～二七九页。

⑳ 同上，第二八〇～二八二页。

㉑ 侯殿龙、孔繁珠主编《山西百年留学史》，第三五六页：《山西早期同盟会会员名录》，山西人民出版社，二〇〇八年十一月。

㉒ 刘泱泱编《黄兴集》（一），第十五页：《致胡汉民函》，湖南人民出版社，二〇〇八年一月。

何澄旧藏“万事风中花”昌化冻石章

九　何公馆、“吃茶”、丈夫团

光绪三十年十二月二日(一九〇五年一月七日),何澄的同胞大哥何厚吾卒于朝阳知府任上。接到大哥逝世的电报,何澄惊痛无比,本来同气三人,相依为命,而对他最疼爱的长兄却连最后一面也没见上即永诀,苍苍者天,何其残酷!何澄哀不胜哀:棠棣三枝,犹如前日,四海茫茫,冷峭如梦,活着情深,逝去也情深,遂即请假回国奔丧并送大哥榇归故里。出殡时,朝阳“官僚叹伤,吏民号泣,榇归之日,追送如云”[①]。何澄扶着大哥的灵柩往灵石两渡走,看见侄儿撒飞的纸钱在狂风中横飞,他的心就回旋起大哥对他的种种疼爱:甲午之战,若不是大哥把他托付到京城族亲何乃莹家,日军攻占辽东半岛之后针对平民所进行的杀戮,也许就不会有他这个在日本学武备的留学生;庚子事变之后,假使不是大哥开通绅明,筹够斧资,早早把他送进莲池书院东文学堂,哪里会使自己成为山西自费留学东洋的第一人?每想到一件事,何澄就触动旧情,内心深处的往事不是渐去渐远,反而增添了更多萍踪浪迹、孤山感逝后的绵亘深情……

回到两渡,亲族都已等候在路口,其亲情甚为可感。何澄不由忆起高祖何元烺、何道生嘉庆初年回两渡安葬高祖之母所作的《到家》诗:

到家翻似异乡人,手足相依谊独真。
同族少年多不识,先民旧俗尚馀淳。
村当驿递喧嚣近,客尽生疏揖让频。
敢以科名耀乡里,朝来情话悦比邻[②]。

然而,乡间的红白事,都是喜事。除了正式的下葬几天之外——族亲上上下下，此时还没见过一个剪了辫子的，于是比何澄小两辈的“长”字辈，无论年岁大小，都管他叫“秃八爷”；拖着小辫子的小孩子围着他笑嘻嘻地直喊“秃八爷！秃八爷！”直至现在，在两渡，你说何澄，恐不会有多少人知道，但一提“秃八爷”，几近无人不晓。由此可见，在世势将要大变的关头，先行者，标新立异者，总能给人以历久难忘的印象。

葬事完毕，春节也到了。何澄和二兄何厚贻在两渡过了一个可以勾起许多儿时亲情往事的大年。今天到这家，明天到那家，“亲知多慰藉，絮语劝加餐”[③]，悲伤的心情得到许多慰藉：

村居多半路迢迢，短晷催人觉更遥。
乍诉合离杯迭劝，旋留信宿烛高烧。
园蔬家酿饶风味，山色溪声破寂寥。
头白尊行呼小字，儿时光景话连宵[④]。

正月初五一过，何澄与二兄何厚贻便急急回到北京。何澄从何厚贻手里得到一笔钱，又从何乃莹等族兄那里筹了一笔钱，说是要在天津办一个经营文房四宝和古碑帖及新式教科书的书局。拿到足够开办一家书局的钱后，何澄即赶往天津。灵石两渡何氏在天津也有一支，如大名鼎鼎的何炳莹（字仲瑾），即是从长芦盐场起家的近代大商人，其女儿嫁于袁世凯四子袁克端。一九〇九年一月，袁世凯被清廷罢职后，何炳莹将河南彰德洹上村占地二百余亩的别墅送给袁世凯，所以袁世凯并没有返回豫东南的老家项城隐居，而是把何炳莹的这所别墅重新加以修整扩建。园成后，袁世凯又将他五十寿辰时西太后所赐手书“养寿”二字作为花园的名字，表示不忘西太后的恩情厚意。所以，何澄在天津并没有费什么力气，也没花多少时间，就在日租界旭街（今和平路北段）开办了店名为“利亚”的书局。这个利亚书局，表面上是经营文房四宝及新式教科书的店铺，实则是何澄为从日本传输革命书报刊的秘密机关。等把书局的经理和店员全部找好并吩咐一切后，何澄即由天津登船返回日本，在振武学校继续学业。

一九〇五年夏季，景梅九趁着学校放暑假，与几位朋友一起回国。从天津上岸后，就到何澄开设的利亚书局访友，恰巧碰上一位天津法政学校的学员也在书局买书。这位学政法的听说景梅九他们是从日本回来的，讲了几句应酬的话，便谈到学问上来。满口的新名词，让景梅九有点不入耳。最可笑的是，这位学政法的学员说到外国人在天津，常常有不法行为，中国又不能管理，他们有了诉讼，归他外国领事馆自行判断，可叹的是我们中国没有“治外法权”，所以对待这些居留的外国人，简直是无法可施，也算是一种国耻了。说完之后，这位学员还很有些愤愤之意。景梅九虽没学过法律，但在日本时却常听人们讲过些法律名词，也确确实实知道“治外法权”并不是这位学政法学员所说的这个意思，于是就对他说：你说得不大对！所谓“治外法权”是说在外国的人，可以不服从所在国的法律，有用自国法律支配的特权。比如，外国代表公使领事等，以及普通的外国居留人员，因国际条约订明，可享有这种特权。你所讲的，正是外国人在中国内地所享有的“治外法权”，但把意思弄错了，反倒是说我们中国没有惩治违法的外国人的法权了。因为是初次会面，景梅九不好意思继续与他辩驳，只说了一句宽慰的话，“治外法权，本来字面有点含糊，不能全怪先生粗心”，就让他继续糊涂去，拉倒。事后，景梅九对没把这个词的本义给那位学法政的糊涂学员说深说透，很是后悔，认为自己是犯了一条消极的罪状⑤。

中国同盟会成立后，于一九○五年十一月出版了机关报《民报》。革命党人揭橥的“驱除鞑虏，恢复中华，创立民国，平均地权”十六字纲领，全仗着书报刊的传播。清廷方面，也知道这些报刊宣传的厉害，一面禁发行，没收书册；一面不准购阅，实行全面检查。尤其是孙中山把民族革命、政治革命和社会革命概括为民族、民权与民生三大主义，在《民报》第一号发刊词中正式发布出来之后，清廷极为恐慌，设法防备，严加检查，不准《民报》等民党的书报刊输入内地。从上海方面流通传播还算容易，但从天津方面传播却很难。正当革命同志对此一筹莫展之时，何澄却想了一个极妙的法子，就是利用他族内的一位兄长，在回国时，将《民报》包好装到箱子里，说是给他朋友带的《法政丛编》。何澄的这位兄长，并不在意是不是革命宣传品，便全部给他带了回去，国内的同盟会员居然都收到了。何澄为什么敢让他的兄长带这些被清廷严查的革命宣传品呢？因为在天津海关，见了满洲人名片和那一条辫子，便晓得不是革命党，绝不会搜检他的行李，所以十分妥当。还有陕西的革命同志，把《民报》集成厚册，另行装订，标题《心理学讲义》，送回内地去的也不少。为了发行革命的书报刊，何澄还以发行新学堂教科书为掩护，把留日学生界翻译出版的革命书籍和报刊悉数发行到天津日租界内他的利亚书局，使得《民报》和同盟会会员所作的众多革命宣传品在国内精英知识分子中广为流传⑥。

尽管振武学校和士官学校对士官生有着种种严格的纪律约束，但何澄依旧秘密地参加同盟会的各种组织活动。

继加入同盟会后，年底，何澄又加入了由山西、陕西、河南等省同盟会会员结

“何公馆”屋檐下的吊灯(何泽明摄于二十世纪三十年代初,何长孝提供)

社的秘密革命团体明明社。明明社是专门介绍西北各省有关人员加入同盟会兼联络情报的一个秘密组织。其成员主要有直隶的张继、杜羲等;山西的谷思慎[⑦]、荣福桐、荣炳、景定成、朱炳麟、燕斌、景耀月等;陕西的康宝忠、邹子良、曹雨亭、赵世钰、于右任等。明明社在组织上非常严密,入会有严格的手续,会中有各种制度和纪律,遵守者奖,违反者罚。

明明社社址起先设在东京神田区仲猿氏町五备地。何澄来过两次后,外面有人就说景梅九同革命党往来,清廷驻日官员使人来密探他的动静,日本侦探也时时来探望。虽说景梅九已是当然的革命党,但怕暴露身份,未免还是有些惊慌。有人说:“既然咱明明社有了破绽,咱或是搬房子,或是把这牌子去了,或是另改个名称也好。”大家就此商议:“还是改个名称,试试看。”景梅九说:“这个名称太奇怪了,惹人注目,固然是不好;太平常了,也觉得无味。”话犹未了,何澄拍手道:“我有个好名称,改成‘何公馆’三字,大家看怎样?”景梅九笑道:“好便好,但明明社未免一落千丈了。”大家也笑起来。为什么说“何公馆”这名称好呢?一者,因为公馆在中国是很普通的名词,在日本却很新鲜,既便不是专门研究中国风俗的日本人,也知道这公馆是官僚住宅的名称,而官僚是断不会革命的,一定是不注意的。二者,利用“何”字在公馆上面,何澄的意思是,“何”字可作“什么”解,就说这是“什么公馆”，还不是“明明社”吗？恰保住本来面目。如果日本侦探不作此想，就可以把他们瞒过去了。经过决议，明明社就改成了“何公馆”。却也奇怪，明明社自从改为“何公馆”后，日本侦探再没来胡缠过。明明社的人才知道这“公馆”两字的魔力不小。何澄出了这么一个主意，一来把革命的形迹掩饰过去，二来日本之有“公馆”实自此始，也算有开创的奇功了[8]。

那个时候，同盟会上下，“非关系革命的书不愿看，非关系革命的话不愿谈，非关系革命的事不愿做”[9]。自明明社改为“何公馆”之后，对于联络同志，依然照常进行。每天必有同志来谈，然而不同志的人，也挡不住他来。如果不是同志的人碰在一处，便不好说话。普通的革命议论，固然是不要紧，若是秘密的计划，泄露了就有些不妥。古人说：“机事不密则害成。”所以同盟会，有种种约定的密语和手势，以为表示同志的作用。这是秘密结社的规矩，不足为奇。这时，《民报》社是彰明较著的一个革命机关，去的人都系同志，没有用密语的必要。惟有“何公馆”，普通朋友时来聚会，非用密语不可。常用同盟会约定的密语，也会露出痕迹。如问人姓，曰老兄姓贵姓（贵姓上的姓，说时略逗），答曰某姓；要是答姓某的，便不是同志之类，总觉有点勉强。当时何澄又为区别同志还是不同志想了一个法子：以“请坐吃水”和“请坐吃茶”辨别。譬如，一个或几个同志正在谈话，忽然来了一位客，主人是认识的还好，若来客是不认识的，便不好意思问他是同志不是，这时候主人用一种方法表示，又要快当，又不要露痕迹，使大家互相知照才好。何澄想的话很简单，就是同志来，主人说，“请坐吃水”；不同志来，主人说，“请坐吃茶”。自从这两句用语成为明明社的密语后，往往同志在公馆正谈得兴高采烈，忽然来了生客，说一声“请坐吃茶”，大家就聊起闲话来胡搪塞；说一声“请坐吃水”，仍然继续前话，毫无顾忌。后来更加简便，来客让坐，唤下女倒茶，就是不同志；唤下女倒水，就是同志。何澄解得最好：因为吃茶普通，吃水特别，并不是薄待同志。有人说得尤妙：茶者杂也，非我同类；水者清也，君子之交淡如水。景梅九说：“论起这种密语，是专对待不同志的人，所以倒茶吃茶，很是自在；若说吃水，反觉奇离。对于同志，本来不须这个，因为可以明明说都是同志，没有甚么要紧。”所以后来同志来了，只说一句玩笑话：“又来了一个吃水的。”但是这里有个疑难，就是正和不同志的谈话，来了一位同志的，还能让吃水，叫倒水么？不用说，是不能的了。没法子，只好请他吃茶，以表示有不同志的在座。算来算去，还是“吃茶”这句话用途广[10]。

在何公馆，“吃茶”、“吃水”非常热闹。而起名的主人何澄，还有和宫崎滔天痛饮白酒而大醉的轶事。

一九〇六年八月，陆军士官学校放暑假。何澄在四个星期的假期中，每天不是泡在何公馆"吃茶"、"吃水"，进行着"同志"和"不同志"的秘密革命活动，便是跑到中国同盟会总部和孙中山、黄兴领受新的任务。一天，景梅九和何澄、谷思慎邀请宫崎滔天到何公馆行长夜之饮。宫崎滔天豪于酒，有一斗不醉、一石亦不醉的大量。谷思慎和何澄也能喝，景梅九本来酒量差点，但也随着大喝起来。喝到半醉，景梅九用日语唱："王郎酒酣拔剑斫地歌莫哀，我能拔尔磊落仰塞之奇才，豫章翻风白日动，鲸鱼拨浪沧溟开。"举座呼快。宫崎寅滔天亦歌一曲，悲壮激昂，令人起舞。何澄闻歌起舞，亦唱了一首日本志士吟咏巴黎革命的绝句："一刀两断君王首，落日光寒巴黎城！"尤为慷慨激越。主客听后，皆为此干了一大杯。天将明，喝尽两桶正宗酒，宫崎滔天酩酊辞去，何澄、景梅九、谷思慎则醉卧不起……[11]

一九〇六年十二月二日，是个星期天，陆军士官学校照例放假。吃过早饭，查过内务，待值星官沿队看过外出的服装是否合格后，散队，何澄直奔神田锦辉馆。何澄为何这么急？因为对当时的革命党人来说，这一天可是一个大日子——中国同盟会要开党报《民报》的纪元大会，孙中山要在会上作《三民主义与中国民族前途》的讲演。何澄赶到会场，只见会场四壁悬挂着欢迎及庆祝的对联，万国旗帜交悬其中。纪念大会由黄兴主持，章太炎致祝词，日本友人池亨吉、北一辉、萱野长知和宫崎滔天出席大会并讲话。

孙中山讲演"三民主义"达两个小时，"态度安详，声音清爽"。讲民族主义，他着重就清廷"排汉"的最近动态进行了论说，并认为现在已到了不是你死，就是我活的关键地步："我们想一想，现在国在哪里？政权在哪里？我们已经成了亡国之民了！""想起我汉族亡国时代，我们祖宗是不肯服从满洲的。闭眼想想历史上我们祖宗流血成河、伏尸蔽野的光景，我们祖宗很对得住子孙，所难过的，就是我们做子孙的人。再想想亡国以后满洲政府愚民时代，我们汉人面子上从他，心里还是不愿的，所以有几回的起义。到了今日，我们汉人民族革命的风潮，一日千丈。那满洲人也倡排汉主义，他们的口头话是说他的祖宗有团结力、有武力，故此制服汉人；他们要长保这力量，以便永居人上。他们这几句话本是不错，然而还有一个最大的原因，是汉人无团体。我们汉人有了团体，这力量定比他大几千万倍，民族革命的事不怕不成功。惟是兄弟曾听见人说，民族革命是要尽灭满洲民族，这话大错。民族革命的原故，是不甘心满洲人灭我们的国，主我们的政，定要扑灭他的政府，光复我们民族的国家。这样看来，我们并不是恨满洲人，是恨害汉人的满洲人。假如我们实行革命的时候，那满洲人不来阻害我们，决无寻仇之理。他当初灭汉族的时候，攻城破了，还要大杀十日才肯封刀，这不是人类所为，我们决不如此。惟有他来阻害我们，那就尽力惩治，不能与他并立。照现在看起来，满洲政府要实行排汉主义，谋中央集权，拿宪法做愚民的器具。他的心事，真是一天毒一天。然而他所以死命把持政权的原故，未必不是怕我汉人要剿绝他，故此骑虎难下。所以我们总要把民族革命的目的认得清楚，如果满人始终执迷，仍然要把持政权，制驭汉族，那就汉族一日不死，一日不能坐视的！想来诸君亦同此意。”⑫

孙中山讲民权主义，说“民权主义，就是政治革命的根本……中国数千年来都是君主专制政体，这种政体，不是平等自由的国民所堪受的。要去这政体，不是专靠民族革命可以成功……我们推倒满洲政府，从驱除满人那一面说是民族革命，从颠覆君主政体那一面说是政治革命……讲到那政治革命的结果，是建立民主立宪政体。照现在这样的政治论起来，就算汉人为君主，也不能不革命。”孙中山为自己同胞求得自由民主的爱国主义精神，对自己从事的革命事业的超乎常人的预判性，一直令何澄感佩。几年过后，孙中山所说的就算“汉人为君主，也不能不革命”，便被袁世凯称帝所证实。而对于当时诸多革命党人所没有想到的十几年后的军阀割据乱局，孙中山在此次纪念大会的演说中也有警醒：“惟尚有一层最要紧的话，因为凡是革命的人，如果存有一些皇帝思想，就会弄到亡国。因为中国从来当国家做私人的财产，所以凡有草昧英雄崛起，一定彼此相争，争不到手，宁可各据一方，定不相下，往往弄到分裂一二百年，还没有定局。今日中国，正是万国眈眈虎视的时候，如果革命家自己相争，四分五裂，岂不是自亡其国？近来志士都怕外人瓜分中国，兄弟的见解却是两样。外人断不能瓜分我中国，只怕中国人自己瓜分起来，那就不可救了！所以我们定要由平民革命，建国民政府。这不止是我们革命之目的，并且是我们革命的时候所万不可少的。”⑬

说到民生主义，孙中山以他过人的禀赋，令听众深受感染。首先他承认，民生问题，“因这里头千条万绪，成为一种科学，不是十分研究不得清楚。并且社会问题隐患在将来，不像民族、民权两问题是燃眉之急，所以少人去理会他。虽然如此，人的眼光要看得远。凡是大灾大祸没有发生的时候，要防止他是容易的；到了发生之后，要扑灭他却是极难。社会问题在欧美是积重难返，在中国却还在幼稚时代，但是将来总会发生的。到那时候收拾不来，又要弄成大革命了。革命的事情是万不得已才用，不可频频伤国民的元气。我们实行民族革命、政治革命的时候，须同时想法子改良社会经济组织，防止后来的社会革命，这真是最大的责任。”从留学到现在，何澄读过、知道的各种学说不知凡几，但还没有听到谁说过“不可频频伤国民的元气”，也没有听谁说过，“我们实行民族革命、政治革命的时候，须同时想法子改良社会经济组织”，而且真是最大的责任。为什么真是最大的责任？因为孙中山担心："将来中国要到(贫富不均)这步田地，才去讲民生主义，已经迟了。这种现象，中国现在虽还没有，但我们虽或者看不见，我们子孙总看得见的。与其将来弄到无可如何，才去想大破坏，不如今日预筹个防止的法子。"孙中山对民生问题的虔诚真挚，让何澄热流涌动——初来日本学农，就是想着改善民生，但那时不但不知"民生"为何物，甚至连"民生"的名词都不知道。看了《民报》发刊词，孙中山公开提出"民族"、"民权"、"民生"三大主义，才明白"国计民生"即是一场社会革命。如今听孙中山先生一席话，愈发清楚地认识到革命的最终目的，即是为了"国计民生"，即是孙中山在讲词中说到的"中国行了社会革命之后，私人永远不用纳税"。世界上可称得上伟人的何其多?但像孙中山这样视野开阔，博览群书，用所熟知的国际关系、西方政治制度和各国经济发展情况，结合中国的实际情况，通俗易懂地抨击中国数千年的弊政，并发誓社会革命成功后，要尽数蠲除苛捐，永远断绝人民租税太重的压迫，改善民生的政治家，百年间又有几个?

孙中山的这场演说，与一年前在东京中国留学生欢迎大会上的演说，有了很大的不同。一年前，孙中山是激励留学生革命、革命再革命，一年后的这场演说，是让革命的同志思考、思考再思考。孙中山说："大凡社会现象，总不能全听其自然，好像树木由它自然生长，定然支蔓，社会问题也是如此。中国现在资本家还没有出世，所以几千年地价从来没有加增，这是与各国不同的。但是革命之后，却不能照前一样。比方现在香港、上海地价比内地高至数百倍，因为文明发达，交通便利，故此涨到这样。假如他日全国改良，那地价一定是跟着文明日日涨高的。到那时候，以前值一万银子的地，必涨至数十万、数百万。上海五十年前，黄浦滩边的地本无甚价值，近来竟加至每亩百数十万元，这就是最显明的证据了。就这样看来，将来富者日富，贫者日贫，十年之后，社会问题便一天紧似一天了。这种流弊，想也是人人知道的，不过眼前还没有这现象，所以容易忽略过去。然而眼前忽略，到日后却不可收拾。故此，今日要筹个解决的法子，这是我们同志应该留意的。"百年前的演说，在过了百年之后，无论是香港还是上海的地价，哪一个不被一一说中?难怪当时坐在会场聆听孙中山演说的何澄为之动容，并在自己以后的政治生涯中时时处处遵奉孙中山的三民主义。诚如孙中山所说："我们革命的目的是为众生谋幸福，因不愿少数满洲人专利，故要民族革命；不愿君主一人专利，故要政治革命；不愿少数富人专利，故要社会革命。这三样有一样做不到，也不是我们的本意。达了这三样目的之后，我们中国当成为至完美的国家。"[14]演说完毕，全场欢呼不断——孙中山，这面中华民族革命和建设的旗帜，似乎在真正的革命志士的手中不停传递，在志士仁人心目中不停顿地飘扬……

在《民报》周年纪念会之后，出入何公馆的人更多了，但也不尽是前来“吃茶”、“吃水”、“喝酒”的人，它还成了资助、出版革命报刊的福地。一九〇七年九月十五日，由景梅九、景耀月、谷思慎、荣炳、荣福桐等主办的《晋乘》就在这里创刊。其宗旨为：“发扬国粹、融化文明、提倡自治、奖励实业、收复路矿、经营蒙盟。”内容有图画、论著、晋语、文艺等。虽仅仅出版了三期，却是留日的山西学生开辟的头一块宣传革命的阵地。

一九〇七年三月，日本政府应清廷请求，驱逐孙中山离境。孙中山离开日本后，同盟会总部工作由黄兴负责。黄兴认为，留日学生入军校者渐多，为日后在新军中掌握力量、推倒清廷，就不能过早暴露革命党人的真面目。因此，特别嘱咐学习陆军的同盟会会员不要时常与同盟会总部往来，入盟证件也由黄兴一人独自保管。按照黄兴的意见，由黄郛[15]和李烈钧[16]等出面，选择一批已经加入同盟会、忠贞可靠的陆军留学生另外组织了一个外围团体“丈夫团”[17]。

据李烈钧所述：

> 士官学校中另有小组织，为余与黄郛（字膺白）数人所发起者。郛学测量，当时颇激昂，尝谓众人曰：“满洲政府非我族类，其心必异，国人应起而推翻之，古人尝谓‘当仁不让’。”又曰：“本校人数甚多，良莠不齐，应有严密组织小团体之必要。”当时赞同其说者颇众，于是商议命名，众皆默然。郛笑谓众人曰：“孟子不云乎？‘富贵不能淫，贫贱不能移，威武不能屈，此谓之大丈夫’，我辈既以推翻满清为责任，必须具有不屈不挠之精神，不移不淫之毅力，革命乃克有济。”众皆服其说，遂命为“丈夫团”，而推郛为首，召开成立大会。初本秘密组织，嗣为留东同学同志所知，咸要求参加。团中有持异议者，以我等乃士官学校，所习者武功，若辈所习者文事，文武殊途，不宜加入。而成城学校之会员，要求者再，于是选其优秀及诚恳可靠者若干人请其参加。遂改名曰“丈夫成城团”，复开成立大会。故此一组织，有两次成立会，亦佳话耳[18]。

由于事涉秘密，加入“丈夫团”的成员，除了黄兴外，外人大都不清楚到底有几何人等，辛亥革命成功后，如下这些入团者才渐渐被人所知：

黄郛、李烈钧、李根源、李书城、程潜、赵恒惕、何澄、尹昌衡、黄恺元、叶荃、温寿泉、阎锡山、华世中、刘洪基、程子楷、孙方瑜、曾昭文、耿觐文、李乾璜、仇亮、杨曾蔚、陈强、段承壛、袁华选、陈之骥、姜登选、李浚、王孝缜、王家驹、张群、曾继梧、蒋作宾、唐继尧、蔡锷、雷崇修。

参加“丈夫团”的这些人，在中国近代革命史和军事史上的影响是非常大的，他们毕业回国后大多在清廷新军中担任中下级军官；辛亥革命时，在各地响应武昌起义；及至中华民国成立，不少人又是各省的都督、参谋长或军事院校的高级教官，是活跃在军界和政界的新知识群体中的精英。

何澄从赴日留学起，先后参加了“成城入学事件”的罢课运动，组织军国民教育会，加入同盟会，最终成为革命党人。由此，留学生在日本所发动的重大影响中国近代史的历史事件，他无一不参与其中，从而成为留日新知识分子群体中为数不多的全程参与者。

注释：

① 国家图书馆藏《清故朝议大夫何公(厚吾)墓志》。

② 何道生著《双藤书屋诗集》，卷八，第三页：《回家二首》，道光元年八月，雕藻斋吴耀宗刻本；何澄旧藏、苏州博物馆现藏《方雪斋诗集》(稿本)。

③ 同上：《葬事毕复偕大兄北上》。

④ 同上：《回家二首》。

⑤ 景梅九著《罪案》，第三十一～三十二页，京津印书局，一九二四年。

⑥ 同上，第六十八页。

⑦ 谷思慎(一八八一～一九四五)，字仲言，山西神池人。一九〇四年九月赴日，初入经纬学校，后入明治大学政法科。一九〇五年加入中国同盟会，任执行部调查科负责人兼陕西省主盟人。一九一二年后，任北京政府历届众议院议员。一九二五年，入胡景翼幕。一九四一年，被晋绥边区聘为参议员。一九四五年，在赴绥远的途中病逝。

⑧ 景梅九著《罪案》，第六十二～六十三页，京津印书局，一九二四年。

⑨ 同上，第六十六页。

⑩ 同上，第六十三～六十四页。

⑪ 同上，第六十九～七十页。

⑫ 广东省社会科学院历史研究室、中国社会科学院近代史研究所中华民国史研究室、中山大学历史系孙中山研究室合编《孙中山全集》(第一卷)，第三二四～三二五页，中华书局，一九八一年八月。

⑬ 同上，第三二五～三二六页。

⑭ 同上，第三二六～三二九页。

⑮ 黄郛(一八八〇～一九三六),原名绍麟,字膺白,号昭甫,原籍浙江嘉兴,生于上虞。一九〇四年春,入浙江武备学堂。一九〇五年七月,官派日本振武学校学习。一九〇五年,加入中国同盟会。一九〇八年,入日本陆军测量局地形科(即测量学校)。期间,翻译了樱井忠温的《肉弹——旅顺实战记》,但颠倒原著正、副标题为《旅顺实战记——肉弹》,以警醒国人。一九一〇年回国,在清廷军谘府第二厅筹办军事官报局任职。一九一一年,参加光复上海之役,十一月,任沪军都督府参谋长兼沪军第二师师长(后改为陆军第二十三师)。一九一二年一月,任中华民国南京临时政府兵站总监。南京临时政府结束后,任江苏都督府参谋长。一九一三年三月,宋教仁被刺,"二次革命"起,与陈其美在上海响应。失败后被袁世凯通缉,逃往日本,经南洋去美国。袁世凯洪宪毙命,即避居天津三年,读书著述,有《欧战之教训与中国之将来》《战后之世界》著成,引起政界、知识界广泛关注。一九二三年二月,任北京政府外交总长,九月,任教育总长,兼在北京大学讲授军制学,在北京师范大学讲授世界政治地理等。一九二四年十月,与冯玉祥发动北京政变,把溥仪赶出皇宫,代理国务总理,十二月,辞职返回天津。一九二七年五月,南京国民政府任命为上海特别市市长,同年,蒋介石下野,随同辞职。一九二八年一月,蒋介石重新上台,任命为外交部部长,八月,因处理"济南惨案""引咎辞职"。此后,在莫干山度过了长达五年的隐居生活。一九三二年六月,在上海倡议组织新中国建设会。一九三三年五月,任行政院驻平政务整理委员会委员长。一九三六年十二月六日,病逝于上海。

⑯ 李烈钧(一八八二～一九四六),原名烈训,字协和,号侠黄,江西武宁人。一九〇四年赴日,初入振武学校,后入日本陆军士官学校第六期习炮科。一九〇七年加入中国同盟会。辛亥革命爆发,被推为江西都督府总参谋长。民国初年,被江西省议会推选为江西都督。后历经"二次革命"、护国战争、护法战争,始终追随着孙中山从事革命活动。历任护国军第二军总司令、广东军政府北伐军大本营参谋长、滇黔联军总指挥等。一九二七年,任江西省政府主席。一九三一年至一九三六年,为国民党中央执行委员、国民政府委员、军事委员会委员、监察委员会委员,但长期在上海养病。西安事变后,被派为审判张学良案审判长。一九四六年二月二十日,病故于重庆。

⑰ 陈锡祺主编《孙中山年谱长编》(上册),第三九八页,中华书局,一九九一年月八月。

⑱ 周元高、孟彭兴、舒颖云编《李烈钧集》(下册),第八一七页,中华书局,一九九六年六月;《李烈钧将军自传》,第十三页,中华书局,二〇〇七年六月。

何澄旧藏“画桥烟树”钟形钮田黄章

十　当教官，任职军谘府

何澄从日本陆军士官学校毕业时，便听到光绪皇帝和慈禧太后先后于一九〇八年十月二十一日和二十二日突然驾崩。在登船返国时，清廷驻日公使馆通知他们必须按照国丧礼俗，成服举哀，臣民不许剃发修面。因而，当何澄与留日的同学抵达天津塘沽时，个个留着长发和胡须，人人显得像野人一般古怪。何澄登岸后便有利亚书局的经理前来迎接。到了书局，放下行李，安歇一日，与托管经理叙旧话新，审看账目，安排一下经营的书籍，就前往东北探望他的二哥何厚贻。

何澄在二哥处了解到不少朝廷推行新政、训练新军的事。何厚贻说，皇上和老佛爷虽然故去，但立宪的事还是不大行。上一年十月五日，留日学生沈钧儒、雷光宇、恒钧、熊范舆由东京回到北京，专程代表游学生向都察院递交国会的请愿书，要求朝廷"于一二年内即行开设民选议院"，朝廷不几日就下达了各省速设谘议局的谕旨。可是上谕并没有就如何设立提出具体办法，故各省的办法颇不一致，像咱们山西和江苏就自行拟定了办法设立了谘议局，湖北则不直接设立，叫了个谘议局创办所，也不知道有没有谘议局。其他的省份不知如何办理，也不知是怎么回事，多数还处在等待观望之中。皇上和老佛爷驾崩之前的两三个月，朝廷颁布了《各省谘议局章程》和《谘议局议员选举章程》，要求各省督抚在奉章后一年内筹办齐备，现在朝廷对"筹备宪政"好像也是急得不行。一九〇五年，为五大臣出洋考察东西洋政治设立的考察政治馆，去年由庆亲王奕劻等大臣上奏改成了宪政编查馆。里面尽是你们游学日本的人。章宗祥，还有你们游学生会的那个主席杨度，让张之洞也保荐到馆里"行走"去了，听说还当上了皇室君主立宪的讲师，成了大红人呐！皇上、老佛爷驾崩前的八月份，朝廷还下达了"九年预备立宪"，说是要"逐年推行筹备事宜"，像是要循序渐进的样子。

何澄又问起清廷丙午（一九〇六年）官制改革的情况。何厚贻说："唉，从一九〇六年九月一日发布的'仿行宪制'的谕旨看，朝廷是要准备'从官制入手，先将官制分别议定，次第更张'来着。直隶总督袁世凯也被叫去，住在海淀，主持编纂新官制。早你先游学日本的曹汝霖、金邦平[①]、汪荣宝[②]，还有袁世凯的重要幕僚张一麐，都把袁世凯当成热心宪政的大政治家，每日住在朗润园里，抱着一本什么孟德斯鸠三权分立的书，拼命草拟，每日不知撰拟多少说帖，再附以条例，交给提调会的庆亲王、瞿鸿禨、孙家鼐核定，然后再交给袁世凯阅定。这些人还真有本事，不到两个月就向朝廷呈递了《厘定中央各衙门官制缮单进呈折》。照我看，这个新官制改革的折子还算不错，但没想到竟遭到方方面面的反对。袁世凯见势不妙，就借着在河南彰德举行新军秋操（军事操演）的机会，回去了。但朝廷也不是全听反对派的，有些是著照旧行，有些是改了的。像刑部就改成了法部，专任司法；大理寺就改为大理院，专掌审判。另外，各部也稍有调整，把兵部改成陆军部，把练兵处和太仆寺[③]都并入进去了。铁良当了陆军部尚书后，把袁世凯的北洋第一、三、五、六镇的管辖权也收走了。更绝的是，饬令各省督抚将军全力编练新军，各省军队的权也收回去了，全归陆军部管。还把袁世凯在保定办的北洋速成武备学堂停了，由陆军部办起了通国陆军速成武备学堂。地方还是老地方，就是掌权的换成了铁良，他把袁世凯的权给拿过去了。去年八月，招了一千一百四十名学生，各省都招，连新疆和宁夏的都有。款子也足，听说光扩建校舍就拨付了二十万两。你现在学陆军回来，正赶上好时候，吃香着呢！保不准陆军部会留下你，不是派到哪个省训练新军，就是到保定当教官。"

何澄到东北走了一趟，感到清廷推行新政以来，确实也有耳目一新的地方，像新式教育、编练新式军队成效显著，铁路也修了不少，电报、电话、电灯在一些城乡也都兴建起来，不似当初赴日留学时与世界大势隔绝那般。但满族还在统治着中国，人民还是那么贫穷，乡村还是那么落后，他不禁再次感到推翻清廷、建立共和的紧迫。探望过二哥之后，乘火车返回北京。火车在京奉铁路正阳门东车站（前门火车站）停下后，何澄想起了庚子之乱后，正阳门彻底洞开，随便出入；宣武门则上灯时必下键，及其未键而出入，俗谓之"赶城门"。而现在，不但不用赶城门了，火车还开了进来，看来文明之光任凭什么都是阻挡不了的。

何澄到前门东面的打磨厂探望了他的一些亲戚后，就到铁狮子胡同清廷陆军部报到。

陆军部衙门原为雍正第五子弘昼的府邸，叫和亲王府。陆军部成立后，就在此兴建了东西两幢洋楼。西部为陆军部，东部为陆军部直属的贵胄学堂。陆军部门前有一座很大的影壁，面阔五间，中三间开门，大门比一般王府还高出许多，楼内不但房间众多，还有大小会议室若干，另有辕门、坡道、马号、栅栏等等附属建筑。陆军部共设掌本部文牍、收发、经费出入、各官差额、各员功过、全部庶务的承政厅；掌规划军事、考订章制、详议决议及一应饬议、提议、调查、密查等事项的参议厅；掌武职月选、旗绿营官弁轮升、拔补、封典各事项的军衡司；掌军台、驿站、贡马、军马各事项的军乘司；掌陆军官佐补官任职，并旗绿防营员弁之叙功、议过各事项的军计司；掌器械、弹药及一应军装制造、存储、销用各事项的军实司；掌陆军一切制度、编制、征调、补充各事项的军制司；掌陆军军队及各学堂、局、厂薪资饷项、军装制造并经理人员教育各事项的军需司；掌陆军各学堂教育及各项队伍操法，官兵学术教练程度各事项的军学司；掌陆军卫生、疗伤、医药及军医、马医教育各事项的军医司；掌陆军一切法律及陆军监狱各事项的军法司；掌各项马匹孳生牧养及整顿改革颁行马政各事项的军牧司。单从陆军部设置的二厅、十司来说，清军的进步是十分惊人的。果不出何厚贻所料，何澄和蒋作宾、吴经明等留日第四期生被陆军部军学司承发官分配到了通国陆军速成武备学堂任兵学教官。

一九〇九年初春，通国陆军速成武备学堂第二期开始招生后，何澄来到了他熟悉不过的直隶省府保定。

通国陆军速成武备学堂在保定东关原关帝庙旧址。庚子事变，八国联军中的法德联军进入保定，将关帝庙及附近一片兵营房舍焚毁。一九〇三年，袁世凯在关帝庙址的基础上又买下了附近足够的土地，以日本士官学校为蓝本，开始兴建北洋武备速成学堂。约一年之后，一所设备齐全、规模空前、共有大小房屋五百七十三间房舍的新式军事学堂即告竣工，共用银二十多万两。学堂内讲堂、学舍、澡堂、医疗室、教官休息室、操场等一应俱全。学堂的中心是教学区，由三个院落组成。东西院为讲堂和学生宿舍，各有十排连带走廊的房舍，每两排为一个独立的小院，每个独立的小院可住约一个连的学生。中院是学堂办公室和尚武堂。尚武堂厅门两侧有楹联："尚父阴符，武侯韬略，简练揣摩传一派；报国有志，束发从戎，莘莘学子法千秋。"尚武堂北门下面是小操场。学堂的东北方向是靶场，占地也足够大，有三百多亩；西面和南面是大操场，可供各兵科操练演习使用，操场正北面为检阅台，占地约有一千余亩。陆军部开办通国陆军速成武备学堂之后，又拨银二十万两扩充房舍，购置教学器材。何澄来时，这所军事学堂原先的靶场已改造成为纵长一千米，横宽二百米的新式射击场，在掩沟中装置有活动靶、反光镜、语旗等设备。操场上的各种体操器械也完备起来。此外，像什么劈刺棚、马厩、马操园、野战堡垒、建筑练习场等等也得到配建。学堂内还设有各国新旧武器陈列馆、理化仪器大讲堂、可容纳四百人听讲的阶梯式大讲堂、教研图书室、筑城模型室、沙盘室、测绘仪器室、爆破器材室、架桥材料库、武器库、服装库等等。最可与日本军校接轨的是，为整肃军纪，严饬军法，新建了禁闭室[4]。

此时的学堂督办是段祺瑞，总办是赵理泰[5]，正监督是曲同丰[6]，副监督是苑尚品、田书年，正提调为高鹤，副提调为张鸿绪、张有训。全堂教官和教员共有一百多人。如果加上学堂督办、总办、监督、提调和各科科长、各队排官、各科学长九十人，全堂教职员竟达二百多人。步科、马科、炮科和工辎四科总教习全由日本教官担任，分别是多贺长雄、墨川敬藏、木堂直枝、近藤义策。这一期学生，招了四百名，加上第一期学生一千一百四十名，全校共有一千五百余名学生。因这两期学生大多数来自于各省武备学堂或陆军小学堂，所以基础较好。学堂对学生的入学条件要求极严，年龄要求十八至二十岁，相貌要魁梧，身体要强壮，文理要通顺，品行良好，如素行不修及有习染不良嗜好者，不予录取。学堂总办赵理泰和正监督曲同丰，一个是日本士官学校第一期毕业生，一个是第三期毕业生，都是何澄的学长，均以管教严格而有威名。如，逢上下学期开学之始，上午八时，全堂学生站队集于尚武堂前，行三跪九叩礼，并向各官长、教习行军礼。之后，总办赵理泰照例要给学生进行一番演讲，不外"本校为全国所关系，各国所注目，诸生们之程度、名誉，即代表全国之程度和名誉，诸生之宜自爱自重者为何如也"等等。正监督曲同丰则爱让全体学生检查整装备刀、站队于尚武堂后进行演说，谓备刀为军人特别权利云云，并言军刀沉重，但无军刀不足为军人云云。据说，一九〇八年三月，曲同丰因病要到日本医治，顺便调查日本现行教育情况。三月十四日晚自习之前，集全堂学生在大园中演讲，叮嘱学生应注意之事三件：一曰智谋，二曰胆略，三曰勇力。他说，智谋全从学问中来，而用运智谋全恃胆略，而胆略全从平日精神上演出，而勇力其媒介品。堂中所有操练技术，劈刺、体操、马术，皆为增加其勇力也。诸生宜注意卫生，以增养其体力，此最要者。如果身体不好，欲为国家尽义务，而身体不如愿，岂不成为憾事[7]。

对于新入堂的学生，三个月后要进行一次甄别考试，如有不遵堂规、不敦品行者，或资质钝差、口齿不灵，概不留堂。经过甄别考试后，留堂学习的学生必须要遵守学堂所订立的规则和惩罚条例，主要纲领是礼节与条理，凡有关军纪、风纪者各有条款。如，除节假日外不准外出；每日晚自习前，照例要在院内喊口号，教唱军歌，聆听军乐，奏国乐等等，但国乐"音节迟缓，和平兼悲婉，非强国音也"，有些学生不免恐之。又如，学生与官长相见，必须郑重地施礼；在讲堂听课时，除抄写笔记外，必须端正而坐，目注黑板和教习。犯轻微过失者，分当场教诲并减扣操行分数；犯过失较重者，记过或关禁闭；犯过失重大者，开除，回原送省。

学堂的学科设置极其完备，军事学科有：军制学、战术学、兵器学、射击学、炮队战法、山炮驼载、弹击学、交通学、卫生学、野外勤务、地形学、筑城学、测绘学、交通学、马学、马术、指挥学、旗语、体操、剑术、劈刺、军刀术、辎重、军队内务、军用文牍；普通学科有：国文、满文、蒙文、英文、德文、法文、俄文、日文、史地、三角术、代数、生理、卫生、地图，等等。

正式上课后，在休息之余，何澄免不了到保定各处转转。保定虽贵为直隶总督之地，除了一处池中荷花极盛的莲花池，尚能让他在疏柳中感受到风细荷香的一些快意和当年学东文的往事回想，其馀似乎再没什么可观的了。在直隶总督署周围转了几次，何澄觉得清廷并不足以正视，但袁世凯恐怕会是革命党人不易搬动的一块顽石——他的北洋军种完备，训练有素：一九〇二年七月，在总督署西侧练官营院内，开设了北洋陆军参谋学堂；一个月之后，又在这个院内开设了北洋测绘学堂；一九〇三年，开设直隶陆军小学堂；一九〇四年十二月，在北洋陆军速成武备学堂内成立了北洋陆军师范学堂；一九〇五年，开设了北洋马医学堂、北洋军械学堂、北洋经理学堂、北洋宪兵学堂、北洋军医学堂。

在日本振武学堂、陆军士官学校上学时，因伙食不合口味，何澄落下胃病，再加上保定这地方兵气太重，他不愿整学期地住在学堂里。尽管学堂对教职员的待遇很好，伙食也比在日本军校时不知好过多少倍，但他还是在没课的时候就坐上火车回到北京，上课时再从北京坐火车回到学堂。在保定当教官的那段时间，一回到北京，何澄就买一只鸡炖上，喝鸡汤养胃，这样坚持了一两年，胃还真养好了。

何澄在通国陆军速成武备学堂讲授的是亲自编写的一册《野战筑城讲授录》，据残存的十页手稿可知，何澄讲课的态度是极为认真的，备课也极充分，视野也属开阔。残留的这份讲义，系晚清新军学堂有关军事教学思想和内容的重要文献和研究资料。其中，有何澄对于战法的一些思想，诸如武器与工事的关系，炮兵与步兵协同作战的问题陈述如下：

……胸墙乃其内部，然不幸徒蒙莫大之损害，其目的终未得达。不得已，更于胸墙之下利用坑道而继续地战斗。千辛万苦，而从事于长日月之困难作业，始由坑道之爆发而占领胸墙，进入内部，夺略堡垒，其后逐次三遂占领堡垒，盖均由斯法而成功也。噫夫！以吾人视之久宜废弃

堡壘之中亘長日月而行之各上之條毒格鬪[illegible]揮[illegible]
伊原因耶非由于砲隊動之徽文
之所致乎至猶砲隊動力之徽弱文是何原因耶此問題
吾人最不易研究之問題也然伺言之其將有二：
一、吾人於今日未完信新式大砲之威力太過：
二、日軍不詳知旅順堡壘堅固程度妄疑其薄弱：
三、在旅順之日軍砲隊兵力實屬微少
其他如砲種砲數彈數等之不充足及砲隊戰鬪法之

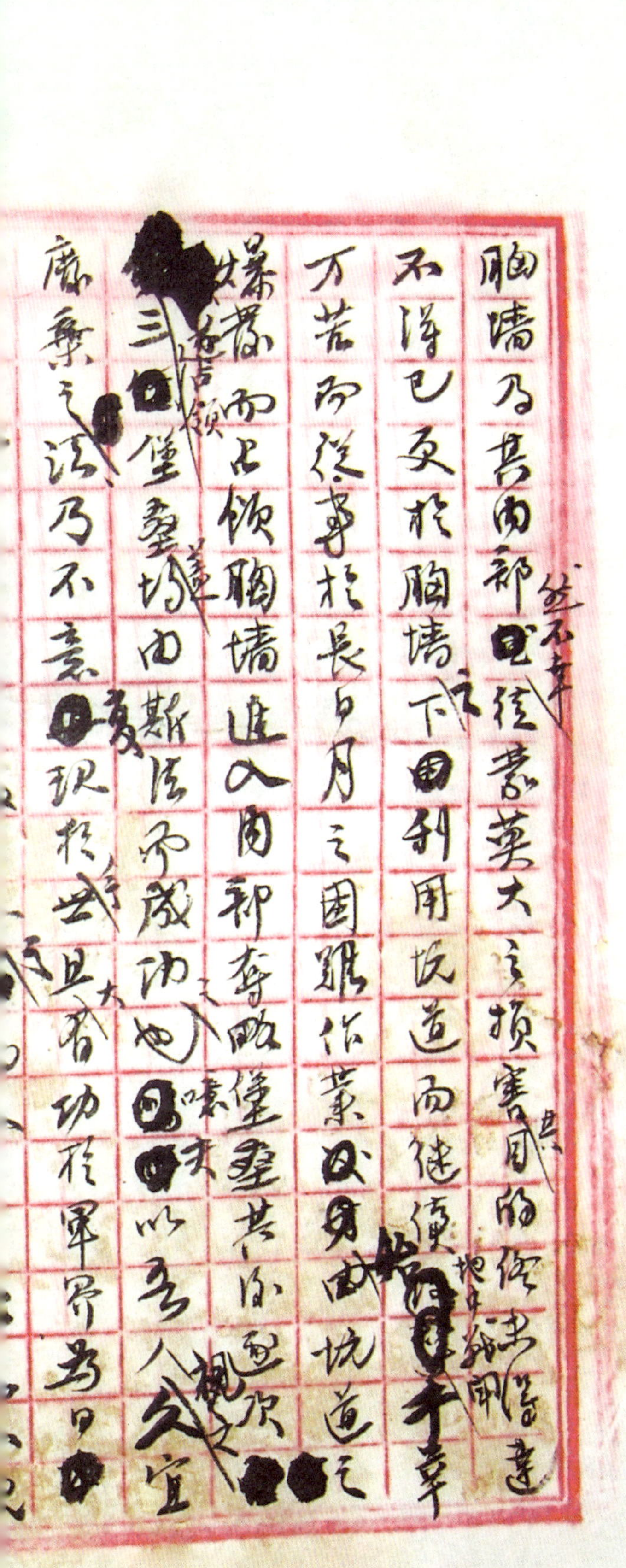

一九〇九年，何澄所撰《兵学讲义》

之法，乃不意复现于今世，且大有功于军界，为日军之攻城事业中最重要之功劳。更有一种意外现象而映于吾人之眼目者：斜堤之上，外壕之中，胸墙之上，堡垒之中，亘长日月而行无上之惨毒格斗。抑是何原因耶？非由于炮队效之微弱之所致乎？至炮队效力之微弱，又是何原因耶？此点又吾人最不易研究之问题也。然约言之，其故有三：一、吾人于今日未免信新式火炮之威力太过；二、日军不详知旅顺堡垒坚固程度，妄疑其薄弱；三、在旅顺之日军炮队兵力实属微少。其他如炮种、炮数、弹数等等不充足及炮队战斗法之欠良好，亦有莫大关系。但以吾人之绵密精细调查研究，日本攻城炮队所有之炮种、炮数、弹药并效力及射击术，虽当无何等缺点，而其兵力上似嫌薄弱耳。更列举事实以明之。

夫旅顺筑城之抵抗力，其能如现今欧洲各国之新式要塞与否，姑不必论，至于日军之攻城炮力，其不足准备冲锋，实世人所共认者也。由此观之，将来要塞之攻击，非多备大口径曲射炮不为功矣。将来之要塞战，非由正攻的近接战（对壕坑道），殆难奏效矣。世人若仍过信新式重炮之威力，足为攻城之利器，则定遭诸障碍无疑（例如，何等目标宜用何等炮种势难预料），势必至于束手无策、徒唤要塞难陷而后已，于作战上毫无利益也。

近来，德国学者于此点亦极力唱导，谓无论野战、要塞战，步队均宜不待炮火效力之发扬而即行冲锋，盖以炮火之力不足恃也。吾人于旅顺之攻城经验，其凡距占领斜堤壕内并胸墙等之使用对壕及坑道之作业，共认其为必要之图，吾人嗣后于此点岂可忽之哉！

由步队操典，吾之改正上观之，其依赖炮队之效力，必更觉一层薄弱矣。其操典谓：凡于彼我炮战之间，其步队前进不已者，为使敌之军队暴露于我炮火之下也。又曰：步队之不顾损害而前进者，为其友军炮队得良好之目标也。又曰：步队每不待彼我炮战之结局，而由一般情况上即行移攻击之前进，盖欲使敌之大部队出而应战，更足为吾炮队之目标也。夫以上各条而细味之，其对于步队攻击前进之时机及信赖炮队之效力，岂非来一大变化乎？

总而言之，军队之动作在协同一致。如步队而专待炮队之奏效始行前进，倘炮队终不奏效，则步队终不前进耶？又，炮队不援助步队，使步队而陷于敌之步队、炮队两火力之下，步队又何能为友军炮队致有利于之目标耶？盖互相连系方得成功，单独运动定难为力也。

其四　防御炮队之战斗法

夫于守城初期以全部炮战炮队而配置于阵地，则将攻击炮队各个而击破之，致使其不得增大其势力者，虽为防御炮队之系要义务，要塞守备之未一要件，然俄军于攻击炮队之势力即占优胜后，犹不知少进而当继续炮战，以牺牲其最终之能而不顾将来之时机，为节约兵力计者，为吾人所不能也。且防御炮队之主要目的，不在炮战，而在永久维持要塞之命脉也，故防御炮队常参与近接战斗而发扬其效力也。我国今日炮科官长仅注意炮战而欲以近接防御全委于步队担负之，实为莫大谬误者也。

以上为德国学者所评论，日人亦颇表同意。吾人研究之亦泳，以德人所论为可取。盖防御炮队之目的，在参与近接战斗，维持要塞最终之命脉。若于远战时而先牺牲之，则与近战时反无能力，岂非背防御炮队之战斗原则乎？故俄人所为，不仅于实际上而无利益，于原则上亦有背违矣。

其五　越步队头上射击

夫于旅顺攻城时日军屡于攻击步队既达于敌之近距离后尚行炮击，甚至步队突入敌弥之际，犹为不已。欧洲学者初就此点颇论其非，近则渐表同意矣。其非之者曰：日本军于实施冲锋时，其炮队之射击无至步队与敌格斗之顷，尚偿行之，毫不虑顾其友军之损害也。据土人云：日军每于其冲锋前，使各兵卒服征露，凡以迷其心故。行此狂暴无道之战斗，而不自觉其惨也。夫如此等残忍战斗法，为世界各国所无有之，自日本军始。

其表同意者曰：日本军于其欲冲锋堡垒也，则每于冲锋班队既达于最近距离或越堤或入外壕内，犹使炮队越其头上为猛烈射击……

晚清，清廷选派游学毕业返国者日多。据光绪三十二年(一九〇六年)新成立的学部议定的《考验游学毕业生章程》及后一年学部与宪政编查馆奏定的《游学毕业生廷试录用章程》：凡在外国高等以上各学堂毕业的学生，每年八月考试一次。经学部考验合格并奏请皇帝批准后，可赏给进士、举人出身；凡获得此类出身者，每年在保和殿举行一次廷试，考后按其出身和成绩分别授以翰林院检讨、主事、内阁中书、小京官、知县等职。宣统元年（一九〇九年）五月二十三日，学部发布了《考验游学毕业生章程》，对从东西洋游学回来的毕业生的资格、文凭、考试程度、授职做官，都进行了详尽的规定。由此而肇始，清廷在宣统年间，不单考游学外国的毕业生，还考大学毕业生，考举贡，考拔贡，考优贡，考法官以及录事、供事之类，几于无月不考，乃至有科举时代的进士惊呼“名器泛滥，至斯已极”！

但何澄同蒋作宾等留日同学一道参加的宣统元年游学毕业生考试的结果却很令人振奋，因为一批革命党人进入了清廷陆军部。

何澄考得举人出身，遂进入军谘处。军谘处是与陆军部同期而设的一个军事参谋机构，初属于陆军部。军谘处掌全国筹防用兵事务，并将练兵处原设军令司事务并入。设管理军谘处事务大臣一人，管理全处事务。下分一、二、三、四各司及测地司。各司设司长一人，科长、科员若干人。据宣统元年（一九〇九年）五月二十九日谕旨：“至一切应如何定拟筹办事宜，即著军谘处随时妥酌奏请施行”；一九〇七年七月十五日，清廷依《宪法大纲》宣布皇帝为大清国陆海军大元帅，皇帝亲政前由摄政王（载沣）暂行代理，先设军谘处辅佐皇帝通筹全国陆海军事宜，简派贝勒毓朗管理。一九〇九年八月二十四日，新军谘处成立，令贝勒载涛、毓朗二人管理。下设军谘使二人，由冯国璋任正使，管理全处事务，副使哈汉章帮同办理。机构改为总务厅及一、二、三、四厅与测地、制图二局。总务厅设副官一人，其馀各厅各设厅长、副官各一人。全处总人数有一百六十馀人[8]。

宣统三年四月十日（一九一一年五月八日），清廷皇室宣布新内阁官制（由内阁总揽政权对国会负责），以庆亲王奕劻（皇族）为总理大臣，大学士那桐、徐世昌为协理；改尚书为大臣：镇国公载泽（皇族）任度支部大臣，荫昌（满族）任陆军部大臣，贝勒载洵（皇族）任海军部大臣，贝子溥伦（皇族）任农工商部大臣，觉罗绍昌（满族）任法部司法大臣，肃亲王善耆（皇族）任民政部大臣，宗室寿耆（皇族）任理藩部大臣，梁敦彦任外务部大臣，盛宣怀任邮传部大臣，唐景崇任学部学务大臣。另设弼德院，以陆润庠为正，荣庆副之。设军谘府，以贝勒载涛为正，贝勒毓朗副之。并说明总理、协理大臣及各部大臣，均为国务大臣，辅弼皇帝担负责任。是时宣布旧设之内阁、军机处、会议政务处、宪政编查馆、吏部、中书科、稽察钦奉上谕事件处、批本处等衙门一律裁撤。清廷宣布的新内阁共计十七人，而满人居其十二人。满人中，宗室又居其八人，宗室中，王、贝勒、贝子、公，又居六七。这与过去清廷尚书满汉各半的规定相比，汉族比重大为减少，被朝里朝外讥为“皇族内阁”。所以这个新内阁官制一经公布,清廷便处群情离叛之秋,大有举火积薪之势。甚至连清廷的忠臣恽毓鼎都气愤不已,说这是“而犹常以少数控制全局,天下乌有是理! 其不亡何待?”⑨

清廷在军谘处改为军谘府的上谕说:“自宣统元年五月设立军谘处, 以为军谘府之基础,时阅两年,筹办已有端绪,参谋军事,最关重要,着即设立军谘府,秉承诏命,襄赞军谋。”一九一一年五月八日,军谘处正式改称“军谘府”,郡王衔贝勒载涛、贝勒毓朗为军谘大臣。军谘府在军谘大臣之下,设军谘正使一人,由陆军协都统二品大员冯国璋担任;军谘副使由陆军正参正哈汉章担任,同时掌管总务厅。

军谘府由陆军部和原军谘处的主要官员及其他一些高级官员组成。其五厅厅长及编制情况如下:

第一厅厅长:卢静远(陆军正参领),下辖四科。

第二厅厅长:冯耿光(陆军正参领),下辖二科。

第三厅厅长:陈其采(陆军正参领),下辖五科。

第四厅厅长:章遹骏(陆军正参领),由原测地司改置,下辖三科。

第五厅厅长:姚宝来(候选州同),掌军事档案、文库、军事官报等,下辖四科。

此外,还有海军厅,测地、制图二局,军事官报局。另设参议官十五人,由各省协都统及正副协参领充任。

军谘府特定奏事章程共有五条:

(一)军谘府奏事,均由面奏,或用奏片,不具正折;

(二)所奏之事,以军机、军令为限;

(三)军务报告,均由“督师大臣”会同“军谘大臣”奏报;

(四)军谘府奏事,均不登载官报;

(五)本章程于海军司令部奏事适用之。

军谘府奏事之机密性质与奏事权限,于此可见一斑。鉴于军谘府之职掌事关国防机密,故各厅政事多不公开。

由此,清廷军政军令正式分开,军政归陆军部,军令归军谘府。军谘府主要掌管陆海各军建设事务,包括国防规划、筹防、用兵等重要文件;管理陆军各参谋官、检查参谋官之报告与参谋官之教育等军事参谋业务及陆军大学和测绘学堂教育等事项;处理国际与国内军事情报及驻扎各国武官事宜;管理该府所属人员补官黜陟等。军谘府成立后,军谘副使哈汉章、五个厅的厅长均是留日学生。科员中留日生也不少,如何澄、陈晋、覃师范、黄郛、仇亮、李书城、江绍沅、徐孝刚等,再加上练兵处和陆军部时期聚集起来的日本陆军士官学校一期生吴禄贞、卢静远、章遹骏、陈其采、华振基、文华、吴祖荫、吴绍麟、唐在礼等，二期生良弼、哈汉章、易廼谦、沈尚廉、龚光明、冯耿光、舒清阿等，留日生竟有二三十人，军谘府遂被人称为日本“士官派”的大本营[10]。但“士官派”也不完全是参加了革命党的，即便有些参加了革命党的，毕业回国后，也是“人趋利禄且道德坠地，人心险狠”[11]。所以潜伏在清廷军谘处（府）期间，何澄在北京惟有闭门读书，等待时机，推翻清廷，建立共和。

何澄在军谘府第二厅任科员时，参与起草了《陆军参谋章程》等一些尚待实施的章程。

一九一一年九月，奏调入关的第二十镇（师）统制张绍曾与混成协统（两标为一协）蓝天蔚等联名发出通电，提出“于本年内召集国会”、“组织责任内阁”、“宪法由国会起草”等要求，社会各界要求撤销非当时各方面所要求的“责任内阁”，资政院也上奏“内阁应负责任，国务大臣不任懿亲”。清廷四面楚歌，被迫下谕撤销内阁办事章程（设责任内阁时所颁布），罢免了以奕劻为代表的“皇族内阁”。十一月一日，袁世凯奉命为内阁总理大臣，组织“完全内阁”（不再以亲贵充国务大臣），并将宪法交由资政院起草。紧跟着颁布资政院拟成的“君主立宪重大信条”十九条，除把张绍曾、蓝天蔚等人的要求完全采入以外，并加进了“皇族不得与宪法相抵触”等内容。之后，载涛开缺，阴昌以陆军大臣兼军谘府大臣。不久，毓朗开缺，徐世昌为军谘大臣，军谘正使冯国璋于十二月九日接替载涛改任禁卫军总统官，军谘府使一职由良弼继任。一九一二年一月二十六日，良弼被革命党人炸死，其职由王揖唐接任。袁世凯就任大总统后，军谘府改为参谋本部。

在清廷的参谋本部——军谘府，潜伏其内部的革命党人吴禄贞、陈其采、黄郛、何澄、仇亮、李书城等人，此时已用不着像在东京何公馆那样采用“请坐吃水”、“请坐吃茶”等密语进行革命活动了，因为经过四五年的留学生活，谁是同志，谁是不同志，任谁都是一清二楚的，他们静等的只是推翻清廷专制统治的那一声枪响……

注释：

① 金邦平（一八八一～一九四六），字伯平，安徽黟县人。一八九九年，北洋官费赴日留学

生，入早稻田大学。一九〇二年毕业回国后历任袁世凯文案，北洋督练处参议，直隶省自治局督理，资政院秘书长等职。一九一二年，任中国银行筹办处总办。一九一四年，任北京政府政事堂参议。一九一五年，任农商部次长。一九一六年四月二十三日至一九一七年三月二十二日，任农商部总长。后居天津从事实业活动。一九三一年，任上海启新洋灰公司经理。

② 汪荣宝（一九七八～一九三三），字衮甫，苏州元和人。一九〇一年。以使馆官费生名义赴日，入早稻田大学和庆应义塾。回国后，在清廷任职。一九〇六年，任京师译学馆教习。一九〇八年，任民政部右参议，宪政编查馆干事。一九一〇年，任资政院议员。一九一一年四月，奉派为协纂宪法大臣。一九一二年，任临时参议院议员。一九一三年，任国会众议院议员。一九一四年，任驻比利时公使。一九一九年，任驻瑞士公使。一九二二年，任驻日本公使。一九三二年，国联调查团来华，被派为招待员。著有《清史讲义》《法言义证》《法言疏证》和《思玄堂诗集》《汪荣宝日记》。

③ 太仆寺：掌全国牧马之政令机构。外设种马厂和护马之部队。凡厂马皆烙以印，如有调动或供御马厂之用，兵部查其数而奏闻皇上。

④ 郑志廷、张秋山等编著《保定陆军学堂暨军官学校史略》，第四十四、一二九～一三〇页，人民出版社，二〇〇五年八月。

⑤ 赵理泰（一八六八～一九三二），字康侯，安徽合肥人，天津北洋武备学堂毕业生。一九〇三年至一九〇六年，任北洋留日学生监督。回国后任北洋陆军速成武备学堂总办，保定军校首任校长。

⑥ 曲同丰（一八七三～一九二九），字伟卿，山东登州人。一九〇二年一月，北洋官费赴日本留学。先入成城学校，后入日本士官学校第三期步兵科。回国后一直在北洋军事学堂任职。一九一二年，任将校研究所所长。一九一三年，任保定军官学校校长。一九一五年至一九二五年，在北洋军中任职。后投入张宗昌的直鲁联军。一九二九年三月九日，在天津寓所被人枪击而亡。

⑦ 宁海县政协教文卫体和文史资料委员会编《童保暄日记》，第七、十七、二十页，宁波出版社，二〇〇六年十二月。

⑧ 张德泽著《清代国家机关考略》，第二九四～二九五页，学苑出版社，二〇〇一年六月。

⑨ 恽毓鼎著《恽毓鼎澄斋日记》（第二册），第五三二页，浙江古籍出版社，二〇〇四年四月。

⑩ 尚小明著《留日学生与清末新政》，第八十五～九十页，江西教育出版社，二〇〇三年九月；张德泽著《清代国家机关考略》，第三一〇～三一一页，学苑出版社，二〇〇一年六月。

⑪ 何澄《往事回想录》，一九一二年八月十九日。

何澄旧藏“云史廷彪”田黄章

十一　与苏州名门结缘

一九〇九年冬季，何澄从保定通国陆军速成学堂调入清陆军部军谘处后，即在北京宣武门教子胡同南头三十八号族兄何乃莹的何府东院居住。教子胡同北起广安门内大街，南至南横西街，长约六七百米。这个胡同除了何乃莹的"养园"外，巷内还有一名园叫"寄园"，是清初安徽休宁人赵吉士建造。清时著名的御制诗人沈德潜[①]，诗人、金石学家王昶[②]，曾在寄园寓居。教子胡同路西正对着簪儿胡同的是甘肃会馆，不远处的下斜街北头路东第一门还有一个赫赫有名的会馆，即山西寿阳祁家祁世长[③]于光绪十八年（一八九二）率众集资新修的三晋会馆。但晚清时的文人雅士不管它叫三晋会馆，而是叫"云山别墅"。"云山别墅"前有四院，后有高楼，楼为二层船舫形状，回廊和楼沿着峭坡而上，晴天时可见西北群山；院内种植有桃花、杏花、海棠等花木，盛夏时，庭中海棠盛放，高过二层楼的老柳树竟能绽出灵芝，一根三秀，金光灿然，许多爱花的文人都视为奇树异事[④]。由于近便，也由于在楼上吃饭时远处的风景好，"云山别墅"常常是何乃莹招宴的地方。

教子胡同南口儿的何府既有官府的气派，又有主人的生活和文化爱好布缀其中，虽然比不上京城那些有名的王府，但也颇似《红楼梦》里的荣国府景象。何府大门朝西，门外有几座下马石，院墙上有拴马的铁坏。进了大门是一个长方形院落，东西长约七十米，何府家里人一直管它叫长院。南墙边上有十几棵过去铜脸盆那么大小的古槐树，树冠很高，高墙被其遮蔽，大有隐于园之功能。大门道北面是西跨院，住家庭教师等外人。以翻译法文版《红楼梦》而著名的李治华一家，当年被请来何府给孩子们当家庭教师时，就住在这个院里的一排西厢房。过了大门道东北面是二门道。二道门与南客厅形成一处五开间的建筑。门的外面对着长院的是一扇两开大门，北面无墙，倒有几个接连的门，颇像南方大户人家客厅前面的一排挡板。南客厅是何府的主体，自然要占用中间的三大间来用。客厅内有名贵的大木榻，榻前有榻几，榻中间置有小硬木炕桌。厅内摆放着诸多黄花梨、紫檀、楠木、红木制作的桌椅柜子，柜子里放置着古玩书画，座钟在柜子上格外显眼。南客厅最西边还有一间隔房子。南客厅从何乃莹移居到这里以后，无论是白云苍狗，还是物转星移，这里的摆设都是老样子，一直到新中国成立初期也是如此。

南客厅南北通连，穿过南客厅即是客厅院。为与主人所住的正房分割开来，客厅院和正院之间用垂花门和砖墙将其隔开。客厅院垂花门西边有两棵很粗的海棠树和一棵龙爪槐；东边是一棵蓉花树，花朵由细细长长的小针弥漫成扇形状，花针的颜色由白渐变为粉红。炎炎夏日，树上的花朵弥漫出阵阵清香，整个院子被海棠树上大片的树荫所遮盖，几个大荷花鱼缸里的金鱼在荫凉下悠闲地游动，浓荫与闲情构成了客厅院的情调。龙爪槐往西尚有一门通往西跨院，但此门不常开，垂花门每晚都要关闭。客厅院和东院中间夹着厨房和井院，厨房在客厅院东，井院北。院内有一口井，供何府大院所居住的人食用，所以这一小院也叫井院。厨房北墙后面是东厢房及在东厢房后面又加盖的三间内室。井院到东院也有一个两开的门。

进了垂花门是正院。正北的五间大房，是何乃莹的住所。东面加盖出两间储藏室，西面加盖出一间住宅，实际是八间大房。西厢房是以后忠心耿耿辅佐何澄的四侄儿何受彤的住所。

从南客厅到正院以东是东院。东院在东北角造有一座洋房。何澄之所以选择这座洋房居住，一是为了和胞兄何厚贻在一起，二是东院相对来说较为僻静，是他“毕业归国，人趋利禄，且道德坠地，人心险恶，余惟闭门读书”的好居处[⑤]。

南园子占据着何府的半个府园，约略分为两个部分。靠西一部分是门房和养马的马厩，里面停着两辆轿车，养着两匹驯骡，是何乃莹出行时乘坐的轿车，另外是护院打更、车夫管家的住处；往南便是南园子。园子西边堆有一座小土山，边上种着几棵大枣树，中间是一大排毛桃树，西墙根有一大堆石头，搬开石头可以逮蛐蛐，站在园子里可以放风筝，是孩子们玩耍的好地方。南院子的东部靠北有五间老房子，何乃莹把这里改成一个养花、种时鲜果蔬的暖房，数九寒冬，靠着那取暖的地炕，不但种着黄瓜、豌豆，还培养各种鲜花[⑥]，靠南是一所四合院。何乃莹于“庚子事变”被褫夺左副都御史、“永不叙用”后，一直赋闲在家，读书、作诗、养园、种花，虽不到“花癖”的境界，但已是一个善养花的“养园”人，即使是昙花亦能使历久不谢。这种“一度看花约，悠悠动隔年”，“欲酿花消息，春天不肯晴”[⑦]的人养

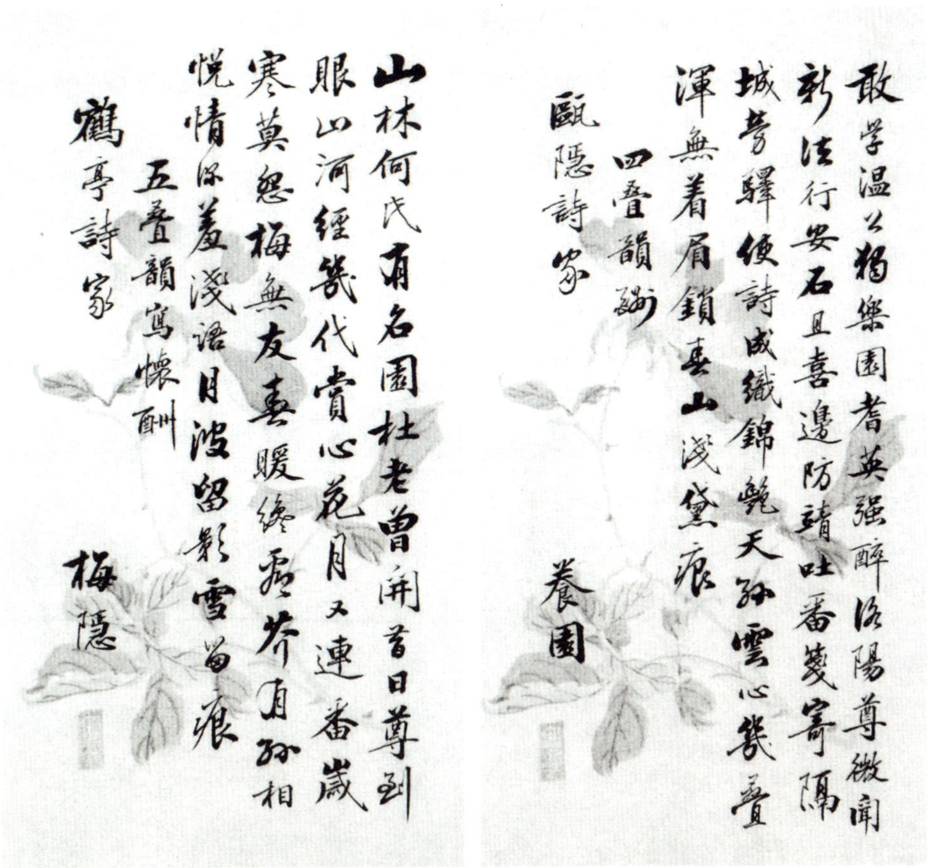
敢学温公独樂園，耆英强醉洛陽尊。微聞新法行安石，且喜邊防靖吐番。菱寄隔城荒驛便，詩成織錦艷天孙。雲心幾叠渾無着，眉鎖春山淺黛痕。

四叠韻酬

甌隱詩家

養園

山林何氏有名園，杜老曾聞首日尊。到眼山河經幾代，賞心花月又連番。歲寒莫怨梅無友，春暖纔看芥自孫。相悦情深慕淺語，月波留影雪留痕。

五叠韻寫懷酬

鶴亭詩家

梅隱

何乃莹和冒广生《四叠韵酬瓯隐诗家·养园》、《五叠韵写怀酬鹤亭诗家·梅隐》书札

花、花养人的生活，使得何乃莹成为深得花趣者之人，看到奇异之花便作赏花诗，往往能得佳句。所作赏花名诗《手植盆蕉经冬犹绿晨雪静对赋诗记之》，便传诵一时：

> 翡翠新鲜玉莹洁，天然图画自清绝。
> 满园寒色透重帏，窗里芭蕉窗外雪[8]。

何乃莹除了养花、赏花、吟花，还养园。因作过一篇《养园记》，后就把自己所住的正院及南园子东边的这五间花房称之为“养园”，并自称“养园主人”。他在和冒广生[9]的《四叠韵酬瓯隐诗家·养园》及《五叠韵写怀酬鹤亭诗家·梅隐》中云：

> 敢学温公独乐园，耆英强醉洛阳尊。

微闻新法行安石，且喜边防靖吐番。
笺寄隔城劳驿使，诗成织锦艳天孙。
云心几叠浑无着，眉锁春山浅黛痕。

山林何氏有名园，杜老曾开昔日尊。
到眼山河经几代，赏心花月又连番。
岁寒莫怨梅无友，春暖才看芥有孙。
相悦情深羞浅语，月波留影雪留痕⑩。

何乃莹原聘吴氏，后娶安徽、陕西巡抚、河东河道总督、徐沟人乔松年侄孙女乔氏为妻；第三房太太陆氏，接回来不久即去世；最后一位如夫人陈氏，十六岁时来到何府。

何乃莹和乔氏及如夫人共生有一子五女。长女何兆英为乔氏所生，精于绘画，为慈禧太后的代笔女官之一，二十九岁嫁给何乃莹同年、山西同乡昔阳人李

慈禧太后女史、何乃莹长女何兆英

一九三二年元月二日夜，李方桂（左一）、何芑（左二）与友人摄于北平大甜水井胡同李方桂书斋（何引提供）

光宇，生有一女三男。长子李方惠早逝，长女李方瑞（后改单名李漪）北京医科大学病理科毕业，后赴美国霍浦金大学医学院作病理研究，至今国内作研究用的白鼠，还是她从美国带回来的子子孙孙。次子李方玉，南开大学政治系毕业后，任阎锡山的机要秘书和交际科科长，对何家表兄弟们的事，帮助甚多。抗日战争胜利后，从重庆飞回北平，做了接收大员，何家在北京的祖产也幸赖他得以保全了几年。三子李方桂，先入清华大学读医学预科，一九二四年考赴美国密歇根大学，改学语言学，插班大三，一年后获得语言学学士学位；一九二六年慕名进入最负盛名的芝加哥大学语言学研究所，一年后获得硕士学位，又一年后获得语言学博士学位，三年连得三个学位。一九二九年回国，立即为中央研究院史语所所长傅斯年聘为该所研究员，当年只二十七岁[11]。李方桂是中国人在世界语言学界居领导地位的两人之一，另一位是赵元任，而李方桂又被誉为“非汉语语言学之父”（按：非汉语是指中国境内汉语以外的语言）。

晚清时的何浙生（何滋镠提供）

何乃莹的四女儿嫁给张之洞的族孙，住在烂缦胡同；五女儿嫁给清末一张姓状元之子为继媳，住在南横街。

何乃莹的独生子何兆勇早殇，由于十分偏爱何厚吾的长子、何澄的大侄儿何泽旹（“时”的古体字），于是不折近枝挑远枝，便把何泽旹爱继为子嗣。何泽旹（一八七五～一九三九），本是依家谱“泽”字辈所取之名，但过继到何乃莹门下后，把“泽”字取消，用古体字单名何旹，以字浙生行世。他的第一房夫人叫陈静娴，是扬州人，长得白白胖胖，眉目极端，很有文才，书法亦好，经常跪着替何乃莹写奏折，可以说什么都好，就是不能生育。

一九〇九年六月，何浙生又娶了一位大姑娘王淑珍，是为如夫人。何浙生爱继给何乃莹后，因有家产继承问题，何乃莹的胞弟（何乃莹共有胞兄弟五人：何乃馨、何乃升、何乃怡、何乃安、何乃翁）对此大为不满，于是在宣统元年（一九一〇年）初七月把胞弟的两个儿子正式过继过来，立嗣为孙。十一月二十日（一九一

何浙生一家（前排右起：何浙生，抱坐的是小儿何滋镠，中为三女儿何滋鈊，左为太太陈静娴；后排右起：过继过来的次子何禹声及夫人殷懋繁。何滋镠提供）

〇年一月一日），何乃莹喜筵宴客，正式立嗣孙：一个过继给已殇的儿子立嗣，排老大，一个过继给还无子息的何浙生为子，排老二。因为不愿意在过继时就没有爸爸，所以兄弟二人都称何浙生为父亲[12]。何浙生给孩子们起名按家谱“滋”字排辈，字全部冠“金”，过继过来的大儿子叫何滋镇，号镇官，一九〇九年生，一九二四年夏季得瘟疫症去世。二儿子叫何滋鑅，字禹声，号洪官，一九三四年毕业于北平大学工学院应用化工科，后在天津北宁路局稽核课任职。

与何乃莹有表亲关系的恽毓鼎[13]在何乃莹立嗣孙的第五天，作了一首《梅叟立嗣孙生七月矣次梅叟初五日见贺诗韵贺之》：

> 文孙式谷补风诗，奚羡随园诞阿迟。（袁简斋晚始得子，名曰阿迟）
> 丰下英声饶福相，郎君当值太平时。（余以剥复之数推之，三十年后戊辰、己巳、庚午间中国当复强。吾老矣，正郎君壮盛时也）
> 珠冠绣褓喜临门，博得春颜一笑温。
> 闻道小星添柳宿，会看鹤子次生孙。（哲嗣泽生，以无子，新纳妾）[14]

有了过继过来的子嗣，没过半年，王姑娘就给何浙生生下了头一个儿子。就在全家都为这个孩子的降生而露出久违的喜气之时，没过满月的这个小宝宝却莫名其妙夭折了。为避再生意外，之后凡王姑娘待产，何浙生均请日本医生高桥前来接生。而经过高桥医生接生的四男三女，不但全部存活，且个个活泼聪慧。

儿时的何滋铮、何滋铎(何滋镠提供)

王淑珍姑娘于一九二二年二月十一日所生的第二个男儿叫何滋铮，排行在过继过来的两个哥哥及夭折的头一个男儿之后，所以乳名叫小四儿。何滋铮就读于北平设市后首任市长何其巩(与何澄关系甚密)为代校长的北平中国大学哲学系，毕业后曾在山东成武师范和北平第九学校(原崇实中学)任教，一九五三年去世。

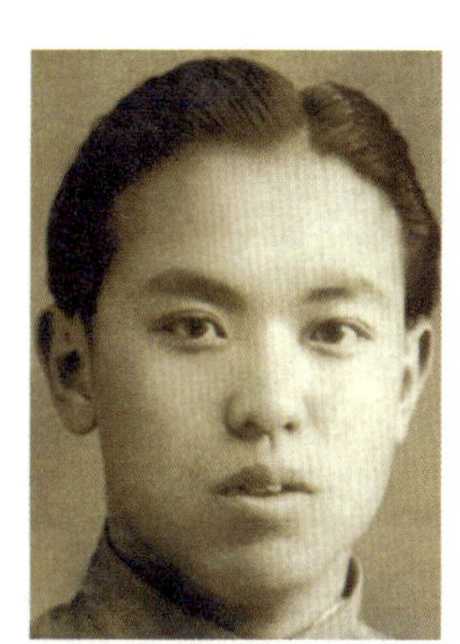

上:何滋铮、下:何滋铎

第三个男儿叫何滋铎，排行老五，一九二四年三月七日生，亦就读于中国大学中文系，后经商。新中国成立后，一度在原北平市立第二女子中学任教，八十年代病故。

第四个是女儿，叫何滋钰，一九二六年十二月十六日生，就读于中国大学中文系。解放战争时，与中共青岛地下党刘元昭结识，结婚后跟随刘元昭赴青岛，一同从事中共的地下革命工作。新中国成立后，刘元昭在青岛第十中学任教，何滋钰先后在青岛第三中学和第七中学任教，现离休。

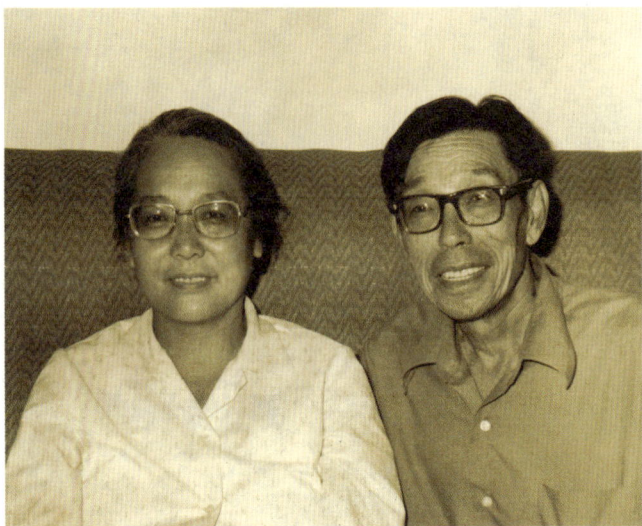

一九五三年，何滋钰与丈夫刘元昭摄于青岛（何滋镠提供）

第五个是男儿，叫何滋钫，排行老六，一九三〇年二月一日生，就读于北平私立铁路管理学院。新中国成立后，先后在河北省立涿县师范学校和唐山建国学院学习。“六二压”时，与妻子工秀华带子女到保定西郊江城旲庄陪伴母亲。九十年代病故。

第六个是女儿，叫何滋鉥，一九三二年二月五日生，从小多病，只读了小学就休学在家。

第七个是女儿，叫何滋鈊，一九三四年四月二十四日生，一九四八年参加中

何滋钫（何滋镠提供）

何滋钫在教子胡同三十八号何府南园子（何滋镠提供）

一九五三年，何浙生儿女摄于北京（右起：何滋钫、何滋钰、何滋鉌；后左一：何滋镠）

国人民解放军第四野战军南下工作团，先转业在江西南昌，后调至抚州商业局工作。九十年代病故。

第八个是男儿，叫何滋镠，又名子牛，一九三五年十月十八日生，先后入读于北平春明小学和育英中学。新中国成立后，就读于北京工业学校，一九五六年考入武汉地质专科学校，攻读工程力学。毕业后被分配到湖北郧县工作。先后在郧县一中、二中、白桑中学、柳陂高中任物理教师。八十年代被评为湖北省优秀班主任，现退休。

何浙生和王淑珍姑娘所生孩子的排行很有故事。何滋铮、何滋铎出生后，李香谷妻子姚萱生下女儿李维琴，因拜何浙生夫妇和王淑珍为干爹干娘和干妈，故而排在何家子女中间为六，小名叫小六儿。一九二五年，姚萱因难产而亡，李香谷娶继室河北通县人王淑贞，生下儿子李治平，应该排老七，何滋钰虽然也生在一九二六年，较李治平生月晚些，排行老八，但何家人认为老七、老八与“老妻”、“老爸”谐音，不吉利也不好听，于是就管李治平叫老铁，有时也叫小七儿；何滋钰属虎，故以“虎姐”之称代替了老八；老九是何滋钫，何滋鉌叫老十，何滋鈊叫小一，即十一是也。何滋镠没按数字叫，都叫他小镠。

一九三六年时的何滋镠

一九五一年，何滋铮(左)、刘震寰(中，住在何府南园子麟记纸庄经理刘忠孚长子)、何滋镠(右)放风筝后摄于何府南园子

在何乃莹家住了十多年的旅法中法翻译家、历时二十七年译出法文本巨著《红楼梦》的李治华，对何浙生和王姑娘所生儿子之起名，亦有一套自己的说辞和引申法："何大爷给小四儿和小五儿起和名字就颇为幽默：小四儿叫何滋铮，小五儿叫何滋铎。一个争，一个夺，道尽了封建大家族不肖子孙兄弟间的感情"，并引《红楼梦》人物探春的话说："咱们倒是一家子亲骨肉呢，一个个就像乌眼鸡，恨不得你吃了我，我吃了你！"[15]此真乃文字家之言！何乃莹家族的败落，并不是何滋铮、何滋铎兄弟"你争我夺"造成的，而是在何乃莹过继过来的次孙、何浙生次子何滋鑅手里败掉的。一九三九年，何浙生逝世后，何滋鑅辞职回到教子胡同何府掌管家里的大权，并说："这么大的家业，我不回来守着还行？"[16]当然，何滋鑅没守住这么大的一个家业，责任也不完全在他。清廷统治的终结，日寇的侵略，抗战胜利后的接收，新中国成立之后的公私合营等等改朝换代的大变革，都是这个兴盛于光宣间的官宦大家族一步步走向穷途末路的大背景。

何厚吾次子何泽艮(一八七九～一九三二)，字艮盦，单名艮，号景齐，过继给族叔何厚慧为嗣。一九〇六年考入京师大学堂师范科，宣统元年六月十八日(一九〇九年八月三日)毕业。毕业考试平均分数七十四分零七毫，本可列为优等，惜

何景齐夫人乔鉥

何景齐（何引提供）

因动物、植物两门主课不满六十分而被降为中等，给师范科举人身份以备清廷各部司务补用[17]。何景齐精通金石学，亦是收藏、鉴赏大家。从京师大学堂毕业后，他没到清廷部门做事，而是在北海公园开了一家古董店，名叫“亩鉴精舍”。何浙生曾为胞弟所开的这家古董店提供过不少古董。一九三二年七月十六日，何景齐和朋友推牌九，轮他坐庄，

何景齐自制的“亩鉴精舍”茶具

何景齐自书『亩鉴精舍』古董店牌匾（何引提供）

一九二八年，何景齐在『亩鉴精舍』书屋，墙壁挂有『始知城市有闲人』字对（何引提供）

何景齐卧室

何景齐旧藏溥心畬山水图轴（何引提供）

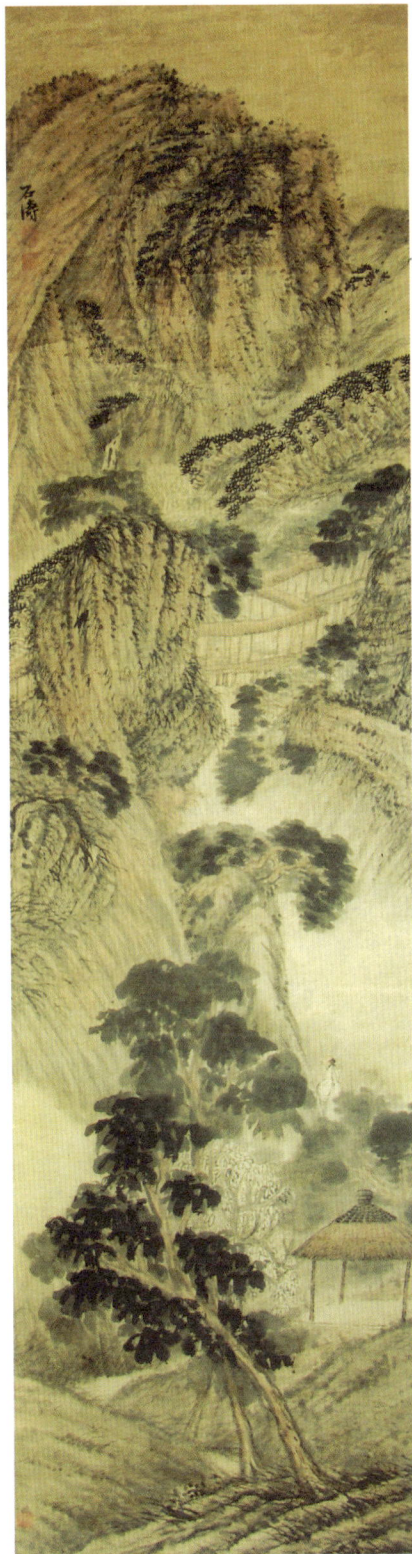

何景齐旧藏石涛山水中堂图卷（何引提供）

对门亮出一对天牌，他一摸自己的牌，竟是一对皇上，统赢！统赢之后，他也没有回家，而是被输家缠着到澡堂子请客，结果因兴奋过度患脑溢血猝死。

何景齐和妻子乔鉥（一八七六～一九三五）生有四女一子，长女即是一九二五年孙中山北上时护理先生疾病的何芬，次女叫何芳，三女叫何莱，四女叫何柔，儿子叫何芑，字春畬。

何芬生于一八九五年九月十日，卒于一九七七年八月。因既通英文，又懂德文，为了与孙中山交流便当，负责先生医疗的德国大夫克礼便推荐何芬做了孙中山的保健护士。每天清晨，何芬一跨进病房，孙中山就很有礼貌地对她说："早安！"傍晚，当她离开病房时，孙中山也要说声："晚安！"每次量体温、试脉搏或是喂药以后，孙中山都要说："谢谢你！"有一次，孙中山烧得唇干舌焦，她用药棉蘸凉开水润中山先生的嘴唇，孙中山虽然难受的两眼睁不开，也不能说话了，还合掌向她表示谢意。孙中山的病愈来愈重，他征求何芬的意见：愿不愿意晚上就在医院歇宿，有事好找她。何芬当然答应了。可何芬在医院往下以后，接连好几个晚上都没有人来叫醒她。她一问才知，原来孙中山怕她白天工作已经很累了，晚上

何芬在护理病人时也不忘孙中山先生的教导，抓紧一切时间读书（何引提供）

何芬（何元良提供）

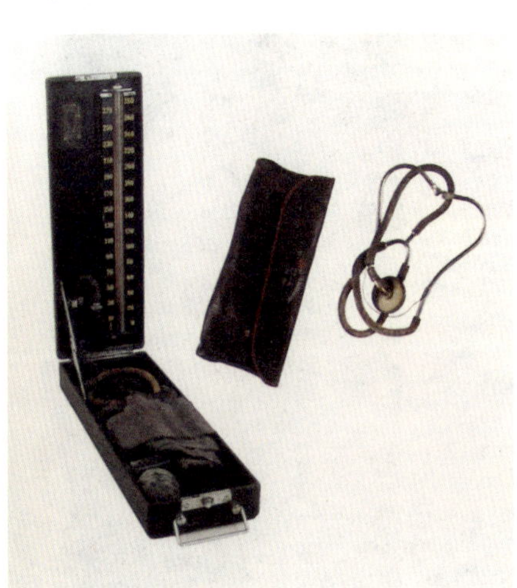

何芬把当年为孙中山先生就医时使用的医疗器械捐赠给宋庆龄副主席

中華人民共和國主席辦公廳

何芬医生：

您托邵力子先生转致宋付主席函及赠给宋付主席的您曾为孙中山先生治病用过的听诊器及血压表，已由政协全国委员会转来。经遵宋付主席嘱将该件送至上海孙中山故居陈列了。

宋付主席说：承您将保存数十年的医疗用品送给她，她感到很高兴，特嘱我们函致深深的谢意，并望您好好休息，多多保重，以便早日康复，为人民保健工作，继续贡献力量。

宋付主席嘱将《孙中山故居》小册子一本送给您作纪念（另寄），到请查收。

此致

敬礼

196[illegible]年[illegible]月28日

宋庆龄副主席住宅秘书室给何芬信（何引提供）

再叫醒她，休息不好。孙中山这种谦虚、体贴人的高贵品质，让何芬铭记终生。孙中山住院期间，北京各报差不多每天都要发表有关先生病况的消息。有一次，由于夜班护士的疏忽，病房温度没有调节好，影响了孙中山体温增高。第二天，报纸上说是白班护士的责任。何芬是值白班的，看了这条消息后，委屈得哭了一场。孙中山知道了这件事的原委后，马上通知各报一定要在次日更正这个事实。

何芬亲眼见到孙中山即使是在重病之中每天也要阅读报纸，自己不能读了，就让孙夫人念给他听。还曾一再鼓励何芬读革命书籍，亲手签名了几十本《三民主义》《建国大纲》和《建国方略》等书籍送给何芬，让她转送给她所相识的朋友们。一九二五年三月十一日上午，孙中山知道自己的病情已经无法挽救，就口述了三份遗书。当孙中山在遗书上签完字，何芬上前移炕桌时，孙中山安详地对她说："谢谢你！你的工作快完了！"临逝世前，还高喊着："和平！奋斗！救中国！"[18]这些话，这些事，何芬一直铭刻在心。为纪念孙中山，她把为孙中山护理期间所使用过的听诊器和血压表默默地收藏了起来。一九二九年，她到德国学习助产士，路过莫斯科的时候，遵照孙中山生前的指示，特地去瞻仰了列宁墓；一九三一年，她到美国学习考察护理方法时，引起奥尔巴尼当地一家报纸的注意，摄影并加以说

一九三七年七月十四日，为孙中山医病的德国医学博士克礼大夫在北平马厂宴请何家人时所摄（左起：何泽宝、何春畲、克礼，前站女孩为芳畹、何莱、吴三太太、香姊。何引提供）

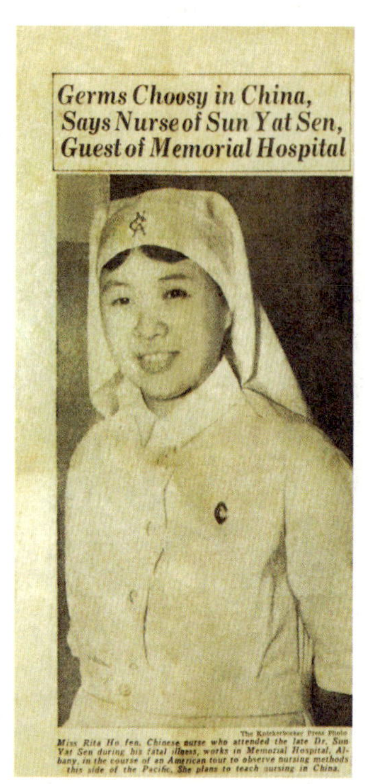

Germs Choosy in China, Says Nurse of Sun Yat Sen, Guest of Memorial Hospital

The Knickerbocker Press Photo

Miss Rita Ho fen, Chinese nurse who attended the late Dr. Sun Yat Sen during his fatal illness, works in Memorial Hospital, Albany, in the course of an American tour to observe nursing methods this side of the Pacific. She plans to teach nursing in China.

何芬在美国奥尔巴尼纪念医院工作时的照片

明："芮塔·何芬小姐是一名中国护士，她曾照料身患绝症的孙逸仙度过了其生命晚期的一段时光。芮塔在奥尔巴尼的一家纪念医院工作。在美学习期间，她主要观摩大西洋彼岸的护理方法，打算今后在中国教授护理学。"一九六二年，何芬托邵力子把当年曾为孙中山先生治病所用的听诊器和血压表转送给宋庆龄副主席。宋庆龄副主席住宅秘书室给她回信说：宋副主席嘱将该件送至上海孙中山故居陈列了。宋副主席说："承您将保存数十年的医疗用品送给她，她感到很高兴。特嘱我们函致深深的谢意，并望您好好休息，多多保重，以便早日康复，为人民保健工作，继续贡献力量。宋副主席嘱将《孙中山故居》小册子一本送给您作纪念。"

何景齐的三女儿叫何莱，生于一九〇三年十月三日，卒一九八三年二月。从事婴幼儿保健工作。一九二三年，何莱二十初度，何景齐送给爱女一部《滋蕙堂法帖》。因是父亲的期望，所以从此以后她时常临写，由此练得一手工整秀丽的好字。李治华的父亲李香谷当年翻译的《分类美国俗语辞典》（民国时商务印书馆印行），厚达五百多页，就是由她抄写的。何莱跟她的姐姐一样，一生未婚，但她把爱

何莱在父亲何景齐的书屋研习古帖

何莱在自己卧室阅读(何引提供)

学习的侄儿何引视为己出，不但在学业上悉心培养，在做人做事方面更是细心教诲。

一九六三年二月十九日，已步入六十的何莱，送给何引一本《新华字典》，在版权页上她题赠言道：

浩翰音义，此册丰存。
学授依据，翻检细寻。
永备囊中，远近随身。
冀汝勤学，俾作完人。

一九七四年二月十九日，是何引二十岁生日。她看到其侄对真、草、隶、篆等书体常常细心临摹，性趣盎然，于是就把父亲当年送给她的《滋蕙堂法帖》传送给这位她所看好的大侄儿，并附诗一首，希望何引能像祖父一样，尊祖爱祖，不负祖望，保留下何家的一脉书香：

风姿迅速近英年，择业应须着眼看。

据案临池多领悟，先人遗教记心端。

《滋蕙堂法帖》，乾隆三十三年六月（一七六八年七月）由滋蕙堂主人曾恒德撰集刻印。曾恒德，字省轩，福建惠安人，乾隆十七年（一七五二）举人，官湖北郧阳知府，著有《律表》。此套法帖木匣装，共八卷，计四十五种。

卷一：《唐摹王羲之兰亭序》（范仲淹、王尧臣观款，米芾并赞，米友仁、祝允明、董其昌、曾恒德跋），《集书兰亭序》（曾恒德跋），《褚遂良乐毅论》（董其昌跋），《虞世南汝南公主墓志铭》。

何莱送侄儿何引《滋蕙堂墨宝法帖》木夹护封（何引提供）

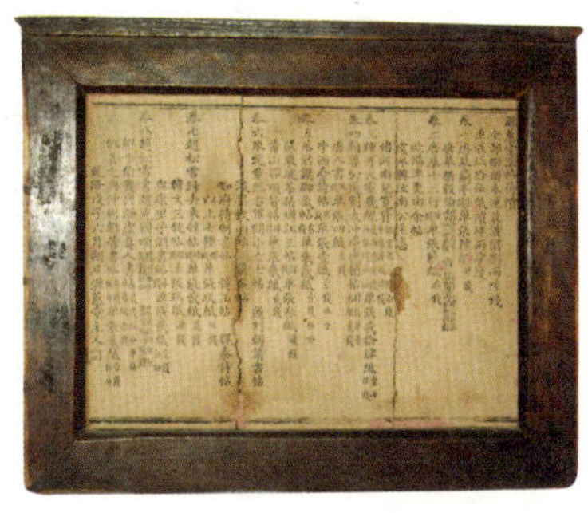

何景齐送女儿何莱，何莱又送侄儿何引的《滋蕙堂法帖》目录及价目表（何引提供）

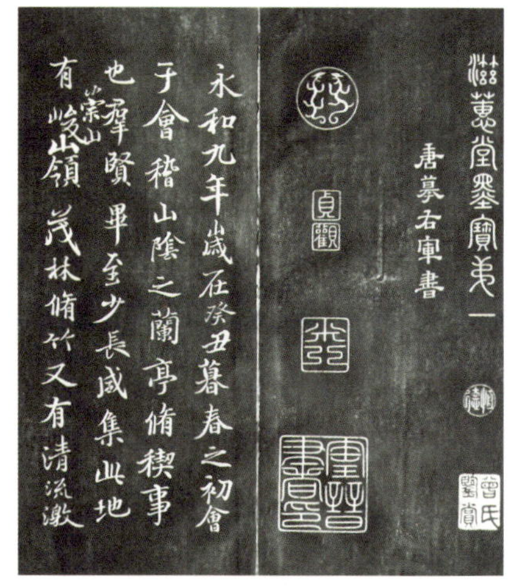

何莱送侄儿何引《滋蕙堂墨宝法帖》卷一之首二页（何引提供）

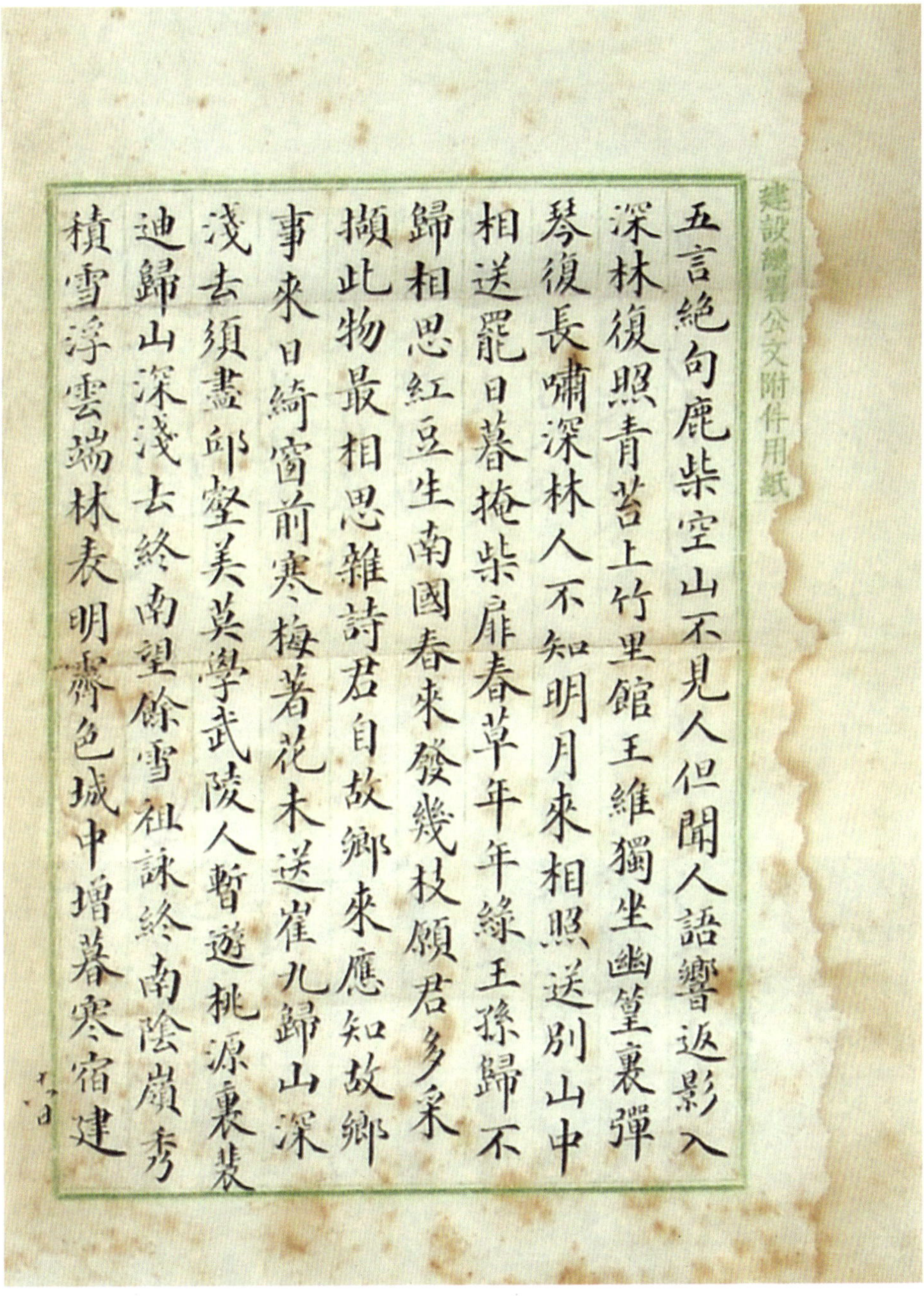

建設總署公文附件用紙

五言絶句鹿柴空山不見人但聞人語響返影入
深林複照青苔上竹里館王維獨坐幽篁裏彈
琴復長嘯深林人不知明月来相照送別山中
相送罷日暮掩柴扉春草年年綠王孫歸不
歸相思紅豆生南國春来發幾枝願君多采
擷此物最相思雜詩君自故鄉来應知故鄉
事来日綺窗前寒梅著花未送崔九歸山深
淺去須盡邱壑美莫學武陵人暫遊桃源裏裴
迪歸山深淺去終南望餘雪祖詠終南陰嶺秀
積雪浮雲端林表明霽色城中增暮寒宿建

何莱习字墨迹（何引提供）

卷二:《唐摹王献之洛神赋十三行》(赵孟頫、林佶、何焯、陈奕禧、陈世治、张照、赵大鲸、曾恒德跋),《褚遂良倪宽传赞》,《欧阳询穆公、汉文、殷纣三帖》(王澎跋),《唐人大般若波罗蜜多心经》(曾恒德跋)。

卷三:《锺绍京灵飞经》(赵孟頫、董其昌跋)。

卷四:《颜真卿送刘太冲序》(董其昌跋),《刘中使帖》,《朝迴帖》,《贼军帖》,《鹿脯帖》,《李邕诸葛孔明出师表》,《李建中园亭燕钦五古》,《鞦韆近水七言三韵诗》(汪士鋐跋)。

卷五:《宋蔡襄脚气帖》,《与当世屯田书》,《澄心堂纸帖》(文徵明跋)。

卷六:《米芾临右军期小女等七帖》(董其昌跋),《与知府待制书》,《岁丰帖》,《逃暑帖》,《淡墨秋山七绝》。

卷七:《元赵孟頫归去来辞并序》,《韩愈送何坚叙》,《赠张童子叙》,《送陈密叙》(张照、陈奕禧跋),《与子渊契友书》(查昇、曾恒德跋),《圣经》(文徵明跋)。

卷八:《赵孟頫赵充国公颂并跋》,《鲜于枢与澄虚真人书》,《邓文原与仲彬总管书》,《明董其昌心经并序》。

《滋蕙堂法帖》自唐至明,凡书坛大家,唐欧、虞、褚、颜,宋蔡、苏、米,元赵、邓,明之董其昌等悉数收入。清嘉庆年间书法家、书法评论家郭尚先在其《芳坚馆题跋》中云:“吾乡曾少轩勒滋蕙堂帖,颇极用意……余独爱其《送别刘太冲叙》,用意清润,胜思白所摹远甚,因独存此册,以备临写。”此套法帖被曾恒德冠以“墨宝”,是名副其实的。

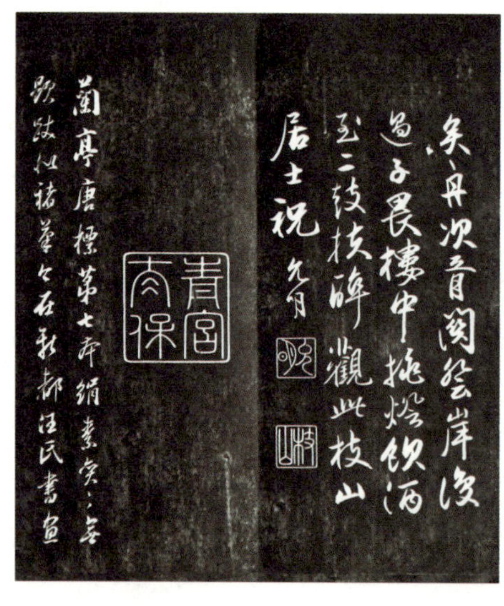

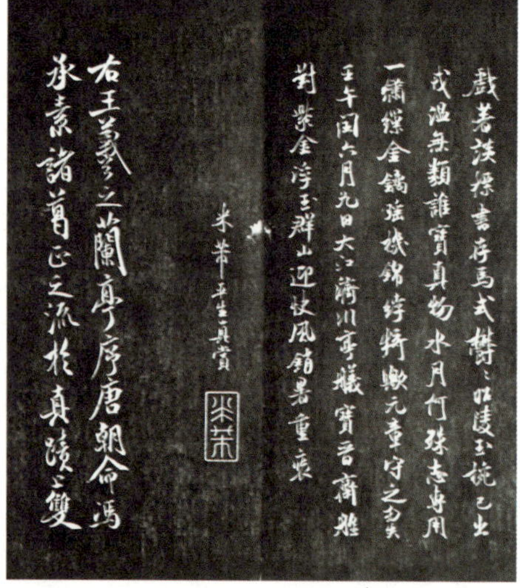

《滋蕙堂墨宝法帖》

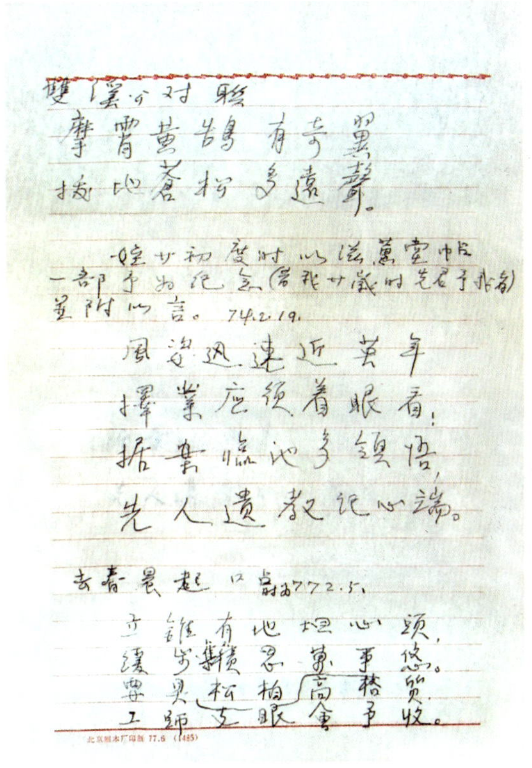

何莱诗稿

一九七七年春，何莱有诗咏自己的一生：

立锥有地坦心头，缓步集思成事悠。
要具高格松柏质，工师支眼会予收。

“要具高格松柏质”——这是何莱一生的追求和写照。

何景齐唯一的儿子叫何芑，生于一九〇九年三月二十四日，卒于一九八六年九月二十五日，字春畬，一九三七年毕业于燕京大学，与李方桂少时就是玩伴。他们这种玩伴，不是瞎玩，而是经常在一起把玩品赏字画。有艺术界的朋友认为，李方桂无论在西方风格还是中国古典艺术风格方面，都是一位天才的水彩画家。殊不知，他在绘画方面的业余爱好，绝大部分是少时和何芑一起观摩品味何景齐的藏品得来的。

一九七八年八月二十五日，李方桂首次由美回国，各地的亲朋好友都赶来看

何芑燕京大学毕业照

望了他。等了一周了，答应为他寻访亲戚的导游还没打听到何芑的下落。九月三日，由官方派遣的导游带他和太太徐樱、大女儿李林德到紫禁城“游览观光”，李方桂不爱听导游把他们当作宣传马克思主义观点的主要对象，打断导游张口就是“统治阶级剥削被统治阶级”的那一套阶级斗争说辞，自己当起导游，给李林德讲述所到景点的历史事件、建筑艺术特色以及与建筑物有关的神话故事和民间传说。很快，李方桂、徐樱和李林德四周就围满了一大群国内的参观者……

通游了紫禁城，回到所住的民族饭店，吃过午饭，稍稍休息了一会儿，由于很想见到的何芑还是没有影儿，李方桂就带着太太和女儿从民族饭店门前雇了一辆小汽车，跟二十来岁的司机说：“到打磨厂。”可这位司机硬说他不知道打磨厂在什么地方，只知道政府机关和旅游景点。李方桂说：“我给你指路，走吧。”真是老马识途，李方桂指挥司机左拐右转，在快到打磨厂时，让司机穿过一个胡同，又沿着一条狭小的胡同开进去，打磨厂居然没费什么工夫就找到了！到了打磨厂，发现过去的门牌号已改，李方桂一家就下车打问。那时节哪有小汽车到打磨厂的?！车前车后围绕了两三圈人看热闹。李方桂问：“有谁知道何芑家住几号？”人圈里一个白面书生说：“我知道，我可以带路。”李方桂：“请问贵姓？”“我姓何。”“你和何芑是一家么？”“我是他儿子。”历史上的人和事有时就是这么巧——这个“白面书生”就是何芑的长子何引。

打磨厂何家住的是个三合院，北西南房各三间，东壁是空的。小院子也种些丁香、芍药、牵牛花、葫芦，还有白茉莉、珍珠梅，晚风一起，时时飘进幽香，很有诗意。何景齐当年好金石字画，所以南房三间就成了“亩鉴精舍”书房和专门放置古董字画的地方。李方桂幼年少时，常到这里观赏字画。他的景齐舅父和小五表弟何芑都很健谈，所以过从很多，自然也很有感情。何引带李方桂一家进到院里，一

一九七八年九月三日，李方桂夫妇与何苣一家（左起：一、徐樱，二、李方桂，三、何苣，四、何引，五、何苣夫人（李林德摄，何引提供）

喊：“爸，来客了！”分隔于两个世界近六十年的玩伴和两家人那叫激动高兴呀。李方桂等不及坐下叙旧，就在那“亩鉴精舍”外面探头探脑地往里看啊看啊……

何苣就分派何引、何强去给在京的亲戚打电话，给刚回天津两天的李方桂胞姐李漪发电报。等孩子们走后，这两位已是七旬的老人才回到屋里坐下来回忆他们的学生时代。说到亲戚在历次“运动”中的遭遇，李方桂和徐樱沉默无语；到了院子对过那间过去曾是何苣和李方桂经常观古画习画的小屋，何苣说：方玉大哥和大姐何芬的骨灰现在放在这儿，还没安葬呢。李方桂、徐樱更是沉默无语。直到何引回来，以及亲戚们陆续赶来，李方桂、徐樱压抑许久的心痛才变过脸来——“同何五表弟一家畅叙数十年的沧桑，恍如隔世”[19]。临别，何苣拿出一本大姐何芬过去的纪念

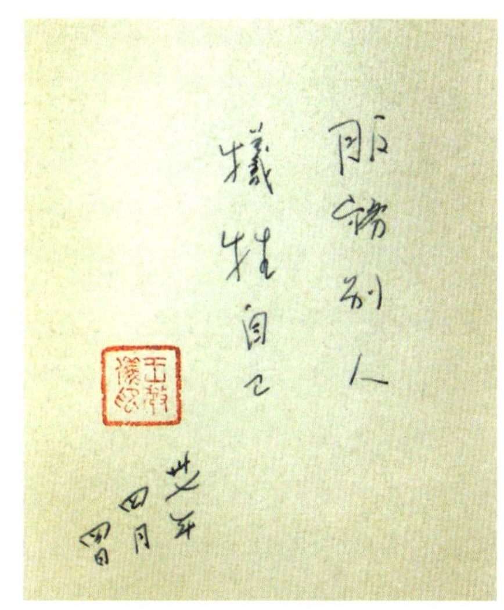
服務別人
犧牲自己
卅七年四月四日

一九四八年四月四日，中国妇女联谊会理事王敏仪为何芬题词：服务别人，牺牲自己。

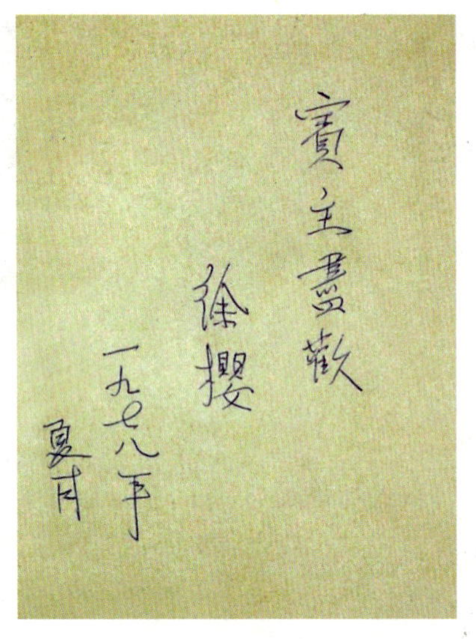

一九七八年夏月，徐樱为何芑题字：宾主尽欢。（何引提供）

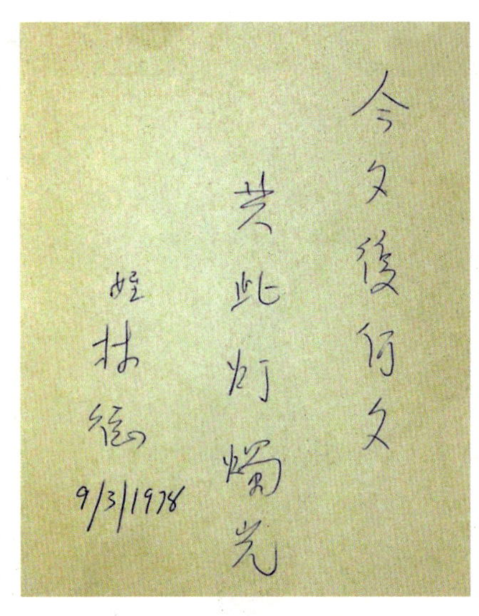

今夕復何夕
共此灯燭光
姪林德
9/3/1978

一九七八年九月三日，李林德为表叔何芑留字：今夕复何夕，共此灯烛光。

册请徐樱题词。徐樱看到何芬大姐的这本纪念册上有生前挚友王敏仪（一九四五年成立于重庆的中国妇女联谊会理事）于一九四八年四月四日所题“服务别人，牺牲自己”，就将此次重逢时悲喜交织心情中的悲的一面略去了，只题写了喜庆的一面：“宾主尽欢”；林德亦为表叔留字：“今夕复何夕，共此灯烛光。”

一九八三年八月十四日，李方桂、徐樱一家第二次回国。何引、何强前往机场迎接，因此次系由中国社会科学院邀请的，两家人仅及互相问候了几句，李方桂一家就被官方匆匆接走了。在京期间的几场演讲和一连串避都避不掉的官方会见及宴请过后，李方桂就请他的何五表弟一家一同到香山游览并在香山饭店吃饭。在北京友谊商店，李方桂为何芑全家每个人都买了礼物，只有何芑坚持什么也不要。而李方桂喜欢的恰恰是何芑的这种“那顽固的自尊心”。李林德回忆说：“五叔用他那中学教师微不足道的工资收入供养四个孩子及两个未婚的姐姐。所有的亲戚都直接或间接地向父亲要钱要礼物，然而五叔从未暗示过他需要什么。”从友谊商店购完物后，两家人乘了三部出租车向北郊驶去。何芑和李方桂不断地指点着他们当年曾经一起走过的山路，他们曾经休息或钓鱼的地方。当峰顶在前方朦胧出现时，何芑和李方桂不由得发出叹息：他们当年要花整整一天还能爬到山顶，现在却连十五分钟就能坐到山顶的缆车站，都已经走不到了。到了何芑次子何强工作的香山饭店，因那时除非海外人士在这里请友人亲戚吃饭，仍然是“非本单位工作人员不得入内”的时代，所以李方桂整个下午都陪着何芑在每一个他感兴趣的地方照相留影[20]。一个世界级的大学者,能如此爱见尚处在贫困线下的穷亲戚,令人感叹感佩。

第二天,何艺在自己家里回请李方桂一家。何艺夫人准备了冷热各八道菜,主食是猪肉韭菜水饺,连在美国做中国菜上了电视、出了大名的徐樱都感叹:"我真佩服她,戏法是怎么变出来的!"在夫人、孩子们欢快交谈时,李方桂和何艺又像当年那样猫进"亩鉴精舍",在书案两头展看手卷。"这二人,一位是西服革履,一位是穿着脱了线儿的毛装,动作打扮都不像是一个时代的人,但是他们对于所观所赏的章法和寓意,有那么相同的看法,有那么默契的了解。指指点点,你放我捲,摇头晃脑,一言一笑间,是如此的和谐,如此的会心。要不是童年时的玩伴,又在老年相逢,绝然达不到这份愉悦的境界"[21]。这一幕活动的画面,李林德看在眼里,事后提起,还怆然神往。

临别时,两家人喝彩道谢,欢乐作别,坚嘱再会。谁料这一分手后,李方桂一两年都没有得到何艺的消息,数次问起徐樱:"小五怎么好久没有信呢?恐怕他已不在了吧!"事实确实如此,何艺的次子何强早已来信告知徐樱,他的父亲已经去世了,教她不要告诉李方桂,免得伤心[22]。

何澄也非常喜爱他这位为人耿直、一芥不取的侄孙。一九四三年,爷孙俩同在《大众》月刊上演双簧,一唱一和,直言大小汉奸就像扑灯的蛾子一样,在数难逃,一时传为美谈。

何厚吾四子何泽觃,字受彤,以字行,唐山矿业学堂毕业,曾在开滦、井陉煤矿任职。结婚之夜即出走,后未再娶,是一个包办婚姻的牺牲者。何受彤长期跟随何澄,办事可靠,任劳任怨,何澄遇上不顺心的事情时,也敢于规劝,是何澄非常信任的一个晚辈。

何厚吾五子何泽宝,字硕民。一九一二年就读于北平工业专门学校[23],一九一五年赴美就读于伊利诺大学和普渡大学,攻读汽车工业机械制造专业,获学士学位,后又考入纽约州立大学继续攻读硕士学位。拿到硕士学位后,进入美国通用汽车公司任工程师。一九二四年归国,先后

何泽侃(右)与何泽宝(何元信提供)

一九三三年，何泽宝在北平(何元良提供)

一九三六年，何震摄于天津管氏别墅(何引提供)

在北平大学第一工学院、东北大学、山西大学、唐山交通大学任教授，山西大学工学院院长；三十年代中期，任唐山机车车辆厂厂长。一九五一年调至第一机械工业部第一设计院，任主任工程师直至逝世，系中国汽车工业的先驱者之一。亦爱收藏，与京师大画家陈半丁、王雪涛过从密切，是灵石两渡何氏在民国时期的四大收藏家之一。

何厚吾唯一的女儿叫何泽震，单名震，北京协和医学院毕业，病理学家，后在天津行医，终身未嫁人。何震也是一位自尊自爱自强的奇女子。她很爱莲花，一九三六年春，在何澄姻亲、天津管凤龢[24]别墅的太湖石旁大朵莲花摄影后，口占一绝，题于此照片背后：

爱日南陔冬复春，力能负米未全贫。
年来心性成何似，莲出清波不染尘。

何震诗中的“南陔”，原本是《诗·小雅》中的一篇，但仅有篇名而诗无存。后人从《诗·小雅·南陔序》中看到有关《南陔》的一句是:“孝子相戒以养也”,又见《仪礼·乡饮酒礼》中有“笙入堂下,磬南北面立,乐《南陔》”之句,于是便将“南陔”引申为奉养自己或孝敬双亲之意。何震以“南陔”这个较为生冷的典语,言明了自己所钟爱的医务事业,已达到了敬时爱日,年复一年,日复一日的地步,尽管不能富有,但靠自己的辛勤工作,还能自己养活自己,不用靠嫁人来过苟且的生活。人若问我:这么多年来,你的性情怎么样了呢?我会告诉他:我就像写《爱莲说》的周敦颐那样:“予独爱莲之出淤泥而不染,濯清涟而不妖,中通外直,不蔓不枝,香远益清,亭亭净植……”

何氏女性大多具有一种像何震这样自强自立的特性,由一而影响到十,及至成为一个群体。李治华对此也有他自己的评说:“多少何氏男性继承人,大都是‘一代不如一代’的不肖子孙,极少例外。可是女性的成员却不尽然:有的文采漾溢,书法秀丽,像何大妈(何浙生夫人陈静娴)与何三姐(何莱);有的争强好胜,为社会人民做出了贡献,如女医师何震,孙中山先生的保健护士何大姐(何芬),杰出的女科学家何泽慧与何怡贞㉕。”李治华对何家女性的总体评价不错,但说“多少何氏男性继承人,大都是‘一代不如一代’的不肖子孙,极少例外”,则言过其实。不说远近,只说他在何府住时还健在何澄、何景齐、何泽侃、何泽宝、何芑这些三代何氏男性,哪个不是让后人佩服的响当当的继承人?!

办完立嗣孙的事后,何乃莹就忙开何澄的婚事了。早在一九〇九年夏季的一天,何澄到离何府不远的上斜街二十四号,探望留日期间在拒俄义勇队和军国民教育会认识的王季点。此时,王季点正在京师大学堂任东文教员。何澄进门后,正碰到时在清廷学部任专门司司长的王季烈来给二弟王季点送新出的《中学矿物界教科书》([日]腹卷助太郎著,王季点编译,该书由商务印书馆于一九一〇年出版后,连续印行了十三版)的样书。当听说何澄是科举世族——灵石两渡何家族人,马上问他:何润夫年伯该是您的

王季点(何元信提供)

王季烈与夫人郑孝瑯(何元信提供)

族兄了?何澄点头。王季烈说,先君芾卿(王颂蔚)与何润夫年伯是同年。府高祖惕夫公第十世祖王芑孙曾受贵先祖何兰士高义割宅的义举潜德,我们王家后裔一直感铭在心。何澄说,苏州洞庭东山一代名臣文恪公王鏊是我们何家历辈都崇敬的,府先祖所做的,微不足道。接下来,王季烈又与何澄谈论起各自的近况。当王季烈得知何澄还是一个既无结发之妻又无妾小的清白身世的未婚者,顿时想到他的四妹妹王季山还未适人,就说商知母亲王谢长达和四妹后,看此事如何。

过了一个多月,在苏州的王谢长达(一八四八～一九三四,字铭本,晚清女权运动的先导者,杰出的教育家)和王季山回讯,对此桩婚事都表同意,于是双方定下婚期,商议好婚礼分别由男方的兄长何乃莹和女方的兄长王季烈操办。一九〇九冬季,王季烈归里,董理先人墓茔,同时准备四妹妹王季山与何澄的婚事。何乃莹本来想让何澄就在所住的何府东院当新婚的房子,但何澄考虑到革命党人你来我往的秘密活动,决定还是在外面租房子较为安全,于是谢绝了族兄的好意,只同意何府能说会道的总管张顺同他一起到苏州,料理在女方家行婚礼的事,然后陪他迎娶新妇还京。

一九一〇年一月十日前后,王季点携何澄由何府总管张顺跟随南下,前往苏州迎娶一代名臣王鏊第十四孙女王季山。

王季山,一八八七年五月二十九日生于北京,一八九四年随母亲王谢长达回到苏州。一九〇八年在其母亲所办的振华女校简易师范科毕业后,又到上海中西女校读书。上有四个哥哥,三个姐姐,下有一个妹妹。乳名叫钟弟。大哥王季烈,二哥王季同,三哥王季点,四哥王季绪;大姐王季昭,二姐王季茝,三姐王季玉,小妹王季常。

在王季点的引领下,何澄来到苏州古城内十全街一五三号怀厚堂王家。怀厚堂建于清同光时期,道光元年(一八二一),陆续扩建为三纵五进宅院。坐南朝北,东起五龙堂,西至慎思堂,南起南园木杏桥小河,北至十全河,占地二十馀亩。整

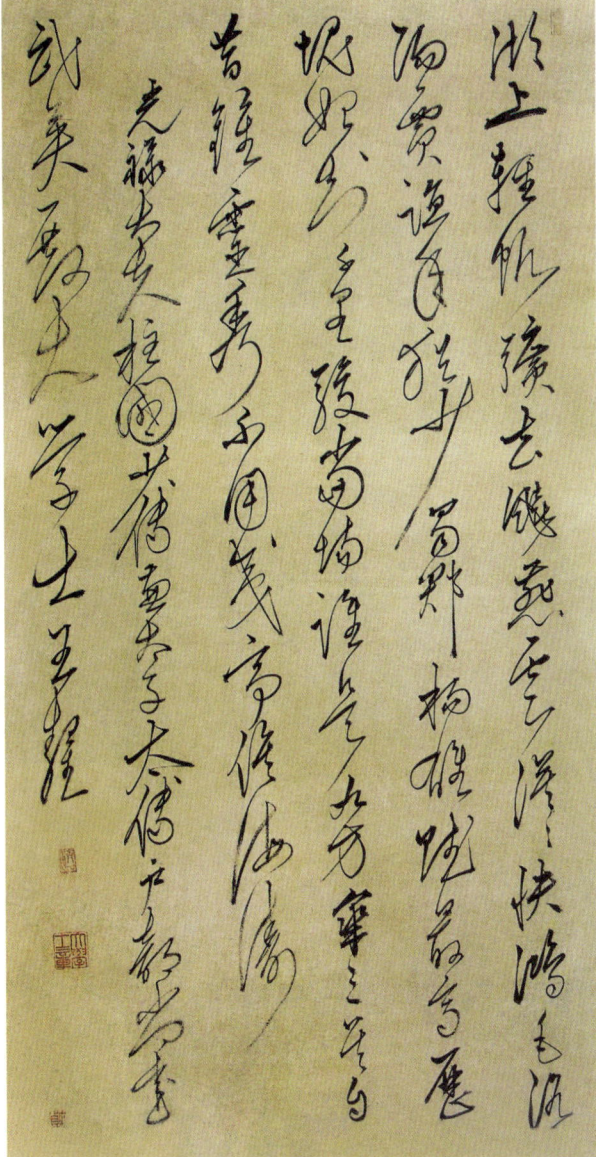

王鏊草书(何澄旧藏,苏州博物馆提供)

何澄购得王鏊草书后的跋识

王文恪公于明正德间膺故卜,未及三年,以刘瑾据威不得行其志,遂拂衣归去。其刚介高峻,非茶陵所可比。书法亦瘦勒峭拔,有似其人。余妇为公十四世女孙,是幅所书七律,经君九内兄审定,确为公之真迹。诗为远矣,文之会试作,见《震泽集》卷七第七句"三吴"二字集作"洞庭",当是编集时所改。庚申(一九二〇年)秋在京师海王邨肆见此帧,亟购得之。非仅欲保存古物,重公之气节,文笔也。

辛酉(一九二一年)冬日

灵石何澄记于苏州十全街两渡书屋

王季绪（何元信提供）

王季同（何元信提供）

个怀厚堂共有三个大院，房屋一百多间，天井二十多个，由王颂蔚和堂弟王颂彬两家居住。临街的六扇黑漆大门旁边开了边门，平时出入都是走边门。边门进去有弄堂，弄堂以东二排三楼三底房屋为王颂蔚一家居住，弄堂以西一排五楼五底房屋为王颂彬一家居住。王颂蔚一家所住东怀厚堂的第一进院是供收租时所用的客栈房，房前有一个天井，有两棵高大的香樟树，天井南面种植了天竹，院内还有一眼用青石井栏围起来的甜井。第二进院叫花厅，屏门上方挂有匾额，前后是精雕木刻的落地长窗，正面悬挂着府上先祖的画像和字画。厅堂很大，可摆放十多张桌子。花厅南面有一个院子，是王谢长达的居所。院子栽有罗汉松、腊梅、桂花、玉兰等花木，东面是半矮墙长廊，西面是一排堆叠的湖石假山，石台、石凳旁栽有青竹、红枫、芭蕉等。在花厅，何澄拜见过岳母王谢长达及王家大人小孩后，还见到王季山本人，觉得比照片上的人更加文静、甜美，不但知书达礼，还有一种大家闺秀身上自然散发出的智慧，自然满心欢喜。王季山也觉得何澄虽然个子矮了点，但五官端正，人品出众，身份清白，文采飞扬，肯担责任，是一个可以托付终身的人——心里暗想，嫁给何澄，至少不会像她的大姐王季昭、二姐王季茝那样因为不喜欢父亲王颂蔚当年为她们许配的男人而双双逃婚。

王颂蔚，生于道光三十年十月十四日（一八五〇年十一月十七日），卒于光绪二十一年七月初一日（一八九五年八月二十日）。原名叔炳，字笔傭，号芾卿，晚号

王谢长达（何引提供）

王颂蔚（何怡贞旧藏，葛运培、葛运健提供）

蒿隐。光绪二年（一八七六）举人，光绪六年（一八八〇）进士。官至军机章京，户部云南司主事、员外郎，湖广司郎中，迁御史。一八九四年十月二十六日，王颂蔚得知日军攻陷九连城，清军退驻凤凰城，深恐京师不久遭劫，出京城的人肯定会如涌如潮，车船必致紧张，于是与叶昌炽商议后决定，第二天即派长子王季烈先赴通州雇船，送全家老小归里。过了三日，王颂蔚送全家出城，在通州乘雇得的船南回苏州，以躲避甲午之战可能的最后结果，只留下时在同文馆的次子王季同与他相伴。十一月十日，王颂蔚得王季烈电报，告知全家已于九日顺利到达上海，王颂蔚惦念家人的心终于放了下来[26]。谁料到，家人是安全了，京城也没有被日军攻占，但一场"时症"却让他一病不起。一八九五年七月，北京忽发一场泄泻后即不治的流行性怪病。七月二十七日，按察使英祥病殁，同日，住在军机章京俞钟颖家中的常熟同邑周铭斋也以"时症"暴卒。八月中旬，因"时症"愈演愈烈，京城路边僵死者众多，顺天府配药散剂，日不暇给。八月十九日，王颂蔚患"时症"甚重，叶昌炽得讯后急忙叫上秦绶章（字仲和，号佩鹤，江苏嘉定人，光绪九年进士）飞车同往探视。一看，王颂蔚眼眶塌陷，上吐下泻，四肢发冷，"寡邪直中三阳"，已不是时症颇剧的事了，而是"披薑附之"了。王颂蔚见良友到来，拉着叶昌炽的手紧紧不放，不说别的，仍念念不忘自己的著述，说自己死后，请把这些著作

校正刻印为谢。叶昌炽听着王颂蔚怜怜之托，死死留文，既愧又难受。到了半夜，王颂蔚指甲青赤，气喘声敝。叶昌炽深知，这位良好友已是万无可救了，不忍看，返回己寓[27]。此时，守候在王颂蔚身旁的，只有次子王季同。王颂蔚给王季同留下遗嘱："死非我所憾，惟汝曾祖母邹太夫人年逾七十，我本拟旦夕乞休归，尽反哺之忱，不克如愿，此可憾耳。尔辈兄弟平日和睦，吾可无忧，惟将来立身处世之道，务宜自谨。我族自明以来，如文恪公、承天公皆为有明名臣，未仕者亦皆世为诸生，以笃行见重乡里，而道树公以明亡隐居胥庄，终身不入城市，尤足以励臣节。余但望尔辈读书得青一衿，为乡里善人，无坠家声，斯可矣。"[28]八月二十日，王颂蔚病卒。叶昌炽前夜即知良友无救，第二天一早再去看望时，王颂蔚已溘然长逝，他大呼："发护至好，一旦长离，岂不痛哉！"当天，翁同龢刚刚吊唁了好友英祥，痛哭一场，回到家中又闻王颂蔚也卒，悲哀至极，连声叹曰："伤痛伤痛！"在这天的日记中，翁同龢无奈地记下了："此人文章政事皆有轶群之才，而止于此，命矣夫。"[29]

蔡元培对"很有学问而且很怜才"的房师王颂蔚离开自己，哀痛万分，撰写了《长洲王先生诔》，沉痛地表达了自己的哀思："奉手无从，心丧已剧……柳下惠死，门人将诔之。固知累述德行，其体尚矣。敢援古谊，用抒哀思，为之词曰……"[30]

在京为官期间，王颂蔚因与同有金石之好的光绪十五年（一八八九）进士、常州人费念慈（一八五五～一九〇五，原字屺襄，后字屺怀，一字直君，号西蠡）交好，便把长女王季昭许配给费念慈的长子费毓桂。费毓桂，字子怡，一字梓怡，别号鍱卿，一八七七年八月十七日生，江苏常州府武进县人，监生，员外郎衔，后考取南洋公学特班生，光绪二十八年（一九〇二）参加江苏省庚子、辛丑恩正并科乡试，中式第一百四十一名举人。费毓桂娶王季昭为妻后，又纳妾戴氏，惹得王季昭弃夫而逃。因为同样的原因，王颂蔚又把次女王季茝许配给光绪二年（一八七六）进士袁昶（一八四六～一九〇〇，原名振蟾，字爽秋，号重黎，又号浙西村人，浙江桐庐人）的次子、工部水利司主事袁梁肃。由文字交而申之以儿女婚姻，这是旧时文人颇为流行的做法，无可厚非，但女儿婚后生活是否幸

王季昭

福，则是他所无法预料的。

一九三二年，王季茝（左一）在美国和外甥女何怡贞（中）、美国友人合影（何怡贞旧藏，葛运培、葛运健提供）

一九〇六年，两江总督端方出洋考察政治，在美国参观各学校，与各校长情意极为融洽，争取到美国耶路（耶鲁）大学每年愿赠学额十一名（免收学费），干尼路（康乃尔）大学赠学额六名（免收学费），威尔士利女子学院赠学额三名（膳宿学三费概免）的留美男女生名额。一九〇七年六月二十三日，宁、苏、皖、赣四地凡符合"男生资格为中学堂以上毕业，程度能直接听课，女生有中文通畅，西洋文亦有门径者"，一体参加了由复旦校董严复主持的这次两江官派赴美留学汇考。决心彻底逃婚的王季昭、王季茝姊妹也参加了这次考试。结果，王季茝与胡彬夏、宋庆龄被录取为女生正选，王季昭和后来因北京女师大学潮事件而大为出名的杨荫榆被录为女生备取[31]。正当王季昭对"备取"不抱什么希望的时候，又传来"备取"的两名女生改为官费派往日本留学的意外消息。这样，王季茝于一九〇七年八月与胡彬夏、宋庆龄，男生胡敦复等十三人由上海乘美国蒸汽轮"明尼苏达"号赴美，入读威尔斯利女子学院附设的预备学堂——麻省纳蒂克（Natick）胡桃山女子学校学习英文，两年后进入威尔斯利女子学院读本科；王季昭则于同年八月，与杨荫榆一同赴日，十月，王季昭入读神户女学院。一九一二年九月，王季昭又赴美国马萨诸塞州的蒙特里尤克学院攻读生物学，获得生物学硕士学位，于一九二〇年回国到振华女学校任教，一生未再嫁人，也没有子女。

王季茝从威尔士利女子学院毕业后，又在芝加哥大学继续攻读学位，后入美国籍，成为芝加哥大学化学教授，英文名叫Dr.C.C.Wang，一生再未嫁人，也未回国。何澄的长女何怡贞留学美国时，曾得到这位二姨妈在生活和学业上的诸多帮助。在上世纪三十年代，王季山曾多次写信给留学美国的女儿何怡贞，让她劝说二姨妈回国，哪怕回来看一看母亲和兄弟姊妹也好：

二姨究竟有否回国之意？汝在彼处一切状况如何？为何三姨（按：王季玉）亦久不得其信？汝可时与彼通信。

（一九三一年十一月二日，王季山给何怡贞信）

汝若要回国，亦即在目前矣。不知汝二姨究竟有回国之日否？甚以为念。汝遇见时，可略提之。

（一九三三年四月十二日，王季山给何怡贞信）

近日见报纸所载及外国新来者云，美国一切生活颇恐慌，不知汝同汝二姨受得影响否……汝二姨有否回国之意？汝就近可时时劝其为妙。

（一九三四年三月二十日，王季山给何怡贞信）

闻汝三姨云，由淑贞（王季同长女）处悉，汝二姨与袁氏（袁梁肃）已脱离[婚姻关系]，并已签字划押矣。若汝明年能回国，不知能否劝其同行也。汝三姨云，彼将近六十矣。汝回，彼更无亲人，且汝可约其同游欧洲也。汝可常时就近相劝，较我等去劝为便也，或汝将我等之意译其听也。

（一九三六年十二月八日，王季山给何怡贞信）

王季玉（苏州十中校史办提供）

无论王家姊妹如何劝说，王季茝都没动心。尽管那时她已是美国名牌大学的教授，尽管按照现代文明的法律程序，与袁梁肃也解除了婚姻关系，但一说起中国旧式家庭从小就指定婚姻的恶习，还是既怕又气愤，铁了心的不回。

也许是因为眼见姐姐的不幸婚姻，王季玉没有被父母包办嫁人，而是于一九一〇年十月到了日本长崎的活水女校留学，一九一二年九月，又同大姐王季昭一起赴美，进入美国东部马萨诸塞州蒙特豪里尤克学院继续深造文学。

毕业后，又考入伊利诺大学，改读生物学，获生物学硕士归国。此后，终生办教育，未婚。

王季常（何长孝提供）

王季常，一八九〇年五月十三日生，一九七四年一月十六日卒。又名律素，于光绪三十二年十二月初六日（一九〇七年一月十九日）嫁给在苏州、上海经营钱庄的程增瑞（一八五七～一九二三，字觐岳，号琴鹤）之子程钟绅[32]。但结婚三年，不知何故，王季常一直不能怀孕。为此事，王谢长达曾两次找到王颂蔚生前好友叶昌炽，问讯该如何是好。一次是在一九一〇年二月二十六日，一次是在一九一〇年十月二十四日[33]。但直至一九一三年程钟绅（字搢如）得病去世，王季常仍然没能生育。按当时的习俗，长房不能无后。于是，王季常的公公程增瑞便指定长孙程泽恒（字庸畴）作为她的养子。程泽恒毕业于东吴大学法律系，后定居上海，儿子程毅中（一九五五年毕业于北京大学中文系，曾任中华书局副总编辑，现为中央文史研究馆馆员，文史研究专家）则留在苏州，由王季常抚养，与她共同生活。

何澄当年前去苏州迎娶王季山，本来准备了两套结婚典礼方案：一是照旧礼，二是行新礼，即文明结婚礼。令他没有想到的是，当他把这两套方案提出，并表示自己倾向于新式的文明婚礼之后，王谢长达毫不犹豫地表示就按西洋文明婚礼办。于是订喜酒筵席，发请柬，商议证婚人，忙忙碌碌了好几天。

宣统元年十二月十三日（一九一〇年一月二十三日），何澄和王季山的新式婚礼在王家祖宅花厅举行。证婚人为同治十三年（一八七四）翰林王亦曾（字鹤琴，号遂圃），时年六十岁，髯长过腹，皓发如霜，不愧为苏州耆年硕德；另一证婚人为王颂蔚好友叶昌炽的同年季耘。不依旧礼却采新礼，也遇到了一些旧式文人的非议。参加婚礼的叶昌炽在回家后就在当天的日记里表达了对这种新式婚礼的不屑和哀号："邀观礼，居然欧风矣！蒿隐（王颂蔚晚年别号蒿隐）地下有隐恫乎，抑破涕为笑乎？"[34]苏州人对于吃喜酒，那是最欢欣鼓舞的事，何况这还是苏州旧式大家庭举办的新式文明婚礼呢！男宾女宾和小孩子都高兴异常，才不

何澄

王季山

管什么新旧之争呢。那天前来出席何澄、王季山新式婚礼的亲戚和男宾女宾吃的是那时苏州最高价的筵席：一桌有八只碟子，两汤两炒四小碗，鸡、鸭、鱼、肉、汤五大碗，其名谓之“吃全”，另加燕窝、鸽蛋和绍兴酒等，每桌不过四元[35]。此酒席是何澄实心实意请亲朋吃的。

快过春节了，婚礼第二天，何澄就携王季山返往北京。因王谢长达给女儿陪嫁甚多，何澄和王季山从上海坐火车还京，何府管家张顺则乘火轮船押运陪嫁返回。王季烈考虑到张顺水路不熟，专门给亲戚瑜臣写了一封信，请他与轮船公司上的买办打招呼，对何澄的仆人张顺代为关照：

瑜臣吾弟大人惠览：

兹有舍妹丈何亚农之仆人张顺为舍妹送行李北上（何君及舍妹由铁路赴京，行李由海运），因物件较多，请吾弟为之函致船上买办，庶几较有照呼。琐事奉渎，容再面谢。敬请

大安。

兄季烈顿首

何澄和王季山回到北京，就入住到侄儿何受彤为他租下并收拾布置妥当的

一所宅院。关于成家后的住宅，何澄只想离陆军部近便些，所以何受彤找来找去，觉得安福胡同的这所宅院不错，就租下了。安福胡同靠近新华门，在绒线胡同之北，成巷于明代，原先叫安富胡同。据说，安富是个吉祥的地名，意为告诫发了财的主儿们，切莫胡作非为，清末才改叫安福胡同，寓意“安国福民”。这个胡同呈东西走向，东起石碑胡同，西至宣武门内大街。一九一三年，北京政府开通新华街时，安福胡同被分为东、西两段。北新华街以东叫东安福胡同，以西叫西安福胡同。何澄在安福胡同住了近两年之后，到了民国六年，这个胡同倒大大出了名，成为民国时期政治团体“安福系”的代名词。据刘振生回忆：“‘安福系’这一名称始传于一九一七年冬季临时参议会开会时间，那时段（段祺瑞）派在北京西城安

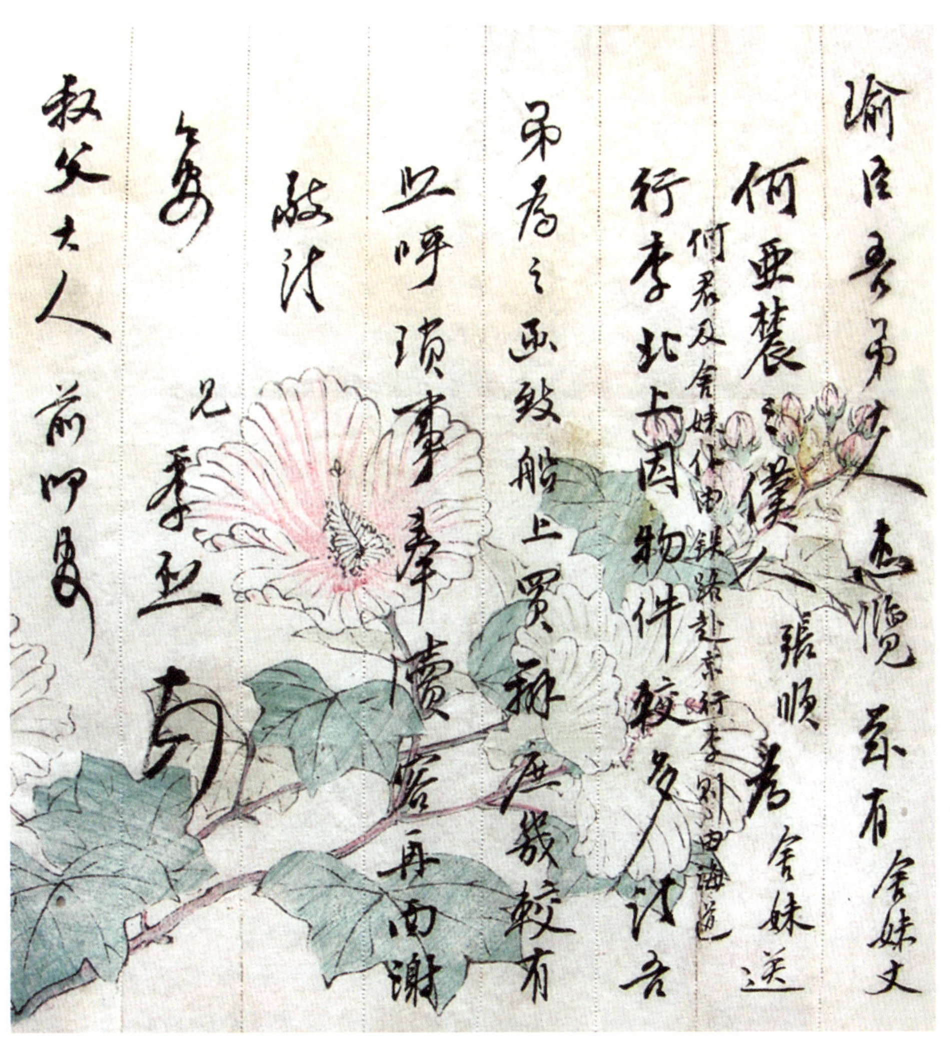
瑜臣吾弟大人惠览：兹有舍妹丈何亚农之仆人张顺为舍妹送行李北上，因物件较多，计有（何君及舍妹仍由铁路赴京，行李则由海道）弟为之函致船上买办，庶几较有照呼。琐事奉烦，容再面谢。敬请台安。兄季烈顿首
叔父大人前叩安

一九〇九年，王季烈托瑜臣为何澄仆人张顺北上与轮船买办通融信

福胡同布置了一所较宽大的房舍，作为接近他们的议员聚会之所，名之曰梁宅（梁式堂宅第）。起初参加者仅十馀人，如光云锦、臧荫松、刘恩格等，我亦滥竽其中。这个梁宅，既无组织，也无领导，不过参加的这些人在晚间无事的时候，随便到那里坐坐，或三五人，或十馀人，彼此闲谈；有时也涉及政治问题，但没有任何会议形式，仅仅是同仁交换政见，联络情感而已。其后参加者日渐增多，娱乐之具亦随之添设，如棋类、麻雀牌等，应有尽有。于是在一般聚会之外，兼有俱乐部之性质了。及至临时参政会要结束时，这个梁宅可就热闹起来了。因为新的参、众两议员选举法即将公布，凡是关于这次大选的事情，遂成为安福胡同梁宅商讨计议的中心课题。那时段派要人王揖唐也时常参加，策划一切。我记得有一次聚会，大家认为将来到各地方经营选举，必须有一个正式政治组织，方好号召，梁宅的名义是不行的。当时有人提议：‘这个梁宅不是在安福胡同吗？安国福民，名词很好，就称为安福俱乐部吧。’与会者一致同意，于是安福胡同梁宅摇身一变，就成为安福俱乐部了。”㊱

何澄与王季山喜结良缘十个月之后，他们的大女儿何怡贞诞生了。这是王家姊妹五人之中，惟一亲生的头一个小孩，这使得王季山愈发感到幸福无比；而何澄，除了在军谘府应差外，还于宣统三年二月（一九一一年三月）在京师大学堂高等课兼任教员㊲，以维持婚后的生活，同年十月间，辛亥革命爆发的前夜，何澄辞去京师大学堂的教职，奔赴他期待已久的革命战场。

注释：

① 沈德潜（一六七三～一七六九），字确士，号归愚，苏州长洲人。乾隆三年（一七三八）举人，乾隆四年（一七三九）进士，选庶吉士，授翰林院编修，历任起居注官、内阁学士，官至礼部侍郎。编有《唐宋八家文读本》《古诗源》《唐诗别裁》《国朝诗别裁集》。

② 王昶（一七二四～一八〇六），字德甫，一字琴德，号兰泉，晚号述庵，斋名“蒲褐山房”，江苏青浦人。乾隆十九年（一七五四）进士，因未能进入翰林院，失望之下返回青浦。乾隆二十二年（一七五七），高宗南巡，召试一等，钦赐内阁中书。以言两淮盐运提引事不密坐案革职。时值缅甸边事未靖，云贵总督阿桂奏请其佐理军事，遂至云南弃笔从戎。乾隆四十一年（一七七六），金川之乱平息，因久在军中，“懋著劳绩”，授吏部员外郎，又授江西按察使、云南布政使。乾隆五十三年（一七八八），擢刑部右侍郎，以年老致仕回籍。在京时，寓居京城宣外教子胡同，后移寓烂面胡同。所至朋旧文，提倡风雅；后进才学，执业请益，舟车错互，屡满户外；生平精研经学，通

达政事，与学术无所不通，著述闳富。参与编纂过一部官修西域各族文字的字典《西域同文志》。记述他在云南和四川经历的日记体著作有《滇行日录》《征缅纪闻》和《蜀徼纪闻》；另有《商雒行程记》《雪鸿再录》《使楚丛谈》《台怀随笔》。著有《春融堂诗文集》《湖海诗传》《湖海文传》《青浦诗传》《蒲褐山房诗话》。收藏甚富，金石文字一千五百多通，书籍五万卷。嘉庆十年（一八〇五），将其收藏的金石拓片辑为《金石萃编》刊行，展示了治金石之学的硕果，奠定了在金石学界的地位。

③ 祁世长（一八二五～一八九二），字子禾，号念慈，山西寿阳人，为科举世族山西寿阳祁氏祁韵士孙，祁寯藻子。生于长沙。幼好读书，有深勘之思。少时侍父祁寯藻督学江苏时，与幕客俞正燮、张穆、苗夔诸人濡染有素，故通其朴学渊源。咸丰元年（一八五一）山西乡试第十三名举人，咸丰十年（一八六〇）会试第二甲第三十名进士，授翰林院庶吉士、编修。历官左都御史、工部尚书兼顺天府府尹。督学安徽、顺天、浙江，主湖南乡试，充文官会试总裁，迭充殿试阅卷大臣。清操自励，多持正议，累世官卿，却家如寒素。诗文谨守其父祁寯藻之法，无张大器诞习。书法亦与其父祁寯藻极为类似，劲穆淳雅，无书苑媚气。著有《思复堂集》《祁文端公年谱》《祁子禾日记》《翰林书法要诀》《翰林分书乡会要诀》。

④《恽毓鼎澄斋日记》（二），第四五四页，浙江古籍出版社，二〇〇四年四月。

⑤ 何澄《往事回想录》，一九一二年八月十九日。

⑥ 李治华著《里昂译事》，第一一二页，商务印书馆，二〇〇五年十二月。

⑦《恽毓鼎澄斋日记》（一），第二六六页：《访梅叟再叠前韵》，二六八页：《海棠正当盛开，连日大风扬沙，摧抑殆尽。一年花事，又匆匆虚度矣。感吟二十字，呈笏斋、梅叟》。浙江古籍出版社，二〇〇四年四月。

⑧ 徐世昌辑《清诗汇》（下册），二七七四页，北京出版社，一九九六年三月。

⑨ 冒广生，生于光绪乙亥年三月十五日（一八七五年四月二十日），卒于一九五九年，字鹤亭，号疚斋，江苏如皋人。光绪十二年（一八九四）乡试中式第一百三十六名举人。曾任清廷刑部、农工部郎中；北洋政府财政部顾问，农工商部全国经济调查会会长，温州海关监督及交涉员；国民政府考试院考试委员，国史馆纂修；新中国成立后，任上海市文物保管委员会顾问。精校雠、诗词之学，学界名耆。著有《周易京氏义》《冒巢民年谱》《管子集校长编》《小三吾亭诗》《小三吾亭文》《小三吾亭词》等。

⑩ 上海博物馆图书馆编《冒广生友朋书札》，第一二五页，二〇〇九年十二月。

⑪ 徐樱著《方桂与我五十五年》（增订本），第十三～十四页，商务印书馆，二〇一〇年一月。

⑫ 李治华著《里昂译事》，第一〇七页，商务印书馆，二〇〇五年十二月。

⑬ 恽毓鼎（一八六二～一九一八），字薇荪，又字澄斋，原籍江苏常州，生于河北大兴。光绪八年（一八八二）入京应京兆试，中第十五名举人。光绪十五年（一八八九）会试二甲第二十九名进士。累擢日讲起居注官，翰林院侍讲，国史馆协修、纂修、总纂、提调，文渊阁校理，咸安宫总裁，起居注总办，编书处总校、总纂、总办，功臣馆总纂，讲习馆总办。喜作花草诗，常与何

乃莹、徐花农等亲朋酬唱。长于书法，求书者甚多。精医学，为人切脉处方，多奏奇效。著有《澄斋奏议》《杂钞》《金匮痉病篇正义》《恽毓鼎澄斋日记》。

⑭《恽毓鼎澄斋日记》(二)，第四六七页，浙江古籍出版社，二〇〇四年四月。

⑮ 李治华著《里昂译事》，第一三七～一三八页，商务印书馆，二〇〇五年十二月。

⑯ 同上，第一二五～一二六页。

⑰ 北京大学校史研究室编《北京大学史料》第一卷，一八九八～一九一一，第四〇〇、四〇三页，北京大学出版社，一九九三年四月。

⑱ 陈福年《中山先生在北京卧病的时候——访前德国医院护士何芬》，《工人日报》，一九五六年十月二十八日。

⑲ 徐樱著《方桂与我五十五年》(增订本)，第一二四页，商务印书馆，二〇一〇年一月；《李方桂先生口述史》，李林德：《一九七八年首次回国》，第一六〇～一六一页，清华大学出版社，二〇〇三年三月。

⑳《李方桂先生口述史》，李林德：《一九八三年再度回国》，第一七〇页，清华大学出版社，二〇〇三年三月。

㉑ 徐樱著《方桂与我五十五年》(增订本)，第一七一～一七二页，商务印书馆，二〇一〇年一月。

㉒ 同上，第一七二页。

㉓ 北平工业专门学校的前身为光绪二十九年(一九〇三)创设的京师高等实业学堂，隶属农工商部，设机电矿化四科；民国元年改组为北京工业专门学校，改隶教育部，本科三年，预科一年，首任校长为洪镕。一九二四年改为北京工业大学，设研究生班；一九二七年九月，改名为京师大学工科；一九二八年十一月，北平大学区成立，改名为北平大学第一工学院；一九三〇年改名为北平大学工学院。

㉔ 管凤龢(一八六八～一九三八)，字洛声，江苏武进人。一八九四年，在营口道入善联幕府。甲午之战，清军节节败退，日军步步入侵，紧逼营口。管凤龢没有临阵脱逃，得到善联赏识。一九〇二年，任直隶省知县，旋官军政司助理政务。一九〇五年，任辽宁海城知县。期间，适逢日俄在东三省进行瓜分中国的“肉弹”之战，管凤龢据理交涉，使日俄驻军撤退，妥善接管县衙。之后，办师范学堂，建小学，陆续兴办自学会、商会、地方银行、劝学所、图书馆、森林公园、农业试验场、卫生医院，编辑《海城旬报》等善民工程。一九〇八年，升任新民府知府。一九一〇年，任奉天高等审判厅厅丞。曾赴日本考察司法。东北发生鼠疫，主持防疫事务，采取措施，防止疫情蔓延。事后，晋升为道员，加二品官衔。翌年，调任劝业道。民国肇建后，主持过天津造币厂及顺直河道工程，开拓沿海滩涂三万亩，后在天津八里台吴家窑开办新农园，种植花卉、树木等。先后编纂过《新民府志》《新农月刊》，著有《北戴河海滨志略》《四十日万八千里之游记》《蒲河种稻概要》等。

㉕ 李治华著《里昂译事》，第一三五～一三六页，商务印书馆，二〇〇五年十二月。

㉖ 叶昌炽著《缘督庐日记》(四)，第二二四九～二二五〇、二二五三页，江苏古籍出版社，

二〇〇二年十月。

㉗ 同上，第二三三五页。

㉘ 王颂蔚著《写礼遗著四种》，第五页：王季烈《先考芾卿府君事略》，一九一五年冬鋘溪王氏刊本。

㉙ 陈义杰整理《翁同龢日记》（五），第二八二七页，中华书局，二〇〇六年十二月。

㉚ 高叔平撰著《蔡元培年谱长编》（上），第七十八～七十九页，人民教育出版社，一九九六年三月。

㉛ 舒新城编《近代中国留学史》，第一三一页，上海文化出版社，一九八九年四月影印本。

㉜ 叶昌炽著《缘督庐日记》（第九册），第五四五三页，江苏古籍出版社，二〇〇二年十月。

㉝ 同上，第十册，第六三四五～六三四六、六五一八页。

㉞ 同上，第六三二七页。

㉟ 包天笑著《钏影楼回忆录》，第二〇一页，香港大华出版社，一九七一年六月。

㊱ 胡晓编著《段祺瑞年谱》，第一四三～一四四页，安徽大学出版社，二〇〇七年一月。

㊲ 北京大学校史研究室编《北京大学史料》第一卷，一八九八～一九一一，第三四五页，北京大学出版社，一九九三年四月。

何澄旧藏“足迹历十四省壮游逾四十年”青田章

十二　上海光复何将军

宣统三年八月十九日(一九一一年十月十日),武昌城内一声枪响,辛亥革命爆发。一九一一年,中国干支纪年为辛亥,由是,这场旨在推翻封建专制的革命被称为辛亥革命。从中国同盟会建立,到武昌工程营班长、革命总代表熊秉坤[①]的这一声枪声,对于何澄这些留学东洋,崇尚自由、民主、平等、民权,梦想极早建立共和国的新知识分子群体中的革命党人来说,远比一七八九年发生的法国大革命以及六年之后的俄国"十月革命"炮响来得具体,听得真切。这也是他们在其后坚持真共和,不要假共和,不断与各路军阀拼争的要义所在。

十月十一日,武昌首义的消息传到清廷,清廷让军谘府火速拿出行动方案,把武昌城头变幻了的乱党之旗尽快拔掉。军谘大臣载涛、毓朗接旨,速召军谘府各员商议对策。载涛(一八八七～一九七〇),爱新觉罗氏,满洲正黄旗人,醇亲王奕譞第七子,过继给钟郡王奕詥为嗣,系光绪皇帝同父异母之弟,溥仪的叔父,一生爱马,尤喜京戏,为京城名票友。毓朗(一八六四～一九二二),爱新觉罗氏,乾隆帝长子定安亲王永璜之五世孙,定慎郡王溥煦之次子,逊帝溥仪皇后婉容的外祖父。载涛虽在前几年当过清宫禁卫军大臣,又曾赴日、美、英、法、德、意、奥、俄等八国考察陆军,但对军事根本不懂,更遑论军事作战的参谋部署了;毓朗,一九〇五年九月才进入清廷新增设的巡警部充任左侍郎,一九〇六年九月改巡警部为民政部,仍为左侍郎,掌管警政,于军事谋略亦是一窍不通。而军谘正使、二品大员冯国璋,军谘副使哈汉章在黄郛、李书城、何澄等革命党人的推委下,也不敢拿出切实可行的军事收复计划,于是载涛、毓朗又把挽救清廷于水深火热中的重任上交给清廷"皇族内阁"议处。"皇族内阁"议决,由陆军大臣荫昌亲率清军沿京汉铁路南下,赴鄂剿灭"乱党"的革命之火。

与此同时，军谘大臣载涛、毓朗也作出决定，派遣黄郛、李书城、曾昭文、何澄等人赴鄂，侦察乱党情势，速去速回，以便制定相应的作战部署。清廷确实昏庸老朽了，在自己的军事要害机关——参谋本部，隐藏了近半数的革命党人竟一概不知，在敲响他们统治丧钟已经来临的雨夜，还派出革命党人侦察情况，搜集情报，这样的政权焉能不一推即倒？无论是晚清还是民初，始终效忠于清室的恽毓鼎对此有鞭辟入里的言说：“三年新政，举中国二千年之旧制，列圣二百年之成法，痛与划除，无事不纷更，无人不徇私，国脉不顾也，民力不恤也，其为害，智者知，愚者知之，即当权之大老亦未尝不知之。所不知者，我监国及四亲贵耳（按：四亲贵指载洵、载涛、载泽、毓朗）。大老知而不言，廷臣言而不听。日朘月削，日异月新，酿成土崩瓦解、众叛亲离之大局……罪魁祸首则在张之洞、张百熙之力主令学生留学东洋。”②

黄郛、李书城、曾昭文、何澄自京间道南下到了上海，湖北籍的李书城、曾昭文转赴武汉，黄郛和何澄则留沪③，协助陈其美策动浙江起义。

陈其美（一八七六～一九一六），浙江吴兴人。一九〇六年夏东渡日本，先入东斌警监学校，学习警察法律，同年冬加入同盟会。第二年，因觉革命运动时代，军事知识极为重要，遂改入东斌陆军学校学习军事学。一九〇八年春季回国，在同盟会中部总会任总务干事，奔波于长江下游一带，从事反清活动。辛亥革命爆发后，把前来襄助长江革命的同志安排在上海跑马厅后侧马霍路德福里一号中部同盟会总机关。当时上海妓家有一不成文的规例，房门前所挂的那一个门帘，无客则悬起，有客则垂下，如果门帘垂下，生客无论何人，即不能擅入，若擅入，名之曰“闯房间”，是为禁忌。陈其美有时谈机密事，也选择在妓院门帘之下，因为这种地方比酒家、茶肆、西餐馆，要缜密安全得多。此外，打铁浜四十五号，后马路湖州旅馆，万安旅馆等处，均为招待前来响应革命同志的临时住所。

随着全国各省纷纷宣布独立，清廷军谘府对黄郛、李书城、曾昭文、何澄等均为革命党人亦有所知悉，王季山为躲逃清廷有可能的追捕，让侄子何受彤设法买了一张前往上海的火车票，抱着不足一岁的大女儿何怡贞南下。当她们母女被何受彤送上火车时，只见车厢里人多如蚁，勉强得一席之地……据当年京津铁路局的统计，从武昌首义到南北议和这一时期，“京官出京者四十万人”④，人心向背，由此可知。一九一一年十月二十四日，王季山到达上海，与何澄团聚在革命党人之中，暂得一息安全感。同一天，清廷召督师无力的荫昌回部供职，授袁世凯为钦差大臣，各军俱归其节制，援军交冯国璋、段祺瑞统带，并命冯国璋为第一军总统，段祺瑞为第二军总统，南下进攻革命军。从这一天起，为害中国二十年的北洋军阀正式登上了历史大舞台。

湖北革命党方面，原先分为文学社、共进会两派，最初互不相让，后因四川保路风潮扩大，双方均觉起义有了的良好机会，遂举行联席会议，携手共进的局面马上形成；起义意外成功之后，因高级领导人在十月九日先后被清吏搜捕或他避，群龙无首，以前是殊途同归，此时是同归不必殊途，两团体的人对于谁任革命党的领导人，更是互相谦让，最后一致同意派居正[5]等赴上海迎黄兴、宋教仁[6]前来，担任最高领导人，“充分显示了当时革命党人不争权利只尽责任的纯洁心理”[7]。十月二十八日，黄兴、宋教仁由上海乘轮船抵达汉口，中华民国军政府鄂军都督黎元洪得讯，赶忙派人肩着写上“黄兴到”三字的高脚牌游行街市，使全城军民知道革命领袖到了。因此，当黄兴、宋教仁等由汉口渡江到达武昌时，自汉阳门江岸以迄军政府，沿途各商铺、住宅居民，都大鸣鞭炮以示欢迎，汉阳、汉口两地也都鸣炮敬礼。黄兴和宋教仁在都督府与黎元洪会谈后，黎元洪即请黄兴主持军事。略加交谈，黄兴即由武昌首义临时指挥吴兆麟等陪同赴汉口视察战事。此时，革命军正与清军冯国璋部在歆生路附近以火炮激战，彼此处于胶着状态，各在原占阵地相持。黄兴发现，民军人数太少，总数不过五千馀人，枪炮既缺，军官人数也不足，士兵多是新招募进来的，未有实战经验[8]。是夜，黄兴返回武昌，与黎元洪商议战守之事。当夜黄兴复渡过江，在汉口满春茶园设立总司令部办公处，重新布置防线，并下令分区防守，赶筑掩堡。

十月二十九日，训练有素且挟新式枪炮的清军向民军猛攻，上自硚口，下至张美之巷一带，均为清军占领。黄兴督令将士振奋精神，夺回阵地。在张美之巷，革命军反攻胜出；在硚口，革命军与清军激战于铁路内外，清军据松树林狙击，火力甚猛，黄兴、杨玺章身先士卒，持枪突进，无奈兵不用命，未能夺回。汉口街市大半陷于清军之手[9]。

十月三十日，清廷下诏罪己：诏开党禁，赦戊戌变法及犯革命嫌疑诸人；诏亲贵不得任内阁及国务大臣，俟军务略定，即实行；诏开国会，庶政公诸舆论；以赵秉钧署民政大臣，命顺天府设官钱局、平粜局，以平市价；添练巡警，以卫闾阎[10]。袁世凯于同日自彰德进至孝感萧家港火车站，亲自督军。北洋军为迎接一手栽培他们的袁宫保的到来，像猛虎下山一般向革命军猛攻。同一日，注定要在中华民国史上扮演主要角色的蒋介石与张群等人从日本长崎抵沪[11]，投身到推翻清朝的沪浙革命党人阵营之中。

腰悬水壶、足着草鞋的黄兴真乃豪杰！战斗如此紧张激烈，十月三十日晚，还匆匆赶到武昌都督府广场，对清廷设在武昌的陆军第三中学堂和设在南京的陆军第四中学堂的青年学生约四百馀人发表演说：赞许他们参加起义，著有功绩；最动人的是这句话：“你们将来都是国家干城之选，现在革命要人用，但我可保证绝不把你们当一兵一卒。”[12]

十一月一日，清军从王家墩前来强攻民军。民军依堤固守，预备队亦向前线移动增兵，黄兴亲率敢死队督战。但革命军右翼还是伤亡过多，被迫后退。清军遂放火纵烧歆生路房屋，民军失去作战的掩蔽，黄兴不得不下令各军撤退到汉阳，沿襄水布防，汉口保卫战失利[13]。同一天，以奕劻为首的“皇族内阁”宣布辞职，任命袁世凯为内阁总理大臣。

革命党人初议上海视南京举动，而在十月三十一日，两江总督张人骏突令徐绍桢的第九镇从南京城内移驻城外三十多公里的秣陵关。

革命形势急转直下，但酝酿已久的一场革命运动，绝不会因一人一事一地的失利而导致整体溃败。

上海，是清末新知识群体及革命党人为推翻清朝专制统治做了很多准备工作的大本营，重要的反清组织和革命领袖都曾汇聚、立足于此；宣传革命、同情革命的许多报馆在这里不断发出声音，影响遍及全国；隐居在名目极为古奥的堂、楼、园里的众多幕府人物，对国家大事有着很大发言权和调和能力；任何一个政治力量都离不开租界的支持，在革命与反革命之间，上海租界领事团采中立且表同情态度；各种现代组织和保障系统极为完善；士绅和民众求变求新，支持革命的民气最炽，力度最大。面对汉口失守，南京起义几无可能立刻发动的变故，深得上海商团和士绅认同的英雄豪杰陈其美挺身而出——十一月一日夜，陈其美与李平书[14]、钮永建、叶惠钧[15]等集议，率先提出“上海先动，苏杭应之，南京庶指日可下”[16]的起义方案，钮永建、叶惠钧均表赞同，遂议决。十一月二日夜，李平书在上海自治公所召集会议，定翌日举事的各项准备：“当与警务长穆杼齐君商议保卫地方事宜。余又商请全体商团及救火联合会员，共同守卫城厢内外各重要地，以助警察之不及。”[17]是日，陈其美派黄郛、蒋介石前往杭州运动新军，主持浙江起义之事[18]。十一月二日晚，陈其美和李燮和[19]约会于《民声》报馆，告之他已决次日起事，商议协调行动，何澄和革命党重要人物大多参加了这次黎明前的夜会。

十一月三日上午九时，陈其美、李燮和、何澄等一批革命党人，前往斜桥上海总商会广场；一队队早经革命党人运动同时发难的商团，也从不同方向朝商会广场聚集。等商团队伍排列好了以后，陈其美登台宣布“上海独立”！请同志扯下商会广场前旗杆上飘扬的清廷龙旗，升起了由孙中山制定的青天白日旗。这一时刻，革命党人等待了多年，牺牲先烈无数，终见清朝龙旗降下，共和国旗帜升起，欢声雷动，历久不息。之后，陈其美发表《上海军政分府宣言书》：

……

以是我军政府，起光复之师于武昌，不旬日而克复三镇，天下响应，共起义兵，誓讨北虏，重兴神州……我苏浙各省，据长江下游门户，形势重要，故我江东革命军，于九月十三日，起义于上海，以安商业，以宁民居，各守生业，毋相惊恐……凡我三吴健儿，均当效忠于祖国，以建共和之基，不当尽力于满洲，以贻万世之辱。而满洲将士，其有弃逆投顺者，亦概不加诛，视之同等。本军政分府，又念我苏浙等省，民困已久，暴征苛税，是皆满清之虐，而江南水荒，收获寡少，谋生不易，用特将江浙皖境内一切恶税，尽行豁免，以抒我父老之难，而免奔亡之苦[20]。

下午，陈其美集敢死队于西门外斜桥西园向位于高昌庙的江南制造总局进发。

江南制造总局，官方简称沪局，沪民简称制造局。同治四年（一八六五年）八月，经李鸿章奏陈设立，厂址在上海虹口。同治六年（一八六七年），迁至高昌庙新址，局面大为扩大。江南制造局为清廷最重要的兵工企业之一，建有炼钢厂，可压轧钢板、钢轴、枪坯、炮坯等；新式炮厂，所产有大炮、快炮两种，其大炮，全国无可匹敌，最大的要塞炮，重五十二吨，装上八百磅重的炮弹，在一千码以内，可击穿十九英寸厚的铁甲；枪厂，主要生产毛瑟枪；弹药厂，可生产火药、炮弹、子弹、地雷等。此外，制造局还可制造兵舰，如列装的就有萍福、萍寿、甘泉、安丰、联鲸、澄海号，等等。在前往制造局的途中，何澄看到，一路上站岗的警察，果然遵守诺言，没有采取任何干涉行动，像看热闹似的站在一旁。当革命军来到制造局前时，那里已经聚集了成千的民众。何澄知道，这些人都是革命党人运动来的，因为这些人分别拿着明火枪、四瓣火枪、猎枪、大关刀、长矛等，甚至还有拿着木棒的。

江南制造局的建筑很坚固，围墙极高，四角围墙上还筑有碉堡，大门前面一条长巷，节节设防；新调护局炮队营和巡防营在江边还设有排炮六门，要道均设有机关枪阵地，大门口附近配有小钢炮，黄浦江船坞边有军舰掩护，且吴淞炮台的大炮也能远射制造局。五时，陈其美率敢死队乘制造局放工之际，拥入局门。制造局总办（道员）叫张士珩，字楚宝，号豸卿，咸丰五年十二月十七日（一八五六年一月二十四日）生人，安徽合肥人。光绪十四年戊子科（一八八八）乡试中式第三十二名举人，李鸿章外甥。娶湖北黄陂、汉阳县知县、随州知州刘秉懿长女为妻，儿子叫李继霈。起先他也没真打，只是放了一排空枪。敢死队见无子弹，以为是革命党人已运动好了里通外合、外动内应，于是抛掷炸弹，益发前进。这时，张士珩让清军打了一排实枪，造成冲在前边的敢死队员一死二伤。陈其美指挥再攻，数次冲击，都被守军击退。在革命党人进攻时，围在制造局门前的民众也同时呐喊助威，无奈革命党人武器既少且旧，用香烟罐做成的土造炸弹，威力太差，既炸不倒围墙，又对制造局守军造不成重大伤害。几次冲锋下来，死伤累累。相持之下，雍雍儒雅的陈其美忽发一念："同属国民，岂有不愿政治改良，国家兴盛之理？特彼等为清室之爵禄所迷，不解革命之义耳。吾将只身入内，晓以大义，或可不战而定上海，以免惊闾阎而残同类。"何澄等人考虑陈其美这样进去劝降危险太多，弄不好，等于送死。陈其美则说："果有不测，吾不过一条命，如此相持下去，岂非牺牲多条命乎？"[21]说完便昂然直入。陈其美置自身于死地而保革命之成功的一幕，何澄一直记在心里：为避战友和民众无畏牺牲，视强敌如草芥，置生死于度外，铁血中又带仁慈精神，黄兴为一，陈其美第二。

陈其美进入制造局后，以《民立报》访员身份劝张士珩不要再为清廷卖命，以避免军民流血之祸。张士珩在北洋军械局司职五年，到江南制造局业已六年，多年制枪造炮，生产弹药，耳濡目染，已成军火专家，所以非常顽固。早在十月间，李平书时就曾力劝不要再往南京运送枪械了，张士珩不但不听，反而开足马力，抓紧生产枪炮弹药。此役，只小试牛刀，民军便不堪一击，所以他更不把"乌合之众"的民军看在眼里："你们这批亡命之徒，待我将外面这些狐群狗党打死，再来杀你。"[22]正在自治公所督率商团保卫地方安靖的李平书，闻听陈其美进入制造局被拘压的消息后，即刻携李英石[23]赶往制造局营救。见了张士珩，请求保释陈其美。张士珩说："书生不知利害，妄思革命，徒送死耳。"[24]李平书见保释无望，只好和李英石退出。陈其美被拘，众人都急，李平书回到自治公所，王一亭[25]前来，复又携王一亭赴制造局，以市自治公所、县商会名义求保陈其美。张士珩此次语气有所缓："彼称《民立报》访事，即着该报馆具结，以后不再来局滋扰。"[26]李平书和王一亭退出制造局后，即与沈缦云[27]商量找《民立报》同志开具保书，但已半夜十二点多了，《民立报》馆访事的访事，到印厂的到印厂，无人可开保书具结。制造局不克，陈其美被拘俘其内，遂成为上海起义成功与否的大关键。"时城中文武官僚俱已出避，由商团及救火会员看守衙署、监狱，居民安堵如常，毫无惊惶之状。民党因陈君被拘不放，决计攻局"[28]。

十一月四日凌晨一时，商团、帮会、起义军、响应起义的军警纷纷向制造局汇合，甚至连上海滩的艺人潘月樵（九亩地新舞团京剧武生演员，艺名小连生）也赶来攻打清军在上海的最后一个堡垒。商团一千馀人从正面主攻，仍由敢死队做前锋，清军以机枪居高临下，民军攻击未果，受伤十馀人，李英石指挥商团主力部队进入前沿阵地，持续攻击，但始终被清军的枪火压制在大门之外。相持了两个多小时之后，起义的沪军巡防四营偕同商团一部从制造局后门的枪厂拆墙冲入局内；反正的上海道署清兵、各署练勇由海军栅栏潜入船坞；还有一路人马由瞭望楼爬至公务厅，战事由只限于大门而四处开花。张士珩在又一次击退民军的进攻后，愈发得意，欲将陈其美处死。被革命党策反了的士兵张杏村对张士珩说："此人乃微弱书生，有何本事？杀不杀无济于事；但他们党人很多，均不怕死。今若杀了他，设异日他们专来找总办谋报复，可了不得。"张士珩说："我不怕他们，更不怕死。"张杏村又说："总办所说甚是。但总办的少爷、小姐均在外居住，身家性命以及财产也当顾虑。即我辈在此自当同总办出力。设若革命成功，他们必不饶恕我们。请总办想想，何不等大事平息，再来杀他不迟。横直他在这里，哪能跑得脱？"[29]张士珩对此说辞并没动心，他之所以没杀陈其美，只不过是为了手里有个人质，不但能保全自己的性命，而且可以让"乱党"不再进攻制造局。与此同时，张士珩也很担心他父亲及家眷的安全，电话摇到家里无人接，遣差前去戏园子寻找又不知去向；早就电话急请两江总督派的援兵一个也没见到。垂死挣扎之时，民军已将制造局二门炸破。原来，潘月樵发现制造局门侧有木制栅栏，可用火攻，附近杂货铺铺主主动捐助出火油，让民军焚烧；民军等员又从制造局炮兵营护墙沟内夺得钢炮一门，拖来对准大门开炮轰击。张士珩深知大门二门一破，沦陷在即，再不从后门逃脱，自己将会成为革命党的刀下鬼。眼见大势已去，匆匆忙忙从后门登上一只小火轮，逃逸到事先联系好的法租界德商洋行去了[30]。民军和革命党人冲进张士珩的住宅，把陈其美救出。陈其美含笑走出时，还问何澄等革命党人："诸位来了么？今晨之战，不知死伤如何？"[31]何澄听后，感佩至极。原来陈其美常说的"丈夫不怕死，怕在事不成"的豪言背后，竟内藏着这么一种极浓厚之仁慈精神，"虽在颠沛造次之中，未尝不流露于外也"。

上海光复终于成功，对于已处劣势的革命党人来说，是一个重大的历史转折。以上海为辐射中心，促成了当时中国最富庶的浙江、江苏两省起义，及至苏浙联军攻克南京，南方的革命阵营遂与北洋军事集团战成平手。事实证明，武昌有首义之功，上海有扩大辛亥革命成果，催生中华民国诞生之伟业。

上海光复后的第一天，全沪学校商铺悬白旗，颁文告，民众莫不以光复成功而欢欣鼓舞，集资犒劳民军的热情场面随处可见[32]。

上海光复后，革命党人和民军就推举谁为都督一职进行一场激烈的争夺。具体人选集中在陈其美、李燮和、李英石身上。刚从杭州起义归来的黄郛和留在上海策动参与光复起义的何澄是坚决支持陈其美的。不只因为陈其美是中部同盟会在上海的实际负责人,又是光复上海的领导人,具有统率军政的资历和人望,更由于陈其美在上海起义中"最为出力,经营惨淡,出入险地,力任劳瘁,众士归心。"[33]他们认为,陈其美"对各方人才之延揽,实具有唯一特别魔力。无论何人,一与之遇,无不为其诚恳之态度,与锐利之词锋所折服,故其时一般须发斑白之老前辈,无不乐拼其老命,本其声望与经验,出而为英士先生效用。如外交方面,有伍秩庸[34]、温钦甫[35]诸先生担任;交通方面,有王一亭、唐露园、吴承齐诸先生担任;财政方面,由朱葆三[36]、沈缦云、虞洽卿诸先生担任;民政方面,又有李平书先生担任,故能百事俱举,完成缔造民国之大业,决非一手一足之劳所能举也!尤奇者,英士先生能将各位老辈与无数后进,融洽一炉,和衷共济,各尽所能,使共同向一目标蓦地奋进,从不闻有互相排挤倾轧,或诿过卸责等事。"[37]先是,当上海光复后,"由李燮和主持军事,过了三日,还是乱糟糟的,一无办法。南京第九镇举义失败,情势危急"[38],于是李燮和被排除在都督人选之外。后是,实际主持上海一切事务的陈其美和同盟会的革命党人,与上海地方绅士集团在商讨筹组上海军政分府、推举都督的会议上,发生了决不相让的动火争执。十一月六日下午二时,在旧海防厅署举行推选沪都督会议,李平书为主持人。会议开始,你说该推举李英石,我说该推陈其美,这样争来争去,显然没有结果。"陈英士当场提出一张未经协商、事先拟就的都督府人选,陈自任都督,黄郛为参谋长,李英石、李燮和、陈汉聊、章梓、杨谱笙、钮永建、沈乩、叶惠钧、王熙普等为参谋。名单一经宣布,顿时会场大哗,叫嚷不已……"[39]关键时候,"膺白先生忽由人丛中挺身出来,一番激昂慷慨的演说,决定组织都督府,推陈英士为都督,大局遂定"[40]。上海革命党人之所以在起义前后采用上海军政分府的名称,纯因套用武昌首义湖北革命政府所用组织名称,以示一律;称"分府"则是由于上海属江苏省管辖,"分府"则不致有歧义,此时改用沪军都督府,则有重打锣鼓另开张之意。

从旧海防厅署出来后,陈其美和黄郛、何澄等拟订了《沪军都督府条例》,正式组织军政府。都督府下设司令、参谋、军务三部,陈其美兼任司令部长,黄郛任参谋部长,钮永建、李英石任正副军务部长,外交总长由伍廷芳出任,民政总长仍为李平书,财政总长为沈缦云,交通部长为王一亭,海军部长为毛仲芳,该名单经与李平书协商后交由《民立报》馆翌日发表。同时,议定尽快亲练一支可由革命党人节制的"共和卫队",并以都督陈其美的名义即刻发出通告,请各路民军于明日"下午两句钟,各队长官齐集本府(小东门大街旧海防厅署)听令,并带各该管队

雨渡村人

兵士名册前来,勿误为要!"[41]

十一月七日,《民立报》刊出《陈其美就职通告》和《沪军都督府人员名单》,人们惊讶地发现,除伍廷芳、李平书为社会名流,毛仲芳为清廷海军起义将领外,其馀均为同盟会的革命党人[42]。最难能可贵的是,沪军都督府各部长,没有起用一个有立宪派背景的人。这显示了革命党人决不向清廷妥协的态度和立场;而陈其美的《都督视事通告》,不但颇有民主共和的新气息,也透露出敢于担大义、负责任的胸襟与抱负:

> 其美忝承军学绅商开会公举,才疏望浅,不克担承。惟当军务倥偬之际,一再思维,与其推诿误事,负罪国民,何如勉策驾驭,共扶大义。夙仰军队诸同胞志切同仇,心存救国;其美既勉为其难,诸君必共匡不逮,为此即日视事,特行通告。至祈戮力同心,亟图进取,所有一切风纪军律,其美当与诸同胞公共遵守。倘有违犯纪律者,其美当为大局计,万不能稍事姑容也,军律即日宣布。特告[43]。

十一月七日,黄郛和何澄到旧海防厅署接收改编参与上海光复的各路民军,一为安定社会秩序,二为讨檄南京清军,建立共和。此次改编的沪军,隶属于沪军都督府参谋部,共组建了两个整编师,名曰沪军第一师和第二师。第一师师长由吴绍璘担任。吴绍璘(一八七七~一九一三),字仲吕,湖南湘乡人。一八九八年十二月到日本学习军事,一九〇二年四月,由陆军士官学校下近卫步兵第一联队实习后毕业回国。参谋长为吴晋。吴晋(一八八二~一九四〇),字惠范,江苏江宁人,日本士官学校第三期炮科毕业生。沪军第一师在南京临时政府成立后,改编为中央陆军第十师。第二师师长由黄郛担任,何澄为参谋长,副参谋长为吴震修。第五团团长是蒋介石,后来成为蒋介石终生幕僚的张群担任团参谋。沪军第二师是以蒋介石从宁波带回来的一个团为班底组编的,其馀各团士兵也大多为浙东纯朴农民,各级军官均系留日士官或浙江武备学堂出身。

沪军二师司令部设在闸北南海会馆。组建之后的首要任务是守卫江南机器制造局。那里枪支弹药充足,是革命党人武装自己,也是派部攻克南京的军需要害。当时从南海会馆到制造局要通过英租界,在上海起义的当日陈其美即已发布《通告保护外人利益书》,所以沪军第二师的将官即使是武装骑马过租界地,领事团也从未加以干涉。

沪军都督府和沪军建立起来的首要问题是如何支援在武汉苦苦支撑的黄

中华民国肇建，沪军第二师被编为陆军第二十三师。前排左二为师参谋长何澄，左三为师长黄郛、左四为第五团参谋长张群

兴。经过战略考虑，革命党人觉得尽快攻下南京是一石击二鸟的上上策。十一月八日，革命党人决定组建江浙联军，举徐绍桢为联军总司令，并发出“檄南京文”：

金陵龙蟠虎踞，为长江下游第一都会，人文钟秀，冠盖江南，我明太祖洪武之旧都也。甲申之变，满虏趁机窃取中原，以少数野蛮之人种，竟陵制我亿兆神明之民族。我先民抗义成仁，前仆后继，以是二百六十年间，光复之旗不绝于道。然往事之失败，皆由同胞昏昧，不知大义，甘做汉奸，自残同种，以至含垢多年，未解奴劫。今天下光复之师，同时并起，我江东革命军，特于九月十三日(阴历)，举义于上海。人民欢迎，健儿踊跃，遂得克复江南制造局，保守吴淞炮台。地方安靖，不犯秋毫。本军政分府拟上溯长江，恢复江宁，克日会合武汉皖浙光复军，共伸天讨，诛锄野蛮之满政府，建立共和之新国家。江南多忠义之士，久抱同仇，谅必闻风兴起，用特通告。檄文到处，其速响应，为江南独立先声，人民商贾，毋得惊惧。须知本军政府之起义，乃所以救我同胞，非所以累同胞也。至于驻防旗兵，如有忠心归顺者，概免其死；若有敢抗义军者，杀无赦！

此檄[44]。

上海革命党人自发出"檄南京文"后，不仅江南革命军纷纷响应，甚至江西、广西、广东等地的忠义之士也前来汇合。从十一月九日，浙军司令朱瑞率部出发，到十一月二十四日江浙联军会攻南京，先后加入江浙联军的共有苏军司令刘之洁部三千人，浙军司令朱瑞部三千人，镇军司令林述庆部三千人，沪军司令洪承点部千人，粤军司令黎天才部千人，镇军柏文蔚部两千人，扬军徐宝山部两千人，吴淞军政分府李燮和光复军三千人，另有江西、广西民军数千人，总计约三万人，另有海军舰艇二十馀艘[45]。这时段，沪军都督府成了攻取南京的军需供应地和大兵站。南来北往，只要是为了推翻清廷的，都倾力接待。葛湛侯在《辛亥革命与浙江》一文中回忆："沪军都督府和浙江上海兵站，对我们的供应实在好。我们的炮是老式的，所备炮弹极少，作战起来是困难的。黄郛得知此事，立刻叫高昌庙制造局查明还存有哪些炮弹堪以拨用。据报，合于我军这种炮的炮弹已没有了，倒有新式的管退山炮十二门，还是根据买来的外国样品仿造的，业经试放，成绩甚好，炮弹不少。我们立派炮兵营管带张国威去检查，复称'炮弹充足，炮极好'。黄立即将十二门新炮全部拨给浙军。我们得到这炮如获至宝，但是炮队的马匹出发时带的本来不够，炮队组织既有改变，马更不够，于是由沪军都督府设法买进跑马厅淘汰下来的不适合竞赛的马，向各马车行商量贴给费用，调给已经教好的马。所以我们的炮就很快活动自如了。"[46]

十一月二十四日，江浙联军分四路会攻南京，连克外围乌龙山、幕府山、孝陵卫等清军要塞，但在天堡山遇到清军有力的抵抗；二十七日，中华民国军政府战时总司令黄兴坚守的汉阳被清军全部占领；十二月二日，江浙联军攻克南京。汉口、汉阳先后不守，虽败犹荣，因为黄兴以大无畏的革命精神坚守汉阳近一月，给革命党人争取了策动海军起义的时间，使得全国各省革命党迅速崛起，在清军顾此失彼的情况下先后响应与独立，然后合围南京。革命党人丢失了汉口汉阳一城一池，固为憾事，但并没有影响全局；而清军丢失了南京，对踌躇满志的袁世凯却是一个重大打击。因为"南京重要性自然远甚于汉阳。袁世凯北洋军大部分集中京阳铁路，如欲转移至南京要北上经丰台再转津浦铁路南下，费时费力，还没有能反攻这石头城的把握。因当时海军反正，归附革命，长江及沿海都不能应用轮船输送以攻南京"[47]。由是，南北战事，不是更趋激烈，反而正沿着相反的方向发展。

十二月一日，黄兴由武汉乘南洋丸返往上海，在镇江与西上的宫崎滔天邂逅，一同乘轮船返回上海。黄兴此次返沪的目的有两个，一是速定北伐计划，二是谋政治之统一[48]。

十二月二日上午，何澄得到黄兴和宫崎滔天到沪的消息后，旋即赶到他们入住的胜田旅馆探访两位老朋友。何澄赞扬黄兴的功绩，黄兴却拿出他在赴沪途中写下的一首《山虎令》递给何澄看：

明月如霜照宝刀，壮士淹凶涛。
男儿争斩单于首，祖龙一炬咸阳烧。
偌大商场地尽焦，革命事，又丢抛，都付与鄂江潮[49]。

何澄看得出来，这首词是黄兴为汉阳没有守住而自责，也为汉口被清军攻占后火烧的情状而悲痛。中国人素以成败论英雄，但何澄这批革命党人经历了太多的失败，所以面对"败军之将"黄兴，非但没有丝毫"成则为王，败则为寇"的话语和脸色，反而于下午三时借沪军都督府在张园召开筹饷大会时请黄兴演讲。当黄兴中途出席时，全场一千馀人"一致起立，一时拍手掷帽之声响雷而起，且有跃起大呼，以示欢迎者，良久始止"[50]。

进入十二月，南北议和之声此起彼伏。南方革命党人与袁世凯内阁最后议定十八日正式举行南北议和会议，地点在上海工部局议事厅。因工部局在英租界，陈其美原想派沪军第二师前来保护参加议和谈判的双方代表，无奈租界领事团不同意。情急之下，成立了临时招待部，派员分驻清使及参赞、随员住处，以便照料一切。临时招待部正部长为沈缦云，副部长是许继祥；第一招待所所长吴震修，第二招待所所长唐之道；招待员除了何澄，另有沈仲芳、杨镇、陈南星、彭光湘和陈纲。临时招待部名单拟定后，陈其美即请伍廷芳将这份名单通知领事团和清使知照[51]；民国议和总代表和参赞，袁世凯内阁代表、参赞和随员及招待员由英国巡捕保护；开会时，从浙江路到西藏路一带的南京路断绝交通，由巡捕戒严；住在公共租界的议和代表由沪军都督府保护。

临时招待部第一招待所负责照料袁世凯内阁派赴的和谈代表、参赞和随员。清使唐绍仪一行到了上海，沈缦云、黄郛、吴震修、何澄等到埠迎接。北方议和代表团下船之后，黄郛、吴震修、何澄见了章宗祥和冯耿光[52]等留日同学后，都哈哈大笑起来——战来战去，议和往来，说来说去还是这些人！沪军都督府把袁世凯内阁议和代表团安排在静安寺新开张的豪华时髦的沧洲饭店入住。因冯耿光是何澄在军谘府二厅的上级，与黄郛和吴震修是很熟的同事，所以他们暗地里告诉冯耿光："此地虽由都督府接待，但是公共租界有很多不便，如保卫问题，盘问旅客行动，检查旅客信件……你如果不愿受此拘束，可以搬到别的旅馆。"[53]冯耿光他们在这里住了两天，进出果然不便，于是就和章宗祥、张国淦、陈锦涛搬到了二摆渡桥礼查饭店。

袁世凯内阁议和总代表唐绍仪[54]另住戈登路英国传教士李德利家里。

十二月十八日下午二时半，民国总代表伍廷芳、中央军政府代表王正廷、民国总代表参赞温宗尧、王宠惠、汪精卫、钮永建与袁世凯内阁代表唐绍仪及其随员在工部局市政厅开谈。然而，何澄早已知道，这种和谈只是台面上的，真正起作用的地方是在惜阴堂。惜阴堂主人叫赵凤昌（一八五六～一九三八），字竹君，江苏武进人，张之洞任两广总督和湖广总督期间，任机要文案。一八九三年，因御史徐致祥参奏张之洞受涉连，被清廷革职。张之洞遂将其安排为武昌电报局驻沪代表，办理通讯运输诸务。庚子事变时，策划"东南互保"是其杰作之一。一九〇八年，赵凤昌在公共租界购地约十亩，建起了这幢英式楼房。惜阴堂前后五间，二层半高，有前后两个门可以出入。前门为南洋路十号（一九四三年改为南阳路一五四号），后门开在爱文义路一百号（今北京西路）。正房东楼有骑楼，西有琴房可通花园。房屋前铺有草坪，四周为水泥道，西南角略高处有一个亭子。赵凤昌以楼下的书房作起居室，电话装在书桌东面，号码为三零三一三。房间很大，里面的家具也都很宽大，很有官派[55]。

十一月十五日，各省都督府代表联合会在沪成立后，革命党人黄兴、宋教仁、章太炎、陈其美、黄郛、李书城等都曾来惜阴堂造访赵凤昌。何澄当然也少不了来，并与赵凤昌之子赵尊岳成为好友。

当时赵凤昌参与南方决策、调解南北争议的幕后活动并不为人知。冯耿光回忆道："我和唐绍仪是同乡，在北京是邻居，素有往来。到沪后，每日见面很谈得来，他常把议和情形和南北双方的动向告诉我，我从而知道梁士诒是袁世凯的心腹，密电往来，由梁与唐亲自掌握。管理密电的姓区，也是广东同乡，由他译出交唐，唐有时也给我们看看，大家还议论几句。唐看过电报后，往往就打个电话，我们以为找伍廷芳，令我们惊讶的是赵凤昌！有一天，区译的北京的一件重要密电，唐看后说：'北京回电来了，赶紧打电话给赵老头子。'说着就打电话，说话时有说有笑，非常亲热，我觉得奇怪，憋不住就问他：'您有机密事，不找伍秩老，为什么先打电话给他？'老唐说：'秩老名义上是南方总代表，实际上做不了什么主，真正能代表南方意见的，能当机立断的就是这个赵老头子。'我就问赵老头的经历。唐说：'……他熟悉洋务，对国内的政治、军事形势也了如指掌，为张季直（张謇）所器重，因此，江苏的程雪楼（程德全）、浙江的汤蛰仙（汤寿潜）等南方的都督和赵全有交情。民党中如孙中山、胡汉民、汪精卫常向张季直请教，张必就商于赵竹君。张从南通来沪必住赵家，赵竹君腿脚有病，不能下楼，孙中山、张季直、胡汉民、汪精卫、陈其美、程雪楼、汤蛰仙等就到南阳路惜阴堂晤谈开会。我知道在南北议和期间，每礼拜至少有两天在赵家开会，他是众望所归、洞察全局的智囊，我找他了解情况，不会走弯路’。”[56]

唐绍仪找赵凤昌没走弯路，孙中山从海外赶回国后也没走弯路。十二月二十五上午九点三刻抵沪，入住静安寺哈同花园，下午二点三十分，由伍廷芳邀至惜阴堂与赵凤昌会谈。此次谈话黄兴等参加，共进行了两个小时。二十六日，再赴惜阴堂与赵凤昌等会见。其后，孙中山又多次到惜阴堂商讨统一建国诸要事。

南北和议代表会议从十二月十八日至三十一日，一共开了五次，除双方停战限期以外，最重要的君主立宪还是共和民主及人民投票选举大总统诸端，均无成就。为了不让民国这个已怀胎十月的婴儿死在腹中，黄兴、孙中山采纳了赵凤昌、张謇的建议：先树政体，再图其次；待婴儿产出后，革命党人这个生父如果没有力量抚养，只要早已表示愿意抚养这个婴儿的袁世凯能做到“清帝退位，赞成共和，承认中华民国”，那么，就把这个孩子的抚养权交给他。十二月二十九日，十七省代表各一人在南京选举中华民国临时大总统，孙中山以十六票当选。一九一二年元月一日，孙中山由上海赴南京，就任中华民国临时大总统。中华民国正式诞生。开元第二日，孙中山即发表通电，中华民国改用阳历。

中华民国南京临时政府成立，逼得袁世凯不得不致力共和，坐遣北洋军人纷纷通电奏请宣统逊位。二月十二日，清廷公布退位诏书。二月十三日，孙中山收到清廷公布退位诏书后，即咨文参议院辞临时大总统。咨文曰：

> （清帝）今既宣布退位，赞成共和，承认中华民国，从此帝制永不留存于中国之内，民国目的亦已达到。当缔造民国之始，本总统被选为公仆，宣言、誓书，实以倾覆专制、巩固民国、图谋民生幸福为任。誓至专制政府既倒、国内无变乱、民国卓立于世界、为列邦公认，本总统即行解职。现在清帝退位，专制已除，南北一心，更无变乱，民国为各国承认旦夕可期。本总统践誓言，辞职引退[57]。

“清帝退位，赞成共和，承认中华民国”，就将临时大总统让与袁世凯，这是革命党人与袁世凯在惜阴堂主作保的前提下达成的协议。无论袁世凯用了什么手法请清帝退位并下了诏书，孙中山也不能不践行当初“虚位以待”的承诺。尽管共和之路在以后的成长过程中，出现了许多反复，但一个铁定的事实是，无论谁想恢复帝制,实行专制,都会立即失去人心。这就是孙中山及其他的追随者留给我们的最大的遗产。

黄兴在南京临时政府任掌军政之权的陆军总长和掌军令之权的参谋总长后,将革命党人和起义各部队重新整编,另设大本营,筹划北伐用兵事宜。南京临时政府,虽然为时甚暂,连同黄兴的南京留守府加起来为六个月十四天,但黄兴对军队的整编,却成为中华民国军制史上向现代化军队迈进的肇始。

首先,黄兴将南京卫戍部队和筹划中的北伐作战部队归于大本营兵站之下,其指挥部队和序列如下:

南京卫戍总督:徐绍桢。

江北(皖)第一军,司令官柏文蔚。

江北(苏)第二军,司令官徐宝山。

淮南各军,司令官孙岳。

淮北援军,司令官顾忠琛。

江南宁镇淞澄四路要塞,司令官官成鲲。

长江上游水师(湘、鄂、赣),李燮和。

长江下游水师(苏皖),总司令张通典。

其次,隶属于陆军部序列的共有五个军,二十六个师:

第一军(镇军),军长柏文蔚,初辖陆军第一(宁军,师长林之夏,后高佐国)、第二(沪军,师长杜淮川,后朱志光)、第三师(浙军,师长陈懋修),后改辖陆军第一、第四(苏皖合军,师长孙棨)、第九师(徐州部队,师长冷遹)。

第二军(扬军),军长徐宝山,辖陆军第十一、第十二师。

第三军(桂军),军长王芝祥,辖陆军第八(湘桂军,师长陈之骥)、第十七师。

第四军(粤军),军长姚雨平,参谋长李济深,辖陆军第二十二(师长林震)、二十四师。

第五军(浙军),军长朱瑞,辖陆军第六(师长朱瑞,后顾乃斌)、第二师。

沪军第一、第二师改编为中央陆军第十、第二十三师[58]。第二十三师原防区在上海松江以北至上海北站,南京临时政府成立后,除留一团驻守外,其馀各团渐渐进驻南京,故后来黄兴的留守府及江苏都督府卫队都有原沪军第二师的官兵。

对军队序列和整编完成后,二月二十一日,黄兴和李宝成、何澄等一百馀名将校军官联合发起组织了陆军将校联合会,其缘起为:

> 军兴时代，非多数瑰才荦识之士同德协力，以供国家之牺牲，未有能歼大敌、建伟业者也。征之历史，自古皆然。比者武昌起义，不匝月而光复十馀省，诚吾国革命史之特色。然北虏未灭，正吾辈枕戈待旦，为国家效死之秋。种族存亡、国家兴灭，在此一举。肩兹巨任，非有高尚之学术、卓越之精神、优美之道德，不足竟全功而巩新国。用拟邀集同志，结成一大团体，互相研究，互相箴勉，铸成中华伟大军人之资格，以共济时艰。此则某等组织斯会之本旨也[59]。

二月二十五日，何澄到南京三牌楼第一舞台参加将校联合会成立大会。定宗旨为："研究学术，增进道德，以期精神上之联络。"入会资格为"须陆军学校卒业，具有军事学识者，由会友一人以上介绍，得为本会会员；但有违反本会宗旨，及玷坏本会名誉者，经本会议决，得令出会"[60]。经选举，黄兴被举为会长，陈蔚为副会长。与会者中，以后活跃在军事和政治舞台者众多，如黄兴、蒋作宾、宁调元、何成濬、仇亮、李书城、黄郛、何澄、何应钦、张群、耿觐文等。所谓"国家多难，武事为先，欲谋辅助进行之方，必藉集思广益之力。是以纠合同志，创设陆军将校联合会，结成一大团体，互相箴勉，铸成中华伟大之军人，以共济时艰"[61]，在这些参加将校联合会的将校身上得到了很好的体现。

一九一二年六月十四日，黄兴在一日之内连发四篇通电和文告。在《解职通电》，称："自临时政府北迁，此间军队林立，亟待整理，大总特设留守机关，以资镇慑……幸赖各军将士深明大义，诚信相孚，得免重咎。自四月至今，与署内各员极力筹备整理办法，依次实行。约计宁垣军队，现已裁撤者数逾三分之一，其存馀各军队亦均商定办法，按期分别裁并。"[62]

在《布告将士文》中，黄兴表达了对裁撤自己部队的无奈和痛心，并对忠爱之官兵安置方法，进行了公告："以债殉国则国危，以民养兵则国困。诸君子痛国权之损失，慨民力之难支，于是减薪捐俸，以济时艰，裁兵归农，以节军费。此尤忠忱贯金石、义声震遐迩者也。兴（黄兴）对于我忠爱之军人，酬庸未竟，积歉方深，近日力谋所以安置之方法，规画甫定，略分两端：其一退职军官之补实也，其一退伍兵士之周恤也。军官补实之法，前已电请中央政府充准施行，一俟各军表造齐，即可按级请补。军士周恤之法，按照道里远近，除应给饷银外，酌发川资，必使安返里閰，不致流离道左。以上二者，必期实践，凡我将士，可无疑虑。惟兴自今之后，所殷殷期望于诸君子者有三：曰爱国，曰保民，曰服从军纪。"[63]

七月三十一日，陈其美亦请解除兵柄，将沪军移交给江苏都督程德全。程德全复任黄郛为参谋长，筹办南京和上海善后事宜。黄郛为顺利完成裁撤所属部队的重任，率先解散所部第二十三师，缩编为一个独立团，仍驻淞沪。八月三十日，黄郛致电袁世凯、北京政府陆军部、参谋部和程德全，报告取消二十三师司令部：

民国成立以来，国帑奇绌，险象环生，遣散兵队，实为救国第一要策。郛(黄郛)忝握兵符，时滋隐惧。虽本师兵数众多，服装武器，亦较完备，而回顾国库左支右绌之状况，实不忍再握重兵，加重负于国民，故早呈请江苏都督拟将所部遣散，以节国用，而纾民困。因遣散经费一时无着，不能迅速进行。盖虽不贪婪陆军师长之禄位，置国家大局于不顾，亦不愿徒窃取消师部之虚名，加未了难事于他人，故不得已延宕至今，始将所部陆续遣散归并。将校兵士，均深明大义，挥泪作别。现已一律完结，应请将师司令部即日取消。除径报江苏都督外，理合电闻[64]。

这是中国历史上军权归还中央的首倡之举，但沪军第二十三师自我裁撤，实属可惜。下属第九十团团长傅墨正在二十三师解散后曾不无遗憾地说："看看人家的队伍不像队伍，我们的真可爱呀，谁比得上我们的队伍？"[65]但黄郛和何澄都是有国家观念的人，他们没有私念，在当时那种情况下，做出了令此后拥兵自重的军阀们说起就感汗颜的正确决定。

八月十九日，何澄怀抱于中华民国元年二月十六日所生长子何泽民(后改名泽明)，膝下端坐长女何怡贞，在上海一影楼摄影留念。八月下旬与妻王季山回到苏州，正式退出军界，在苏州安家定居兴业。二十九日，在他准备解甲归田之际所摄的这帧照片背面，写下了《往事回想录》，给自己留日参加晚清新知识界团体，直至参加同盟会，归国后建立中华民国的革命生涯做了言简意赅的阶段性总结：

余同吴质夫先生同船东渡，时遇吴稚晖君，因送学生学陆军与蔡公使触，余将入清华学校，未一月即罢课。议论此事，年少气壮，不知利害。旋因俄横于满洲，学生组织义勇队。王小宋得政府赏，义勇队解散。与同志二三十人组织军国民教育会。孙中山东来，黄敬五(今号克强)议改组同盟会，于是成立。余深以军队革命事半功倍，由农而改学陆军，得良友蔡松如助得咨文，入振武，入联队，入陆军士官学校，同学中同党者颇多。毕业归国，人趋利禄，且道德坠地，人心险狠，余在北京唯闭门读书。旋欲享家庭幸福，与王季山女士结婚，结婚之现年生女怡贞。八月十九

一九一二年八月十九日，何澄与长女何怡贞、长子何泽明摄于上海

往事回想录 八月十九日摄此影于上海

余同吴贽夫步生同船东渡，时遇吴稚晖君，因送学生学陆军与蔡以使馆，余转入清华学校，未一月即发谋议论此事，年少气壮，不知利害，旋因俄横于满洲，学生组织义勇队，王以宗得政府畏义勇队解散，与同志二三十人组织军国民教育会，邀中山东来，黄兴五人（余係先後）议改组同盟会，于是设立余深以军队革命事关功，係由黎而改学陆军，得良友蔡松坡助，得入振武，入联队入陆军士官学校，因学中日光大日败，乃毕业归国，入赵利孙且随张德隐之，人心险狠，余在北京闭门读书，後欲享家庭幸福，与王季山女士结婚，次年生女恰庆八月十九年冬十月初三眷来上海，廿八年江浙反正

十九年八月十九何澄记于苏州十全街

何澄《往事回想录》

革命，九月初三眷来上海。中华民国元年二月十六日生我怀抱之爱儿泽民。

中华民国元年八月廿九何澄记于苏州十全街

九月十九日，临时大总统袁世凯授沪军吴绍璘、洪承点、黄郛为陆军中将，何澄未予授衔之列。但他在沪军第二师师参谋长军职上所作的种种贡献，却被当年上海许多朋友记着。上海闻人、《晶报》主笔张丹斧，一直尊称何澄为“何将军”。一九三〇年十一月，他到何澄家看文物，回来后即作一文，并亲书为人称道的柳杨体“何将军家看铜器”七字，配文刊发。也许，没有袁世凯授衔的“何将军”，何澄听着更耳顺。

张丹斧撰文并书《何将军家看铜器》报影（何澄旧藏，何泽瑛提供）

注释：

① 武昌首义第一枪，另有一说是工兵营吕中秋放的。一九四六年，首义人员开会时，吕中秋认为第一枪是他放的。开会时熊秉坤和吕中秋均在场。为了谁放第一枪的问题，两人吵了起来。吕中秋破口大骂，并赌咒说：“我的屁股把给别人做脸，第一枪是我放的，枪是我打的，功却被人领去。”还有陈定国、金兆龙之说等等。但考察各种史料，熊秉坤打出首义第一枪的历史地位，似无可撼动。

② 《恽毓鼎澄斋日记》(二)，第五五五页，浙江古籍出版社，二〇〇四年四月。

③ 沈云龙编著《黄膺白先生年谱》(上)，第二十四页，台北联经出版事业公司，一九七六年一月。《黄膺白先生年谱》中没有提及何澄也是随黄郛间道南下赴沪的人员之一，但据何澄在辛亥革命一周年时所写《往事回

想录》:“八月十九日革命,九月初三眷来上海”判断,何澄至少在十月二十四日前就已到沪。

④《恽毓鼎澄斋日记》(二),第五六五页,浙江古籍出版社,二〇〇四年四月。

⑤ 居正(一八七六～一九五一),原名之骏,字觉生、岳崧,别号梅川居士,湖北广济人。一九〇五年,听从盟兄陈乾劝告,自费赴日留学,投考法政大学预备部,旋加入中国同盟会。一九〇六年,张伯群、刘公与焦达峰等倡组共进会(同盟会外围组织)以联络各省秘密会社,组织章程均由其草成。一九〇七年,考入日本大学本科法律部。一九一一年二月,往汉口,与同志于武汉分设酒馆以作机关,积极联络新军,伺机起义。九月十六日,湖北革命党人决定迅速举义,派居正及杨玉如为代表至上海与宋教仁、陈其美、谭人凤等商讨,因有长江同时并举计划。武昌起义后,约集同志通过军政府组织条例,设官定职,规模初具,都督府秩序因以树立。旋又协助策划汉口、汉阳战守及商讨组织中央临时政府事宜。一九一二年元月,任南京临时政府内政部次长。一九一三年“二次革命”失败后,逃亡日本。一九二一年五月,孙中山就任非常大总统,被任命为总统府参议兼理国民党本部事务。一九二四年一月,在中国国民党第一次全国代表大会上当选为中央执行委员、常务委员。一九二五年十一月,被国民党西山会议派派任上海,任执行部委员。一九二六年一月,在广州举行的国民党第二次全国代表大会,对所有参加西山会议的人士均予以处分,居正也在其内。是年,在上海举行的国民党第二次全国代表大会被选为中央执行委员。会后,居正以组织部长名义独力在上海支撑,并创办《江南晚报》以作喉舌。但依国民党正统的观点,这一次的上海大会是非正统、不合法的。一九二七年十一月二十二日,南京民众大会后发生枪杀民众惨案,“打倒西山会议派”成为公开口号,且以居正为这一惨案的主使人之一。十二月三日,国民党中央执行监察委员联席谈话会决定将居正等十人先行停职监视,旋组织特别法庭,欲意治罪。嗣因蒋介石复职,居正等西山会议人士全部退出中央党部及国民政府,此一“罪案”亦无形消灭。一九三一年,国民党内部又进行团结,国民党第四次全国代表大会在南京举行,居正以第一届中央执行委员资格出席,被选为中央执行委员、常务委员,旋又被选任为国民政府司法院副院长。翌年一月六日,代理院长;三月一日,任院长。居正在这一职位任职长达十六年之久。一九四八年,以国民党元老身份,与蒋介石竞选总统,得二六九票,未获当选。一九四九年赴台。一九五一年十一月二十三日,逝世于台北。著有《辛亥札记》《梅川日记》等。

⑥ 宋教仁(一八八二～一九一三),名鍊,又作链,字遯初,又作钝初,号渔父,湖南桃源人。一九〇四年,华兴会在武昌密商起义,事泄,出走日本。初到东京,曾报名学习兵式操和马术,以备投考军事学校之用,但涉猎各种学科和研讨立国根本大计之后,转变了原先的学军事的想法,改入法政大学,后移读早稻田大学,仍习法政。一九〇五年八月,加入中国同盟会,任司法部检事。一九一一年,黄克强、胡汉民等筹谋广州“三二九”起义时,被推选为统筹课长,由上海至香港,草拟文告典章,于起义成功后革命政府组织所需要的约法与中央制度、地方政治机关的设施,都已纲举目张,累累备载。不幸此次起义又失败了,只好带着盛放这些文告法规的一只大皮箱潜回上海,并据失败之经验加以修改。在武昌起义之前,在上海与陈其美、谭人凤组成“中国同盟会中部总会”,作为长江起义革命的总机关。武昌首义成功之后,即奔走于武汉、南京、镇江、上海间,为各地临时军政府和中央政府的组织工作而出谋划策。章太炎自日本回到上海,曾

在报端称赞其"有钧国之才,民国政府第一任国务总理实非公莫属"！一九一二年,任南京临时政府法制局局长;四月,临时政府北迁,任北京政府农林总长,不久辞职;八月,联合统一共和党等组织中国国民党,任理事、代理事长,主张责任内阁,制定民主宪法,反对袁世凯专政。一九一三年三月二十日,被袁世凯派人刺杀于上海车站,延至二十二日逝世。著有《中国新纪年》《汉文法》《间岛问题》《承化寺说》等,系同盟会革命党人中"革命不忘读书,读书不忘革命"的典型。

⑦ 吴相湘著《现代史事论述》,第一二四页:《辛亥阳夏之战的重要性》,中国大百科全书出版社,二〇一一年一月。

⑧ 吴相湘著《民国政治人物》,第二～三页:《黄克强与辛亥人物》,中国大百科全书出版社,二〇一一年一月。

⑨ 毛注青编著《黄兴年谱长编》,第二〇九～二一〇页,中华书局,一九九一年八月。

⑩《恽毓鼎澄斋日记》(二),第五五五页,浙江古籍出版社,二〇〇四年四月。

⑪ 中国第二历史档案馆编《蒋介石年谱》,第十七页,中国档案出版社,一九九二年十二月。

⑫ 毛注青编著《黄兴年谱长编》,第二一〇页,中华书局,一九九一年八月。

⑬ 同上,第二一一～二一二页。

⑭ 李平书(一八五一～一九二七),原名安曾,字平书,后更名锺钰,号瑟斋,晚号且顽,江苏宝山人。上海光复重要领导人之一。早年入上海龙门书院读书。一八八三年,在上海《字林西报》主撰时论。一八八五年,中江苏乡举优贡第五名。一八八六年,获朝考一等第十名,历官隆丰、新宁、遂溪知县。一九〇三年,寓居上海,任江南制造局提调。一九〇五年,任中国通商银行总董;同年,被推举为上海城厢内外总工程局领袖总董。一九〇七年,任上海商团会长。一九一〇年,被推为上海城自治公所总董。上海光复时,其一手缔造的上海商团发挥了巨大作用。沪军都督府成立后,任民政长。一九一二年八月,弃政从商,在上海静安寺路东段开设大观书画古董店。著有《且顽老人七十自述》《新加坡风土记》。

⑮ 叶惠钧(一八六三～一九三二),名增铭,字惠钧,上海浦东人。经营豆米业。一九〇六年与张謇、马相伯、李平书等成立中国图书有限公司,编译出版学堂课本。一九一一年四月,与李平书、沈缦云等人在沪南新舞台发起成立全国商团联合会,被推举为副会长。是年,加入同盟会。沪军都督府成立后,任参谋部参谋。民国元年,任通阜司铁道科科长,上海地方自治会议员、参议员。一九一三年,任上海制造局总稽查。"二次革命",遭通缉,避走日本。一九一六年返沪,任总商会董事、公断处委员等。一九一九年,组织杂粮公会,任会长。一九二〇年,被举为豆米业公会董事长。一九二七年,任上海临时政府委员,后任上海特别市政府参事。一九二九年,改任市府建设讨论委员会委员,财政讨论委员会委员,国民政府外交部外交讨论委员会委员。

⑯ 王中秀编著《王一亭年谱长编》,第八十六页:李平书《且顽老人七十自述》,上海书画出版社,二〇一〇年八月。

⑰ 同上。

⑱ 中国第二历史档案馆编《蒋介石年谱》,第十七页,中国档案出版社,一九九二年十二

月。

⑲ 李燮和(一八七三～一九二七),名柱中,字燮和,号代钧,以字行,湖南安化人。先在上海加入光复会,后在日本加入同盟会。一九〇六年回国。萍浏醴起义失败后,赴香港南洋文岛滨港中华学堂、双溪烈埠启智学堂任教。后由香港前往英属新加坡,不久再赴荷属爪哇三宝垅中华学校任教。一七〇七年八月,转赴邦加岛的首府槟港市与李天邻开办夜校并担任教员。一九一〇年二月,章太炎、陶成章等原光复会成员在日本东京重建光复会总部,由章太炎任会长,陶成章任副会长,李燮和任光复会南洋执行总部执行员。一九一一年四月,应黄兴之约,前往广州参加黄花岗起义,失败后转移至武昌。辛亥革命时,被黎元洪委为长江下游招讨使,旋到上海联络驻吴淞等处湘籍防军,与陈其美筹划并领导上海光复起义。上海光复后,任吴淞军政分府都督。一九一二年,孙中山任命其为光复军总司令。南北议和告成,退出军界。一九一五年,在为袁世凯鼓吹帝制的筹安会发起人名单中,列有其名。一个当年坚决反袁的革命将领,寓居北京之后,竟成拥袁称帝之人,此种突转,不但令革命党人十分不解,就连他本人也觉懊恼,晚年曾自撰一联:"北顾效三呼,渡河杀贼虚初愿;南来欠一死,列简蒙冤愤晚年。"可见列名拥袁称帝是蒙冤之事。

⑳ 上海通社编《上海研究资料续集》(一九三九年八月),第一五八～一六〇页:《上海军政分府宣言书》,上海书店,一九八四年十二月影印本。

㉑ 沈云龙编著《黄膺白先生年谱》(上册),第四〇二～四〇三页,台北联经出版事业公司,一九七六年一月。

㉒ 徐咏平撰《民国陈英士先生其美年谱》,第七十三页,台湾商务印书馆,一九八〇年五月。

㉓ 李英石(一八八二～一九三三),名显谟,上海闵行人。一九〇二年夏随吴稚晖赴日留学。因成城学校入学事件,照料被驱逐出境的吴稚晖返回上海。一九〇四年,得官费再次东渡,入振武学校、陆军士官学校(第六期骑兵科)。一九一〇年毕业回国,参加学部举行的游学生考试,获举人出身,任武昌新军书局编译长。任职十月后,请调获补南京新军第九镇马标第一营管带。武昌起义爆发后,奉南京第九镇统制徐绍桢派遣准备在宁沪间定期发动起义,响应武昌,共图大举。十月二十三日,遇黄兴、宋教仁、陈其美、杨谱笙。黄兴、宋教仁认为李英石留沪组织军事革命力量,能孚众望,人地两宜(李平书为其族叔),与湖北密谋之事,可由黄兴、宋教仁趁张竹君率领的红十字会会员掩护至鄂时转达,无庸李英石再往武昌。计划即定,李英石遂电复徐绍桢,征得同意,遂留在上海军国民总会,联络留日返回的军事学生参加起义。上海光复时,任商团临时总司令。十一月四日,率商团配合各路起义军,攻克江南制造局,立下战功,被推举为上海商团总司令,旋任沪军都督府军务部副部长。一九一二年,任中华民国南京临时政府警备司令等军职。退出军界政坛后,无显赫事迹。

㉔ 王中秀编著《王一亭年谱长编》,第八十七页:李平书《且顽老人七十自述》,上海书画出版社,二〇一〇年八月。

㉕ 王一亭(一八六七～一九三八),名震,字一亭,号梅花馆主、海云楼主,别号白龙山人,

浙江吴兴人。十三岁时进上海慎馀钱庄当学徒，业馀时间在广方言馆学外语。一八八七年，为经营海运业务的天馀号跑街，后升任该号经理。一九〇四年，与张謇发起创办上海大达内河轮船公司并任董事长，后与沈缦云、李云书等相继创办和设立了信成商业储蓄银行、业成公司（经营地产业务）、立大面粉厂、华商电气公司、浦东电气公司等实业，为沪上著名工商业大亨。辛亥革命后，加入同盟会。上海光复，任沪军都督府交通部长，后改任农工商务总长。南京临时政府成立后，曾以私人信谊筹款九十一万元，资助南京临时政府。一九一三年七月，公开声明退出国民党并辞去上海总商会协理职务。北伐革命军定都南京后，先后被国民政府任命为中央救灾准备金保管委员会委员长、赈务委员会常务委员、导淮委员会委员。十馀年，先后捐款一亿元，救助了江、浙、皖、鲁、绥远、察哈尔、云南、贵州等十五个省市的灾民。王一亭还是书画大家。出版有《白龙山人画集》（四册）《二十四孝画册》《王一亭书画集》等。

㉖ 王中秀编著《王一亭年谱长编》，第八十七页：李平书《且顽老人七十自述》，上海书画出版社，二〇一〇年八月。

㉗ 沈缦云（一八六九～一九一五），原姓张，名翔飞，后改姓沈，名懋昭，字缦云，以字行。早年入培雅书院。光绪十五年（一八八九年）举人。一九〇六年，与人合资，在上海创办信成银行。辛亥革命前后，多次资助革命党人进行反清活动。一九一〇年，加入同盟会。上海光复后，出任沪军都督府财政总长。先后为革命垫款三十多万元。一九一二年，南京临时政府成立后，被委为驻沪理财特派员，后复委为劝业特派员，同盟会派为本部理财部干事兼南洋群岛交际员。孙中山任全国铁路总办后，发起组织中华实业银行，为筹备主任，次年该行在上海成立，任总经理。“二次革命”失败后，迁居大连。病逝于一九一五年七月二十三日（亦有一说，系被袁世凯收买国民党叛徒，将其毒死）。

㉘ 王中秀编著《王一亭年谱长编》，第八十七页：李平书《且顽老人七十自述》，上海书画出版社，二〇一〇年八月。

㉙ 徐咏平撰《民国陈英士先生其美年谱》，第七十三页，台湾商务印书馆，一九八〇年五月。

㉚ 王中秀编著《王一亭年谱长编》，第八十八～八十九页：李宗武《辛亥革命上海光复纪要》，上海书画出版社，二〇一〇年八月。

㉛ 沈云龙编著《黄膺白先生年谱》（上册），四〇三页，台北联经出版事业公司，一九七六年一月。

㉜ 上海市政协文史资料委员会编《上海文史资料存稿汇编》，第一三九页：胡治中《辛亥上海光复的前后情况》，上海古籍出版社，二〇〇一年十二月。

㉝《民立报》，一九一一年年十一月七日。

㉞ 伍廷芳（一八四二～一九二二），字秩庸，号文爵，别署观渡庐，广东新会人，出生于新加坡。十四岁时进入香港圣保罗书院习英语、算学、自然科学，一八五九年毕业。一八七四年，自费留学英国，入“林肯法律研习所”。一八七七年一月，完成学习科目，获得英国律师资格，成为第一个取得英国律师资格的中国人。返回香港后，中外人士都称他“伍叔”，备受尊敬。一八七八

年，被第八任香港总督轩尼诗任命为第一个华人"太平绅士"。一八八〇年，由香港当局聘为定例局（立法局）议员。一八八二年，入李鸿章幕府。一八八五年，任开平铁路公司总理。一八八七年，开平铁路展筑至天津，清廷将开平铁路公司改组为"中国铁路公司"，仍任总理。从此，以通晓通商、刑名、律例、万国公法，受到清廷洋务派的重视。一八九七年四月，出使美利坚。经常公开演讲，批评美国当时排除其他种族人群是不恰当的，希望尊重中国人，对美国民意和舆论发生了影响。一九〇二年十月离任回国。先后任商部左侍郎，外务部右侍郎，署刑部右侍郎等职。一九〇七年三月，再次出任驻美公使（兼任驻墨西哥、秘鲁、古巴三国公使）。一九〇八年三月十一日，清廷允准其请辞，由美赴欧洲游历考察后归国，寓居上海，未再出仕，寓所名曰"观渡庐"。武昌起义后，宣布赞成共和，并与陈其美、张謇等在上海发起组织共和统一会。南方各省光复，推为临时外交代表、议和全权代表。南京临时政府成立后，任司法部总长。袁世凯北京政府成立，即退居上海。一九一六年十一月十三日，黎元洪挽其出任外交总长。一九一七年五月，兼代国务总理，断然拒绝副署解散国会令。七月七日，念丧乱无日，毅然携带外交部印信到上海，在上海交涉使署，行署外交总长职权。一九一七年九月一日，倡导护法的孙中山在广州召开的非常会议上当选为军政府海陆军大元帅。十日，孙中山任命其掌外交。一九二一年五月，孙中山被非常国会举为非常大总统，成立正式政府，军政府撤销，任外交部长。十二月，孙中山赴桂林设立大本营指挥北伐，临时以其代行非常大总统事。一九二二年四月二十日，被孙中山任命为广东省省长；六月二十三日，病逝于广州。

㉟ 温宗尧（一八七六～一九四七），字钦甫，广东台山人。早年留学英国，先后在香港、北洋大学教书，后任清海关道洋务委员、修正中外条约参赞官、驻藏大臣参赞。一九〇九年，任两江总督署洋务顾问，外务部参议。入民国，曾任上海通商交涉使等。北伐后寓居上海。一九三八年三月，与梁鸿志等人在南京组织伪维新政府，任立法院院长。一九四〇年三月后，历任汪伪国民党中央执行委员会委员、中央政治委员会委员兼司法院院长。抗日战争胜利后，首都高等法院于一九四六年七月八日判其无期徒刑，翌年十一月三十日在狱中瘐毙。

㊱ 朱葆三（一八四八～一九二六），名佩珍，字葆三，以字行，浙江定海人。一八七八年，在上海开设慎裕五金店和新裕商行，从事进出口贸易。后参与创办和投资中国通商、浙江实业、四明、中华、江南银行、华安水火保险公司、绍兴轮船公司、永利公司等，并担任董事长等职，为上海金融工商界巨擘，近代保险业开创者。上海光复时期，正在上海道署任账房，致函各中外银行、钱庄，商借款项解决军需；十一月四日凌晨，密报上海道台刘燕翼已密电南京督署，谓上海革命党人起事，商团尽叛，两江总督已急命南京、松江两地清军向上海进击，并饬令无论革命党人或商团团员，捕擒后立即就地正法，等等。商团公会得此密报，认为进或不死，退则必须死，遂有死战制造局一役。晚年从事慈善事业。

㊲ 沈云龙编著《黄膺白先生年谱》（上册），第四〇四页，台北联经出版事业公司，一九七六年一月。

㊳ 黄沈亦云著《黄膺白先生家传·附追悼纪念册·故旧感忆录》，第一一一页：俞凤韶《追忆黄膺白先生轶事杂记》，台北文海出版社，一九六七年。

㊴ 王中秀编著《王一亭年谱长编》,第八十五页:李宗武《辛亥革命上海光复纪要》,上海书画出版社,二〇一〇年八月。

㊵ 黄沈亦云著《黄膺白先生家传·附追悼纪念册·故旧感忆录》,第一一一页:俞凤韶《追忆黄膺白先生轶事杂记》,台北文海出版社,一九六七年。

㊶ 上海通社编《上海研究资料续集》(一九三九年八月),第一六二页:《上海军政分府陈通告》(三),上海书店,一九八四年十二月影印本。

㊷ 朱育和、欧阳军喜、舒文编《辛亥革命史》,第三七一页,人民出版社,二〇〇一年三月。

㊸ 上海通社编《上海研究资料续集》(一九三九年八月),第一六二页:《上海军政分府陈通告》(一),上海书店,一九八四年十二月影印本。

㊹ 同上,第一六〇页:《上海军政分府檄南京文》。

㊺ 朱育和、欧阳军喜、舒文编《辛亥革命史》,第三七九页,人民出版社,二〇〇一年三月。

㊻ 沈亦云著《亦云回忆》(上册),第六十七页,台湾传记文学出版社,一九六八年四月。

㊼ 吴相湘著《现代史事论述》,第一三〇~一三一页:《辛亥阳夏之战的重要性》,中国大百科全书出版社,二〇一一年一月。

㊽ 毛注青编著《黄兴年谱长编》,第二三九页,中华书局,一九九一年八月。

㊾ 同上。

㊿ 同上,第二四一页。

51 徐咏平撰《民国陈英士先生其美年谱》,第一三九页,台湾商务印书馆,一九八〇年五月。

52 冯耿光(一八八〇~一九六五),初字幼伟,后改又微,广东番禺人。早年留学日本,为陆军士官学校一期步科生。一九一一年,任清廷军谘府第二厅厅长。南北议和时,为北方代表团分代表。一九一八年三月,任中国银行总裁,后一直在银行界供职。新中国成立后,任中国银行和公私合营银行董事。

53 许姬传著《许姬传艺坛漫录》,第八页:《从孙中山照片谈辛亥议和》,中华书局,一九九四年三月。

54 唐绍仪(一八六〇~一九三八),字少川,广东香山人。一八七四年,随第三批幼童赴美国留学,经过七年的学习,毕业于耶鲁大学文科。一八八一年,被召回国,先被安排在天津水师,转年,经李鸿章推荐随穆麟德去朝鲜帮设海关事务。一八九四年七月,袁世凯奉旨回国,以唐绍仪代办一切。一八九六年十月,升任驻韩总领事。一九〇一年,任职天津海关道。一九〇四年,奉命为议约全权大臣,赴印度与英国交涉西藏地方事务,直至一九〇六年,在北京与英国签订了《中英续订藏印条约》。该条约对藏英所签非法《拉萨条约》的内容做了重大修改,英国承诺不占西藏境、不干涉西藏的一切政治。一九〇五年十一月,署任外务部右侍郎兼会办东三省事宜大臣,同时又受任督办芦汉、沪宁铁路大臣。一九〇六年五月,出任会办税务大臣;十一月,又任邮传部左侍郎,主管全国铁路与邮政等事,仍兼外务部右侍郎及会办税务大臣等职。一九〇七年四月，改任奉天巡抚，以前所任各职皆免。一九〇八年七月，被清廷派为赴美专使，对退还中国部分庚子赔款致谢。返程时，游历英、法、意、奥、德、俄、比等国。一九一一年十一月，被袁世凯任命为南北议和北方全权代表。一九一二年三月，任北京临时政府内阁总理；六月，因与袁世凯政见不合，辞职，寓居上海。一九一九年，任南方军政府总代表，在上海与北京政府代表朱启钤举行民国历史上第二次南北议和会议。一九二九年四月，任广东中山县训政实施委员会主席。抗日战争爆发后，留住上海法租界，成为侵华日军组织傀儡政府重点拉拢出马的对象，重庆政府劝其离沪，避走香港未果。一九三八年九月三十日，在寓所被害身亡。此案至今是民国史上一个未解之谜。

(55) 上海市政协文史资料委员会编《上海文史资料存稿汇编》，第四一二～四二四页：杨小佛《辛亥前后的上海惜阴堂》，上海古籍出版社，二〇〇一年十二月。

(56) 许姬传著《许姬传艺坛漫录》，第九～十页：《从孙中山照片谈辛亥议和》，中华书局，一九九四年三月。

(57) 陈锡祺主编《孙中山年谱长编》（上册），第六五六页，中华书局，一九九一年八月。

(58) 高凤翰著《国民党军事制度史》（上），第一三七～一四一页，中国大百科全书出版社，二〇〇九年一月。

(59) 刘泱泱编《黄兴集》，第二一七～二一八页：《与李宝成等发起陆军将校联合会传单》，湖南人民出版社，二〇〇八年一月。

(60) 同上，第二三一～二三三页：《陆军将校联合会简章》。

(61) 同上，第二二〇～二二一页：《与蒋作宾等发起陆军将校联合会缘起》。

(62) 同上，第四四四～四四五页：《解职通电》。

(63) 同上，第四四七～四四八页。

(64) 沈云龙编著《黄膺白先生年谱》（上册），第三十二页，台北联经出版事业公司，一九七六年一月。

(65) 沈亦云著《亦云回忆》（上册），第七十三页，台湾传记文学出版社，一九六八年四月。

何澄旧藏“散车偶侍”白寿山章

十三　在苏州安居兴业

何澄携妻儿子女回到苏州的八九月间，孙中山赴北京，与袁世凯进行多次会谈后，接受了袁世凯特授的"筹划全国铁路全权"的任命，准备大规模修筑铁路；黄兴因袁世凯以黎元洪之电请名，杀害湖北革命党人张振武而中止北行，反复致电袁世凯诘责，后为顾大局起见，才携陈其美、李书城、张孝准、何成濬等人赴京。其时黄郛正与一见钟情的"女子军事团"团长沈景英热恋，故忙于与元配妻子吴守诚仳离。帝制推翻，共和肇建，家在北京的何澄本该回到北京的，之所以要在苏州安家落户，纯是因在保定陆军速成武备学堂和军谘府及此次南北议和会议期间，他对袁世凯拥兵自重、善变善掩饰自己的种种行径有着太多的了解，远离兵气太重的北京，是长于谋划的先知决断。

何澄携妻子儿女回到苏州后，并没有住在十全街王家老宅"怀厚堂"，而是在十全街租了两间房子暂住。这时，他看好离十全街王家老宅"怀厚堂"东邻只有一墙之隔的五龙堂口的一片空地，找到地主立约，买下八亩左右的地亩，随即便着手设计建造自己的第一处私宅。何澄所建造的这幢房屋建筑样式为日式，有专门的浴室。当时苏州粉墙黛瓦、钟鸣鼎食的人家还很少有卫生设备，可见何澄是何等注重给子女们营造一个可以养成良好卫生习惯的环境！正门右手旁有门房，厨房和饭厅是建在正门拐角五龙堂进口处的，与五龙堂王家老宅"怀厚堂"的厨房正好面对面，如果开着窗户，做饭时，两家人的菜香都可以飘过来，两家大人小孩隔着小弄堂，探出头来，就可互相搭话嬉戏。何澄建造这所房子时，很是艰苦，为了省钱，他常常是自己去背造房所用的柴草，有时回晚了，他连家都不回，就在草垛上睡一夜。一九一三年，整个房子造好后，起自己的私宅名并亲自手书为"灵石何寓"，由工匠镌刻烧制了一个长方形搪瓷匾额镶嵌在大门旁边的院墙（"灵石何

寓”四字匾额，后改放到黄色的木门的上方），“灵石何寓”门匾，开宗明义地标明了自己是从灵石移居到苏州的山西人；起宅名为“两渡书屋”，以示不忘生己养己的故乡两渡镇。在“灵石何寓”的界地十全街和五龙堂小弄的拐角处，何澄还立有一块不同寻常的界碑——“灵石共和堂何”。一九一三年三月二十日，袁世凯终于露出假共和、真军阀的真相，派武士英（即吴福铭）在沪宁铁路上海北站刺杀竭力“巩固共和，保育民生”的宋教仁，二十二日，中华民国民主宪政先驱第一人宋教仁流血牺牲。七月十二日，李烈钧在湖口起兵，讨伐袁世凯倒行逆施的“二次革命”爆发。何澄没有直接参加二次革命，但“灵石共和堂何”这块界碑，已鲜明地表达了他的共和立场。旧时北方一般人家，多将“泰山石敢当”石碑镇在村落巷口。据说这样做，不但可以镇压不祥，还会不辞暮夜至人家医病。在血雨腥风的这一年那两个月，何澄不惧袁世凯爪牙的暗杀，把自己拥护孙中山缔造的真共和刻石立在光天化日之下，立界碑镇压假共和的乌烟瘴气，没有革命党人的铁血气概，哪敢有这等行止？

何澄界碑刻石『灵石共和堂何』

七月底，二次革命失败，袁世凯格赏缉拿革命党人：“不论生死，一体给赏。”——黄兴十万元，陈其美伍万元，黄郛二万元，李书城二万元。参加二次革命的国民党人不得不纷纷逃往日本。黄郛和沈亦云一开始逃到长崎一家亲戚名叫“昇昌裕”的商栈，改名换姓，后由店经理安排他们到一

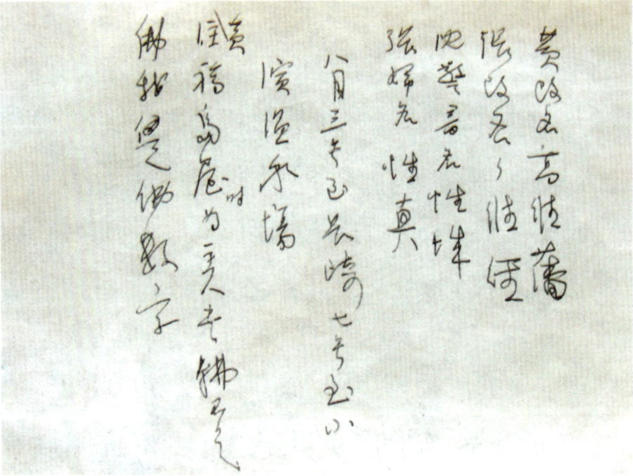

何澄记黄郛、沈亦云、张群二次革命失败后避难日本时改名及为福岛屋主人题词的便笺（何澄旧藏，何泽瑛提供）

处地名叫小演的温泉山里的一家旅馆居住，才避开了日本警厅的注意。据沈亦云回忆：黄郛“这次在山里，将几个月来政治和战争的烦恼暂时搁开，有机会反省一下，十分有益。[①]”与黄郛夫妇同行的还有张群和沈亦云的妹妹沈性仁。何澄十分关心他们这些革命党人的下落。也许是通过日本邮船株式会社长崎支店赤司广乐园为新建的“灵石何寓”购买花木之时，也许是通过另外的革命党人或同情革命党人的日本人之口，何澄得到了黄郛和张群的消息：

> 黄(郛)改名高维藩，张(群)改名高维经，沈警音名性珠，张妇名性真。
>
> 八月三号至长崎，七号至小演温泉场。
>
> 黄住福岛屋时，为主人题“佛不是佛，我是佛”数字。

“两渡书屋”盖好后，核物理学家何泽慧就出生在这里，再加进进出出院门的那块“灵石何寓”匾额，所以何泽慧从小就认定自己虽然是出生在苏州的女儿，老家还是在山西灵石两渡。一九九七年八月十七日，何泽慧在二女儿钱民协、儿子钱思进的陪伴下，前来灵石两渡访亲寻祖。她到父亲何澄出生的“小院”仔细观

雪中的“灵石何寓”

灵石何寓院内的“两渡书屋”(何泽明摄,何长孝提供)

一九九七年八月十六日，何泽慧在祖籍灵石这块陨石前倾听天籁之音(何文苑提供)

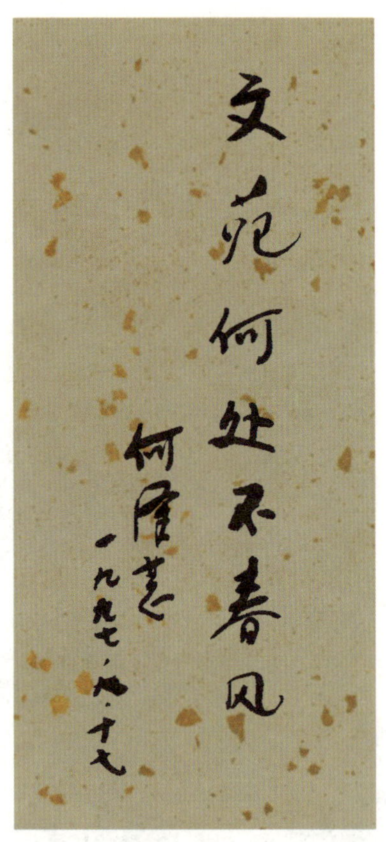

何澄儿女在“两渡书屋”（左起：何泽平〈早逝〉、何泽明、何怡贞、何泽慧）

何泽慧为族孙何文苑书“文苑何处不春风”（何文苑提供）

看，听族人讲父亲小时候的故事，凡两渡的事情她都感兴趣来精神：为两渡中学题写了古拙遒劲的校名，为大力弘扬两渡何家“科学救国”、“教育爱国”精神的族孙何文苑题写了“文苑何处不春风”书轴，把何文苑姓名暗嵌在七字之内，显现了何泽慧深厚的古典文学功力，其字灵巧轻盈，情重心怡，可称晚年书法的精品。

一九二〇年前后，因家里子女渐多，原先所盖“两渡书屋”已不够住，何澄又在“两渡书屋”东南边盖起了一幢二层的“灌木楼”。

“灌木楼”前后进连廊檐共长四丈四尺二寸，宽三丈八寸。墙身为三并砖灌顶，美松洋地板，有对扇玻璃，门窗带雨淋板。底层为两大间，楼上为五间。因春冬之季，苏州室内阴冷，何澄特意加增了全自动自来水卫生与暖气设备。之所以把这幢二层小楼冠名为“灌木楼”，实因何澄非常喜欢清乾嘉时期雅负盛名的汉隶大家桂馥所书的“灌木楼”匾额。不知此匾是何澄曾祖父何道生的遗留，还是何澄

何澄在灵石何寓院内亲自设计的“灌木楼”（何泽明摄，何长孝提供）

何澄私宅“灌木楼”客厅正墙悬挂着桂馥所题“灌木楼”匾额（何泽明摄，何长孝提供）

“灌木楼”前的菊花（何泽明摄，何长孝提供）

灵石何寓院内的林荫道（何泽明摄，何长孝提供）

花木映掩的“灌木楼”和假山前的石佛龛(何长孝提供)

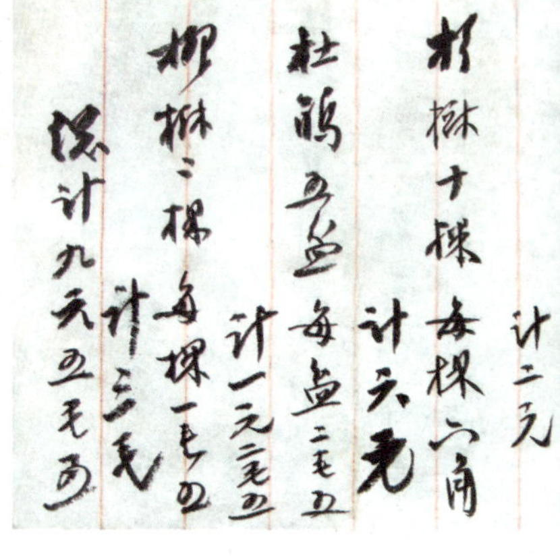

计二元
松树十株 每株六角 计六元
杜鹃五盆 每盆二毛五 计一元二毛五
柳树二棵 每棵一毛五 计三毛
总计九元五毛五

何澄所记购买花木便笺

购自明末清初八分书大家郑簠(一六二二~一六九三,字汝器,号谷口,江苏上元人,室名为灌木楼)后人散出之物。总之,他认为“灌木楼”的诗意与谢灵运《山居赋》中的诗句“修竹葳蕤以翳荟,灌木森沉以蒙茂”很吻合他做人做事的性格,于是就把这块匾额悬挂在客厅正面的墙上,楼名也就称为“灌木楼”。由是,他的别署又多了一个——“灌木楼主人”。

“灌木楼”前,何澄精心修造了一座花园似的花木山,东西走向有一条山石铺就的曲径,东首有一座石龛,往前是一潭池水。沿石径而上,可见翠竹环绕的太湖怪石,虬树卷着石笋,细密的丛竹,山台上有草亭,石桌石凳……

一九四〇年前后,何澄在“灌木楼”南边又加盖了一排小洋房。这一排小洋房分为两个居住单元,每个居住单元各三间,有后院,后院另有放杂物的小屋。这两幢地界在蔡贞坊与五龙堂之间的小洋房,何澄本来是留给在德法留学的二女儿何泽慧和守护自己得心应手的三女儿何泽瑛住的(在阔家头网师园大门南边还有一幢,是给大女儿何怡贞的),后来因为生活拮据,不得不对外出租。我国流体力学家、理论物理学家周培源和《申报》总经理马荫良都曾在此居住过一段时间。

从建造“两渡书屋”到“灌木楼”落成后的十年间,何澄在“灵石何寓”广植花木,有些花木甚至是从日本购买回来的。据其手迹,“买杨枫二棵,松树十棵,杜鹃一盆,柳树二棵”。及至三四十年代,“灵石何寓”围墙上的爬山虎(地锦)已青翠满目,迎门不远处矗立的雪松高挺且有伞盖,雪松周围陪衬着各种松柏;绿荫斑驳下平坦的通道两旁,栽种着各种花卉树木,植物也由矮小艳丽的花卉而至高大雄伟的松柏,幽悠而深奥,刚到访者甚至一下都不知道房屋在哪儿。

何澄喜爱花木是出了名的,对花草树木有很浓的心结,凡他没有种养过的品种,见到看到或只是听到过,就会托亲友给他寻找:

友人致何澄信函(何澄旧藏,何泽瑛提供)

> 真山吾兄:
>
> 前送上之芦笋种法:第一年,指下种,在四月间;若分根,则在三月间(纸上宜改正)。依照第二年办法,翌年即可收获矣。请注意,弟之所编者,乃金陵农场专家梅君所口述,决无误也。

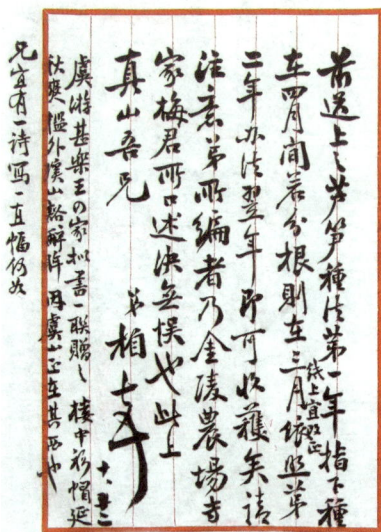

有一段时间,何澄甚至不顾中国社会文明发达程度,还想在天津开一花肆。他给管凤龢去信商谈此事。管凤龢时在八里台吴家窑开办新农园, 种植花卉树木,在回复何澄的信中说:

> 弟意专事莳花,按之社会程度,纵览者决无多人,决不专开支种,非土产之花木,水土异,宜其始必多损失。此事应先物色得相宜之土地,从种菜园入手,渐渐及于花草。卖花利亦甚厚,初时恐销路不多耳(花不如蔬菜日用所必需)。

管凤龢既是这方面的官员型专家,又与何澄沾亲带故,他的话,当然有分量。何澄想想也是,开花肆,专事莳花的想法就此打消。

“灌木楼”本是一座普通不过的实用住宅楼,唯一与苏州当时一些名楼有异

管凤穌致何澄信函（何澄旧藏，何泽瑛提供）

的是楼内有供暖设备。但“楼以人名”，再经当时一批顶尖的文人墨客常来观赏字画，吟诗作画，“灌木楼”渐成名楼。

何澄好友、金石家、草章大家王蘧（字秋湄，号秋斋，别署觉岸草堂）作诗赞何澄从“两渡书屋”到建造“灌木楼”，是一种从景到林邱的巨变：

> 寻诗读画得欢酬，吴下相携过十秋。
> 尚忆旧村从两渡，今看灌木起重楼。
> 孤怀睥睨能专壑，世业峥嵘本寄沤。
> 庸谓薄吟堪赋物，愿分清景到林邱。

近代书画大师谢稚柳的长兄、江南才子谢玉岑亦云：“亚农先生所居灌木楼，屋外丛树蔽天，坐卧楼中，吟诗读画，视如神仙。”

一九三一年四月二十日下午，吴湖帆到“灌木楼”借观“灌木楼主人”的北宋拓本《麓山寺碑》，回家后在日记中叹曰：“亚农园中之树十年来皆茂密成阴，布置又极曲折，地虽不大，颇具深致。”[2]

一九三三年一月三日，何澄的几位老朋友，亦是正社[3]画友张大千前来苏州，谢玉岑陪正社画友张大千来灌木楼造访，何澄又请吴湖帆、彭恭甫[4]、陈子清[5]、孙伯渊[6]前来欢聚。纵观何澄收藏的前贤名迹，其中明末清初大书法家王铎的书画尤多，大伙儿因此戏谓这位亚农八兄和正社社长的“灌木楼”名甚好，但收藏了这么多的王铎的作品，居屋该叫“觉林”（王铎别号觉林）岂不更加有趣？乘此兴意，何澄就请这些正社画友合作一幅《灌木楼图》，于是吴湖帆、张大千合作了“灌木楼”主图，陈子清加绘了小桥流水，彭恭甫缀石灯、石龛，谢玉岑赋诗并记。图成，吴湖帆题跋于上：“《灌木楼图》，亚农表襟丈属题，壬申（一九三二年）冬日，弟吴湖帆。”

吴湖帆和张大千等书画家合作的“灌木楼”图，把正社雅集的地点画在了“两渡书屋”，而把他们的“社长”——何澄却点墨在“灌木楼”楼头，远远地探望着他们的一笔一墨。

当天晚上，这一伙画痴画友又移会到彭恭甫家里吃饭。饭后，张大千、何澄合作了一张仿石涛画，张大千画水仙及瓶座，何澄画松，谢玉岑画梅，陈子清画柏，彭恭甫画竹，吴湖帆画兰及瓶[7]。水仙、竹、兰、梅、松、柏为中国文人心目及画笔下的“六君子”，由当晚六位画友各画一君子，实是一幅真正的“六君子图”。

一月十五日，何澄携吴湖帆、张大千等人合作“灌木楼图”至吴湖帆的“四欧堂”，时叶恭绰、张大千均前来，何澄请叶恭绰在《灌木楼图卷》上题词。叶恭绰欣赏之余，觉得灌木楼上不应只有何澄而没有其妻王季山，建议不妨把楼头的何澄渲成女相，“而别貌主人于篱落间”。众人皆叹

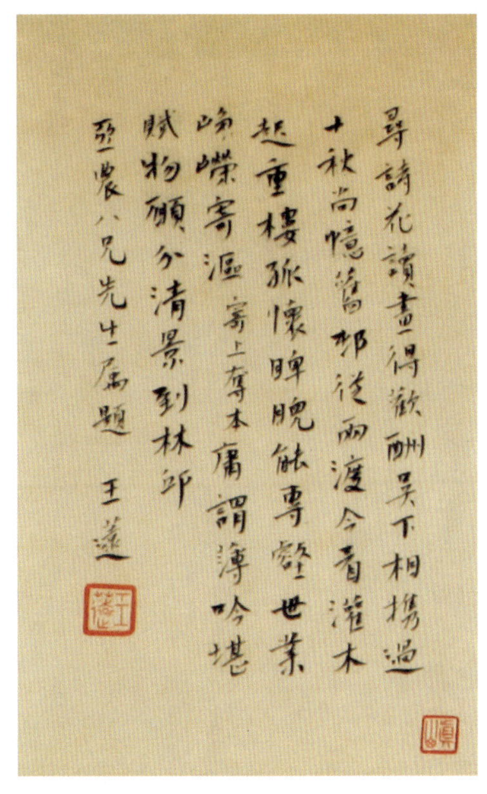

王蘧（秋湄）为《灌木楼图》题诗

许，何澄遂用笔将自己改为女相，以示贤妻王季山。于是叶恭绰将这段墨林今话，题于画上。接着，何澄又请密友张大千题诗一首，其诗曰：

高卧松云谢远图，旧游清閟富三吴。
岁阑风雪天如墨，醉眼重温折股书。

同年，何澄又请莲池书院的学长、此时已成为藏书大家的傅增湘题诗。傅增湘请何澄小候片刻，便吟定小诗四章，题于卷上：

豪气销除水石亲，买园幸与网师邻。
袖将搏虎居龙手，来作移花种竹人。

掩蔼清阴绿上楼，墨卿题榜为君留。
评书读画闲中趣，入社琴尊集胜流。

宝轴牙签甲乙开，英英虹月照苏台。
似闻蓬岛鸡林客，争拜云林阁下来。

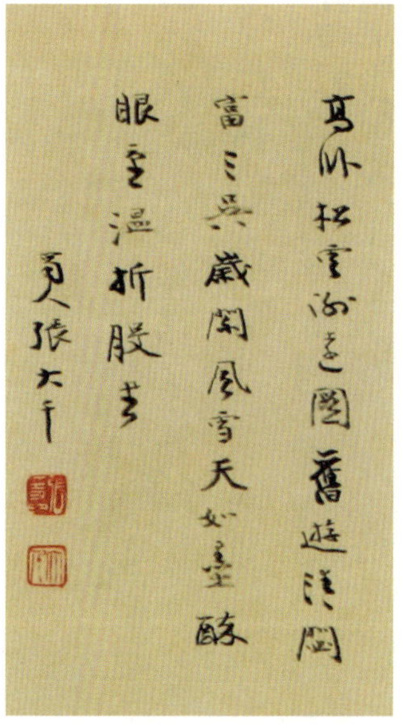

张大千为《灌木楼图》题诗

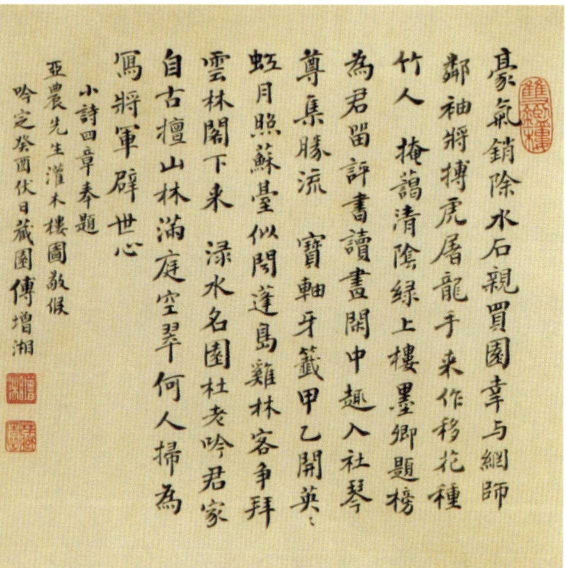

傅增湘为《灌木楼图》题诗

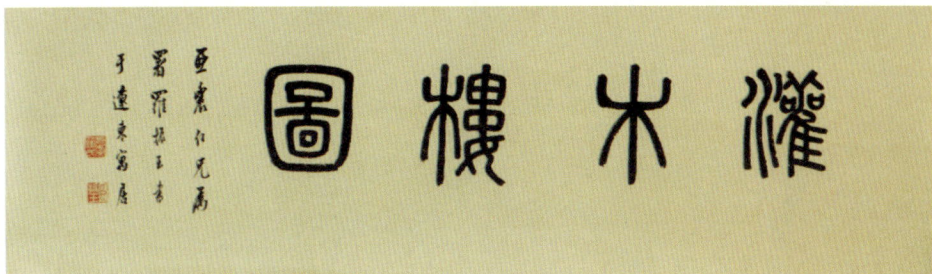

罗振玉为《灌木楼图》题引首

　　渌水名园杜老吟，君家自古擅山林。
　　满庭空翠何人扫，为写将军辟世心。

傅增湘结合何澄推翻帝制，建立共和的人生经历，吟出了“满庭空翠何人扫，为写将军辟世心”的诗句。翰林出身的傅增湘，曾经政坛风云多年，所以他的题诗总有一般书画家所没有的政治含义。这两句诗真是好极了，十分贴切“灌木楼主”的心迹。

一九三三年，何澄到大连，请罗振玉题写了引首《灌木楼图》。此图册在何澄手里展读了七年。一九四〇年冬日，从一九一四年起，就与何澄在文事上往来不绝的宣哲（别号宣古愚）前来“灌木楼”造访何澄，何澄请宣哲再作一幅《灌木楼图》。宣哲看了傅增湘的题记后，在作《灌木楼》图时，专门在“灵石何寓”院内画了一个持帚扫院的人物，此即何澄，从而填补了傅增湘“满庭空翠何人扫，为写将军辟世心”诗句的空白。宣哲作好《灌木楼图》后，尚有赞“灌木楼主人”和“灌木楼”的长篇诗句：

　　倾盖知三绝（君工诗书画），驱车访十全（君所居街名）。
　　到门高柳合，扑地偃松圆。
　　酌酒忘炎暑，调冰接暮天。
　　琳琅看不厌，岸上米家船。
　　闻道归装好（曩岁，君携归杙敦两器及周秦鉨印数十钮，驰书见告，遂来吴门纵观），幽并忽倦游。
　　逶迤遵曲径，突兀见高楼。
　　庭广浓华聚，窗明远岫收。
　　长悬徐孺榻，恨我不能留。

何澄旧藏吴湖帆、张大千、彭恭甫、陈子清合作《灌木楼图》(苏州博物馆提供)

何澄旧藏宣古愚作《灌木楼图》（苏州博物馆提供）

斯世知何世，斯人竟可闲。
移灯然石里，凿井汲花间。
剪树成新句(君督园丁修树有诗)，
名楼得旧颜(君得桂未谷分书灌木楼额遂以名楼)。
东南吟眺处，屋角有何山。
深羡君偕隐，还招我结邻。
重为看竹客，不见咏花人(去年夏至日访君，适出游未值)。
天坠方忧杞，身安即避秦。
遥怜一尺面，又作昔年春(君外出牡丹盛开)。

亚农先生属作灌木楼第二图，媵以律乞正
愚公弟宣哲

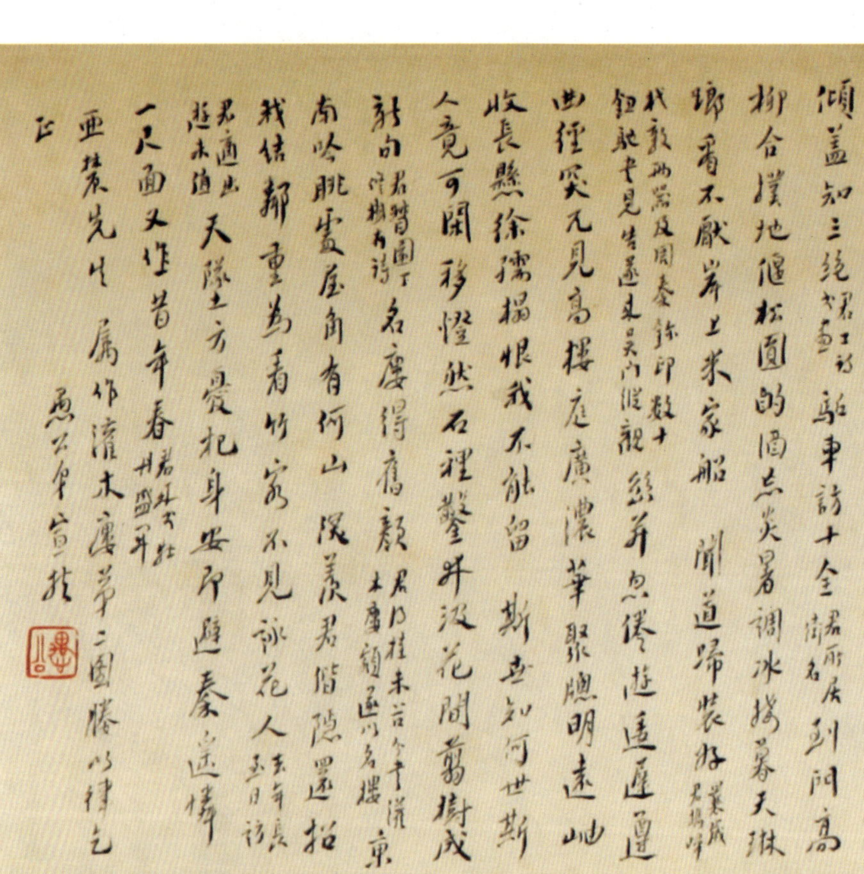

宣古愚为《灌木楼图》题诗

何澄对此感慨良多，不禁作题记曰：

> 余与宣古愚先生交游已逾十五年，真是倾盖如故，白首如新。先生每来苏州，必过敝庐。爱余园林之幽，知余性情之诚，纵谈今古，乐而不倦，故作此图，无异真境。先生誉吾诗书画三绝，实先生之自道。先生画法之高古，诗意之深厚，尤可感佩也！

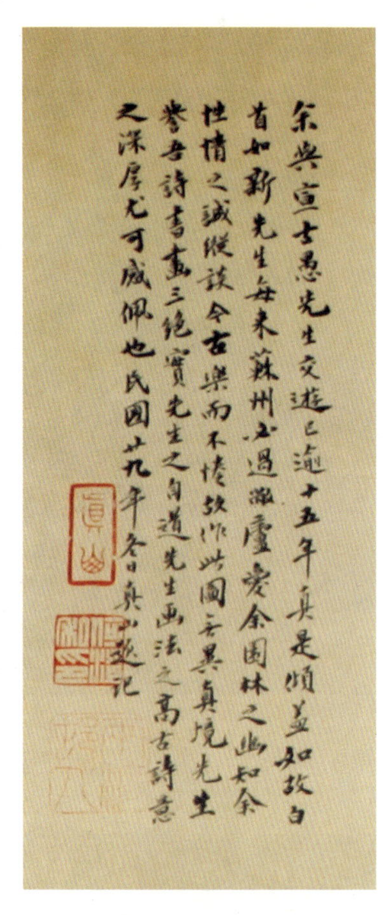

宣古愚为何澄作《灌木楼图》后，何澄题记

其后，何澄将正社画友合作的《灌木楼图》和宣哲所作《灌木楼图》装裱成册，题为《正社画友合作及宣古愚独作灌木楼图》予以珍存，使之这册集民国顶尖书画家、学者所绘所题于一身的画卷，成为他所珍藏的为数不多的民国画家画作之一种。

“灌木楼”、“两渡书屋”也不全是文人墨客热闹的地方，还有一些政坛幕僚亦来交游。在这个小园内，就曾留有刘守中[⑧]、薛笃弼[⑨]和赵丕廉[⑩]的身影。

最为奇怪的是，“灵石何寓” 还有中国自由知识分子小团体中重要的一员及深受“新月社”成员爱戴的王徵（字文伯）经常出入。

王徵，吉林宁安人，早年留学于美国哥伦比亚大学，获经济学硕士学位。回国后任美国新银行团秘书。一九二七年八月，任南京国民政府财政部钱币司司长；十月，任铁道部常任次长。一九二九年兼任平奉、平绥铁路局局长；九月，因白崇禧出逃京津案牵涉，遭拘捕；十一月，任铁道部理财司司长。一九三六年十二月至一九三七年十一月，任浙江省政府委员兼建设厅厅长。一九四一年二月，在国防最高委员会新设立的中央设计局任职。一九四六年二月，任中苏双方正式组成的中长铁路理事会中方理事长代表。一九四七年十二月，任长春铁路公司监事会副监事长，全国经济委员会编译室专员。一九四八年六月至十月，任行政院政务委

南京国民政府委员刘守中在“灌木楼”(何长孝提供)

冯玉祥高级幕僚、国民政府内政、卫生、水利部长薛笃弼(左),阎锡山“联络部长”、国民政府蒙藏委员会副委员长赵丕廉(中)与何澄在“两渡书屋”前(何泽明摄,何长孝提供)

中国自由知识分子小团体中的重要一员、南京国民政府铁道部常务次长王徵（文伯）与何澄三子何泽源、四子何泽诚在灵石何寓院内玩耍（何长孝提供）

员。新中国成立前夕，去美国定居。

王文伯人极有趣，好说“打油话”，好唱“打油腔”，何澄的孩子们很喜欢他来。

一般人都是安居才能乐业，何澄却是安居与乐业同时并举。差不多在造“两渡书屋”的同时，他就着手建造厂房，准备开办益亚织布厂，出产爱国布。益亚之名，想必是开办之后有益于何亚农的一种暗示吧。

何澄之所以要开办织布厂，一是苏松地区是中国最大的手工棉纺织业区，开办于一八九六和一八九七年的苏经丝厂和苏纶纱厂揭开了近代民族工业抵御洋布的序幕，利用产地集中的便利优势，可在大则消耗过甚，小则无竞争力之间，寻找到一种中型企业合理生存的空间；二是因为侄儿何浙生曾在北京办过一个名叫“和最时”的织布厂，以“荷花”牌袜子为最著名。“和”、“荷”都与“何”同音，“时”是代表何浙生，这个厂名颇有些谐音格——“何泽时”。然而事与愿违，何浙生的这个织布厂，在大英帝国和日本帝国的那些舶来品面前败下阵来，“和最时”最终倒闭。工厂易手他人后，何浙生把家中早已空出没用的马号修葺一新，改为车间，运回十几架织袜子的机器，留下一些熟练工人，在家里继续织“荷花”牌袜子。尽管工厂缩小了规模，降低了成本，出产还是不能和洋货竞争，只好被迫停工。何澄当时办厂，想借用的是何浙生办厂、印染和销售经验。

何澄在苏州安家办厂，苏州王家最高兴的是王季玉和王季烈。

何澄和王季山怀抱儿女回到苏州时，王季昭和王季玉已前往美国留学。王季山写信给三姊王季玉，告诉她和何澄的近况并顺便说了说家里最近一段时间所发生的大事。十月二十二日，王季玉给王季山回了信：

锺弟呀：

我真的十分的快活，收到你的信，告诉我家里发生的一切事情。最快活的就是听到你们买了五龙堂的地皮，想到以后要在那里建立家庭，我是何等的高兴，这样的话我们以后仍旧可以在一起了。亚农哥办个织布厂，兴旺住在哪里？

搢如（王季常丈夫程钟绅）真是命苦，死得那么早。坤弟（王季常）近来境况怎样？他们家的三姨太找到没有？现在家里大小事情都由谁做主？坤弟是否更加难做人了，还是反而好些了？请你将家里的一切情况详细地告诉我……

近来中国境况究竟怎样？见外国报纸上说，袁（世凯）已经正式被选举为总统，国内民众的心情如何？近来各处是否都稍微平静点了？望你常常写信来告诉我，无论什么事情我都十分欢喜听的。如果寄信觉得费用太贵，那么你可以写些明信片寄给我。向各位问好！

姊玉上

十月廿二日

王季烈之所以高兴，是因为他决不仕民国，避地天津，等待时机让逊位的宣统皇帝复辟。看到当年加入到革命行列的妹夫没有参加"二次革命"，在苏州安家兴业，他以为何澄不再是革命党了，所以在办厂方面为何澄出了不少力。如王季烈从天津新沽怡和里十五号寄何澄明信片所云，曾帮何澄代买木机所用铁件及织布的梭子等物：

亚农妹丈大鉴：

前日奉赐示后，即往购木机用铁件十二付，价洋八元八角，又得杼十二个，得杼八个，共计洋十九元一角四分。此次之杼，系另一家所购，每千四日七角六分，较劝江贱四分，惟不知货物稍逊否？乞试用之。该件于昨日托奉天船蔡姓带至上海，乞转告涵之点收为祷。津地尚安谧，然

风鹤亦时有所闻，只好听之而已。此请
近安。
兄烈顿首
四月七号

亚农妹丈阅下：
奉示已悉。洛生之件尚未送来。昨来函询此间有人南旋否？兄答以："郑孟哲（孟哲即树人之嫡堂兄）明年（阴历）正月初五前准南旋，如年内另有他人则更好，但不易觅耳。"该件是否必须送苏州？倘尊处有人在浦口转交沪宁铁路，则托孟哲交津浦铁路寄，浦口当天天有便，否则只好俟孟哲矣。农事冬日无可进步。南方时时有暗杀事，可叹可叹！吾辈想望太平，不知何日得达目的也。此请
双安。

烈顿首

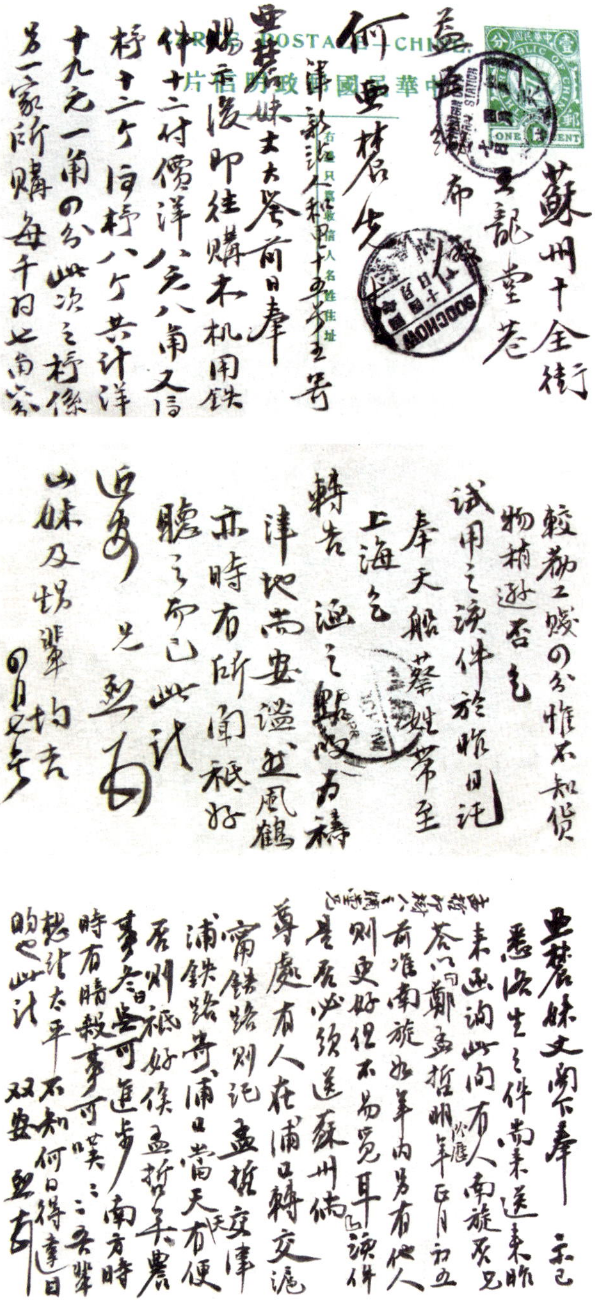

王季烈寄何澄明信片（何澄旧藏，何泽瑛提供）

王季烈寄何澄明信片（何澄旧藏，何泽瑛提供）

五弟（王季绪）过此，直赴京未见面。苏州今年田租如何？近日市面如何？黄涵之在上海亦办织布厂，未知情形如何？曾来请教一切否？怡珍（贞）、泽民想均异常活泼矣。山妹想安好。常妹近状如何？又启

腊月十九日

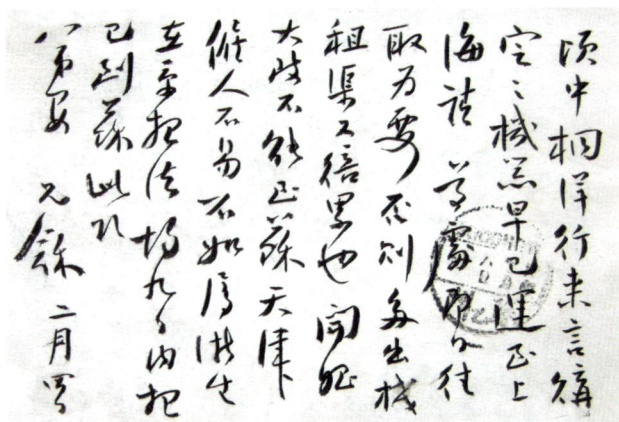

管凤龢寄何澄明信片（何澄旧藏，何泽瑛提供）

姻亲管凤龢也帮助何澄代买铙件、机器和帮找熟练织工：

八弟手览两诵：

……

购铁件是何名目，是何形式？当所详示。画一略图，以免舛错。封河以后，邮寄实不便，如均九（王季烈）回南，交邮尚妥。已函问均九，何时成行再议。

……

兄凤龢拜

十二月十八日

顷中桐洋行来言，购定之机器早已运至上海，请尊处即日往取为

要。否则，多出机租，渠又赔累也。闻侄大致不能至苏，天津雇人不易，不如嘱浙生在京想法。均九日内想已到苏。此颂　八弟安

兄龢

二月四日

管凤龢复何澄信函(何澄旧藏，何泽瑛提供)

何浙生回复何澄询问办厂染布的种种情形：

八叔大人尊鉴：

连奉手示，敬悉一切。渐宣春序，生意自必兴隆矣。迩来京城布价，厂中售大洋四角，四尺布，店则稍昂耳。线价日涨，而各厂布反落，不解何故。侄厂仍照去年之价，京师各号均嫌贵，如李仲年等等。厂素布仅售五元一二。樊叔处闻亦减至五元四，如此竞争，损失故不可。

受叔(按：何宝泽，字受孙，民国二十年前后，曾任陕西米脂、定边、洋县、宝鸡县县长，杜聿明系其堂兄)前考知事，拟将工厂出倒(出割)，嗣因落第，闻已赴津购线。该厂弊深，侄故不敢接办。又闻拟倒与管姑丈，移至天津。马车行一说，恐亦靠不住。千四杼已函托悦来栈通运公司在津代购，寄上海该联号。如寄苏不便当，须饬人往取。俟伊有回信当再飞函奉。

闻染线汽染最好。北京只有琉璃厂工艺局内一家，其锅炉系造烟卷者，因歇业改造胰皂，及染线用其机，价须三四千元。染线时铁管通于染锅内，少刻染锅即开，线丝用绳系好，吊在横竿上，时时翻动翻动，一机可装三四染锅。然此事亦要有经验。该厂徒弟亦有染花时，而其经理人确有把握颜色鲜明且无花弊。其他线店，直不可靠。日昨在益庆德(其价廉)所染之线丝正灰而其色竟带红，不得已仍送汽染厂矣。

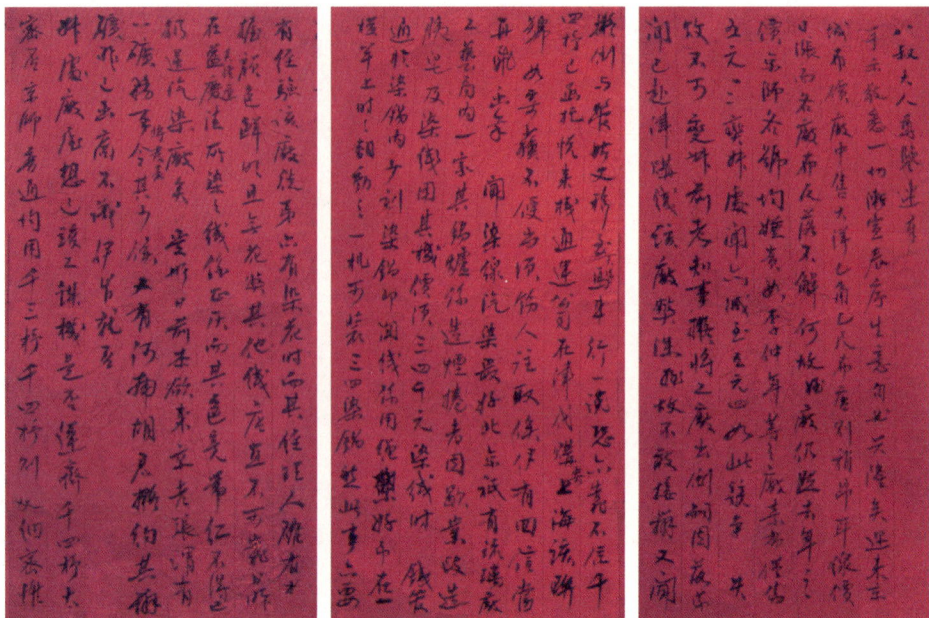

何浙生致何澄信函（何澄旧藏，何泽瑛提供）

受彤日前本欲来京，老张谓有一矿务事将发表，令其少候。又有河南胡君拟约其办矿，昨已函商，不识伊肯就否。

叔处厂屋想已竣工，铁机是否运齐？千四杼太密否？京师普通均用千三杼，千四杼则更细密……［按：此后信件缺失］

帮助何澄办厂的当不止上述这些亲友，王季常当年也曾借钱给何澄用于资金周转。

何澄所办的益亚织布厂，约开办在一九一三年后半年。盖厂房所用的木料是从日本长崎赤司广乐园购买的，共计二十八立方尺。织机是仿造日本脚踏铁木机，以脚踏飞轮为动力，传动齿轮、杠杆，将开口、投梭等连锁，形成一体，效率比传统手拉梭织机增加数倍，这种仿造的脚踏织机益亚织布厂共有四十台，布幅为二点四市尺，月出布二百七十达。

出布后，何澄将品牌命名为爱国布，其中一种丝光布质量很好，销路还不错。何澄在上海的报纸上打宣传广告，引得南洋爪哇首埠巴达维亚（今印度尼西亚雅加达）振林公司还专门来函商其批发、包销或专卖。

代销的商家到月底才能回款，期间资金周转不灵的事也常常发生，为维持简单的再生产，不得不与亲友借款：

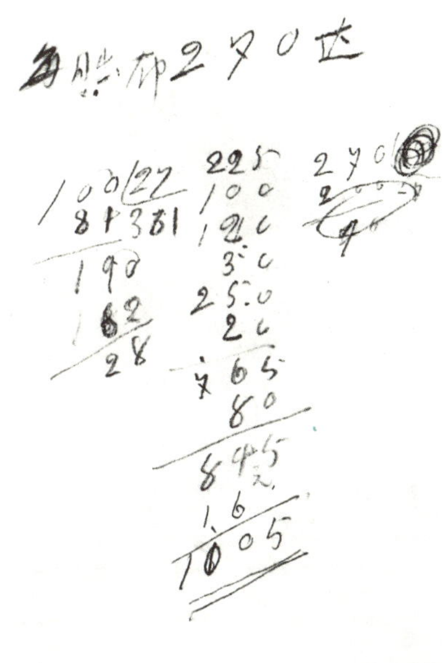

何澄自记益亚织布厂每月出布量（何泽瑛提供）

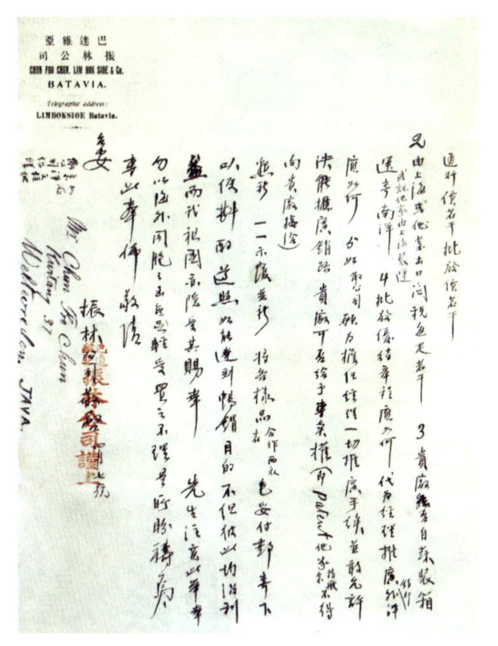

振林公司致益亚织布厂书函（何澄旧藏，何泽瑛提供）

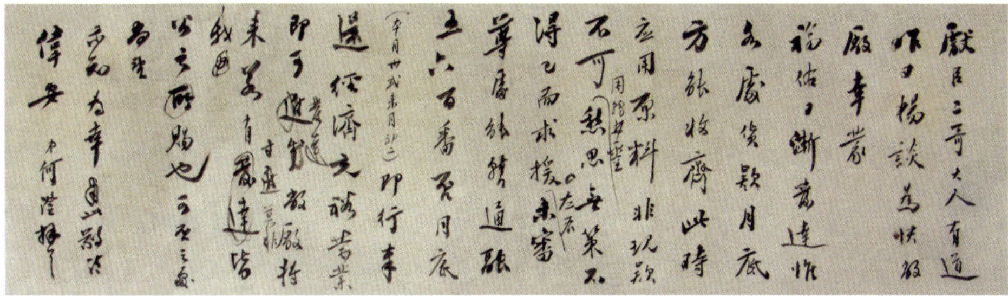

何澄致献臣信函（何澄旧藏，何泽瑛提供）

献臣二哥大人有道：

昨畅谈为快。敝厂幸蒙福佑，日渐发达，惟各处货款月底方能收齐。此时应用原料非现款不可。周转弗灵，愁思无策，不得已而求援。左右未审尊处能暂通融五六百番否？月底（本月卅或来月初二）即行奉还。经济充裕，营业即可发达，敝厂将来如有寸进，莫非皆公之赐也。可否之处，尚望示知为幸。此致　敬请侍安。

何澄顿首

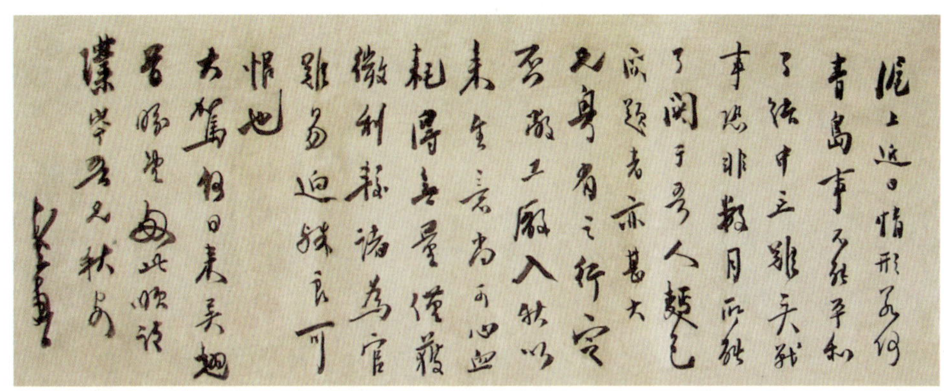

何澄致钟璞岑信函（何澄旧藏，何泽瑛提供）

从开始办厂的兴奋到办厂后的艰辛，何澄体会良深。他在给钟丰玉（字璞岑，浙江杭州人，早年入读浙江近代著名学府求是书院，后为《神州日报》主笔）的一封信中说：“敝工厂入秋以来，生意尚可，心血耗得无量，仅获微利，较诸为官难易迥殊，良可恨也。”

一九一八年十一月，第一次世界大战结束后，西方列国从战争的乌云中走出，开足马力，将各种日用消费品销往中国，中国民族工业短暂的春天即告逝去。

少时的何泽慧（左一）、何泽明（中）、何怡贞（左三）在父亲何澄所办益亚织布厂前

一九一九年八月六日，何澄的益亚织布厂在上海商业储蓄银行的存款仅为一千五百五十三元。一家中小型的织布厂，想生存发展谈何容易？约在一九二〇年前后，何澄把益亚织布厂卖给了一位彭姓商人，益亚织布厂被更名为新益亚织布厂。

在此后的日子里，何澄还开过以次子何泽涌、三子何泽源最后一个字命名的“涌源面粉公司”，最大的股东是他族内二哥何厚琦，但没经营多久，就易股换了主人。

二十世纪一二十年代，各地兴起一股垦荒热，各种名目和背景的垦荒公司纷纷挂牌。对于买地垦荒，像日本那样满山遍地都是树，何澄的兴趣更大。从汉口荒经公司，到安徽林垦公司，他都托亲友为之打探，欲意购买合适之地垦荒植树。但他相中的不是人家把持地皮不卖，就是因售价太贵而作罢。好不容易在江苏与安徽交界之处寻得一块连在一起的整片好地（一万五千多亩），因一人拿不下，联系了诸如黄郛这样的诸多好友，又挪借了一大笔钱大概才买下：

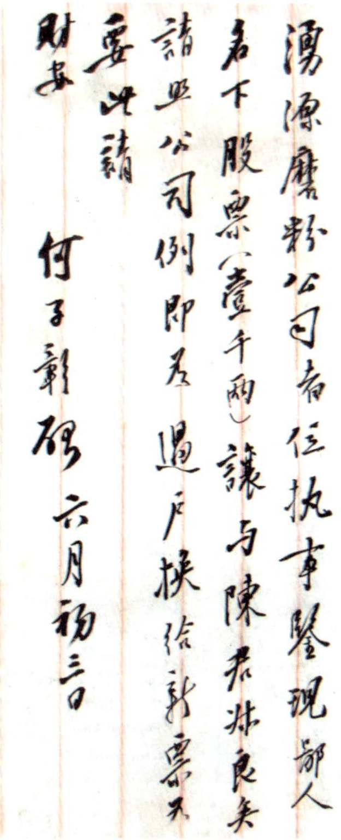
湧源磨粉公司台任执事鉴：现鄙人名下股票（壹千两）让与陈君琳良矣，请照公司例即为过户换给新票，为要。此请
财安
何子彰砚 六月初三

何厚琦（子彰）手书易股凭证

亚农兄鉴：

示悉。地事甚好，弟拟先定五六百亩，惟缴价约在何时？该地在江北何处？交通情状若何？买成后是否按照前定办法按股分地等等，均盼详为见告为祷。连日奋笔疾书（按：黄郛此时正在撰写《欧洲之教训与中国之将来》《欧战后之新世界》之一种），颇忙迫也。我兄近状若何，烦为示及。匆此即请

双安。

弟郛顿首

兄前购之地，云可得二千收入，此在何处？弟尚未知也。

何澄买地经营的事，被侄儿何泽贶知悉后，并不赞成：

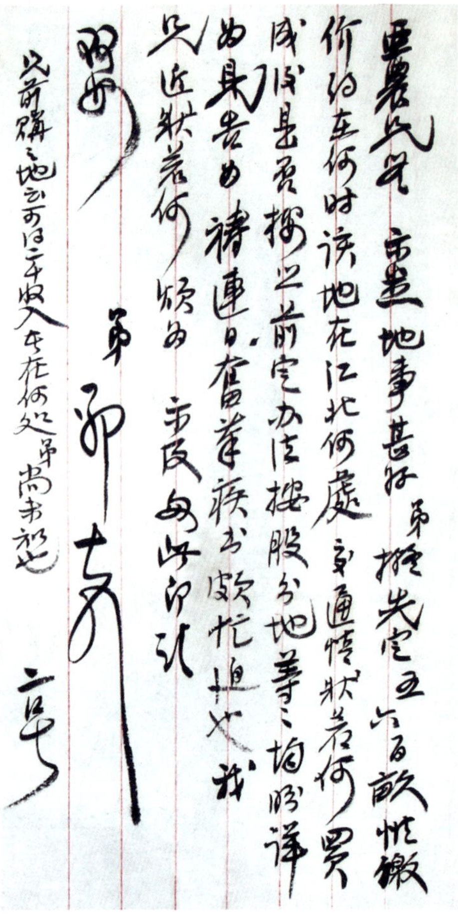

黄郛复何澄信函(何澄旧藏,何泽瑛提供)

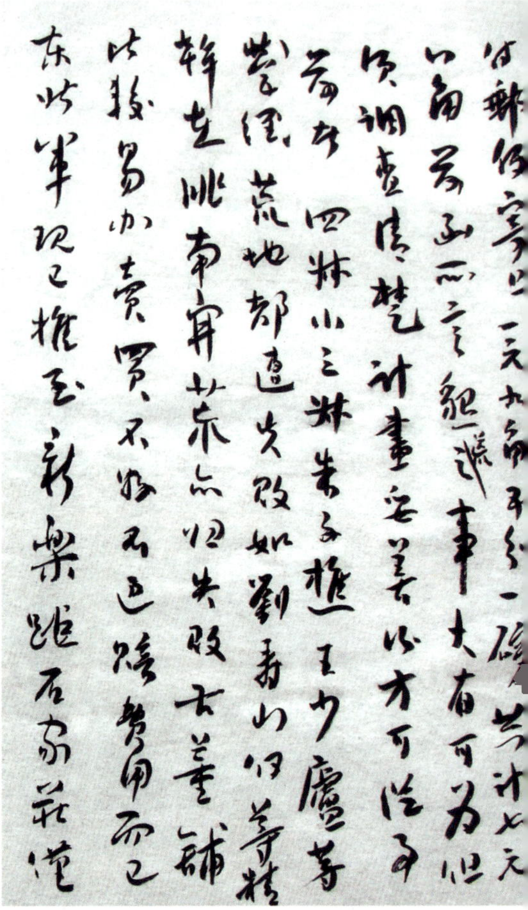

何泽贶致何澄信函

前函言垦荒之事,大有可为,但须调查清楚,计划妥善后,方可从事。前者四叔、小三叔、朱子樵、王少庐等营经荒地,都遭失败;刘寿山何等精干,在洮南耕荒,亦归失败。骨董铺比较易办,买卖不好,不过赔费用而已。

事情的结果,自然是垦荒未成,古董店亦未办成。

一九二五年三月十二日,壮志未酬的孙中山逝世,何澄哀伤至极,用所藏珍贵的元末明初古纸抄录了廉南湖吊孙中山诗,痛悼这位肇建共和的革命伟人:

精神所寄无生死,天道休疑渐不公。

苍狗白云关世运,残山剩水哭英雄。
相逢衮衮谁堪嗣,欲挽滔滔力已穷。
铁血牺牲缘底事,盖棺论定古来同。

右廉南湖吊中山先生诗也,余爱其哀切录存之。

两渡村人

一九二六年,国人不满军阀横行的言论和消息报道喧嚣尘上,何澄有感于北方大旱,江苏风雨不调,粮价上涨,给正办起《太平导报》的赵正平写了一封很长的信,谈时局和粮食问题。赵正平读后觉得粮食恐慌确是一大问题,但感觉"为文又不能如兄言之成理,故认为有介绍尊论于世之必要也",便将何澄的这封信在一九二六年六月八日出版的《太平导报》第一卷第二十二期加标题刊发了出来。

何亚农论时局与粮食问题书

日前到沪,只以匆匆未能访谈为恨。时局变化之速,虽无足惊怪,然此等时局,自了不了。不仅小民,盖各省均有连带关系。而各省执政者,均有数年恩仇历史。一旦忽曰闭门自了,势非容易。

昨接徐州友人书,谓:此间已定国是,保境安民,不问境外。我辈居江南者闻之,能不欢喜?惟更深一层思之:吾人未敢就相信安心也。盖我不侵人,能保人不侵我乎?使人不来侵我固有道,则保境安民,不问境外,可为不使人来侵之道乎?且一省安能定国是,保境安民,不问境外?空空洞洞,又何足谓国是?我想此刻时局虽纷扰,似难整理,然实有整理澄清之道。今日之无办法措手者,乃执政者学问才能不足耳。否则,何以古代乱后有治,即治者非天力,实由人耳。所谓人存政举,果能有学问才能者,吾敢断定,治此乱国易如反掌。何以故?故有学问方能有主义;有才能方能行其主义也。足下试观今之各省当道首领,能备此四字(按:指学问才能)者有几人?宜天下扰扰攘攘不已也。弟非敢轻视若辈,而为虚谈,实以廿馀年之经验,确有此感觉,兹举一例。

例如,我辈所见之一班志士伟人、军阀官僚,得志在位,纵欲自杀,失意下野,堕落忧愤,或以嗜好消遣,或以邪道运动,急图复兴,纯以个人得失为忧喜,不明自做事乃为国家社会服务,绝不知在位时勤谨办

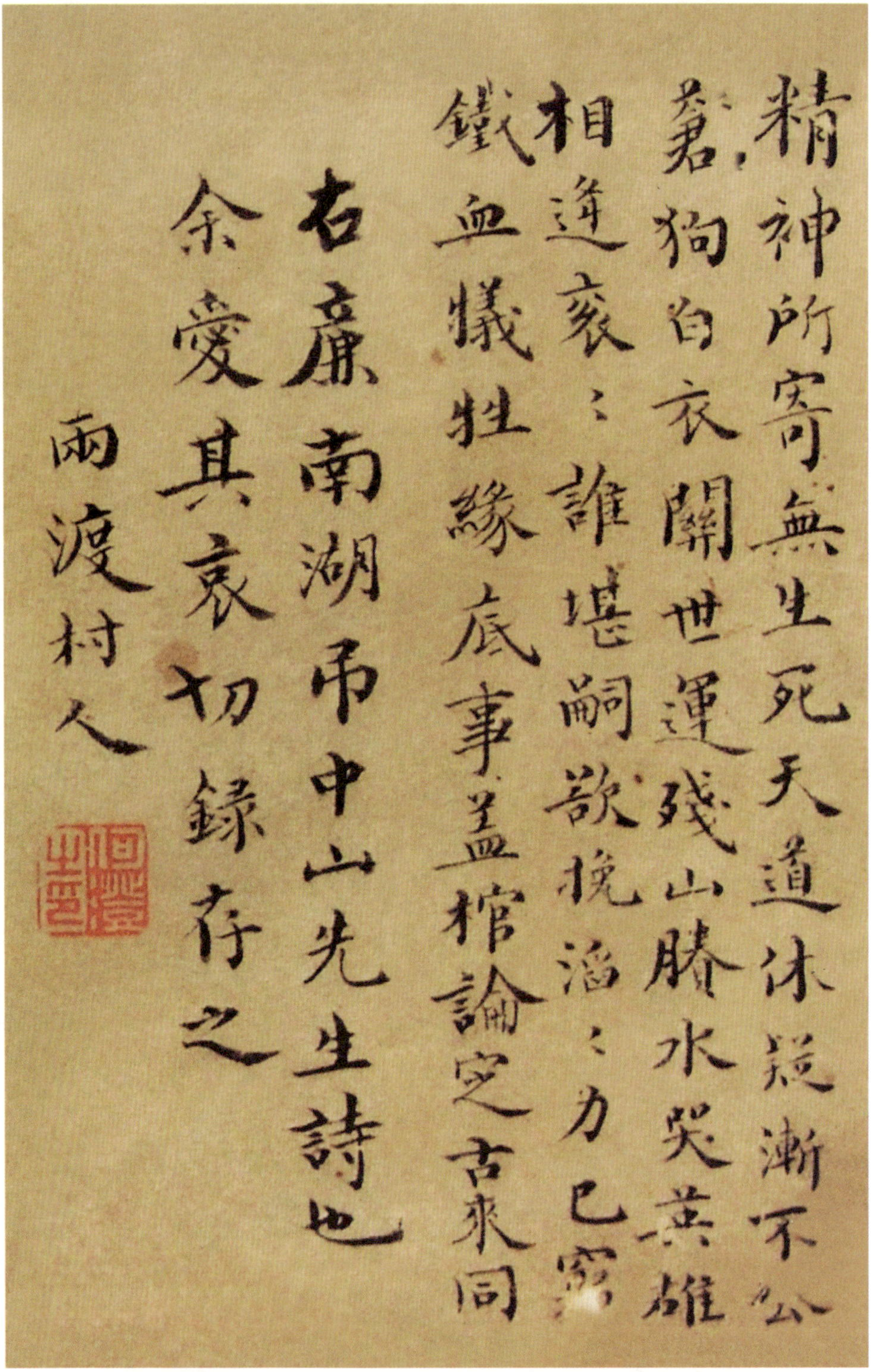

精神所寄無生死天道休疑漸不公
蒼狗白衣關世運殘山賸水哭英雄
相逢哀哀誰堪嗣歎挽滔滔力已窮
鐵血犧牲緣底事蓋棺論定古來同

右康南湖弔中山先生詩也
余愛其哀切錄存之

兩渡村人

何澄用元末明初古纸所书悼念孙中山诗（何泽瑛提供）

事，去位后潜心平气研究社会上一切不明白、不熟悉的事，故纵然侥幸再得位，其根本欲为恶者，不必论矣。既有自好者，然一切模糊，势非颠倒错乱不可。此说非弟武断，确有事实足证。如吾弟居苏州，平日尚处处留心，然清楚者不过苏州而已。至无锡、常州、宜兴、吴江、昆山等，虽亦有所知，然不过大概矣。地方情形明白，方能办地方事，此乃不易之理。倘一切不明白，是非等于聋瞎木偶，安有办好之理。故弟常戏言："如使我治苏州，尚敢；倘使我治江苏，我实不敢也。"足下试思，今之人学而优则仕者有几？平日不念经，临时抱佛脚，世人通病。果真将来明白一县情形者治一县；明白一省情形者治一省；明白各省情形、世界情形及各党各派情形者，再言治中国。如此，吾敢断定中国未有不治者矣。此是弟个人意见，高明以为如何？

昨读贵杂志，关于民食问题，有所研究。此事，弟初以为一省问题，不欲议论。细思关于全国民生至巨也。今日全世界纷扰不宁者，厥为民生问题。此事中山先生确已了解其必要，故对民生主义言之极详，且得其精神，故明确言："俄国式之马克思主义只能偶然解决政治问题，不能解决社会民生问题。"又言："中国非贫富不均，乃全是贫，今之纠纷，乃大贫小贫自扰，非贫富冲突。"又言："欲解决社会问题，非讲民生主义不可。讲民生主义，非先使民富不可（所谓民足君，孰不足）。使民富，非增进生产物不可。"吾读此数语，觉人人有面包吃，扰乱自少。

今各省米珠薪桂，民不聊生，乱何能已。即如江苏素为生产物发达之区，尚且如此，黄河流域可想而知矣。今日北方实一时不易挽救，如江南，吾细密思之，并非水穷山尽，确有补救之方。此事刻下人多注意，想已感受切肤之痛矣。弟居苏十馀年，虽不敢留心国事，然以其切己之故，曾少研究，兹略将管见写出一二，愿与足下商确之，或有补于江苏也。

吾忆民元二年，吾移居苏时，米最贵不过五元，更忆前清宣统年间，米最贵不过四元，同光更无论矣。民十以前，米贵不过十元，今米十三四五元矣。推求其故，几言人人殊。然就吾研究所得，考最大原因，生产减少，处理不得当也。当此交通便利时代，邻省如邻县，邻国如邻省。邻国不足，固受影响；邻省不足，受影响尤速。故江南丰、邻省荒，等于江南荒。若江南因种种原故，致生产顿减，则更不堪设想矣。近年以来，邻省广种鸦片烟，减种五谷，于是民食顿减缺乏，势不得不运江南之民食以周济之，则江南纵不荒，邻省亦不荒；而种此毒物，自然生产减少，民食

太平導報社用箋

社址 上海貝勒路天祥里五〇號 電話西二二六五

太平導報社用箋

社址 上海貝勒路天祥里五〇號 電話西二二六五

赵正平复何澄信函（何澄旧藏，何泽瑛提供）

不足，江南等于荒，江南等于种毒物，于是举国交困矣。此乃唯一米贵之一大原因也。以有易无，经济通例也，今古不变，惟输出须有限制，斟酌适当之数目为最要之事。查前清时代，虽无经济新学识，然以经验所得，确有与现代暗合者。例如，江南在前清，每年规定运米四百数十万石于北京，曰漕运，至今年，年犹例收漕粮不改。虽曰运河运漕米之事已除，由表面观之，似轻江南担负，增益江南民食，然内容实不仅照旧（漕粮仍照收），且输出私运无限制矣。故当前清时，每年运北米四百馀万石之多，而米价不昂（约四五元），今则漕米不运，米禁森严，反价增不已，缺乏愈甚，宁非怪事？此等重要民食，生命最有关系之事，而无人细心管理，亦米贵之唯一原因也。吾常对人云："江南如欲解决民食问题，非以新经济方法，有组织的管理不可。江苏宜设一粮食管理局（欧洲各国有行之者），先从事于调查统计，而后适当处置之（此外并严督改良农业，使增进发展）。"此事以处置为最要。例如，预计今年收获丰，除调查全省人民需用及备荒外，应由省政府设法输出。倘预计今年收入不足，应由省政府就邻省或邻国酌量输入存储，以备不时之需。如此，若巧妙灵活办理之（平衡米价),不但民食无恐,省政府可致富也。此非弟个人空想,良以近年来感受衣食不足之痛苦,随时研究,到觉非如此不能挽救。未审高明,以为如何?

何澄在这篇文章中,针对"我辈所见之一班志士伟人、军阀官僚,得志在位,纵欲自杀,失意下野,堕落忧愤,或以嗜好消遣,或以邪道运动,急图复兴,纯以个人得失为忧喜,不明自做事乃为国家社会服务,绝不知在位时勤谨办事,去位后潜心平气研究社会上一切不明白、不熟悉的事,故纵然侥幸再得位,其根本欲为恶者"的军阀,宣称"已定国是,保境安民,不问境外"进行了法统上的诘责:"一省安能定国是,保境安民,不问境外?空空洞洞,又何足谓国是?"依他的观察看,当时各省执政者大都是些学问才能不足的人,所以这些人也不可能有什么"主义",更不可能"行主义"。对当时江苏出现的粮荒问题,何澄认为这事说到底,大者是一个民生问题,并特别服膺孙中山的这三段言论:"俄国式之马克思主义只能偶然解决政治问题,不能解决社会民生问题。"又言:"中国非贫富不均,乃全是贫,今之纠纷,乃大贫小贫自扰,非贫富冲突。"又言:"欲解决社会问题,非讲民生主义不可。讲民生主义,非先使民富不可";小者,是一个现代组织的问题。他说:"江南如欲解决民食问题,非以新经济方法,有组织的管理不可。江苏宜设一粮食管理局,先从事于调查统计,而后适当处置之。"在设立现代组织粮食局后,他认为"以处置为最要",并给出如何处置运作的方式:"预计今年收获丰,除调查全省人民需用及备荒外,应由省政府设法输出。倘预计今年收入不足,应由省政府就邻省或邻国酌量输入存储,以备不时之需。如此,若巧妙灵活办理之(平衡米价),不但民食无恐,省政府可致富也。"从这些论点来考察,何澄目光远大,国家观念居首位,于现代组织系统了然于心,所以事事处处能从大处着眼,小处着手。何澄没有明说的是,民国肇建后的一年,即一九一三年,苏州的米价最贵不过五元;而前清宣统年间,米最贵也不过四元;清同治、光绪年间似更低廉;民国十年以前,米价涨了,也不过十元,而时至今日,米价竟达十三、十四、十五元。他的言外之意是,袁世凯治下的民国,人民生活不如前清;军阀混战时期的人民生活水平,不如袁世凯统治时期。这样的民国,已根本不是孙中山所期望实现的三民主义,单从这一点来说,就有切实重新缔造一个统一、和平、民主的中华民国的必要。

一九二六年七月九日,蒋介石在广州就任北伐军总司令,誓师北伐,何澄终于下定决心,弃工从幕,踏上了打倒军阀,统一中国的征程。

注释：

① 沈亦云著《亦云回忆》(上册)，第九十七页，台湾传记文学出版社，一九六八年四月。

② 吴元京审订、梁颖编校《吴湖帆文稿》，第四页，中国美术学院出版社，二〇〇四年九月。

③ 正社书画会，一九三三年由吴湖帆、陈子清、彭恭甫、潘博山等人发起。主要成员有吴湖帆、陈子清、彭恭甫、潘博山、叶恭绰、谢玉岑、王秋湄、孙伯渊、张善孖、张大千、何澄等人。定期举办会集，切磋技艺，“切实研究艺术”。曾在北平、苏州、南京举办展览会。

④ 彭恭甫(一八九九~一九六三)，字维梓，苏州吴县人，民国时期国画名家。新中国成立后，被苏南文管会聘为文物鉴定委员。

⑤ 陈子清(一八九五~一九四六)，原名晋，字子清，以字行，号俊实、白斋，别署支迦罗，苏州吴县人。在苏州图书馆工作期间，曾为一九三七年举办的“吴中文献展览会”主要布展人。抗日战争爆发，遵馆长蒋吟秋之嘱，将馆藏善本图书，星夜运往洞庭包山寺密藏，为保护图书典籍免遭日寇劫掠，立下不朽功绩。其画善山水、书法，治印亦工，为江南著名书画家。

两渡村人

⑥ 孙伯渊(一八九八~一九八四)，苏州人，书画碑帖鉴赏家、收藏家。早年丧父，后在苏州护龙街开设集宝斋，以刻碑石、拓裱字画为生。抗日战争爆发后，避居上海法租界，斋名“石湖草堂”，与吴湖帆的“梅景书屋”只隔一条昆山路，过从甚密。新中国成立后，孙伯渊将多年收藏的三千馀件碑刻、画像、题记、墓志、砖刻等捐赠给上海文物保管委员会，上海文物保管委员会将这些石刻拓本移交给上海博物馆，该馆遂成为体系完整的石刻拓本重地。

⑦ 吴元京审订、梁颖编校《吴湖帆文稿》，第十五页，中国美术学院出版社，二〇〇四年九月。

⑧ 刘守中(一八八二~一九四一)，字允丞，亦作允臣，陕西富平人。一九〇九年加入中国同盟会。武昌起义，陕西响应，参预军幕，转战各地。一九一六年，与胡景翼等人密谋在三原举义，讨伐袁世凯，因泄密未能成功。一九一七年，在渭北组织靖国军，响应护法。一九二四年十月，与冯玉祥发动北京政变，欢迎孙中山北上主持国务。一九二四年十二月至一九二五年二月，任河南省政务厅厅长。一九二七年九月十七日至一九二八年十月，任南京国民政府委员。一九三一年十二月二十九日至一九四一年十月二十三日，任国民政府委员。著有《察绥盟旗实业调查记》《视察日记》《续汉书郡国志释略补注》。

⑨ 薛笃弼(一八九二~一九七六)，字子良，山西解县人。冯玉祥的高级幕僚。一九一四年，入北京政府中央陆军第十六混成旅旅长冯玉祥幕。一九一八年六月二十一日，冯玉祥的第十六混成旅进占湖南临澧，紧接着又占领了常德、汉寿、桃源。十一月五日，冯玉祥被北京政府任命为湘西镇守使。按照北京政府官制规定，镇守使一职，属于军政官员，负绥靖地方的职责，

冯玉祥遂任命薛为常德县长。一九二一年八月二十五日至一九二二年五月十日，冯玉祥督军陕西，薛先后任咸阳、长安县长及为时甚短的财政厅厅长。一九二二年五月十日至十月三十一日，冯玉祥督军河南，薛署理财政厅长。一九二三年十一月十四，冯玉祥被直系军阀吴佩孚排挤出河南，授予"扬武将军"，却以陆军检阅使的虚职调往北京南苑，薛亦跟随进入北京。一九二四年，先后在北京政府孙宝琦内阁（一月十二日至七月二日）和顾维钧内阁（七月二日至九月十四日）任司法部次长，部长为王宠惠，因未到任，由其代行总长之责。冯玉祥和黄郛联手发动"首都革命"后，在黄郛临时内阁（十月三十一日至十一月二十五日）和段祺瑞临时执政兼内阁（十一月二十五日至次年十二月二十六日）任内务部次长。一九二四年十二月三十一日至一九二五年十月二十日，任京兆尹。一九二五年一月四日，冯玉祥被段祺瑞任命为西北边防督办，薛遂于一九二五年十月九日至一九二七年六月出任甘肃省省长。一九二七年五月一日，冯玉祥在西安就任武汉国民政府任命的国民革命军第二集团军司令，督师出潼关，于六月一日与武汉北伐军会师于郑州，薛于六月十三日到一九二八年一月十七日任河南省财政厅厅长，后改任民政厅厅长。北伐成功后，作为冯玉祥的代表，于一九二七年八月二十日至一九二八年十月二十四日任南京国民政府内政部部长，后改任新成立的卫生部部长。薛笃弼赋性勤俭，遇事负责，且有计划，有条理，尤长于理财。掌内政部及卫生部时，内政和卫生多有改革；督率属员，于每日六时早操，历久不懈，很为何澄赞赏。一九三一年"九·一八事变"爆发，南京国民政府撤销对其所下的通缉令，并于十二月二十九日当选为南京国民政府委员会委员，一九三三年一月三十一日去职。后隐居上海，执律师业，在爱多亚路（今延安东路）大陆报馆楼上开设法律事务所。上海沦陷后，经香港转赴重庆。一九四一年至一九四六年任行政院水利委员会主任委员，一九四七年水利委员会改为水利部，兼任新成立的水利部部长，一九四八年十二月二十二去职。

⑩ 赵丕廉（一八八二～一九六一），字芷青，别号麓台，山西五台人。早年加入中国同盟会。辛亥革命爆发，在山西北路响应革命。一九二五年，出任山西省立国民师范学校校长。一九二六年十一月，以山西教育会长名义赴上海参加全国教育会议，随后以阎锡山联络部长的身份由上海到达武汉，负责与在武昌的国民党中央执行委员和国民政府委员组织的临时联席会议和北伐革命军进行接洽，观察政治、军事发展事态。一九二七年六月三日，阎锡山宣布支持南京国民政府，拥护三民主义，就任北方国民革命军总司令。其间，赵丕廉在武汉，何澄在太原，虽未谋面，但心往一处想，都愿促使阎锡山易帜北伐。一九二八年三月九日至一九二九年一月十八日，任南京国民政府内政部次长。一九二八年十二月三十一日至一九二九年九月二十三日，任蒙藏委员会副委员长。中原大战后，避居天津。一九三二年一月六日复任蒙藏委员会副委员长，直至一九四七年七月二十三日

何澄旧藏“妙香山人长寿”田黄章

十四　南北统一一谋士

一九二六年七月九日，蒋介石在广州就任北伐革命军总司令，誓师北伐。北伐军出师仅仅四个月，就攻占了湖南、湖北和江西三省。正当军事进展相当顺利的时候，却冒出了一个唐生智[1]，欲意取代蒋介石为北伐军总司令。为了限制唐生智的势力坐大，十月二十二日，蒋介石致电张静江、谭延闿，请求将广州国民政府迁至武昌。十一月十六日，苏联派驻广州国民政府高等顾问鲍罗廷、刚刚随冯玉祥访问苏联回国就任广州国民政府司法部部长的徐谦[2]和宋子文、孙科、宋庆龄等人从广州启程北上，准备筹备迁都之事。令蒋介石没有想到的是，广州国民政府一干人马到达武昌后，在事先没有跟蒋介石商量的情况下，竟根据鲍罗廷的提议，决定在国民党中央执行委员会政治会议未迁到武昌开会之前，由在武昌的国民党中央执行委员和广州国民政府委员组成临时联席会议，执行最高职权，并推举徐谦为主席。蒋介石不但连个合适的位置也没有，甚至被排挤出政治圈之外。

一九二七年一月三日，随着支持蒋介石的国民党中常会代理主席张静江、广州国民政府代理主席谭延闿来到南昌，蒋介石便在南昌召集中央政治会议第六次临时会议，决定国民党中央党部和国民政府暂驻南昌。此举引起“执行最高职权”的武汉临时联席会议方面的一致反对，纷纷要求蒋介石将国民政府迁都武汉。碍于不迁都武汉，北伐军费一千三百万元暂扣不发的无饷窘境，蒋介石被迫同意迁都。三月十日，国民党中央在武汉召开国民党第二届三中全会，通过并颁布了一系列决议限制蒋介石的权力：一是在《军事委员会组织大纲》和《修正国民革命军总司令条例》中取消军事委员会主席一职，代以军事委员会主席团行使最高军事指挥权和军官任免权；二是在新的领导机构中，蒋介石原任的中常会主席、军委会主席、中央组织部长三项职务被取消，仅当选为中执会常务委员等。三月二十日，新选出的国民政府委员在武昌举行就职典礼，武汉国民政府正式成立。蒋介石没有出席武汉方面的这次会议。当他从报纸上看到这个消息后，立即决定改变北伐路线，率军向浙江、江苏进攻，希望尽快获取江、浙两省，作为同武汉方面对抗的资本[③]。

四月十八日，以蒋介石为首的南京国民政府成立，宣布武汉国民政府为非法政权；以汪精卫为首的武汉方面则称南京方面为"伪府"。双方都称北伐军，双方又不断口诛笔伐，双方还同时分头北伐。四月十九日，武汉国民政府在武昌南湖举行第二次北伐誓师大会，任命唐生智为武汉方面北伐军总指挥，冯玉祥为第二集团军总司令，阎锡山为第三集团军总司令。二十日，唐生智、张发奎[④]率领武汉方面北伐军沿平汉路北上，约定冯玉祥部沿陇海路东进，夹击河南奉军，会师中原。南京国民政府军事委员会于五月一日发布北伐命令，以何应钦的第一路军和蒋介石自兼的第二路军为主力，由皖北攻截时守津浦路的孙传芳和张宗昌部。

北方各地方实力派，面对北伐革命军开始的讨伐，不甘束手就擒，通过讨价还价，决定由孙传芳领衔，奉、鲁系及东南各地军阀和阎锡山等十六人，于一九二六年十一月三十日联名发出拥戴张作霖为安国军总司令，共同对抗北伐革命军的通电。一九二六年十二月一日，张作霖在天津蔡家花园举行就任安国军总司令仪式。十二月十一日，安国军总部发表孙传芳、张宗昌、阎锡山为安国军副总司令。照此形势发展下去，联合以对的北方各实力派将以强大的军事实力，阻止北伐革命军胜利的步伐。既然北洋军阀能联合起来，以汪精卫为首的武汉国民政府也在想方设法拉拢北方两个能左右政治、军事天平倒向哪里的实力派人物冯玉祥和阎锡山；而与汉方势不两立的蒋介石也请出了他的盟兄黄郛对冯玉祥，黄郛又请何澄出面对阎锡山进行与南京国民政府合作的游说活动。至此，分散多年、天各一方的原上海光复时的沪军第二师四位盟友黄郛、蒋介石、张群和何澄，齐聚集在南京国民政府一边，各显其能，为推动北伐革命早日成功而游说于戎马倥偬之际（最先被蒋介石招至麾下的是张群，北伐革命军总司令部迁到南昌后，张群任北伐革命军总参议；一九二六年年底，受蒋介石委托，张群到天津请出蒋介石的结拜盟兄黄郛；一九二七年四月间，黄郛又请出何澄）。

何澄对阎锡山的说服十分成功，不但把原先同奉系搅在一起的阎锡山拉拽了出来，而且让阎锡山把武汉国民政府发表任命的第三集团军总司令一职搁置一边，准备克日呼应南京国民政府的北伐。一九二七年五月十一日阎锡山致蒋介石真电称：

南京蒋总司令介石兄鉴：

川密。此间前本亚农兄来，意向张雨亭(奉系张作霖)处进行一致讨赤办法。顷接驻京代表电称：雨帅面告联蒋讨共，完全容纳百帅主张，已分电效坤(鲁系张宗昌)、馨远(直系孙传芳)，对蒋勿再进攻等语。现在效坤、馨远所部是否停止前进？及近日情况如何？我兄对于暂时联奉讨共有何意见？如何进行？均乞详示，以便与各方接洽为盼。弟阎锡山真印。[5]

冯玉祥方面，黄郛的代表王正廷[6]起初所进行的活动似乎并不顺利。五月一日，冯玉祥在西安红城召开军民大会，宣誓就任武汉国民政府任命的国民革命军第二集团军总司令。五月三十一日至六月一日，冯玉祥部与唐生智、张发奎部在郑州会师。而何澄的活动却大见成效：六月三日，阎锡山发表布告，"本总司令徇各界之请，将晋、绥陆军改为国民革命军，除分军编制外，特布"。同日，太原各政府和公共机关悬挂出青天白日旗。次日，太原各商店也悬挂出青天白日旗。至此，阎锡山等待观望的态度完全明朗，彻底信奉三民主义，服从南京国民政府。阎锡山决定易帜后，何澄和温寿泉急急赶赴南京，向蒋介石报告阎锡山就任国民革命军北方总司令，克日就将通电各方，不但反奉，还表示服从三民主义，拥护南京国民政府的情况。蒋介石得到确切密报，大喜过望，六月五日，即有致阎锡山的电报，但怕泄密，改由周士贞由南京专程携返到太原：

太原阎总司令勋鉴：

川密真电谅达，昨温(寿泉)、何(亚农)二同学到宁，具谂荩筹为国，切中机宜，感佩之至。奉天若以主义为依归，政治解决，非不可能。惟孙(传芳)、张(宗昌)尚在卧榻之旁，而道路传闻，竟谓奉将与共产派之工具言和，并力图我。此虽未可尽信，然非使孙、张完全退出苏、皖境外，有事实之表示，无以见合作之诚。先决问题，似即在是，望兄主持，俾上轨道。焕章(冯玉祥)处比即致电揭共派之阴谋，期勿坠其术中。其代表李鸣钟君在宁，亦已以此意告之。微闻焕章因需一种补助，早晚到手，故未能遽其摆脱。即到相当程度，仍须谅其苦衷。兄与相距较近，真相易明。凡局部所为，悉以全党立场立判敬疏，愚见仍候尊裁。其馀已具电，乞并鉴夺赐教。弟蒋中正叩巧印[7]。

六月六日，阎锡山在太原正式就任国民革命军北方总司令，通电各方，表示服从三民主义。阎锡山易帜，对武汉国民政府震动极大。原本武汉方面最大的希望即寄托在阎锡山和冯玉祥身上。此时，阎锡山的态度已明，武汉方面为了拉拢冯玉祥反蒋，汪精卫、徐谦、孙科等人于六月十日齐赴郑州陇海花园同冯玉祥会晤。经过两天会谈，武汉国民政府决定成立国民党开封政治分会，由冯玉祥任分会主席；成立豫、陕、甘三省政府委员会，分别由冯玉祥、于右任、刘郁芬担任主席；由于在“讨蒋”问题上，冯玉祥不同意汉方的意见，规劝汉方息争，主张宁汉联合北伐，武汉方面遂决定在豫各军统由冯玉祥节制指挥，陇海路以北，京汉路以东之敌，由冯玉祥负责肃清，进入河南的武汉北伐军全部撤回，准备东征蒋介石[8]。

六月十四日，冯玉祥正式就任武汉国民政府任命的河南省政府主席。当天，冯玉祥给蒋介石发电报称：“决不是与蒋公为难。如与蒋公为难，我辈将自革其命，又何以对革命二字？”[9]蒋介石对冯玉祥就任武汉方面所封河南省政府主席及所发的这封电报深感不安。因为冯玉祥一旦与武汉方面联手东征，将给南京国民政府以致命打击；如果冯玉祥持中立态度，武汉方面将会全力巩固湖南、湖北，养精蓄锐，或南下攻粤，或东征攻宁，都是不好对付的局面。于是决定接受冯玉祥所请，亲赴徐州与冯玉祥会晤。

六月十五日，黄郛有致蒋介石两电，内中都提到希望何澄加紧活动阎锡山，使其尽快出兵，很能说明冯玉祥当时居间的这种态度，对南京国民政府来说，压力有多大：

寒二号电悉。(李)徵五原约六日南行，今已月半无消息，恐作罢矣。现已电京询艮初，得复再报。百川(阎锡山)处，昨日晋省驻沪采运处电太原采运处托转致亚农(何澄)电一件，文曰：“转何亚农兄鉴：顷晤介弟(蒋介石)云：接焕章兄电，意在调停，主宁汉同时北伐，彼担保汉方决不掣肘等语，此方复电，请焕章兄亲往坐镇武汉，则此间方可安心，尅其北进等语。现介弟拟不日赴徐州督师，进取山东，催百川兄从速进规直隶，藉竣全功，诸希转达并盼电复为幸”等语。上电如日内不得复，即被京扣。然前闻亚农言，本月半前后，太原无电线台可以竣工，请一试之。

顷接彭凌霄由太原密函言：正太两路均已出兵，正太路拟至相当地点暂止，张家口或可不战接防。百川现急盼亚农到，听取我弟最后办法进行。至冯、阎之间，颇多猜忌，冯现立于国、共间调停地位，反共恐须看孟潇(唐生智)等语，特转闻。又车中所谈催晋出兵一节，已照尊意去电矣[10]。

六月十九日，冯玉祥亲赴徐州同蒋介石会晤。二十日至二十一日，会晤在花园饭店举行。南京国民政府要员出席者有李石曾、钮永建、李烈钧、蔡元培、黄郛、胡汉民、张静江等。会议由吴稚晖主持。双方就"清党"和继续北伐问题达成协议，还决定了蒋冯联合作战的方方面面。会议结束时蒋冯联名通电："为三民主义信徒，凡百诱惑艰险牺牲，均所不顾，必期尽扫帝国主义之工具，以完成国民革命之使命。"[11]但冯玉祥与蒋介石合作，并不十分看重名分，而是要有非常实惠的东西——军饷。蒋介石在六月二十一日的日记对此记道："忽得冯不能履行昨日决议，不敢与余联名通电反对武汉也，殊甚骇异。膺白（黄郛）、石曾（李煜瀛）、协和（李烈钧）均往询其故，乃为经济未决也。余即允每月发二百万元，彼乃来开会，重新决议，其个人劝武汉政府取消，而与余联名通电北伐也。"在蒋介石应允每月给其二百万元巨款后，冯玉祥才明确"决定清党及贯彻北伐大计"，并与蒋联合发表了通电，要求武汉分共。冯玉祥对蒋介石说："我这个电报一定有个结果，否则我对他们便当实行相当手段。"蒋冯联合，对汪精卫的武汉方面来说，无疑是一个重大打击[12]。

蒋冯在徐州会晤后，黄郛给何澄又发一电：

> 太原采运处转何亚农兄鉴：删（十五日）电计达，久不得复，深为系念。此次冯、蒋在徐州相见后，所有发表文电，均见报端，想已鉴及。本欲电商百川（阎锡山）兄共决大计，以时间局促，并恐此后难于应付奉方而止。弟总察时局，务使武汉不得藉陕甘以通俄，为第一要着。此次在徐（州）拼全力以促成之。幸冯认题尚真，态度亦颇明白，不得不谓为国家之福。今后冯军进展，非南下汉，即东出鲁，故京津一路，惟仗百川兄从速努力前进，以期早日大成，诸希转达，无任盼祷。郛勘[13]。

六月二十八日，何澄以南京国民党中央党部驻山西特派代表身份，与温寿泉、南桂馨、赵戴文、孔繁蔚、苗培成、韩克温、梁永泰、李江、郭瑞亭、杨笑天等在山西省党部大礼堂宣誓就职国民党山西省党务改组委员；同日，国民党山西省党部电告成立[14]。

蒋介石以金钱搞定冯玉祥后，开始对长江中下游实施经济封锁，致使武汉方面货物进出口几乎停滞。湖南、湖北本是产粮大省，但由于各地农会阻止粮食外运，武汉居然出现了粮荒。七月六日，汪精卫在武汉政府第三十五次会议上正式提出了"东征讨蒋案",并任命唐生智为讨蒋总司令,令何鍵由江左岸进兵,程潜和张发奎由右岸进兵。但唐生智、何键等将领表示,只有分共,才同意东征。汪精卫遂于七月十五日正式决定分共。汪精卫分共后,即下令"东征讨蒋"。[15]蒋介石面对拼命一搏的武汉方面东征军,不得不改变主要与奉军决战的战略部署,试图和平解决奉军问题。

一九二七年六月十六日,奉系军阀在北京顺承王府开会,决定由孙传芳、张宗昌、吴俊升、杨宇霆、张作相、韩麟春、褚玉璞等安国军将领,拥戴张作霖,称陆海军大元帅,并当即发出联名通电,致安国军所辖省区各文武官员,征求同意。六月十八日,张作霖在怀仁堂自任"陆海军大元帅",组成"中华民国军政府"。张作霖就职誓词为"拥护共和,发扬民治,刷新内政,辑睦邦交"[16]。

自从阎锡山易帜后,太原就成为国内各方代表活动的中心。六月二十九日,张作霖在复阎锡山的电报中称:"……我兄既谋斡旋南北,议和罢兵,作霖仍本初衷,总以利国利民为前提,决不因一己之私,置人民于不顾也,并派隅三(邢士廉)司令,即日赴晋趋谒,尚祈指示一切,馀情统由该代表转达。"欲与阎锡山商谈蒋、奉、阎三角联盟事的张作霖代表邢士廉,于七月三日到达太原,但阎锡山以奉军拒绝易帜,且不欲取消大元帅名,拒绝接见[17],派何澄代为接见。

邢士廉(一八八五～一九五四),字隅三,辽宁沈阳人。一九〇八年考取官费留日,日本陆军士官学校第八期骑兵科毕业。时为张作霖大元帅府侍从武官兼北京卫戍司令。后投伪满洲国,任治安部大臣、军事部大臣。一九四五年八月三十日,被苏军逮捕,押往苏联。一九五〇年七月三十一日,引渡回国,收监于抚顺战犯管理所。一九五四年三月十七日,病死狱中。据颜惠庆一九二六年十一月十三日日记:"邢士廉是一名很聪明的军官。他很想知道安定局势,最好要做些什么事。我和他谈了国家有或无首脑的四种办法。北京方面是无望了。他暗示可能和蒋达成谅解。"[18]由于是陆军士官学校同学,且何澄是邢士廉的学长,所以何澄对邢士廉也不吞吞吐吐,直截了当告知:如果真要解决时局,奉方必须宣布遵循三民主义,取消中华民国军政府,统一于南京国民政府之下[19]。

邢士廉将何澄所谈解决时局的方案带回北京。七月十五日,张作霖召集会议,商讨奉、宁妥协问题。杨宇霆主张仍请阎锡山斡旋,张作霖同意杨宇霆的意见,决定派杨宇霆负责进行[20]。杨宇霆(一八八六～一九二九),字麟阁,号邻葛,奉天法库人。日本陆军士官学校第八期炮兵科毕业,时任安国军参谋长兼第四方面军团司令。此次会议后,杨宇霆即与阎锡山驻京副代表李庆芳会见。李庆芳迅将奉方希望继续和谈的情形电告阎锡山。此时,蒋介石、阎锡山对待奉军的强硬态度随着唐生智的东征而发生了一百八十度的大转弯。接到李庆芳的密电，阎锡山与蒋介石通报了情况，决定派何澄、南桂馨赴京与奉方接洽谈判。

七月十八日，何澄代表宁方，南桂馨[21]代表晋方一同到北京，入住中央饭店。到达北京的当天，何澄即到位于南兵马司胡同的杨宇霆寓所进行拜访，后又赴石驸马大街文昌胡同拜访了张学良，最后看望了士官学校学弟韩麟春。

韩麟春（一八八八～一九三〇），字芳辰，又字芒宸，辽宁辽阳人。日本陆军士官学校第六期炮兵科毕业。一九〇八返国后，任清廷陆军部军械司枪炮科科长、军械司司长等职。一九一八年，任驻美使馆武官。一九二二年，任北京政府陆军部次长。第一次直奉战争，奉军败退关外，张作霖整军经武，经杨宇霆推荐，韩麟春辞去陆军次长，投入张作霖幕府，任东三省兵工厂总办。一九二四年，第二次直奉战争，任镇威军第一军副军长。一九二四年十二月，任第二军军长。一九二五年十一月，任第九军军长。一九二六年，任第四方面军军团长。一九二七年二月，与张学良分任援鄂军总司令和副司令，沿京汉铁路南下，攻打郑州；四月，奉军战败；是年冬，韩麟春回沈阳，在一次宴会上突然中风，一九三〇年一月八日病逝。

在与奉方上述人士的接触中，何澄代表宁方所谈主要政治主张有三条：一、为北方政治根本改造，与宁晋在同一旗帜之下，共同奋斗；二、奉方现制之名义如欲保存，则须移地。唯可留一部愿与宁晋合作者，在北方共同维持大局。根本办法，则待以后国民会议解决；三、除新行之政制应行取消，其他则略为改变，自行采用与宁晋相同之制度，暂维现状，后事归国民会议解决[22]。

十九日，何澄、南桂馨到杨宇霆寓所正式进行晤谈。此消息很快被北平《世界日报》披露出来：标题是"官方宣称宁代表何澄到京已见杨宇霆"；接下来的消息是："经杨宇霆于本日午前代表接见，将中央（按：指张作霖的中华民国军政府）所具之宗旨，开诚布公详细说明。宁晋两方代表均极钦佩，不日分途回晋宁，各向蒋、阎述说中央之真意。经此一度接洽之检，则此合作之精神，必能达于圆满贯彻之途云。"[23]何澄和南桂馨到达北京后，奉宁妥协之声充满京华，和平空气甚浓。国闻社报道："兹据可靠方面消息，所谓奉晋宁三方妥协运动，自李庆芳表示条件，南桂馨再度来京，宁方亦有代表在此，确已有相当进行，惟晋宁代表所表示者，尚不过二方代表口头陈述而止。其间问题性质之复杂，与难实行之处，正自不少，颇非旦夕所可解决。譬如晋代表所提某要人本身问题，则为此方极端不易履行，且不易磋商。以迄今日，某要人本人，尚未及尽知。而左右亦尚无有已为陈述者。大致此项妥协问题，尚必待各方之缓缓磋商，以期渐趋一致。至其将来，则现当开始之。殆任何人尚不能断定其结果。"[24]

十九日下午四时，张学良在故宫正大光明殿(奉系安国军第三、四方面军团司令部)招待日本记者团时，发表对于奉宁妥协问题的看法。他的主张是“易名改帜不可”，“大事需由国民会议来解决”：

(问)现在对蒋妥协进行情形如何?

(答)妥协情形，尚未至公开发表之程度。因蒋方惧共产党采取破坏奉宁妥协手段，希望暂行严守秘密，以防之也。

……

(问)对于三民主义之意见如何?

(答)奉方对于三民主义之意见，业由大元帅通电表明，毋庸赘述。且三民主义，并非新创之主义，乃将中国古来之思想制度，融合而成。若以恶意解释之，则与共产无异，故须加以严正解释。

(问)少帅曾研究三民主义否?

(答)当民国十二年，奉国合作之时，曾由孙中山赠以《孙文学说》等书，故对之多少有所研究。

(问)在北方学校及军队中，能否承认宣传三民主义?

(答)学生虽可研究三民主义之学说，然不宜在军队中用此种宣传。盖三民主义乃属一种主义，决非宗教也。

(问)能否承认易旗改称等事?

(答)国旗乃属代表国家之物，故断然反对以一党之党旗，代易国旗。至改称国民革命军事，则应俟将来解决。

(问)对召集国民会议之意见何如?

(答)此事自可赞成。大帅之所以不作临时总统，而改就大元帅职，即表示其为临时的位置，拟俟至将来国民会议中，再行解决全部问题也。

(问)所谓国民会议是否为依据孙文建国大纲所召集之国民会议?

(答)国民会议，非一党一派之会议，必须为网罗全国各党派之全民会议始可。故吾侪力排一党政治，何以故?以其等于以一党专制，代替个人专制也。

(问)大元帅是否行将是归奉?

(答)决无此事。

(问)闻将由北京各派组织委员制政府确否?

(答)现无其事。

(问)大元帅是否确望对蒋妥协?

(答)确有此种希望。

(问)蒋介石对于妥协是否具有诚意?

(答)蒋之地位现极危险,故度彼之提议妥协,当具有充分之诚意。且宁政府之安危,固一系于安国军之果否援蒋也。

(问)关于妥协问题,已正式开议否?

(答)此事关系重大,碍难明言㉕。

十九日下午五时四十分,刚刚从杨宇霆处会晤归来的南桂馨也接受了候在中央饭店复旦社记者的访谈:

来京任务

(问)先生此来任务若何?

(答)此来任务,并不完全为妥协问题。因山西原驻京代表温静庵(寿温)在晋任有要职,其太夫人最近精神上亦不舒服,一时不能北来。百帅(阎锡山)以余前曾来京一次,转派余入都经手温君未经办完事件,并就便购办他种材料。关于妥协问题,关系北方和平,奉方既有意进行,晋方自当乐于赞同。如有关于此问题协商之事,余亦愿负往返转达消息之责。至于究应如何而后可言妥协,是在宁奉晋三方面当局之自决,余无意见参加。前昨两日因事冗,故诸君迭次枉顾,未能迎候,歉疚无已,并希原谅。

奉方主张

(问)先生今日下午三时已与杨宇霆见面,接洽程度若何?

(答)今日邻葛(杨宇霆)约余谈话,系声明奉方对妥协之主张。究竟奉方提出之主张是否能言妥协,余亦不敢负责,只好将此消息送达百帅。一俟百帅答复后,自当向奉方报告。

(问)奉方之主张若何?

(答)邻葛刚才说话甚多,归纳言之,仅有两点:一、政治缓期研究;二、军事先期解决。

(问)晋方对妥协是否有具体办法提出?

(答)晋方对于妥协问题,余上次来京时,已有办法提出,不但未能如百帅之期望，且生出许多误会，故此次未提办法。惟晋方始终希望北方大局和平，对于奉方始终愿尽朋友之义，经过事实，国人共见，兹不赘述。

何俞使命

（问）外传何澄、俞应麓系蒋中正派来代表，确否？

（答）何亚农、俞应麓为日本士官毕业学生，与邻葛（杨宇霆）、芳辰（韩麟春）、隅三（邢士廉）均有同学之谊。何（澄）为宁政府委员，常驻山西代表。前此隅三到晋，何曾向彼提出解决时局意见数条。隅三归来向杨、韩报告后，该二人认为有可妥协之馀地，故电请何氏（何澄）来京确商。俞之北来，亦系杨、韩电召。因此观察，何、俞此来，系属个人行动，其意见亦系个人主张。如果接洽就范，届时尚须报告蒋方酌定。

（问）何君（何澄）向邢所提报告如何？

（答）何君对邢所提意见内容，余不得知。但归结之外，不外以三民（主义）为范围，日前京报已有载过者。

（问）方本仁是否随先生来京？

（答）方督办此次赴晋任务，系奉蒋命报告徐州会议，并观察太原情形，余离晋时，方尚在太原饭店，绝无来京之意。

成败各半

（问）阎百帅近状若何？

（答）自七月八日起，即已下床亲事，康健如常。

（问）先生到京后，与奉方要人晤面有几人？

（答）芳辰、隅三曾见面数次，今日邻葛第一次晤见，有于一之（国翰）在座。敝处李庆芳亦同往。

（问）先生观察妥协前途，有无希望？

（答）百帅系以妥协为保持北方大局和平之第一人，对妥协问题，确抱有十二分之希望，但看各方面意见如何。至于成功与否，此时在接洽期间，尚难预料。如果各方主张距离太远，百帅自当尽力斡旋，以期于成。故余对此事，不敢谓必有成功之希望也。

（问）今日奉方已将意见正式提出，先生对之若何？

（答）余离杨处时，枫甫（李庆芳）尚在杨处谈话，究竟百帅对奉所提意见是否赞同，应俟电陈后，方能知晓。山西驻京与奉接洽代表本为枫甫，一俟枫甫归来，即当协同去电报告。

对冯态度

(问)奉方所谓解决军事,是否对冯玉祥而言?

(答)奉方日前对晋对宁均言妥协,所指之军事范围,不言而喻。

(问)百帅对冯真实态度若何?假使冯军要过石家庄,晋如何应付?

(答)晋因地域关系,与冯信使往还,确系事实,就目前状况而论,冯并无积极北进之意,其军队开过石家庄,一时恐做不到;如冯在未表明真确态度以前,晋方自然不令其军队过石也。

(问)晋军此次接收石家庄,是否得奉方同意?

(答)事前已接洽就绪,并非强占。盖因石家庄为山西之咽喉,奉军北退以后,该处秩序势须军队维持也。现晋方孙楚军队,已有三师开至该处,维持治安之责。总之,无论如何,奉晋两方不致直接发生军事冲突。

(问)外传商震已到太原,确否?

(答)商都统尚在绥远,并无到太原之事。

(问)先生曾否与张作霖见面?

(答)此来任务,已如前述,无与雨帅见面之必要。如有接洽事件,由芳辰、邻葛转达可也。

(问)先生何日返晋?

(答)尚有数日勾留。何时返晋,此时不敢预定。

谈至此,时已六点二十分,记者与辞而出。又电通社记者亦于昨日访南,其谈话中为复旦社所未详者,时摘录如左:

冯为反蒋

(问)宁政府代表是否来京?

(答)蒋介石代表不久即当来京,然是否为李石曾则尚不明。方本仁则并未来京,度于该代表抵京后,可望有具体的发展。

(问)冯玉祥将决不加入南北妥协运动耶?

(答)妥协问题,系由纯国民党,即宁政府从事进行,而晋则以宁政府系之资格加入,此外自无加入之人。冯方既带有反蒋及袒助武汉政府之色彩,自断无加入之理。

(问)奉晋为防止冯(玉祥)派进展计,是否将结攻守同盟?

(答)尚未谈及此种问题。故果能成否,殊难明言。

(问)所谓先解决军事究竟如何?

（答）现在宁方代表何澄、俞应麓俱在京，与奉方亦在接洽。晋奉双方又系好感，则所谓解决军事之目的点，可不言而喻矣。

（问）阎锡山对冯玉祥之感情如何？

（答）阎冯之间，虽信使尚有往还，但无所谓好感，惟亦无恶感耳。

（问）假如冯军在此时间，再行北进至石家庄，则晋方取何态度？

（答）冯军虽已渡河，此时形势决不至积极北上。假设有此情形，该时亦看奉方有何意见耳[26]。

七月二十日、二十一日，何澄在等待奉方如何决断的间隙，躲往西山，以避记者追访。

七月二十日，张作霖召集会议，讨论如下三个问题：一、妥协是否进行及进行方式；二、妥协前，京汉、津浦两路的军事如何布置；三、妥协后的军事政治态度。当日，因黄郛又派俞应麓[27]前来，相约与南桂馨一同与邢士廉会谈，故奉方的这三个议题改为第二日再议。七月二十一日，奉方在顺承王府继续开会讨论昨日未能议决的三个问题。首先由杨宇霆报告与何澄、南桂馨接洽经过，次由邢士廉报告昨日与晋代表南桂馨、俞应麓会谈情形。讨论中，新派人物多主张在此休战状态下，应迅与宁方进行妥协，对宁方一部分要求，亦可暂时容纳；但旧派人物吴俊升、张作相、孙传芳等虽不反对妥协，但对宁方的其他要求极为不满，主张无条件妥协为当。张作霖亦表赞同旧派人物的主张。会议最后议决以下几项主要决定：一、奉、宁双方须无条件妥协；二、北方大局，仍由大元帅主持；三、将来解决时局，召集国民会议解决；四、津浦线责成孙、张积极谋进，俟攻下徐州，占领陇海路后，相机向蒋续议妥协；五、对阎锡山仍以友谊态度维持往日之好感，且希望进行调停[28]。

七月二十一日晚，杨宇霆在帅府开完妥协会议之后，即派邢士廉至中央饭店接上已从西山回来的何澄到杨宇霆家里面告奉方的几点决定。据《晨报》报道，何澄在这晚与杨宇霆的会晤一直进行到凌晨二时多，直至晨三时，何澄才回到中央饭店[29]。

何澄仍想和平解决奉方易帜问题。七月二十二日，他给邢士廉电话，说非常希望和可以左右张作霖的两个核心人物张作相[30]、吴俊升[31]再谈一谈。邢士廉遂给张作相和吴俊升打电话，于是约定二十三日上午十时在西单牌楼花园饭店晤谈。二十三日上午九点，张作相、吴俊升先至花园饭店，十时，邢士廉陪同何澄乘汽车前来，张作相、吴俊升都降阶相迎。何澄与奉方主要代表的这次会谈时间甚长。何澄所谈大意为：我这次来京，系因邢士廉上个月到太原，称奉方极望和平解决时局，与我个人怀抱甚相符合，故特以私人资格来京，分访韩麟春、杨宇霆诸位，意在促成和平早日实现，并未担任何任何一方正式代表。两公为东北柱石，对于此事必极赞成，愿闻明教，等等。张作相和吴俊升相继发言，大致谓：政治之事，由大元帅张作霖主持，前途究应如何解决，我们无法决定，非由大元帅自己决定的办法才算数。我辈都是军人，以服从命令为主，惟军事政治分期解决，较为适当。希望何澄努力斡旋[32]。

七月二十三日，因奉方情势渐已明了，无再留京的必要，何澄拟二三日内离京返宁[33]。国闻社对此也有报道：何澄来京后，曾屡称系私人关系入京。兹闻何因在京日久，亟拟回宁向蒋报告一切。拟日内即行出京南下，暂时不回太原。昨晨何又赴西山游览云。惟复旦社消息略异，谓何因个人愿望不易就范，态度甚为消极，已决定今明两日先行返省，姑且存之[34]。国闻社的这个"姑且存之"，真成了"姑且存之"。事实上，何澄并没有在二三日内离京，而是一直在西山住着，一面静观南京国民政府方面和晋军的战况，一面等待时机再向奉方施压。七月二十五日，一位不愿透露姓名的晋方人物对复旦社记者进行了一次谈话：

> （问）外传俞应麓回宁，南北妥协业已破裂，确否？
>
> （答）俞（应麓）非蒋司令正式代表到京所接洽者，系属私人意见。奉方对俞先后所陈各节，并未完全拒绝。俞因奉方主张先军事后政治，亦有相当理由，有向蒋（介石）陈述之必要，故于前日出京。总之，现在之局面，与南（桂馨）、何（澄）、俞（应麓）未来之前相同，并无所谓破裂。日来奉方正开干部会议，宁晋两方面前此非正式所贡献之意见，该会议中准可提出讨论。好歹应俟奉方正式答复后方能知其梗概。
>
> （问）双方距离之点若何？
>
> （答）大概奉方主张先军事后政治。何澄君则主张军事政治同时解决。但以吾人眼光观察，何君之意见，确为一劳永逸之计，奉方终有谅解之时[35]。

因事情未到彻底破裂的程度，何澄一直在西山待到七月底才离开北京。出京的原因也是因为蒋介石在军事上遭到了一次意想不到的惨败——七月二十四日，徐州被直鲁联军和孙传芳残部攻占。蒋介石不顾李宗仁的反对，执意要夺回徐州，结果为北军大败。徐州的大败，使得何澄失去了与奉方谈判的砝码。但何澄给奉方开出的三剂政治解决的药方并没有因宁方军事上的失利而失效。诚如他所言,“如一大夫诊病,药方可开,而服用与否,则须病人及其家族自决”;唯为便于病人选择起见,多开了几剂[36]。可叹的是,何澄开出的专治军阀政治的这“三剂药方”,奉方并没有眼光远大的人敢于直谏张作霖一体接受,以至一年后兵败如山倒,不得不退出关内。

八月十二日,在李宗仁、白崇禧的逼迫下,蒋介石决定下野。蒋介石下野,最高兴的是武汉方面。八月十七日,武汉方面召开中央会议,正式决定迁都南京。九月初,汪精卫等到南京,准备召开四中全会解决党内一切纠纷。然而,宁方的国民党元老张静江、蔡元培等人对三月在武汉召开的国民党三中全会提出质疑;总部在上海的西山会议派要人林森和张继,更是否认三中全会的合法性。而汪精卫的权力正是在三中全会上得到的。宁方和西山会议派否认三中全会即是否认汪精卫所代表的“党权”的合法性。这一击,一下击中了汪精卫的致命软肋。九月十一日至十三日,宁、沪、汉三方主要负责人在上海伍朝枢寓所进行谈话会,推翻了汪精卫想借召开四中全会重掌国民党中央大权的企图,改为由宁、沪、汉三个中央党部共推三十二人组成中央特别委员会,统一党务,行使中央职权,并负责筹备召开第三次全国代表大会[37]。

何澄、黄郛、张群都随着蒋介石的下野而“下野”,没有参与宁、沪、汉三方任何合流活动。张群于九月二十二日陪同蒋介石由宁波到上海后即先赴日本为蒋介石安排考察、观摩、会晤等事务去了;八月十三日,蒋介石在上海宣布下野宣言,黄郛随即也宣布辞去上海特别市市长职务。何澄没有职务可辞,只能退回到苏州休养、静观。

十月七日,“灵石何寓”内桃花又开,何澄触景生情,作五律诗一首,寄给老友、名报人张丹斧:

园小偏奇特,菊黄桃也开。
岂因秦乱甚,故引晋人(余籍山右)来。
既误春争笑,应知秋可哀。
傲霜松又竹,尔等总难陪。

何澄这首诗借菊花盛开,桃花艳丽之际,抒发了自己为打倒军阀、统一中国的情怀。他抱憾自己,因为南北奔波,把春暖花开赏花的大好时光都误过去了,等到金秋时节,看到这些怒放的鲜花,才知自己奔波了半年,结果却是一无所获。因世事缠身，寄望于我像冬天傲霜的松与竹那样刚强挺拔，你们是看不到了。十月十日，一向爱用怪意作诗篇的张丹斧收到何澄的《园小偏奇特》诗后，却一本正经地以南朝刘义庆小说《幽明录》中刘晨、阮肇二人的典故，作了一首《刘阮重来是旧回》的诗，鼓励何澄，并用优美的“杨柳体”书录纸上。这个典故是：刘晨、阮肇二人于东汉永平年间同入天台山采药，遇二女子，留居半年辞归，及还乡，子孙已历七世，后又离乡，不知所终。

刘阮重来是旧回，涉中仍可邂嬴秦。
谐声乐兴尽标榜，两渡村成两度春。

诗后还附言：“‘两渡村人’园内九月桃又花，村人自为五律，绝佳，险韵，未易，奉和即书二十八字尘鉴。”最后戏言：“馀纸若得一二故人着语其上，可以横披亵玩。”何澄收悉张丹斧的这首唱和诗后，觉这位自署“后乐笑翁”的故人七律作的实在是好，于是把他寄赠张丹斧的五律书于其后，戏称“书我作于纸尾，藉以增光耳”。

一九二七年十二月十一日，原来的敌手汪精卫为自救，在上海召开的国民党四中全会预备会议上提出了请求蒋介石恢复总司令之职案，并在提案中附以声明：“如蒋介石同志能循预备会议之决议，继续执行国民革命军总司令职权，则兆铭认为对于时局已有良好办法，少数同志间对于兆铭有不谅解者，兆铭尽可引退，以息纷争。”[38]一九二八年一月四日，蒋介石重返南京，恢复国民革命军总司令之职。蒋介石复职后的第五天，发表了《告国民革命军全体将士电》，向始终共历患难的同志布达中途引退的歉意，同时表示再度北伐的决心。张丹斧和何澄诗句“两渡村成两度春”，果然如期来到了。二月二日至七日，国民党二届四中全会在南京召开，此时汪精卫和胡汉民均“出国考察”。大会选举蒋介石、谭延闿、丁惟汾、于右任、戴季陶为常务委员，并决定恢复国民政府和军事委员会主席制，谭延闿任国民政府主席，蒋介石任军事委员会主席，两主席共主中枢，继续北伐。四月七日，国民党中央发表北伐宣言，蒋介石同时对北伐各军下达攻击令。二次北伐的军事进展相当迅速。

五月九日，张作霖电召张学良、杨宇霆进京，讨论与北伐军停战息争之事。会上，张学良、杨宇霆力主撤军息争。会后张作霖发出“息争停战”通电，提出：“将彰德、正太战胜之兵，停止攻击。所有国内政治问题，但期国民有公正之裁决，断不作无谓的坚持，公是公非，听诸舆论。”[39]讨论“停战息争”的会议一开过，张学良

鑒

丁丑紀康在九月又十五日

後學岐翁張丹斧

餘紙若得一二段人著證其上可以橫披裝題

重陽後三日園中桃又開花成五律一首寄丹翁適來和韵較我尤佳妙書我作於紙尾藉以增光耳

園小偏奇特，菊黃桃也開。豈因秦亂甚，故引晉人（余籍山右）來。既誤春爭笑，應知秋可哀。傲霜松又竹，爾等總難陪。

丁卯秋九月雨渡村人

张丹斧与何澄唱和诗书笺（何怡贞旧藏，葛运培、葛运健提供）

和杨宇霆就于是日午后四点出大帅府登车前往石家庄，布置奉军由石家庄撤军，在京师门户——保定、望都之间的方顺桥一带布防事，并令各路停止对北伐军进攻。

张作霖“停战息争”的通电发表后，南北双方代表你来我往，就如何“议和”进行频繁的接触。五月十二日，“宁晋要人何澄”从天津赴保定，与张学良、杨宇霆会晤。会晤后，何澄本拟速返太原，但因兵车横阻，无法通行，又折返天津。二十二日，张学良、杨宇霆又电天津，催促何澄再来保定。但闻何澄已于二十日晚由天津动身赴保定[40]。

此时，任张作霖大元帅府外交部长的罗文干主张组织一个南北善后委员会，要求南北双方同时停止军事行动，在适当地点，合组一个南北善后委员会，就国家今后制度及旗帜、建都等事，均交由该会从长决定。此会委员人选，以各省实力派人代表充任之[41]。罗文干以期以这种缓兵的方式，挽救奉系军阀于不死。何澄对奉方大限将到之际，仍不改悬青天白日旗帜，不服从国民政府，反而出此蛊媚民众的雕虫小技，自然不放在眼里。国民政府和北伐军得报，继续节节前进。阎锡山所部相继占领石家庄、灵寿、行唐、赞皇、元氏等地。十三日，蒋介石电阎锡山督饬所部“努力前进，速占北京”。[42]是日，晋军进占正定，十五日，又攻克定县。五月十五日，张学良和杨宇霆再度赴京，向张作霖报告北伐军的军事动态，并商议应对战略。最后做出决定，奉军不再退让，一面下令应敌，一面发表文件，使国民知战事重开，奉军完全是出于万不得已。

二十八日，阎锡山所率第三集团军在方顺桥附近集结，以商震为前敌总指挥兼左路军总指挥，辖八个师；以徐永昌为右路军总指挥，辖十四个师，分兵两路，向奉军发起猛烈攻击，三十一日占领保定。六月六日，北京城挂出青天白日旗。八日十时，晋军孙楚部最先开入北京城。六月十一日，“津沽易帜”，十一时，天津挂起青天白日旗，次日晨，直、鲁联军自天津撤出，十三日，傅作义部开进天津。六月二十日，何澄和南桂馨及南桂馨的秘书出现在天津[43]。五日后，南桂馨就任天津市市长。

及至张学良东北易帜，南北中国终于统一，何澄做了他一生中最愿做的事。

注释：

① 唐生智(一八九〇～一九七〇)，字孟潇，湖南东安人。早年考入湖南陆学小学，毕业后循序入保定军校第一期步科。一九一四年毕业后回湖南，入第一混成旅，任见习排长，一九二〇年，升任团长；同年冬，湘军扩编为两个师十个独立团，升任第二师第二旅旅长。一九二一年冬，被赵恒惕擢升为第四师师长。一九二六年三月，赵恒惕就任吴佩孚湘鄂联军总司令，任命其为内务司长代理省长；六月一日，通电就任国民革命军第八军军长。一九二七年四月十九日，就任武汉国民政府第四方面军总指挥，进击河南境内的奉军张学良部；六月五日，会晤冯玉祥后班师回武汉，并扩充第四方面军为第四集团军，欲意可以与南京政府方面的北伐革命军第一、第二、第三集团军的蒋介石、冯玉祥、阎锡山分庭抗礼。一九二七年八月，蒋介石宣布下野，李宗仁等主政南京。此时，宁汉对立局势已转趋合作之途。九月二十日，与顾孟馀、陈公博等人宣布成立武汉政治分会，又遣刘兴、何键两军进入皖境并任命何键为安徽省政府主席，使南京政府任命的陈调元无法就职。十月二十日，南京国民政府乃明令声讨其通敌叛党罪，派李宗仁、程潜等率军西征。因多行不义，陷于孤立，乃于十一月十一日率几位亲信避往日本。一九二九年二月，李宗仁遣军至湘，以武力更换湖南省政府主席，企图将两广两湖联成一气，威胁南京。蒋介石以釜底抽薪计，起用唐，给原湘军官兵发饷三个月，使得李宗仁、白崇禧所改编接收过来的湘军不为所用。三月二十日，李宗仁、白崇禧之干将李品仙等领衔通电拥护南京国民政府，白崇禧措手不及，黯然逃离滦东。六月一日，南京国民政府任其为军事参议院院长并兼编遣会议编组部主任。同年十二月一日，张发奎、李宗仁分别奉汪精卫命称护党救国军总司令，唐再次反复，宣布受汪精卫任命为护党救国军第四路军总司令。一九三〇年一月三日，阎锡山自太原到达郑州，以海陆空副总司令指挥讨唐。唐下野出逃。一九三二年，国民党各方暂时团结，政治资本已输光的唐被选为军事参议院院长。一九三七年十一月，国民政府西迁，唐自告奋勇担负南京守城之责。十二月七日，蒋介石离南京飞汉口，身为南京最高统帅的唐生智在守城五日之后就告沦陷。从此，离政治、军事核心圈愈来愈远，晚年有回忆《赵恒惕的起义及其失败》等文。

② 徐谦(一八七一～一九四〇)，字季龙，圣名 George，晚年别署黄山樵客，安徽歙县人。光绪二十八年(一九〇二)在南京参加乡试中举。翌年赴开封会试中式第二甲第八名进士。光绪三十三年(一九〇七)，授翰林院编修，旋任法部参事，主持法律编查馆。宣统元年(一九〇八)，调任北京高等检察厅检察长。一九一〇年，奉派赴美参加第八届世界改良监狱大会，归国后，辛亥革命已经爆发，上奏请清帝逊位，并发起组织国民共进会。这一时期，有重要论述《共和联邦折衷制商榷书》。这一商榷书，是根据中国历史和美法诸国革命建国的得失，以为中国由数千年君主专制一旦跻于共和，流血之经验未多，历史之遗留难脱；郡县制易趋于专制，今后惟有取联邦制的形式，行郡县的精神，按三权分立之立说：则立法、司法采郡县制，行政则采联邦制，才能确

切达到巩固共和之目的。但当时绝大多数人惟重统一建国，西方列强更相信袁世凯是建立强有力的中央政府的最好人选，这一重要主张没有引起人们的注意。直到袁世凯称帝，戴季陶刊行《中华民国与联邦组织》一书，将《共和联邦折衷制商榷书》附后，徐的这一主张才得到部分人的共鸣。一九一二年，出任北京政府唐绍仪内阁司法部次长。一九二〇年九月，当冯玉祥率部自湖南北归，经过汉口时，奉孙中山命前往慰劳联络，并结下友谊。一九二三年二月，奉孙中山命与胡汉民、汪精卫等驻上海，为办理和平统一代表，乃创立政法大学，并办《平议日报》。一九二四年，冯玉祥发动“首都革命”，也参与谋议。一九二五年七月，国民政府在广州成立，为国民政府十六位委员之一。一九二六年一月，国民党第二次全国大会时，被选为中央执行委员。一九二六年三月十八日，日舰炮击大沽口事件发生后，北京召集民众示威运动大会，结果造成死伤学生近二百人的惨案。北京政府下令通缉徐谦等五人。徐遂与鲍罗廷、陈友仁前往海参崴，赶到库伦追踪到冯玉祥，同赴莫斯科。得到蒋介石誓词北伐的消息后，徐先冯玉祥回国，赶到广州从事活动，并正式就任国府委员兼司法部长。在国民政府北迁时，鲍罗廷和徐利用国民政府代主席谭延闿和国民党中央政治会议代主席张静江尚在粤赣途中的机会，在武汉组织了一个“中国国民党中央执行委员会国民政府委员临时联席会议”，推徐为主席，执行“党的最高权威”。自“联席会议”成立，即引起国民党内部的政治风暴。一九二七年四月，汪精卫到达汉口，被拥戴为领袖，“党的最高权威”徐的地位一落千丈。再加汪精卫到达武汉后，极尽虚假夸张宣传之能事，如每次开群众大会，本来一万人，但武汉方面的报纸总说有十万或二十万人；再如，社会秩序很混乱，商店店员只顾游行开会，不经营，也不许店主停业；第三，各机关没有革命气象，依旧是旧地散漫拖沓的恶习。六月六日，汪精卫、徐谦、孙科等到郑州会晤冯玉祥，徐就此离开武汉方面不复返回。八、九月，吴稚晖主编的《中央半月刊》第五、六期合刊刊出《徐谦的总检查》一文，对徐讥评备至。十月，《布尔塞维克》杂志刊出《革命的叛徒写真》一文詈骂徐和汪精卫。同时，英国新闻记者 Arthur Ransom 所著《国民革命外交》也出版问世，其中指出徐“是使武汉政府与国民党多数派别离异的人”。在四面楚歌中，徐自开封隐居鸡公山一段时期后，蛰伏于上海法租界，于十一月十七日通电下野，绝不再作政治活动。抗日战争爆发，徐由香港北上南京、武汉、重庆，共赴国难。一九三九年十月，因病南飞香港诊疗，翌年九月病逝。

③ 金以林著《国民党高层的派系政治》，第三十二～三十七页，社会科学文献出版社，二〇〇九年十一月。

④ 张发奎（一八九六～一九八〇），字向华，广东始兴人。一九一二年，投考广东陆军小学第六期。一九一四年，考入武昌陆军第二军官预备学校。一九二〇年，为粤军第一师少校副官。一九二二年，孙中山在广州就任非常大总统，为警卫团第三营营长。一九二三年，以战功升任独立团团长。一九二五年七月，国民政府成立于广州，各军编组为国民革命军，晋升为第四军第一独立旅旅长。一九二六年一月升为第十二师师长。一九二六年七月，国民革命军北伐，其第十二师攻下醴陵、株洲；八月二十六日，奋勇攻克湖北咸宁重镇汀泗桥；八月三十日，开始攻击吴佩孚亲自督战的贺胜桥，吴佩孚所乘火车，被其炮兵击中，吴佩孚回车北走。九月二日，革命军会攻武昌，其十二师攻武昌东面宾阳门至忠孝门。十月十日，张部由通湘门攻入武昌城。一九二七

年四月，国民党内发生宁、汉分裂，武汉方面任命其为第四军军长。第二次北伐开始，任第一纵队司令官。五月二十四日，与张学良指挥作战的奉军在临颍激战二十七天，后因奉军突然放弃坚固阵地而克临颍城。六月七日，奉命返回武汉，旋扩充为国民革命军第二方面军，亦升任第二方面军总指挥。一九二八年十二月，为表明不争权利，来去光明，呈请离职，前往日本。一九二九年四月，从日本回国，任讨伐桂系第一路右翼军司令官。九月十八日，张任师长的第四师在鄂西提倡"护党"，反对国民党第三次代表大会及种种政治措施。南京国民政府以张抗命，明令撤职查办。一九三五年，国民政府电召出洋的张回国，任命为闽浙赣皖四省边区总指挥。一九三七年淞沪抗战，任第八集团军总司令。一九三九年，任第四战区司令长官。一九四六年，由第二方面军司令官改任广州行营主任。一九四九年，改任陆军总司令。新中国成立前，移居香港，一九八〇年三月十日逝世。

⑤ 阎伯川先生纪念会编《民国阎伯川先生锡山年谱长编初稿》(二)，第七四七页，台湾商务印书馆，一九八八年九月。

⑥ 王正廷(一八八二～一九六一)，名正庭，后改正廷，字儒堂，浙江奉化人。一九〇六年，在东京任中华基督教青年协会日本分会总干事。一九〇七年，在东京加入中国同盟会；同年秋，赴美国入密歇根大学习法律。一九一一年，赴武昌，任中华民国军政府外交部副部长、部长。一九一二年一月，当选为中华民国临时参议院副议长。一九一七年九月，任广州军政府外交次长，代理外交总长。一九一八年，代表中国出席在法国巴黎举行的和平会议，拒绝在损害中国主权的对德和约上签字，受到国内舆论的赞扬。一九二一年，任北京中国大学校长。一九二二年，出任鲁案善后督办；十二月六日，出任北京政府汪大燮内阁外交总长。一九二四年十一月一日，出任黄郛摄政内阁外交总长兼财政总长。一九二五年十二月三十一日，出任北京政府许世英内阁外交总长。一九二七年四月，赴河南任冯玉祥第二集团军总司令部参赞。一九二八年十月，任南京国民政府外交部长。一九三一年九月十九日，就日军侵略东北之"九·一八"事变向日本提出紧急严重抗议，并向国联和《非战公约》提起申诉；九月二十八日，被南京中央大学请愿学生殴伤，即日请辞外交部长。一九三六年六月，被国民政府特命为驻美大使。一九三七年九月，被免去驻美大使，离任回国。抗战胜利后，一度受命主持行政院战罪调查赔偿委员会。一九四六年定居上海，从事金融、保险业。一九四九年移居香港，继续从事金融、保险业。一九六一年五月二十一日，病逝于香港九龙圣德勒撒医院。

⑦ 阎伯川先生纪念会编《民国阎伯川先生锡山年谱长编初稿》(二)，第七五六页，台湾商务印书馆，一九八八年九月。

⑧ 蒋铁生编著《冯玉祥年谱》，第八十页，齐鲁书社，二〇〇三年九月。

⑨ 同上。

⑩ 沈云龙编著《黄膺白先生年谱》(上册)，第二七七页，台北联经出版事业公司，一九七六年一月。

⑪ 蒋铁生编著《冯玉祥年谱》，第八十一页，齐鲁书社，二〇〇三年九月。

⑫ 金以林著《国民党高层的派系政治》，第四十～四十一页，社会科学文献出版社，二〇

〇九年十一月。

⑬ 沈亦云著《亦云回忆》(上册),第二八七页,台湾传记文学出版社,一九六八年四月。

⑭《益世报》,中华民国十六年七月五日,杨笑天:《山西国民党省党部电告成立》。

⑮ 金以林著《国民党高层的派系政治》,第四十一页,社会科学文献出版社,二〇〇九年十一月。

⑯ 张友坤、钱进、李学群编著《张学良年谱》(修订版),第一六四~一六五页,社会科学文献出版社,二〇〇九年二月。

⑰ 同上,第一六六~一六七页。

⑱《颜惠庆日记》(第二册),第三八四页,中国档案馆出版社,一九九六年十二月。

⑲《晨报》,一九二七年七月二十日,第二版:《复旦社记者访南桂馨的谈话》。

⑳ 张友坤、钱进、李学群编著《张学良年谱》(修订版),第一六八~一六九页,社会科学文献出版社,二〇〇九年二月。

㉑ 南桂馨(一八八四~一九六六),字佩兰,山西宁武人。一九〇六年赴日本留学,入东京警察学校,两年后毕业回国。一九一二年,任山西都督府巡警道、筹饷局局长、都督府参谋长、警务处长等职。一九二七年,继田应璜之后,任阎锡山驻京代表。一九二八年三月,任山西省政府委员兼民政厅厅长;六月二十五日,任天津市市长,九月八日去职。后任国民党山西党务指导委员,国民政府军事委员会委员。一九三〇年十一月,任陕西省政府秘书长。一九三一年十月,任立法院立法委员。一九三五年六月,任河北省政府委员,十二月去职。抗战军兴,避居天津,拒不出任伪职。一九四六年十一月,当选为制宪国民大会代表,并任傅作义部顾问。一九四七年三月,被聘为宪法实施促进委员会常务委员。一九四八年,当选为行宪国民大会代表。一九四九年后,为山西省政协委员,北京市文史研究馆馆员。

㉒《晨报》,一九二七年七月二十三日,第二版:《妥协虽难成功,停战或可较易实现——何澄大夫之三剂药方》。

㉓ 北平《世界日报》,一九二七年七月十九日,第三版:《官方宣称宁代表何澄到京》。

㉔ 同上,第二版:《国闻社消息》。

㉕《晨报》,一九二七年七月二十日,第二版:《张学良对日本记者谈话》。

㉖ 同上:《晋阎代表南桂馨谈话》。

㉗ 俞应麓(一八七八~一九五一),字咏瞻,江西广丰人。一九〇五年考取福建官费留学日本,先入振武学校,毕业后考入日本参谋本部所设陆军测量部地形科深造,与黄郛系同班同学。

㉘ 张友坤、钱进、李学群编著《张学良年谱》(修订版),第一六九~一七〇页,社会科学文献出版社,二〇〇九年二月。

㉙《晨报》,一九二七年七月二十三日,第二版:《杨何又会谈》。

㉚ 张作相(一八八一~一九四九),字辅忱,直隶深州人。一九〇二年投靠张作霖。后为张作霖的心腹和辅帅。一九二四年四月,担任吉林省省长。一九二六年十二月,张作霖在天津宣布就任安国军总司令,任命其为第五方面军军团长。一九二七年六月十八日,张作霖就任北洋政

府末代元首，张被委任为辅威将军。一九二八年六月四日，张作霖在皇姑屯被日寇炸伤后致死，当张学良尚未回到沈阳时，东三省议会联合会，推张为东三省保安司令，张谦辞不受，仍以辅帅身份辅佐少帅张学良。一九三一年，东北沦陷后，日寇数次引诱其投靠日本，始终严词相拒。抗日战争期间，隐居天津。一九四六年，任国民政府军事委员会东北行辕政务委员会委员。一九四八年四月，任东北行辕政务委员会主任委员（未就任），同年在锦州被俘，后被释放回天津。

㉛ 吴俊升（一八六三～一九二八），字兴权，山东历城人。一八八〇年，入康平大屯清军捕盗营。一九〇六年，升任奉天省后路巡防营帮统。一九〇八年，升任奉天省后路巡防营统领。民国元年，任骑兵第二旅旅长，大破乌泰之蒙古独立军于洮南，始以骁勇名。一九一二年，任洮辽镇守使。一九一七年，任陆军第二十九师中将师长。一九二一年，任黑龙江省督军兼省长。一九二二年，张作霖宣布独立，实行联省自治，东三省议会联合会宣布推举张作霖为东三省保安总司令，吴为副总司令。一九二四年九月，第二次直奉战争爆发，任奉军镇威军第五军军长。一九二五年，郭松龄反奉，吴由间道率骑兵袭击白旗堡，郭军遂溃败，奉天转危为安。一九二六年，任镇威军第六军团长，攻打冯玉祥的国民军。一九二七年十月，任东三省边防总司令。一九二八年六月四日，被日寇在皇姑屯炸死。

㉜《晨报》，一九二七年七月二十四日，第三版：《何澄昨访张吴》。

㉝ 北平《世界日报》，一九二七年七月二十三日，第二版：《俞应麓、何澄日内即将出京》。

㉞ 北平《世界日报》，一九二七年七月二十五日，第三版：《何澄日内离京》。

㉟ 同上，第三版：《妥协未破裂——晋方人物之谈话》。

㊱《晨报》，一九二七年七月二十三日，第二版：《妥协虽难成功，停战或可较易实现——何澄大夫之三剂药方》。

㊲ 金以林著《国民党高层的派系政治》，第四十四～四十五页，社会科学文献出版社，二〇〇九年十一月。

㊳ 同上，第四十九页。

㊴ 张友坤、钱进、李学群编著《张学良年谱》（修订版），第一九六页，社会科学文献出版社，二〇〇九年二月。

㊵ 北平《世界日报》，一九二八年五月二十四日，第二版：《何澄前晚赴保》。

㊶ 北平《世界日报》，一九二八年五月二十六日，第三版：《和平问题》。

㊷ 张友坤、钱进、李学群编著《张学良年谱》（修订版），第二〇〇～二〇一页，社会科学文献出版社，二〇〇九年二月。

㊸《颜惠庆日记》，第二册，第四二三页，中国档案馆出版社，一九九六年十二月。

何澄旧藏“有道则隐”青田章

十五 “有官无路”沧石路

一九二八年六月四日，国民政府任命阎锡山为京津卫戍区总司令。六月八日，阎锡山在保定宣布就任此职。六月八日，国民政府明令北京正名北平，直隶省改为河北省。六月十一日，阎锡山进入北平，一批原晋军党政要员分封要职，身为“宁晋要人”的何澄却选择接收了一条只有残破不甚的路基，在北平东华门大街有一个四合院办事处，没有铁轨，沿途也没有任何车站的沧石铁路工程局局长。

沧石铁路起自平汉和正太两路的联轨部——石家庄，经藁城、晋县、深县至沧县运河西岸的大和庄（离运河西河一点五公里，距津浦铁路二公里），全长共二百二十一公里，是平汉与津浦两路的联络线，为运输晋煤至天津出海最短的路线，经济和军事意义极其重要。

此路本为德国于光绪二十八年（一九〇二年）要求在津浦路上添建正定至德州的支线。光绪三十三年（一九〇七年），津浦北段借款奏案内曾声明正德支路在十五年期内我国可自行筹办，否则须借德款筑造。

一九一三年六月十五日，一位叫曹祯祥的商人拟集股创办沧石轻便铁路，呈文交直隶省民政长冯国璋，冯国璋咨呈交通部。北京政府当由部令行京汉、津浦路局查复。据津浦路局复称，应改修普通铁路，自兴济至石家庄，俾资联络。九月，曹祯祥等人呈文同意照改普通铁路和线路。交通部以曹祯祥集资股本仅为六十万元，不足以建造这条铁路，请其候筹足够筑路款后再行禀部核办理。

一九一六年八月，由直隶省长朱家宝转咨验款证明给交通部，交通部回复说，正太展线成约在前，碍难核准。同年十二月，曹祯祥等遵交通部所颁“民业铁路法”，将路线图说及股本二百十一万元凭证再行呈往交通部，时任路政司长的曾鲲化以“正太展线”一语无案可据，而据德人承办之期则仅有五年，因而密呈总长许世英,或由交通部办理,或由该商办理,都应速行解决,以免贻误时机。总长许世英于十二月二十六日批暂准立案。

一九一七年五月,有人状告曹祯祥所办沧石路与外款有关系,此事引起交通部的重视,咨直隶省长朱家宝查复确有嫌疑。交通部于是即以该路自暂准立案后,已逾限三月,路事毫未进行,又多有纠葛,注销前案,决定改由国家筹修,并令京汉、津浦两路局筹办①。

一九一九年十一月,安福系的健将曾毓隽接替曹汝霖掌交通总长,呈请总统徐世昌拟募集实业公债建筑石德铁路。当时在邮政司的刘景山看到总务厅挂出一个牌子,上书"沧石铁路发行公债筹备处",于是就去找《庸报》的董显光。董显光是直隶省省长曹锐的秘书,董显光先在《庸报》登出反对文章,曹锐看到文章打电话到交通部反对,接着曹锟的电报也到了交通部,痛骂交通部借日资修路可耻。这一来,舆论、民意、政界、军界都反对,交通部总务厅布告栏上的那块"沧石路发行公债筹备处"的牌子被取了下来,此路就此搁浅②。

一九二〇年秋,适北方奇旱,交通部乃议修沧石、烟潍二路,实行以工代赈,并于十月十八日令京汉、津浦两路局迅将沧石路开工一切工程款项分认。二十三日,津浦路局派工程师李兆濂、吴铭测勘,并分头购地。二十五日,将此案提交北京政府国务会议议决。二十七日,交通部呈明大总统徐世昌,沧石路约为一百八十万元,烟潍路约为三百万元,请追加本年度预算之内,当奉令准。十一月一日,时任交通总长的叶恭绰派技正李壮怀代行在石家庄举行的开工典礼。一九二二年五月二十九日,因交通部无款应付该路工程,遂不得不将办理此路的路工局裁撤。后据统计,沧石路自测勘日起至裁撤时止,共费银一百六十八万多元。

沧石路自停办后,所有前修路基日邻毁坏。直隶省议会议员张照坤以前工尽弃,殊为可惜,特于一九二二年九月提出议案,咨请直隶省长王承斌转咨交通部催办。然而,交通部款无着落,再无继建下去的能力③。

以工代赈筑成的沧石路基,尽管风雨侵蚀,坍塌不堪,但正因为有了路基,所以不管是如何"风雨侵蚀,坍塌不堪",此路便成为外国资本和各路军阀以修筑沧石铁路为名,实则大行填充军费、回扣分肥的生钱线。

一九二三年,吴毓麟出任交通总长。八月二十七日,《民国日报》以《津方所进行之大借款》为题披露:"沧石路借款……金额一百二十五万镑……垫款二十万镑……所谓大借款者,仍即为沧石路借款,资本家为比、英、法、意四国所组之公司,以比款为较多,资本家代表为陶普斯,与津方接洽,均由陶普斯出面,公司之名未详,但知其在天津而已。债额为英金一百二十五万镑(约合华币一千一百六七十万元)，垫款二十万镑，于签订契约三星期后即行交付，至契约内容，尚难得悉，但最后之接洽，系套同成路原约下笔，在本月十号前后，草约已经拟好。交通部当局，以事情太大，不敢负责签约，数次赴津，均未受疏通，将来能否软化，则不可知；但津浦路局长孙风藻，京汉路局长赵继贤，均不以为可，吴毓麟亦颇为感动。此项借款因之中途搁浅，将来或由直隶省政府而圆场，亦理想中事。"日本对沧石路旁落他人极不甘心。八月三十日，段祺瑞心腹幕僚姚震致函日本驻华公使芳泽谦吉谓："沧石铁路借款一案，前已由敝国两院议员正式具函有所奉告，谅邀洞鉴！兹据调查所得，则沧石铁路借款系由比国人名义承办；又同成路借款，亦在同时进行之中，名义上系由美国人承办，而其实际上与保方接洽之主动者及借款中大部分之投资皆以贵国企业家为中心。代表人氏居留京津，此时暂且不必宣布。上述两项借款，万一成为事实，则敝国纷乱之局因之延长，中日亲善之谊受其影响；与阁下莅津时所表示公正之态度，结果恐适得其反。用特专函奉渎，伏乞阁下详察内容，预为取缔……"④

一九二三年十月十日，曹锟当上了贿选总统。吴佩孚欲以沧石路出卖给英商，藉筑路之名借款充为军阀混战的军费。一九二四年，负责为其筹饷的交通部路政司司长赵德三在所上《沧石路线待筑与筹划进行办法胪陈》，明白无误地道出沧石铁路的重要性和筹措款的办法：

(一)沧石路与京汉路之关系：京汉路之有关于国家大局，有裨于北洋形势，即在现时其价值视津浦当仍高出数倍。只以年来积债数千万，不独无以取偿，即一切应予修理改换各项材料，亦无力购备。丁此时机，倘再不谋扩展，行见车辆凋敝，桥梁倾圮，全路破产即在目前矣！遑论政府之挹注、军饷之协助哉？况沧石路基曾耗二百余万元，刻已数年，间有坍塌之处；倘再迁延，势必全归堙圮。數设路基之款，尽赴东流。可惜孰甚！为今之计，惟有即时筹筑作为京汉支路，则京汉所有材料、车辆、人员等等，亦均可相与通融办理。一方面节省沧石之资本，一方面增进京汉之收入，俾支干互相利用，则功倍事半之效，自必可操左券。舍此则京汉破产无论矣，其如国家何？故每一念及，辄不禁代为杞忧也。

(二)沧石路与军事上之关系：京汉、津浦两干路于军事上之关系，固已尽人皆知。万一有事而黄河以北之军运，非绕道京津莫由联络。需时数日，迟滞堪虞。一旦沧石告成，则近畿数省之国军不难于十数小时立行调集。指臂之效，捷如影响。军贵神速，即此言之，沧石路亦自应早为筹筑也。

(三)沧石路必须利用外资:近有议向国内资本家募款兴筑者。但以我国国民经济力量薄弱,募以半载,始达全部预算三分之一,其余二成,仍必仰赖于外资。是无论其未必有成也;即令有成,亦不过仅沧石一路而也。在今日谋救中国者几至人人以交通不便为憾。是则沧石以外待修之路何可指数。再募内资,将何为继?与其慕此有名无实自筑之虚名,则何如径借外资,择其条件较优不带丝毫侵略性质者,以资其启发之得哉!?

(四)沧石借款有与英商沙逊进行商议之必要:利用外人资本,振兴我国实业,此实为今日谋国者唯一之良谟。但自来洋商与我国政府订立各种实业借款合同,大都在先毫无的款,必待其回国奔走招募,故每至迁延转折,百无一成。英商沙逊其财力散殖东方,富无伦比,固已尽人皆知,平时极意经营中国实业借款,以展发其富力。因新银行团盘踞把持,独攘权利,久与之立反对地位。略筹抵制,实非一日。此次亟思借沧石微细之借款,一展其身手。缘此区区之款,实为新银行团及各国政府所不注意,而彼乃乘间行借,以确立其打破新银行团局面之基础;并已在英京联合英、法、比等国资本家之不慊于新银行团者,组织一大规模公司。拟待沧石借款成立之后,即为我国实业借款源源输入之准备。以故对于沧石借款所具条件,大半皆就我范围,异常优厚。前此沙逊自伦敦来京,日与当道周旋,意即在是,窃谓沧石借款若果告成,则将来如同蒲以及已订合同不能履约修筑及未订合同各路线,俱不难援例设法而尽修之。统一大业,或基于是。是不啻为我国经济界开一新纪元,讵非一大快事!兹特将英商沙逊议订沧石借款合同大意,译述于左下,以资考证。阅之当知其条例优厚,较之寻常铁路借款,其相去万万矣[5]!

吴佩孚采纳了赵德三名为筑路,实为筹饷的建议,委托曾短暂当过几个月直隶省省长的曹锐(曹锟弟弟)出面同英商沙逊洋行秘密谈判。吴佩孚自认为进行得极为机密,但对于十分警惕各地军阀出卖主权路权行径的中国知识分子群体来说,没有探不到的秘密。一九二四年九月二十六日,《民国日报》刊出《沧石路借款作军费警讯》:"吴佩孚以沧石铁路名义,向英国借款五百万,已于二十三日签字,此借款将全部提充对奉军费。"消息传出,举国哗然,随着交通总长吴毓麟的去职,此事及由日本方面也掺杂进来的一股六百万元的日金都成了"竹篮打水"。

一九二四年，继孙宝琦、顾维钧、颜惠庆、黄郛内阁之后，段祺瑞又出来临时执政，叶恭绰出掌交通。为庚续路工起见，特设沧石铁路工程局，派吴中杰为局长，负责进行。但吴中杰除了按月支配办公费外，对于路务之进行，也不甚过问。虽在东单三条京汉局借房设局，并无延聘一人到局办事。所有案卷关防及公用器具，悉存吴中杰家中。叶恭绰对吴中杰的无作为很不满意，但困于军阀混战和路费也无从着落，也就挂着牌子，留着机构，待将来政治清明时再筑办[⑥]。

一九二六年三月二十一日，第二次直奉大战攻占津京的奉鲁联军副司令褚玉璞，当上了直隶省督办，褚玉璞和山东督办张宗昌发现沧石路于军事交通上关系重要，且为补助军饷计，特会委任命周至诚为沧石铁路工程局局长，令其积极进行借款。七月一日，张宗昌以直鲁联军总司令名义决定将沧石铁路的建筑权益抵押给法国。法商士乃德公司驻华总经理马襄与张宗昌签订了二百万英金的债款合同。殊为怪异的是，就在张宗昌与法商签订了《沧石铁路借款合同》不久，奉系张作霖和鲁系褚玉璞在八月间竟然有脸在同一条沧石铁路上同法比银行签订了一份一千五百万的借款草合同[⑦]。

一九二六年七月十四日，《世界日报》率先披露："维民社云：某使馆方面消息，沧石铁路局周至诚，与某国公司接洽借款，刻已磋商妥洽，计债额一千五百万元，分四期交款。日内俟中国政府表示认可，即可签字交款。"[⑧]

张作霖、张宗昌、褚玉璞秘密与法、比银公司私订抵押沧石铁路，以换取军阀用款的合同文本暴露于光天化日之下后，激起知识分子群体的强烈愤慨。一九二六年八月二十六日，上海各团体代表会议致电张宗昌、褚玉璞："顷阅报载，先生等以国有之沧石铁路一千五百万元押于法、比银公司。本会议阅悉之下，无任骇异！查铁路直接关系交通，间接关系商务，何可权操他人？今先生竟不顾及于此，只求目前需用，本会议深为先生等所不取也。用特飞电敬告，迅将该项草约取消，以保国权。"[⑨]

一九二七年七月十九日，正值何澄在北京与奉系交涉易帜之时，中华民国军政府交通部次长常荫槐下达部令，将张作霖所设的沧石铁路局副局长曲庆锡调派到胶济铁路副局长，并言因经济支绌，所有副局长一缺，着即裁撤[⑩]。

裁撤了副局长，局长周至诚卖路借款的事情仍在进行。据《世界日报》，一九二七年十一月十四日报道："沧石铁路工程，停顿已久，兹据交通方面消息，当局刻对该路工程，仍主积极进行。业于日前派公府秘书郑鉴清赴津，与懋来及劝业两银行磋商借款。若有头绪，不久当可兴工。大约俟郑（鉴清）返京后，即可见分晓。"[⑪]

北洋军阀时代，由于无路不存在“交款回扣、购料回扣、按年出息、亏耗津贴、至期偿未完原本”，所以筑造铁路之难，难于上青天；而打着筑路的幌子，实为军阀混战筹措军费，更是家常便饭。何澄面对的就是这么一条举步维艰的路。

接收过来的沧石铁路工程局，归南京国民政府交通部直接管辖。南京国民政府于一九二七年四月十八日成立后，交通部长为王伯群，秘书长为许修直。

王伯群（一八八五～一九四四），名文选，字伯群，贵州兴义人。早岁从贵州宿儒、一代通人姚茫父读书。一九〇五年，得舅父刘世显资助，东渡日本，入弘文学校，后考入日本中央大学，习政治经济科。一九一八年，任贵州黔中道尹。一九一九年，离黔参加上海南北和谈。一九二四年，任大夏大学董事会主席。一九二七年，北伐军攻占上海后，被任命为上海财政委员会委员。一九二七年五月，任南京政府交通部部长，任内整顿交通，拟定交通事业革新方案，振兴铁路，统一邮政，创办航空，发展电讯，多有建树。一九二八年七月，任大夏大学校长。抗日战争爆发后，大夏大学与复旦大学内迁，合两校为第一联合大学于江西庐山（后迁重庆），第二联合大学于贵阳，任第二联合大学校长。国民政府迁都重庆后，又以贵阳第二联合大学为大夏大学，仍为校长。一九四四年十二月，日军攻占贵州独山、荔波等县时，赴重庆商议大夏大学去留问题，因胃溃疡复发，在重庆病逝。

一九二八年七月十八日，王伯群前往北平，在平绥路局视察时，何澄亦陪同前往。他在接见路局有关人员时说：“革命十数年以来，其最大目的即在求民众之自由平等，而交通事业尤为立国之命脉，与国民生计关系最为密切，惟以频年军事关系，交通事业破坏无馀，以致人民生计影响甚巨。现在大局既已统一，亟应力谋交通事业之发达，以期于人民生计及文化均有所展进。”他认为，在北洋军阀统治时期，铁路“最大的弊病即在一二官僚政客一经攫取交通政权之后，每将交通款项挪作别用，以为个人固位求荣之计，从未将交通收入正当然用于整理交通事业者”。现在南北统一，为谋求交通事业之发展势不能不首谋事权之统一：一、全国同隶于廉洁政府之下，惟服务路局人员更要加倍廉洁，以求他人之信仰，并须有主义、有目标，抱定最大牺牲，方能满足各方之愿望。二、值此统一交通事业之时，亟应力谋财政公开，绝不容如以前收支自支配，形同独立。部局息息相通，凡事应从整个的看去，将来凡属交通事业之财政，均应由部主持，以一财权。各路局对于各项表册及簿记均应力求详明，不仅用示公开，即无论何人查阅亦可一目了然。然此会计宜力求公开者。三、交通材料为支出之大宗，而各路最大弊病，亦即在购买材料，希图攫取不当佣扣，交通部将设立购料委员会，各路应需材料须在半年以前预料需用材料列表，送由购料委员会审查后始能购办。如此办法，不但

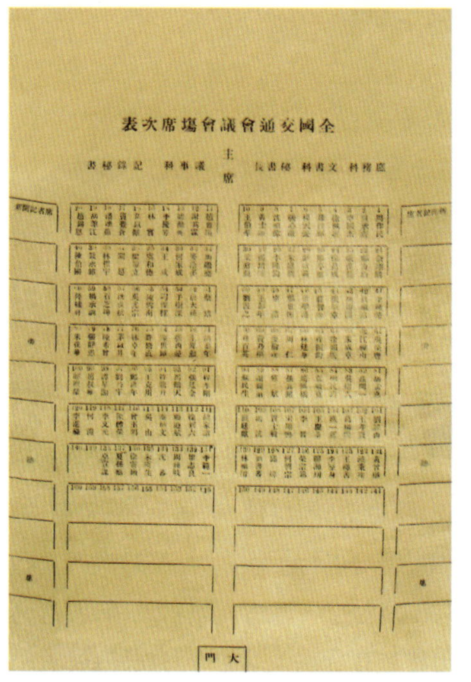

一九二八年，何澄出席全国交通会议席次表

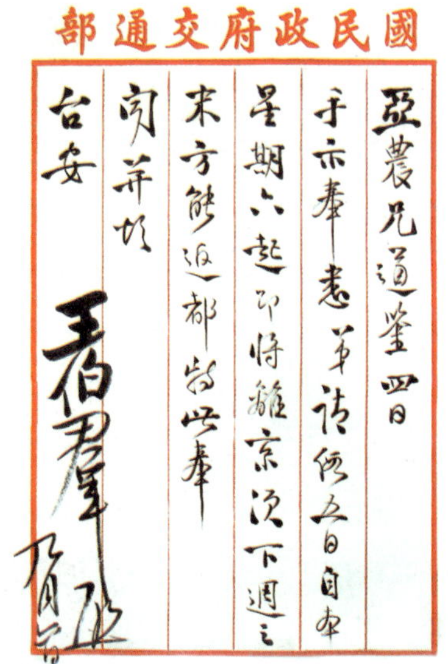

國民政府交通部

亞農兄道鑒：四日手示奉悉。弟請假五日，自本星期六起即離京，須下週之末方能返都。特此奉聞，并頌

台安

王伯群頓首

王伯群致何澄信函（何澄旧藏，何泽瑛提供）

准之经营原则可以相合，即以前种种经手分肥等弊亦可从此祛除⑫。

一九二八年八月，何澄赴南京出席交通部召开的全国交通会议，讨论南北统一后的交通工作。交通会议之后，何澄拟于王伯群就沧石铁路及阎锡山拟兴筑包头至宁夏铁路事，进行具体商洽，但王伯群因请假外出，没有谈成。王伯群有致何澄的一函，说明了具体情况：

亚农兄道鉴：

四日手示奉悉。弟请假五日，自本星期六起即离京，须下周之末方能返都。特此奉闻，并颂

台安。

王伯群顿首

九月二日

一九二八年十月十日，阎锡山又有兴筑包头至宁夏铁路致何澄的电报，请找王伯群速办：

南京何亚农兄鉴：

密察、绥灾情奇重，前拟以工代赈，兴筑包宁铁路，曾经电请交部任命总会办在案。嗣与地方士绅再三研究，佥谓：此外别无办法。惟交部迄未发表，未审何故？本日又有张书田等十馀人，由察、绥来平，面称现在各该区鬻妻卖子者日益增加，真令人惨不忍闻，请速设法救济等语。查察、绥两区三年不登，灾情太重，目前之救济办法，只有"以工代赈"，请兄往晤(王)伯群部长，迅速发表包宁路总办、会办，俾便积极筹备为盼。阎锡山蒸印[13]。

包头至宁夏铁路，长五百多公里。早在一九二二年十二月在京绥铁路即将修通至包头前的两个月，就在北京政府周自齐、颜惠庆、唐绍仪、王宠惠、汪大燮、王正廷临时内阁中担任交通部长的高恩洪手中，筹划进行了。当时，高恩洪向比利时营业公司借款三百三十万英镑，作为购买该路包宁一段所需轨料之用，但这笔借款一部分被吴佩孚所提用，一部分借给比利时有贷款关系的陇海铁路购料，一部分支付利息、折扣耗掉了。一九二八年，时逢察哈尔、绥远大旱，阎锡山想以叶恭绰当年以工代赈的办法，修建此路。此路虽经何澄催办，得以立案，延至一九三一年四月，包宁铁路工程局业已成立，对线路也进行了勘测，但终因比利时借款未还，新款无着，一九三三年四月份就停办了[14]。

一九二八年十月，河北省各界士绅以本省建设事业进步迟缓，政府计划虽多，但实际举办者殊属寥寥，为促进建设计，认为对各种建设事业应由民力自筹自办，以期有显著之进步。其中，尤以沧石铁路为首望。所议第一步计划，是想依照山西筑路的办法，由政府和人民协力修筑，以期早日完成。为此，拟定了计划书，想等省主席商震病愈后，请即批准开始进行。河北各界士绅为此呼吁：此为河北民众促进建设之先声，极盼省政当局予以赞助[15]。

一九二八年十月二十七日，何澄接受《北京日报》记者采访，透露了早日完成沧石铁路的心愿和种种计划：

何局长拟早日完成沧石路。其原因：(一)华北连年战事，灾旱频仍，开工后暂时可容纳一般贫民，以救济一部分贫民之困苦；(二)白河淤塞，货物不能流通，铁路筑成后可以维持华北商业；(三)款项困难，暂时择狭轨较为简省，且亦容易创办；如经铺设轨道，即可与正太路通车，将棉花、杂粮、红煤运输津浦等路，以供各地之应用。

两渡村人

又，该路轨道，因与正太同一尺寸，除直接运货便利外，其运货与时间均甚经济。现何局长为救济民生，乃发展沧石一带商业起见，故对于该路积极筹备开工。计划一年内可以通车。其建筑费最省约五百馀万元，闻何氏对于该路，拟有详实办法，并定下月赴京谒贺铁道部孙(科)部长呈报建筑该路之内容。

北伐成功，国民党成为全国性的执政党，但军事上的胜利，并不等于政治上的统一。为了争到国民党内的领导权和对全国的统治权，蒋介石于一九二八年八月八日接受了胡汉民自欧洲寄来的《训政大纲》，决心以"以党治国"。胡汉民回国后，广东其他军政要人纷纷劝他留在广州主持广州政治分会，与南京国民政府"分治合作"，但他的理想是依靠蒋介石的军事实力，来实现自己倡导的"党权"高于一切的政治目的，于是明确反对地方分权，更不愿在广东主持一省之小局面，甘于同蒋介石合作。九月三日，胡汉民到达上海，许崇智、居正、谢持等国民党元老全都反对他去南京。胡汉民认为，在"国内军人中，能对用兵、练兵及带兵三者具备者，只蒋氏一人，比较任何当时军人为优，自是不可多得的人才。只要他不过于独裁及做越轨行为，而又能为国效力，未始不可拥戴之"。因心目中已有终极目标，胡汉民对反对他去拥戴蒋介石的这些元老说："中国需要统一，统一需要建设，实行建设，需要一个健全的中枢。我到南京，并不是帮助个人，我是想帮助中华民国。退一步，假如我到南京是帮助介石(蒋介石)个人，则我希望这所谓个人，是凯末尔[按：土耳其大国民议会主席兼国民军总司令，土耳其共和国的缔造者、首任总统]不是袁世凯。如果这所谓'个人'是袁世凯，我必首先反对他。"[16]十月八日，国民政府改组，正式实行五院制，并通过新的国民政府主席、五院院长、国府委员人选。蒋介石和胡汉民再度合作后，一九二八年一月，跟胡汉民、伍朝枢一同"出洋考察"的孙科，回国后，也得到了国民党中常委、考试院副院长等职，而且还从交通部分出来一个铁道部，让他执掌。

一九二八年十月二十五日，孙科出掌铁道部，何澄私幸孙科为他所崇拜的孙中山先生的哲嗣"既亲受教训，或略知典型，故喜与论事，乐与周旋。更以北方各省，地僻民贫，生路有限，端赖发展交通，将腹地所藏矿产，设法输出海外，民困既苏，社会经济方有转机希望。故不畏难，不惮烦，欲将沧石铁路完成，勿使英商开滦矿局，垄断煤之市场，期副中山先生所谓民生主义也"。[17]十一月一日，铁道部正式成立，特任孙科为部长，以连声海为政务次长，王徵(王文伯)为常任次长。五日，暂借南京杨将军巷钟南中学及前国民革命第二军办事处的房屋开始办公。

遵照国民政府颁布的《铁道部组织法》，铁道部置总务、理财、管理、建设四司，以陈延炯为总务司长，王徵兼理财司长，蔡培基为管理司长，陈伯庄为建设司长；后聘刘景山、颜德庆、关赓麟、黎照寰、梁寒操、金井羊、萨福均、刘维炽等为参事。为备咨询，有利铁路建设，还特聘美国人华德尔 J.A.L.Waddel 为铁道工程顾问，门泰尔 J.J.Mantell 为铁道管理顾问。铁道部成立后，遂将原先归交通部管理的铁道行政一切事宜概行接管。同时，交通部所辖的交通大学及唐山土木工程学院、北平交通管理学院并各路附设之扶轮中小学校，也概归铁道部管辖。为接洽事务便利起见，铁道部还在上海设立驻沪办事处，以陈铁珊为处长。京沪、沪杭甬两路，因在政治上、实业上关系重大，故这两路局长以管理司司长蔡培基兼领；平奉、平绥两路为东北干线，连年受军事影响，须积极整顿，乃派常务次长、理财司司长王徵兼领；陇海、同成两路，原为督办制，由铁道部呈奉行政院核准撤销，以便管理；胶济路因北伐时发生“济案”，特设胶济路管理委员会，以参事颜德庆为委员长；汉平铁路更名平汉总局，移设北平，以参事刘维炽为局长；平绥路则以崔延献为局长；津浦路以孙鹤皋为局长；粤汉路湘鄂段则以方达智为局长；广东各路归铁道部管理后，即将广三路归并粤汉，以陈延炆为局长，而以刘鞠可为广九局长等等。交通部原在法国设有巴黎办事处，为我国办理国际交通之机关，后改为铁道部驻欧办事处，派吴克愚为主任，专办国际铁道交通事宜[18]。

孙科的铁道部班底，大多来自广东。如政务次长连声海（顺德人）、建设司司长陈伯庄（字延寿，番禺人），以及后来的常任次长黎照寰（字曜生，南海人）、参事梁寒操（号君默，原籍高要，生于三水）等等。令何澄欣喜的是，他的挚友王徵出任常任次长兼理财司司长。

一九二八年十一月，何澄赴南京与孙科协商筹款筑沧石铁路事。一九二九年一月二十一日，孙科在第一六四次中央政治会议上提交“铁道行政施政方针案”，经议决交国民政府办理。该提案大体上与交通部长王伯群整理铁路的设想相差不大，即管理统一和会计独立两大端，为铁道事业前途之生死关键。孙科的“管理统一”，要点有三：（一）整理军运，放还车辆。军事时期，为便利军运起见，各军事机关，多设置运输司令，调用机车车辆，自行管理，专办军运，此原为战时状态之需要，现在军事业经结束，所有军事运输，自应仍由管理路政机关办理，以一事权。惟现在各军事机关，对于军运，遥有自行办理者，扣用机车车辆，每多虚縻，甚或置而不用，损失尤大。且风闻间有不肖军人，冒运商货，私卖车皮，自行押运，路员无支配之权，殊与路务大有妨碍。应由各军事机关，将扣用机车车辆，一律放还，交路局照章支配。嗣后各军事机关，不得再有扣用车辆，干涉行车情事，所有军运，应照定例，向军政部领取执照（前此系由军委会发给），凭照交路局代运，其大批军队或军需，应由军政部转请铁道部，饬路运送，以符手续。至路局人员，如有勾结私运情弊，一经察觉，即当送交法庭究办。其负责长官，亦当分别惩处，以维路务。（二）各路车辆之互调权，受铁道部之命令，不准任何方干涉。现在各路车辆既未如数拨回，而现时分配情状，更非依照全局运输需要，此后铁道部为适应合理需要，随时调配各路车辆，不受任何方干涉。（三）取消各路运输附加费。各路货物运输附加费，从经济方面言，等于妨害经济之厘金；从理财方面言，为直接掠夺铁路收入，破坏运输政策，应将种种实际增加，运货负担之附加捐税费，应于最短时期内取消。"会计独立"，要点有二：（一）停止截留提用路款。军事甫定，财政支绌，截留提用路款之事，尚未尽除。其影响所及，为害既如上述，应令财政部、铁道部及留提路款当事方面，切实速行商定办法，不得再行挪用路款。至于派员驻站监收提款之恶习，应立即停止。（二）铁道收入及其收益能力，全为管理保养改充铁路事业之用。会计独立，即铁道收益不入寻常国库预算，现款不移作任何铁道事业外之经费，其收益能力，不作任何铁道事业外之借款担保，应由铁道部清查现案，如有与此违背者，分别拨定改正方案，一律依据本提案之原则，呈请执行[19]。

在此次国民党中央政治会议上，孙科还提交了《铁路建设大纲》和利用《庚关两款筑路计划提案》。其铁路布局思路是，首先注重纵横两大干线的完成，其次力求南京与省会的联络，最后选择人口稠密、赢利稳固的线路，建设的重点则在长江以南。一九二九年四月，国民党三届二次全会决议通过了《铁路建设大纲》中的二十一条，并将庚款中的三分之二作为铁路建筑经费，三分之一作为水利及电气事业等建设经费。孙科的《铁路建设大纲》，计划在十年内年均筑设新路二千英里（三千二百一十八公里）。该提案称：现国有路仅六千三百九十四里（三千一百九十七公里），近十馀年，几未增筑，从前借款合同，受列强势力范围影响，路线不合我国需要，现以国家需要为本位，审查旧线，计划新线，确筹的款，限期兴筑，以旧线粤汉、陇海、沧石为第一组；旧线京湘及新计划之京粤（内有汕头梅县线，厦门龙岩线，福州南平线，杭州常山线，合成一线；韶州南昌线，福州南昌线，粤滇为湘滇比较线）为第二组；旧线包宁线，成都重庆线，道济线，同蒲线为第三组；新线宝钦线为第四组。此线连同湘滇线，为粤滇线比较线。本案拟路线及兴筑程序计划，即为第一期应筹路线。预计选线结果，总里程约五三七八英里（八千六百五十五公里）至六一〇二英里（九千八百二十公里），建筑费七亿五千一百五十二万至八亿六千三百三十万元。依建设大纲定案，应六年内完成。

关于"筹款筑路"一案，孙科说：查英俄意庚款至民二十八（一九三九年），计二亿六千七百一十四万元,除英尚须交涉,意俄已正式退还。拟请以逐年退款为文化基金,将基金依本案。文化基金投资筑路办法:陆续拨借铁道部发行公债,三年内可实收一亿二千六百九十万,再加一九二九年止,庚款积存,共得一亿三千八百五十万。又查新税则实行,可净增四千万,半数扩充筑路。本年增收如在二千万以下一千五百万以上,拨款至少仍以千万为限。一九三〇年起,增收数不及三千万,拨款每年仍以二千万为限。此项拨款,自一九二九年至一九四一年为限,请由财政部按期拨铁道部发公债,预计公债六年内实收二亿七千万,两项合计,四亿零八百五十万,约能筑二五三七英里(四千零八十二公里)。六年内国有路增至八九三一英里(一万四千三百七十二公里)。本计划所馀,仅二八四一英里(四千五百七十二公里)。根据孙科的乐观估计,第一期筑路完成,昆明至南京仅需六十个小时,广州至南京仅需三十个小时,兰州至南京仅需四十七个小时[20]。

把沧石铁路列入铁道部利用退还庚款和海关盈余进行第一组的修建计划中,与何澄的努力争取是分不开的。在铁道部所列筑路计划中,沧石路长度为一百三十八英里(二百二十二公里),建筑预算为一千一百九十一万八千八百三十元[21]。何澄对早日筑成沧石路信心倍增!

一九二九年四月初,何澄奉阎锡山命再到南京,一方面与胡汉民、孙科接洽平绥、平辽、平汉各路统一及整理办法,一方面商洽沧石路及早开工。经与胡汉民、孙科两天的商洽,结果圆满:沧石全路建筑费共约一千六百万元(比原先预算多出约五百万元),经费已有办法,不久可开工[22]。四月八日,何澄从南京转沪回北平,等候筑路款下拨。

不料,何澄等米下锅的沧石筑路款并没有按计划拨付下来,孙科却在一九二九年四月二十日,与美国航空发展公司签订了对我国权益实多损害的航空邮务合同。这个航空邮务合同,其有失国家主权与利益之处,共有四条:

一、按照国际航空公约规定,凡公司如非遵守所在国之法律,不得在该国经营。航空事业乃该合同第一条,被于与美国德理等省注册之航空公司订立合同,是该公司被受美国法律之保护,中国之法律以及任何法令均不加以拘束。以航空事业之重要,而不受我国法律之拘束,其流弊何其胜言。

二、该合同第十条关于酬金之约定,亦与事实不符甚远。依照合同有效期限十年计算,损失当逾四千万元,是将整个邮政改作赔累航空之用矣。

三、该合同第二十条规定，对于沪、粤、汉、京、平之航空缘，与行将开办粤、平、哈以及将来查续添办各线，中国公司均还与美国有邮件运输之专利权。依此规定，中国航空事业，直无国人经营之机会，势必至全国航空缘悉由美人承办，独立国之主权损失尽矣。且美国由是可挟无量数之飞机，翱翔于国内天空，一旦有变，国防上殊为有害也。

四、兴办航空而设立必需之工厂，为当然之事实，惟依照合同第十四条之规定，则该厂之设施及用人等权均操于外人之手，其影响于国防与民生如何耶？且依照该合同二十一条之规定，公司有权装置小马力无线电报机及无条话机，将来权操于人，将使我国秘密尽宣于世界矣[23]。

由于中国航空公司理事长孙科与美国航空发展公司订立的三项合同，有损中国的领空主权，妨害国防，违背国际公法，每日亏蚀之数当在实际所支出的九十倍以上，不但引起许多上层人士的群起反对，也引起何澄的不满："痛足下手订之中美航空借款，合同丧失权利之大，为世惊疑。"[24]

一九二九年五月间，何澄见孙科对于沧石路，仍然毫无切实办法，始不得已商得孙科同意，议借外资。与历次修筑此路借款一样，此间也有人怀疑何澄修筑此路是替"阎锡山以路债名义，筹借军需"。一九二九年四月二十五日，国民政府文官长古应芬致孙科公函："奉主席发下外交部呈复，奉令办理贵委员呈请预先声明，否认阎锡山利用沧石铁路名义向外筹借款项，并愿将山、陕两省之煤铁合办权加入合同案；已遵照办理，分别照会各使，声明否认……奉谕转知……相应函达查照。"[25]由此，何澄办沧石路是为阎锡山筹军需之怀疑已告澄清。

何澄在办沧石铁路的同时，似也与阎锡山商讨过如何收回正太路的事。一九二八年七月三十日，何泽觃在一天之内先后发给何澄两封信：

……家叔与王君（文伯）搭伴南下，廿八号曾至车站迎接，及车抵站，不见到来，想又改乘轮船矣。闻秋后北来设局开办（沧石），文书总办不知物色得相当人否？小峰令弟、雨辰先生笔墨干净，办事稳健，如找此等人帮忙，诸事都可省心。王濬才调陈，已经脱稿，待老阎（锡山）回来呈递。其中大意，正太路每年收入五百万，中国人自办每年开支有二百三四十万，足可敷用。发行省公债五百万，将路赎回，再以正太路作抵押，向国内银行借五百万，筑同蒲路，自榆次起，另或先修南段，或修北段，另正太同轨修成一段即开一段车。全路一千馀里，需款二千五百万，平

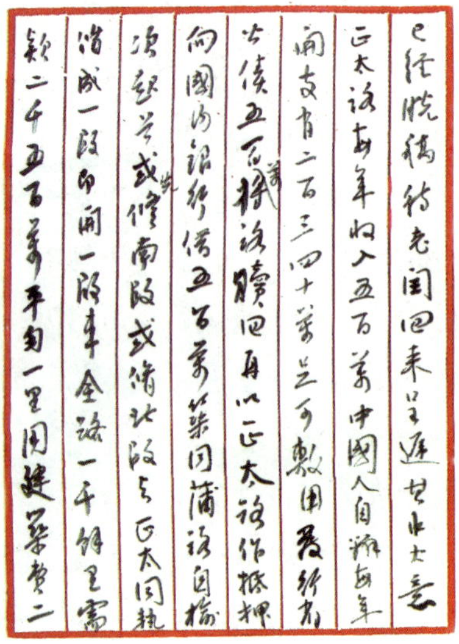

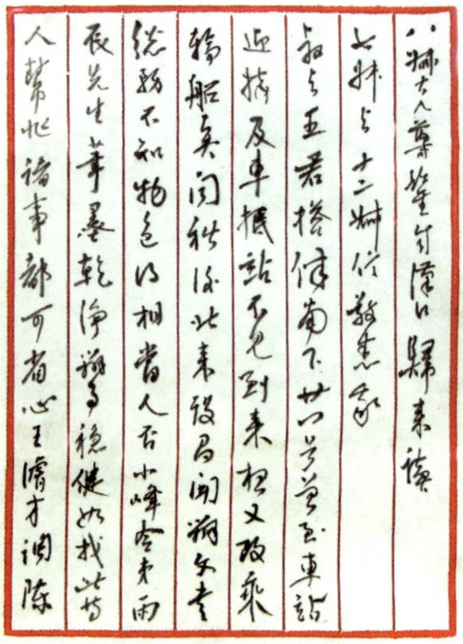

何泽贶致何澄信函(何澄旧藏,何泽瑛提供)

均一里用建筑费二万余元。从前官有铁路皆合三万多元,一里因有中饱之故。山西如用廉洁人员办理,每里二万馀元足可敷用。十二叔(何子京)处一月可收税款二三万元,照直奉时期办法,提成办公事甚优。按山西办法,无何益处。不晓河北省将来如何规定……

八叔大人尊鉴:

……午后王局长濬源(王骧)[26]来厂问我叔现在何处?侄答,刻已回南,沧石路就职与否尚未定。伊云,有人秘密报告,正太借款千三百万,现巴黎某银行存款千四馀万,天津中法汇理存款二百馀万,以此赎正太路勿须筹款。如将正太赎回,由正太路上想法自石起,虽修沧石,容易举办。我叔北来可与王君谋面筹一赎路办法,或就接到侄信后,先与王君通一信,拟其正太详细情形。阎(锡山)专车至高邑转回,托言病重,已返太原,大约畏过河南故也。专此　敬请

暑安。

侄贶

七月三十日

何泽贶致何澄信函（何澄旧藏，何泽瑛提供）

何泽贶致何澄的这两封信，与一九二八年八月，山西省议会议决由山西省建设厅筹办同蒲铁路，争取于一九二九年春季开工不无关系。山西省议会的这一决议，又与何澄办沧石铁路有直接关联，因为修成同蒲铁路，山西就可通过已有的正太路与沧石铁路接轨，直接把物产运输出海。山西省建设厅根据阎锡山的设想和省议会的决议，随即向铁道部呈文请求拨款筑造同蒲铁路。但铁道部答复：同蒲铁路已列入第一期筑路计划第三组办理，如山西省能够筹足百分之四十的建设费，铁道部就可将同蒲铁路列入第一期筑路计划第一组进行，但筑成后财产属于国有。阎锡山对孙科的这个建议予以断然回绝。使用铁路部庚款筑路的计划被孙科堵死，阎锡山决定由山西一省之力自筹资金修路。一九二八年十月十日，阎锡山聘请德国工程师穆兰为同蒲铁路测量队队长，开始进行测量工作，并制定修路计划。一九二九年四月，穆兰回国，另一德国工程师王鼎接任同蒲路测量队队长。据有关人士测算，同蒲铁路设计全长约八百五十公里，初步造价预算为七千四百万元，借款年息支付就要六百至七百万元。通车之后，盈余尚不足支付借款的利息。阎锡山算了一下山西一年的财政收入才一千三百万元，修一条铁路，光支付借款就要用去全省财政的一半，他觉甚不合算，于是决计修建成本低、通车后短期内即可收回投资的窄轨铁路[27]。这也是何澄在与外商洽谈修建沧石铁路借款事宜时在合同中明确写明选用窄轨铁道的筑路背景。

何澄就任沧石铁路工程局局长之后，显然与王骧与法国银行及日商华昌公司（该公司表面为日本三菱公司所属，责任人为市吉彻夫，背景则是南满洲铁道株式会社）就借款筑沧石路的事接洽过。一九二九年五、六月间，何澄将与法商法亚银行借款合同及日商华昌公司借款合同各一份，亲携至南京，面交孙科，请其慎重研究审查。次日午后，孙科即遣梁寒操持原合同及孙科二道批文来到何澄所入住的安乐酒店。当时在场的还有何澄的同乡同党、立法院立法委员王作宾。梁寒操向何澄传达了孙科对法商法亚银行借款合同的意见，谓“法亚合同吃亏太大，无商量余地”；在日商华昌公司的借款合同上孙科批文：“至华昌合同尚好，能按修正之点修正之，即可照办。”并促何澄从速为之。何澄遂返回北平，与日商华昌公司的谈判代表前途反复磋商，始达成修正后的沧石铁路借款合同。

一九二九年七月，张学良为收回中东铁路，派军队以武力接管中东路，之后，又对苏联宣战，同苏军发生了一场近代最严重的武装冲突，致使第十七旅旅长韩光第及七千名将士阵亡，第十五旅旅长梁忠甲八千将士被俘，史称“无端挑衅，又无端投降”的“中东路事件”。二十二日，孙科在准备北上视察中东路现状的前一天，举行记者招待会，坚持“革命外交”的政策，放言：俄方既然违反中东路两协定，我方即可不遵守义务，“中央外交方针，最低限度必须收回该路管理权”[28]。七月二十四日，孙科到达北平，住在北京饭店。七月二十五日，孙科历访公使团，谓中俄将直接在柏林商谈等等。七月二十六日至三十日期间，何澄持修正后的与日商华昌公司借款合同，当面请示孙科。孙科看后说：“仍有细微之处，须再修正。”并批文：“呈悉，仰依照二次修正标准再向该公司接洽，俟得圆满解决，即订定草约，呈候核办可也。此批。”于是，何澄再与华昌公司的日本商人前途磋商，又恐能力薄弱，一人不易负此重责，遂又约上该公司代表市吉彻夫至北京饭店，当面与孙科直接磋商。所幸重要及细微各点，逐件解决。七月三十一日，孙科就中东路事件和北平学界对铁道部移用庚款筑路多为不满等问题，对北平记者发表谈话：

> ……
>
> 移用庚款筑路。兄弟此次抵平，见教育界对于庚款筑路多持反对态度，实系误解。中央前此议决，移庚款三分之二筑路，将来筑路赢余仍作教育基金，用意至善。教育界为维持目前本身利益，当可原谅。不过，教育界为知识阶级，须知中央之用心，勿为反动派所利用。国民须知建设首在交通，为总理（孙中山）所最注重，教育界动辄谓移用庚款为违反总

理遗训。其实《建国大纲》并未有任何之规定,何得假用?铁路每英里需洋十万,总理之十万英里铁路计划须一百万万元,国家收入每年只有五万万,合全国之收入,以筑路须二十年功夫方可有成。现在军费每年已耗去四万万,行政费全国只占一万万,全国之收入四分之三留用于军费,欲拨国家收入建筑铁道事实上已有困难。又有人谓何不借外债兴修铁道?不知全国铁路债务已达六万万,欠外人材料价亦有二万万无法付款,以致中国铁路债票在国际上价格日跌,现在伦敦市场每百元只值六十二元。若发债券来筑铁路,恐信用不够;以之作基金,亦无办法,中央只有以庚款之一部分来作修路经费,并非变更教育基金用途。须知教育基金与教育经费不同,基金乃永不能动用者,如存在银行购买证券、股票及企业而收其利,教育界之主张将基金存放于外国银行,如汇丰、花旗,每年只有利率四厘,外人欲利用此巨大基金来吸收中国现款,教育界未蒙其利,国家社会反蒙其害。若以基金自办银行亦不合算。如清华学校基金六百万,前此各董事主张开办银行,购买俄国羌帖,现只存四百万之基金。中央用教育基金来修筑铁路,实一举两得,即以修成之铁路作教育基金之担保品。闻北平学界同人最近因经费问题太起恐慌,其经费每月三十万,半数由海关、俄国庚款项下拨付,一年只有一百八十万。有人主张以俄国庚款发行公债,可得数千万元,在此项下支付百八十万元非难事。关于以上各点,请诸同志向教育界解释[29]。

与北平记者谈话之后的这天中午,孙科即在东四牌楼三条胡同王徵家里,一同宴请何澄和时为河北省建设厅厅长的温寿泉。在王徵住宅与孙科燕宴之后,何澄即收到梁寒操亲手交给他的孙科批示。批文为:"呈悉,将所订定草约,先行签定,汇呈本部,以凭转呈国民政府核办,仰即遵照。此批。"八月三日,孙科由北戴河前往沈阳与张学良会商东北铁路交通及发还车辆等问题。而何澄则根据七月三十一日孙科批示精神,当天下午就给日商华昌公司代表市吉呈看了孙科批令全文,双方始行签订草合同及其附件。嗣后,何澄又遵孙科之谕,将此项草合同,携赴太原,送与阎锡山阅看。

何澄自认为与日商华昌公司的这个借款"条件甚优,为吾国各路借款所未有,即不折不扣,不与闻业务、工务、机务,仅由资方荐举会计二人,以资稽核。十年后随时可以全部或一部清偿";且经孙科反复批示反复修正,沧石铁路开工修筑指日可待。谁也没想到,孙科从北平、沈阳返回南京后,即于一九二九年八月三十日把给何澄批回的函件前议完全推翻："呈悉，沧石线为国有铁路，不能改为民办，所请疑难照准，仰即知照。"正当何澄丈二和尚摸不着头脑之时，八月三十一日，也就是何澄接到前批函件的第二天，孙科忽然又批来函谓："函悉，石岐支路兹据该商愿意承办并称商款有着仍担保三事：(一)如延不兴工；(二)如有外款影射；(三)或至年半期满不能竣工，愿请处分等语，复准将所认定之第一期股款三百万元汇集现金本部，并指定上海中央银行为存款处，验资后再行核定。此批。"[30]不让办沧石铁路已让何澄不可解，孙科突如其来准许石岐支路民办，更令何澄不可解。原来，石岐即是由石家庄至沧州延至岐口的同一条铁路。他想，孙科纵然敢以部令变更国府筑建沧石铁路的议决案，难道还不知道一条路上岂能修两条铁轨乎？其呈请承办者，固有指鹿为马之可恶，而孙科胆壮如此，亦可骇矣。何澄不甘心沧石路如此下马，决心到南京据理力争。此时，一个非常不好的消息的传来：八月三十日，王徵被国民政府参军处拘捕。拘捕的原因，据说是白崇禧自天津从他兼任局长的平奉、平绥铁路逃走。九月三日，行政院以黎照寰代王徵为铁道部常任次长。

铁道部常任次长的这一变动，对何澄办沧石铁路极为不利。用何澄的话说，"忽为雕虫小技者流及陈炯明馀孽所左右"，这个"雕虫小技者及陈炯明余孽"指得即是黎照寰、政务次长连声海、梁寒操这些孙科班底的人物。

九月十七日，何澄亲持沧石铁路草约各件，专程到南京呈送孙科。孙科原以为何澄此次前来，会将所请沧石路撤销，没想到何澄不但不同意将沧石铁路改头换面变更为石歧线，反而劝说孙科不可为所欲为，不遵"北平政治分会通过提前兴筑者，更经中央政治会议议决兴筑者，且经铁部统盘规划定为在第一期兴筑并提交国府会议议决通过者"，更不能听从"部中群小，不知究竟，轻率受商人之欺蒙，致使足下大有两难之苦"，在一条线路的沧石路和石歧上反反复复，颠颠倒倒。若此，岂不论何事，有钱即可耶？若此，岂不是昧其天良，个人坠其信用，政府的体面和信用也将失坠到底?！孙科见何澄一根筋地要建沧石路，当下也想不出个更好的解决办法，只好挑出何澄送呈的《沧石铁路借款合同》没有"附件"之疏，让他备文补送即可。如此，双方紧张的气氛一下得到缓解。当天，孙科要经上海赴粤，何澄从南京亲自送行。九月十九日，何澄在上海给阎锡山拍发了一封电报：

太原阎总司令钧鉴：

弟送孙部长回粤，由宁来沪，此地为谣言制造所，八九不可信。失意无事者众多，拟以他人资本作自己生意，成败均是合算。此等好事之人

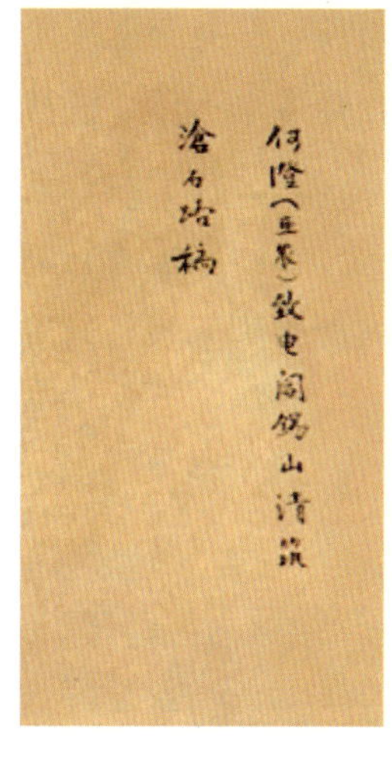

何澄(亚农)致电阎锡山请筑
沧石路稿

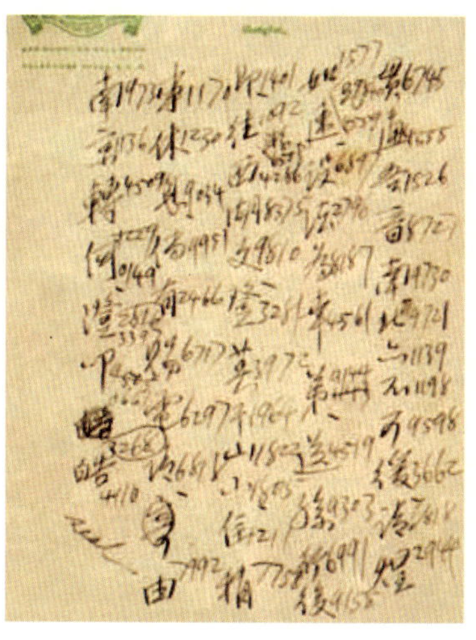

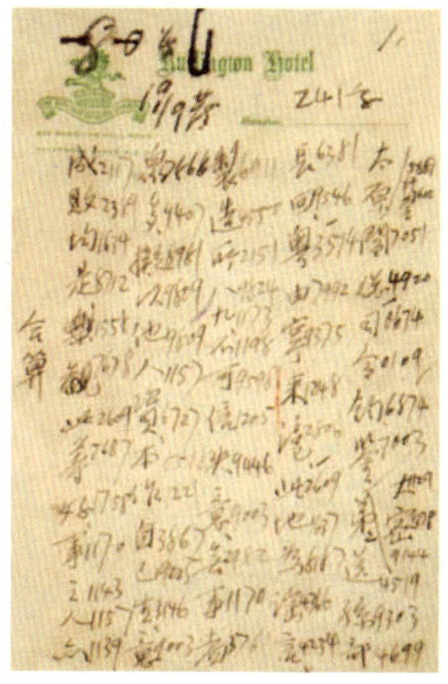

一九一九年九月十九日,何澄致阎锡山电报稿(苏州博物馆提供)

亦似应安插,此所以前清开国时聚集全国有知识者抄四库全书也。弟静观大局,非兄助介石则纷扰断不能已。革命以来,民穷财尽,若再生变化,将来谁亦不能收拾。东南财富之区,其力已竭,遑论北方寒苦各省,弟之急急图建沧石,亦思救此垂毙民生。苟不早将地下之煤铁输出海外,直等于掘金待死。同蒲贯通,吾晋南北亦不可缓,请煜如(贾景德)兄速设法为幸。弟送孙行后,即往游西湖,更登莫干山小住,稍事休息,倘有赐电请由南京转。

何澄叩皓

何澄给阎锡山的这封电报,一是劝说阎锡山不要受他人蛊惑加入到反蒋的行列,二是表明自己急急图办沧石铁路目的无他,实为民生。送走孙科,何澄即到大东旅社探望前来上海办事的梁上栋。

梁上栋(一八八七～一九五七),字次楣,山西崞县人。一九〇五年,毕业于山西大学堂。后赴英国留学,毕业于伯明翰大学工科。一九一二年,任南京临时政府交通部参事,嗣当选为山西省议会议员。一九一五年,任北京政府陆军部外交事务处处长。一九一九年,出任巴黎和会中国军事代表,后任国联常务军事顾问会中国代表。一九二二年,太平洋会议决定日本无理强占中国的胶济铁路和青岛的主权,应交还中国,遂回国办理接收青岛主权等事务。一九二八年,任国民革命军战地政务委员会委员,旋任胶东军事外交特派员。一九二九年,任北平市社会局局长兼代市长。一九三二年,赴绥远,任包头市政筹备处处长。一九三三年,任国民政府财政部财政整理委员会委员；九月，任实业部商业司司长。一九三七年十月三十一日，在南昌前线被日机炸伤右臂，截掉臂膀，后以“独臂将军”著称。抗战胜利，任华北军事慰劳团副团长，赴晋、察、冀、绥、鲁、豫、热七省慰劳将士。一九四六年，出席制宪国民大会。一九四八年，当选为监察院监察委员。新中国成立前去台。一九五四年，任“监察院”副院长。梁上栋到达上海之后，即想到苏州与何澄一晤：

亚农先生赐鉴：

在京奉读手书，备悉一切。栋昨日搭轮，今午抵沪（拟十日之内北返）。运费事已发表一部分，平绥七三二，北宁八八三，虽未能尽满人意，总算告一段落。平汉、正太大约亦可办到七三二之数，惟尚须费时日耳。此次在京，受尽肮脏气，做尽肮脏事。拟三五日乘暇造府奉访，畅叙一切。行期定时，临时当再奉闻也。此致　请

大安。

后学梁上栋

十一日夜

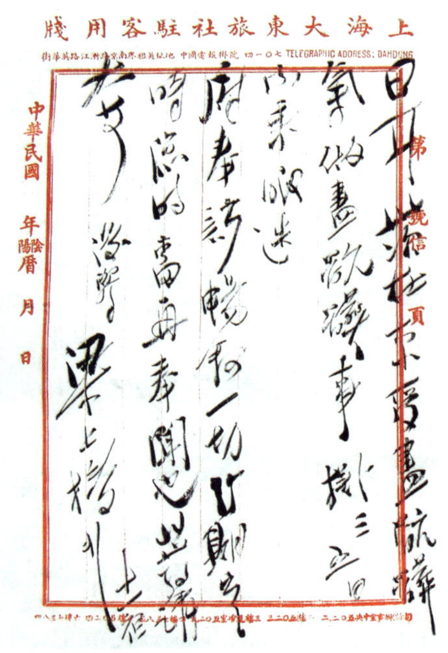

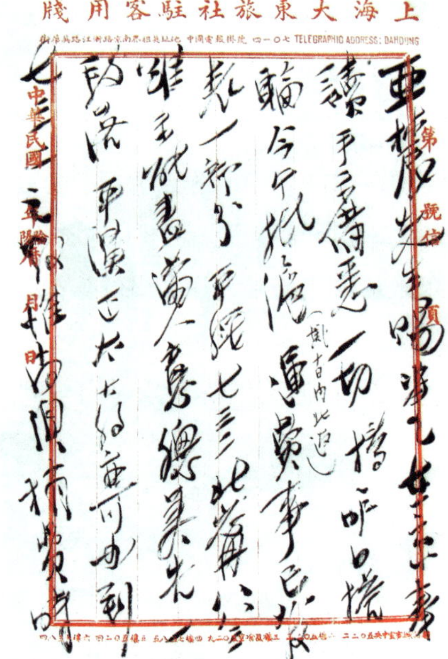

梁上栋致何澄信函（何澄旧藏，何泽瑛提供）

在大东旅社，何澄与梁上栋互倒了一番苦水，大叹不贪不合污，真心想做点事真难。与梁上栋倾谈后，何澄即到莫干山与黄郛一吐心中的气闷……

十月十四日，何澄将《沧石铁路借款合同·附件》(系双方公司签字声明)补送到铁道部备案(因这个合同系草合同性质文件，所以也就没有译文)，以示只履行经中央政治会议议决、国民政府立案修筑的沧石路，绝不同意只是孙科一帮群小私议、未经国民政府立案的石歧支路节外生枝。何澄没有想到，《沧石铁路借款合同》从北平移地到南京之后，竟然成为民国铁路建设史上的一桩悬案。

何澄保留的《沧石铁路借款合同》最初草稿如下：

中华民国国有沧石铁路工程局局长(下称路局)，今因建造沧石铁路并展线至大沽海口线路用款，代表中华民国国民政府铁道部长于××××(下称债权者)订立借款合同如左：

第一条　借款总数及名称：债权者允借路局日金一千贰百万圆，定名为中华民国政府五厘利息沧石铁路借款。

第二条　用途：本借款专充建造由石家庄起至沧州(何澄在书眉注“沧州应否改沧县”)及由沧州至大沽海口之铁路，购买沧州至大沽海口之地亩并全路应用车辆及其配件、经营行车一切费用，又造路期内应付本借款利息，统由本借款内随时开支。

第三条　工程期限：建造工程须于本合同签押后六个月以内开工，自实在开工之日起估计一年半造竣。

第四条　付款手续：本合同签字后一个月内应由债权者先付一批借款，但至多以日金一百万圆为限，交路局作为购买自沧州至大沽海口地亩及其他一切预备工程上必需之款，迨开工后用款若干，随工程进行情形，由路局于十五天以前知照债权者预备照付。倘有延误交款日期应负赔偿路局因此发生一切损失之责任。所有拨付借款，系按十足交款，并无折扣。

第五条　息率：本借款息率定为周年五厘。自借款实在拨交路局之日起，按日计息，每半年结算一次。路局自接得债权者通知，结算息数三日起，于七天以内在天津交付。取具债权者收据备案。

第六条　还本期限：本借款以二十年为期，自实在开工之日起算。前十年只付利息，自第十一年起，平均数目分十年还本，每年于下半年付息时一并在天津支付,取具债权者收据备案。但自第十六年起,无论何时,得于六个月前通知将借款全数提前一次还清或先还一部分,无须加价。

第七条　抵押:本借款以本路所有一切财产及其进款为第一担保,再以正太铁路借款期满后之进款为第二担保。

第八条　购料:本路所用材料应优先购用国货,如本国之货不适用或国无此类材料,方能购用外国材料,择其价值最廉而质料最佳者购置,但仍须适用铁道部所规定之购料条例办理。

第九条　让渡本借款债权:如有让渡于其他资本家所有时,应先请路局呈请铁道部核准。

第十条　本借款由铁道部公函知照:债权者声明,本借款已经国民政府铁道部据委任路局局长代表签字。

第十一条　合同文字:本借款合同缮写中日文各四份,双方各执二份,如有疑义,以中文为准。

年　月　日　在某地签定

中华民国国民政府铁道部代表沧石铁路工程局局长

何澄呈孙科反复批示、反复修正后的《沧石铁路借款合同(一九二九年七月三十一日)》如下:

本合同由沧石铁路工程局局长何澄(以下称局长)代表中华民国国民政府铁道部与日商华昌公司(以下称公司)代表市吉彻夫订立之。

第一条:公司约定借给路局日金壹千九百万元,不折不扣。

第二条:本借款专充左列各项之用:

一、自石家庄经沧州至大沽海岸铁路之建设。上记所谓铁路建设,包括购置用地车辆及其他一切之附带设备并为图本路经营便利起见所有与他路联络工事。

二、建设期间内之营业用款及铁路关系之一切经费。前项建设工事从实际开工之日起算约两年间完工。其开工日期自本合同效力发生后不得延至六个月以上。

本铁路之轨幅为标准轨幅即四尺八寸半。

第三条:本借款利率定为周息八厘,即日金壹百元付息八元整;自本合同效力发生之日起算,每六个月交付一次。前项利息在未完工以前不付现款,每六个月计算一次归入本金;但至完工之日不满六个月时,以完工之日止按日计算。

第四条:本借款期限定为贰拾年,自本合同效力发生之日起算,第六年起开始还本。还本方法分拾伍年平均摊还,每六个月支付半数。自本合同效力发生之日起算至第拾壹年以后,无论何时,得以六个月以前之通知偿还本借款之全部或一部。

第五条: 本借款以本路之财产及进款并正太铁路借款偿清后之进款为担保;但以正太铁路进款整理,其民国拾壹贰年所担保于同成铁路垫款时则其整理所需之进款不在本借款担保之内。本借款之担保不得为其他借款之担保。

第六条:铁路营业用款及维持费统由铁路进款及盈余付之;其剩余作为偿还本借款本利之用。本铁路之一切进款,择中日两国之殷实银行各半分存之。

第七条:本借款本利之偿付,由中华民国国民政府保障之。

第八条:在本借款期内,会计主任须用日本人。会计主任管理会计事务,凡关本铁路收支之一切证书类均须与局长连署。会计主任得采用日本人数名为助手,其薪水统由路局负担之。会计主任之任免由局长经公司之同意并呈部核准后行之。

第九条: 凡关于运费之制定及与他路之联络并于本铁路财政上有影响之重要事务,由局长与会计主任协议之后呈部决定之。

第十条:本借款期内关于铁路会计各款目,依据中华民国铁路会计则例记账之。路局每年度应作成铁路收支预算及决算报告,送交公司。

第十一条:借款于交款当时即存入公司,由公司自存款之日起给周息六厘,即日金壹百元付息六元整。此项存款与完工同时决算之。前项存款中协定工事费,依据包工契约之规定提取之。其他费用局长得依第八条所定之手续以两星期以前之通知随时提取之;但对于所提取之款自提取之日起停止利息。

第十二条:本路如因改良工程、添购车辆、建筑支路或经营与本路有关系之路线,需用资金时,向公司商借之。

第十三条:本合同自盖印之日起即发生效力,至借款本利全部偿清

任路局局長代表签字

第十一條　本借款合同繕寫中日文各四分，雙方各執二分，如有疑義，以中文為準。

年　月　日在某地签定

中華民國國民政府鐵道部
代表瀋石鐵路工程局局長
〇〇〇〇〇〇

两渡村人

314

何澄起草的《沧石路借款条约》(何澄旧藏,何泽瑛提供)

得於六個月前通知將借款全數提前
一次還清或先還一部分毋須加價
第七條　抵押
本借款以本路所有一切財產及其進款
為第一擔保再以正太鐵路借款期滿後
之進款為第二擔保
第八條　購料
本路所用材料應儘先購用國貨如本

雨渡村人

損失所有撥付借款十足交款並無折扣

第五條　息率

本借款利息定為週年五釐自實在

撥交路局之日起算每半年付息一次

第六條　還本期限

本借款以二十年為期自實在開工之日

起前十年祇付利息自第十一年起分

十年還本但自第十六年起無論何時

造送

第四條 付款手續

本合同簽字後一個月內應由債權者先備付第一批借款但至多以日金一百萬圓為限交路局作為購買自潞州至大沽海口地畝及其他一切須備工程上必需之款項迨開工後用款若干隨工程進行情形由路局於每十五日以前知照債權者須備照付倘有延誤交款日期應負賠償路局因此發生之損失一切

滄州應照改滄縣

本借款專充建造由石家莊起至滄州及由滄州至大沽海口之鐵路購買滄州至大沽海口之地畝並全路應用車輛及其配件經營行車一切費用及造路期內應付利（本借款）息統由本借款內隨時開支

第三條 工程期限

建造工程須於本合同簽押後六個月以內開工自實在開工之日起估計一年半

中華民國々有滄石鉄路工程局局長(下稱路局)今因

建造滄石鉄路并展綫至大沽海口鉄路

用款代表中華民國々民政府鉄道部長

與〇〇〇〇(下稱債權者)訂立借款合同如左

第一條　借款總数及名稱

債權者允借路局日金一千弍百万圓定名為

中華民國政府五釐利息滄石鐵路借款

第二條　用途

雨渡村人

时即失其效力。

第十四条：本合同以中日两国文字各缮三份，中华民国政府铁道部、局长、公司各执一份[31]。

此时，何澄还不知道，其实铁道部在一九二九年九月二十日即向外交部咨文，请行知日公使转饬日商华昌公司知照，铁道部已严令沧石铁路局长何澄限日径向该公司声明所订《沧石铁路借款合同》取消："沧石铁路局长何澄，未奉本部命令，擅与日商华昌公司代表市吉彻夫签订该路借款合同，有违定章。该项合同，当然无效。除严令该局长限日径向该公司声明取消外，请行知日本公使转饬日商华昌公司知照。"[32]

日本公使知照日商华昌公司所订《沧石铁路借款合同》被取消后，其代表市吉彻夫致驻华代理公使堀内谦介函称："此项契约，关于中国国法必要之一切手续，早经当事者办理完竣，碍难认为无效。"堀内谦介当即致函国民政府外交部，称："据市吉彻夫称：'此项契约关于中国国法必要之一切手续，早经当事者办理完竣。'"[33]

为什么铁道部等不及何澄把《沧石铁路借款合同·附件》寄到，认真阅后再做处理呢？原来，石歧路那边等不及了——一九二九年十月，"石岐铁路公司筹备处前日上午十一时，在天津福禄林饭店招待新闻界，至各报记者十馀人。据筹备处处长刘某、副处长陈资善、沈长富等谈称：石岐铁路，即原称沧石铁路。今延长至岐口，故改名石歧。该路在民国三年发起建筑，十馀年来。屡经波折，迄未成功。兹鉴于此路之重要，自去年起筹备修筑，其间障碍丛生。至今年七月，始经交通部批准商办。股本订为一千五百万元，预计一年半修成。共分四段修筑，每成一段，即通车售票。按此办法，有利无弊。现在因需用材料未到，下月起先动土工。将来修成，对河北省交通通输，实业之发展极有关系，希望新闻界予以襄助云云。餐后下午一时馀钟，始散云"[34]。

十一月二日，国民政府外交部把驻日公使回函咨复铁道部。孙科观此情形，更为气急，一方面以铁道部所谓的何澄私自签订为口实，详略不等地向国民政府主席蒋介石、行政院并国民党中央政治会议呈报了此案的经过；另一方面电告阎锡山，言《沧石铁路借款合同》已经废止。还没等呈报的有关人等议决此案，孙科即在呈报此案后的第二天，即十一月十三日，下令免去何澄沧石铁路工程局局长一职："钧部密字第七十二号开令：查该局长违背本部长迭次批示，与日商华昌公司私签借款合同，已属越权妄为。该合同七月三十一日擅自私订，九月十七日，方始呈报，迁延隐匿，尤为不合。查呈缴合同，中日文义，互有歧异；节经令饬期限取消，以资挽救。乃该局长仍未遵办，复于十月十四日，将合同附件补呈。查该附件实为合同之重要部分，如果系同日签字，何以延搁于部令严饬取消之后，始行补呈？查该附件中日文义迥然不同，中文虽声明为草合同性质，而日文则并无此项声明，尤属荒谬。其有意蒙蔽，情节显然。似此种种谬妄，殊属有乖职守，著即免职以示惩警。此令！”[35]

一九二九年十一月二十五日，国民政府外交部致日本驻华代理公使堀内谦介函：

> 当经咨准铁道部复称：“沧石路工程局长何澄，与日华昌公司磋商借款，只经本部批令签订草约呈部以凭核办。而该局长竟擅行与该日商公司签订合同，逾越权限，经由本部将该局长免职。该项合同，既为无签订合同之代表权者所私签，自属当然无效。”日使复文称：“据市吉御夫称：‘此项契约关于中国国法必要之一切手续，早经当事者办理完竣’”等语，殊与事实不合。该日商华昌公司曾否核验何局长有无代表签订合同之凭证书？何所根据而认何局长为合法之当事人？本部既已声明何局长之签订合同为私擅，该公司何所根据而认何局长之手续为合于中国国法？查工程局组织通则，局长固绝对无签订任何借款合同之权。且中国国法，凡借外款，须经国民政府核准，是即本部非经政府核准亦无签订合同之权。该市吉御夫所称：“该项契约关于中国国法必要之一切手续，早经当事者办理完竣，碍难认为无效”等语，是一误于未明中国国法手续，二误于错认何澄为合法之当事人也。
>
> 再，该公司又与何局长于七月三十一日签订声明书，其中文本则称该合同为草合同性质，必须经国民政府正式批准后方能发生效力，而日文本则先后并无草合同字样，经何局长于十月十四日补呈。总之，该合同之签订者既经主管部声明为私擅，则此补充该合同之声明书自亦事同一律。本部认该合同全部文件，为何澄私擅行为，绝对不能认为有效等因。
>
> 查该沧石铁路局长何澄与华昌公司商订借款合同，事前既未经铁道部委以签订合同之权，事后又经该主管声明为私擅行为，是此项合同根本不能成立，当然不能认为有效。相应函达查照，转饬该华昌公司知照，勿得再有误解[36]。

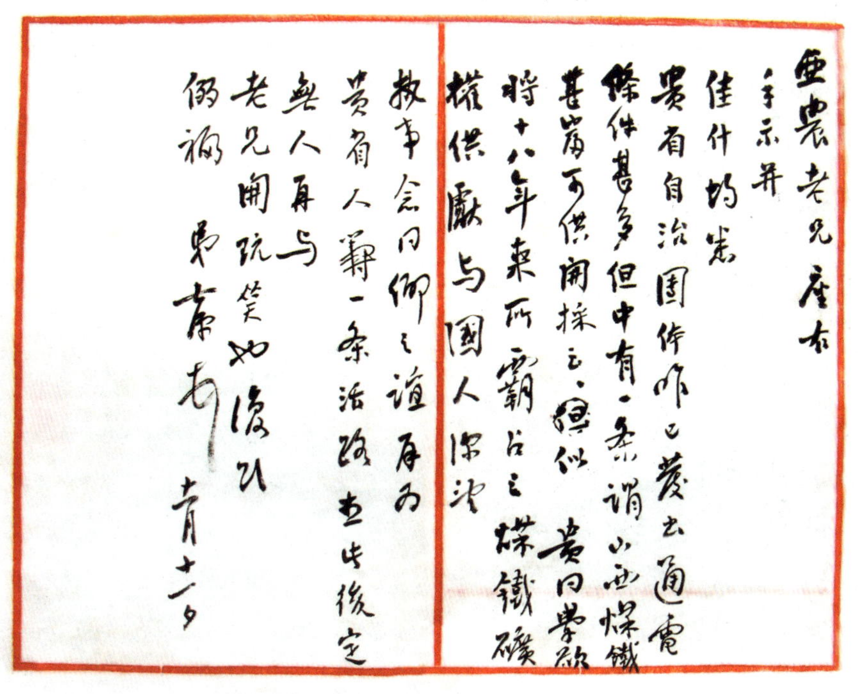

友人复何澄信函（何澄旧藏，何泽瑛提供）

何澄欲办沧石路，一事无成不说，在政治层面上还左右、横竖不讨好，常常被友人拿“有官无路”开玩笑。一九二九年十一月九日，山西自治团体发出一个通电。对阎锡山本有看法的一位友人，在给何澄回信时很是借题发挥了一下：

亚农老兄座右：

手示并佳什均悉。

贵省自治团体日已发出通电，条件甚多，但中有一条谓山西煤铁甚富，可供开采之。似贵同学欲将十八年来所霸占之煤铁矿权供献与国人。深望执事念同乡之谊，再为贵省人筹一条活路，想此后定无人再与老兄开玩笑也。复请

俪福。

弟□顿首

十一月十一日

井陉矿务局公用笺

何泽贶致何澄信函（何澄旧藏，何泽瑛提供）

十一月二十三日，铁道部委任原京汉铁路局副局长、时任北平市财政局长谢宗周继任沧石铁路工程局局长，但谢宗周拒绝上任。《北平日报》刊登铁道部任命谢宗周为沧石铁路工程局局长一职后，何泽贶即给何澄去信告知：

> 昨见《北平日报》载，沧石铁部另派谢宗周接办。想必是与小孙（孙科）决裂矣。阎（锡山）张（学良）对时局宣言已竟发表[37]，豫事不日即可了结。平汉（铁路）停止商运，井矿（河北省井陉矿务局）即今大受影响，本月份薪水不能照发……

十一月二十九日，国民政府经国民党中央政治会议第二〇六次会议决议，以该项草约合同，于原则条件均有未合，饬铁道部立予撤销。

日商华昌公司代表市吉彻夫得知何澄被免职一事，致信询问。何澄与十一月十九日回复道："弟到宁，即知有此事。铁道部欲文自己之过，且畏自己违法，硬说局长违法。弟虽有令免职，但不可交。顷得蒋（介石）电，谓：'暂不要理他。'将来自有办法，弟不日往汉口。"[38]何澄为何要到汉口？原来，蒋介石十一月二十二日将自河南到汉口，何澄到汉口显然是面见蒋介石，呈报孙科如何"儿戏胡闹"等等。何澄到汉口到底见没见上蒋介石，内情不详。无端被孙科免职，自然也要找能管住孙科的人讨回公道。于是，何澄不仅亲自找蒋介石讨说法，讨公道，还写信给时在陆海空军总司令部参军处任参军的张希骞，请他送上呈给蒋介石有关沧石路的前因后果。

张希骞（一八八七～一九三八），四川西昌人。陆军中将。一九〇七年，考入通国陆军速成学堂。一九〇八年。考取陆军部官派士官生赴日，入振武学校。在日期间，加入中国同盟会。一九一〇年回国。一九一二年，再度赴日，入陆军士官学校。回国后，一直在川军任职。北伐时，任国民革命军第二十四军参谋长。一九二八年五月，任陆海空总司令部副官处处长，后任国民政府国军编遣委员会委员，兼第一编遣区办事处总务处长。一九二八年，任国民政府参军处参军兼参军典礼局局长。

一九二九年十二月十二日，张希骞回信给何澄：

陸海空軍總司令部用箋

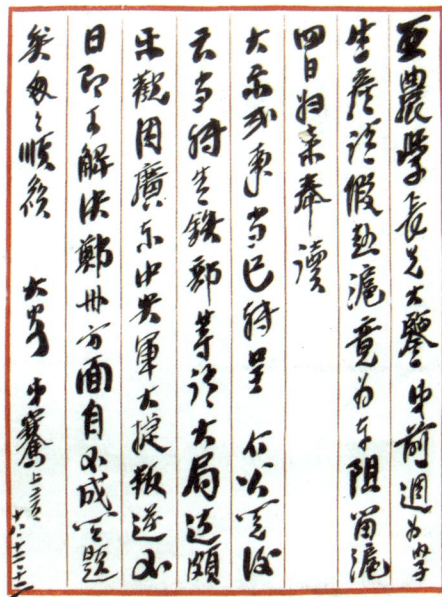

张希骞致何澄信函（何澄旧藏，何泽瑛提供）

亚农学长兄大鉴：

弟前周为内子生产请假赴沪，竟为车阻留沪。四日归来，奉读大示，此事当已转呈介公。阅后云“当转告铁部”等语。大局还颇为乐观，因广东中央军大捷，叛逆不日即可解决。郑州方面自不成问题矣。匆匆　顺祝

大安。

弟骞上言

十八年十二月十二日

何澄还给另一位好友、服侍蒋介石左右的孙鹤皋写信，请其把孙科变更国府议决案，违反国家法令，不办沧石铁路办石歧支路的实情呈给蒋介石。

孙鹤皋（一八八九～一九七〇），浙江奉化人。一九〇八年赴日留学。在日期间，与蒋介石、张群交往甚密。一九一〇年，毕业于长崎高等商业学校。上海光复，任沪军都督府参事。一九二七年三月，奉委为沪宁、沪杭甬铁路管理局局长，后又任津浦铁路管理局局长。一九二七年五月十三日至七月二十二日，任浙江省政府委员，旋任国民革命军总司令部经理处副处长。一九三一年二月七日～七月二十

孙鹤皋致何澄信函(何澄旧藏,何泽瑛提供)

五日,任铁道部参事。后任上海四明银行总经理,上海大丰银行董事长,中华碾钢厂股东兼总经理,上海绸业、上海商业储蓄银行董事,天一保险公司监察人。

何澄托请孙鹤皋向蒋介石状告孙科私卖沧石铁路事时,孙鹤皋闻知何澄刚买了一批现世的鸡血、田黄印石,极想一见为快,亦想择其优者,购置几钮。未几,何澄即托人给孙鹤皋带去了二钮珍印,孙鹤皋很快复信:

> 亚农我兄大鉴:
>
> 惠我珍印二颗、手书并悉,深为谢谢!此间甚安谧。粤方张逆自杀,黄炸死,均系实在情形。讨唐计十师一旅,况均满载,不能作战,一俟唐败后,此间而无问题。不过,目前交通中断,过款毫无,再加为恢复修理,在在需款。又工资刻不容缓,倘不留心,尽可变起不测也。处此危险万分之际,而居上者又不十分了解,所谓劳而无功,徒自苦痛耳。平汉方面毫无确讯,然闻有姓叶者补任(或贺耀组参谋长),但不知究竟。弟以为源不清则河不长,根不固则叶不茂。总之,从改良最高之部着手,方见有效。否则仅为个人饭碗问题,于革命有何益也。遂望阁下拟在根本筹措较为妥善。近日总座忙于军事,阎系交通无法提及,稍俟大局平定,当即为兄提及,静听其主尅也。又沧石每费照付,请勿念。此复

何澄得到蒋介石“尚方宝剑”,曾有依法起诉孙科之议。十二月十九日,他写

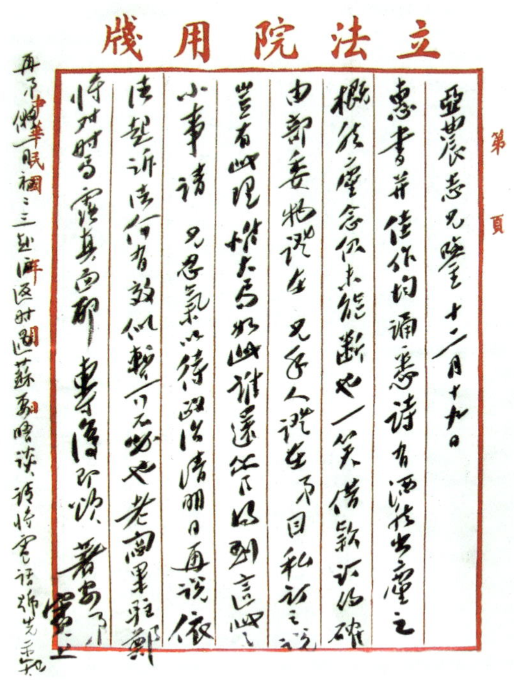
立法院用箋

第　頁

薛笃弼复何澄信函（何澄旧藏，何泽瑛提供）

信给当年在京见证孙科令签沧石合约、刚被免去卫生部长的薛笃弼，言及要与孙科对簿公堂等诸事。薛笃弼回信劝他：

亚农志兄鉴：

十二月十九日惠书并佳句诵悉。诗有洒脱出尘之概，然尘念仍未能断也。一笑。借款订约，确由部委，物证在兄手，人证在弟目。私订之说，岂有此理。惟大局如此，谁还管得到这些小事。请兄忍气以待政治清明日再说。依法起诉，法何有效，似暂可不必也。老阎果驻郑州，将对时局露真面耶。专复　即颂

著安。

弟宽上

再，弟将一月初二三赴沪，返时过苏另晤谈，请将电话号先示知。

一九二九年十二月二十九日，《时闻社》记者以沧石局长免职事，采访何澄，何澄记其问答之语如下：

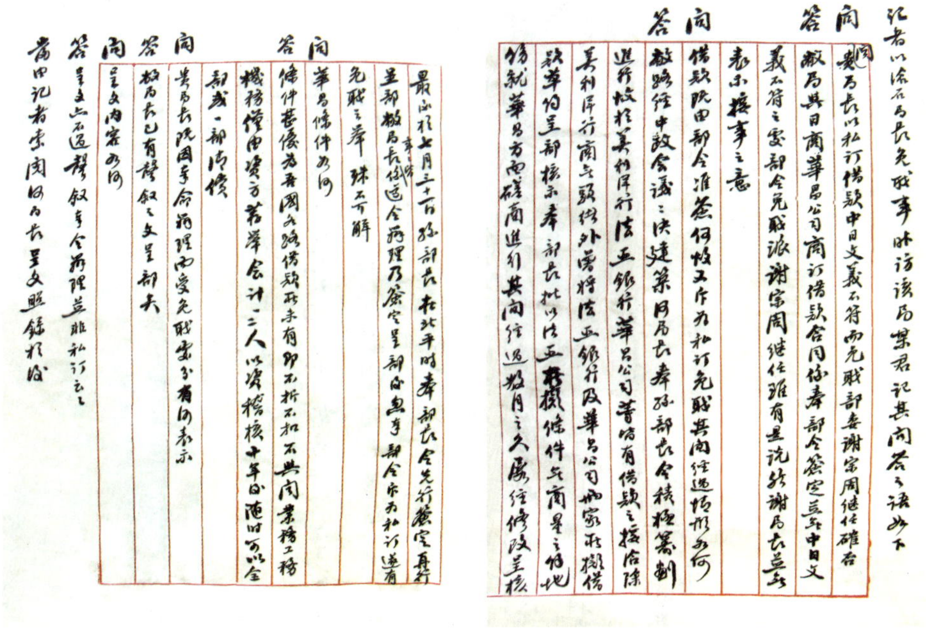
记者以何局长免职事昨访该局某君记其问答之语如下
问 闻贵局长以私订借款中日文义不符而免职部委谢宗周继任确否
答 敝局与日商华昌公司商订借款合同系奉部令签定并无中日文义不符之处部令免职派谢宗周继任虽有是说然谢局长并无表示接事之意
问 借款既由部令准签何故又斥为私订免职其间经过情形如何
答 敝路经中政会议议决建筑何局长奉孙部长令积极筹划进行故于美利洋行法亚银行华昌公司皆有借款之接洽除美利洋行商无头绪外曾将法亚银行及华昌公司两家所拟借款草约呈部核示奉部长批以法亚所拟条件无商量之余地饬就华昌商方面磋商进行其间经过数月之久屡经修改呈核
最后于七月三十一日孙部长在北平时奉部长令先行签定再行呈部敝局长事事皆系遵令办理乃签定呈部后忽奉部令斥为私订遂有免职之举殊不可解
问 华昌条件如何
答 条件甚优为吾国各路借款所未有即不折不扣不与闻业务工务机务仅由资方荐举会计二人以资稽核十年后随时可以全部或一部清偿
问 贵局长既因奉令办理而受免职处分有何表示
答 敝局长已有声叙之文呈部矣
问 呈文内容如何
答 [illegible]
当由记者索阅何局长呈文照录于后

何澄与时闻社记者谈话记录(何澄旧藏,何泽瑛提供)

问:闻贵局长以私订借款,中日文义不符而免职,部委谢宗周继任,确否?

答:敝局与日商华昌公司商订借款合同,系奉部令签订,并无中日文义不符之处。部令免职,派谢宗周继任,虽有是说,然谢局长并无表示接手之意。

问:借款既由部令准签,何故又斥为私订?免职其间经过情形如何?

答:敝路经中政会议议决建筑,何局长奉孙部长令,积极筹划进行,故于美利洋行、法亚银行及华昌公司,皆有借款之接洽。除美利洋行商无头绪外,曾将法亚银行及华昌公司两家所拟借款草约,呈部核示。奉部长批,以法亚所拟条件无商量之馀地,饬就华昌商方面磋商进行。其间经过数月之久,屡经遵批修改呈核,最后于七月三十一日孙部长在北平时,奉部长令先行签订,再行呈部。敝局长事事皆系遵令办理乃签订。呈部后,忽奉部令斥为私订,遂有免职之举,殊不可解。

问:华昌条件如何?

答:条件甚优。为吾国各路借款所未有,即不折不扣,不与闻业务、工务、机务,仅由资方荐举会计二人,以资稽核。十年后随时可以全部或一部清偿。

问：贵局长既因奉令办理，而受免职处分，有何表示？

答：敝局长已有声叙之文呈部矣。

问：呈文内容如何？

答：呈文亦不过声叙奉令办理，并非私订云云。

何澄在接受记者采访时，对孙科的所有责难，一一否认："奉命商订此项借款合同，自始至终，事事遵照钧部批令办理，从未擅专，亦无蒙蔽。守法奉公，兢兢自持，乃竟未蒙钧部之洞察，严厉申斥，有若雷霆；虽属上级机关无上之威严，而下级机关实难堪此。公然侮辱，局长虽愚，同一党国公务人员，视人格信用为第二生命，将惟诉诸国家法律，借谋最后之保障。奉饬前因，认为非法命令，依法实不敢承。理合呈复，付乞鉴核。"

何澄与记者的这篇访谈，于一九二九年十二月三十日在《成报》刊出后，孙科颜面丢尽，恼羞成怒。一九三〇年一月九日，报章以"铁部申斥何澄"为题，刊出铁道部就何澄所述各点的辩解回应：

南京前沧石路局长何澄与日商华昌公司签订借款合同案，铁部以内容与原则条件均多谬误将何免职，戒并呈由中政会议决立予撤消。乃何竟抗不接受，并饰词强辩。至该公司代表市吉彻夫竟称，该契约于中国国法必要手续，早经当事者办理完竣，碍难认为无效等语。现铁部复下严令将其谬妄之点逐项揭出：(一)草约签订后延月余始行呈报；(二)该项合同应声明自奉国府核准由铁部盖印日起发生效力，此点在草约上非常重要，乃竟含混其词，殊属玩忽；(三)合同第一条在中文为公司借给路局，在日文为公司借给局长，错误已极；(四)该合同原有附带签换文，隐匿不交，情虚可见；(五)该合同在中文为所订借款合同为草约性质，必须经中华民国国民政府批准方能发生效力，在日文为本日所签订之沧石借款合同，自中华民国国民政府批准时发生效力，文义显有歧异。末谓人格信用为第二生命，倘再怙恶不悛，顽梗自绝，恐国法公谕，未必为该员保障等语。

一九三〇年一月十一日，《民国日报》刊出孙科更为严厉、详尽的申饬何澄之文：

鐵部申斥何澄

揭出合同上謬妄各點

〔南京〕前滄石路局長何澄、與日商華昌公司簽訂借欵合同案、鐵部以內容於原則條件、均多謬誤、將何免職懲戒、並呈由中政會議決、立予撤消、乃何竟抗不接受、並飾詞强辯、致該公司代表市告徹夫竟稱該契約於中國國法必要手續、早經當事者辦理完竣、碍難認爲無效等語、現鐵部復下嚴令、將其謬妄之點、逐項揭出、㈠草約簽訂後、遷延月餘、始行呈報、㈡該項合同、應聲明自奉國府核准由鐵部蓋印日起、發生效力、此點在草約上、非常重要、乃竟含混其詞、殊屬玩忽、㈢合同第一條、在中文爲公司借給路局、在日文爲公司借給局長、錯誤已極、㈣該合同原有附帶補簽換文、隱匿不交、情慮可見、㈤該合同在中文爲所訂借欵合同、爲草約性質、必須經中華民國國民政府批准、方能發生效力、在日文爲本日所簽訂之滄石借欵合同、自中華民國國民政府批准時發生效力、』文義顯有歧異、末謂人格信用爲第二生命、倘再怙惡不悛、頑梗自絕、恐國法公論未必爲該員保障等語、（九日專電）

《申报》当年所刊《铁部申诉何澄》报道（何澄旧藏，何泽瑛提供）

查该员办理与日商华昌公司借款草约，种种谬误，前经令加申斥，并从轻予以免职处分。原冀该员仍能知所悔改，乃查阅来呈，对于前令申饬各点，犹复诡词强辩，哓哓不已。殊足痛惜！本部长前此以为该员致力国事有年，故不免信任太过，遽委以接洽订立借款草约之责。在该员受本部重托，应知事关引用外资，宜如何小心从事，以期不负国家；更岂容掉以轻心，致贻后日以无穷之隐患。兹再将该员谬误之点，为该员言之。

查该员在去年七月三十一日，将该项草约签订，即使须持呈阎总司令核阅，稍稽时日，亦何至迁延月余，直至去年九月十七日，始赍呈到部，此谬妄者一；且该项合同绝无草约字样，前批示需声明自奉国府核准，由铁道部盖印之日起，始发生效力一语，复未照改正，仍含混其词，谓自盖印之日起，即发生效力；此点在草约上如何重要，而该员竟不依批示办理，玩忽至此，此谬妄者二；合同第一条，在中文为公司借给路局，而在日文为公司借给局长，该员并非不谙日文，而此种种错误，竟发见于草约，此谬妄者三；在去年九月十七日，该员将该项合同呈部，经本部发觉上项疑点后，正拟饬该员即来部详询种切，而该员竟匆匆离京赴沪，致询问无从，此谬妄者四；据该员是时声称，虽曾谓此项合同原有附带补签换文忘未携来，改日可以补呈，但试思此项换文，关系何等重要，何以竟有忘带之理，其为有意隐匿，已情虚如揭，此谬妄者五；本部自九月二十日，令饬该员迅将草约撤回，该员迄不遵办，直至十月十四日仅将其与华昌公司于七月三十一日之声明书中日文各一份，补呈来部；但因中文本称所订借款合同草约性质，必须经中华民国国民政府批准，方能发生效力，而在日本文则称关于沧石借款合同效力之发生，特议定如左；即：本日所签订之沧石借款合同，自中华民国国民政府批准时发生效力。两者文义，显有歧异，此谬妄者六。本部长观此情形，已知该员办事颟顸，即非有意串同舞弊，亦已为日人所绐；设使日人持此合同，竟强力要求履行，则本部长乏知人之明，其咎尚轻；误国之愆，重何能负！故除令饬该员将草约迅予撤回外，并即咨外交部照会日使，转饬华昌公司知照，以杜纠纷，而资挽救。讵于去年十一月二日，本部接外交部咨复，谓据日使复称，据华昌公司代表市吉彻夫称，此项契约，于中国国法之需要手续，早经由当事者办理完竣，碍难认为无效等语。日人之野心叵测，固已显然；该员疏忽颟顸，咎何可逭，故不得已将该员免职，以示惩戒。一面再将经过情形，详咨外部转驳，以杜日人借口。同时并将该员所签合同与该案经过，详呈中央政治会议、国民政府及行政院核示。旋奉中央政治会议第二〇六次会议决议，该项草约合同，于原则条件均有未合，应由国民政府令饬铁道部立予撤销原因。并奉国民政府密令，本部遵照办理在案。该项草约，既奉中央明令取消，本部自应遵照办理。该员果具天良，应如何闭门思过，设法自赎，乃至今仍复漫不知悔，予智自雄，且自诩为奉法守公；欺蒙至此，浩叹无穷！……此次将该局长免职，全为遵奉国家法令，维护民族主权着想，不得不尔……该员……自应痛改前非，早期湔涤……特再令申饬，仰即知照。此令[39]！

何澄与孙科在报章上进行的“笔战”，正逢蒋阎中原大战一触即发之际。诚如薛笃弼所说：借款订约，确由部委，物证在你手，人证在我目。私订之说，岂有此理？但惟大局如此，谁还管得到这些小事！而何澄的侄儿何泽贶亦持此种看法：“家叔为国事连年南北奔驰，现在大局即已少定，一时暂不出门，在家休养甚是。见津报登沧石局办呈及部中申饬文，彼此笔墨宣战，处此乱世，大可不必。是非久而自明，无须辩白。不知家叔以侄话为然否？”

也许是时局之关系，也许是薛笃弼及何泽贶的一番话打动了何澄，当时闻社记者再去沧石铁路工程局探访沧石借款问题有何新闻时，局秘书代表何澄说：

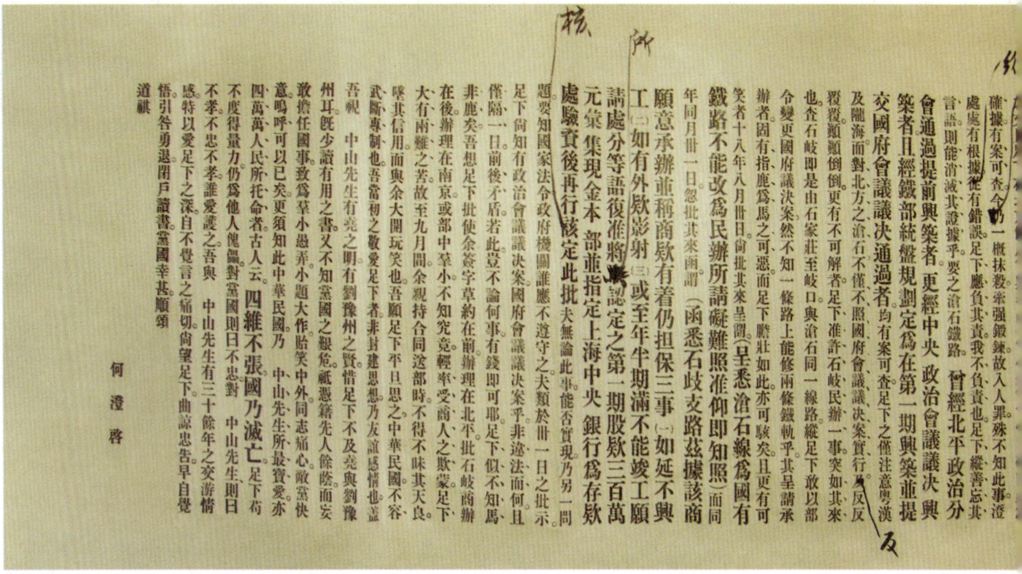
確據有案可查今乃一概抹殺牽强鍛鍊故入人罪殊不知此事澄處處有根據從有錯誤足下應負其責我不負責也足下縱善忘其言語則能消滅其證據乎要之滄石鐵路曾經北平政治分會通過提前興築者更經中央政治會議議決興築者且經鐵部統盤規劃定為在第一期興築並提交國府會議議決通過者均有案可查足下之僅注意粵漢及隴海而對北方之滄石不僅不照國府會議議決案實行反反覆覆顛顛倒倒更有不可解者足下准許石岐民辦一事突如其來也查石岐即是由石家莊至岐口與滄石同一線路縱足下敢以部令變更國府議決案然不知一條路上能修兩條鐵軌乎其呈請承辦者固有指鹿為馬之可惡而足下膽壯如此亦可駭矣且更有可笑者十八年八月卅日尚批其來呈謂(呈悉滄石線為國有鐵路不能改為民辦所請礙難照准仰即知照)而同年同月卅一日忽批其來函謂(函悉石岐支路茲據該商願意承辦並稱商欵有着仍担保三事(一)如延不興工(二)如有外欵影射(三)或至年半期滿不能竣工願請處分等語復准將認定之第一期股欵三百萬元彙集現金本部並指定上海中央銀行為存欵處驗資後再行核定此批夫無論此事能否實現乃另一問題要知國家法令政府機關誰應不遵守之夫類於卅一日之批示足下尚知有政治會議議決案國府會議議決案乎非違法而何且僅隔一日前後矛盾若此豈不論何事有錢即可耶足下似不知馬非鹿矣吾想足下批使余簽字草約在前辦理在北平批石岐商辦在後辦理在南京或部中羣小不知究竟輕率受商人之欺蒙足下大有兩難之苦故至九月間余親持合同送部時不得不昧其天良墜其信用而與余大開玩笑也吾願足下平旦思之中華民國不容武斷專制也吾當初之敬愛足下者非封建思想乃友誼感情也蓋吾視　中山先生有堯之明有劉豫州之賢惜足下不及堯與劉豫州耳既少讀有用之書又不知黨國之艱危祗憑藉先人餘蔭而妄敢擔任國事致為羣小愚弄小題大作貽笑中外同志痛心敵黨快意嗚呼可以已矣更須知此中華民國乃　中山先生所最寶愛亦四萬萬人民所托命者古人云四維不張國乃滅亡足下苟不度得量力仍為他人傀儡對黨國則曰不忠對　中山先生則曰不孝不忠不孝誰愛護之吾與　中山先生有三十餘年之交游情感特以愛足下之深自不覺言之痛切尚望足下曲諒忠告早自覺悟引咎勇退閉戶讀書黨國幸甚順頌

道祺

何澄啓

何澄致孙科公开信未刊稿(何澄旧藏,何泽瑛提供)

“此次部局文令辩驳问题,其要点全在明系奉令办理,而部令屡斥为私订!日昨报载,部中又有再令申饬文,但敝局尚未奉到。依昨报所载,则铁部已正式承认,委以接洽订立之责矣。何局长既释去此私订合同之重责任,想亦欣然,其他皆不成问题。”[40]

既然孙科承认不是私订,何澄也把某报章已排定好准备刊发的《致孙科的一封公开信》抽下。在这未刊发的信中仍可以看出,何澄对孙科所作所为是何等的气愤:

哲生先生大鉴:

革命以来,法则未备,制度未良,用人行政不善……幸赖中山先生九原有灵,使足下一时聪明,虚心从善,许我进行;更喜数月之奔走计画,得有成绩,能兴华昌公司订定一无折扣、不干涉路权之平等草约,方以为北方垂毙民生,从此有向荣之望。不料足下自北回南,忽为雕虫小技者流及陈炯明余孽所左右,硬吹毛求疵,推翻前议,竟忘却在北平北京饭店之言语行为。信义不讲,黑白不分,自以为居上可以欺下,儿戏胡闹,不问事实。澄早知足下无常识,无信用,至此地步,则何苦不可与言而言之!足下程度既如此,且顾念中山先生之旧情,真不忍宣布事实,使中山先生在九原有所不安,及国民政府体面信用失坠可惜,故欲言不哲生先生大鑒。革命以來。法則未備。制度未良。用人行政不善。君長鐵部。余辦滄石。其初尙私幸君爲我所崇拜之中山先生的哲嗣。既親受教訓。或略知典型。故喜與論事。樂與周旋。更以北方各省。地僻民貧。生路有限。端賴發展交通。將腹地所藏礦產。設法輸出海外。民困既蘇。社會經濟。方有轉機希望。故不畏難不憚煩。欲將滄石鐵路完成。勿使英商開灤礦局。壟斷煤之市場。期副　中山先生所謂民生主義也。故十七年冬。在寧曾屢次與鐵部協商。籌款築路。不意足下一籌莫展。徒見[illegible]上空文。更痛足下手訂之中美航空借欵合同喪失權利之大。爲世驚疑。于是戰戰兢兢。不敢輕負此重責。幸賴中山先生九原有靈。使足下一時聰明。虛心從善。許我進行。更喜數月之奔走計畫。得有成績。能與華昌公司訂定一無折扣不干涉路權。之平等[illegible]約。方以爲北方垂斃民生。從此有向榮之望。不料足下自北回南。忽爲雕蟲小技者流。及陳桐明餘孽。所左右。硬吹毛求疵。推翻前議。竟忘却在北平北京飯店之言語行爲。信義不講。黑白不分。自以爲居上可以欺下。兒戲胡鬧。不問事實。澄早知足下無常識。無信用。至此地步。則何苦不可與言而言之。足下程度既如此。且顧念　中山先生之舊情。眞不忍宣布事實。使　中山先生在九原有所不安。及國民政府體面信用失墜可惜。故欲言不言者久矣。嗣見足下毫無改悔且欺辱愈甚。更以事關重大。不能不將玆事經過情形。略爲說之。庶天下人得明白此中眞正曲直。余豈好辯哉。余不得已也。十八年春。見足下對於滄石毫無切實辦法。始不得已商得足下同意。議借外資。因利用外資。發展實業。亦爲　中山先生所許也。余遂將法商法亞銀行借款合同。及日商華昌公司借欵合同。各一份。親携至南京面交足下。請愼重研究審查。次日午後。足下即遣梁寒操持原合同及批二道來余寓。時余寓安樂酒店。有立法院委員王太蕤先生在座。梁君並傳達足下之言。謂法亞合同。喫虧太大。無商量餘地。(批法亞文亦如此云云。原批存滄石局中)**至華昌合同。尙好。能按修正之點修正之。即可照辦。**並促余從速爲之。余遂又回北平。與前途磋商再四。幸漸就範。七月下旬。足下適因事至平。余持修正合同。當面請示。繼又得批示。仍有細微之處須再修正。批文爲**(呈悉。仰依照二次修正標準。再向該公司接洽。俟得圓滿解決。即訂定草約呈　俟核[illegible]可也。此批)**于是余又向前途磋商。並恐能力薄弱。一人不易負此重責。遂約該公司代表市吉徹夫至北京飯店足下寓所。當面直接。磋商。幸重要及細微各點。遂件解決。是日午后。即奉到批示。批文爲**(呈悉。准將所訂定草約先行簽定。彙呈本部以憑轉呈國民政府核**……

言者久矣。嗣见足下,毫无改悔,且欺辱愈甚,更以事关重大,不能不将兹事经过情形,略为说之,庶天下人得明白此中真正曲直。余岂好辩哉?余不得已也!……余以此事,非个人私事可比,故处处遵照上级机关之意旨而行,固手续无错误也。乃不意足下两次来文谓澄私订借款合同。此种违法行为,澄纵至愚,何敢出此?实不便承受此种诬蔑也。盖接洽此合同,不仅有足下数回批示,即最末亦有批令代签草约之文。且足下在北京饭店,曾与华昌公司代表市吉当面磋商,真凭确据,有案可查。今乃一概抹杀,牵强锻炼,故入人罪。殊不知此事,澄处处有根据,纵有错误,足下应负其责,我不负责也。足下纵善忘其言语,则能消灭其证据乎?……吾愿足下平旦思之,中华民国,不容武断专制也。吾当初之敬爱足下者,非封建思想,乃友谊感情也。盖吾视中山先生有尧之明,有刘豫州之贤,惜足下不及尧与刘豫州耳。既少读有用之书,又不知党国之艰危,只凭籍先人余荫而妄敢提任国事,致为群小愚弄,小题大作,贻笑中外,同志痛心,敌党快意,呜呼!可以已矣。更须知,此中华民国,乃中山先生所最宝爱,亦四万万人民所托命者。古人云:四维不张,国乃灭亡。足下苟不度德量力,仍为他人傀儡,对党国则曰不忠,对中山先生则曰不孝。不忠不孝,谁爱护之?吾与中山先生有三十馀年之交游情感,特以爱足之深,自不觉言之痛切。尚望足下曲谅忠告,早自觉悟,引咎勇退,闭户

读书，党国幸甚。顺颂

道祺。

何澄启

一九三〇年一月十二日，沧石铁路借款草约一案，由日商华昌公司代表市吉徹夫致函孙科而告结束：“关于本年七月三十一日，代表贵部之沧石铁路工程局局长何澄及敝人间所订之沧石铁道借款合同，并包修铁道合同，屡经贵国政府外交部及敝国北京公使馆转示取消该合同之贵方通告，敝人敬已阅悉。查该合同本系依据贵国关系当事者之热望，敝人等劝说敝国资本家而承诺协议者。然而贵国政府内既对于该合同成立有拟倡异议之情势，因使敝公司方面背反友谊上允诺贵方提议之初旨，并使资本家方面对于将来实行该合同诚抱极大危惧。兹拟遵照贵部提议，取消该合同，相应函达希即查照为荷。”[41]何澄对市吉徹夫对此举甚为感激。一九三〇年一月十六日，何澄致函市吉徹夫：“顷接大函，业经诵悉。敝人前奉敝国铁道部命，与贵公司磋商沧石铁路借款，幸承贵公司推诚相与，秉平等互惠之精神，一洗敝国从来借款之垢弊，得缔结一双方互利之平等草约，并蒙敝铁道部孙部长批准签字，曷胜荣幸！不意敝铁道部事后无端反悔，致发生问题。兹承贵公司深谅敝人苦衷，允不坚持是项草约之成立，更见贵公司态度光明，为历来所未有，尤足感佩！惟敝人德薄能鲜，不获感化流俗，致负贵公司善意，诚为抱歉！”[42]

一九三〇年四月七日，沧石铁路工程局新任局长王骧在《北京新闻》刊发启事：“本工程局自前局长何澄于十八年十一月十三日奉令免职后，局务中断。十九年三月三十日，奉总司令阎任命状内称，‘任命王骧为沧石路局局长。此状’等因。奉此，骧遵于三月三十一日到局暂行接管，并无向任何方面进行借款情事。倘有向中外洋行公司假借名义，招摇借款者，本局概不承认。特此声明”。[43]

一九三三年，沧石铁路工程局撤销。

北洋军阀时期，张宗昌、张作霖和褚玉璞，在差不多同一时期把沧石路卖了两次；国民政府时期，铁道部亦把沧石路卖了两次。难怪何澄只能苦笑着说自己是“有官无路”的沧石铁路工程局局长。

注释：

① 曾鲲化著《中国铁路史》，第八二三～八二四页，台北文海出版社，一九七三年。

② 彤新春编著《民国经济》，第七十六页，刘景山"反对借日款筑沧石路"，中国大百科全书出版社，二〇一〇年二月。

③ 曾鲲化著《中国铁路史》，第八二五～八二七页，台北文海出版社，一九七三年。

④ 宓汝成编著《中华民国铁路史资料》（一九一二～一九四九），第五八二～五八三页，社会科学文献出版社，二〇〇二年九月。

⑤ 同上，第五八四～五八五页。

⑥ 北平《世界日报》，一九二六年五月十三日，第三版：《周至诚接充沧石路工局长》。

⑦ 宓汝成著《帝国主义与中国铁路》（一八四七～一九四九），第二〇八页，经济管理出版社，二〇〇七年三月。

⑧ 北平《世界日报》，一九二六年七月十四日，第三版：《沧石铁路大借款》。

⑨ 宓汝成编著《中华民国铁路史资料》（一九一二～一九四九），第五八八页，社会科学文献出版社，二〇〇二年九月。

⑩ 北平《世界日报》，一九二七年七月十九日，第七版：《沧石路副局长部令裁撤》。

⑪ 北平《世界日报》，一九二七年十一月十四日，第三版：《建筑沧石路，当局派员赴津接洽借款》。

⑫《平绥铁路管理局公报》，一九二八年第四期，第一～二页：《王部长莅临局训话记录》。

⑬ 阎伯川先生纪念会编《民国阎伯川先生锡山年谱长编初稿》（三），第一〇五八页。台湾商务印书馆，一九八八年九月。

⑭ 金士宣、徐文述著《中国铁路发展史》（一八七六～一九四九），第三六五页，中国铁道出版社，一九八六年十一月。

⑮ 宓汝成编著《中华民国铁路史资料》（一九一二～一九四九），第七七三页，社会科学文献出版社，二〇〇二年九月。

⑯ 金以林著《国民党高层的派系政治》，第六十四～六十五页，社会科学文献出版社，二〇〇九年十一月。

⑰ 何澄未刊《致孙科的公开信》。

⑱《铁路公报——津浦线》，一九三〇年第三十四期：《国民政府下之铁道事业》。

⑲ 平绥铁路管理局《铁路公报》，一九二八年第十七期：《孙部长提议之铁道行政施政方针》。

⑳ 平绥铁路管理局《铁路公报》，一九二九年第二十三期：《孙部长铁道大计划之提议》。

㉑ 津浦铁路管理局《津浦之声》,一九二九年第十六期,第六页:《孙部长提出筑路计划》。

㉒ 津浦铁路管理局《铁路公报——津浦线》,一九二九年第二十四期:《沧石路不久开工》。

㉓ 彤新春编著《民国经济》,第二二六~二二七页,中国大百科全书出版社,二○一○年二月。

㉔ 何澄未刊《致孙科的公开信》。

㉕ 宓汝成编著《中华民国铁路史资料》(一九一二~一九四九),第七七四~七七五页,社会科学文献出版社,二○○二年九月。

㉖ 王骧,字瀗源,山西寿阳人。曾任贵州矿业学堂教习。山西光复后回到太原,加入中国同盟会。一九一六年,任晋矿务公司总稽核兼营业部部长。一九二八年,任井陉矿务局局长。一九三二年,总理山西省银行事务。一九三五年二月,任山西省建设厅厅长。一九三六年三月,任山西农村救济局长。抗日战争初期,任桐旭医院院长。一九四三年,任伪山西省教育厅代厅长。一九四四年六月,任伪山西省省长兼教育厅厅长,后因汉奸罪被正法。

㉗ 毛洪亮著《晋绥军简史》,第一三九~一四○页,安徽人民出版社,二○○六年十月。

㉘ 郭俊胜主编《中东路与中东路事件》,第一六六页:刘东社《中东路事件的实相与幻像》,辽宁人民出版社,二○一○年三月。

㉙ 津浦铁路管理局《铁路公报——津浦线》,一九二八年第二十八期:《孙部长在北平重要谈话》。

㉚ 何澄未刊《致孙科的公开信》。

㉛ 宓汝成编著《中华民国铁路史资料》(一九一二~一九四九),第七七三~七七四页,社会科学文献出版社,二○○二年九月。

㉜ 同上,第七七五页。

㉝ 同上。

㉞ 津浦铁路管理局《铁路公报——津浦线》,一九二九年第三十期:《石岐铁路下月先动土工》。

㉟ 宓汝成编著《中华民国铁路史资料》(一九一二~一九四九),第七七七页,社会科学文献出版社,二○○二年九月。

㊱ 同上。

㊲ 一九二九年十二月二十日,阎锡山、张学良等联衔发表拥护南京国民党中央的通电。通电大意谓:"十数年来,战祸频仍,人民既无生路,国是日在飘摇,以致外侮辱凌,日甚一日。故消弭战祸最为需要。然数月前,变化陡生。锡山多方呼吁,竭力斡旋,以谋和平初衷。学良以东省一隅,抵抗强俄,财尽力竭,犹复坚持者,唯望早息内争,一致对外。讵料改组派乘机窃发,煽惑宣传,无所不及,星星之火,势将燎原。即此不图,则武汉惨祸,不数月而遍全国矣!锡山等毅然决然,拥护中央,共同奋斗。望海内贤豪,各方将领,审清利害,共挽局面,群策群力,巩固国基,修明政治,实行主义,以餍众望。"

㊳ 宓汝成编著《中华民国铁路史资料》(一九一二～一九四九),第七七六页,社会科学文献出版社,二〇〇二年九月。

㊴ 同上,第七七七～七七八页。

㊵ 津浦铁路管理局《铁路公报——津浦线》,一九三〇年第三十三期:《沧石借款合同馀音》。

㊶ 宓汝成编著《中华民国铁路史资料》(一九一二～一九四九),第七七六页,社会科学文献出版社,二〇〇二年九月。

㊷ 同上,第七七七页。

㊸ 同上,第七七八页。

何澄旧藏“忘机一钓竿”青田章

十六　中原大战劝各方

南京国民政府统一中国后，并没有造就一个稳定的由文官控制权力的国民政府，而是开启了新军阀割据时代。旧派军阀孙传芳、吴佩孚被消灭了，可阎锡山、继承张作霖天下的张学良还存在；打倒了旧军阀，以血缘、地缘和政治关系维系的地方实力派李宗仁、冯玉祥、李济深、陈铭枢、唐继尧纷纷崛起。这些在北伐时期被纳入国民党旗帜下的地方军人，因北伐有功，不但不易剥夺他们的地方独立，反而成为"党军阀"的一员，参与国家的大政。于是，聚集在国民政府里的这些"多枪阶级"不断为谁统治谁，又该谁当统治者而与蒋介石反目成仇。

一九二九年三月二十一日，国民党第三次党员代表大会在胡汉民的主持下，正式通过《根据总理教义编制一切党之法令规章以成一贯系统暨确定总理主要遗教为训政时期中华民国最高根本法案》决议。国民党在对以上的决议说明中称：辛亥以前，孙中山曾于革命方略中有"每县于敌兵驱除、战争停止之日期，立即颁布约法"的规定；民国元年也曾临时"同意于约法之颁布"，"迨本党在广州开创政府之时，总理先后著成三民主义、五权宪法、建国大纲诸要典，乃不复以约法为言。"①这个最高根本法案及对放弃约法的说明解释，十分清楚地向天下表明，已进入训政时期的执政的国民党将以孙中山的遗教为国家根本大法，训政时期将不再制定和遵守"约法"了。这为此后一年多间，以蒋介石为首的南京中央政府同地方实力派此起彼伏的各种政治、军事组合，打了无数次的内战埋下了导火索。而表决通过"一党专政"的大会代表有近百分之八十为中央圈定和指派，这也为此次大会的合法性埋下了数不清的祸根。

国民党内不同的派系，没有哪一方不打孙中山的旗号，没有哪个人不说自己是遵循"总理遗教"。所争的"约法"，其实早年参加中国同盟会的何澄十分清楚：

一九〇六年，孙中山在制定《中国同盟会革命方略》时，曾将革命进程分为军法之治、约法之治和宪法之治三个阶段。军法之治是为了推翻皇权，宪法之治是为了建立民权。但这两个目的之间，似乎还有一个绕不开的问题，即“革命之志在获民权，而革命之际必重兵权，二者常抵触。”怎样才能做到“解除兵权以让民权”呢？孙中山认为，这中间需要经过一个约法之治的过程：“军政府与人民相约，凡军政府对于人民之权利义务，人民对于军政府之权利义务，其荦荦大者悉规定之”，以此来防止军权的膨胀，不致抑制民权的发展。一九一四年，孙中山建立中华革命党。在党章中，规定了从革命军起义到宪法颁布前的这段时间，“一切军国庶政，悉归本党负完全责任”。这就是近代中国“以党治国”的思想源头。一九二四年，孙中山改组国民党，在“一大”会议上通过《国民政府建国大纲》，在这个孙中山起草的大纲里，除了仍将革命过程分为军政、训政、宪政三个时期外，还特别规定：“凡一省完全底定之日，则为训政开始之时，而军政停止之日。”但在国民党取得政权之后，开始训政时期，是否还需要“约法”，孙中山在其《国民政府建国大纲》中并未提及，这就为以后国民党内派系之争留下了任人解释、自任为是、自我标榜是唯一正确的一片空地[②]。

国民党三全大会欲确立“一党专政”治国理念，引起国民党内没有进入政治核心圈的反对派和自由知识分子群体的强烈不满。据国民党中执会内部刊印的《中央党务月刊》，参加国民党三全大会的代表共四百六十六人，其中除五十四名为上届中央委员当然代表，由中央圈定的代表为一百一十六人，指派的代表为二百零九人，由选举产生的与会代表仅为八十七人，不足总数的百分之十九。国民党内首先挑战蒋介石的是汪精卫，联合十三名中央委员发表《关于最近党务政治宣言》，指责此次大会将近百分之八十的代表，为中央圈定与指派，是为一次不合法的代表大会。在知识分子群体代表中，最早公开挑战国民党“一党专政”体制的，是大名鼎鼎的胡適。三月二十六日，胡適以参加国民党三全大会的上海代表陈德徵提交的《严厉处置反革命分子案》为例，开始对国民党的“一党专政”发起猛烈攻击。陈德徵在这份提案中说：“理由……吾人应认定对反革命分子应不犹豫地予以严厉处置。查过去处置反革命分子之办法，辄以移解法院为惟一之归宿，而普通法院因碍于法例之拘束，常忽于反革命分子之实际行动，而以事后证据不足为辞，宽纵著名之反革命分子。因此等之结果，不独使反革命分子得以逍遥法外，且使革命者有被反革命分子之攻击危害之危险。均应确定严厉处置反革命分子之办法，俾革命势力得以保障，党国前途实利赖之。办法：凡经省及特别市党部书面证明为反革命分子者，法院或其他法定之受理机关应以反革命罪处分之。如不服，得上诉。惟上级法院或其他上级法定受理机关如得中央党部之书面证明，即当驳斥之。”[③]这种以中央党部的一纸证明就可定人为“反革命”的搞法，令胡適十分气愤。他给司法院长王宠惠写信说：“先生是研究法律的专门学者，对于此种提议，不知作何感想？在世界法制史上，不知哪一世纪哪一个文明民族曾经有这样一种办法，笔之于书，立为制度的吗？我的浅识寡闻，今日读各报的专电，真有闻所未闻之感。中国国民党有这样党员，创此新制，大足以夸耀全世界了。”接下来，胡適把国民党大大讽刺了一通：“其实陈君之议尚嫌不彻底。审判既不须经过法庭，处刑又何必劳动法庭？不如拘捕审问，定罪、处罚与执行皆归党部。如今日反日会之所为，完全无须法律，无须政府，岂不更直截了当吗？”[④]

一九二九年五月六日，胡適针对国民政府于四月二十日所下的一条“保障人权”的命令，写了一篇《人权与约法》交给《新月》刊发，再次批评国民党：“命令所禁止的只是‘个人或团体’，而不曾提及政府机关。我们今日最感痛苦的是种种政府机关或假借政府与党部的机关侵害人民的身体自由及财产”；针对此命令所说“违者即依法严行惩办不贷”，胡適反问：“所谓‘依法’是依什么法？我们就不知道今日有何种法律可以保障人民的权利？中华民国刑法固然有‘妨害自由罪’等章，但种种妨害若以政府或党部名义行之，人民便完全没有保障了。”他认为，如果真要保障人权，确立法治基础，第一件应该做的事是制定中华民国宪法，如果这件事暂时做不到，那么至少也该制定一部所谓训政时期的约法出来。在对“军政时期、训政时期、宪法时期”做了法理上的讨论之后，胡適呼吁：“我们今日需要一个约法，需要孙中山先生说的‘规定人民之权利义务与革命政府之统治权’的一个约法。我们要一个约法来规定政府权限，过此权限，便是‘非法行为’。我们要一个约法来规定人民的‘身体、自由及财产’的保障，有侵犯这法定的人权的，无论是一百五十二旅的连长或国民政府主席，人民都可以控告，都得受法律的制裁”。[⑤]

胡適的理想境界是上自国民政府主席，下自平民百姓，人人平等，所以看到没有一个约法来约束国民党中央党部凭借一张纸条就可以定人罪名，使他很生气也很无奈，因为此时的中国是他曾支持过的比旧军阀现代一些的“有枪阶级”控制的。

国民党三全大会没有弄出一个约法，反倒说明了为什么不再需要约法，这已表明国民党已经意识到北伐之后的“重新统一”，不但没有削弱地方军人势力，反而有扩大破坏“一党专政”的危险。地方军人专制的结果，致使南京政府控制的中心区域仅限于浙江、江苏和安徽；福建、江西、湖北和河南，与之联系紧密一些，但也只有审慎地使用军事控制手段才能保持对南京政权的忠诚；广东、广西、云南、贵州、四川、陕西、山西和山东，都显然保持着独立，有时还会积极地与南京政府敌对。再远一层，在东北、华北和亚洲腹地的边疆地区，问题不仅是脱离中央，保持地区的独立的问题，在遇到外来侵略时有可能还会分离[6]。所以，尽管胡汉民主持设计的三全大会把蒋介石在训政初期所讲的应颁布约法推翻在地，使蒋介石失信于民，失信于新崛起的一代实力派军人，失信于其他对“约法”翘首以待的国民党派系，但蒋介石为了应对地方实力派的挑衅，还是暂时容纳了胡汉民在开幕词中所讲的“所谓训政，是以党来训政，是以国民党来训政”，“在训政时期中，国民大会的政权乃由本党的全国代表大会代行……政治上一切最高的方针与原则，无论外交的、财政的、军事的、内政的、教育的，都有待于大会决定”。[7]

自从陈德徵在国民党三全大会上提交了《严厉处置反革命分子案》以来，“革命”与“反革命”就成为两个颇为流行的话语。一九二九年四月，铁道部建设司司长陈伯庄向孙科建议请丁文江[8]来进行西南川黔和东南浙赣闽沿线的地质调查时，孙科厉色向陈伯庄说：“为什么推荐一个反革命的脚色！”陈伯庄说：“建设要请技术领袖高明专家才是。”及至见了丁文江，孙科对这个先前他认为的“反革命”又如鱼水之欢[9]。

应该说，北伐之后形成的新一代地方实力派军人大多是有着民族主义理想的一批人，他们没有分裂国家、独立为国的野心，都是在统一中国的前提下，为控制权利相互争夺。一九三〇年七月十三日，已近尾声的中原大战，冯玉祥、阎锡山、桂系和西山会议派、改组派等各反蒋派系合流在一起的“中国国民党中央党部扩大会议”成立并以起草约法与召开国民会议相号召，于十月三十一日公布的《中华民国约法草案——太原扩会约法草案》(俗称《太原约法》，却包含了许多中国法制史从未有过的民主思想和还政于民的内容。尤其是第二章“人民之自由权利义务”，有关人民本该享有的自由、权利和义务多达二十八条。据这个约法的主要起草人邹鲁回忆：“盖草案全部，以《建国大纲》为纲领，而根据之以定条目。《建国大纲》注重于人民之需要，训导人民之智识能力，使之能自决自治；故草案于人民之自由权利义务一章，详为保障与规定，使能自动的完成个人之人格，而担当国民之大任。《建国大纲》注重以县为自治单位，及中央一省之权限，采均权制度；故草案于国权及中央制度地方制度诸章，悉准引旨以为厘定。务期扫荡十九年来军人主政与割据地方之恶习，及使人民得有行使直接民权之根据。[10]军事上反蒋虽然失败了，但《太原约法》却赢得了社会各界的广泛赞同并给后人留下了一笔珍贵的法制史料。

遗憾的是，即使怀着“务期扫荡十九年来军人主政与割据地方之恶习”的崇高目的国民党元老邹鲁，也未走出与地方军人主政的阎锡山、冯玉祥、李宗仁搅在一起的怪圈，致使民国历史上最大的一场中原内战爆发。

对于蒋介石和阎锡山的不和，何澄是本着"平心平政"的态度来劝和双方的。他与双方都是多年的老朋友，无论谁打倒谁，战祸一起，于国家和人民都是莫大的损害。本着国家和人民的大观念，何澄与黄郛分头劝说与各自关系甚好的阎锡山和冯玉祥。但因蒋介石气度太小，阎锡山和冯玉祥被以汪精卫、陈公博、顾孟馀、王法勤为首的改组派，以邹鲁、谢持、张继、林森、居正为代表的西山会议派，以孙科、王昆仑、钟天心、周一志、梁寒操为主的再造派的各自政治目的所迷惑，不顾后果地要把蒋介石赶下台。双方即将大动干戈，何澄长叹奈何，只好在灌木楼里吟吟诗，写些随笔，以抒反对内战的种种切痛。

阎锡山反蒋之初，曾有一位支持蒋介石的友人给何澄来信，询问阎锡山的真实动态：

亚兄老友：

续奉赐复，知贤劳况瘁之中不废吟咏，倘所谓今之有心人耶。弟辍咏十年，姑一步韵，言为心声，愿相喻可矣。

顷闻密讯，贵省领袖高唱镇海之歌，缓讽顽石相让，未知信否，此真最近兴亡一问题也。浦石事件与青济近日情状，似颇有连，尊处如有更确闻见，望以见诏。年内尚思出游否？繁霜阴由，维努力珍重。祇颂日祺。

弟□顿首

一九二九年双十节，冯玉祥旧部宋哲元等二十七人联名自西安通电反蒋，拥戴阎锡山、冯玉祥为国民军正、副总司令，宣称"蒋氏不去，中国必亡"；十二月一日，屡次三番投诚又反水的唐生智在郑州发出通电，宣布就任汪精卫的护党救国军总司令，并宣布阎锡山为副总司令；十二月三日，唐生智又在郑州发表《拥汪联张(发奎)》通电，拉上石友三，出兵讨蒋。阎锡山是准备与这些乌合之众联手反对蒋介石的中央政府呢，还是真心拥护中央，拱卫北方呢？何澄对此事极为关注，他给薛笃弼去信，想知道阎锡山的底牌。薛笃弼此时对南京国民政府虽有"虚伪统一"的看法，但据他的观察，阎锡山还不至于和反蒋的"叛将"联合起来，认为还是与中央合作有利。

友人复何澄信函（何澄旧藏，何泽瑛提供）

亚农吾兄鉴：

六七两日快慢两示均悉。观察大局，极佩伟论。中央年来只为虚伪的统一所误，乘此保守江左（按：南京）。修明政治，待各军阀利害冲突，然后图之，真正统一始现。今日局面，在我辈观之，并不稀奇，只要放开统一二字，海阔天空皆妙谛也，何必苦苦花许多钱买虚伪的统一也。至阎（锡山）态度，弟意必不聚变以叛将连（联）合，非彼福也，彼还是与中央合作有利罢。

阎锡山与中央保持一致，"共存共荣"的态度，令何澄十分高兴。或许，他也把这一情况传达给了蒋介石周围的人，之后才有蒋介石任命阎锡山为陆海空军副总司令的事。

一九二九年十二月二十日，阎锡山通电拥护中央后，于一九三〇年一月，开始在何成濬的督导下，率军讨伐叛逆唐生智。唐生智全军被缴械，通电下野后，据说发生了这么一件事：蒋介石对阎锡山与唐生智暗中联手反蒋早有察觉，虽然此次出兵南下，卓有战功，但若让阎锡山夺取了河南广大地盘，再与冯玉祥联盟起来，无论从政治上还是军事上考虑，都将对蒋构成更大的威胁。于是，蒋介石密布何成濬、韩复榘在郑州活捉阎锡山。一月十四日，此事被阎锡山派到郑州电报电话局检查来往电报电话的张象乾侦获，阎锡山扔下原来乘坐的专列，登上驻守在新乡的第九军军长冯鹏翥派来救驾的另一列火车脱壳逃脱。巧合的是，何澄恰在此时有信请孙鹤皋托转讨逆军总预备队总指挥陈调元[11]。陈调元于一九三〇年一月十四日复函何澄：

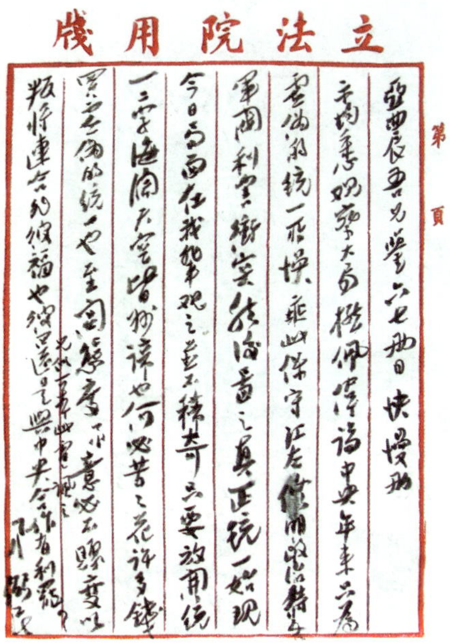

薛笃弼复何澄信札（何澄旧藏，何泽瑛提供）

亚农八哥左右：

正深驰忆，适鹤仙兄交到手书，高怀雅量，溢于字里行间。三复循环，益增钦企。弟未尝学问，粗具心知，惟此真诚，无惭清夜，辱承过誉，奚以克当。国难方殷，匹夫有责，矧以名贤，讵容高蹈，尚冀为国努力，共济时艰，是所切祷。

鹤仙晤谈，洵属端人之友，昨已由济赴平矣。手此布复，不尽百一。岁晚天寒，唯顺时自卫。祇颂

台祺。

弟陈调元顿启

一月十四日

何澄托请孙鹤皋向陈调元探询的这位友人是谁，虽然不得而知，但身份和地位应是相当高的。

北洋旧军阀时代，在讨伐对方前，要进行一番你来我往的通电，把为何要讨伐，为何要进行这场战争的原因向公众讲清楚。而谴责对方的内容，主要侧重于私德，如对友谊的背叛，对上级不尊重，违反传统的家庭关系等等。等到正式开战时，要举行宣誓讨伐仪式，宣布讨伐令，然后才是正式开战（没有宣战而偷袭，会被认为是违背军人的道德）[12]；进入“党军阀”时代，仍然沿袭了北洋时代旧军阀

討逆軍預備隊總指揮部公用箋

亞儂八哥左右：正深馳憶，適鶴仙兄交到手書，高懷雅量，溢于字裡行間，三復循環，益增欽佩。弟未嘗學問，粗具心知，惟此真誠無慚，清夜屢承過譽，奚以克當。國難方殷，匹夫有責，刻以

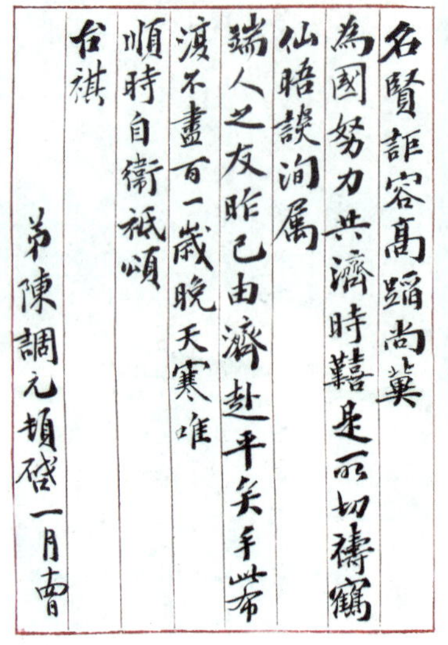

討逆軍預備隊總指揮部公用箋

名賢詎容高蹈，尚冀為國努力，共濟時囏，是所切禱。鶴仙晤談，詢屬端人之友，昨已由濟赴平矣。手此布復，不盡百一。歲晚天寒，唯順時自衛，祇頌台祺。

弟陳調元頓啟 一月廿日

陈调元复何澄信函（何澄旧藏，何泽瑛提供）

军人起码应有的道德操守，公开通电，公开宣战，但在通电的内容上，却大为改变，主要历数对方在政治方面的罪过，人身攻击和私德方面也有，但只说对上级和友情的背叛，不再提及子女不孝和个人私生活的内容，这是南京国民政府建立后，在法制建设上有所进步的小小迹象。

阎锡山与蒋介石在中原大战开战前，双方的通电就很有意思。

事情缘由阎锡山在一九三〇年一月二十二日补行陆海空副总司令就职宣誓仪式的一番话。阎锡山提出要建立“整个的党”和“统一的国”。话中之话，是说因为蒋总司令独裁，才造成了党和国家再次分裂的局面。蒋介石自然不甘独担这份罪责，于二月九日给阎锡山发电：“今日中国危机已达极点，为救国之事与祸国之罪，皆由我两人负此责，弟与我兄有不一心一德贯彻始终者，党国历史所不容也。”言外之意是说，把好端端的统一了的中国搞到此种地步，难道你没有责任吗？阎锡山于次日即复蒋介石一电，毫不留情地道出：“同恃青天白日之旗，同为党军而互相内搏，伤亡者皆我武装同志；同奉三民五权之训，同为党员而开除逮捕摧残者，皆我总理之信徒。况军心不定，武力将何所恃？党已破碎，党国将何以全？”在电报中，阎锡山还以事实论证了蒋介石以“武力统一不特不易成功，且不宜用于民主党治之下”。阎锡山的这番私论，确实击中了蒋介石的要害。光击中要

害还不行，阎锡山甚至提出了解决愈用“武力维护统一”，党军党国愈加分裂局面的途径是，你我“在野负责”，“党事国事完全实行党的议决案”的方案[13]。

蒋介石确实没有当初孙中山的雅量，不但不敢通电下野，哪怕是暂时回避一下政治矛盾再出山也行，反而拼命标榜自己。他在十月十二日给阎锡山的回电中称：“革命救国为义务，非为权利。权利自当牺牲，义务不容诿卸。此时国难正急，非我辈自鸣高蹈之时。”除拒不答应下野外，还对阎锡山所说的四处武力讨伐之事，反唇相讥：“中央始终以和平统一为职志”，“绝非有轻用武力之意，惟兄前月毅然出师，以消灭改组派为己任，固亦此意也”。[14]

二月二十日，阎锡山致蒋介石的电报中阐述了在补行陆海空副总司令就职宣誓仪式时所提出的主张：“惟党国是以党为主体，个人之中心武力，是党国之障碍，应一齐交还于党，再实行编遣。否则钧座编遣之苦衷，反不能使人谅解，事实上，亦窒碍难行也。”[15]建议成立元帅府或枢密院、元老院一类的政府机构，参与决定党国的大事。阎锡山的这一主张，在反蒋派中引起强烈共鸣，纷纷以“党人治党，国人治国”为口号，抨击蒋介石的独裁。对于阎锡山的重重揭黑，蒋介石有些招架不住，在二月二十二日回复阎锡山的电报中，甚至有失政治家的风度说：“中正实不忍妄自菲薄，尤不愿轻易受诬蔑。使中正果有背叛党国之罪状，党国当予以最严厉之惩罚。又或中正违反党纪，淆乱国是，倡为‘党人治党，国人治国’之谬说及别设枢密院、元帅府，以解决国是之怪论，则亦无所逃于清议之责备。”[16]

二月二十三日，阎锡山打电报给在香港的汪精卫，提出：“锡山等提出拟请由我全体党员同志投票，取决多数。三届续统可，二届复统亦可，产生四届亦无不可。”汪精卫立即回电表示赞成，称此举“实为本党最高主权之所在”，并鼓动阎锡山“提倡进行”。蒋介石方面见阎锡山竟然向国民党最有影响力的改组派发出了通电，更为紧张，怒斥阎锡山若“反对三大中央，即为党国之叛徒”。在对阎锡山进行最后警告的同时，也规劝他“悬崖勒马，维持和平”。[17]但此时谁都停不下武力解决的步伐。四月一日，阎锡山在太原宣誓，就任中华民国军总司令，发表通电，概述阎蒋之争之经过，揭露蒋介石所犯的种种罪行，开始征讨。一个月之后，蒋介石在南京亦举行讨逆誓师典礼，发表讨阎誓师词；十一日，中原大战终于随着蒋介石所下达的总攻击令而爆发。

五月十八日，何澄在上海出席了陈其美纪念塔开工典礼仪式。陈其美纪念塔建在西门中华路方斜路交叉处之三角场。开工仪式这一日，也是陈其美遇害第十四周年纪念日。当日到会的有上海市市长张群，市府秘书长暨各局局长，市府暨各局职员，来宾有王一亭、褚辅成、杨永泰、叶惠钧、袁履登、钱新之、徐维震、陈训泳、杨虎、范争波、吴开先等，各机关团体，各区党部代表也有代表前来。陈其美家属到场者，有陈霭士、陈果夫。上午十时，奏乐开会，首先由张群讲话，略谓："今天举行陈英士先生纪念塔兴工典礼，邀请各位惠临参加，为的是要共同表现我们心理上纪念先生的一点意思。英士先生人格的伟大，功业的崇高，是我们同志同胞人人钦仰与崇拜的，所以都应该纪念；尤其是英士先生与上海的关系深，我们上海的市民，应该要特别的纪念。今天来宾，多半是英士先生旧识，或者曾经与英士先生共过生死患难，当然对于英士先生，认识的非常清楚。而且当时英士先生的参谋长，就是本市第一任的市长黄膺白先生，今天特地从远道前来，举行开工典礼，一切的话，请他来讲，一定是能表彰英士先生不死的精神。黄先生任市长的时候，他抚今思昔，感慨无限，久想为英士先生筹一纪念办法，因在职不久，即随蒋主席下野，未及着手进行，引为憾事。兄弟任市长以后，旧话重提，遂为建筑此塔之动机。塔虽不大，但除纪念英士先生而外，尚可利用作为市政建设之一助。塔之工程，概托本市工务局长沈君怡代为主持，预定在今年的光复上海纪念以前完成。塔内有梯，可以上升至顶，展望全市形势，可作一切瞭望之用。至于选择这个地点建塔的原因，为的是英士先生在沪军都督任内，拆城筑路，兴办市政，为今日建设大上海之动机。今日建塔地点，适为当时之城濠，每亩所值不过五百元，今已涨至数万元，单拿这一件事来说，已可想见先生在破坏时期之中，如何努力建设。可惜英士先生殉国已十四周年，不复得见。我们悲伤之馀，惟有希望同人继续英士先生之遗志，努力奋斗，完成革命，热心建设，以竟英士先生为国为民之旨趣，这是纪念英士先生之意义，亦是本塔建立之微意，愿与同人共勉之。"[18]

张群讲完开幕词，由黄郛作长篇演讲。黄郛在概述陈其美的革命历史及生平事迹后，还藉纪念陈其美，希望"政治上之纠纷，可以立解"："民国五年的今日，为英士先生遇难之日。本年由张市长动议，拟在遇难地之上海，为英士先生建立一纪念塔。介石主席及本人，与英士先生在公谊私交上各种关系，当然十二分的热烈赞同，遂决定于本年遇难纪念日开工，本人并被指定举行开工典礼，并预计于本年十一月三日以前完工，以便次日即上海光复之日，可以行落成开幕典礼。此等纪念办法，不能不谓为含有无限意义，无限价值及无限感慨……吾人今日为英士先生建此纪念塔，一方面固追念其事功，一方面实景仰其人格。吾闻市政府之调查全市人口，已超过三百万。异日塔成以后，沪人士人人观摩，日日观摩之结果，造成三百万之仁慈、平等、勇敢、节俭之国民，以为骨干，然后再向全国推演，不独政治上之纠纷，可以立解，而经济上之争执，亦可不作。盖节俭之风成，则生活之享受，贫者与富者，相差不远；平等之习成，则社会之往来，高位与平民，完全无别。益之以国民相互间，有互相亲爱、互相怜悯之仁慈精神，有互相策励、互相奋勉之勇敢行为，为问吾国之黄金世界，尚有不立现者乎？最后尚有一言，不能不叙者：即此建塔之民国路，在十九年前，系沿上海城一条极逼窄之城河，沿边一带，有三五茅屋点缀其间，河水又极污浊。因当年都督府设在小东门城内之海防厅旧址，本人每日到府办公，必经过其地，交通不便，地方鄙塞，沪人士同有此感。于是一部分先觉之士，提倡拆城；然时代不同，在今日拆城之举，人民已习见不怪，而当民国初元之时，上海拆城之说，实为全国破天荒第一声；故同时亦有一部分保守之士，反对拆城。英士先生默念以为吾国政治是否能一度革命，而即臻上理；内地秩序，是否不再需此颓垣破壁，以资保障，实属疑问。惟上海城情形不同，城河对岸即为极繁盛之租界，不独文野之别，显划一线，为吾人之羞耻，万一他人借口交通不便，地方不洁，起而代谋，反失国家主权，不如先自为之，则可促地方之发达，而泯文野之迹。二则城外有逼近之租界，城内有繁盛之市场，即使地方有警，亦不能再据城垣，以事攻防；故城垣之与上海，已成无用之长物，乃断然下令拆城，实形成今日大上海市计划之先声。其时城脚河边一带，畸形污洼之地价，亩不及千，黠者遂疑及下令拆城之别有作用，实则英士先生以纯洁之精神，一意为地方谋发展，此种小人心迹，决非彼梦想中所及。不独英士先生然也，即沪军全体同人，可说无一人有寸土尺地于其间。虽然，换一方面观察，惟其当时无寸土尺地，故今日得藉此数方之地，以为建筑纪念塔之用，而此纪念塔方能含有无限意义，无限价值。否则，吾人今日在此为英士先生建塔纪念，沪人士感想将何若乎？”[19]

参加完陈其美纪念塔开工典礼仪式，何澄不愿偏袒中原内战的任何一方，只想等孩子们放暑假时，带孩子们一起躲到莫干山去。挚友王徵得悉他将上莫干山时，连续致信何澄，相约一同上山。

亚农吾兄：

再读手教，至慰至慰。惟第一函系在天津接到，吓了一跳，鄙同乡亦未见得。北戴河“太热”(亦有热昏模样)，只得料理料理家事，将北平暂寄之家移至天津。一子一女均交与张伯苓厢了，之后赶紧回青(岛)。日前到青，暑气全消，潮声犹在。隔岸青山，海中帆影，虽非中秋，而月明如画。数次来青，以此次为佳也。木器价若干，乞兄先为垫付，物存兄处。弟不久即拟回沪，如无他事，或可来莫干山观月也。专此　即颂

道安。

弟徵　七日

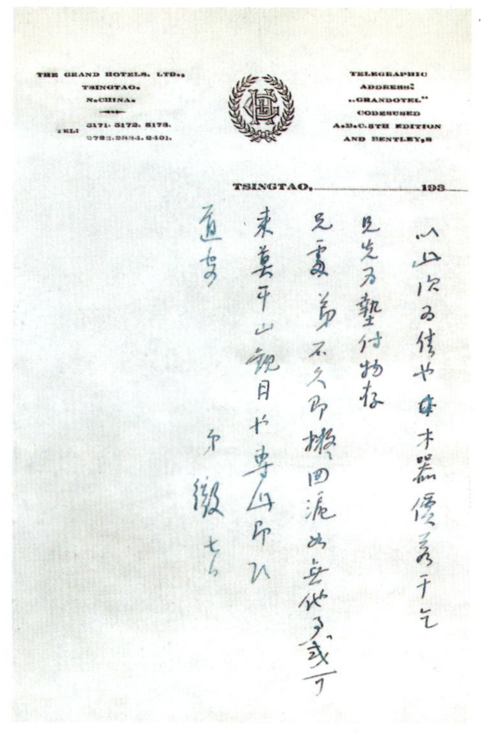

THE GRAND HOTELS, LTD.,
TSINGTAO,
N. CHINA.
TEL: 3171. 3172. 3173.
TELEGRAPHIC ADDRESS: "GRANDOTEL"
CODES USED A.B.C. 5TH EDITION AND BENTLEY'S
TSINGTAO, ... 193

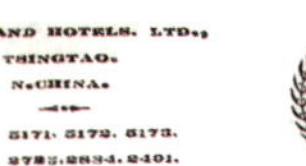

王徵（文伯）致何澄信函（何澄旧藏，何泽瑛提供）

亚农吾兄：

日前曾上一函，计达。昨日经轮船公司通知，谓十三日船可通融出一位置。如此，则十四日可抵上海。如阁下尚未上山，乞赐函鄙寓。如机缘负假，可一同去莫干山也。专此　顺候

游安。

弟徵上

九日

一九三〇年七月，何澄偕全家大小，同上莫干山。

莫干山系天目山之余脉，是炮台山、营盘山、荫山、芦花荡、塔山、葛岭等山的总称。每年三四月间，山花初发，天气和煦，自山麓乘肩舆上山，满山皆是竹子，连山接境，渭川千亩，竹影摇翠，岚光宜人。盛夏负奇崒屼，潇湘万竿，满眼翠绿，泉声琤瑽悦耳，朝暮景色，变幻无穷，莫可究诘：有时雷鸣脚底，云起瓮中；有时天外泉飞枕边，瀑落晨起，汗流挥扇，晚间则需衣薄装棉，是来此山居的最佳时季，是

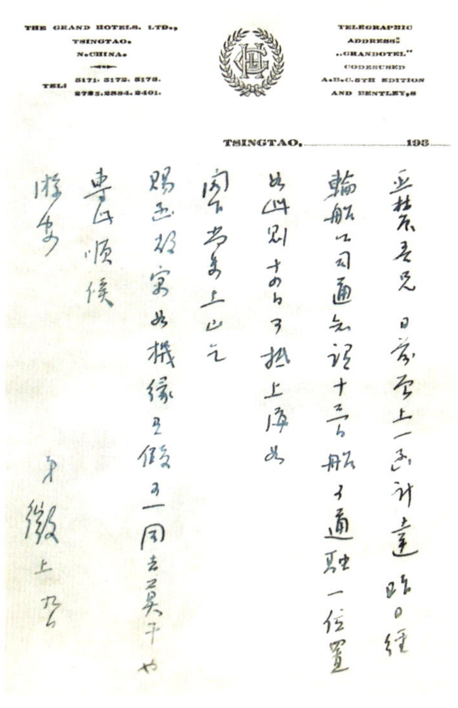

THE GRAND HOTELS. LTD.,
TSINGTAO.
N.CHINA.
TEL: 3171. 3172. 3173.
2785.2884.2401.

TELEGRAPHIC
ADDRESS:
"GRANDOTEL"
CODESUSED
A.B.C.5TH EDITION
AND BENTLEY,S

TSINGTAO, ... 193 ....

王徵(文伯)致何澄信函

为。及至深秋,天气异常晴美,泉水甘冽,逾于常时。夏日秋日几日天晴,严冬登山则可赏雪景,四山皆白,气象万千。

“南方避暑之都”莫干山的发现和形成,源于光绪十七八至二十三年间(一八九一~一八九七)美国基督教浸礼会来华传教士佛礼甲。每逢盛夏,他就感到酷热难耐,欲求一避暑之地。辗转来到莫干山麓,心仪这里修篁遍地,清泉竞流,清凉幽静,但又碍于这里“草莱未辟,登山不易”,遂起其名为“消夏湾”,下山而返。莫干山的山胜景盛为浸信会教士梅生及霍史敦和博德知悉后,联袂前来,亲见这里修竹吐翠,遍山皆绿,晨起如春,夜眠如秋,饱受暑热之苦的这两位博士遂向当地山民租屋而居,并将见闻和亲历之文登在外文报刊上。“清凉世界莫干山”便在外国传教士中声名鹊起。在莫干山造房最早者当属白鼎,时间约在一八九九年前后。光绪二十五年(一八九九),在湖州传教的梅思恩将莫干山最易避暑的事告知刚来上海的英国传教士伊文思,伊文思随上山查看,也流连忘返,即购地一方,数年后筑洋房数幢。西人在莫干山购地最早的伊文思此后所建这幢别墅,在过去的疗养院路二三〇号,南京国民政府成立后改新路名的孝丰路一号。此后,在沪宁杭传教或经商的西人来莫干山避暑造屋者络绎不绝。一九二六年,美国人在莫干山建洋房别墅八十一幢,英国人二十八所,德国和法国人各三座,俄国人一处。此外,上海公部局在山上有公共避暑所一区,避暑会葬所一区,天主堂一所,耶稣堂两所;国人在莫干山筑屋三十二所。

外国在华机构和个人在莫干山物业、别墅分布情况如下(道路名和门牌号以莫干山管理局成立之后改定的新路、新门牌号码为准):

双林路

三号:美国人高福林。

六号:美国人斐迭克。

岗荫路

四号:美国人霍约翰。

五号:美国人裴雅民。

六号:美国人康福安。

岗头路

二号:上海工部局。

四号:美国人盖培德。

五号:美国人马维善。

七号:美国人麦吴民。

八号:英国人斐得。

九号:美国人慕维德。

十二号:美国人聂士麦。

十五号、十六号:美国人赫培德。

十八号:美国人李福丽。

二十号:美国人德奥格。

双林路

三号:美国人高福林。

六号:美国人斐迭克。

岗荫路

四号:美国人霍约翰。

五号:美国人裴雅民。

六号:美国人康福安。

岗头路

二号:上海工部局。

四号:美国人盖培德。

五号:美国人马维善。

七号:美国人麦吴民。

八号:英国人斐得。

九号:美国人慕维德。

十二号:美国人聂士麦。

十五号、十六号:美国人赫培德。

十八号:美国人李福丽。

二十号:美国人德奥格。

莫干山路

三号:英国人碧掛。

瀑布路

一号:美国安息会。

塔山圆路

一号:英国人脱腊门。

簰头路

三号:英国人根得利。

上横路

一号:德国人罗以。

三号:英国人梅雪亭。

四号:德国人柏特。

六号:德国礼和洋行。

八号:法国东方汇理银行。

十三、十四、十五号:内地会(外国来华传教团体,总部设在上海,由英国基督教来华传教士戴德生创办)。

长兴路

一号:英国天主教堂。

三号:美国人韩明德。

四号:美国人林乐知。

五号:美国人韩明德。

九号:美国人伍约翰。

十一号:美国人马尔济。

十二号:美国人实维思。

十三号:美国人韩复生。

十四号:美国人斐德生。

十五号:美国人麦嘉祺。

十六号:美国人闵汉生。

杭县路

一号:英国伦敦传教会上海传教站。

三号:美国人潘慎文。

嘉兴路

二号:美国人薛思培。

孝丰路

一号:英国人伊文思。

六号:美国人夏更生。

七号:避暑会。

安吉路

一号:美国人毕立文。

二号:美国人王令赓。

三号:英国人傅步陶。

四号:美国人万克礼。

德清路

一号:聚会堂(美国人海依士)

二号:美国人斐克曼。

三号:美国人郎福安。

四号:美国人费爱伶。

新市路

一号:美国人包兆期。

二号:俄国人格九如。

三号:美国人裘德生。

八号:英国人海依士。

中华圆路

一号:美国普益地产公司。

二号:英国人卡罗。

四号:美国人朱煦伯。

五号:美国人倪尔逊。

六号:美国人白本立。

七号:美国人伍立夫。

八号:法国人雅谷。

十号:美国人赵湘泉。

馀杭路

四、五、六、八号：美国安息会。

七号：英国人白雷克。

吴兴路

一号：英国天主堂。

二号：美国女公会。

三号：美国避暑会。

塘棲路

四号：英国人恭多玛。

六号：美国斐来仪。

国内名人莫干山物业、别墅分布情况如下（道路名和门牌号以莫干山管理局成立之后改定的新路、新门牌号码为准）：

上柏路

一号（瀑布路二、三号）：周庆云（一八六四～一九三三），字景星，又字逢吉，号湘舲，又号梦坡，浙江湖州南浔人，以经营盐、丝为主的近代实业家、古琴收藏家。一生儒雅风流，善铜器，工篆隶，结社交游，琴棋书画、吟诗赋词，刊刻文献，修复古迹，均有声名。有《梦坡室丛书》，内收各类专著和文集三四十种。一九二四到一九二六年间编写的《莫干山志》最为有名，对莫干山的旅游开发出力最大。一九二六年八月，其《观瀑剑池筑磡记》云：

> 余既在瀑流经过之石壁，镌“剑池”二字，更在上流石上，镌篆文“周吴干将莫邪夫妇磨剑处”等字，以存古迹。而以瀑布至剑池为止，仅得半截，未窥全豹，复从对崖小亭之下，商明山主，更筑石磡，沿山盘磴，至瀑流尽处而止，则仰观悬崖飞瀑，晴雨无间。寻幽至此，或坐空亭而谈风月，或临涧底而咏沧浪；更复扬波洗耳，任作万里之流，岂不快哉！工毕以尺度之，为长三十有八丈，阔有参差在二三尺之间，费一百数十金。路成记之。时丙寅八月。

一九二六年，出资修剑池、芦花荡等景点，造“古天池亭”、“灵鹊亭”、“亦是新亭”、“游泳池”等建筑；一九二七年，又在莫干山创办肺病疗养院，由其侄周君常任院长。

五号:郑毓秀(一八九一～一九五九),别名苏梅,女,广东新安人。民国时期的革命家、政治家、法官、律师。中国历史上第一位女博士,第一位女律师,第一位省级女政务官,第一位地方法院女性院长与审检两厅厅长。一九〇五年,留学日本,经廖仲恺介绍加入中国同盟会。一九一一年归国,担任革命党暗杀清廷要人的联络员。一九一七年获巴黎大学法学硕士学位,一九二五年获得巴黎大学法学博士学位,遂被北京政府任命为驻欧调查委员。同年归国后,与魏道明在上海公共租界合作开设律师事务所。一九二六年,杨杏佛被上海当局逮捕,由其担任其辩护律师。同年四月,当选西山会议派的国民党第二届候补中央监察委员。一九二七年四月,任江苏省政务委员会委员,年末,被任命为上海临时法院院长,但未就任。同年八月,与魏道明结婚。一九二八年,任国民政府驻欧特使,特别负责中国和法国的双边友好事务。同年归国,历任立法院立法委员、建设委员会委员、赈灾委员会委员。抗日战争爆发后,任教育部次长。一九四二年,魏道明任驻美国大使,随行赴美。一九四三年,任在美各国援华会名誉主席。抗日战争胜利后,和魏道明一同回国,再任立法委员。一九五九年十二月十六日,在美国加利福尼亚州洛杉矶市去世。

岗头路

十三号:赵君豪(一九〇三～一九六六),室号琅玕精舍,江苏兴化人。一九二六年,毕业于上海工业专科学校。入《申报》,历任记者、编辑、编辑主任、副总编。一九二七年,中国旅行社创办《旅行杂志》,由庄铸九总负责,聘请其主持编务。一九四九年赴台,主持《新生报》。著有《中国近代之报业》、《上海报人的奋斗》、《游尘琐记》、《旅行谭荟》等。

莫干山路

九号:周佩箴(一八八四～一九五二),原名延绅,后以字行,浙江吴兴南浔人。晚清,被张静江聘为上海通义银行和通运信托公司经理。辛亥革命爆发前夕,任同盟会中部总会评议员。参加上海和杭州的光复起义。杭州光复后,应浙江军政府汤寿潜都督之邀,出任浙江省官产处处长。一九二〇年,出任上海证券物品交易所常务理事。一九二三年春,孙中山在广州复任大元帅之职,委任其为国民党本部财务部副部长。后任广东省政府委员兼土地厅厅长,广东全省护国军司令,黄埔商埠公司执行委员等。南京国民政府成立后,任中央银行常务理事,并任财政部杭州造币厂厂长和浙江省政府委员,后又任农民银行常务董事兼代总经理、亚东银行董事长等职。抗日战争爆发,在重庆继续担任中央、农民、亚东三银行职务,并兼任战时劝募公债委员会委员工作。抗日战争胜利后,仍在银行界任职。一九四九年赴台，任台湾交通银行常务董事。

十号、十一号、十二号：简妙希（南洋兄弟烟草公司总经理简玉阶之子）。

十三号：施省之（近代佛教居士，名肇曾，法名智照，浙江杭县人）。

十四号：叶景葵（一八七四～一九四九），字揆初，浙江仁和人。浙江兴业银行董事长。

民族路

一号：顾兰洲（一八五三～一九三八），字家曾，上海川沙人。自创“顾兰记”营造厂，先后承建上海英国领事馆、英商怡和洋行大楼和先施公司等，后改营房地产。一九二一年，和黄炎培、张志鹤等发起组织上川交通股份有限公司，垫款建筑上川铁路。一九二八年，任该公司经理。也是中华职业教育社发起人之一，捐款建造“职教社”大楼。

上横路

五号：陈理卿（一九〇三～一九七八），浙江海盐人。毕业于上海交通大学，后去美国普渡大学攻读机械工程获硕士学位。一九二八年回国。先后任浙江大学副教授，中央大学、交通大学教授。新中国成立后，任上海交通大学教务长。一九五九年到一九六六年任西安交通大学副校长。著有《工程热力学》、《传热学》、《高等工程热力学》。

九号：蒋抑卮（浙江兴业银行创办人之一）。

长兴路

十八号：董康（一八六七～一九四七），原名寿金，字授经，号诵芬主人，江苏武进人。光绪十六年庚寅恩科（一八九〇）进士。辛亥革命后，赴日本帝国大学留学，攻读法律。回国后，先后在东吴大学、上海法科大学、北京大学任教。抗日战争初期，任伪华北中华民国临时政府委员、议政委员会常务委员、司法委员会委员长、最高法院院长等职。一九四〇年任汪伪国民政府法院院长、大理院首席法官。抗日战争胜利后，因汉奸罪被捕。著有《书舶庸谭》、《曲海总目提要》等。

杭县路

二号（旧东路五〇九号）：黄郛（白云山馆）。

嘉兴路

一号：张静江（国民党元老）。

四号：夏筱芳（商务印书馆经理）。

一九二八年五月，浙江省政府收回莫干山的管理权，特设莫干山管理局，管理过去由洋人自治组织避暑会所管辖的行政事务。南京国民政府成立之前，莫干山系由武康、吴兴两县分治。一九二九年三月，经莫干山管理局局长林虎呈请浙江民政、建设两厅及武康、吴兴派遣委员王承志、焦山等人前来查勘管理区域，将拟定的查勘结果报请浙江省政府批准，莫干山的四至计东北至天池寺为界，东至剑池下为界，东南至牌坊为界，南至老冰厂为界，西南至赵家山为界，西至青草塘为界，西北至莫干岭为界，北至花坑山腰为，管辖面积约四千多亩。

莫干山管理局成立后，仿照香港上山汽车道办法，将过去的上山路加宽改平，使得汽车可自由上下，一方面免去山轿专藉人力之苦，另一方面消除了有伤人道的危境。为使旅客尽快到达剑池等主要名胜地，莫干山管理局又将庾村汽车站自延至莫干坞，使过去上下山的距离缩至极短，给游客以极大之便利。莫干山管理局成立之前，公用事业设备极不完备，山上仅有私家自备小发电机三台，专供本人房屋之用，其馀百分之九十九均用油灯，既有碍卫生，复易引发火警。至于电话，仅铁路旅馆有通三桥埠之电话，避暑时期，山居游客十分不便。而在此后的一年多时间内，浙江电政管理局于双林路正式设立莫干山电报局，设主任一人，终年收发电报。每年七八九三月，报务最繁，平均每月收发三百馀件；在芦花荡路设立邮政局。每年夏季，自五月半起，至十月半止。每日收发邮件，各为两班。其馀各月，收发均为一班。夏季邮件，凡早班递送到山者，与午后一时分送。晚班邮件，则于翌日上午七时分送。至山上寄出邮件，第一班于上午六时封袋，第二班于午后二时封袋。办公时间，上午九时至午后三时。午后五时至八时。星期及假日，上午十时至十二时，午后二时至三时。晚间六时至八时。五月至十月间的游人高峰期，更于大礼拜堂、肺病疗养院门口、上横路、铁路饭店、上海银行、庾村各冲要处设置信箱；在公路局联运事务所，浙江省长途电话局于山中设有代办所，若须打长途电话至武康及杭州，则每次收费四角。

莫干山电灯厂也于一九三〇年夏季建成，全山大放光明。游客与长期消夏者，莫不称便。为服务游客的商业设施大为改善。上海银行、上海商业储蓄银行所办中国旅行社、中国银行、商务印书馆、慎大百货商店、源泰百货商店均设在交通要冲。其他如照相店、水果店、竹器店、成衣店、牛羊肉庄等亦应有尽有。

那时从上海到莫干山已十分便捷：

卅六次快车七点十分从上海北站开行，车行十几分钟到梵王渡站停，七点二十七分从梵王渡站开行，到达杭州城站的时间是十二点五十九分。到杭州城站后换乘汽车，十五点二十五分到庾村，再换乘山轿，十六点五十分到莫干山。

卅四次特快车九点十分从上海北站开行，车行十几分钟到梵王渡站停，九点二十七分从梵王渡站开行，到达杭州城站的时间是十三点四十九分。到杭州城站后换乘汽车，十六点十五分到庾村，再换乘山轿，十七点四十分到莫干山。

沪杭甬路局与浙省公路管理局订有火车汽车山轿联运办法，每年七八九月，杭州——莫干山汽车每日往返各二次。旅客在沪购取联票，清晨出发，乘沪杭车至杭州城站，换乘汽车直驶庾村。汽车中备有软垫，甚为舒适，沿路小站，也不停留，近水远山，幽篁夹道，游目骋怀，约一个半小时可抵庾村汽车站。到达庾村再改乘山轿上山，殊称便利。如果购买的是上海——莫干山头等联票，抵达杭州后即可乘坐小包车。每辆规定乘坐四人。在庾村，莫干山管理局派人于此，旅客须填写调查表，载明姓名、职业、住址、上山及下山日期诸项。如果是外国人来莫干山，须缴验护照，方准登山。

当时从上海北站到杭州城站，特别快车共有三等车厢。头等票价为八元二角五分，二等为五元三角，三等为二元九角，小孩票价减半。寻常快车的头等票价为七元零五分，二等票价为四元七角，三等票价二元六角，小孩票价减半。杭州到庾村的汽车票分二等：头等票价为四元三角，二等票价为二元三角五分。庾村到莫干山的山轿价为二元一角。如果坐头等火车、头等汽车，从上海到莫干山的三种票价共计十四元六角五分；乘二等火车、二等汽车，从上海到莫干山的三种票价共计九元七角五分；乘三等火车、二等汽车，从上海到莫干山的三种票价共计七元二角五分。这在当时，也是一笔不小的支出。

登莫干山之道，向有两途，即老路与新路。所谓老路，即武康路，途中风景甚佳。时闻涧水潺潺。至黄泥岭、石磴、鳌百级，山势益峻，过岭为节孝坊，自此而上，即炮台山，为入山之门户。经百步岭，至铁路旅馆。因路程较近，游客一般多取道于此。新路即莫干山路。系一九二〇年浙江督军卢永祥所筑，其后售给沪杭甬铁路局。此途自庾村车站北行，过吴村，渐登渐高，盘旋而上，途经双叠泉、天池寺，寺前有唐代银杏。此路较老路平坦而稍远二三里。初次登山者，多取道新路上山[20]。

何澄带子女们上山后，住在沪杭甬铁路管理局所经营的铁路旅馆。铁路旅馆位于荫山馀杭路，风景绝佳，占地七十馀亩，依山势之高下蜿蜒曲折而建。卧室分新旧二所，凡四十馀间。每屋均以走廊连之，遇阴雨时，可彼此往还。内部设备有会客室、休息室、餐室、网球场、游泳池、阅报室以及理发所。其膳食办法，一如海舶。三餐而外，凌晨与午后均饷客以茶点。进膳有定时，中西餐任人自择。如旅客欲于旅馆留客共膳，可先时通知旅馆经理预备。荫山本为莫干山最繁盛之处，除铁路旅馆，上海银行夏令营办事处、中国旅行社、中国银行、慎大和源泰两百货商店，均集中在此山，大大小小的饮食商肆也等均在焉。偏东南下行，有瀑布路，多溪涧，瀑流有声。何澄在此租赁一屋数室，以遣炎夏，孩子们或结伴寻幽，或相约球戏，真可谓优游自得。

何澄长子何泽明喜爱摄影，何澄给他买了一架相机，此次在莫干山派上了用场。何泽明不但给弟弟妹妹们留下了多张珍贵的照片，而且还把他的同学朋友请上山来一道玩。莫干山中最有名的景点是"剑池"和"阜溪之达"飞瀑。一天，何家兄弟姊妹数人自铁路宾馆北行，穿竹林拾石级而下，不数里即闻泉声。自是路再下，境愈幽逸，顾石径纡迴曲折，不可即达。益再下行，石磴既尽，飞瀑顿现目前。此即剑池——但见瀑布十馀丈，泻入溪间，势甚汹涌，声如雷鸣。何澄三女儿何泽瑛在此留下了喜爱山水的身影；大女儿何怡贞在莫干深处"阜溪之达"处和四弟何泽诚留下了石壁匹练飞泻的奇观；而二女儿何泽慧则和她的同学、哥哥的同学一起在剑池瀑布泻入的溪涧（当地人称之为剑坑），留下了有些青涩的团体合影的瞬间。

何泽慧先是随振华女学校组织的集体暑假旅行团到杭州旅行，等同学们返回苏州后，她和仨俩好友再上莫干山。

在莫干山，何泽慧写下了一篇游记和一首古体诗，刊发在一九三〇年的《秋日旅行丛刊》上。文辞之好，描述之准确，对山水感觉到的灵气，颇能显出这位以后成为中国核物理学家在文学方面的天分。

旅行杭州记

余尝爱姑苏之灵岩、天平，以为此外遂无奇秀，第闻浙江之杭州，名胜甲天下，然至今未尝一游也。庚午秋，与同学百馀人，作杭州五日游。湖山灵秀，胜吾灵岩、天平远矣。西子湖以其位于杭城之西，故又名西湖，为诸胜之冠，浩浩荡荡，平浪无纹，湖水团集，群山纠纷，画舫点点，若秋叶之于大海，浮荡其上，诚仙境也。岳坟，武穆王埋骨地也，在西子湖畔，筑大殿于其外，以表雄壮。游人过此，敬叹生矣。苏堤白堤，纵横湖中。余等去岳坟而就孤山，放鹤亭在焉。夫鹤之为物，清远间放，超然于尘埃之外，故易诗人以比贤人君子隐德之士。今孤山之鹤，已入其冢，而隐士亦已不复有矣。蓬断草枯，荒景满目。孤山之梅，有名于世，仅存者百株而已，良可惜也。舍湖光之胜，而登北高峰。又由灵隐而上，至韬光，于此即能远眺。然所谓观海者，钱塘而已。经韬光而上，凡石级若干数，曲折至其巅，北高峰至矣。于是俯仰徘徊，纵览六合，见夫天垂如盖，日悬如燧，众山断续环拱，如砺如拳，川海萦回，若带若线。东海、钱塘、天

何怡贞和四弟何泽诚在莫干山“阜溪之达”，周庆云当年所题“阜溪之达”清晰可见(何泽明摄，何长孝提供)

何泽慧（后排左一）和她同学、大哥同学一起在剑池瀑布泻入的溪涧（当地人称为剑坑）留影

何泽瑛在莫干山剑池(何泽明摄,何长孝提供)

目、武林诸胜，亦无不历历在目焉。盖昔日所传闻其概者，今乃目极之；久欲见而无从者，今乃不求而尽获之。快意适观，于斯为极。辞北高峰而至紫云、水乐、烟霞等洞，皆天然之奇胜处也。紫云若广厦；水乐则奇深，洞尽处有一泉，汩汩作声；烟霞则奇石倒悬，皆成奇观。惜非闲人，不得坐卧十日，招太白、梦得辈于云雾间相共语耳㉑。

游水乐洞

烟霞古洞早闻名，水乐一洞今始成。
此洞埋没二百载，重见天日不数更。
秉烛前行不知底，空穴来风皆成音。
暗中摸索何时尽，但闻清泉处处鸣㉒。

何澄到这里来，系因黄郛于一九二八年八月在莫干山买下原英国人“琼斯”的“春园”（后改为“白云山馆”），隐居山上，读书写作，远避政治尘埃。何澄每天前来“春园”，原主人所种枫树的红叶，小径的修竹，无人打扰的幽静，以及和黄郛的清谈，都令何澄感到心宇澄明。

七月底八月初，何澄给侄儿何泽贶去信，告知全家都在莫干山避暑。何泽贶在八月八日收到何澄的信后即回信说，中原大战期间，“民间应付差徭，困苦已达极处”。可见民间对内战的痛恨与无奈，所盼只有早早结束战乱：

八叔大人尊鉴：

持奉八月八日莫干山中所发手书敬悉。暑中尊体安适，阖家咸吉，深慰远怀。

今年晋冀一带风雨调和，秋收有望。惟民间应付差徭，困苦已达极处。南北大战不知何日方休?！回忆前在苏（州）时，有人预言黄河南北将遭大难，今日果验。此间乡下童谣，将(jiàng)来兵去，老西受骗。河北矿业受军事影响，场（井陉矿务局石家庄炼焦厂）陷入不死不活状态，井矿（井陉矿务局）有车一列，勉强维持生活……

因故没能与何澄同上莫干山的王徵，亦有信致何澄，让他少作些骂人的打油诗，多写些能惊醒当局的时事文章：

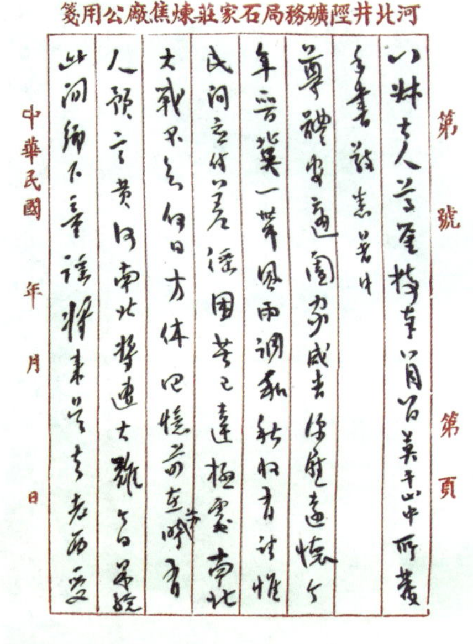

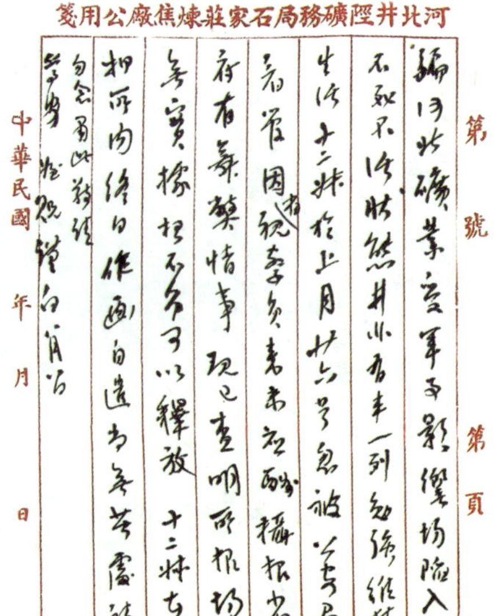

何泽覞致何澄信函（何澄旧藏，何泽瑛提供）

亚农吾兄大鉴：

知吾兄仍在山中读书，可喜可喜。弟函原为中秋之约，本不必辩。足下来去光明，即伴佛国而去，人亦不能谓为误国而来。召此一辩，得此未能免俗耶？一笑。弟本拟即来苏一行，昨得舍弟函，谓双十前后将来沪，只好静候数日。归时或同来一游也。

日来消息，统一局面似有希望。阁下能否分点打油（诗）工夫，作些语录文章？当局读之，较胜曾文正家书数倍。现在为我国生死存亡关头，万一能提醒一二处，将来收获不题，高明如兄，当不以弟言为日薄也。专此　即颂

秋安。

弟徵白

十月八日

大概是听从了王徵的劝告，何澄在莫干山写了一本《舟中随笔》的感思录，下山后自费印行，分赠好友。有友人阅后送朋友看，还不断有人来函索要：

面似有希望
閣下往來分點打油之夫作業語錄文集
貴局續之較勝，曾文正家書數信現在
為我國生死存亡關頭，第一須提醒一二
當將來收穫不過爾取以大
兄儒不以
秋安
弟 徽 白 十八

兩渡村人

366

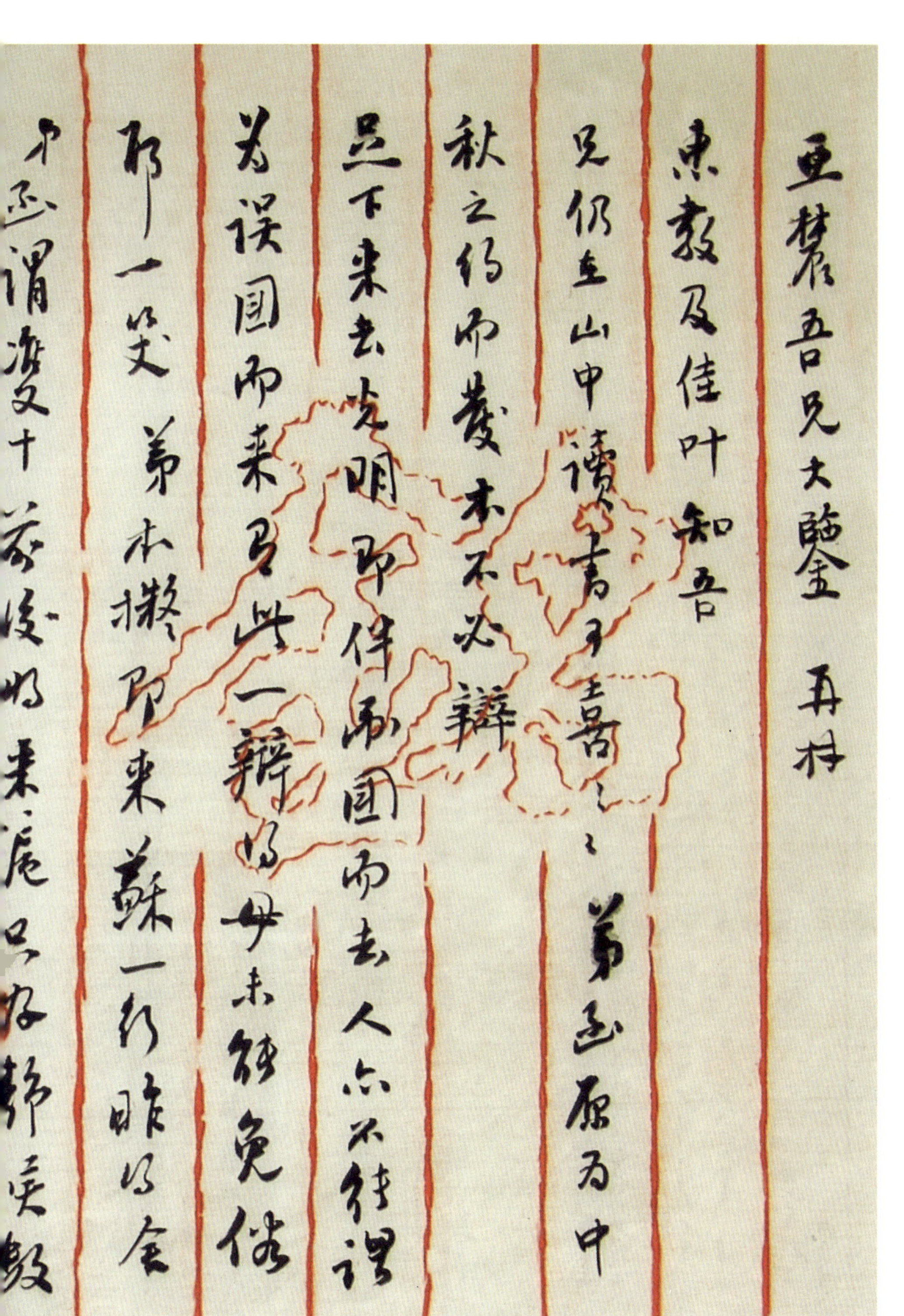

亚农吾兄大鉴 再村
来教及佳叶知悉
兄仍在山中读书可喜可喜 弟函原为中
秋之约而发本不必辩
足下来去光明即使为国而去人亦不能谓
为误国而来即此一辩似毋未能免俗
聊一笑 弟本拟即来苏一行昨以舍
中丞谓渡十前后将来届只好静候数

王徵(文伯)致何澄信函(何澄旧藏,何泽瑛提供)

亚农我兄足下：

顷管懋稼来探，立旌何日北行，渠好预备，最好节后尤佳。

《舟中随笔》如留存者，望寄一二册，因友人来函索取。弟处已无存也。专此　即颂

潭福。

弟蒋年勋　九月十一日

亚农我兄执事：

白门一握，别已数旬。怀我良朋，时萦梦谷。昨奉请帖，藉谂避暑归来，园居自娱，甚善甚颂。

弟自都（南京）返后，抱病经旬，幸即告痊，堪纾绮注。

大著苦口婆心，友人见之一抢而光。弟近日浏览佛书，颇为所动。苦者恒心，浅尝辄止，太虚当今龙象当，欲见之苦无缘耳。屡思来苏奉访，俗冗不果，稍缓终当一行，了一最后之心愿。兄试猜之为何事耶？并欲烦兄作向导也。匆复　敬候

起居不一。

弟□顿首　十月一日

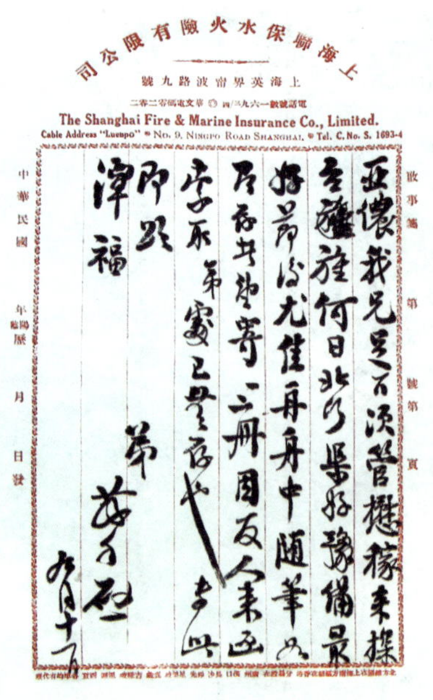

蒋年勋致何澄信函（何泽瑛提供）

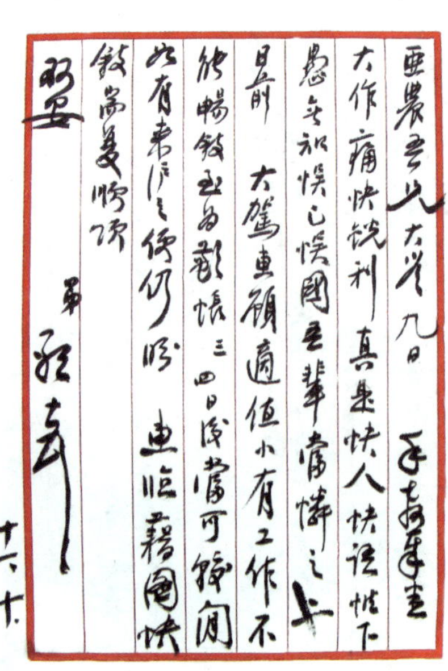

黄郛致何澄信函（何泽瑛提供）

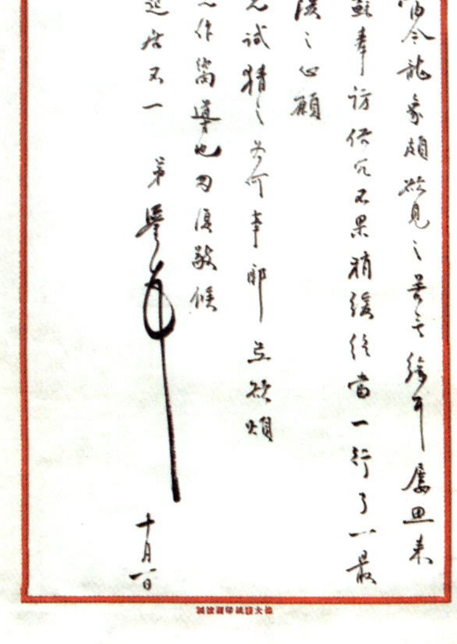

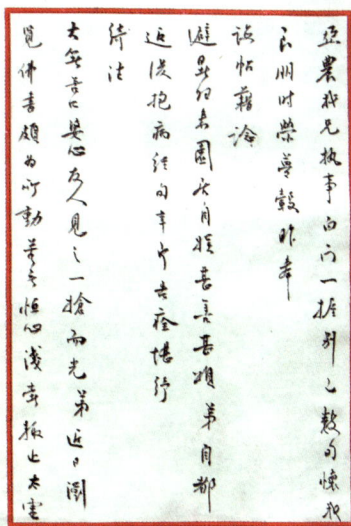

友人致何澄信函(何泽瑛提供)

黄郛也有信来赞何澄之作“痛快锐利”:

亚农吾兄大鉴:

九日手教奉悉。大作痛快锐利,真是快人快语。惟下愚无知,误己误国。吾辈当怜之也。日前,大驾惠顾,适值小有工作,不能畅叙,至为郁怅,三四日后当可较闲。如有来沪之便,仍盼惠临,藉图快叙。耑复 顺颂

双安。

弟郛顿首

十一月十日

中国政治学研究的先驱张慰慈亦就《舟中随笔》复信给何澄:

亚农兄:

来示敬悉。印刷品早已分送文伯(王徵)兄与其他诸友矣。兄代文伯

垫付之款亦已嘱其如夫人饬人送上海银行收兄账矣。兄在苏作何消遣？下次来申时请赐一电话(三三六二八)，以便走访。匆匆　即请

近安。

弟张祖训敬复

(一九三一)一、廿一[23]

何澄躲上莫干山，每天走山，作“舟中随笔”，看孩子们刻印、临书帖，做体操，游泳，暂时也忘却了中原大战的你死我活。但一回到苏州，他就耐不住，要打探战事的消息。蒋介石这边的一帮朋友，如孙鹤皋等人，还催促他赶快出山，以“挽救未倒之狂澜”：

亚农我兄大鉴：

今得书敬悉。驾已返苏，欣何如如。昨礼卿(吴忠信)兄陪纬国(蒋国家)去柳(州)，报传先生作陪，可知近在咫尺而消息如是不准，远方消息则其不能精确，更可明白矣。闻总座(蒋介石)不日回京，未识先生有所闻否？东北究竟意如何？兄对于彼方情形熟悉，定能洞鉴内容，便乞示知几行。

弟求去不得其机，诚苦不堪言。希望我兄等早日出山，挽救未倒之狂澜，是为至盼，使精疲力尽者得以休养，亦是政局应有之变化。否则，暮气重重，终无天朗气明之时。可虑可虑。此请

近好。

弟鹤皋上

九月四日

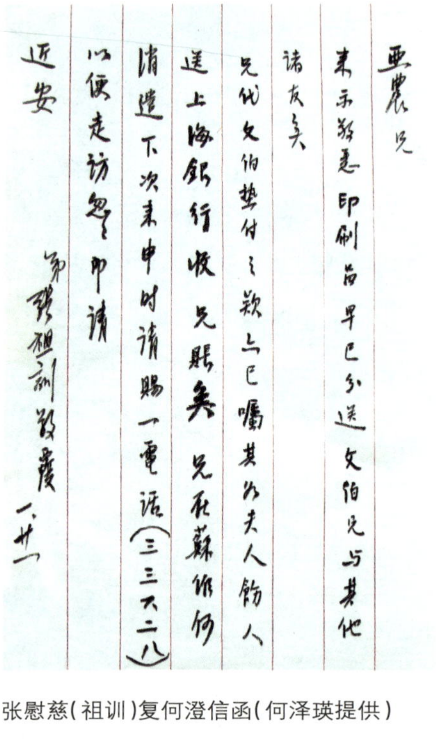
亚农兄
来示敬悉　印刷品早已分送　文伯兄与其他
诸友矣
兄代文伯垫付之款亦已嘱其如夫人饬人
送上海银行收　兄账矣　兄在苏作何
消遣　下次来申时请赐一电话(三三六二八)
以便走访　匆匆　即请
近安
弟张祖训敬复　一、廿一

张慰慈(祖训)复何澄信函(何泽瑛提供)

另一友人亦来信，告知日本陆军士官学校同学朱熙[24]已代安徽省主席(一九三〇年九月九日)；张群在东北张学良处活动统一到中央这方面来，

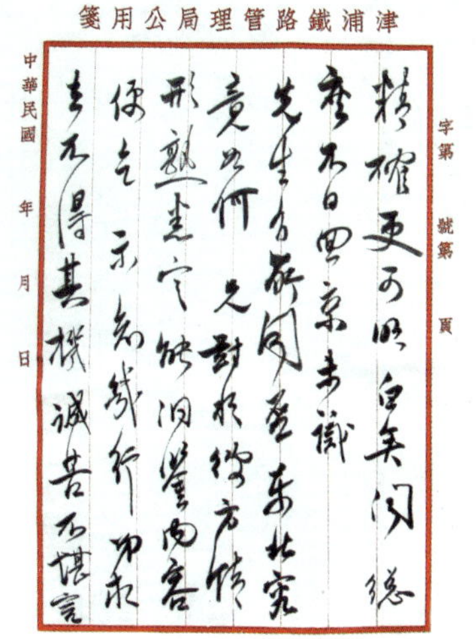

津浦鐵路管理局公用箋

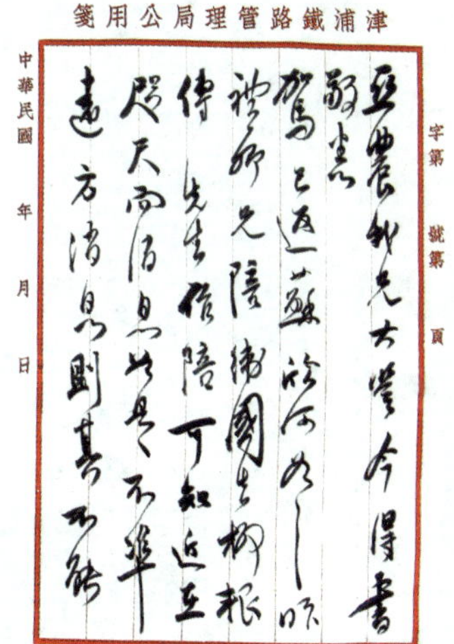

津浦鐵路管理局公用箋

孙鹤皋致何澄信函（何澄旧藏，何泽瑛提供）

将来是否会成为吴三桂第二？实在不好说等等：

亚农老兄大鉴：

奉书久未作复，罪过罪过。琛甫（朱熙）等已赴皖任，官兴尚旺……弟料理他们上任后又须侍候雪暄（陈调元来电偶一到郑州即奉迎），观潮恐难如愿，惟拟于中秋后一日到沪一次的，必住一品香。大驾过沪时，请过一叙是盼。岳军（张群）将来是否为三桂之后继人，实难断言（有友来信，硬说岳为吴三桂第二）。不过，我以为"很是不妥"耳。可惜两老儿不听吾兄之劝。匆上　敬颂

潭安。

弟□□上言

四日夜

张群终没有为蒋介石方面所担心的那样，成为吴三桂第二。九月十二日以后，张学良即宣布不再见客，而晚间则到张群、吴铁城寓所密谈，至九月十六日，已将出兵援蒋的军事布置妥善；九月十五日，张学良在北陵别墅召开最高全体将领会议，讨论对时局态度。详述出兵华北原因，声称："目前国事日非，如非国内统一，更不足以对外"，"最近闻阎、冯军队业已退至黄河北岸，蒋军业已攻下济南，

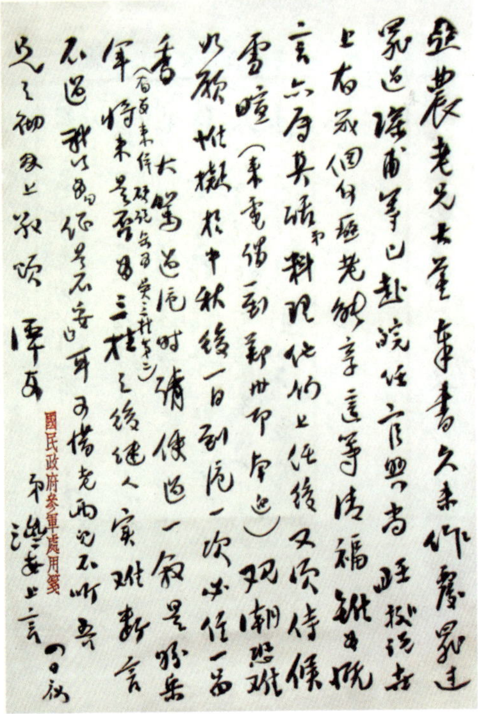

我方应实践出兵关内诺言。”张景惠主张对北方好感，然经南方代表疏通，支持张学良出兵计划，张作相也不再反对，于是一致通过出兵调停。会后，张学良即至吴铁城寓所，与吴铁城和张群密谈后又同偕吴铁城、张群同至反蒋代表顾维钧宅畅谈竟宵。同日，阎锡山闻讯，即在石家庄发出下野通电[25]。

九月二十日，阎锡山的首席辅弼赵戴文到北平，说阎锡山决意守山西，请扩大会议中央委员赴晋。汪精卫、陈公博、王法勤、邹鲁等人随赵戴文曲曲折折，转道绕道，走了十天，才到达太原。十月一日，有一位不愿参与阎锡山方面的友人给何澄来信，报告那些原先在北平开扩大会议的委员们从北平转往太原的消息：

国民政府参军处友人致何澄信函（何泽瑛提供）

> 开扩大会议，委员们东逃西跑，不知何时始能收缩回来。近闻漳河铁桥已断，系晋军破坏，因防石三郎（石友三）渡河北来。为此，四面楚歌，只好演霸王别姬一曲，以闭幕也。再说弟自三月由并回平，坐观成败，忽忽七八个月，于个人经济影响甚大，特恳吾兄赐函伯群（王伯群）、作民（周作民）两公为弟于平津方面调一位置，尤所感也。专此祈请（西山红叶，北海菊花，我兄佥驾北来，正以付也）
> 潭福。
>
> 小弟文燦顿首
>
> 十月一日灯下

九月二十九日，黄郛的好友程远帆[26]致何澄一信，内中言说当初阎锡山不听何澄劝说，致有今日之事：

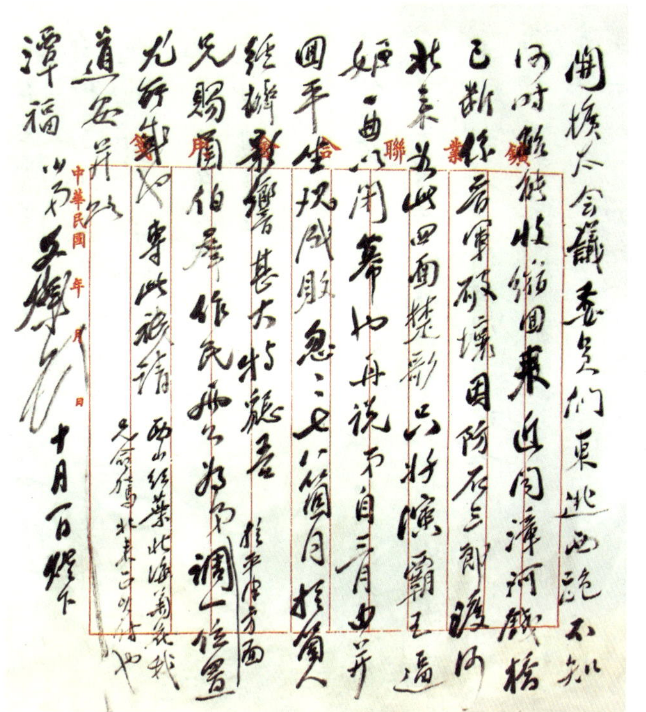

友人文灿致何澄信函（何澄旧藏，何泽瑛提供）

亚农吾兄：

赐鉴读。二十日书惠至为欢慰。日来弟在沪上已择定环龙路志丰里八号为暂时寓所，约二星期后自山迁往。苏沪相去匪遥，可常趋教矣。

阎百川（阎锡山）不听兄言，至有今日。痛定思痛，必生愧感。此人秉性慎重，不为已甚，吾兄似不妨乘机再为劝导。本人下野，部下来归，一方劝蒋公以宽大公平之态度待之。不然，恐阎与冯（玉祥）、汪（精卫）诸人被迫走险，联俄联共，以再酿大乱，岂国之福哉。

不久，弟或再有津平之游，兄亦有意北行否？

膺白（黄郛）等均好。二三星期后亦将下山。草此　祇颂勋安并祝阖府清吉。

弟帆上

九月二十九日

蒋介石因为张学良的出兵支持，击败了阎锡山、冯玉祥的军队。一九三〇年十月三日，可谓硝烟尚未散尽之时，身在开封的蒋介石就致电国民党中常会，要求提前召开第四次全国代表大会及训政时期适用的约法：“此战之后，决不至再

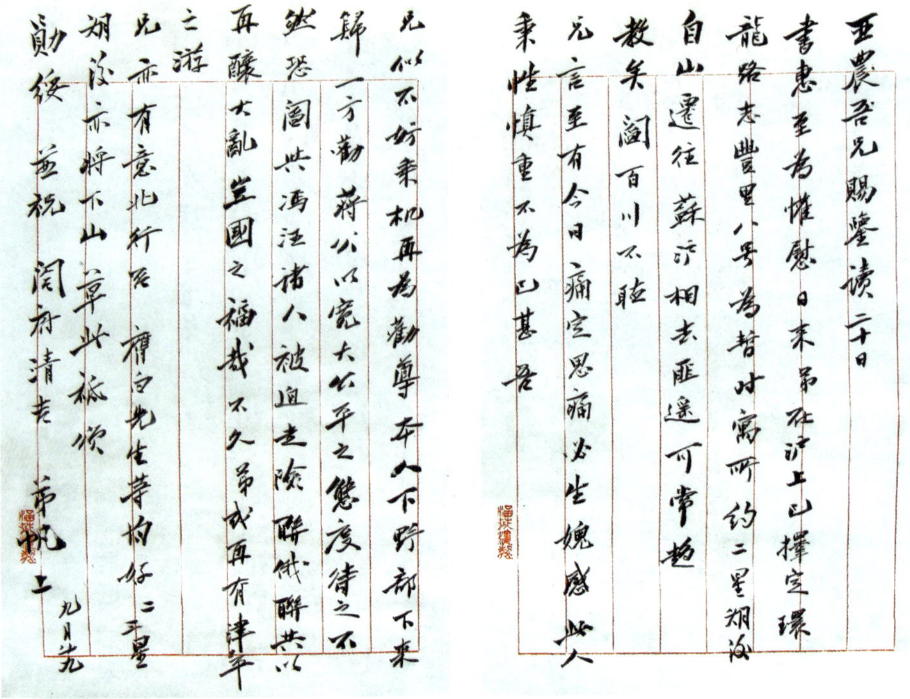

程远帆致何澄信函（何澄旧藏，何泽瑛提供）

有军阀复敢破坏统一，与叛乱党国。故本党于此乃可征询全国国民之公意，以备以国家政权奉还于全国国民”。[27]关于蒋介石将回南京，筹备召开国民党第四次全国代表大会的消息，孙鹤皋在回复何澄的一封信中也明白无误地有所披露，且让何澄和黄郛都要有所准备，担当起“为国尽力、为个人造光荣历史的责任”：

亚农我兄大鉴：

今得还书敬悉。大驾定双十节后晋京，甚慰。闻前方战事郑州已下，总座拟最近几日内返京。内政、党务似有一番改变。第四届大会不久就要筹备开幕，先生与膺白（黄郛）兄等应有预为准备之，实此为国尽力、为个人造光荣历史也。消极固为个人所宜，然闻今日之社会从何消极耶？恐成理想而已。弟求去已非一日，但终无法脱离，实不忍骤去耳。弟十五以前在京，驾临欢迎也。此布复　即颂

台安。

弟鹤皋上

（十月）七日

何澄在过了双十节到了南京，会见谁？做什么？不得而知。但可以肯定的是，何澄和黄郛都没有参加于十一月十二日在南京召开的国民党三届四中全会，也没有接受、出任此次会议后的任何职务。

十一月三日，何澄到上海参加了陈其美纪念塔落成仪式。黄郛主持仪式并代表蒋介石致词。是日到会者有上海市市长张群、各局局长，来宾有胡汉民的代表焦易堂、李煜瀛、李烈钧、贺耀祖、刘纪文、陈训泳、吴光宗、陈世光、刘云舫、郭承恩、任恩灏、杨虎、徐维震、粟显扬、邓振铨、许金源、席楚霖、张九如、许修直、孔廉白、范争波、吴开先、杨清源、童行白、王晓籁、王延松、袁履登、周佩箴、田桓、殷汝骊、吴成齐、虞恰卿、王一亭、张澹如、叶汉丞、沈田莘、周内瑾、诸辅成、王汉强，日本众议员菊池良一等四百馀人；陈其美家与会者有夫人姚女士、长兄陈勤士、侄子陈立夫、陈振夫、陈汉夫、陈希曾、儿子駣夫、甘夫等。十时开会后，首先由张群报告建筑纪念塔之经过："今天是中华民国十九年十一月三日。在十九年前之今日，陈英士先生遵照总理的计划，领导我们革命的同志，不顾牺牲，与满清的恶势力奋斗，光复上海，树立革命的基础。他的丰功伟绩，大而言之，与民国的关系，小而言之，与上海的关系，是何等的深切……一直等到十九年后之今日，我们才能

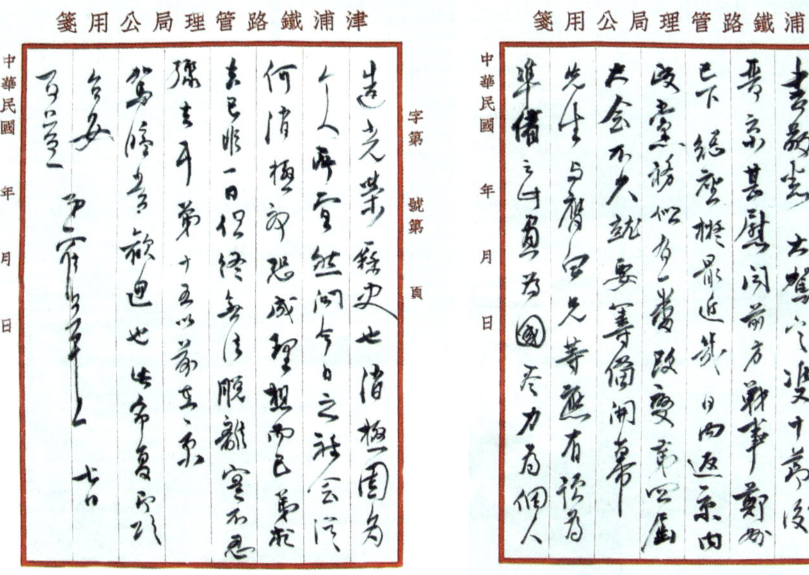
津浦鐵路管理局公用箋

字第　號第　頁

中華民國　年　月　日

孙鹤皋致何澄信函（何澄旧藏，何泽瑛提供）

够在上海，为先生建筑一个小小纪念塔。抚今思昔，我们于欣幸之中，实有无限的悲感，无限的惭愧……”[28]

次由黄郛代表蒋介石致词：“今日在此行开幕典礼，预定由介石主席到会致词，故本人并未预备讲话。不料昨日得介石主席来电，谓因事未能如期赶到，嘱为代表致词，故又不能不重叙数语。惟既系代表致词，则所说，只可作为介石主席在此发言：本纪念塔选定英士先生反对帝制为国牺牲之日奠基，又选定英士先生几濒危于光复上海之日开幕，此种纪念法，不能不谓含有一种极深长之意义。意义维何，即欲使后死者知先烈缔造民国之不易，时时观物兴感，继续努力，以完成先烈之遗志是已！既非安慰一二人之私情，亦非徒壮上海市之观瞻者也。然所谓英士先生之遗志也者，究竟安在？吾敢简单作答曰：在总理指导之下，努力奋斗，期三民主义之实现于中国，如斯而已矣！曾记英士先生在秘密工作时代，尝与同志讨论三民主义，彼谓：既称三民主义，首须了解这‘民’字，系指全民而言。盖不合全民，不足以言民族。一部分人占居特殊地位，行使特殊权利，不足以言民权。少数人生，而多数人死或萎，不足以言民生。此一说也。彼又谓：民族主义是本党最后之目的，民权民生乃求达目的之惟一方法。此又一说也。吾人根据其生前之两说，即可以知英士先生遗志之所在……”[29]

陈其美纪念塔高八丈，进入塔门，沿梯而上，可以登至塔顶。塔基立碑石一方，上刊“英士先生纪念塔记”。塔记原稿列名为蒋中正、张群、黄郛，最后定稿，始依齿序。陈其美纪念塔当时算是上海公共建筑中最高的一个。登临此塔，可观览上海全市的各个主要景观。落成仪式结束后，何澄与众多来宾一起登上了塔顶，饱览上海市景之馀，感念万千，既感为缔造共和的英烈，亦念为共和之路的艰难险阻和内争内战不断的个人野心。

十一月四日，阎锡山、冯玉祥联名通电，表示“将晋察绥陕甘宁青各省政治交与各省府，军队交与各该警备司令，整理结束，以善其后，锡山、玉祥即日释权归国，藉遂初服。如何振导祥和。”[30]十一月五日，阎锡山致电张学良，告已下野返居五台，晋政权交商震，军事分交徐永昌、杨爱源主持。

一九三〇年十一月十二日，张学良抵达南京，列席国民党三届中央执行委员会四中全会。何澄得知张学良最信任的与各派系交涉的好手葛光庭[31]由天津上专列随往南京，即请友人托转一信，请葛光庭前来苏州“灵石何寓”，商谈晋军善后及宽待阎、冯事。

亚农学兄师长惠鉴：

顷奉到中午转来手示，敬悉种切，即维履祉，多豫为颂。

弟日前随张副司令来京，侨寓中央饭店，连日酬酢，迄未宁息，殊苦人也。惟以此间距吴门甚近，实深向往得晤，当即趋访左右，藉倾积悃，先此奉复。敬颂

道安。

弟葛光庭顿首

十八日

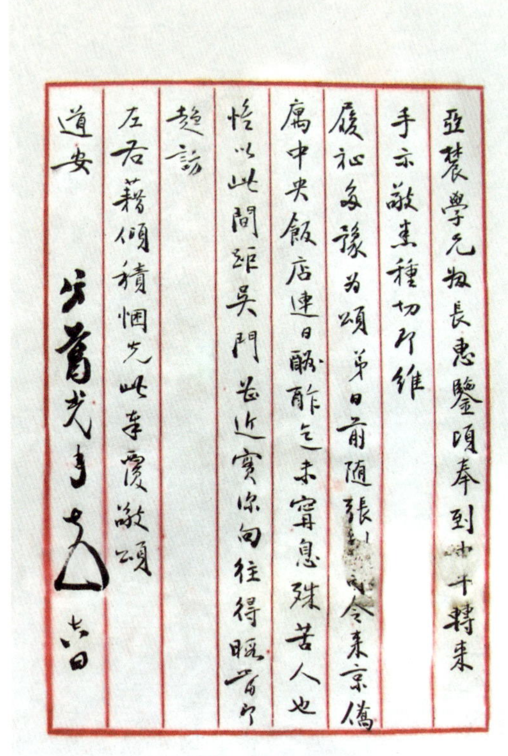

亞農學兄師長惠鑒頃奉到中午轉來
手示敬悉種切即維
履祉多豫為頌弟日前隨張副司令來京僑
寓中央飯店連日酬酢迄未寧息殊苦人也
惟以此間距吳門甚近實深向往得晤當即
趨訪
左右藉傾積悃先此奉復敬頌
道安
弟葛光庭頓首
十八日

葛光庭复何澄信函（何澄旧藏，何泽瑛提供）

一九三一年八月五日，阎锡山凭着晋军对他的效忠，靠着晋系部队整建制地保存了下来，并合法地回到山西驻防，突然乘坐租用的日本一架小飞机返晋。何澄得到这个消息特别高兴，特地从苏州前往阎锡山老家河边村探望这位乡党和老友。

河边村在五台县。位于五台山西麓，滹沱河南岸。从太原有到河边的简易公路。一九二九年，为了把河边村的旱地变成水浇田，阎锡山个人出资兴修水渠，把定襄县西北滹沱河的水引到了河边村。一九一七年始，阎锡山在河边提倡种棉植树，并成立了农桑局。何澄前去看望阎锡山那年，河边村的已是水到渠成，阎锡山老宅院后的文山山腰已是松柏林带，山脚处还有片片核桃及苹果树。阎家老宅院中，还种植了十几亩圃的幼苗，免费供村人移植。是年底，何澄致阎锡山一信一诗。在诗中，他感叹一九二九年与阎锡山相见劝和时的场景，忆起内战过后在河边村与老友相逢的喜悦，赞美阎锡山在家乡所做的修渠植树的利民事情，最后以“桃园境界君修得”规劝阎锡山就这样隐居在家乡不出为好：

别西汇·忆百川兄

忽忽相逢又隔年，
叹然话旧酒樽前。
山深地僻尘嚣远，
水到渠成（河边村渠成，是日河水正来也）畎亩连。
翠柏栽成千万株，
清泉凿就百重悬。
桃园境界君修得，
半日来游我亦仙[32]。

注释：

① 中国第二历史档案馆编《国民党政府政治制度档案史料选编》（上编），第五九一～五九二页，安徽教育出版社，一九九四年十二月。

② 金以林著《国民党高层的派系政治》，第八十五～八十六页，社会科学文献出版社，二〇〇九年十一月。

③ 曹伯言整理《胡適日记全编》（五），第三七四～三七五页，安徽教育出版社，二〇〇一年十月。

④ 耿云志、欧阳哲生编《胡適书信集》（上），第四七九页，北京大学出版社，一九九六年九月。

⑤ 胡颂平编著《胡適之先生年谱长编初稿》（第三册），第七八四～七八五页，台北联经出版事业公司，一九九〇年十一月校订版；其中："无论是一百五十二旅的连长或国民政府主席，人民都可以控告"一句，转引自金以林著《国民党高层的派系政治》，第八十九页，社会科学文献出版社，二〇〇九年十一月。

⑥ ［加拿大］戴安娜·拉里著《中国政坛上的桂系》，第二十一页，江苏教育出版社，二〇一〇年一月。

⑦ 孔庆泰等著《国民党政府政治制度史》，第一五〇页，安徽教育出版社，一九九八年八月。

⑧ 丁文江（一八八七～一九三六），字在君，江苏泰兴人。现代中国最优秀的科学家之一，现代中国地质学之父，自由知识分子群体的骨干人物。于科学研究、行政事务、下海经商、办报

筹会融于一身，公德私德样样让人崇敬的一位典范人物。一九〇二年，赴日留学，但并未入任何学校，而是写文章，办报纸杂志。一九〇四年，由日本转赴英国司堡尔丁 Spalding Grammar School 读书。一九〇六年，考入剑桥大学。一九〇八年，考入格拉斯哥大学，专修动物学，兼修地质学。一九一一年九月，参加清廷学部举行的游学毕业考试，奖给“格致科进士”，并授农商部主事。一九一三年，任北京临时政府工商部佥事；九月，任地质调查所所长兼地质研究所所长、矿务司地质科长；十一月十二日，到井陉矿务局进行中国现代第一次野外地质调查，之后又到太原、阳泉、昔阳、正太铁路附近进行地质矿务调查。一九一六年，任农商部地质调查所所长。一九一八年，发现陕西、河南交界处位于黄河三门滩一个有意义的剖面，这种地层被定名为三门系。丁文江也成了地层学界公认的“三门口系”的创立者。一九二一年六月，辞去地质调查所所长职务，始任时属热河省朝阳县北票煤矿总经理。这个煤矿矿区和总公司是分离的，矿区在朝阳县境，总公司在天津“意租界”内。北票煤矿的产量，到一九二五年秋季丁文江辞去总经理职务时，是他接任总经理时的二十倍。一九二二年二月，参与发起成立中国地质学会；五月，与胡適等十几人发起创办知识分子论政的《努力周报》。一九二六年五月，受江苏军阀孙传芳的礼聘，于五日在上海总商会被孙传芳宣布为实施“大上海”计划的淞沪商埠办公署全权总办。由丁文江起草的“大上海”计划的设想是：“从租界到中国城就像跨过阴和阳之间的分界线。租界是阳间世界；中国城是阴间世界。中国城的道路、房屋和公共卫生，完全不能与租界相比。这是我们最大的民族耻辱……设立淞沪商埠督办公署的目标之一就是力求完成某些真实成就，以便向我们的外国朋友显示，并且为将来收回租界而开始我们的全面准备。”这个计划显示了丁文江建立统一的上海行政总机构的决心。丁文江在任淞沪总办一年多的时间内，所着手建设的高效、统一的行政权力中心，是留给后任者一项最大的奠基工程。另一重大政绩是从外国人手里为中国争回了公共租界内的司法权——公审公堂。一九二七年一月一日，上海临时法院成立，从此结束了外国人在上海享有的司法特权。一九二七年十二月，以遭遇车祸，不能复原视事为由，提出辞呈。一九二九年，接受铁道部之邀，赴西南进行铁路沿线地质调查。一九三一年，任北京大学地质学系研究教授。一九三二年，与胡適等人创办《独立评论》。同年，在曾世英的协助下完成《中国分省新图》，由商务印书馆出版；一九三三年，由上海申报馆出版了缩编本；一九三四年，由丁文江、翁文灏、曾世英编纂的“申报地图”正编本《中华民国新地图》由申报馆正式出版。这是中国第一本比较准确、科学的现代地图。一经问世，就被称为“中国地图学界一部空前未有的巨著”。国外地理学界也很看重这本地图集，把这本地图集称为“丁氏地图”。一九三四年四月二十四日，被中央研究院聘为总干事。一九三五年十一月，接受铁道部长顾孟余的礼聘，前去湖南调查即将完工的粤汉铁路沿线煤炭资源情况。一九三六年一月五日，因烟气中毒引起脑部血管出血等症而意外逝世。在丁文江逝世之前，蒋介石对丁文江期以很大厚望。据陈伯庄称，曾内定丁文江为铁道部部长。

⑨《丁文江印象》，第六十九页：陈伯庄“纪念丁文江先生”，学林出版社，一九九七年十二月。

⑩ 邹鲁著《邹鲁回忆录》，第二三三页，东方出版社，二〇〇九年十一月。

⑪ 陈调元(一八八六～一九四三),字雪暄,河北安新人。直系军阀中的风云人物。一九二七年三月,率部投向北伐革命军。一九二九年五月十八日至一九三〇年七月八日,任南京国民政府山东省主席。一九二九年十月,任讨逆军总预备队总指挥(讨唐生智)。一九三〇年四月,中原大战爆发,任讨逆军总预备军团总指挥;七月,改任右翼军总指挥;九月九日,任安徽省主席(由朱熙暂代至十月七日)。一九三四年一月,任赣、粤、闽、湘、鄂五省“剿匪”预备军总司令。一九三四年十二月七日至一九四三年逝世,一直任国民政府军事参议院院长。

⑫ [美]齐锡生著《中国的军阀政治》(一九一六～一九二八),第一五七页,中国人民大学出版社,二〇一〇年四月。

⑬ 朱建华著《蒋介石和阎锡山》,第一二一页,吉林文史出版社,一九九四年八月

⑭ 同上。

⑮ 同上,第一二二页。

⑯ 同上。

⑰ 同上,第一二三页。

⑱ 沈云龙编著《黄膺白先生年谱》(上册),第四〇〇页,台北联经出版事业公司,一九七六年一月。

⑲ 同上,第四〇一、四〇四页。

⑳ 莫干山各相关情形,均源于《莫干山导游》,中国旅行社,一九三二年七月。

㉑ 范小青、秦兆基编《瑞云韵语》,第一五二页,古吴轩出版社,二〇〇六年六月。

㉒ 同上,第一五三页。

㉓ 张慰慈(一八九二～一九七六),字祖训,江苏吴江人。少年时,和胡适同读于上海澄衷学堂,后就读于复旦公学。一九一二年,赴美留学,入埃阿瓦大学,五年后获博士学位。一九一七年回国,先后在北京大学、法政大学、上海东吴大学法律学院、中国公学政治学任教教,亦曾任安徽大学图书馆长等职。一九三一年后,弃学从政,先后担任过国民政府财政部秘书、沪宁、沪杭甬铁路管理局运输课副课长、北宁铁路管理局总务处长。一九三三年十二月二日任铁道部参事,直至一九三八年国民政府迁都重庆。在重庆期间,一直在国民政府资源委员会工作。一九五五年,被授聘为上海文史研究馆馆员。一生著作和译著众多,至今仍有其重要学术价值的是《政治概论》(商务印书馆一九二四年)和《市政制度》(亚东图书馆一九二五年九月)。胡适在为《政治概论》所作的序中曾提出可以进行讨论的两点:第一,历史上的无数事实使我们不能不承认制度的改良为政治革新的主要步骤,我们不能使人人向善,但制度的改善却能使人不敢轻易作恶。选举票的改革,从公开的变为秘密的,从记名变为无记名,便可以除去许多关于选举的罪恶。固然“徒法不能以自行”,然而好的完密的法制实在是好人澄清恶政治的重要武器。第二,从民治国家的经验上看来,我们不能不承认民治的制度是训练良好公民的重要工具。民治制度的推行,曾经过两条路子:一条是一个民族自己逐渐演进,如英国之例,一条是采用别国已成之制,如近代许多新起的民治国家。英国今日的民治也是制度慢慢的训练出来的。这种组织的生活是学得会的(胡颂平编著《胡适之先生年谱长编初稿》校订版,第二册,第五五三页,台北联经

出版事业公司，一九九〇年十一月）。在《市政制度》一书的序中，胡适则请读者注意：在过去的历史上看来，我们可以说，我们这个民族实在很少组织大城市的能力。我个人常想，我们的大城市的市政上的失败有一个根本的原因，就是我们虽住在城市里，至今还不曾脱离农村生活的习惯。农村生活的习惯是自由的、放任的、散漫的、消极的；城市生活所需要的新习惯是干涉的政治、严肃的纪律、系统的组织、积极的做事。我希望慰慈这部书能引起一部分国民的注意，能打破他们的乡间生活的习惯，能使他们根本了解现代的城市生活的意义与性质。我们若不彻底明白乡间生活的习惯是不适宜于现代的城市生活的，我们若不能彻底抛弃乡下人与乡村绅士的习惯，中国决不会有良好的市政（胡颂平编著《胡适之先生年谱长编初稿》校订版，第二册，第五九六页）

㉔ 朱熙，字琛甫，湖南汉寿人。一九〇八年，入日本陆军士官学校第七期步兵科，一九一〇年毕业。回国后任江苏新军第二十三协第四十五标教练官、第五十三标第三营管带、标统。武昌起义后，朱熙率部在苏州起义，后参加南京雨花台战役，因功升任团长。一九一二年二月，任南京临时政府陆军第九旅旅长。南北议和后，任江苏陆军第二师师长。一九一三年七月，入冯国璋幕。一九一六年七月，任江苏苏常镇守使。一九二四年十一月，任江苏江宁镇守使。一九二六年，任江苏军务帮办。一九二九年二月九日，任安徽省政府委员。一九二九年五月，任山东省政府委员；八月，任山东省民政厅厅长。一九三〇年九月五日，任安徽省政府委员、民政厅厅长。九月九日至十月七日，暂代陈调元的安徽省政府主席。一九三一年九月十九日，派为国民会议代表。一九三六年六月，任福建第五区行政督察专员。

㉕ 张友坤、钱进、李学群编著《张学良年谱》（修订版），第三四一～三四二页，社会科学文献出版社，二〇〇九年二月。

㉖ 程远帆，字万里，浙江绍兴人。早岁赴美国留学，入哥伦比亚大学，毕业后回国，历任湖北明德大学经济学教授，北洋保商银行行长，驻英国公使馆书记官，浙江财政委员会常务委员。一九三二年六月，任南京市财政局局长。一九三三年六月十六日至一九三五年十一月八日，任北平市财政局局长。一九三五年十二月二十六日至一九三八年七月三日，任浙江省政府委员、财政厅厅长。一九三八年至一九四六年任浙江省政府委员。一九四一年三月二十五日，任重庆国民政府行政院全国粮食管理局副局长。一九四五年九月十日，任重庆国民政府财政部地方财政司司长。后任联合国财务委员会中国代表，中央信托局局长等职。

㉗ 金以林著《国民党高层的派系政治》，第九十五页，社会科学文献出版社，二〇〇九年十一月。

㉘ 沈云龙编著《黄膺白先生年谱》（上册），第四五一页，台北联经出版事业公司，一九七六年一月。

㉙ 同上，第四五一～四五二页。

㉚ 张友坤、钱进、李学群编著《张学良年谱》（修订版），第三五三页，社会科学文献出版社，二〇〇九年二月。

㉛ 葛光庭（一八八〇～一九六二年），字觐宸，又字静岑，安徽蒙城人。一八九七考入安徽

武备学堂，获公费留学日本，入陆军士官学校，习炮兵科。在日期间，加入中国同盟会。回国后，任热河兵备处总办。一九一四年七月，任冯玉祥部第十四旅第三十五团团长；陆建章督理南陕西，成立将军公署第一混成旅，任第一团团长。一九一六年二月，任陕督陆建章顾问长兼陕西陆军第四混成旅旅长。一九一八年十二月，南下广东西江，任广东军政府军事委员会顾问部参事。一九二〇年，任广东军政府参谋部参事，派驻湖南代表。一九二三年十一月，任广州陆海军大元帅府大本营顾问处高级顾问。一九二九年，任东北边防军司令长官公署参议，代表张学良驻北京。一九三〇年，任平汉铁路局局长；十一月，改任胶济铁路局长。抗日战争爆发，避居香港，未几返居上海。侵华日军总司令冈村宁次，曾请其出任伪山东省主席，拒不出山。此后，信佛闲居，热心慈善事业。一九六二年，病逝于上海。

㉜ 山西省档案馆藏《阎锡山日记》手抄本，第五百三十五段。

感谢何怡贞、何泽慧、何泽涌、何泽瑛、何泽源、何泽诚诸先生对本书写作、出版的关怀，并深切缅怀何怡贞、何泽慧、何泽源先生

何亚农

何澄

增订版

下

苏华 张济 著

山西出版传媒集团
三晋出版社

十七 “华北事变”暗折冲

一九三一年春天，谈荔孙[①]受黑龙江省政府委员兼洮南铁路局局长万国宾的邀请，前往黑龙江龙江地区调查大豆生产情况并想法解决此地大豆的销路问题。在黑龙江省实业厅查阅了有关资料后，又结合实地调查的情况，谈荔孙有了一个在当地创办一家大型榨油厂的想法，以解决东北大豆的出路问题。此事经谈荔孙与万国宾商定后，暂定资本为一百万元，大陆银行出资七十万元，万国宾等认股三十万元。此议得到了黑龙江省主席万福麟的肯定。谈荔孙返回北平后即与天津德商西门子洋行定购了整套榨油设备。此时，赞助此项兴农事业的万国宾也来到北平，与谈荔孙就设厂和各项事宜的细节进行商讨。非常巧，何澄在这个时候也来到北平，而且就下榻在谈荔孙的家中。他对谈荔孙在黑龙江大豆产地兴办榨油工业事表示了极大的担忧：“我对东北三省与日本的关系，比你了解得多。现在南京政府与东北军政当局，对日本是不抵抗主义，也可以说是投降主义，恐不出半年，将有好戏可看。你是一纯粹的金融家，在此日薄西山的时候，你若有钱无处送礼，就对我们这些老朋友施舍施舍吧！”谈荔孙对何澄一向是信赖的，听完老朋友的劝告，当即与万国宾商得同意，暂缓这一项目，并及时通知西门子洋行电德国柏林总行停运所订机器设备。事隔两月，“九·一八”事件爆发，东三省很快沦于日本人之手。大陆银行因何澄的一席话而及早抽身，避免了巨大的经济损失[②]。由此事起，大陆银行上上下下对何澄十分崇敬。

一九三一年七月二十日，何澄邀请胡适、王徵（文伯）、张慰慈（祖训）一同游北平西山，并同访住在西山八大处嘉禧寺之西王家花园的王金钰。

王金钰（一八八四～一九五一），字湘汀，山东武城人。宣统二年（一九一〇）

毕业于日本陆军士官学校第九期骑兵科。一九一二年任陆军第十八师参谋长，暂编第二旅旅长。一九二二年升任陆军少将。一九二四年十二月，被“五省联军总司令”孙传芳任命为两浙监运使。一九二七年任张作霖大元帅的安国军第一方面军团参议。一九二八年，国民革命军北伐成功，全国统一，先后任国民革命军第四十七师长，讨逆军第九军军长，讨逆军第十四路军总司令，以及湘鄂赣边区“剿共”清乡督办。一九三〇年一月二十七日，任安徽省政府主席，三月三日即去职，任国民革命军第五路军总指挥，辖上官云相第四十七师、公秉藩第二十八师、郭华宗第四十三师、郝梦龄第五十四师、罗霖第七十七师。

一九三一年四月一日，国民革命军正式开始对中共苏区红军进行第二次围剿。四月十三日，王金钰的第五路军进抵到江西吉安、吉水和永丰地区，驻扎在与泰和、吉水、永丰三县接壤的富田镇。因不满于蒋介石严促诸军分三路向红军进攻的军令，王金钰辞官而归。四月三十日，已有三万多人的红军主力集结隐藏在东固镇，并且吸取了过去乡绅向国军报讯的教训，家家户户都住上了红军，严密封锁集结隐藏于此的行动。五月十三日，不知所以的公秉藩率第二十八师和第四十七师一个旅从富田驻地出动，分两路向东固地区进发。十六日拂晓，早就做好先打王金钰部预案的红三军，突然向公秉藩部发起进攻，战斗只进行了三个小时，公秉藩的第二十八师大部便被红军歼灭，红三军团当夜进占富田。五月十九日，红军在吉水县还截住了正在撤退的郭华宗部，予以歼灭。从五月十六日起，红军先打王金钰部的军事谋略开始后的半个月中，朱德、毛泽东指挥的红一方面军从赣江东岸一直打到闽西北山区，横扫七百余里，连续打了富田、白沙、中村、广昌、建宁五个胜仗，取得了第二次反围剿战斗的彻底胜利。

毛泽东在一九三六年十二月所写《中国革命战争的战略问题》一文，曾提到是如何取得第二次反围剿胜利的：

> ……
>
> （四）王金钰的第五路军从北方新到，表示恐惧，其左翼郭华宗、郝梦龄两师，大体相同。（五）我军从富田打起，向东横扫，可在闽赣交界之建宁、黎川、泰宁地区扩大根据地，征集资材，便于打破下一次“围剿”。若由东向西打去，则限于赣江，战局结束后无发展余地。若打完再东转，又劳师费时。（六）我军人数较上次战役时虽略减（三万余），然有四个月的养精蓄锐。基于以上理由，乃决找富田地区的王金钰、公秉藩（共十一个团）打第一仗。胜利后，接着打郭（华宗）、打孙（连仲）、打朱（绍良）、打刘

(和鼎)。十五天中(一九三一年五月十六日至三十一日),走七百里,打五个仗,缴枪二万余,痛快淋漓地打破了"围剿"。当打王金钰时,处于蔡廷锴、郭华宗两敌之间,距郭十余里,距蔡四十余里,有人谓我们"钻牛角",但终究钻通了。主要因为根据地条件,再加敌军各部之不统一。郭师败后,郝师星夜逃回永丰,得免于难[3]。

由于新中国成立之后,毛泽东著作成为全国人民的必读的"圣经",王金钰这个手下败将几乎被上世纪五、六、七十年代的许多人熟知,但对王金钰辞官归隐北平西山,并没有打这个败的事却并不知晓。胡适在到过王金钰西山别墅之后,于这一天的日记中记道:

他住家在西山脚下,已五年了;园林房舍都很清洁,全家都住在这里。

我们谈了八九点钟,从上午直谈到天黑。王君新从江西"剿匪"回来,说江西的情形,真使我们长不少见识。他说春间九师兵团围剿共产军,战线长一千多里,最大困难是:(一)全不知敌人在哪里,而敌人知官军行动最详。(二)给养输送最难,军行一百五十里,给养输送来回须七日,又处处需兵保护。稍一不慎,给养全绝。(三)大军所到之地,全无匪踪;而队伍稍散开,就立刻遭袭击。敌人采"蜜蜂采花"的战术,总是用两三万人包围二三千人;从没有能抵抗三点钟的军队。一处解决之后,立即用同样方法包围第二个目的地。王君离开之后,蒋介石下令严促诸军进攻。红军用此法解决官军,一星期之中,从公秉藩直到胡祖玉,全军皆被残破。

王君说,此次蒋介石亲自出师,最为下策。此次他又严促诸军分三路进攻,而三路大败。

王君说,他当日不肯进攻,只希望用军队整理地方,一面造成人民避难的区域,一面培植人民自卫的能力。他说,曾文正所谓"用官不如绅,用兵不如用民",至今还是至论。

在莲花与永新两县之间有宁岗县,县长为人民所举,他办了一个民团,只有一百多支枪,红军不敢过此县;而二三千人的官军,却不在红军的眼里。又有一个泰和县,有个老绅士组织民团,也不过百支枪,红军也不敢侵犯。

一九四八年，何澄四子何泽诚和王金钰长女王涵光在苏州网师园结婚

王说，对这个问题没有别的法子，只有努力整顿吏治，军队来做人民的保障，几年之后，自有成效。

然而江西省政府说，江西八十一县，止有六个好县长。何成濬说，湖北六十九县，止有三个好县长！

王君思想很沉静，能见大处，他颇能虚心。其人胸怀似很澹泊，与蒋不合，即辞官归隐，两个月不入北京城。然其人却不是不想立功名的人。将来他大概还可以做一番事业。

出门与他告别后，我们同行诸人说，"爱上这个人了！"④

何澄与胡适、王徵、张慰慈访过王金钰后没多久，王金钰就避居到青岛金口三路一所三层楼的寓所潜心学佛，成了声名广播的王居士。一九三四、五年前后，王金钰为了赞助倓虚法师（原名王福庭，现天津宁河人）修建湛山寺而卖掉青岛的这所房产，一家人又迁回到北平。王金钰有王玉振、王玉庆、王玉祥三子，王涵光、王剑萍、王佛如三女。一九四八年，长女王涵光嫁给了何澄四子何泽诚。

大伤元气的中原大战之后，南京国民政府每年都遭遇一两场日本侵略的突发事件。一九三一年的"九·一八"事变；一九三二年一月二十八日的"淞沪事变"；三月一日扶植成立伪满洲国。

对于"淞沪事变"前的学生请愿运动及"淞沪事变"后连续发生的一系列事件，何澄在给她大女儿何怡贞的几封信中均有所表达，可窥其思想脉络及对内对外一些事件的基本看法。

一九三二年一月二十七日：

怡女览：日前得来书甚慰。二月间拟为汝寄百元金洋。汝知节俭，手中有钱亦无浪费之虑也，余甚放心。惟身体须格外保养，万勿生病，至嘱。国事至糟，固日人有野心，亦由执政者太腐败有以招之。事至如此，尚无改悔，恐不免于亡国；亡国尚恐不能了，国非乱不可，奈何奈何！家中均平安，民（长子何泽明）、慧（二女儿何泽慧）等亦均知自爱，且明白事理，决不参加大言壮语的欺人虚伪的爱国运动。所谓卧薪尝胆者，非口头，乃真实的行为；非罢课，乃努力用功。他国人工作八小时，我们应十六小时。今日之青年，在开会时狂吼乱叫，散会后吃吹嫖赌。此等现象，真古今所无也，可叹可叹。
谨此不尽。

父手书

一九三二年四月三十日：

怡女阅：汝三月卅一日信今日始收到。苏州至今平安。不但中国，即美国亦是有谣言，不过比中国小些。例如，苏州日飞机不过在城外飞机场掷下炸弹三四枚，上海则传说苏城被炸弹七八十之多。就此论之，中国谣言过事实卅倍，美国谣言则亦有十倍也。汝不必悬念家中事。我总比汝少年人有经验智识，我所逆料之事不少错误也。即如此回苏城因惑于谣言，纷纷自扰，我苦劝大家镇定。信我者，皆获无恙；不信我者，多寻苦吃。处此世界，第一要有理智，无理智则与禽兽无异，研究科学亦是增进理智之道。古人所谓一事不知，儒者之耻，今之人事事粗心，不求甚解，所以动辄得咎也。中国刻下内部仍是纷乱，故对外甚难。且党派亦是

怡女覽：日前得来書，甚慰。二月间拟为汝寄百元金洋，
汝知節儉，手中有錢，亦無浪費之慮也，余甚放心。惟身
體須格外保養，方可免生病，至嘱。國事至糟，固日人有野
心，亦由執政者太腐敗，有以招之，事至知此，尚無改悔，恐不能
免於亡國，國亡尚恐不能了，國非亂不可，奈何奈何。家中均
平安，民慧等亦均知自愛，且明白事理，決不參加大言壯
語的欺人虛偽的愛國運動。所謂臥薪嘗膽者，非口
頭乃真實行，非罷課乃努力用功，他國人工作八小時，我
們應十六小時。今日之青年，在開会時狂吼亂叫，散会後喫
吃嫖賭，此等現象，真古今所無也，可歎可歎。專此不盡。

父手書　一月廿七日

海上朵雲堂厚記製

真山園主人

388

一九三二年一月二十七日，何澄给长女何怡贞信（何怡贞旧藏，葛运培、葛运健提供）

为私，不是为公，故争夺不顾一切。即如东三省事，如早交涉，何至到今日地步。上海事亦然。固是日人有野心，然宜小心避免，使其无法藉口，乃处处生事。即如上海其初亦是中国兵先开枪，不过不便承认耳。昨日又报炸弹将日本公使、大将炸伤，原因为和议定今日签字，反对政府者惟恐事了也。以国家供党争，此等人尚有心肝耶！可叹可叹。

此谕。

父手书

一九三二年十二月三十一日：

怡女览：余北游两月，昨始回苏。读汝来书，知在学，甚慰。中国南北扰扰多无理智，证明中国人无统治国家能力，徒有乱国本领。蒋已下野，政府已改组，惟腐败荒谬有增无减，对于日本之侵略毫无办法。以余推测，中国将来不共产则必共管也。各地学生不知努力求学，徒凭一时血气，或希图小利，甘为党政利用，罢课请愿，藉爱国之名行捣乱之实，致废学流血，年费数百元学资，父兄所望子弟求学长进者，乃得其反。不仅目前使人扫兴失望，即国家将来亦受其害。大局如此，现象如此，中国不亡何待？总而言之，国民有理智，方能算是现时代的国民，汝宜注意。家中均好，不必远念。

兹此不尽。

父手书

对于国民党因派系之争而屡受外侮的愤慨，可从何澄二女儿、时在苏州振华女学校高三读书的何泽慧给在美国蒙脱霍育克学院攻读化学的大姊何怡贞的一封信中可见一端：

大姊：

……现在国内的情形糟不可言，外侮日紧，内政还没有人支持，日本(陆战队)兵已经到了上海，一切的情形都在危紧的当口。我也不用细说，你在报上大约也看见了。今日的情形，我现在告诉你。你收到信后，事实已经千变万化了，或许我们已变了亡国之奴，或许真在和日本人战，一切的事实，都一定改变得不得了了。现在我报告你一件中国可耻

之道。吾人所謂一事不知儒者之恥。今之人專想心不
出甚辭所以動輒得咎也。中國目下內部仍是紛亂
政對外甚難且黨派亦是爲私不是爲公故爭奪不
顧一切。即如東三省,即如平津,何至到今日地步。上海
事亦然。固是日人有野心,然宜小心通過,免使其上吾詐籍
口不戰之生事,即如上海其初亦是中國無先開槍不
過不便承認耳。昨日又投炸彈將日本公使大將炸傷。原
因爲和議定今日簽字。反對政府者始惹事了也國
家黨爭,此等人習習心腸所以可歎之此(?)

父手書 四月卅日

真山園主人

390

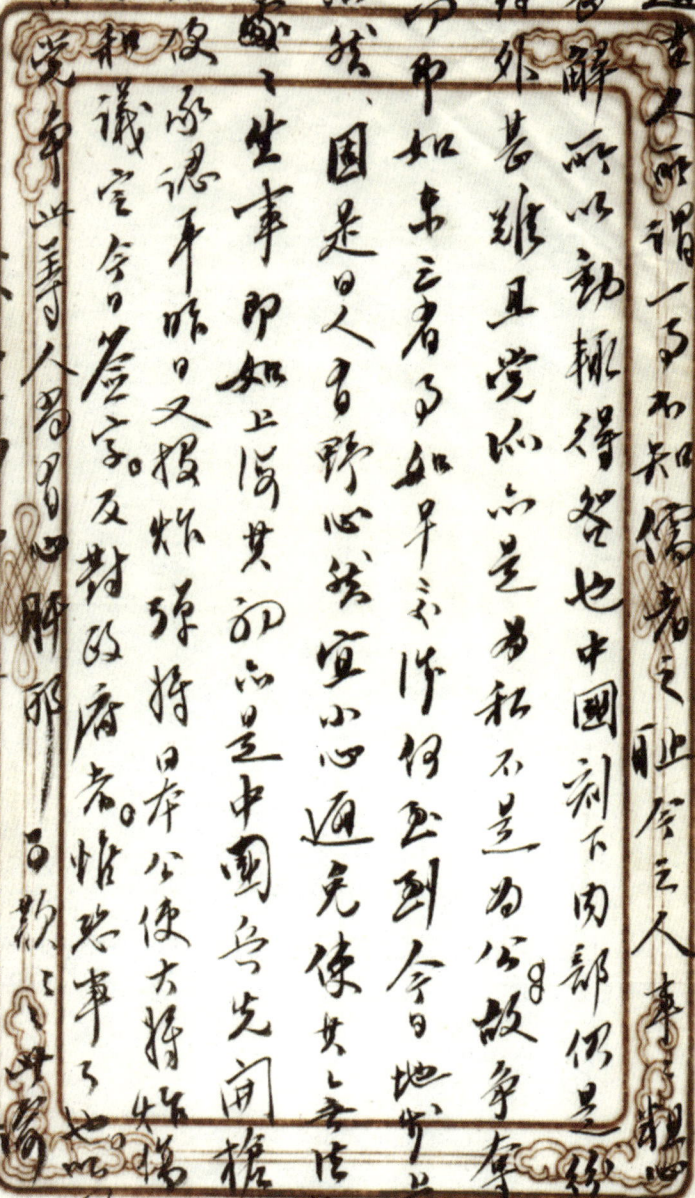

一九三二年四月三十日,何澄给长女何怡贞信(何怡贞旧藏,葛运培、葛运健提供)

怡女閱：汝三月卅一日信，今日始收到。蘇州至今平安，不但中國即美國亦是造有謠言，不過比中國少些。例如蘇州日飛機不過在城外飛機場擲下炸彈三四枚，上海則傳說蘇城被炸彈七八十多。諸如此論之中國謠言過多，實在信美國謠言則亦有十倍也。汝不必愁念家中事。我總比汝少年人有經驗智識，我所逆料之事不少錯誤也。即如此回蘇城圍戒於謠言紛紛之日，據我苦勸大家鎮定。信我者，皆獲無恙。不信我者，多尋苦吃。處此世界，第一要有理智。無理智則與禽獸無異。研究科學亦是增進理智培女览：余北游兩月，昨日始回蘇，讀汝來書，知在學甚慰。中國南北擾擾，多無理據，證明中國人無統治國家能力，徒有亂國本領。蔣已下野，政府已改組，惟腐敗荒謬有增無減，對于日本之侵略毫無办法。以余推測，中國將來不共產則必共管也。各地學生不知努力求學，徒憑一時血氣，或希圖小利，甘為党政利用，罷課請願，藉愛國之名，行搗亂之實，致壞學流風。年費數百元學資，父兄所望子弟求學長進者，乃得其反，不僅目前使人掃興失望，即國家將來亦受其害。大局如此，現象如此，中國不亡何待？總而言之，國民有理智方能算是現時代的國民。汝宜注意。家中均好，不必遠念。並此不盡。

父手書　十二月卅一日

真山園主人

一九三二年十二月三十一日，何澄给长女何怡贞信（何怡贞旧藏，葛运培、葛运健提供）

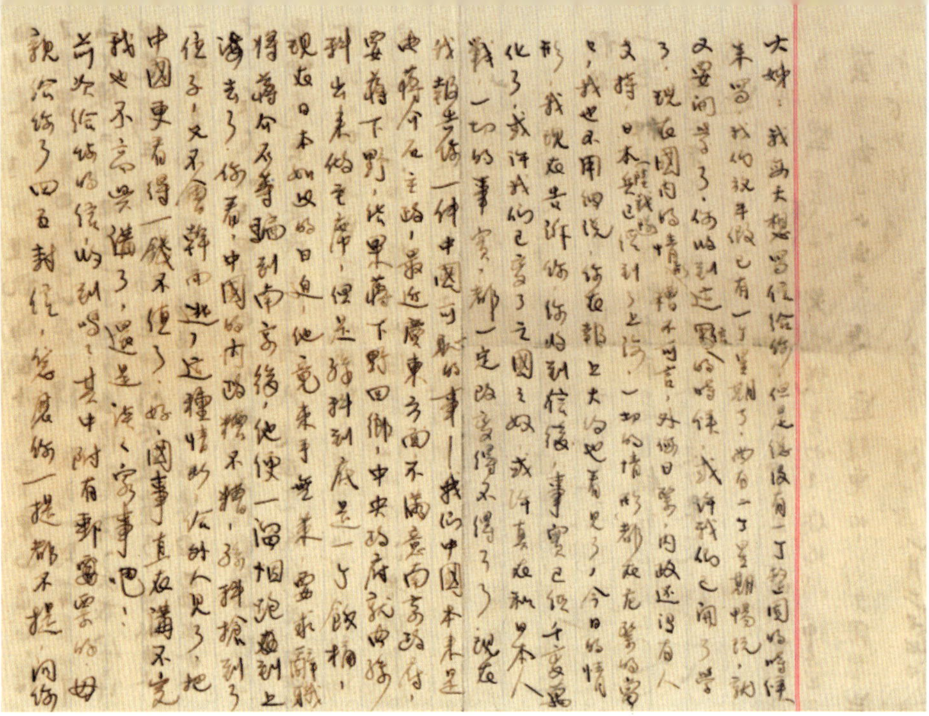

一九三二年一月二十七日，何泽慧给大姊何怡贞信（何怡贞旧藏，葛运培、葛运健提供）

的事——我们中国本来是由蒋介石主政，最近广东方面不满意南京政府，要蒋下野，结果蒋下野回乡，中央政府就由孙科出来做主席（按：此时南京国民政府主席为林森，孙科于一九三〇年十二月二十九日任行政院院长，一九三一年一月三十一日辞职），但是孙科到底是一个饭桶，现在日本如此的日迫，他竟束手无策，要求辞职，将蒋介石等骗到南京后，他便一溜烟跑到上海去了。你看，中国的内政糟不糟？孙科抢到了位子，又不会干而逃，这种情形，给外人见了，把中国更看得一钱不值了。好，国事直在讲不完，我也不高兴讲了，还是谈谈家事吧！

……

泽慧

（一九三二年）一月二十七日

刚刚进入一九三三年的第一天，坐落在天津至锦州铁路线上的山海关（亦称榆关）即被日军进攻。一九〇〇年十二月二十六日，清廷与西方列强签订《议和大纲》，其中第八款规定："为京师至海边畅通不使有虞，由诸国应分自主，酌定数处留兵驻守"；一九〇一年九月七日，清廷与西方列强签订《辛丑各国和约》，在第九款规定："中国国家应允，由诸国分应主办，会同酌定数处，留兵把守，以保京师至海边畅通不使有断绝之虞。今诸国驻守之处系：黄村、廊坊、杨村、天津、军粮台、塘沽、芦台、唐山、滦州、昌黎、秦皇岛、山海关。"[5]山海关即是按上述条约规定的由日本派兵驻守的华北十二个地点之一。条约限定，山海关的日本驻军应为三百人，但到了一九三二年，山海关的日军已增加到一千六百五十人。当时，驻守在山海关的中国军队是张学良的部下何柱国指挥的第九旅，人数约九千人。一九三二年十月一日和十二月八日，因山海关日本驻军庇护日本和朝鲜的走私者和贩毒者，曾与何柱国部发生过两次激烈的冲突。当何柱国拒绝了日军的无理通牒后，日军便在一九三三年一月一日向山海关的中国军队发动了进攻。何柱国部顽强抵抗了三天，终因三千名日军在八架飞机和二十辆坦克的援助下，阵地已无防可守，不得不撤出战斗。这次抵抗失败了，但这种敢于和侵略者战斗的精神也得到了国人的称赞。

山海关的陷落震动了全中国，因为它是一个标志：丢掉山海关，就意味着日本可以通过这个关隘进犯整个华北平原。然而，此时的日本侵略军并没有直接进攻天津和北平，而是声称热河是"满洲国"的一部分，从二月二十三日开始，无理地向从三个方向向热河发动了进攻。与山海关抗日不同的是，南京国民政府和张学良似乎都完全致力于的一场全力以赴的"热河保卫战"，却是"一场大崩溃，比彻底投降更加可耻"。[6]在"热河保卫战"中，最可耻的当属热河省主席汤玉麟。三月二日，他将战斗前线的二百四十辆汽车扣留，装运大批私财，弃承德而西逃。中国军队不堪一击的整体颓势，一省主席卷私财而逃，让仅有一百二十八名日军在三月四日占领省城，人民群众和各个社会团体纷纷责问，中原大战的数百万军队到哪里去了？丢掉了东四省的这些东北军难道还要把华北送给日本人？不抵抗外族的侵略，却以"攘外必先安内"为大政，集中优势兵力围剿共产党的红军？国民党内派系林立，动辄就以法统党争，另立一个偏于一隅的"国民政府"出来，现在为什么不组织一个抗日救国的统一机构出来，让人民和国家的前途不再危惧？

一九三三年的华北危机，民众的恐慌，学生的保命"逃考"，故宫往南方迁移文物等等紧张的气氛，时在清华大学物理系读书的何泽慧给大姊何怡贞的另一封信中也有着具体的反映：

大姊：

在一分钟前收到你的信，一口气里读了几十遍，不忍释手！因为想起了这信是你一个月前写的，所以我非立刻举起笔来复你不兴。若是现在一搁，那非一个二个星期的懒下去，以至于我现在喉咙口的话都要化为清水咽到肚里去了。我们今天才正式上课，所以功课还没有到忙的地步，要写信，趁现在写写畅畅！

真山园主人

我要和你说的话太多了，要告诉你的事，要问你的事，要和你商量的事，我直在无从谈起。让我先将你问我的话，回答了再说。先谈国家大事，然后谈读书事，再后谈家事。

至于现在的国家大事，我们关在清华园的人们也不甚顾到，反正总不敢乐观！报纸上见不到准确的消息，传谈又多是谣言，所以我所知道(的)也许和你所知道的不相上下。总之，平津自从山海关失守以后，曾经扰乱过一次，这时候正是我们预备大考的时候，所以有十分之九的学生是提议停止大考，而快快从事后方工作。学校当局不允，结果学生总请假。学校没办法，只得允学生得于本学期开学时补考。如此一来，学生们便开始逃难工作了，有许多南边的人都回南了，其他的都逃到天津租界上去了。我是素来老虎不动身，所以他们逃，并没有影响我一些儿，因为学校是照常举行大考，所以我一切功课都于年内考掉了。那时候，我们考的人，一共只有原来的百分之一二，有趣不有趣？本来六七十人的班子，只有我三五个人去试，倒也别有风味。其实平津安宁得很，日人的影子也没有一个，飞机也没有一架来侦察，枪声也没有听到一个回音，而名为大学生的，都已发足了中国人的老脾气，只会“逃”，可叹不可叹！

现在时局在似平静中间，学校照常开学了，跑回南的人也多坐了倒车回来，且忙且慌的都来考了。见了他们，煞是可怜！

其实时局是没有平静的日子，现在日人正积极的在攻热河，若是热河一失，平津才真真的危险呢！我们真倒霉，不知再能读几年？

现在有一件最使这里人不安的事，就是为了中央把故宫博物院的东西都装了箱搬到南边去。现在已经搬了有二三千箱了，听说还只是一小部分呢！这样一搬，这里的人心大惶了，以为真的日人将毁北平城，其实听外界说是有用意的，我关在清华园里也不知确悉。

你几时回国？我说你还是不回来的好，可以安安意意的读书，我们是只得随波逐流了，反正中国没有一寸地是可以叫人安心的。

……

妹泽慧草

(一九三三年)二月十四日

十九岁的何泽慧能说出“中国没有一寸地是可以叫人安心的”，实在令人拍案叫绝！“而名为大学生的，都已发足了中国人的老脾气，只会‘逃’，可叹不可呢：這樣一搬，這裡的人心太壞了，以為真的男人將離北平城，其實，聽外界說是有用意的，我闲在清華園裡也不知確差。

你幾時回國？我說你還是不回來的好，可以安心的讀書，我們是覺得隨波逐流了，又在中國沒有一塊寸地是可以叫人安心的。

至於我的讀書問題，我自己也覺得奇怪，好笑：我自己好像在發瘋，我現在說老實話，我那裡懂這個學校好，那個學校壞呢？！我為了一時感情衝動，我恨清華，然而那一天學校會得我歡喜呢？！我現在知道沒有一天學校是定做着叫你歡喜的，你要歡喜，是要你自己去找的！大姊！你說對嗎？我現在對於清華稍為好一些了，我並不一定要離開這

真山園主人

1.

大姊：在一个钟前收到你的信，一口气里读了十几遍，不忍释手！因为想起了这信是你一个月前写的，所以我非立刻举起笔来，要后你不要，若是现在一搁，那非一个二个星期的懒下去，以至于我现在喉咙口的话却要化为清水咽到肚里去了，我们今天才正式上课，所以功课还没有到忙的地步，要写信，趁现在写个畅：

我要和你说的话太多了，要告诉你的事，要问你的事，要和你商量的事，我真不知从何谈起，让我先将你问我的话，回答了再说：先谈国家大事，然后谈读书事，再后谈家事。

至于现在的国家大事，我们关在清华园的人们也不甚觉到，反正总不敢乐观：报纸上见不到

国立清华大学用笺

一九三三年二月十四日，何泽慧给大姊何怡贞信（何怡贞旧藏，葛运培、葛运健提供）

準確的消息，傳說又多是謠言，所以我所知道也許和你所知道的不相上下。總之，天津自從山海關失守以後，曾經擾亂过一次，這時候正是我們預備大考的時候，所以有十分之九的學生是提議停止大考，而快快從事後方工作，學校當局不允，結果學生總請假，學校沒辦法，只得允學生得於本學期開學時補考，如此一來，學生們便開始逃難工作了，有許多南边的人都回南了，其他的都逃到天津租界上去了。我是素來是老虎不動身，所以他們逃，並沒有影響我一些兒，因為學校是照常舉行大考，所以我一切功課都於年內考掉了，那時候，我們考的人，一共只有原來的百分之一二，有趣不有趣，本來六七十人的班子，只有我三五人考試，例

國立清華大學用箋

真山園主人

雨僧

也别有風味，其實平津安寧得很，日人的影子也没有一个，飛機也没有一架来偵察，鎗声也没有聽到一个回音，而各大學生們，都已紛紛逃了，中國人的老脾氣，只會逃逃，可嘆不可嘆！！

現在時局在似平靜中間，學校照常開學了，跑回南的人也多坐了倒車回来，且忙且慌的都来啦了，見了他們，總是可憐！

其實時局是没有平靜的時日了，現在日人正積極的在攻熱河，若是熱河一失，平津才真真的危險啦！！我們真倒霉，不知再須渡幾年？！

現在有一件最使這裡人不安的事，就是為了中央把古宫博物院的東西都裝了箱搬到南邊去，現在已經搬了有二三千箱了，聽說還只是一小部

國立清華大學用箋

一九三三年二月十四日，何泽慧给大姊何怡贞信（何怡贞旧藏，葛运培、葛运健提供）

刘盟训致何澄信函（何泽瑛提供）

叹！”何泽慧的这句话，也是让人会心不已。而这，就是当时中国的情状！

一九三三年春节后，何澄给南京国民政府立法院立法委员、以宣传抗日救国主张为己任的《国民外交杂志》主要执笔人刘盟训[⑦]，寄赠一信一诗。约在二三月间，刘盟训回信给何澄：

亚农先生左右：

拜读惠书及佳什，乐天之中仍郁忧世之意，仁人君子之用心固应如此。弟数日来有我始，欲愁之叹，惜无妙笔达之，徒郁郁耳。凤九、太蕤（王用宾）两兄处当代达盛意，或同来也。专复　即颂

大安。

刘盟训再拜六日

允丞（刘守中）兄代好

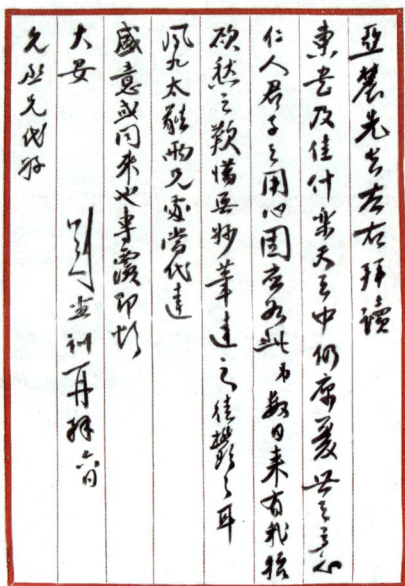

一九三三年第四期的《国民外交杂志》刊发出刘盟训和何澄诗作：

和何亚农年笺诗聊代颂祷

新诗读罢始知年，落后何能再胜前。

纵惜残生不抵抗，依然烽火接遥天[8]。

一九三三年三月，面对众多爱国人士的震怒和悲愤，社会舆论纷纷要求政府缉办汤玉麟，弹劾张学良，下令反攻，收复失地。蒋介石坐不住了，于三月九日乘坐专列抵达保定，邀张学良上车相见。蒋介石说："接你电请辞职，知你诚意。现全国舆论沸腾，攻击我们两人。我与你同舟共命，若不先下去一人，以息全国愤怒浪潮，难免同遭灭顶。你看谁先下去好？"张学良回答："当然我先下去。"蒋介石说："我同意你辞职，待机会再起用你。一切善后，可按你的意见办，可与（宋）子文商量。"张学良辞出后，蒋介石即返石家庄。宋子文与张学良商议，将东北军改编为四个军，分任于学忠、万福麟、何柱国、王以哲为军长，继续抗日，并令中央第二和第二十五师开赴古北口，阻止日军前进[9]。

三月十一日，张学良发表引咎辞职通电。同日，蒋介石任命军政部长何应钦兼任军事委员会北平分会代委员长，内政部长黄绍竑兼任军事委员会北平分会参谋长，接管了华北的军事指挥权。

三月二十二日，胡適与翁文灏、丁文江一起乘火车到保定，下午五点见蒋介石，交谈了两个小时。对于此次丢失热河，蒋介石承认他不料日本攻热河能如此神速。他本估计日本若要攻下热河，至少需要六个师团的兵力，而这六个师团的兵力要在日本国内和台湾都须动员才能来的。蒋介石还说："我每日有情报，知道日本没有动员，故料日本所传攻热河不过是虚声吓人而已。不料日本知道汤玉麟、张学良的军队比我们知道清楚的多多！"胡適听完蒋介石的这番话，心里哀叹："这真是可怜的供状！误国如此，真不可恕。"胡適、翁文灏、丁文江他们又问蒋介石："能不能抵抗？"蒋介石回答说："须有三个月的预备。"胡適又问："三个月之后能打吗？"蒋介石说："近代式的战争是不可能的。只能在几处地方用精兵死守，不许一个人生存而退却。这样子也许要叫世界人知道我们不是怕死的。"胡適听后即明白"其实这就是说，我们不能抵抗"。胡適他们又问："那么能交涉吗？能表示在取消'满洲国'的条件之下与日本开始交涉吗？"蒋介石答："我曾对日本人这样说过，但那是无效的。日本决不肯放弃'满洲国'。"之后，蒋介石向胡適他们声明，他决不是为了保持政权而不敢交涉[10]。

中国军队进行的长城抗战，尽管根本没有收复热河的目标，最终也没有守住长城各关口以阻止日军进入关内，但在独石口、古北口、喜峰口、冷口各长城关口的浴血奋战，尤其是宋哲元指挥的第二十九军在喜峰口战役的几次胜仗，还是让全国人民看到了以我们的血肉之躯，完全可以像当年十九路军在上海淞沪抗战那样，使世界认识中国人的血性，中国人从此还可以在国际上做人。

但精神上的振奋和脸面上的好看，并不能化解天津、北平即将失守的现实。一九三三年五月，华北的危机已达顶点：五月十四日，滦州陷落；五月十七日，唐山失守。在西线，日军突破了中国军队的防线向北平和天津挺进；五月十八日，位于古北口与北平中间的密云失守；五月二十日，日军离北平只有不到二十一公里，日军的侦察机也经常在北平上空盘旋……从天津、北平的一般居民的眼中来看，长城抗战只进行了三个多月，中国军队就伤亡了三万多人，不断地退却，似乎也证实了火力远远不如装备着现代野炮和有空中力量支持的日军[11]。另据黄绍竑回忆："战争虽在长城各要口稳定了一时，但以我们劣势的装备，单凭官兵的勇敢牺牲精神，与那个数千年遗留下来的古老而颓废的万里长城，总经不起敌人飞机的轰炸和坦克军大炮的冲击。到了四月间，各路部队，都渐渐的败上来了。最初是冷口方面的敌人进占遵化，宋(哲元)军乃不得已而退守玉田、丰润以北之线。古北口方面的敌人，更逐步进占密云、怀柔，逼近顺义，离北平的地方，不过是四十里远近。这时候虽已调到山西军队的一部，由昌平方面出击，亦不发生很大的效果。后方又无军队可抽调，而且远水不救近火。北平空虚已极，人心恐慌万状。同时接得情况，已有人在平津酝酿类似伪组织的活动，并且还有一些不愿再向南方撤退的部队参与其事。形势恶化，已到极点。"[12]

天津和北平的失守迫在眉睫，华北危机真正到来了！

还在"九·一八"事变时，驻日公使蒋作宾就曾迭电南京国民政府外交部，力言千万不能全力集注在国际联盟的身上，也不要对世界大战发生后再作总解决抱有幻想，最直接有效的办法是中日两国间直接交涉："美国因海军力量未充实不敢战，英国因经济不景气不能战，法国持盈保泰不欲战，苏俄素喜利用帝国主义国家间相互冲突更不肯战；抑中国国力不充，无论战争结局如何均于中国不利，故必须争取和平建设之余裕时间。"[13]一九三三年三月，日军又侵热河，迫近北平。蒋作宾忧劳过甚，血压增高，自东京转往镰仓养病，适贵族院议长近卫文麿亦在该地休养。蒋作宾详细说明中国近况，特别强调蒋介石总司令实为中心人物，日本不应再与地方军人来往，必须承认并尊重蒋总司令的中心领导，开诚相与，庶几可携手以实践孙中山之"大亚洲主义"，否则中日纠纷必将导致大战，结果对中日均大不利。近卫文麿对蒋作宾所言颇有同感，且将内容大要报告给有权决定首相人选、抑制军部势力的元老西园寺[14]。也许正是蒋作宾的这次疗养，导致了蒋介石在长城抗战还在进行时，就本着“一边抵抗，一边交涉”的原则，请出了深居在莫干山的黄郛赴北平襄助他与日军交涉停战。五月三日，此时已是蒋介石、汪精卫合流的南京国民政府依据国民党中央政治会议的决定，成立“行政院驻平政务整理委员会”，明令特派黄郛为委员长，委员有内政部长、军委会北平分会参谋团参谋长黄绍竑，故宫博物院理事长李石曾，北平政治分会主席张继，山东省主席韩复榘，河北省主席于学忠，山西省主席徐永昌，察哈尔省主席宋哲元，绥远省主席傅作义，国府委员王伯群，军委会北平分会秘书长王树翰，金城银行总经理周作民，蒙古地方自治政务委员会委员恩克巴图（一九三四年任），北洋政府时期政要张志潭，王克敏，汤尔和，北京大学校长蒋梦麟，南开大学校长张伯苓，哈尔滨工业大学校长刘哲，北平民国大学校长鲁荡平，河北省政府委员张厉生。简派何其巩为秘书长，王树翰为政务主任，王克敏为财务主任。指定河北、山东、山西、察哈尔、绥远五省，北平、青岛二市为管辖范围[15]。

成立一个中央的派出机构，代表着南京国民政府对日政策由抵抗正式转换为直接谈判，也代表了蒋介石“以时间换空间”的抗战思路正在形成。通过这个政务整理委员会，蒋介石想要达到两个目的：第一，尽快达成一场军事停战协定；第二，把这个军事停战协定尽可能地方化，淡化他在谈判中的作用，免受公众的质疑和谴责。黄郛何尝不知道他充任的这个角色就是在替盟弟跳火坑，背骂名，也清楚“日本军阀的横蛮，得步进步不会有止境”，但他更愿意相信此次北上跳火坑、拆火巷，是为“我政府忍辱负任，争取时间，延缓战火之爆发，却有退无可退的止境，因此抗日必战，政府早具决心，现在只争时间之迟早而已。抗战的炮火可以打开笼罩在忍辱谈判上的一片阴霾”。真若如此，“他亦可藉此引以自慰了”。[16]

五月五日，南京国民政府成立华北政务整理委员会明令发表，但黄郛并没有直接北上，而是返回上海，一方面组织他的日常工作班底，临时请了何其伟为秘书，傅墨正办庶务，王大纲译电；一方面选择他的高级顾问人选。据日本驻北平公使馆一等书记官中山详一（日本驻北平公使馆特命全权大使有吉朋因常驻上海，参事官矢野真又长期不在，故公使馆事务由中山详一代理）致日本外务大臣内田康哉的一封电报透露，“黄郛仅率亲信十余人北上，又无武力后盾，可以信赖并能为之出谋划策者，只有何澄、ゴシシュ一、许卓然、刘石荪、袁良等五人。黄郛为了实现其政见，还须同以旧东北军系统的文武各团体为首的党部反亲日系统相对抗，其困难不难想象”。[17]何澄既为黄郛的老朋友，政见也相当，被黄郛拉上当顾问也是情理之中的事。

比黄郛和何澄等先行出发到北平的另有两批人，沈亦云说：“似不重要而属必要。”“一是刺探敌情的人，凡办过对日交涉的人，都多方网罗；二是对内怀柔敷衍的人，凡与旧军阀政客有过交谊的人，均去代为先容。”[18]因黄郛据驻日公使蒋作宾电报说：“第二第三伪国正在酝酿，昧大义者非正常百姓，而是军政失意大员。”所以黄郛以为“此辈能悬崖勒马，不但国家多存体面，事实亦比事后收拾要容易得多。”[19]

黄郛网罗并带到北平办停战交涉的人，据曾任张作霖秘书和日文翻译的陶尚铭回忆：“都是当时所谓日本通，如殷同、袁良、李择一、刘石荪、殷汝耕等，与日本都有历史关系。殷同是日本军需学校出身，在北洋军阀时代当过陆军部科长。袁良在日俄战争时曾在日本鸭绿江军川村大将部下，充任陆军少尉翻译，改姓清水。李择一经手买过日本军舰，与日本海军方面颇为熟悉。黄郛未到华北前与日本海军来往，都是通过李择一的关系。刘石荪是日本洋行买办。殷汝耕幼年就在日本读书，归国后与日本关系甚密，故郭松龄反奉时，请他办日本外交。”[20]何澄对黄郛网罗的这些人似乎也不大满意。一九三三年七月下旬，何澄从北平到上海赴日办理与日本政府的交涉事情，曾专诚找到沈亦云，告诉她黄郛身边人才太少，被人包围，要沈亦云速到北平，他自己愿在黄郛办公桌旁摆一桌子帮忙。沈亦云回答何澄，“人才太少是的确，老朋友关心他，为何不开张名单给他，让他延揽？”沈亦云又问何澄心目中的人才，何澄也没有说出一个，末了只说了一个他所认识办过庶务的人，该到北方去。沈亦云认为黄郛不会受人包围，想包围他也不会成功。但她也承认黄郛有一件认识很错误的事，就是“对某几个老人，以为是热心而不是热中，甚表敬意，后来都知不然，这亦是想象不到之事”。[21]尽管沈亦云为黄郛辩解不会受人包围，但历史证明，黄郛此次北上之时网罗的这些所谓对日人才，没有考虑到人的气节，所以到抗日战争爆发后，当时包围在他身边的这些人，大多成了投敌叛国者。

黄郛等一行在五月十七日到了北平以后，根本没有时间考虑行政院华北政务整理委员会成立的事，而是急急投入应对日军步步紧逼的危局之中。五月二十二日，各种情报显示，日方决定次日拂晓大举进攻平津，北平军分会和政整会两机关甚至准备移驻平汉线。黄郛甚忧“平津一失，中央政局必动摇；财政无办法，粮饷接济之源绝；平汉、平绥、北宁、津浦各线之交通枢纽尽落敌手；溃军且将波及豫鲁，种种不堪设想之后患，均意中事……故于临出发移驻之前，思为最后努力”，[22]带了李择一，电约日使馆代办、一等书记官中山详一、陆军武官永津比佐重、海军武官藤原喜代间到一位私人朋友家中会谈。经过整夜讨论，终与日方达成停战谅解录。五月二十三日，天津《大公报》发布号外，谓“中日军事行动，已决定停止，内容大概如下：一、中国军队撤至延庆、昌平、顺义、高丽营、通州、香河、宝坻、林亭镇、宁河以南；二、中国派员至密云，会晤日军高级将领，声明停战，日军不再前进；三、日军派员至我军，协商上项停战办法；四、择北宁路一地点为停战签字场所。"㉓

从五月二十四日起，蒋介石、汪精卫与何应钦、黄绍竑、黄郛之间的往来电报十分频密：

> 北平居仁堂何部长、黄部长、黄委员长钧鉴：漾辰电悉。事已至此，委曲求全，原非得已，中正自当负责。惟停战而形诸文字，总以为不妥，且将来协议条款，必有种种难堪之苛求，甚至东北三省及热河字样亦必杂见其中，无异割让之承认，尤为可虑。顾停战协议，即非议和条约，最宜题界划清，极力避免，此则惟赖兄等慧心运用耳。日人狡猾成性，尝谈判进行之际，且恐波折层出，忽软忽硬，乍阴乍阳，极威迫诱惑之能事，尚盼趁时机，激励士气，重整军容，以备最后之牺牲为要。中正迥（廿四日）申机印㉔。

五月二十五日，蒋介石致电黄郛：

> 北平丰泽园黄委员长膺白兄：梗电敬悉。忍辱周旋，为国苦心，实深感佩。弟始终不信倭寇有休战诚意，尤在威胁吾人使之自动撤退，俾其唾手而得北平也。至于协议一节，总须避免文字方式，以免将来引以为例，其端由吾人而开也。否则万不得已，最多亦不可超过去年淞沪之协议，绝不能涉及伪国事实之承认，以及东四省之割让与界限问题。故其内容及字句，必须加意审慎。鄙见所及，于昨复兄等漾电业已详述之，惟赖兄匠心独运，使之得当耳。以后周折必多，应付甚难，故于谈判时期，城防设备，尤应加紧。最高无上之决心，不可须臾忽忘。弟以为不有一北平死战，决不能满倭寇之欲，亦不能得国人谅解也。中正有申（廿二、五、廿五）㉕

国民政府高层之所以与行政院驻平政务整理委员会黄郛和军委会驻北平分会何应钦不断密电往来，实因黄郛、何应钦决定派军分会上校参谋徐祖诒为停战全权员，约定二十五日早偕日本公使馆永津比佐重、藤原喜代间前往密云，与日军弘前第八师团长西义一晤洽。这之后，双方会谈数次，至二十八日意见趋于接近。实际上，这种接近亦是日人碍于一九〇一年《辛丑条约》的关系，于国际舆论不能不有所顾虑的结果。

五月三十日上午八时，中方正式代表熊斌（参谋本部厅长）、钱宗泽（铁道部次长）、徐祖诒（军分会高级参谋）、李择一、雷寿荣（军分会顾问）、张熙光（华北军第一军团参谋处长）等六人，尚有殷汝耕及以军分会参议名义参加会议的何澄等人乘专车驶离北平，于十一时抵达天津，下午一时开赴塘沽。会议地点，初洽借招商局或永利公司客厅，后变更在日军运输出张所举行。下午四时，会谈开始。日方正式代表有冈村宁次（关东军副参谋长）、喜多诚一（关东军步兵大佐）、远藤三郎（炮兵少佐）、藤本铁雄（步兵少佐）、河野悦次郎（师参谋）、冈本英一（骑兵大尉）、永津比佐重七人，参列员尚有大桥熊雄（中国驻屯军参谋步兵少佐）、藤原喜代间、中山详一、林出贤次郎（翻译）、伊藤章（副官、炮兵大尉）、紫浪幸惠（工兵大尉）等数人。会谈约进行了四十分钟即散，主要是约定明日正式会议的时间、地点[26]。

为了保证次日的正式会议日方不节外生枝，顺利签订停战协定，何澄特意与中山详一进行了一次密谈。何澄对中山详一说："黄郛是否就任政务委员会委员长（按：行政院驻平政务整理委员会六月十七日才正式组成成立），完全视日方态度而定。日方如在此次停战协定中提出苛刻方案，将难题强加与黄（郛），则黄将在日本与国内反对停战运动之间左右为难，届时，或将返回莫干山亦未可知。因此，当前切望日方能相信该人（黄郛）之诚意，在其力所能及的范围内逐步地进行谈判。"为了达到签订停战协议的目的，黄郛派人放风给日方，现在"反对停战者，北有冯玉祥，南有罗文干及广东派。关于冯玉祥，日前宋哲元、庞炳勋等旧西北军有与冯玉祥合作之迹象。但其后，又决定服从何应钦。冯（玉祥）等亦来平，其军队已正向平汉线撤退。只有与土匪无异的方振武军与冯合作，正在蠢动，但于时局无任何影响。此外，罗文干频频致电黄郛，反对协定。为此，黄郛有意将来罢免罗文干（按：罗文干于一九三三年八月十七日离调，汪精卫以行政院院长兼署），由对日本有所理解的汪荣宝（一九二二年至一九三一年曾任驻日公使，一九三三年六月病逝）取而代之，负责日中交涉。作为黄郛本人则预定在停战协定签订后，立即就任，接过何应钦手中的军队，着手整顿军队，停止党部活动等。同时同日方就日中间之问题达成协议，责成外交部长正式签署"[27]。

五月三十一日上午九时，中日双方代表仍在塘沽原地举行正式会议。由日方代表冈村宁次提出停战协定条文，交由中方首席代表熊斌依次传观后，"中方要求暂行休息，退入别室，对协定条文，详细研究，于措词字句，斟酌后添注修改意见。于十时四十分更入会议厅与日方会议，日方对我方意见，酌量接受，未生争执。十一时十分，缮就正本，中日文各二份，由双方首席代表熊斌、冈村宁次分别签字毕，共举祝杯，完成外交仪式”。[28]这个停战协定，因在塘沽举行签订，后被称为《塘沽协定》。塘沽停战协定签订后，尽管激起国内舆论的强烈批评，其后的中日关系也仍旧是凶险不断，但直至卢沟桥事变爆发为止，中日双方并未发生直接或重大的军事冲突。也就是说，在这个局部的华北停战协议之下，华北又苟安了四年；更可以说，达到了南京国民政府所期望达到的“以时间换空间”的战略目的。对于中方与日方签订华北局部停战协议，胡適在五月二十九日有《保全华北的重要》一文，这篇政论有着不同于当时舆论的另外一种声音：

我们的国家现在已到了一个十分严重的时期，不能不平心静气的考虑我们的局势，然后决定我们应该采取的步骤。

……现在长城以南已无险可守了……在这个局势下，我们不能不承认两点：

第一、整个的中日问题此时无法解决。

第二、华北的危机目前必须应付。

怎样应付这平津与华北的问题？……一种主张是准备牺牲平津，准备牺牲华北，步步抵抗，决不作任何局部的妥协，虽有绝大的糜烂，亦所不恤。还有一种是暂时谋局部的华北停战，先保全华北，减轻国家损失……我个人是赞成这第二个主张的……我所以主张华北停战，有几层理由：

第一、我认为这是为国家减轻损失。我不信失地绝对不能收复，但我深信此时单靠中国的兵力不能收复失地……如果此时的停战办法可以保全平、津与华北，这就是为国家减轻了一椿绝大的损失，是我们应该谅解的。

在这一期的本刊（按：《独立评论》五二、五三合刊）里有徐旭生先生从西安来的信，其中有一段是反对华北任何停战的协议或默契的……旭生先生这段话的议论，我不大能领会。我看不出上海停战和华北停战有多大的不同。如有不同，只是华北的停战比上海停战更为迫切，更为需要……华北停战的目的，至少应该做到（一）使敌人退出已占据的河北各县；（二）使他们不能再在华北“得着我们什么”；（三）使国家人民在土地与生命财产上不致受更“巨大的损失”……这不是放弃我们对我们的东四省说话的馀地,这正是要我们对东四省说话的馀地。

第二、我们必须充分明白平津与华北是不可抛弃的……(一)华北是中国的重要富源,是供给全国工业原料与动力的主要区域;(二)中国已成的铁路的绝大部分都在华北;(三)天津的关税收入在全国各口占第二位;(四)北平、天津是整个北方的文化中心,尤其是北平。六七百年来,北方的文化所以还能维持着一个不太低的程度,全靠有个北京做个政治与文化的中心,在那里集中着不少学者才人,从那里放射出来不少的文化的影响。近年政治中心虽已南迁,但北平在教育上的影响,一面远被西北,一面远被东北,实在是北方唯一的教育中心。而在北平学术研究上的地位则不但影响全中国,并且引起世界各国的注意与承认。如果我们让北平沦陷于敌人之手,如果我们坐视这个文化学术中心的摧毁,那么,将来整个北方的文化事业,恐怕只有全盘让给日本外务省的东方文化事业部来包办了!

这些话……不是说因为平津与华北的重要就应该牺牲国家民族的整个利益而谋局部的幸存。我只是要说:华北是应该守而勿失的,如还有可以保全的方法,我们应该尽心力去保全他。如能保全华北而不至于签东北四省的卖身契,我们应该赞成这种办法。万一政府尽心尝试了这种保全华北的和平努力,而结果终不能不使平津糜烂或华北沦亡,在那种形势之下,政府才算是尽了他的责任,他的失败或许可以得华北人民与全国人民的谅解。

第三、平津与华北的保全在国际上的意义是避免战事的扩大而不可收拾。现在还有短见的人以为中日冲突越扩大越好……他们妄想这样扩大可以引起世界的注意,可以引起国际的干涉或制裁。这种见解是错误的。现在欧美各国都用全力去对付他们最切身的几个大问题(经济问题、军缩问题、欧洲和平问题),在几个问题没有解决之前,他们决不会有馀力来应付远东的问题……世界大战也许终究免不了,但现在决不是世界大战起来的时机。我们试看苏俄在北满受了日本多少威胁……还不能不避免对日作战,这不是应该可以使我们深省的教训吗?稍知英国政情的人,都可以明白英国决不会因她在华北的利益有被日本侵占的危险而出来向日本作战……英国如此,别国更不用说了。

我说这番话,并不是说日本可以横行无忌而不至于受世界的制裁……但今日决非其时;今日即有世界大战起来,我们也决不能利用……

我们可以断言，现时几个有实力的国家（国联内的英法，国联外的美俄）无不希望我们能做到对日问题有一个暂时的段落。上海的停战是一个段落，今日华北的停战又是一个段落。军事做到一个段落即是使敌人的暴力暂时无用武之地。暴力无用武之地，然后敌人国内的和平势力可以渐渐抬头，而国外的正义制裁也可以有从容施展的机会。战事延长，局势扩大，则军人的势力可以无限的伸张，国中舆论决不敢与军人背驰，而一切国际制裁也决不能发生丝毫的效力。

以上说我个人赞成保全华北的理由。

最后，我要说一句忠告此间军政当局的话。此次停战的谈判，有何不可告人？何必这样秘密？……所以我们要求当局随时将谈判的实际情形用负责的态度发表出来，使全国的人可以共同讨论。政治家在国家吃紧的关头虽然不必听高调的舆论的指使，但舆论到底是政府的后盾，舆论调子之高正可以使政治家还价而不致太吃亏辱国：这是负责的政治家所不可不知的[29]。

一九三三年七月三十一日晚，何澄从上海赴日本办中日交涉。中午，由苏州到上海，张大千在淘乐春为何澄饯行，同陪者还有书画界的好友宣哲、宋小坡、谢玉岑、王秋湄等人。吴湖帆因腹疾初愈也前来赴宴，但没敢进食[30]。八月四日，何澄所乘的海轮到达日本的九州门司港（位于下关对岸），寄信给三女儿何泽瑛：

余今日抵达门司，途中风大，船行不速。幸余不怕风，仍照常吃饭，身体至适。在此少停即往神户，明日可到东京。至快十五六（日）回国，想到家汝已动身矣。望将余之行程告汝七伯父（何澄二哥何厚贻）及十二叔（何澄族弟何子京）、四哥（何澄侄儿何泽觃）等为幸。母要之照像镜，当为购之。匆匆此谕。

父手书

八月四日

余书房，汝好为整理之为要。

何澄赴日，他的长子何泽明特别高兴。这一年的四月，他由东京东亚日语预备学校顺利考入赫赫有名的东京第一高等学校理科。父亲前来，他所爱好的摄影也派上了用场，留下了日人乌谷君、井君陪同何澄游览日光寺的几帧珍贵照片。

二十世纪三十年代初，何澄访日时留影（何泽明摄，何长孝提供）

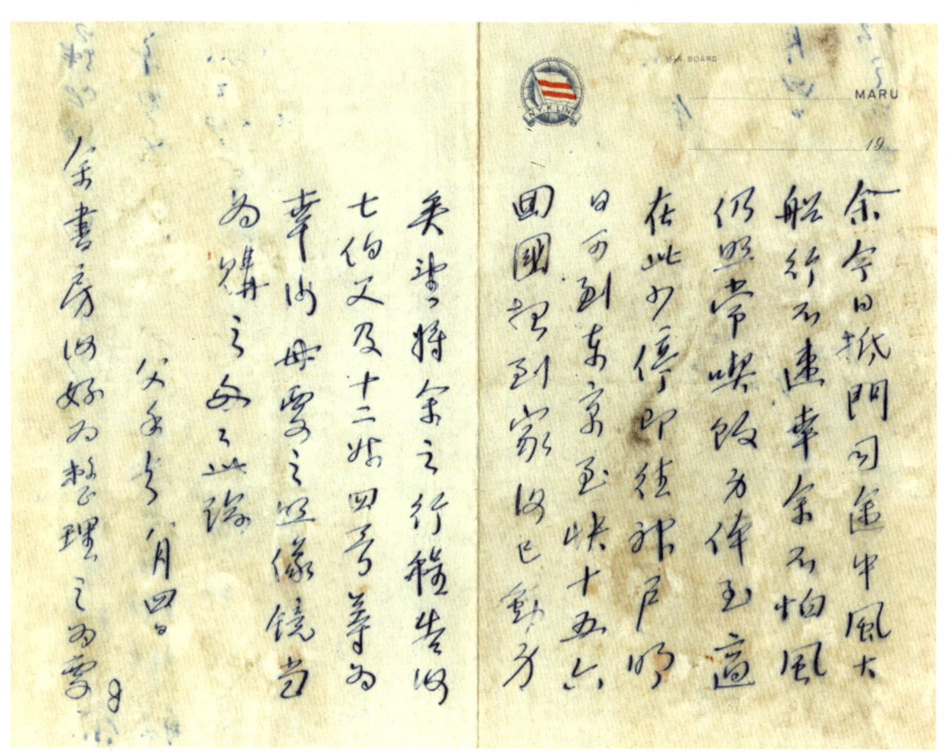

一九三三年八月四日，何澄在日本门司港给三女何泽瑛信（何泽瑛提供）

何澄赴日之前，妻子王季山生病。王季山碍于家里的经济状况，想让何澄给她买一架相机但又按下没说。从日本回来时，何澄特意让何泽明选购了一架很好的照相机。王季山看到何澄送给她的竟然是自己最想要的礼物，一高兴，病体一下也好了。何泽慧在一九三三年九月九日写给大姊何怡贞的信中还把何澄说给她的“精神一好，身体就强健了”这句话，想发扬光大到“世界上每一个人身上”：

> 大姊：
>
> ……
>
> 父亲到日本去玩，你大概已经知道了。他给母亲买了一只很好的照相机，母亲开心得了不得。本来母亲是在生病，一见照相机，病就立刻好了，也没有用医用药，所以父亲来信说“精神一好，身体就强健了”，这话的确不错。我们因当如何使一家人的精神好！说得疯些，我们因当如何使世界上每一个人的精神好！
>
> ……

大姊：

好久没有给你信了，你一定在奇怪我或病了，死了，真的，我近来的生活和死了一样，我回家了两个月，好像做了一个梦，还没有玩畅就急着回到校里来补上半年的大考，你一暑假过得很舒服吧：大哥也是開心得很的，一天到晚爬山玩水，只有我是没有一天舒舒畅畅的玩过，父親到日本去玩，你大概已经知道了，他和母親買了一只很好的照相機，母親開心得了不得，本来母親是老生病，一見照相機，病就去到好了，也没有用医用药，所以父親来信说精神一好身体就健了，这话的確不錯，我们因当如何使一家人的精神好好，说得痴些，我们因当如何使世界上每一

國立清華大學用箋

真山園主人

一九三三年九月九日，何泽慧给大姊何怡贞信（何怡贞旧藏，葛运培、葛运健提供）

一九三三年夏季，何澄赴日本办理中日交涉事务时，前往日光寺游览（何泽明摄，何长孝提供）

一九三三年夏季，何澄赴日本办理中日交涉事务时，在前往日光寺游览途中休息的旅馆留影（左起长子何泽明、日人乌谷君、何澄、井君。何长孝提供）

何澄跟随黄郛到北平后，主要负责办理对日交涉事务。用徐永昌[31]的话说，何澄是“为黄膺白之跑日本者，对日情形极熟”。[32]所以行政院驻平政务整理委员会正式成立后，何澄并没有直接参与“战区接收”、“战区农赈”、地方行政人员和农村指导员培训，在不承认“伪满洲国”的原则下北平、沈阳间通车、通邮等事宜。由于“跑”日本，非要有突发事件或情况紧急时才跑，所以，何澄在北平期间，就成了“清客”，亦是各类人物和各方势力与之接近的消息通灵人士。由于地缘和地缘政治的关系，何澄与山西方面的军政要人接触较为颇繁，也时时将综合各方消息最后做出自己判断的一些重要消息及时透露给时任山西省主席的徐永昌等人。当然，何澄既为北平政务整理委员会的高等顾问，与各方人士所谈也不全是日本问题，有时也会就国内突发的反蒋事件做一些应对工作。

何澄与徐永昌交笃甚深。一九三三年十月，徐永昌来北平开会。二十八日，在米市胡同请何澄前来吃饭；第二天下午，在温寿泉家再晤何澄，听何澄讲了一通日本人的民族性格等等；晚上在泰丰楼又请何澄、温寿泉、葛光庭等人吃饭，谈论时局[33]。

十一月底，何澄到太原一游。何澄一来，徐永昌饮酒聚会也多起来了。十二月四日，脱离桂系的原二号人物黄绍竑[34]与蒙藏委员会副委员长赵戴文奉国民政府之命赴内蒙对德王进行宣慰后，由大同乘汽车，先行绕道太原，向阎锡山说明这次处理内蒙自治问题的经过，然后再由太原转回北平，向军分会何应钦报告情形。黄绍竑到太原后，即与徐永昌晤谈良久。所谈最多的，就是“福建事变”。

原来，黄绍竑和赵戴文在内蒙进行宣慰时，在陈铭枢、李济深、蒋光鼐、蔡廷锴等人的主导下，借对日问题向蒋介石发难：一九三三年十一月二十日在福州南门兜公共体育场举行了“中国全国人民临时代表大会”，来自二十五个省市的反蒋人士和失意政客出席了大会。萨镇冰、李济深、冯玉祥的代表余心清、陈友仁、蒋光鼐、蔡廷锴、方振武的代表姚禔昌、李章达、翁照恒、何公敢等人在会上相继演说或发言。随后，翁照垣向大会展示了“中华共和国国旗”，《制定新国旗案》通过后，随即举行了新国旗升旗仪式。当日晚，参加“福建事变”的一帮人在福州靖绥公署召开会议，推定李济深、陈铭枢、陈友仁、蒋光鼐、蔡廷锴、戴戟、黄琪翔、徐谦、李章达、余心清、何公敢为“中华共和国人民革命政府”委员，李济深为主席。十一月二十二日，“中华共和国人民革命政府”成立典礼在福建省礼堂举行，主席李济深和委员陈铭枢等宣誓就职。同日，还发布了《中华共和国人民革命政府组织大纲》。据此大纲，他们拥有执行中华共和国最高权，统率海陆空并领导一切武装人民及对外宣战媾和、授受使节及缔结特约之权。下设军事、经济、文化三个委员会，组成外交、财政两个部，设立最高法院和政治保安局。还议决通令：十二月一日全国人民庆祝革命政府成立；废除中华民国年号，决定一九三三年为中华共和国元年，首都设福州，并取消孙中山总理遗嘱和“总理纪念周”，摘下孙中山遗像。“福建事变”发生后，引起大多数国人的反感。一是伪满洲国已成立，现在福建一省又闹出一个中华共和国，孙中山先生为之缔造的中华民国已经丢掉东北，现在他们这么一闹，岂不是边东南也将丢尽？二是这个国中之国的“中华共和国人民革命政府”，公然废弃三民主义，摘下孙中山像，所谓的革命政府难道要革孙中山先生的命？所以，此事变非但未能获得国人的同情，却为民意所谴责。因为自“九·一八”、“华北事变”之后，人们愈来愈感觉到中国需要一个代表主权的政府和一个统一的局面，西南地方领袖和新军阀动不动便藉外交问题攻击南京国民政府，让民众觉得日本又会多一诋毁中国缺乏国家观念和政府组织系统的口实，进一步向中国逼迫、索取更多的利益[35]。国民党中央在“福建事变”发生的当晚，迅速召开了第三八四次会议。认为：在此国难严重之时期，苟彼辈稍具国家民族意识当不致有此妄举，今竟反动如此，是直接危害国家的不法行为，中央义难容恕。经议，决定致函国民政府，通电各省市政府“务使叛乱克日敉平”。十一月二十三日，连“福建事变”一帮人的盟友胡汉民、陈济棠、李宗仁也由起初的中立转向反对。他们在以国民党西南执行部名义发表的通电中声明：西南向未预闻闽局，此次闽方行动，对外亲日，对内容共，情同叛逆，同人在三民主义立场，不能不表示反对。胡汉民的助手严佛成对“福建事变”的主导者更是直言：取消青天白日旗，“直与‘满洲国’行动无异”。

有鉴于此，黄绍竑告诉徐永昌，他已写信给蒋介石，愿往新疆，而不愿往浙江主政。

当晚，徐永昌到陪同黄绍竑前来的宁夏财政厅厅长梁敬錞住处，何澄、南桂馨等黄绍竑的老熟人均在。谈起“福建事变”，何澄说，据日本方面的消息得知，“福建不仅与俄通款，而与美之关系亦非常之大，谓美总领事十八日到福州，二十日闽就独立。日本为对俄、美准备万一起见，即拟先清楚中国，日前曾派要员晤黄膺白，问日本对俄、美准备战事，要不要将中国计划在内？虽云咄咄逼人，不过事实上亦无怪其然。此余所以在平时，会发表国人不要盼日、俄、美有战事也”。[36]何澄又说起徐永昌十月赴北平时，临走时曾与黄郛会晤所说的“中国对近邻强日，万不能忽略其利害，一味倚靠欧美，然日之灭裂政策，其国家前途亦危险之极。蒋亲欧美，使你亲日，将来万一日如德败，蒋为你作证其为爱国非为己也”那席话：你对“黄膺白寄语，君所期之蒋（介石）、黄（郛）互契不可得。默契只能就北平政会

(按:行政院驻平政务整理委员会的简称)对日,在非常时有特殊应付权而已。日本近日教黄(郛)在华北谋自立自给,黄须担保日、俄、美等开战,中国须与日同情,而日助黄在华北安定”等等[37]。

何澄此次到晋一游,大约一周左右时间。他到哪里儿游,哪儿就热闹。甚至连平素不苟言笑、清慎勤俭的徐永昌都是“近约一星期饮酒聚会,多为南佩兰与王少娴之趣剧,亦因何亚农之来游”。[38]

一九三四年三月四日,徐永昌得知黄郛得病住院,一早即往协和医院看望,刚好沈亦云也在。谈到南京国民政府问题,黄郛说:“于外交急迫时,什么权都给,只要情形稍好些,则又恐怕应付裕如。”徐永昌举上海地方法院应时充院长病时为例说,完全是因为他夫人负责为之医治,方能脱险;又借语说:“当局者爱国应如妇人爱其丈夫。”沈亦云接过话头说:“那是得一个太太,若两三个太太,开起会来未有不偾事者。”徐永昌从黄郛夫妇的谈话间听出,颇以国民政府不予其特权为憾。徐永昌早听何澄、南桂馨谈过黄郛欲调青岛市公安局局长余晋龢前来北平任公安局局长,厉行禁毒受阻;保荐殷同出任北宁铁路局局长也不顺当,而持不同意见的均是在军分会任委员的那批东北军将领,何应钦在这两个位置上的任免上,与黄郛的意见颇不一致,频频向蒋介石电告不妥,拟另换人,造成一场人事纠纷。黄郛又谈过去英公使等,不移使馆于南京,这是为了防日本窥窃华北。徐永昌又以何应钦和南桂馨所说的日军一直图谋侵占北平、天津的问题问询黄郛,黄郛以为情况不如何应钦所说的那么悲观,也不如南桂馨所说的那么乐观[39]。

从黄郛病房辞出后,徐永昌精神甚为消极,一方面他深知日本图谋华北之心不死,华北十之八九难保;另一方面也知主军事的何应钦和主政务的黄郛两人之间,在对日政策,对华北内政方面到底如何进行才好及在该谁管的问题上分歧很大,而且两人手下亦分派,于是到蒋伯诚那里谈了很久。蒋伯诚劝徐永昌勿消极,勿过悲观,又说徐永昌能多维持一日,晋绥则多安一日……[40]

这一天,因没买到当天回太原的火车票,徐永昌当即约了何澄到丰泽园吃午饭。徐永昌跟何澄说了早上看望黄郛,并见到沈亦云,貌似程砚秋,若二十左右的样子。何澄告他:“黄夫人已四十二三矣,辛亥娶于沪上,女子北伐队总队长也,时年方富,与黄结不解缘。黄原配因与黄分居。黄原配病殁时,黄与其今夫人均哭灵之。”徐永昌听何澄说沈亦云已四十几岁,殊出意料,大叹:“为余生平所未经见之悬殊事。”[41]

一九三三年八月上旬,何澄陪同一个日本人到河边去见阎锡山,八月十二日由平绥路返回。八月十三日,俞家骥[42]、葛仲勋在北平新丰楼请徐永昌吃饭,何澄作陪。何澄带日人去河边见阎锡山干什么，谈了些什么？在席面上都没说。但何澄约徐永昌明天到他家——王大人胡同"真山园"吃饭，可能是专门和徐永昌谈论此行的[43]。八月二十二日，徐永昌在新丰楼宴请温寿泉、何澄等人，何澄在席间谈"日本某军官于无意中流露俄真不可轻视。俄紧张之至，甚宣传日要如何俄，而俄共党基本已增至三百万人云云。亚农以为俄共无若斯之多，俄国紧张，而日尤紧张"。[44]

八月三十一日晚七时半，徐永昌又到何澄家吃晚饭。何澄对他说了黄郛自六月二十五日偕夫人沈亦云返回莫干山，回来还是不回来甚作难："盖有三误焉：从前日本以为黄（郛）有办法，所以捧之，近以其诸凡听南京，因之颇不满，此一误也；黄之来也，以为蒋（介石）必事事听之，孰料不然，此又一误也；蒋之约黄出来，本利用其做二重外交，且谓黄必体国家之无办法，以国家为重，该如何即如何，虽有为国家牺牲之处，亦不当顾惜，孰料黄亦系求国民叫好者，岂非亦一误耶？"

何澄又跟徐永昌说了这么一件事："日方在平津之捧黄（郛）角色，现均调走，所易者皆轻视黄，且极仇视于孝侯（于学忠）。日前，何敬之（何应钦）宴今村司令，席间中日人士极其欢醉歌舞，今村指谓孝侯曰：'孰谓两国不能联欢，君睹此如何者。'日现对我方要求，凡接壤'满洲国'军队，不容有仇视日本者，意指奉军重在河北，此军事方面者。其经济方面则凡属华北之路矿棉三项，要求合作。"徐永昌问何澄："日俄有事，日能许我中立么？"何澄说"有可能性"。徐永昌又问："此三项既合作，即系参战，俄如何能认我为中立？"何澄回答："此条件问题也，假如规定日俄决裂之日，即中日经济合作暂停之日，不亦可乎？总之，事在人为，如一味搪塞延宕，以求幸免，万不可也。过去事实俱在，不容吾人否认。"[45]在"真山园"吃过晚饭告辞后，徐永昌同侯少白在清华园洗了一个澡，也许在泡澡时，细想着何澄对他所说的事吧。

侯少白（一八八五～一九七一），山西临汾人。不但与何澄关系极好，而且与何澄子女和在北平的亲戚也很熟悉，何家人可以亲昵地称侯少白为"侯九"，足见其亲密程度。侯少白曾在辛亥革命时参加临汾起义。一九一三年，当选为北京政府第一届国会众议院议员；一九一六年，第一次恢复国会时仍为众议院议员；一九一七年至一九二二年，任护法国会众议院议员；一九二二年至一九二四年，为第二次恢复国会众议院议员。后在京津等地经商办贸易（拥有兴隆化学盐酸公司），但仍热衷于政事，与何澄、傅作义、徐永昌谈论政事颇多。

九月二日，徐永昌应蒋介石之邀准备赴庐山会议，何澄告诉他日驻沪领事馆武官在两天前发表了攻击黄郛的文字。徐永昌问何澄，这种攻击是"反正两种作用乎？”何澄告诉他，什么作用也不是，是真攻击黄郛[46]。

从一九三四年十月十四日开始，蒋介石和宋美龄夫妇开始了巡视西北、华北之旅，目的是推广和宣传“新生活运动”。抵达西安后，蒋介石不但发表鼓励“新生活运动”的讲话，还邀请外国传教士参加茶话会，蒋介石用中文、宋美龄用英文即席演说，赞扬传教士对中国所做出的贡献，并呼吁他们对新生活运动应尽力协助。在兰州和宁夏，他们参观了毛纺厂，登上了兰州古城墙，视察了黄河大铁桥。在宁夏，他们参加了一家制币厂和一座煤矿，还看了一座由冯玉祥的军火库改装的大工厂和正在修建的通往西安的铁路。十一月六日，蒋介石夫妇乘坐平绥铁路局的专车离开北平，由平绥线西行，经张家口、大同、平地泉到达归绥市（今呼和浩特）。在站台上，受到绥远省主席傅作义和党政军及各界代表五百馀人的热烈欢迎。十一月七日，先后接见了中央蒙藏学校包头分校和中央军校学生代表，以及萨拉齐县民生渠水利公会工程所的代表。与蒙古地方自治委员会政务委员会委员长云端旺楚克、秘书长德穆楚克栋鲁普晤谈很久。与各界代表谈话结束后，即由傅作义陪同赴抗战烈士陵园巡视，并与傅作义在阵亡将士纪念碑前合影。下午，蒋介石夫妇开始在归绥市内巡视，参观了新建不久的绥远毛织厂，对该厂颇为赞赏，不仅频频拍照，还允诺回南京后即派员来绥指导，并拨款资助；宋美龄也对这个新建毛织厂的组织情况和资本额数频频询问。游览完图召寺，蒋介石一行又驱车至新城参观绥远农林试验场。在那里，一一验看了为筹备绥远省第五届农产品比赛会而征集的各种农产品，大为赞赏。八日十时，蒋介石一行乘飞机离开绥远，前往太原，进行此次西北、华北巡视活动的最后之行。十一时半，蒋介石偕夫人到达机场，住宋哲元部冯治安在太原的公馆。中午，阎锡山在中和斋宴请蒋介石夫妇及随行人员。九日，蒋介石夫妇往河边看望阎锡山父亲。十日，山西各界开欢迎会。下午，蒋介石夫妇和孔祥熙等一行在徐永昌的陪同下到达太谷，先到著名的铭贤学校参观，后到孔祥熙父母墓地凭吊，最后来到太谷城内上观巷的孔祥熙宅院。孔宅朴实无华，大小六个院落，东西有两个花园。晚饭后，在孔祥熙宅院，徐永昌与蒋介石交谈颇久。蒋介石对徐永昌打击吸食鸦片、贩卖毒品的行动给予大力支持。说：对毒料贩者，惩办要严，对吸食者亦不应宽，那些帮运料面者，不论铁路、邮局人员，只要有据，即处决……[47]次日早饭，孔祥熙安排的甚紊乱，徐永昌批评孔祥熙“真所谓忘其所以”。[48]九时，蒋介石夫妇一行由太谷动身直接到太原机场乘机返回。蒋介石夫妇的此次西北、华北巡视活动宣告圆满结束。

十二月二十七日，徐永昌得何澄密函：“蒋之北游各省，其结果将如去岁宋子文游热河，日本又不知要出什么花样。”[49]日本人果然又玩出花样，一九三五年一

真山园主人

王谢长达逝世前四十四天像

月十日前，何澄第二次由上海赴日办理有关方面交办的交涉事件。此次何澄赴日，真是无可奈何，又痛苦万分：一九三四年十二月二十五日，岳母王谢长达与世长辞，享年八十六岁。由张一麐等人发起的"王谢长达先生追悼会"将于一九三五年一月十九日在振华女学校举行。不能参加这位女权主义者、教育家、亲自参与当年推翻清廷统治的江苏光复者的追悼会，何澄当有无限遗憾——他是振华女校首届校董之一，又是唯一的女婿，但与日交涉事情又非常急迫，不容他有些许耽搁，权衡再三，还是以国家大事为重，如期赴日。行前，他在王谢长达逝世前四十四日，妻子在"灌木楼"为母亲所摄最后一帧照片上题字："逝世前四十四日之遗像——摄于灌木楼。女山谨记。"以示永久的纪念。

何澄赴日后的一九三五年一月十九日早八时，蔡元培由上海乘火车赶往苏州，到站后由吴派经学的创始人和领袖人物惠栋六世孙惠可洪招呼，前往振华女学校。在振华女学校，蔡元培会晤了俞庆棠、王佩净和"小徐(王季同)世兄、季玉世妹"。因李根源寓所距振华甚近，由惠可洪偕访。中午，蔡元培回到振华，在今雨轩午餐，同坐有章太炎、张一麐、吴企云(吴县县长)、张元济、杨千里等人[50]。下午二时，王谢长达追悼会正式举行，由蔡元培主持并发表演说：

苏州振华女学校创始人王谢长达追悼会会场(王守实提供)

今天鄙人是为追悼会来的，今天凡是到会的没一个不佩服王谢长达先生，想不到今天是开追悼会的日子。我们很希望先生多活下去，做我们的指导。

人既有生，谁无一死?但每人应计算生前作为，是否辜负一生。先生高寿八十六，大事告成甚多，虽去世亦无抱恨，然我们生存的人希望她再有多少年数好好办事，可是现在已是无法。现在如能使她的事业永远不死，如此，则先生亦未死。

先生一生事业最重要的，是对于男女平等权，最着力而最有成效……先生虽离开我们，然有季玉、季昭师妹继续努力，将来发展真是无限。如此，则先生仍旧未死，我们如能尽力帮忙，则不失追悼之本意[51]。

这一时期，何澄南来北往，跑日本，走四方，十分忙碌。何泽慧在给大姊何怡

说现在是一级之冠了。父亲大人是常常要人一个
月里南京北京要来回跑两趟呢！母亲大人
大概现在很冷静，因为好[illegible]了！我希望他们都
到北边来，因为母亲在北边可以有些着力。不像
在苏州那样的终日劳碌！
学校里的生活像度日般的度着。今日
不管明日，明日，明年，将来的事更不肯放在脑中起
影。我没有希望，更没有志愿！你在骂我太没
有出息吧！那我也可以有希望，我希望你们都
快些回来，恢复我们幼年的生活！
今年我们读 Dynamics of Rigid body，闲[illegible]的
三星期，先生把一本书 Vector Analysis 与 Tensor

國立清華大學用箋

一九三五年二月十九日，何泽慧给何怡贞信（何怡贞旧藏，葛运培、葛运健提供）

贞的一封信中这样说道："父亲大人是南北要人，一个月里南京北京要来回跑两趟呢！"

一九三五年一月一日，蒋介石以徐道邻的名义在《外交评论》第三卷第十一、十二期合刊上发表长篇文章《敌乎？友乎？——中日关系之检讨》，这篇文章被大量转载，它的官方色彩已是路人皆知，许多文武政要和中外民间人士都在琢磨这篇文章的真正含义。一月二十一日，日本在南京的总领事须磨弥吉郎与汪精卫进行了会晤。会晤之后就对记者说，中日关系正在绝对地得以改善。二十三日，日本外务大臣广田弘毅在国会上报告日本的国际地位和日本政府的对外政策，阐述了这样一种原则："作为唯一的东亚和平大厦的基石，日本承担它的全部责任，我们的外交和国防就根源于这种地位及其巨大的责任。"针对中日关系改善的问题，广田表示，希望中国"能与日本常保善邻互助之关系，以贡献于东亚之平和及发达，不可不谓当然之使命……若中国而谅解帝国这真意，帝国殊愿不吝以充分好意的态度报答之"。[52]二月十四日，蒋介石对日本《朝日新闻》记者说，中日关系似乎正在改善[53]。与此同时，蒋介石派出了王宠惠作为他的私人代表前往东京，就继续和平进行试探。王宠惠于二月九日到达日本，共进行了为其四周的访问。会见了广田、首相冈田及其他日本军事和外交领袖。王宠惠向广田说明了中国解决问题的条件。第一，中国和日本必须以互相尊重各自的领土完整、独立和平等为基础着手解决问题。第二，中国和日本应该追求相互友好的行为。例如，南京应该镇压反日运动，而东京则应该终止日本人对中国地方性独立运动的支持。中日争端应该用外交方法，而非恐吓或武力来解决。作为王宠惠与广田会谈的直接结果，蒋介石开始镇压中国国内反日活动。二月二十一日，南京国民政府禁止所有报刊刊登反日或赞成抵抗的文章和广告[54]。

中日双方外交关系的这种突然变化，与何澄赴日有什么关联，不得而知。二月二十二日，徐永昌看到"报载日之广田弘毅表示对蒋如何信仰等等"，似乎不太清楚这其中有什么奥妙，山西省财政厅厅长李鸿文转述给他何澄对此种新闻的一句话："皆我政府所自鼓吹，日方对中国国民党政府决无谅解可能。"徐永昌听到何澄的这个评语后，认为何澄太替日本张目："国民党政府好坏另一问题，只是我中国吃得起，倒了此国民党政府，另组一其他政府耶。中国今天真是全民堕落，不争气，实非一党之过也。日本不愿与国民党政府谅解，愿与另一势力谅解，正如不愿与于孝侯（于学忠）谅解，盖日本甚利。我们天天倒政府，亦愿我们疆吏听他的话，这如何可者！"[55]但事实证明，何澄所表示的，蒋介石放弃"一边抵抗，一边交涉"的原则是错误的。

一九三五年一月十九日，黄郛离北平南下，向蒋、汪报告华北政情后，即前往上海。也许走前，黄郛曾与何澄谈过，他无法干下去了。二月二十三日，何澄到太原。徐永昌仍相信中日关系可以得到改善，他对何澄说，“余以为日当局之宣传中日谅解，是已经得志，速求恢复常态，若其下也者之宣传不能谅解，一为震吓中国，一为他个人不想恢复常态（永远这样他才从中取利），独怪一部分中国人也愿意天天有事”。[56]二月二十五日，徐永昌在开过一个会后会晤何澄。何澄对他说：“当以黄膺白北来与否，为对日外交有无办法之试验表”；又说：“观汪精卫关照广田之谈话，以及孙哲生（孙科）之再不能倚靠国联、倚靠欧美之谈话，可知政争者又皆含有争亲日之态度。王亮畴（王宠惠）之访日，即欧美派得意之阵容。然则以能谅解日即要倒汪，尚嫌不够，因蒋今日实需要汪也。”[57]

果然如何澄所分析的那样，“当以黄膺白北来与否，为对日外交有无办法之试验表”——黄郛于二月十六日从上海返回莫干山后，就坚决拒绝返回北平。

五月三日，涉嫌汉奸的天津《振报》社长白逾桓、《国权报》社长胡恩溥在日租界被暗杀。五月二十九日，日本在天津的驻屯军司令梅津美治郎派参谋长酒井隆、北平日本使馆武官高桥坦，向北平军分会委员长何应钦提出白逾桓、胡恩溥被暗杀，热河义勇军孙永勤部侵扰遵化，均与中国政府有关，是排外举动，无理要求：“一、撤换河北省主席于学忠，省政府移保定；二、撤换天津市长张廷谔、公安局长李俊襄、宪兵第三团长蒋孝先；三、撤退驻扎河北之中央军及五十一军于学军部；四、撤销华北各级国民党党部；五、取缔蓝衣社[58]；六、拿办暗杀白逾桓、胡恩溥的凶手。否则将取自卫行动。”[59]日本在这一年制造的所谓“河北事件”以此为开始。

日本方面此举是想把华北地区的国民党和南京国民政府党政军主要人员全都换成听他们话的人。为此，日本方面也看上了何澄。曾派人找何澄，以替换他们不满意的南京国民政府驻平机构的要员。但何澄拒绝了日本人请他出台的事！这之后，孔祥熙、宋子文也都派人来与何澄密见，要求给他们介绍与日本人见面。据何澄夫人王季山当年给何怡贞的一封信得知，有人想将蒋介石和汪精卫赶下台，换另一班人上台。何澄没有给他们办这件事。到六七月间，就到南京专办国民政府有关方面交办的事了。

何澄不干这种受日本人指挥的台面人物，但有人倒跑得欢，如王克敏就跑到上海找黄郛，要求推荐他当代理行政院驻平政务整理委员会委员长。

六月十六日，黄郛偕王克敏到南京，“与汪兆铭、何应钦共商河北问题”。[60]十八日，南京国民政府令派王克敏代理行政院驻平政务整理委员会委员长，商震代

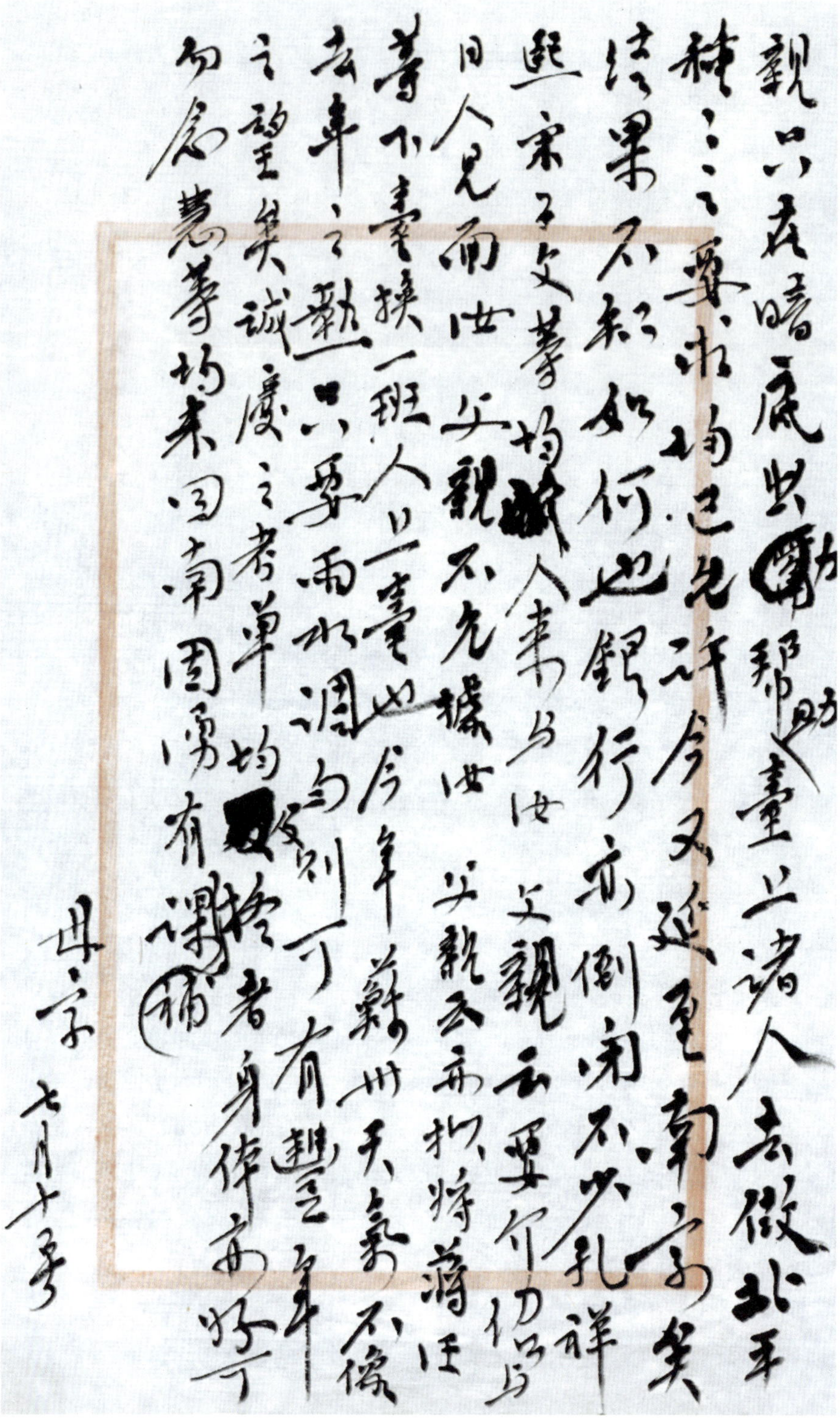

親只在暗底出[illegible]幫助之諸人去做北平
種種要求，搞已允許，今又延至南京矣
結果不知如何也，銀行亦倒閉不少，孔祥
熙宋子文等均[illegible]人來與世丈親云要作切與
日人見面，世丈親不允，據世丈親云亦擬將蔣任
等下臺，換一班人上臺也，今年蘇州天氣不像
去年之熱，只要雨水調勻，則可有豐年
之望矣，誠慶之者單均[illegible]捨者身体安好
勿念，惠等均未回南，因局勢有變

丹字 七月十五

真山園主人

424

怡女知悉：今来得信，甚以为念。速寄衣食物二包，不
知收到否？汝父亲谓汝美金一百五十元亦未得
收到。之信、泽明于本月三号到家，振华均放假，
故家中甚热闹。近日之学生远不若从前，汝
举在校长自学矣，苏女中及苏高中两校均学生
驱逐校长，罢课及毁坏校具，振华虽不若
彼两校之逐校长，但与大姨亦有意见不合，致不
给颜、何屋及种种之批评，大姨之言论，所以下学
期大姨亦拟离去振华矣。中国之政治
近来亦颇复杂，日本当要挟汝父亲，
但汝父亲不愿接有各之事，所以月下汝父

一九三五年七月十日，王季山给长女何怡贞信（葛运培、葛运健提供）

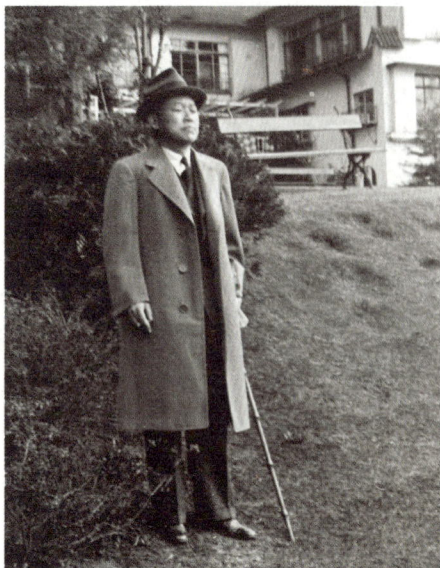

何澄在日本热海温泉下榻的旅馆前

何澄和夫人王季山在日本东京上野

天津市长[61]。不到十天，南京国民政府又改令任命商震为河北省政府主席，程克为天津市长[62]。而驻华北军队方面，则推出来宋哲元。

很快，国民政府发现如此退让是没有出路的，毅然决然地于一九三五年八月二十九日明令宣布撤销行政院驻平政务整理委员会[63]。

九月六日，前去长春等地的何澄回来后，就去看望来北平看病的徐永昌。他告诉徐永昌："悉日方最近对华北仍有企图。"又谈，"据板垣云：中国方面勾结日武官的人太多，此固中国不利，然而日方之上级者亦时有捂不住下级者之危险。中国若无首领出而协日，遂致下级者有机可乘，此诚危道。"所以，何澄觉得国家危险不在外而在内。最后，何澄又对徐永昌说："日对晋绥恐怕要由缓而急。日人多谓阎是红白皆有。黄膺白恶王叔鲁（王克敏），将其每月十万元之收入缴部，所以力主撤销政分会。"[64]驻平政务整理委员会撤销后，黄秋岳对时任行政院秘书长的翁文灏也说过此事："黄郛每月机密费八万元，从不报销。王克敏代理三月，省出二十万有奇，则交付汪精卫，汪则交于张群。蒋（介石）及杨永泰皆知此事。孔（祥熙，时为行政院副院长）虽知有馀款而不知交谁！"[65]（按：一九三六年三月二十三日，孔祥熙曾就此事找过翁文灏，说王克敏曾去北平政务会，有特别费可移交，但行政院中人不知该交给谁等语，故翁文灏特别强调"孔虽知有馀款而不知交谁！"）

驻平政务整理委员会撤销后，何澄并没有追随黄郛再上莫干山。此后，他连

何澄与王季山在日本(何泽明摄,何长孝提供)

续三次再赴日本,与日本有关方面交涉中日问题。

一九三六年一月十一日,何澄赶到太原,系一两日即到日本东京,特地前来见阎锡山。晚上在贾景德家,徐永昌与何澄见面。何澄没说他此次赴日前来见阎锡山有什么事,只是说:“南京且有政潮,即二陈(陈果夫、陈立夫)反对五通,拥胡(胡汉民)拉黄埔(军人)以清君侧(民国以来错在谋统一,用意虽好,惜如拿破仑之要统一欧洲,岂能得几?唐有藩镇,宋元其敝去之,然因以弱。最好是清制,考核权以外一切委之疆吏,疆吏负责而能发挥其能力。所以就国家说,有改革制度之必要。联省自治最好,但要如美国之联邦治)。所谓政潮即新国民党与黄埔军人合而拥胡(二陈系新国民党),此内事也。日本以此不许中国自强(以华治华即是),对蒋认为终有复仇性,所以决不能与之相安。日以对俄为目的,掣肘中国为手段;俄以赤化亚洲为目的,打倒日本为手段(因日有阻其赤化力量)。日不仅利用华北之汉奸,如萧某,本月一日陈立夫且往见矶谷(在怒蒋后),此外事也。整个对日国策,各省自治(即修改宪法——原文即有此括注),授权各省(釜底抽薪,不必待日挑唆各省自立——原文即有此括注),在日运用下是分裂的,在我们运用下是分治的。在晋绥言,一面是赤,一面是蒙(蒙即以华制华),赤须自了,蒙可利用外交,此犹侧面外交也,而尚须有对日之正面外交。日人矶谷、根本,为有才有誉之分子,合知颇有条理;次之,包悦卿代德王向日人要枪万支,日许以千(亚农亲见之)。日人对我交涉,一定要华北,除外似很难挽回也。日军人多数系社会主义

何澄在日本（何泽明摄，何长孝提供）

何澄与夫人王季山在返国的轮船上（何泽明摄，何长孝提供）

一九三七年四月，何澄到日本热海时即题即烧制的日式茶杯上题记

者。”[66]这一晚，何澄、徐永昌在贾景德家谈到十二时方离去。一月十三日晚，徐永昌在正太饭店东楼为何澄送行，贾景德和山西省民政厅厅长孙奂仑等人作陪。七时许，孙奂仑等一二好友送何澄上车[67]。二月二十三日，徐永昌接到侯少白转给他的一封何澄电报云：“日皇已敕其军人不得向中国迳提交涉问题，即努力使外交一元化，且令外交以蒋介石为对像云云。”[68]

一九三六年七月二十九日，何澄由大连再赴日本，八月下旬返国[69]。二十九日上午，在北平的徐永昌到“真山园”，南桂馨和温寿泉均在。何澄与徐永昌谈“日对绥察进行事项，系关东军司令负责，对冀系天津驻屯军司令负责（现驻津司令田代系稳健者）。又谈日政府刻下虽为稳健派得势，然其国家或对外不久的将来总要出件大事故。”[70]九月十日，何澄又与徐永昌谈“宋明轩（宋哲元）新请到之高等顾问健川中将为日本急进派之中坚分子，真琦大将之副手，二二六事件之主要角色，第四师团长免职者”；又云：“日本内定方案华北最低限度要做到坎拿大，但是应付不好恐成第二满洲国。”[71]九月二十三日晚，李润章在丰泽园请客，徐永昌、温寿泉、何澄、何其巩等人又聚在一起。何澄说：“日人决不令国民会议圆满开成，尤其日方负责武官皆集南京，密电：不取此，其将欲有所甘心者。今日《大公报》登东京电，已向我提出要求数条，又（天）津日方亦向宋（哲元）要求：一、表明态度；二、平津不驻兵；三、尊重日顾问意见等。”饭后，何澄和温寿泉约徐永昌到美锦院稍坐。何澄对徐永昌又密言：“日对冀察绥要急进，谋达成其五省脱离中央之夙愿。”又说：“宋(哲元)如应付不好，日本拟以张自忠代之。为张向日奔走者为马彦冲，张至忙。潘毓桂(宋哲元的冀察政务委员会政务处处长，后任伪天津市市长)又云，本月底二十五六日驻兵将在平汉路之涿州一带演习，至时必出事，君似宜早退。”[72]

一九三七年三月十五日，何澄、王季山夫妇同赴日本。何澄夫妇此次到日本之时，长子何泽明已考入京都帝国大学工学院冶金系，他为父母记录下了在此次来日本一游时的多张照片，也为中日关系史留下了一些可供参照的线索。

一九三七年四月，何澄最后一次到日本疗养胜地热海，在一个即写即烧造的日式茶杯上题写了如下铭记：

> 余一月之内，三到热海，每觉浴罢温泉，身心俱泰。闲人幸福非富贵者所能梦见也。中华民国二十六年春日。真山园主人记。

何澄夫妇回国后未及三个月，他所预判的“日人对我交涉，一定要华北，除外似很难挽回也”，果然应验。“七·七事变”爆发后，中华民族终于走到了坚决抗战的“最后关头”。

注释：

① 谈荔孙(一八七九～一九三三)，名荔孙，字丹崖，江苏山阳县人。银行家，大陆银行创办人。一九〇四年，留学日本东京高等商业学校银行经济专业。一九〇八年回国，考清廷学部举行的游学生考试，赏给商科举人。先后任度支部主事、大清银行稽核、中国银行会计局局长、国库局局长。一九一八年，任北京中国银行行长。一九一九年，得到代总统冯国璋的支持，在天津创立大陆银行，自任董事长，次年又兼任总经理，此后陆续在各大城市设立分行，投资绥远毛纺织厂，并在上海南京路建造大陆商场。一九二二年与盐业、金城、中南银行组成四行储蓄会，合作建造上海国际饭店。一九三三年二月在北平病逝。

② 《二十世纪上海文史资料文库》(五)，第一五三～一五四页：谈季桢、谈在唐撰《大陆银行兴衰纪略》，上海书店出版社，一九九九年九月。

③ 《毛泽东选集》第一卷，第二〇二页：《中国革命战争的战略问题》，人民出版社，一九六

六年七月。

④ 曹伯言编《胡適日记全集》第六册，第五八一～五八二页，联经出版事业公司，二〇〇四年四月。

⑤ 梁为楫、郑则民主编《中国近代不平等条约选编与介绍》，第四三〇～四三一页，中国广播电视出版社，一九九三年八月。

⑥[美]柯博文著《走向"最后关头"——中国民族国家构建中的日本因素（一九三一～一九三七）》，第九十一页，社会科学文献出版社，二〇〇四年七月。

⑦ 刘盥训（一八七六～一九五三），字孚若，笔名芙若，山西临猗人。毕业于京师大学堂，历任山西大学堂教务长、京师大学堂学监。一九一二年，任北京临时参议院议员。一九一三年，任第一届国会众议院议员。一九一七年，任护法国会众议院议员。一九二八年起，历任国民政府立法院第一、二、三、四届立法委员。为国民外交协会执行委员。新中国成立后，受聘为中央文史研究馆馆员。

⑧《国民外交杂志》，一九三三年第一卷第四期，"诗录"第二页。

⑨ 张友坤、钱进、李学群编著《张学良年谱》（修订版），第四六八页，社会科学文献出版社，二〇〇九年二月。

⑩ 曹伯言整理《胡適日记全编》（六），第二〇七～二〇八页，安徽教育出版社，二〇〇一年十月。

⑪ [美]柯博文著《走向"最后关头"——中国民族国家构建中的日本因素（一九三一～一九三七）》，第一〇四～一〇六页，社会科学文献出版社，二〇〇四年七月。

⑫ 黄绍竑著《五十回忆》，第二五四～二五五页，岳麓书社，一九九九年四月。

⑬ 吴相湘著《时代迭变中的文武政要》（下），第三九七页：《蒋作宾》，中国工人出版社，二〇一一年一月。

⑭ 同上，第三九七～三九八页。

⑮ 沈云龙编著《黄膺白先生年谱》（下册），第五四三页，台北联经出版事业出版公司，一九七六年一月。

⑯ 同上，第五四三～五四五页：《黄郛与大晚报主笔曾虚白的谈话》。

⑰ 中央档案馆、中国第二历史档案馆、吉林省社会科学院合编《华北事变》，第二一六页：《中山驻北平书记官致内田大臣电》（一九三三年六月二十八日，第二七九号之一至四），中华书局，二〇〇〇年七月。

⑱ 沈亦云著《亦云回忆》（下册），第四五二页，台湾传记文学出版社，一九六八年四月。

⑲ 同上。

⑳ 中央档案馆、中国第二历史档案馆、吉林省社会科学院合编《华北事变》，第二〇六页：陶尚铭《黄郛与塘沽协定》，中华书局，二〇〇〇年七月。

㉑ 沈亦云著《亦云回忆》（下册），第四五三页，台湾传记文学出版社，一九六八年四月。

㉒ 沈云龙编著《黄膺白先生年谱》（下册），第五六〇页，台北联经出版事业公司，一九七六

年一月。

㉓ 同上，第五五九页。

㉔ 同上，第五六一～五六二页。

㉕ 同上，第五六三页。

㉖ 同上，第五六七～五六八页。

㉗ 中央档案馆、中国第二历史档案馆、吉林省社会科学院合编《华北事变》，第一七四页：《中山驻北平书记官致内田大臣电》(一九三三年五月三十日，第二三四号)；日本外务省档案胶卷，第六十三卷，中华书局，二〇〇〇年七月。

㉘ 沈云龙编著《黄膺白先生年谱》(下册)，第五六八页，台北联经出版事业公司，一九七六年一月。

㉙ 胡颂平编著《胡适之先生年谱长编初稿》(第四册)，第一一五七～一一六〇页，台北联经出版事业公司，一九九〇年十一月校订版。

㉚ 吴元京审订、梁颖编校《吴湖帆文稿》，第四十三页，中国美术学院出版社，二〇〇四年九月。

㉛ 徐永昌，生于一八八九年十一月二十三日，殁于一九五九年七月十三日，自署“求己斋”，山西崞县(今原平市)人，幼年随父母迁居大同。一九〇〇年六月，母亲病逝，不久父亲也离世，在此之前，两姊一兄相继夭折，便成了一名孤儿。幸亏在其父朋友所开的店铺遇到护驾两宫西逃的武卫军左军一营书记官徐椿龄，这位营口人很喜欢他的聪颖和好学，就携他入营执勤务，并利用闲暇帮他温习书字。一九〇六年，徐椿龄把他列入毅军正式军籍。随军在营，徐永昌以爱读《左传》闻名，学识日益长进，并以诚实有恒为长官所赏识。一九〇八年，考入武卫军随营学堂。学习成绩由初入学堂的倒数第二，跃至全班之冠。三年后毕业，授副军校(中尉)，任武卫左军左路前营左哨副哨长(副连长)。一九一一年，辞哨长职入陆军部筹设的将校讲习所，一九一三年冬毕业。由于成绩冠侪辈，为中德教官和陆军部主管所器重，想派他到南京陆军预备学校第七连任连长，后改荐为直军团副，但他深切体会到学然后知不足，两处任职均不就，发愤读书，准备接受最高军事教育。一九一四年如愿考入陆军大学第四期。一九一七年冬，孙岳创办直隶军官教育团，邀请他主持。从此以后，徐永昌一直跟随孙岳，但不盲从。一九二二年，孙岳决计推倒曹锟、吴佩孚，征求他的意见时他说：“今日之事，问意见，我不同意；命我做，我当从命。”

一九二六年一月，冯玉祥的西北国民军反直鲁联军失败，第二军溃败于豫西，第一军撤退五原，冯玉祥下野避走苏联。同年九月，冯玉祥得苏联援助重回五原誓师，因与冯玉祥主张不合，徐永昌率第三军准备在包头驻扎屯垦，旋赴太原谒晋绥军总司令阎锡山，深得阎锡山器重。一九二七年六月，阎锡山就任国民革命军北方总司令，徐永昌仍以原西北国民军第三军名义率部驻守井陉。十月，奉军几次进攻，均无法前进。一九二八年一月，南京国民政府继续北伐，阎锡山就任国民革命军第三集团军总司令，徐永昌奉任国民革命军第十二路军总指挥。四月，率所部出井陉，过获鹿，一战越滹沱河，再攻至望都，五月三十日攻克保定，即奉命在保定驻扎。其时，在上海养病的孙岳逝世，徐永昌率部为之迎灵发丧，举行追悼大会。之后，乃请准将所统国民军第三军旧部整编为两个师、一个骑兵旅、一个独立团,正式隶属阎锡山麾下。

一九二八年十月十二日,为绥远省政府第一任主席。一九二九年八月十日,调任河北省政府主席。一九三一年八月十一日,为山西省政府主席。莅任后即成立山西省设计委员会及中小学教科书编审委员会,以重振萎靡的经济,整治学风的窳败。"九·一八"事变后,军事委员会北平分会于一九三二年成立,往来于北平、太原,对华北军界人事的协调和团结贡献颇多。一九三三年,塘沽协定前后,促各方协力同心,忍辱准备,以图自强。徐永昌在主政绥远、河北、山西期间,前后列账三册,命专人代为登记其个人俸给收支情况,在国民政府封疆要员中,实为清慎勤俭,廉洁自律第一人。

一九三七年三月六日,奉派为军事委员会办公厅主任,佐蒋介石整军经武,致力国防。一九三八年一月七日,任改组后的国民政府军令部部长。军令部主持参谋作业,承担搜集并研判敌情、策订作战最高指导方针及各战区作战大纲等重任。在抗战期间,他无日不记下各战区、各战场甚至世界大战的详细战况和对重要情报的分析判断。一九四一年七月,曾撰《四年来敌我战略战术总检讨》一文,逐项逐条分析了采用速战速决的日军为什么没能击败中国军队,反使中国军队愈战愈强的诸多因素。以其主管军令业务和身份,这一论文自然是权威之作,是了解中国对日抗战获得最后胜利原因的可靠史料之一。一九四五年八月十日,日本宣布无条件投降。八月十七日,重庆国民政府特派其为中华民国代表团团长,参加同盟军麦克阿瑟元帅主持的受降典礼。八月三十一日,徐永昌飞抵日本横滨。九月二日,随麦克阿瑟元帅在东京湾签署接受日本投降文件,这是一位军人绝难获享的荣耀。签署这一历史文件后,他应记者之请发表谈话说:"今天是要大家反省的一天,每一个在这里有代表的国家也可同样对过去作一反省。假使他的良心告诉他有过错误,就应该勇敢地承认过错而忏悔!"

一九四六年六月,任陆军大学校长。一九四九年赴台。徐永昌平时好读书,处世接物,坦率谦抑。自一九一六年一月一日开始写日记,从未间断,至一九五九年六月七日病剧始止,所记皆关当时史实,至可参考。

㉜《徐永昌日记》(第三册),第六十二页,台湾"中央研究院"近代史研究所,一九九一年十二月。

㉝ 同上,第二十九页。

㉞ 黄绍竑(一八九五～一九六六),字季宽,广西容县人。与李宗仁、白崇禧号称新桂系三大巨头。一九〇九年入广西陆军第三中学堂,一九一二年入武昌陆军军官预备学校,一九一四年结业后,再入保定陆军军官学校,一九一六年毕业后,回广西陆军任准尉见习官。新桂系统一广西之后,成为仅次于李宗仁的新桂系二号首领。一九二六年六月任广西省政府主席。因在新桂系历次反蒋战争中屡次指挥失利,威望大降,遂脱离新桂系投蒋。一九三二年五月任内政部长。一九三三年三月,内政部长兼任北平军分会参谋长。一九三四年十二月任湖北省主席。抗日战争爆发后,任第二战区司令长官,中将加上将衔。一九四二年转任第三战区司令长官。一九四七年当选国民政府监察院副院长。一九四九年任新中国政务院政务委员,中国人民政治协商会议第一、二、三届全国委员会委员,第一届全国人民代表大会常务委员,民革中央常委等职。

“反右”时被划为“右派分子”。“文革”中受到严重冲击，两次服毒不死，一九六六年八月三十一日在北京以剃刀刎颈自杀而死。著有《五十回忆》。

㉟ 中国社会科学院近代史研究所民国史研究室、四川师范大学历史文化学院编《一九三〇年代的中国》（上卷），第四十九页：罗敏《从对立走向交涉：福建事变前后的西南与中央》，社会科学文献出版社，二〇〇六年九月。

㊱《徐永昌日记》（第三册），第四十三页，台湾“中央研究院”近代史研究所，一九九一年十二月。

㊲ 同上。

㊳ 同上，第四十一页。

㊴ 同上，第六十三～六十四页。

㊵ 同上，第六十四页。

㊶ 同上。

㊷ 俞家骥（一八七七～一九六八），字涵青，浙江绍兴人。阎锡山幕僚。先后在山西阳曲、榆次、临晋、大同等县任知事。一九二五年，为雁门道道尹。一九二七年，任《山西省政务全书》总编纂。一九二八年随阎锡山晋京，主要负责为阎锡山处理来往信件。后任北平图书馆馆长、大陆银行北平分行经理等职。新中国成立后，为中央文史研究馆馆员。

㊸《徐永昌日记》（第三册），第一三五页，台湾“中央研究院”近代史研究所，一九九一年十二月。

㊹ 同上，第一五八页。

㊺ 同上，第一六一～一六二页。

㊻ 同上，第一六三页。

㊼ 同上，第二〇二页。

㊽ 同上，第二〇三页。

㊾ 同上，第二一〇页。

㊿《蔡元培日记》（下），第四〇三页，北京大学出版社，二〇一〇年九月。

51 徐思源主编《百年讲坛——名人演讲录》，第四十五页：蔡元培《在王谢长达先生追悼会上的演说》，古吴轩出版社，二〇〇六年四月。

52 ［美］柯博文著《走向“最后关头”——中国民族国家构建中的日本因素（一九三一～一九三七）》，第一五一～一五二页，社会科学文献出版社，二〇〇四年七月。

53 同上，第一九六页。

54 同上，第一九六～一九七页。

55《徐永昌日记》（第三册），第二四一页，台湾“中央研究院”近代史研究所，一九九一年十二月。

56 同上，第二四二页。

57 同上。

58 蓝衣社，早先称力行社，系国民党的特务组织。组建于一九三二年三月，以黄埔军校毕业生为核心。后因该社社员制服为蓝衣黄裤，故被俗称为蓝衣社。主要领导人有贺衷寒、戴笠、康泽等人。特务活动分为调查、行动、组训、筹款四大类。开始时的活动范围主要是军事系统，后来扩展到其他方面。国民党特务机构整合后，隶属于军事委员会调查统计局，也就是后来人们熟称的“军统”。

59 沈云龙编著《黄膺白先生年谱》（下册），第八七四页，台北联经出版事业出版公司，一九七六年一月。

60仝 同上，第八八一页。

61 同上，第八八二页。

62 同上，第八八三页。

63 同上，第八九四页。

64《徐永昌日记》（第三册），第三〇五页，台湾“中央研究院”近代史研究所，一九九一年十二月。

65 李学通等整理《翁文灏日记》，第三十一页，中华书局，二〇一〇年一月。

66《徐永昌日记》（第三册），第三五三～三五四页，台湾“中央研究院”近代史研究所，一九九一年十二月。

67 同上，第三五四页。

68 同上，第三七四页。

69 同上，第四五九页。

70 同上，第四六〇页。

71 同上，第四六五页。

72 同上，第四七〇页。

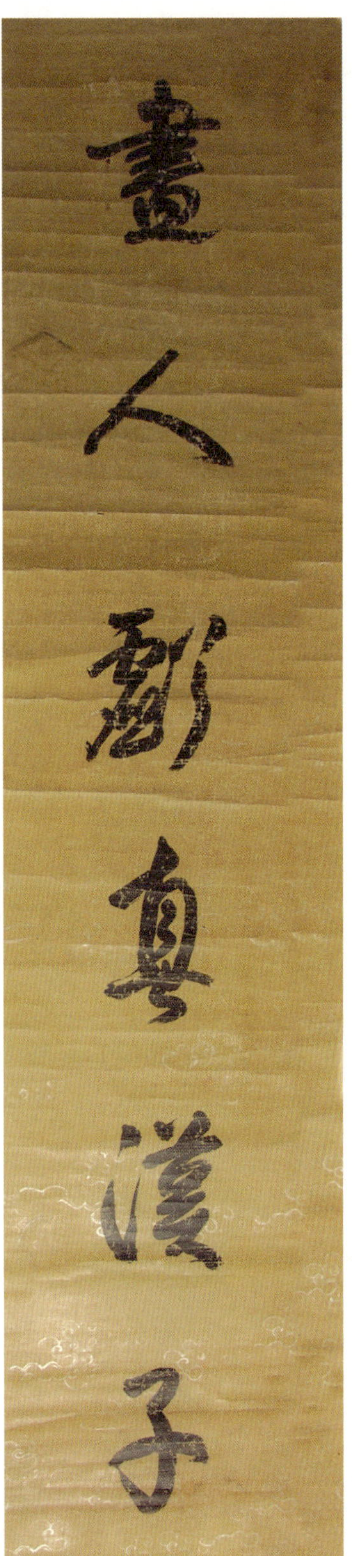

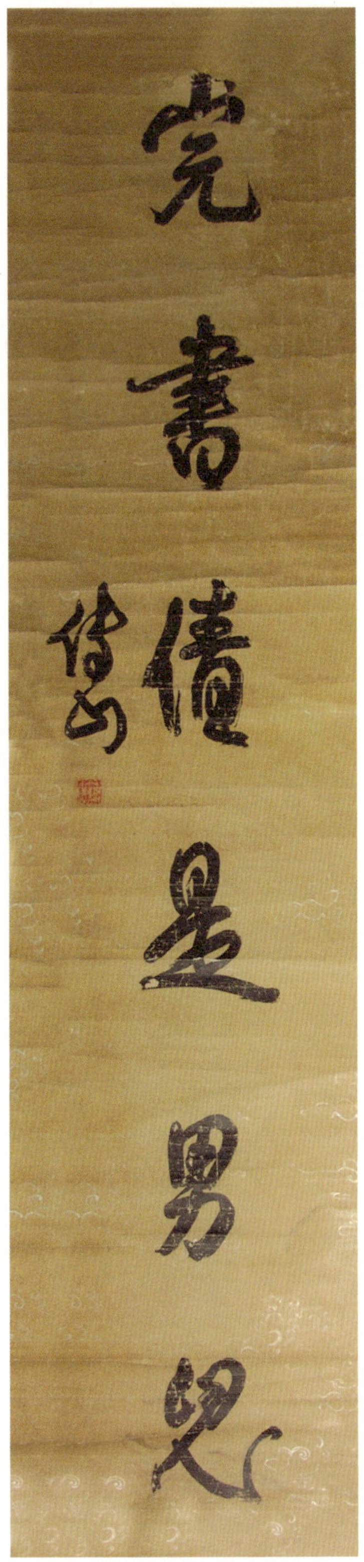

傅山书六言联：『尽人亏真汉子，完书债是男儿』（何文苑提供）

十八 “真山园”里藏国宝

随着华北危机的解除，何澄常住北平，方方面面的朋友、熟人很多，孩子们也三三两两地考到北平的大学和中学。何澄寻思着是不是该在北平有一所自己的住宅。俗话说，河南人爱穿绸，山西人爱盖楼。何澄也真是爱盖楼造房子——他看对了王大人胡同一号一所旧的王府，总占地面积约有十五六亩，房子虽然破旧，但决意买了翻造一下。算计了一下，连买带推倒翻造，大约要花费三万多元。可家里的积蓄并没有多少，又想着把这个院子造好了，一旦不住了，总可以卖到五万元以上，所以决定负债也要把这个北平的家造好。一九三四年六月间，由何澄自己设计的房子基本造好了。因崇拜傅山“决不仕清”的气节，何澄就把北平王大人胡同一号名为“真山园”。据说在明末清初，有一段时间傅山曾在灵石两渡何家私塾双藤书院讲学，其无所不通的高深学问和浩荡回肠的正气留给两渡何家学子深刻印象。至今，第十八世孙何文苑仍然保留着傅山当年留给祖上的一副六言对联：“尽人亏真汉子，完书债是男儿。”第十二世孙何道生对傅山更是崇拜有加，他在《傅青主先生画竹》一诗中说：“画师画竹爱画叶，先生画竹爱画节。节节挺特不相让，苍于古松劲于铁；先生之性竹与同，肯向画师谈笔诀，肝肺楂枒醉后生。纵笔写来自横绝，我法我用我即竹”；[①]在为胡永焕[②]所藏《傅青主先生草书宋人绝句真迹》题跋时，对傅山的草书和侠义气节更是喜欢到了顶礼膜拜的程度：“一笔直如絙朱绳，一笔曲如盘枯藤。或坠一笔风雨至，或起一笔蛟龙腾。羲之献之大笑无我法，张芝张旭再拜而服膺。想见先生橐饘报，师曰义侠气节高……吾闻先生足迹半天下，鹿车卖药缠行縢。恢奇半入诗与字，至今球璧珍缣绘。霜红龛集吾最爱，奇句突出无曹朋。”[③]

何澄北平的新宅，据何泽慧一九三四年六月十日写给大姊何怡贞的信中报

何澄督造北平私宅“真山园”内之花园(何泽明摄,何长孝提供)

何澄北平私宅“真山园”内建造好的花园假山（何泽明摄，何长孝提供）

王季山在北平王大人胡同一号“真山园”大门前（何泽明摄，何长孝提供）

何澄北平“真山园”一进院客厅外景（何泽明摄，何长孝提供）

“真山园”二门内（何泽明摄，何长孝提供）

“真山园”二进院

何澄在“真山园”客厅前

何怡贞在“真山园”书房

何泽瑛在“真山园”假山花园

何澄子女在“真山园”院门合影：前排左起：五子何泽庆、四子何泽诚、三子何泽源；后排左起：次女何泽慧、三女何泽瑛、长子何泽明

何澄子女在“真山园”二进院合影：前排左起：五子何泽庆、次子何泽涌、四子何泽诚；后排左起：三子何泽源、长女何怡贞、三女何泽瑛

告说：

父亲费了九牛二虎的精力，已将整理完工。据父亲告诉人家说，这是北平最最头等的上等住宅了，其如何可想而知！

但王季山却觉着“真山园”外观虽无不美观，但总不如苏州的“两渡书屋”和“灌木楼”住着好，所以来北平后只住了三个星期就返回了苏州。她在写给长女何怡贞的一封信中，道出“真山园”不易居住的具体原因。

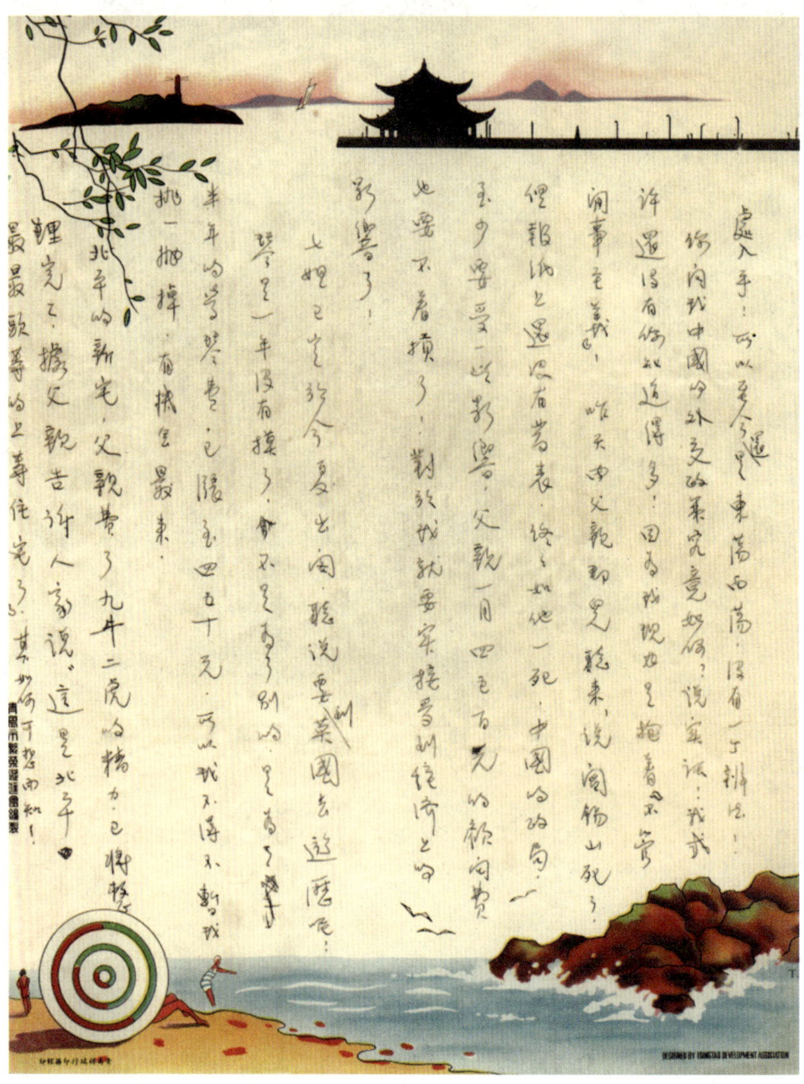

處入手！所以至今還是東蕩西蕩，沒有一丁辦法！

你們內我中國的外交的策究竟如何？說實話：我或許還沒有你知道得多！因為我現在是抱着不管閒事主義！ 昨天由父親那兒聽來，說閻錫山死了，但報紙上還沒有發表。總之如他一死，中國的政局，至少要受一些影響。父親一月四百多元的顧問費也要不着搞了！對於我就要牽扯到經濟上的影響了！

七姐已定於今夏出國，聽說要到英國去遊歷呢！

琴是一年沒有摸了，我不是為了別的，是為了那半年的學琴費，已漲至四五十元，所以我不得不暫時擱一擱棹，有機會再來。

北平的新宅，父親費了九牛二虎的精力，已將整理完工。據父親告訴人家說，這是北平最最頭等的上等住宅了。其如何可想而知！

一九三四年六月十日，何泽慧给大姊何怡贞信（何怡贞旧藏，葛运培、葛运健提供）

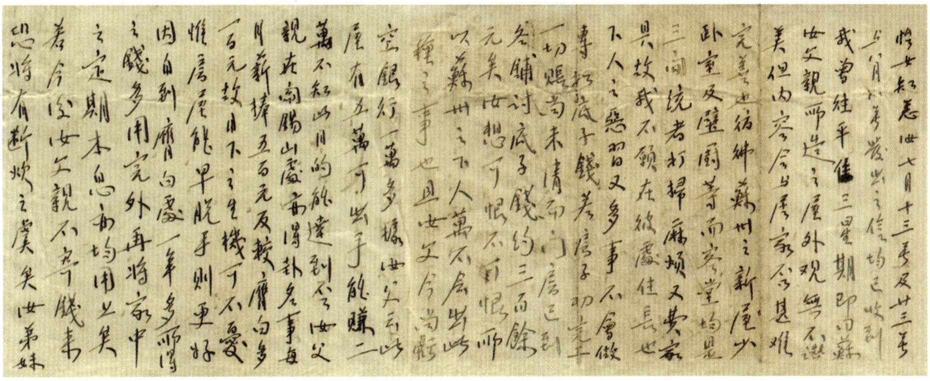

一九三四年八月二十九日，王季山给长女何怡贞信（何怡贞旧藏，葛运培、葛运健提供）

怡女知悉：汝七月十三号及廿三号与八月八号发出之信均已收到。我曾往（北）平住三星期即回苏。汝父亲所造之屋，外观无不赞美，但内容合与居家否，甚难完善也。仿佛苏州之新屋少卧室及壁厨等，而客堂均是三间统者，打扫麻烦又费家具，故我不愿在彼处住长也。下人之恶习又多事，不会做，专扣底子钱。若房子初完工，一切账尚未清，而门房已到各铺讨底子钱约三百馀元矣。汝想可恨不可恨。所以苏州之下人万不会出此种种事也。且汝父今尚亏空银行一万多。据汝父云，此屋有五万可出手，能赚二万，不知此目的能达到否？

汝父亲在阎锡山处亦得挂名事，每月薪俸五百元，反较膺白（黄郛）多一百元，故目下之生机可不忧，惟房屋能早脱手则更好。因自到膺白处一年多，所得之钱多用完外，再将家中之定期本息亦均用上矣。若今后汝父亲不寄钱来，恐将有断炊之虞矣……

“真山园”共有三进院，一进、二进院都有客厅和书房，三进院是孩子们的住宿处，一排铁架子单人床，就跟集体宿舍似的。院外有一大片空地，栽有矮墙花木，院内有花园假山，草坪，在千篇一律的北方四合院中有着众多的变化。如，他把南方园林的一些建筑构件堆叠在各个院内，把多是供人居住的房屋，尤其是上房，都设计成会客厅和书房。如此改建，进了院内，入了客厅，就有一股文气扑面而来。何澄爱好中国古物，从客厅就可见识。一般来说，客厅悬挂着的明清名家字画，是随着所来友人喜爱的不同而经常更换的。如，一进院客厅所悬挂的明代山水画家陈焕的《重岩飞瀑图轴》，画中有一高士（隐士）端坐在山间的茅草屋中，视极空远的一涧飞瀑分奔而下，旁若无人，山谷栈桥有一访客作欲访又不知所措

“真山园”一进院客厅内景，墙上悬挂着陈焕《重岩飞瀑图轴》等字画（何泽明摄，何长孝提供）

状。对耸而立的山顶、飞瀑、高士，走在栈道栈桥的访客，山水、人物的笔意都不及画家所要表达的意趣高深。看似一幅山水人物画，实则暗合着何澄的高士风骨。

“真山园”二进院客厅主要是给女眷和女儿们用的。何澄悬挂的是一幅金农《香林扫塔图》，画面上的一个小沙弥手持扫帚，早早起来打扫塔院，上有金农的题款：“佛门以洒扫为第一执事，自沙弥至老秃无不早起勤作也。香林有塔，扫而洗，洗而又扫。舍利放大光明，不在塔中而在手中矣。”在此悬挂这幅画，何澄是希望女儿们要向这个小沙弥那样，早起勤作，才能有所事成。即便是儿子们的卧室，他也悬挂着四条屏。一些能让孩子们得到思想情操熏陶的书联隔一阵就会换几幅：如何澄曾祖何道生所书七言联“俭以处家存古道，富于为学有新功”；傅山六言楷书联“性定会心自远，身闲乐事偏多”；清焕然五言楷书联“传家惟忠孝，尚志在诗书”；清钱大昕七言隶书联“禹粮尧韭窗前草，孔思周情架上书”等等。

何澄旧藏陈焕《重岩飞瀑图轴》（苏州博物馆提供）

“真山园”二进院客厅悬挂的金农《香林扫塔图轴》(何怡贞旧藏,葛运培、葛运健提供)

佛門以灑掃為第一執事自沙弥至老禿無不
早起勤作也香林有塔掃而洗洗而又掃舍利放
大光明不在塔中而在手中矣
蘇伐羅吉蘇伐羅記

何澄旧藏金农《香林扫塔图轴》(苏州博物馆提供)

何澄旧藏钱大昕七言隶书联『禹粮尧韭窗前草，孔思周情架上书』（苏州博物馆提供）

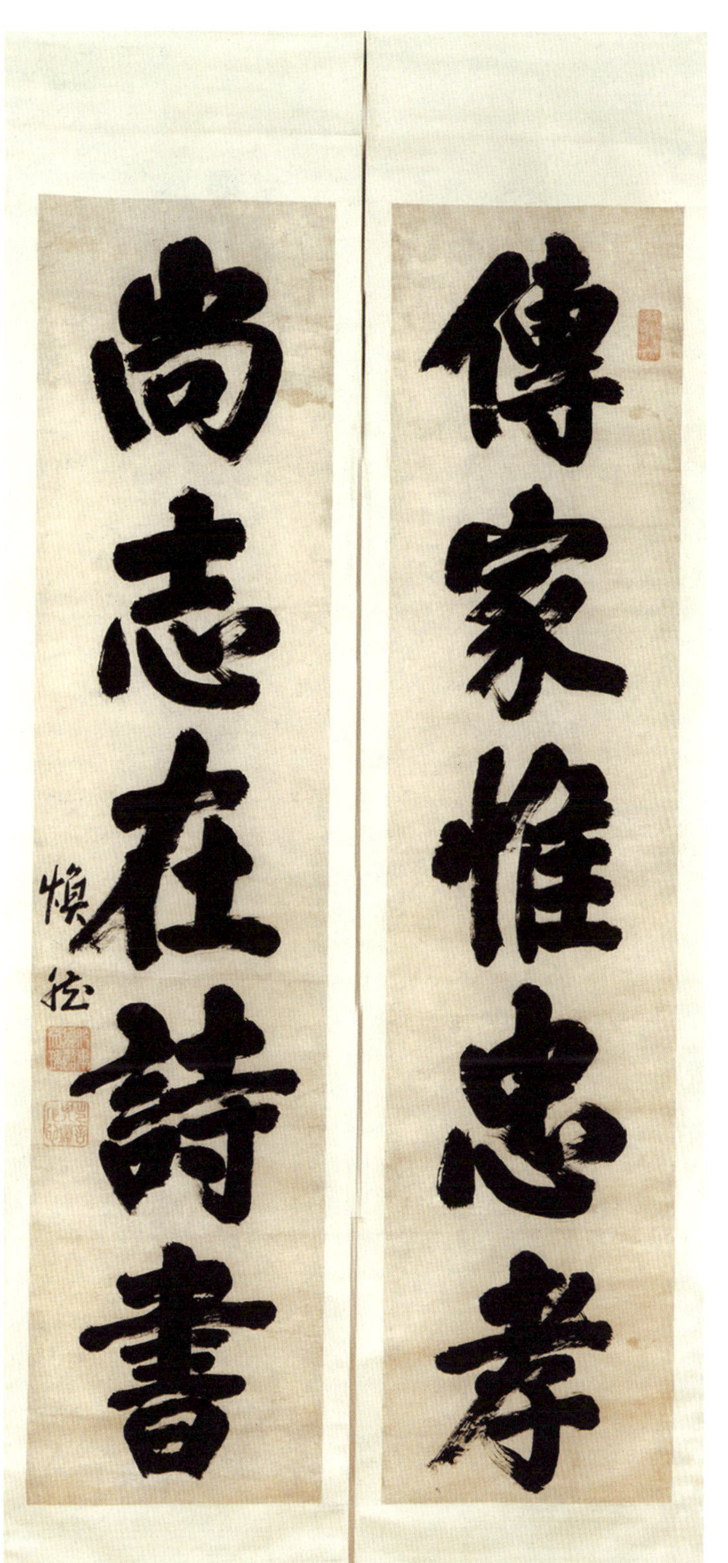

何澄旧藏焕然五言楷书联『传家惟忠孝，尚志在诗书』（苏州博物馆提供）

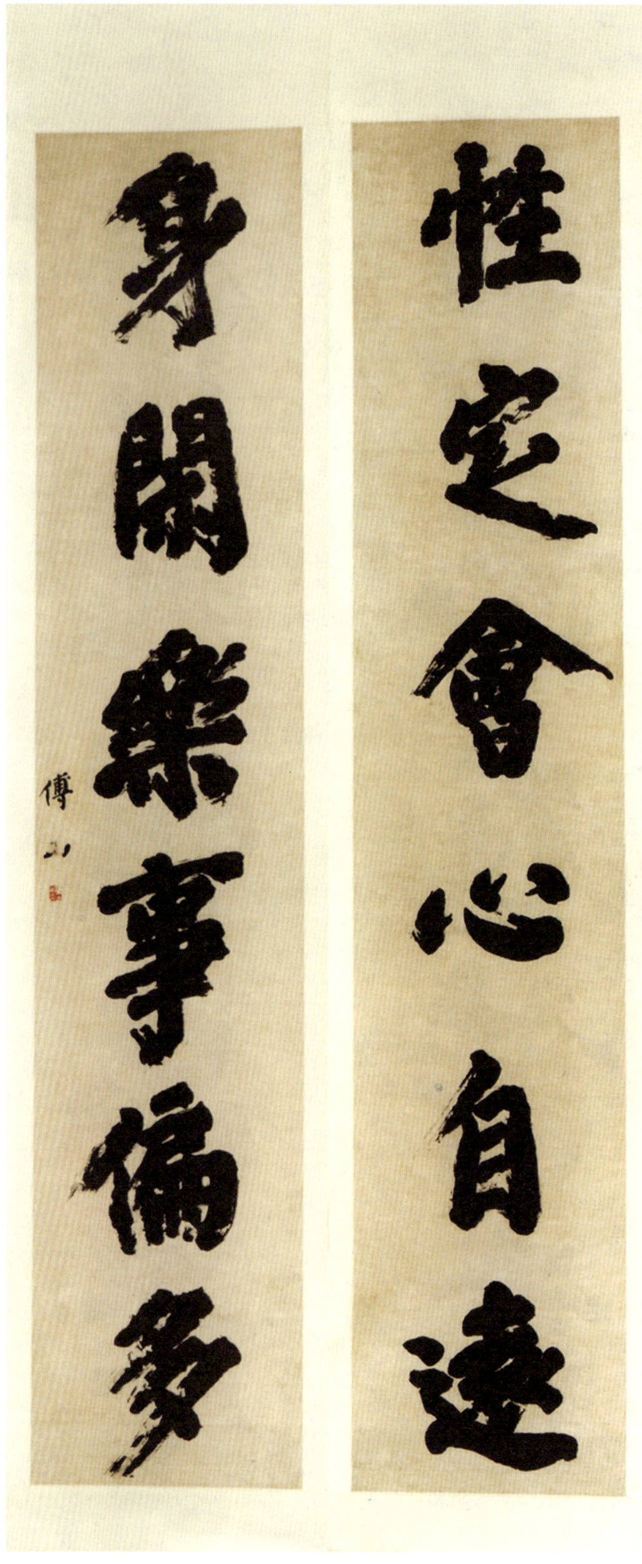

何澄旧藏傅山六言楷书联『性定会心自远，身闲乐事偏多』（苏州博物馆提供）

何澄旧藏何澄曾祖何道生书七言联『俭以处家存古道，富于为学有新功』（苏州博物馆提供）

何澄在“真山园”书房（刘意达提供）

书房书斋书室，向来都是中国传统文人清雅古趣的所在。久在政治风雨中浮沉，有一间自己“觉今是而昨非”的书房，更觉“身外浮名好是闲”是一种人生的最高境界。陆游诗“水复山重客到稀，文房四士独相依”，便是这种人生境界最好的慰藉。文房用具，案头清供，在何澄书房是一脉的明清香雅，笔、墨、纸、砚无不精美。

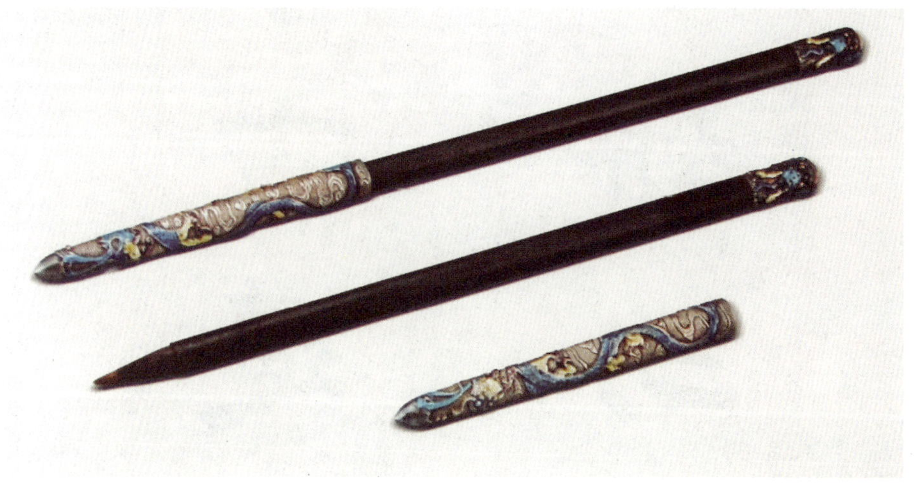

何澄旧藏“紫檀乌龙水笔”（苏州博物馆提供）

笔为贵，贵在毫，笔为美，美在管。何澄有一套紫檀“乌龙水笔”，共三支，笔管顶端包嵌鎏金浮雕龙首戏珠，“乌龙水笔” 四个楷书凸雕在笔套的鎏金浮雕云龙戏珠之中，上下各有两块孔雀绿珐琅点缀，位尊名贵，极为华丽。

书契既造，墨砚乃陈，作书绘画，佳墨尤宝。飞白枯笔的书法墨迹，全仰仗古墨的“一点如漆”而万载存真。何澄自用墨和收藏墨在其藏品中极富。起初只是因为佳墨不易得，遇上好的就要多存一些以备用，如碰上珍玩观赏墨，集锦墨，文人雅士、书画名宿自制墨，御制墨，制墨名家的墨，他也莫不精鉴，进而收藏。及至身后，他所收藏的古墨，竟然成为国家不可多得的文物，这是他生前绝未想到的。

“明万历方于鲁夔龙尊墨”（国家一级文物），长十三点三厘米，宽六点一厘米，厚一点四五厘米，重一百三十五克，长条形。正面隶书“夔龙尊”三字，下镌绘夔龙尊；背面有朱多炡于一五八四年夏行草《离合作方于鲁墨诗》：

玄房窈窕，出户当楹。
法画顓一，华颠复丁。
鲰生奚取，朏月生明。
嘿幻尚口，率土来庭。
万历甲申夏五南州朱多炡赠

何澄旧藏『方于鲁夔龙尊墨』（苏州博物馆提供）

朱多炡，字贞吉，号瀑泉，江西南昌人。是清初著名写意画大师八大山人（朱耷）祖父，明太祖朱元璋第十六子（《明史》称十七子）宁王朱权的后裔。爵封奉国将军。《四库全书·画史会要》赞其“颖敏绝人，擅诗歌兼精绘事，见古人墨迹，一再临之，如出其手，山水得二米家法，写生更妙。词人之笔，寄情点染，画家蹊径，脱略远矣”。

“离合诗”是一种杂体的文字游戏诗，有数种。普通的一种是在诗句内拆开字形，取其一半，再和另一字的一半拼成他家字，先离后合。为方于鲁作“离合墨诗”的是一位叫“河内来想如”的文人墨客。他在顷刻之间作了这首游戏诗，但过后又觉“句法欠古，乃就正于司马公，得易数语，因索卷重书一过，以识感焉”。

方于鲁，号太玄，斋号“如如室”、“佳日楼”，又署函三室，安徽歙县人，明万历时著名墨工，著有《方氏墨谱》；亦工诗，著有《佳日楼诗集》。墨品极多，约四五百种。代表作“九玄三极”，被誉为“前无古人”的第一墨品。另外，“青麟髓”品质和口碑也极佳，历来为文人追捧的佳墨之一。何澄旧藏这锭《夔龙尊墨》，为近代藏墨四大家叶恭绰、张絅伯、张子高、尹润生所未有，可谓绝品，惜下方有破损。

何澄旧藏“方于鲁鞶鉴图墨”（苏州博物馆提供）

“明万历方于鲁鞶鉴图墨”（国家一级文物）。重二百五十三点九克，八角形。正面四方块凹进篆书“长乐未央”四字，高下左右分别镌刻“常贵富”、“长相思”、“多相思”、“乐未央”。“长乐未央”，意为长久欢乐，汉代古瓦当有此四字。背面镌刻“鞶鉴图”，中间一朵花上有“晓月清波，皎雪澄河”八字，枝间又八字，以字相连，八卦图居间，最外环有小字圈环楷书“光清室照，芳菱日耀”八个大字。“鞶鉴图”出自《左传·庄公二十一年》，“郑伯之享玉也，王以后之鞶鉴与之”。

据方于鲁编、吴有祥整理的《方氏墨谱》，“鞶鉴图”的读法如下：“花上八字，枝间八字，环旋读之，四字为句；循相为韵，其鞶屈纠，结为八枝者，左旋读之，自篇字起自词字止，当就支脂韵；右旋读之，自词字起至篇字止，当就先仙韵。”④遵提示，“鞶鉴图”花上由右至左八字即为：（一）波清月晓，河澄雪皎；（二）清月晓河，澄雪皎波；（三）月晓河澄，雪皎波清；（四）晓河澄雪，皎波清月；（五）河澄雪皎，波清月晓；（六）澄雪皎波，清月晓河；（七）雪皎波清，月晓河澄；（八）皎波清月，晓河澄雪。由左至右即为：（一）晓月清波，皎雪澄河；（二）月清波皎，雪澄河晓；（三）清波皎雪，澄河晓月；（四）波皎雪澄，河晓月清；（五）皎雪澄河，晓月清波；（六）雪澄河晓，月清波皎；（七）澄河晓月，清波皎雪；（八）河晓月清，波皎雪澄。

何澄旧藏方于鲁的这锭“鞶鉴图墨”，最大的价值就在于它把中国古典诗词中奥妙无穷的回文读法保存了下来。此锭珍墨虽略有破损，但乃不失为绝品。

“明万历汪鸿渐海日同生墨”（国家一级文物）。重一百三十五克，长条形。一面篆书阳识“海日同生”；一面镌绘云海，一红日，一仙人，一鹿回头。汪鸿渐，字仪卿，肆名“又玄室”、“桑林里”，别署“桑林子”、“桑林季子”，安徽休宁人，明万历、崇祯年间著名墨工。其墨品“玄虬脂”被清人视为第一墨。传世墨有“龙凤呈祥”、“大紫重元”等。何澄收藏的汪鸿渐所制这锭“海日同生墨”，镌绘漱金云海，用红色点染太阳，左下角有绿彩海石，人物造型生动有趣，红、黄、绿三色，圈圈点点，匠心凸显，在明代墨品中实属罕见。

何澄旧藏『汪鸿渐海日同生墨』（苏州博物馆提供）

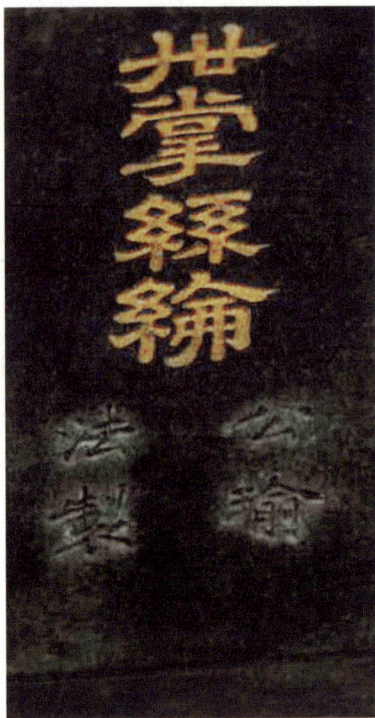

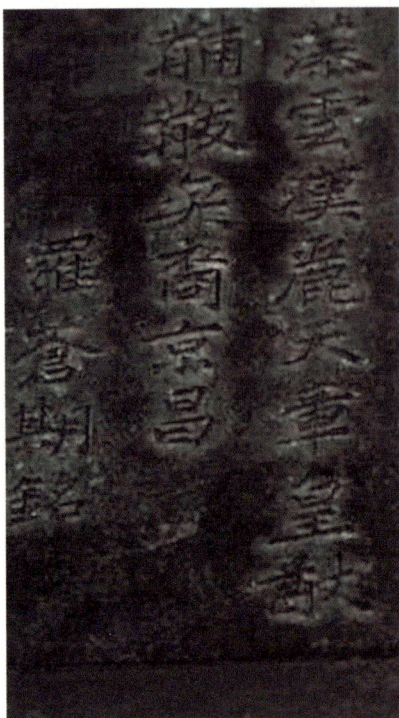

何澄旧藏『程公瑜世掌丝纶墨』（苏州博物馆提供）

“明崇祯程公瑜世掌丝纶墨”(国家一级文物)。重十七点九克,长条形。一面楷书阴识涂金“世掌丝纶”四字,下楷书阳识“公瑜法制”四字款;一面楷书十八字:“凌云汉丽,天章皇猷,黼黻矣,裔京昌。罗苍期铭。”罗苍期,安徽歙县人,清顺治十六年(一六五九)进士。程公瑜,一号隐道人,墨肆“真实斋”,安徽歙县人,明清间著名墨工。铭文“世掌丝纶”,源自《礼记·缁衣》:“王言如丝,其出如纶。”又《翰林志》:“翰林之司,掌丝纶之命。”此墨坚莹无瑕,朴实无华,墨铭和题识,质厚古朴,殊为难得。“世掌丝纶”墨,在明季风行一时,入清后则渐无闻见,古墨鉴赏大家尹润生也只见清初康熙年间所制八锭有“世掌丝纶”铭款的程公瑜墨,制式和图案各异,与何澄旧藏这锭相比,还是多了一些繁复,少了一些清醇简约。

“清康熙程凤池千秋芝墨”(国家一级文物)。长六点二五厘米,宽一点二五厘米,厚零点七厘米,重八点一克,扁长方形。墨面阴文隶书“千秋芝”三字,填金,背面阳文楷书七言诗:“胶漆相投历岁华,临池遗助笔生花。绿烟浮处楼台见,十二龙宾护绛纱。”墨一侧书“康熙乙亥”四字,一侧书“程凤池监制”五字,顶铭有一“吉”字,俱楷书阳识。研究制墨工艺的专家过去对程凤池制墨的年代下限不清楚,一九六五年十一月,尹润生到苏州博物馆看何澄旧藏古墨,发现此笏墨铭的“吉”字,即知是程凤池之孙程晖吉之作,由此断定了晚明清初制墨名家程凤池制墨的下限[⑤]。一件藏品，除了它本身的工艺和艺术价值外，若能对学术界久久不解的问题，有了实物断定，这件藏品就有了更大的价值。

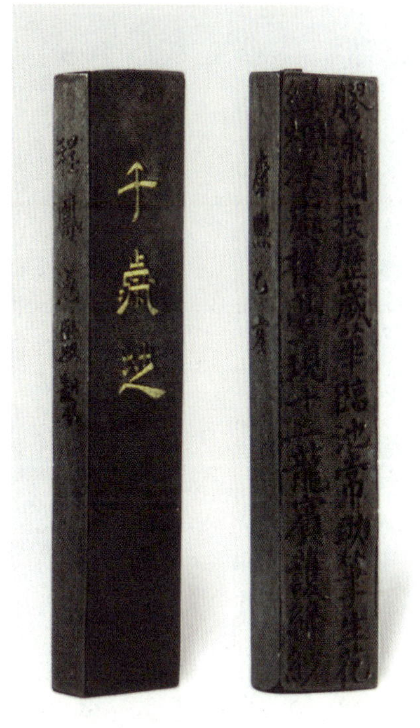

何澄旧藏“程凤池千岁芝墨”

“清雍正曹素功嵩呼万岁墨”(国家一级文物)。重三十二点六克，长方形。正面双龙凸出，正倒相连对峙，中间楷书“嵩呼万岁”四字，阴识填金；背面回文框，中间亦是阴识填金楷书“雍正元年敬制”六字。质地精坚，模雕极细。曹素功(一六一五～一六八九)，名圣臣，字昌言，一字莐庵，安徽歙县人。因系贡生出身，故制墨能从士大夫文人玩赏方面着手，所制之墨品既华丽又实用，深受文人墨客喜爱。曹氏后人曾将与他同时代的名人赠给他的赞诗美文汇编为《墨林》一册，其中有姚鼐的诗赋。一笏清雍正年间的墨，为何能成为国

何澄旧藏『嵩呼万岁墨』(苏州博物馆提供)

尹润生藏“嵩呼万岁墨”
（选自《尹润生墨苑鉴赏录》）

周绍良藏曹素功制“嵩呼万岁墨”
（选自周绍良《蓄墨小言》）

家一级文物？原因有三：一、以“嵩呼万岁”题墨，过去仅此一种，事出《汉书·武帝纪》：（元封元年）春正月，行幸缑代。诏曰：“朕用事华山，至于中岳（嵩山），获驳麃，见夏后启母石。翌日亲登嵩高，御史乘属，在庙旁吏卒咸闻呼万岁者三。登礼罔不答。”雍正帝即位，曹素功特作此墨，以期善颂善祷。二、清代墨中，以顺治纪元干支墨最为珍贵，其次为雍正纪元干支墨。而纪元干支诸墨中，又以墨肆市品具年款者为贵。据古墨收藏鉴赏大家周绍良介绍，此种墨，故宫博物院有一款，正面楷书阴识涂金“嵩呼万岁”四字，上嵌一珠，上半部双龙对峙把“嵩呼万岁”包裹其中；背面镌绘涂金边螭文框，墨质略嫌粗糙，模式亦欠精致。尹润生私藏的一笏，款式与故宫博物院藏品差不多，惟“嵩呼万岁”的“岁”字，从“止”而不从“山”，此墨后来也归故宫博物院。周绍良另藏一笏，与何澄旧藏此墨相仿，惜已微磨[⑥]。综合国家收藏机构和个人箧中此种墨品的存世情况，共有四锭，而四锭之中，惟独何澄旧藏的这锭品质最佳。

何澄对墨品确有研究。一九三〇年冬，他在北平琉璃厂古玩店英古斋买到“于方鲁夔龙尊墨”后，在墨盒盖内古纸上题记：“真明墨一望而知。朱多烟，尤不

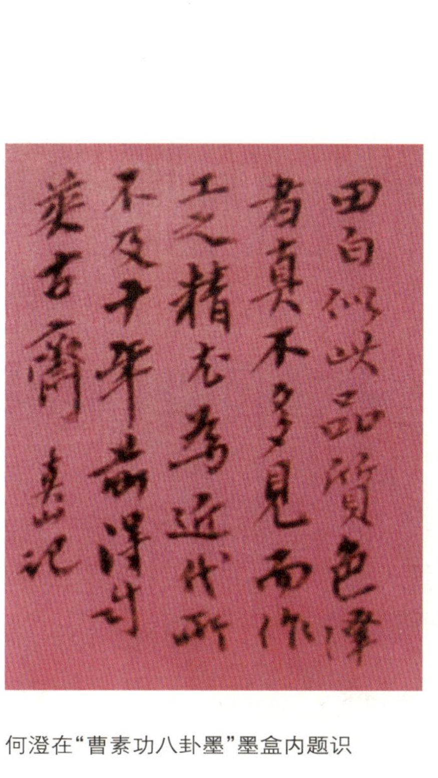

何澄在“曹素功八卦墨”墨盒内题识

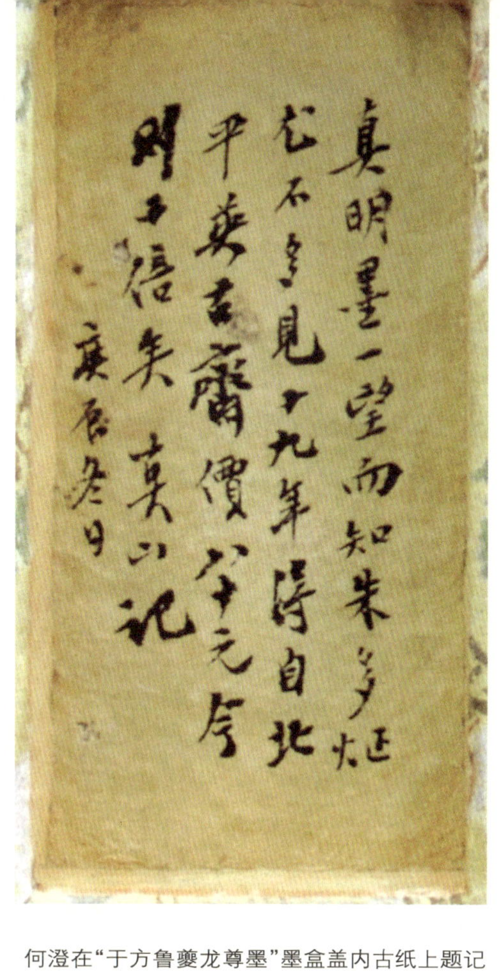

何澄在“于方鲁夔龙尊墨”墨盒盖内古纸上题记

何澄为『程公望此君墨』特制的锦盒及亲书的题签

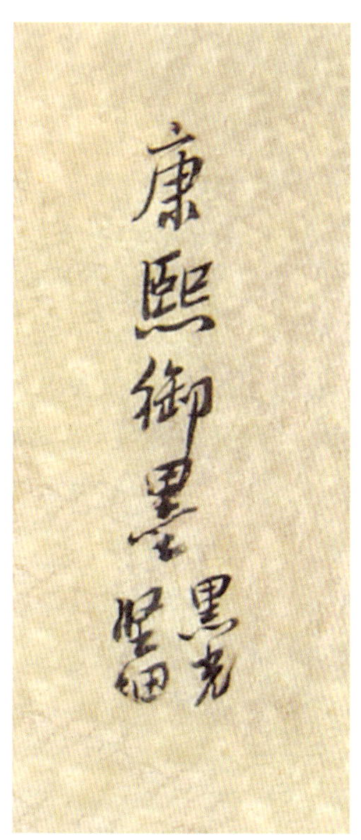

何澄『康熙御墨』题记

何澄为"御制春华秋实墨"特制的墨盒及填金隶书:清乾隆御制墨。二渡书屋藏

多见。"在所购"曹素功八卦墨后又题记曰:"田白似此品质,色泽者真不多见。而作工之精,尤为近代所不及。"在买到一笏康熙御墨后,亦留下"康熙御墨,黑光坚细"的评语。何澄的爱墨,不仅表现为藏品的多且精,更外溢为他对古墨的保护上。如,一九四一年,他在得到一笏清康熙年间"程公望此君墨"后,就为这块宝墨定制了锦盒,并亲书"程公望制墨"字样;而对所得一笏清乾隆年间"御制春华秋实墨",竟定制了一腰圆形的木盒加以珍藏,并在墨盒盖上仿照墨面隶书刻下了:"清乾隆御墨。二渡书屋藏。"

何澄长女何怡贞很喜欢胡开文所制一盒"棣花阁藏墨"。这盒"青琅玕墨"是竹节式的,何澄就送给她,嘱她做人要有气节,还把孙铭恩[7]撰书《开文斋墨谱铭》一并送给她,让她熟读。

开文斋墨谱铭

竹挺书漆，实开斯文。
超潘驾李，卓彼景纯。
彬璘后人，克宝斯业。
桐花扇芬，妙制谁匹。
元霜研夕，青霞喷秋。
犀文曲致，麝气轻浮。
坚凝凤膏，薄裁麐角。
千金一丸，珍逾尺玉。
砚承蕉叶，纸配桃花。
锦囊结雾，翠管镂霞。
黼黻云章，蓡润金石。
苍璧元珠，世佩兹德。
道光丁未首夏　兰检
孙铭恩书于贻经书屋

胡开文“青琅玕墨”（何怡贞旧藏）

開文齋墨譜銘
竹挺書漆實開斯文超潘駕李卓
彼景純彬璘後人克寶斯業桐花
扇芬妙製誰匹元霜研夕青霞噴
秋犀文曲緻麝氣輕浮堅凝鳳膏
薄裁麐角千金一丸珍逾尺玉硯
承蕉葉紙配桃花錦囊結霧翠
管鏤霞黼黻雲章蓡潤金石蒼
璧元珠世佩茲德
道光丁未首夏蘭檢孫銘恩書
於貽經書屋

孙铭恩撰书《开文斋墨谱铭》（何怡贞旧藏，葛运培、葛运健提供）

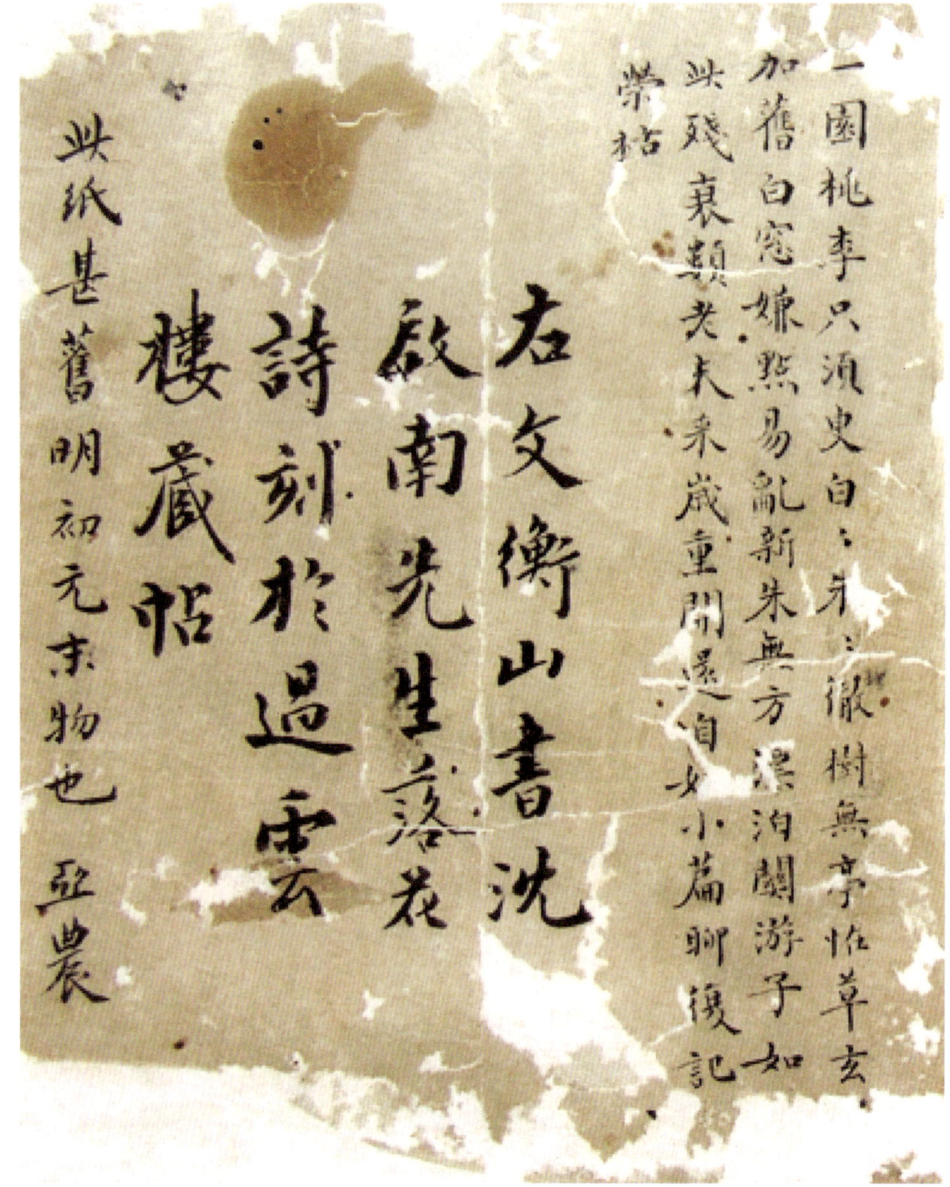

何澄在“过云楼”藏帖元末明初古纸上书沈周《落花诗》及题识（何泽瑛提供）

何澄酷爱古纸名纸佳纸，他在文徵明书沈周《落花诗》的古纸上曾题识：“右为文衡山书沈启南先生《落花诗》，刻于过云楼藏帖。此纸甚旧，明初元末物也。亚农。”

何澄所钟爱的笺纸，一为清同光年间常熟画家杨谷柳的“松茂花笺”五种，一为张大千先后为他所绘的花笺四种。

杨谷柳的“松茂花笺”五种分别为：

得句应从竹上题——摹板桥法。

轻把花枝换宿香——仿元人意。

石护生香成石乳——丁卯秋摹古。

夜汲澄潭瓶贮月——松茂摹古。

埽集松花酿酒浓——松茂摹古。

张大千专为何澄所绘花笺第一笺为“腊梅傲雪”，题款为：“仿邵瓜畴[8]笔。亚农社长博教。”

第二笺为“玉树迎风”，题款为：“灌木楼主人命画。大千居士写于大风堂下。”

第三笺为“石榴多子多福”，题诗：“海榴自是神仙物，种托君家有异根。不独长生堪服食，孕期多子应儿孙。”署款：“真山园主人属。爰。蜀客张大千。”

第四笺为“牡丹蓠豆”，题款为：“晨起，小步湖边流连药阑，因而写此婉约多姿风华笑态。亚兄见之，又将呵其堕绮业也。丁丑四月昆明湖上大千居士。爰。”

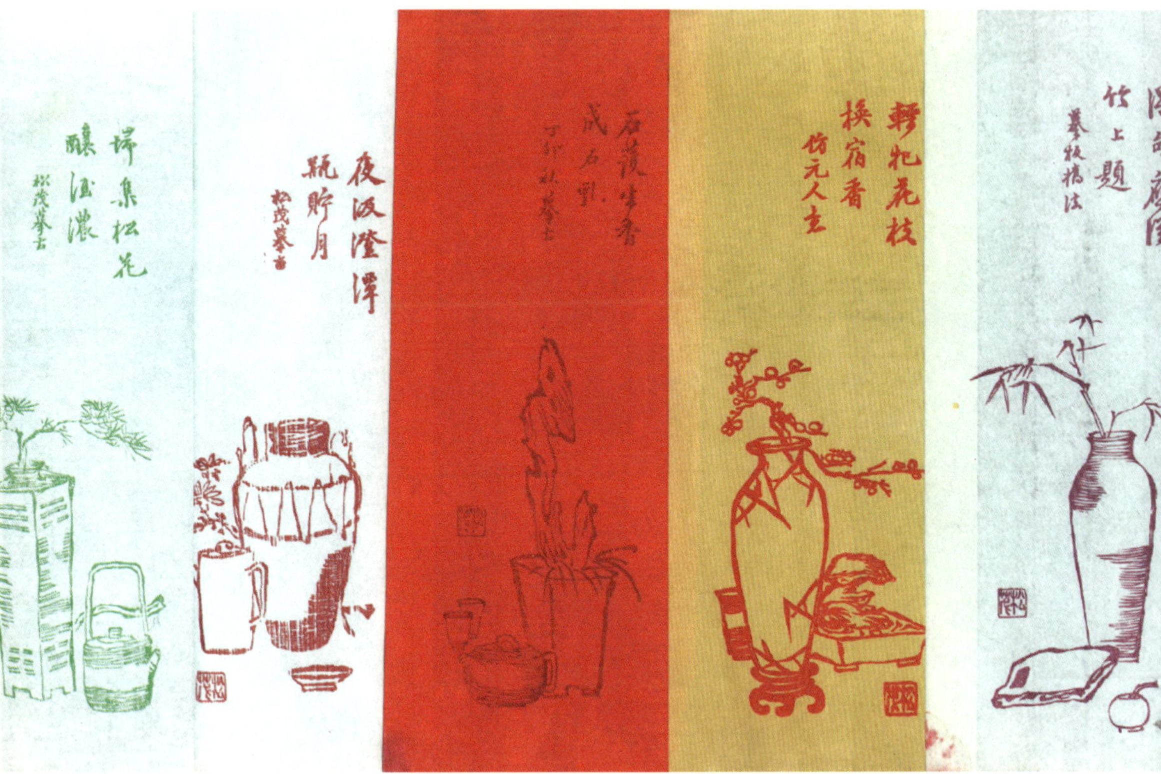

何澄藏杨谷柳花笺（葛运培、葛运健提供）

张大千为何澄绘“牡丹萹豆”笺(何怡贞旧藏，葛运培、葛运健提供)

张大千为何澄绘“石榴多子多福”笺(何怡贞旧藏，葛运培、葛运健提供)

张大千为何澄绘“玉树迎风”笺(何怡贞旧藏，葛运培、葛运健提供)

张大千为何澄所绘“腊梅傲雪”笺(何怡贞旧藏，葛运培、葛运健提供)

何澄自制“竹梅”笺

何澄自制“灌木楼”信笺

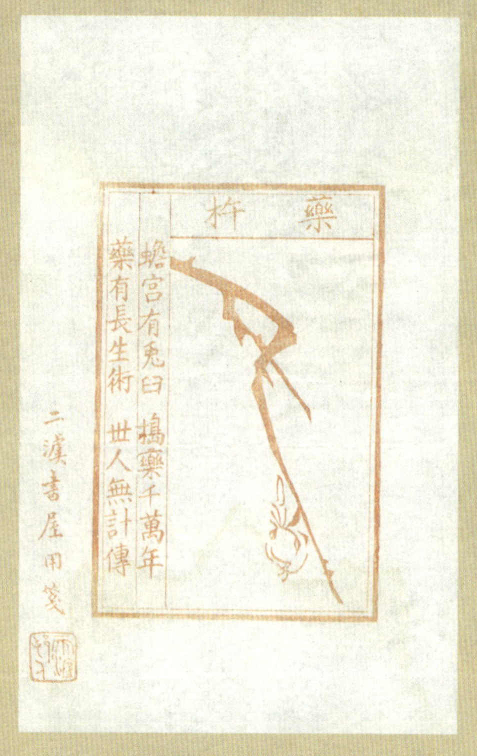

何澄自制“二渡书屋用笺”

何澄自制的自用笺共有三款。最早自制的是“二渡书屋用笺”，选用宋伯仁《梅花喜神谱·大蕊八枝》之二《药杵》诗，书于信笺左方，另绘一倒悬的干枝梅，置于信笺三分之二处，风格十分古朴。其诗曰：

蟾宫有兎臼，捣药千万年。
药有长生术，世人无计传。

第二种是“梅竹”“何”字笺。

第三种是只书“灌木楼”三字自用笺。

中国文人过去有“以文为业砚为田”一说，同样，喜爱古物的何澄也把砚台当作自己的心爱之物。他所收藏的砚台有十余方，除一方《明澄泥佛手砚》（国家二级文物），一方《清歙石波涛双树长方砚》（国家三级文物）外，其馀都是端砚。端石，产于今广东肇庆羚羊峡斧柯山，因肇庆在唐代属端州，故其砚石名端石、端砚。端砚石开采于端溪一带，端砚名坑中的水岩（老坑）、坑仔岩、麻子坑、水归洞等等，就分布在夹岸的崇山峻岭之中。何澄喜藏端砚，主要喜爱它的天姿丽质，通体润朗，贮水不耗，发墨性能好。端砚的品种极多，无论是名贵的“青花”、“蕉叶

何澄旧藏“仿宋式列宿端砚”（苏州博物馆提供）

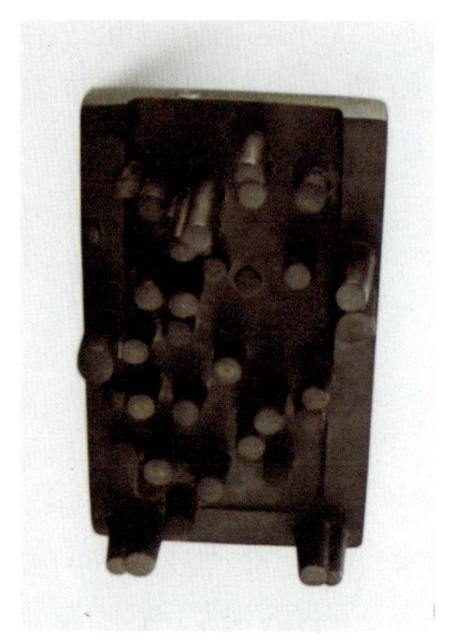

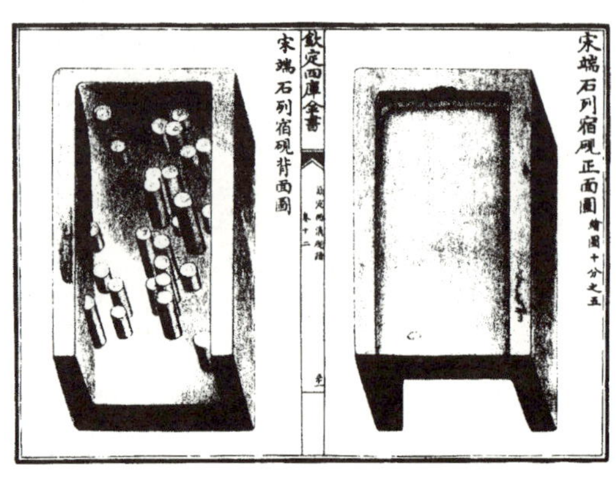

何澄旧藏“仿宋式列宿端砚”砚背

《西清砚谱》中的“宋·列宿端砚”

白”、“鱼脑冻”，还是“天青”、“青紫”，在文人墨客眼中，以有“眼”无“眼”，判断是否可宝爱。端石的石眼，天然生长在“天青”或“青紫色”端石之上，因为罕见，所以名贵；因为有“人惟至灵，乃生双瞳；石亦有眼，巧出天工”之说，故砚台收藏鉴赏家们愈发追逐。这种石眼，呈青绿、翠绿，并略带微黄色泽，瞳子很黑，形状有圆有正有长有尖。砚台收藏鉴赏家们按石眼的神态分为活眼、泪泿，把有眼无珠的称为瞎眼；又按石眼生长在砚中的位置称之为高眼、低眼、底眼等等；对名贵的石眼，又名为“圆为鸲鹆，长为乌鸦”。何澄所藏端砚，共有三方俱佳眼。

“明仿宋式列宿端砚”（国家二级文物），太史式，亦是抄手砚的一种。长二十二点六厘米，高七点一厘米，宽十四厘米。砚塘微凸，上方作长形深砚池，砚池左手有一石柱，砚正面下方有石眼一对，砚前侧左方另有一石眼，砚背琢列柱四十馀。天青石质纯正，制式气格高古。尤其难得的是，砚面上竟有一对石眼，砚前侧还有一只石眼。端砚有一只眼就够天工，有一对眼，更属罕见，此砚居然有三只眼，可谓神奇之物。传说中的“马王爷”才有“三只眼”，而这方端砚上真长了三只眼，不能不说是砚中神品。据清乾隆以皇家收藏的砚品汇录的《西清砚谱》，内有一宋代“列宿端砚”，也只在砚正面下方有一只低眼，何澄旧藏此物，堪比皇家藏品。

“清端石云壑三池砚”（国家二级文物）。此砚长十九点四厘米，宽三厘米，高二点三厘米。砚塘微凸，以山间仙洞式作墨池，洞内似有佛陀坐像，随形镌刻云壑

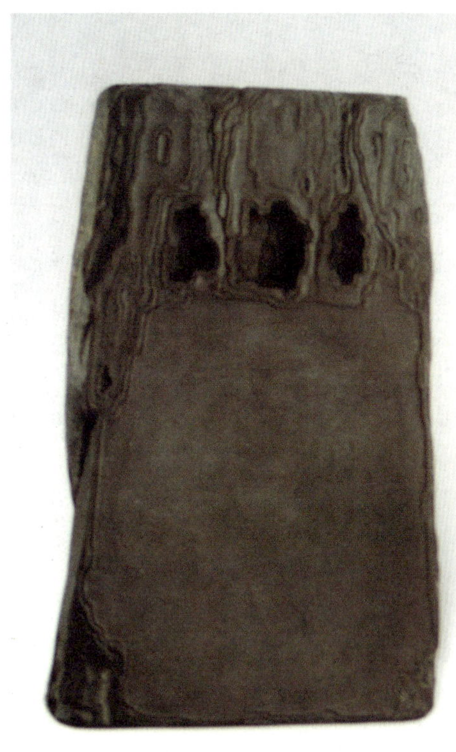

何澄旧藏“端石云壑三池砚”(苏州博物馆提供)

纹饰,本无一物,滋味平添,匠心独见。最夺人眼目的是,砚正面正中大山洞上方,有一“鸲鹆高眼”居中而生,高洁、细润、娇嫩,晕圈数重,真乃独具慧眼。在这只“鸲鹆高眼”的左方,尚有“吟圃珍赏”的篆字砚铭:“惟静故永,惟厚故寿。”一般来说,在砚边刻铭的就极少,在砚正面刻铭的更绝少。此端砚上有一只“鸲鹆高眼”,再加其布局奇崛、构思不凡的雕刻,确为难得一见的奇品。

“清歙石波涛双树长方砚”(国家三级文物)。长十四点五厘米,宽九点五厘米,高二点四厘米。圭式淌池,四边栏刻祥云纹,砚与天地盖可启合,砚背内雕两棵古树立于石水之岸。砚盒亦讲究,紫檀浅刻“第五十六无忧禅定尊者”像,并铭:“无忧林,翰墨林,游戏生欢喜心。”后署“瞿甫制铭,藏于昙花金粟龛”;下署“丁南羽本符生梅”。由此可知,此砚似为丁云鹏收藏,后归瞿应绍,当瞿应绍决定把此物移藏于晋江金粟崇真观金粟洞时,特意制作了砚盒,并在天地盖上镌成“第五十六无忧禅定尊者”像。此物散出后,归何澄收藏。

丁云鹏(一五四七～一六二八),字南羽,号圣华居士,安徽休宁人。明隆庆、

何澄旧藏“歙石波涛双树长方砚”

何澄旧藏“瞿应绍刻紫檀罗汉长方砚盒”

何澄旧藏“螺钿砚墨套盒”（苏州博物馆提供）

天启年间画家，是中国传统木刻版画艺术发展史上的重要人物。善画人物，尤以佛像、罗汉像著名。曾为徽墨名家程君房、方于鲁设计墨块模具，《程氏墨苑》《方氏墨谱》图绘，多半出其手笔。瞿应绍（一七八〇～一八四九），字子冶，一字陛春，号月壶，晚自号瞿甫，江苏松江人。贡生，官玉环同知。善画竹，擅篆刻，又好刻竹于宜兴茶壶上。收藏古物颇富，有《月壶题画》《月壶草》等著述。一方端砚，由明清两位雕刻名家经手传承，更使其平添文化价值。

何澄除了大砚，尚有可以随身携带把玩的细致小砚。如清雕竹节形端石砚；清螺钿圆砚套墨盒。尤其是螺钿圆砚套墨盒，共有两层，一层是圆砚，另一层是可以抽出来的贮墨盒。中国传统工艺品的实用价值和文人把玩的文物价值，在这个套砚盒上，可以说是发挥到了极致。

何澄的其他文玩也很精致。如"清道光紫檀刻罗汉笔筒"（国家三级文物），上面共刻有清书画名家万承纪[9]于一八二三年八月所绘三尊罗汉像：一为生来迟钝的看门罗汉注荼半托迦尊者，一为沉静有礼、谦虚好学的伐那婆斯尊者，最后为跋陀罗尊者。万承纪的这三尊罗汉像由江苏太仓雕刻名家王应绶（一七八八～一八四一）镌刻。罗汉像旁均有诗赞。

注荼半托迦尊者像赞为：

轮珠推百八，倚仗忘朝昏。
眼碧烁香里，与斯者所尊。

伐那婆斯尊者像赞为：

蕉阴竹影下，书卷伴炉香。
等闲无外事，支颐入梦长。

跋陀罗尊者像赞为：

沐薰双手捧金莲，擅气馨香上九天。
祭度众生成王果，频将佛法广传宣。

此笔筒由书画名家万承纪绘像，雕刻高手王应绶镌成，不说极尽佛像和刻工

何澄旧藏“紫檀罗汉笔筒”（苏州博物馆提供）

之妙，即使转着看看罗汉像，读读像赞诗，也会产生一种会意的微笑，把书写时的倦容一扫而光。

何澄于古印收藏毫无疑问是一大家。无论是代表权力信物的春秋战国玺印，还是历来都视为印章艺术的至高典范的秦汉印章，抑或是明清及近代篆刻名家的作品，他都有一把一批。田黄、鸡血、白芙蓉、青田、昌化冻、墨晶等名贵印石无所不有。

何澄对印石并不太看重价值几何，他更注重印文的内容。如“清兽钮白芙蓉置半亩之园章”：

> 置半亩之园，构茅屋数椽，僮仆一二，知己两三，喂鸟、养花、钓鱼、登山，春坐海棠花下听鸟喧，夏卧杨柳阴间摇轻扇，秋日黄花满径酒中仙，冬来梅雪北窗前，布衣御寒安中年，不求闻达事不管，始是我平生之愿。

“半亩之园”印文极美，颇多趣味，且句句押韵，读之朗朗上口，乃不求闻达的人生悟语，很是令人心怡心醉。此“半亩园”似为法式善旧居别署，印章疑为何澄曾祖何道生旧物。

法式善(一七五三～一八一三)，姓伍尧，字开文，号时帆，又号梧门，蒙古乌尔济氏，内府正黄旗人。乾隆四十五年(一七八〇)进士，改翰林院庶吉士，散馆授检讨，累官至侍讲学士、国子监祭酒。学术造诣颇深，被认为是清代最有才华的旗籍祭酒之一。因一生大多在翰林院等文苑衙门任官，得以博览文献图籍，对典章

何澄旧藏“置半亩之园”兽钮白芙蓉章(南京博物院藏，何为群提供)

制度的来历极为熟悉，他的两部随笔、札记类的著作《槐厅载笔》《陶庐杂录》，对了解清代的典章制度具有很高的参考价值。此外，还有一部脍炙人口的史料著作《清秘述闻》，因书中详列历届会试、乡试考官和各省学政的名单而让研究者受益匪浅。其为诗质而不臞，清而能绮，陆续汇集为《存素堂诗初集录存》《存素堂文集》。诗歌理论著述有《梧门诗话》，由于精辟无比，一些语句在同时代学人的著作中已被经常引用。法式善对诗书画奇才，极友善，常常是"招贤池馆敞云屏"，几乎天天都有"客饶风趣推名宿"的雅集活动。在诸多诗书画友人中，法式善与何道生往从最密，交谊最深。明代礼部尚书兼华盖殿大学士李东阳曾长期居住在北京什刹海前海西沿，因眷顾此地而自号"西涯"，并以众多诗作吟咏所居一带旖旎风光，典雅工丽，为后世文人传诵。法式善十分推崇李西涯，专门从原先居住的后海松树街搬迁到厚载门(元大都宫城北门的时称，今地安门以北)离李西涯故居很近的一所宅院(位于什刹海"后三海"的西海积水潭附近，李广桥西边第一家)，室名"诗龛"，别署"小西涯"，另署"半亩园"。"诗龛"有马履泰(一七四六~一八二九，字叔安，号秋药，浙江仁和人)所题"梅花一树鼻功德，茆屋三间心太平"句；"梧门书屋"有纪昀联语："小筑当水石间，直以云霞为伴侣；大名在欧苏上，尽收文藻助江山"；"半亩园"有何道生《次韵时帆半亩园三首》。

何澄的其他印章也颇耐人寻味。如："书有未曾经我读，事无不可对人言"田黄章；"多读书少说话"鸡血章；"身外浮名好是闲"鸡血章；"平生可对人言"兽钮田黄章；清"却望并州是故乡"桥形纽干黄章；清"金石长寿"薄意白寿山章；清"诗

何澄旧藏"书有未曾经我读，事无不可对人言"田黄章(南京博物院藏，何为群提供)

何澄旧藏“多读书，少说话”鸡血章（南京博物院藏，何为群提供）

何澄旧藏“身外浮名好是闲”鸡血章（南京博物院藏，何为群提供）

何澄旧藏“平生可对人言”兽钮田黄章（南京博物院藏，何为群提供）

何澄旧藏“却望并州是故乡”桥形钮干黄章（南京博物院藏，何为群提供）

境”兽纽田黄章。

近代篆刻名家陈巨来[10]，为何澄刻过多方私印：比较典型的有：白寿山狮钮“何澄私印”方章（一九三五年元旦刻）；黄寿山“真山心赏”章（高六点二厘米，长宽各二点四厘米，重九十五点五克）；昌化石章“灵石何氏亚农珍藏”（高五点六厘米，长宽各二点三厘米，重七十七点一克）；黄寿山“何澄鉴藏”章（高六点三厘米，长宽各二点四厘米，重九十点九克）；墨晶“何澄”章（高五点九厘米，长宽各一点九五厘米，重五十七点三克）。此外，宋“范仲淹”旧玉龟钮方章（国级二级文物），也是一方颇能代表何澄藏印境界的珍贵印章。

白寿山狮钮“何澄私印”章（苏州博物馆提供）

黄寿山“真山心赏”章（南京博物院藏，何为群提供）

何澄旧藏“范仲淹玉龟钮方章”（苏州博物馆提供）

何澄旧藏“青花如意印盒”（苏州博物馆提供）

何澄不光印章多，即便连一只小小的印盒，也是清雍正青花如意款的。

在“真山园”里，北平的大画家陈半丁是常客。陈半丁留有呈何澄的打油诗稿：

溽暑薰人，汗如浆出，打油销夏，亦人间趣事，辄赋一律，俟亚农吟长一噱

两字黄王共七阳，祧承一瓣委员长。
代行职务郛真缺，接木移花鲁够强。
老去难忘家务事，揭来论定国奴亡。
头颅可斫钱如命，急煞钱塘博士汤。

此打油诗，以行政院政务整理委员会委员长黄郛、委员王克敏、汤尔和为打油对象，以一九三五年六月黄郛辞职，王克敏代理委员长，汤尔和与其争斗为讽刺话题，对王克敏和汤尔和争夺权位、贪婪钱财，极尽挖苦之能事。

陈半丁（一八七六～一九七〇），原名陈年，字静山，浙江绍兴人。初从杭州西泠印社创始人之一、印学大家吴隐（一八六七～一九二二，字石潜，浙江绍兴人），后经吴隐介绍，拜吴昌硕为师，改字为“半丁”，绘画刻印，酷似吴昌硕，遂以“半丁”名世。一九〇六年，由上海公共租界会审廨襄谳委员金城（一八七八～一九二六，字巩北，号北楼，祖籍浙江吴兴，生于北京，晚清时留学英国，法律学家）推荐给肃亲王善耆，为谏诤慈禧废垂帘听政而自缢的吏部主事吴可读画像。吴可读的画像完成后，陈半丁开始在北京挂单，开始了鬻画生涯。一九一〇年，吴昌硕为使自己的得意门生能在北京画界立足，亲自为陈半丁订立画润：半丁旧友，性嗜古，能刻画，写花卉、人物直追宋元，近写罗汉变幻百出，在佛法中可称无上妙谛，求者履盈户外。为定润目如右：整张四尺四两，五尺六两，六尺八两，八尺十二两；条幅视整张减半；册页、纨折扇每件一两；刻印每字一两；砚铭另议。吴昌硕为陈半丁亲定润例，顿使陈半丁在京师文人圈有了声望。陈半丁擅作花鸟、山水，其中又以牡丹、菊花、紫藤、荷花最为著名，行书也颇负时誉，治印则浑厚高迈。齐白石曾将三子齐子如送到陈半丁门下，足见知其高古无人企及。一九一八年，陈半丁受聘于北京美术学校（南北统一后，改为国立北平艺术学院）。一九二二年，陈师曾应邀在东瀛举办中国画展，吴昌硕、凌直支、王梦白、陈半丁等人的作品一起参展，陈半丁的十幅作品被订购六幅，声名远播。一九二三年，任北京大学“造型美

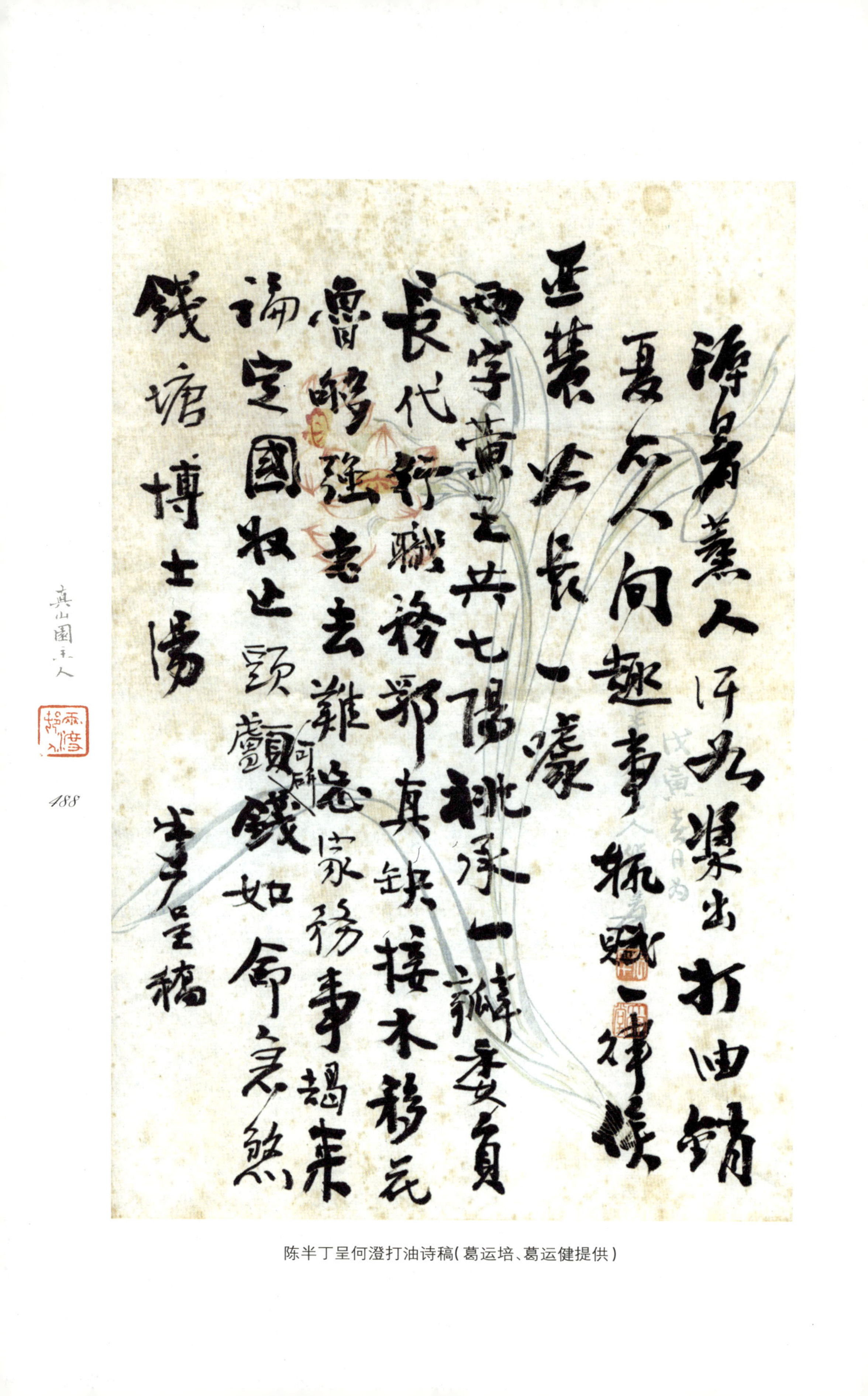

真山園主人

陈半丁呈何澄打油诗稿（葛运培、葛运健提供）

一九四五年四月八日，陈半丁为何泽宝绘“牡丹傲雪”扇面（何元信提供）

术研究会”指导教师。京派画家领军人物陈师曾和姚华分别与一九二三年、一九三〇年去世后，陈半丁便成为北方画坛的代表性人物。陈半丁的民族气节也十分高古——七·七事变，北平沦陷，陈半丁不但坚拒日伪拉拢，而且辞去一切教职，并刻“强其骨”、“不使孽钱”印章为座右铭，以卖画、刻印为生。更由于所居住的东城观音寺寓所对面成为日本旅馆，长夜惊吵，不得安宁，遂购得米库胡同四号（后改为米粮库胡同，胡適曾在此居住）搬迁于此。因园子占地五亩，故以“五亩之园”名之。一九四五年四月八日，陈半丁在“五亩之园”为何澄侄儿何泽宝画了一幅扇面。陈半丁画此扇面之日，为清明节后三天，四月的北平，竟下起大雪，陈半丁似用民间流传的“牡丹充军”故事为画意，作了一朵傲雪白牡丹——武则天做皇帝时，一个隆冬腊月，大雪纷飞的日子，下诏书要百花同时开放：“明朝游上苑，火速报春知。花须连夜发，莫待晓风催。”百花接圣旨，全都违背时令破例开放，唯独牡丹不畏皇权，纹丝不动，依然干枝枯叶，傲然挺立。武则天下令把违旨的牡丹从长安贬到了洛阳。牡丹一到洛阳，即刻昂首怒放，花繁亮丽，色艳四射。陈半丁在此扇面上的题诗也颇典雅，内具抵抗外侮的风骨：“一枝剩欲簪发结，未有人间第一人。”

新中国成立后，陈半丁把“五亩之园”卖掉，分置了南魏胡同七号、和平门内东新廉子胡同十六号两处住宅，以避“剥削人家”的耳目。一九五一年，被中央人民政府聘为中央文史研究馆馆员，任命为中国画研究会副会长。一九五七年，任新成立的中国画院副院长。也许是受了“总路线”、“大跃进”的激励和感染，虽年登耄耋，但大画越作越有劲，如印度总理尼赫鲁访华时，受命作八尺《达摩像》，与

一九六九年九月二十六日，陈半丁绘《狂态牡丹图》（何元信藏并提供）

齐白石等十三位画家共同创作了巨幅《和平颂》，为西哈努克作三丈六尺的《四季花卉图》等等。在这期间，陈半丁也为毛泽东画了多幅佳作。一九六五年，毛泽东在《关于模特问题的批示》中点了齐白石和陈半丁的名，因齐白石早在八年前去世，陈半丁便成为美术界最老最大牌的反面教材。十年浩劫一来，沦陷时期所刻“不使孽钱”、“老年清苦”、“强其骨”等印章竟也成为“反党”的罪证之一，被造反派抄家、批斗，幸得周恩来总理的保护，没有即刻折磨至死。一九六九年九、十月间，陈半丁在腰被斗成残疾，不能行走的情况下，顽强地作了二十八幅画。其中一幅为“浩态狂香牡丹图”，作于一九六九年九月二十六日，借牡丹寓含无论你们如何批判，如何批斗，我仍然是“百花称魁者”的不屈风骨。一九八一年，陈半丁夫人张慕贞将此画送给了何澄的侄孙何元信留作纪念。

在“真山园”，何澄与张善孖、张大千兄弟的友情也得到升华。一九三三年除夕前，何澄回苏州过春节，张大千作了一幅《春酒松竹梅图》作为贺礼送给何澄，祝何澄一九三四年开年百吉。原题款为：“为此春酒，以介眉寿。癸酉除夕写，颂亚农社长兄甲戌开岁百吉。大千弟张爰”；一九三四年除夕前，何澄仍回苏州过春节，张善孖也作了一幅《开岁百福图》送给何澄，祝何澄在新的一年百福。题款为：“甲戌除夕为亚农社长兄缋，敬祝乙亥开岁百福。善子弟张泽再拜。”张善孖、张大千兄弟之所以称何澄为“亚农社长”，大概是因为一九三三年吴湖帆等人成立的大型美术团体“正社”，业内人士谁也不好意思当社长，而推何澄为名誉社长吧。

一九三四年五月，张大千到北平，住颐和园听鹂馆，有时何澄去看望张大千，有时何澄招饮张大千到“真山园”。七月，张大千在听鹂馆举办蝴蝶会，张大千请何澄也来参加。饭后合作书画，何澄绘扇，王梦白画柳，于非闇补石，张大千在左角画荷塘采莲人、棹小舟，采莲人低鬟半亸，仅露背影[11]……

过了几天，何澄再到听鹂馆，说张大千，你那天合作画在画上画了一个采莲人，是不是又恋上了曾来这里侍弄你笔墨的那个北平艺人怀玉姑娘？于是揭开了画中采莲人的身世之谜。张大千嘻嘻哈哈，当场为何澄作好怀玉姑娘写像，奉赠给何澄。在怀玉姑娘写像画中，张大千作恋诗一首：“玉手轻勾粉薄施，不将檀口染红脂。岁寒别有高标格，一树梅花雪里枝。”上边题识为：“偶见怀玉唇不施朱，遂拈二十八字书之画上。”又记：“甲戌夏日，避暑万寿山之听鹂馆，怀玉来侍笔砚，昕夕谈笑，戏写其试脂时情态，不似之似，似倘所谓传神阿堵耶？掷笔一笑，大千先生。”[12]联想一直尊称何澄为兄为社长的张大千，此时落款竟书“大千先生”，两人之间的亲密，跃然纸上。

张大千《春酒松竹梅图》（何怡贞旧藏，苏州博物馆现藏，葛运培、葛运健提供）

何澄旧藏张善孖《开岁百福图》(苏州博物馆提供)

这一年的九月九日，在何澄的大力操办下，苏州正社书画展览在北平中山公园水榭举行。此次画展，为江南画家在北平的第一次集体亮相，共展出作品两百馀幅，其中张大千的作品四十馀幅，张善孖的作品数幅。张大千的荷花通过这次画展，大大有名[13]，这也是张善孖要作《开岁百福图》送给何澄的内在缘由。正社画展结束后，张善孖、张大千为感谢何澄对他们兄弟的热心帮助，两人合作一扇面，一面为张善孖的“苍松虎望”，一面为张大千“万顷莲塘涤尘埃”。张大千所绘“万顷莲塘涤尘埃”，是有感受的——他在颐和园听鹂馆所居期间，每当湖月初生，斜日欲落之时，常到朗吟楼前散步，在万顷莲塘端边，风来暗香，“便觉尘氛尽涤”。所以，他在这幅画末题：“因以此亲涂，呈亚农社长，如同坐万顷莲塘中也。大

张大千为何澄书“万顷莲塘涤尘埃”扇面

张善孖为何澄书“苍松虎望”扇面

千弟爰。”

这之后，何澄与张善孖、张大千兄弟感情更加增进，不但来往不绝，还介绍给军界政界对书画感兴趣的要员相识。如，一九三六年九月十一日，何澄就请张大千和徐永昌在“真山园”作画吃饭。徐永昌饭后回家，即记下“真山园”的“饭甚精”。[14]

在北平期间，何澄的业余爱好是逛琉璃厂，看古物。其中去的最多是山西襄汾人王德凤创办于同治六年（一八六七）的“英古斋”。“英古斋”匾额系道光二十一年（一八四一）进士、光绪初年礼部、刑部、工部尚书贺寿慈[15]所书。“英古斋”除了经营瓷器、端砚等文玩外，主要经营印章，并以鉴定和经营鸡血、田黄石等名贵古印最为著名。“英古斋”开办到光绪年间，先后有襄汾人陈姓、徐全义、贾丕焕接作此业。在徐全义经营时，请曾国藩为“英古斋”题写了门联：“英光宝晋，古鉴西清。”进入民国，“英古斋”掌柜叫关耀先，字子光，山西汾城县人。店徒是李梦斗和王东耀[16]。再之后的掌柜，便是山西襄汾人杨兰阶。何澄是“英古斋”的“用主”，所以“英古斋”遇有收上的古墨以及田黄、鸡血、寿山、青田等名贵印章，便直接给何澄送上门去。琉璃厂古董铺的一些掌柜有拿不准的货色，有时还要请上何澄和他侄儿何景齐一起给“看一下”。所以，叔侄俩看过的古物，古董铺就会说：“这是何八爷和景齐二大爷看过的。”这也就意味着这件古物是货真价实的。一九四六年三月，何澄还准备和“英古斋”掌柜杨兰阶从北平前往山西购买千年以上的古物，因此给时在山西的次子何泽涌写信云：

涌儿：

英古杨掌柜拟春暖归晋。今人多不爱古物，山西或尚易物色千年以上者。闻外县比太原多，汝可代探询之。倘（已备法币百万元）有馀，亦拟偕杨一游也。政治最好不谈，我们玩我们的。匆匆

此谕。

父手书

三月十三日

（张）大千先生即飞川矣。

山甫（即孙新彦）眷属拟由同蒲路北来。伊并拟同至太原接迎眷属，并玩玩。

一九四六年三月十三日，何澄给次子何泽涌信函

何澄对古物虽然舍得花钱，对卖古物的古董商也往往予以关照，但自己的生活却十分简朴。每次从琉璃厂溜出来，如果没有好友陪同，往往是在前门外煤市街山西人开的“致美斋”饭庄吃一碗炸酱面拉倒。

何澄对古物收藏，并没有什么特殊的偏好，凡认为是古的，手头尚有闲钱，都收下，所以他的藏品很广很杂，但都是上了品的文物。如，一九二五年，他在北京宣武门内头发胡同小市看到一册（汉）扬雄著，（晋）李轨、（唐）柳宗元、（宋）宋咸、吴祕、司马光注宋刻元修本《纂图互注扬子法言十卷》残存下来的第六、七两卷，便以银币二枚购下。据苏州博物馆组织专家鉴定，何澄旧藏中，属于国家三级以上的文物就有七百多件。何澄的这些古物，一是得益于祖上的旧物传承，二是靠广泛的人脉相与，三是不把这些旧物当作财富倒来倒去，期望发什么大财，只是玩玩而已，所以留存下来的古物既多且好。

何澄的曾祖何道生是清乾隆朝的著名诗人、书画鉴赏

家，这是何澄爱好收藏的源头和藏品的一大来源。

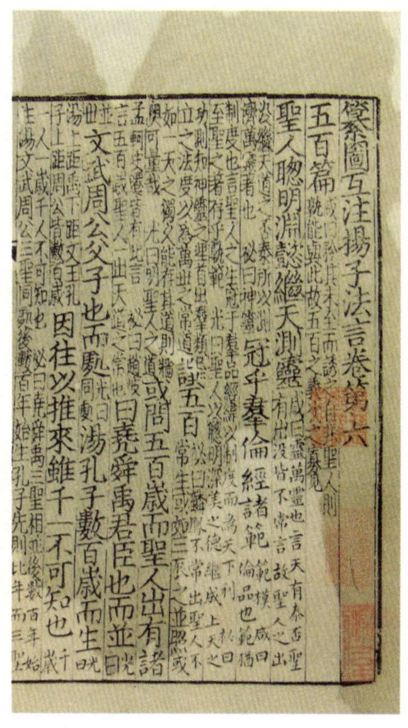

何澄在《纂图互注扬子法言》的题识（苏州博物馆提供）

乾隆盛世，大清帝国如日中天的时期。一个国家是否真正强盛，是否是一个大国，除了要看经济社会发展水平之外，还有一个很重要的衡量标准，那就是文化领域是否自由开放，文化形态是否具有创新的气象，文化产品对内对外是否有双向的吸引力。自诩为“十全武功”、“十全老人”的乾隆，在他当朝的六十年间，于文化建设方面可以说是不遗余力。除了人所皆知的编纂《四库全书》之外，他还为在科举考试中落榜的学子开设特科，给怀才不遇的文人另外一种做官的机会，不但从质量上，而且从数量上保证了政府官员的来源，达到了选拔第一流人才成为官吏的目的。在对外文化交流方面，除“朕就是中央王朝，其他国家皆为外化”之外，乾隆并没有后来挽救王朝即将崩溃才提出的“中学为体，西学为用”的思想，而是全盘引进他所知道的西洋一切好的、美的东西。如，他请当时在华的耶稣会士建筑师修建了宏伟的欧洲风格的夏宫圆明园，就是中国古代历史上最大的一个文化引进工程。乾隆晚年，考据之风十分盛行，学者们纷纷发掘并刊印古代的书籍，精心收藏拓印、名碑、名刻，使稽古右文，但考据家们都埋首于中国古代地理和语言学之中，没有产生一位睁开眼睛看世界、可以影响皇帝思想的领袖级的大学者出现，致使朝廷上下对外部事物和文化使者充满了居高临下和不屑不顾的做派。一七九三年，作为刚刚靠殖民扩张跻身世界强国之一的英国国王乔治三世，派出以马嘎尔尼勋爵率领的包括科学家、艺术家、卫士、仆人以及神学院中文教师在内的近百名使团访华，由于礼仪问题上的文化冲突，造成双方的不快，进而制约了一个历史强国和一个新兴强国之间更加广泛的政治、经济的开放和交流。

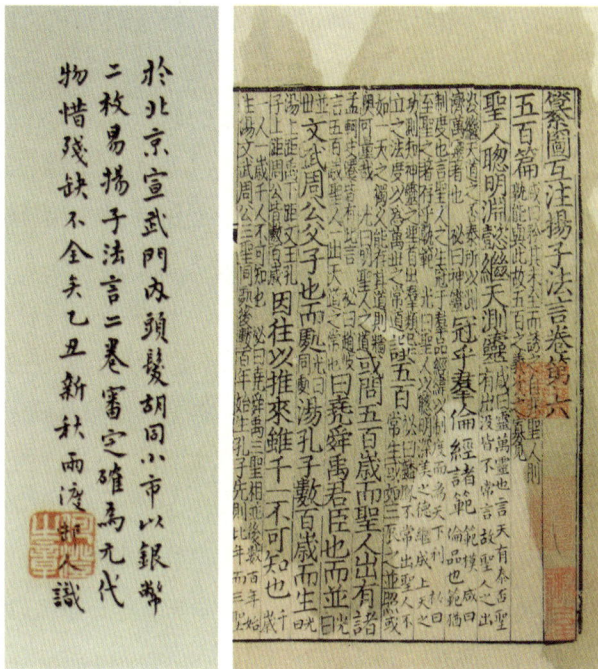

乾隆皇帝雅好绘画，始一御极，就将前朝和海内名画之流落者，征收网罗殆尽；在亲政之馀，往往以读画为消遣，到后来，可以说是精于此道的鉴赏家了，并且懂得如何宝藏和利用这一丰富的艺术资源：乾隆九年（一七四四），诏编《秘殿珠林》二十四卷，乾隆十九年（一七五四），又诏编《石渠宝笈》四十四卷，举凡内府所藏书画及款识题跋与曾邀奎章宝玺者，一一记载；乾隆五十六年（一七九一），敕撰续编《石渠宝笈》，前后品题甲乙，悉数睿裁。也是在乾隆朝，竟罕见地设立了两所皇家画院"画院处"和"如意馆"。除供养了冷枚、陈枚、丁观鹏、唐岱、张为邦、金廷标等一批专业院画画家之外，还以优厚待遇招募了诸如董邦达、邹一桂、董诰、张若霭、张若澄、钱维城、门应兆等一批翰林画家；更为开放的是，还高规格地接纳了一些欧洲传教士画家进入画院，如著名的意大利画家郎世宁（Giuseppe Castiglione，他的皇室肖像画及大型的狩猎和行进的全景画糅合了中国画技巧和西洋画的透视法及作色特点，深得乾隆的喜爱）、法国画家王致诚（Frere Jean Denis Attiret）、艾启蒙（Ignatius Sickeltart）、安德义（Joannas Damascenus Salusti）等等。

荟萃古董、书籍、字画、南纸（文房四宝）各肆的北京琉硫厂，亦始于乾隆朝。书肆中有卖《缙绅》及《同年录》者，凡仕宦者无不趋之；纸店中有卖小楷笔铜墨盒徽墨者，应试者则无不趋之；在朝大夫退食馀闲，欲怡情翰墨，无不巾车野服，到此一游；而积学之士，欲读异书而力不能购者，则坐书肆中亦可得恣眼福[17]。在一派文化繁荣的乾隆朝，读写能力在平民中日益普及。有些学者，如袁枚[18]，曾广收女弟子，受到严守清规戒律人士的激烈批评，但乾隆皇帝并没有加以禁止。乾隆朝的士人，虽大半消磨精神才力于科名，一旦获得科名而进入仕途，往往逢上所好，研精书画，以备供奉[19]。在野名流，亦多以画鸣高。一般的学子都能吟诗作画，女诗人、女书家、女画家亦比往朝要多。除此之外，诗书画的风格及内容也发生了重大变化和分流：宫廷诗画愈来愈精细，文人诗书画则趋于任性不羁，览胜访古、历山赏水、花木虫草无不如此，几乎成为知识精英吟咏酬唱、穷晓义理的主要题材。

何道生通过科举取士制度，成为知识精英阶层的一员之后，恰逢乾隆繁盛景象之下寓含着一个王朝即将衰退的嬗变时期。一方面他享受着乾隆盛世人文环境的繁荣，另一方面他对愈来愈迎合世俗的文化和学术流风感到窒息。乾隆中后期的诗坛，盛行着一种与乾隆帝一样苍老而带着沾沾自喜的霸气诗风。这种鲜人情、没有性灵的诗作，令何道生十分痛恶。在一次文友的宴集活动中，他吐露出长期以来一直郁闷在心的诗志："与其苍老而有霸气，何如秀弱而存士气？"此言一出，即刻得到文朋诗友的赞同，以为此是知言。何道生遂开始用秀弱、直率、放浪，而又带着士气的诗歌与媚俗、低俗的诗风相抗衡，而抗衡的主要方式是宴集酬唱。据谭正璧所编《中国文学家大辞典》载，何道生经常与气味相投、志趣相似的文友诗酒雅集。寓斋诗酒唱和之时，不时出现这种情形：一旦何道生吟咏而成，诸人皆敛手避之；一旦发现是专写文酒宴集之作，又争相传诵[20]。当时，何道生寓居在京城的烂面胡同（民国后改为烂缦胡同）。烂面胡同说叫"烂面"，其实并不烂，不但不烂，而且还是个名人荟萃、藏龙卧虎之地。这个胡同位于今宣武区中部，广安门内大街东端南侧，南北走向。北起广安门内大街，南至南横西街，东侧与红罗巷相交，西侧与醋章胡同、莲花胡同、七井胡同相交。清时，西有水月庵，东有乾隆年间文渊阁大学士史贻直的"广仁堂"，还有济南、元宁、常昭诸会馆；胡同中间的"接叶亭"，是康熙朝进士、吏部侍郎汤右曾的住宅，对面则是康熙朝武英殿大学士王项龄的"锡寿堂"。在这个胡同居住过的还有雍正朝进士、诗才敏捷、善画山水的张鹏翀，湖南巡抚查礼，乾隆二十五年（一七六〇）状元，经史、小学、金石、地理、诗文俱佳的毕沅，翰林院侍读学士、金石学专家、书法大家翁方纲，乾嘉著名学者王昶，等等。由此可见，烂面胡同实在是个精英阶层生活的好地方，也是一个让人生情、达观、入神、感念万千的"灿烂胡同"。一七九三年，何道生还把自己的双藤书屋割让出一个有花木的院子，请苏州东山第十世祖、诗才震响、书名很高的王芑孙[21]、曹贞秀[22]夫妇居住。灵石两渡何家与苏州东山王家在乾隆时期结下的这段高情厚义，当何澄和王季山结成美满姻缘后，成为这两个大家族津津乐道的话题。

何道生不仅诗好，古琴也弹得好。嘉庆二年（一七九七）十月五日，何道生和好友来到一个做过县令和知府之人的别业"晚香精舍"。此人爱养菊、善养菊，且有名言"艺菊如治民，培溉精勤在功行"，并有"菊司命"之雅称。司命菊花就够雅，更雅的是藏有唐宋元古琴"十六枚"，藏琴之室命为"十六友轩"。在淡白深红相映的菊花下，何道生与琴主人把这十六枚古琴一一弹过："客弹一回主一回，千朵万朵花徘徊"；"何郎三十妙指法，花下一见先题襟。"[23]而琴主人弹琴的艺术和人生境界亦令何道生感慨："十指锵锵响寒玉，徽弦不遣毫厘差。乍听细涩唯咿哑，忽尔奔放难留遮。或如高梧叫孤凤，或如枯木啼寒鸦"；"澹泊能令客心醉，何须聒耳喧筝琶。"[24]

乾隆之际，海宇清晏，风雅鼎盛，文人学士为了陶冶性情，大多喜欢收藏书画。有些人仅仅是涉猎，爱与专事丹青的高手交往；有些人是习画，画来画去也成了擅于此道的行家里手。因为他们对古文和骈俪文都通，字也好，无论行草还是篆籀都有功底，而骈俪文近画，所以以书法之笔习画，即便无师绘事，也会因自悟而后得。更重要的一点，那个时代，既无内讧，又无外患，士大夫文酒之暇，娴习画学，崇尚的是艺林佳话，绝少有取润为生者，故没有后世的市井气，所以乾隆朝的高人逸士极多。何道生在艺苑之盛的乾隆朝，虽不是大名于时的一位，但收藏甚富，并善画山水，笔墨清雅；为友人画作题诗极多，有着高古的鉴赏力。其中与扬州八怪之一的罗聘和浙派篆刻领军人物之一的黄易私交极好。

罗聘（一七三三～一七九九），字遯夫，号两峰，自称花之寺僧，金牛山人、衣云道人，原籍安徽歙县，迁居扬州。为金农入室弟子，画入高格，擅长山水、人物、花卉各科，人物构图奇特，笔墨简朴；画梅喜用粗枝大杈，但花蕊繁密，画朱竹挺拔秀美；画山水则繁密精微，简逸拙朴，尤其是画梅画佛，深得金农真传，遂成清中期画坛“扬州八家（怪）”之一。他曾七次到京师，因作《鬼雄图》《鬼趣图》而引起轰动，一时名公巨卿皆折节与其交往。宴集之时，看罗聘作画，只见水墨惨淡，奇诡绝伦，无不以为亲眼见到了活的鬼物——“殊形异状，宛然吴道子地狱变相”。罗聘的诗画也有别趣，且记忆过人，海内诗家有佳句，他在酒酣耳热后往往诵吟而出。乾隆五十五年（一七九〇）六月，罗聘第七次来到北京[25]。此行的目的，除了会友交游、卖画外，最主要的是让他的儿子罗小峰在京城见见世面，接触一些高雅文士。此次来京，罗聘仍然带着他作于乾隆三十一年（一七六六）的名作《鬼趣图》，遍请没有为此题过词的京城名士题词。《鬼趣图》共有八幅，第一图：黑气笼二鬼，隐约见头面，自肩以下殆不可辨。第二图：一鬼锐头赤足，敝衣窮袴，抗手前行。一鬼削面瘦躯，两手扪腹，著缨帽随后，若主仆然。第三图：美女衣红衣，左曳长袖，右据男子臂。男子执兰媚之，幽情惨恋，偕行冷雾中。有高帽白衣鬼，持伞摇扇送之。第四图：短鬼卓杖而立，头大如身。一红衣小鬼偻背缩首，捧盂侍其右。第五图：长身散发，竟体纯绿，鹰目血口，飞行云雾中。是罗聘亲见于焦山者，殆水魈，非鬼也。第六图：三鬼。一鬼头大如丘，面目臃肿，身仅如首，两手覆颔下，匍匐逐二鬼。一鬼绿色疏发，飞立张巨手如箕，一鬼首如桃实，上锐下丰，束手回顾，皆作惊避状。第七图：云雾浸淫半鬼，笼破帽前行，一鬼执伞荫一鬼，作避雨状，皆半身。伞上复隐隐有鬼面。第八图：青林黄草中黑石一丛，藏骷髅二具，皆人立。一倚石外向，一据石内向，盖男女也[26]。

乾隆五十六年（一七九一）秋，何道生招饮罗聘，请曹锐[27]、张道渥[28]作陪。招饮之间，罗聘、曹锐和张道渥为何道生合作了一幅《双藤书屋雅集图》。看着这三位画友作画时的那种笔墨生风、作画娱人的淳笃之情，何道生当即作了一首《同人集双藤书屋罗两峰曹友梅张水屋合作一图纪事》：

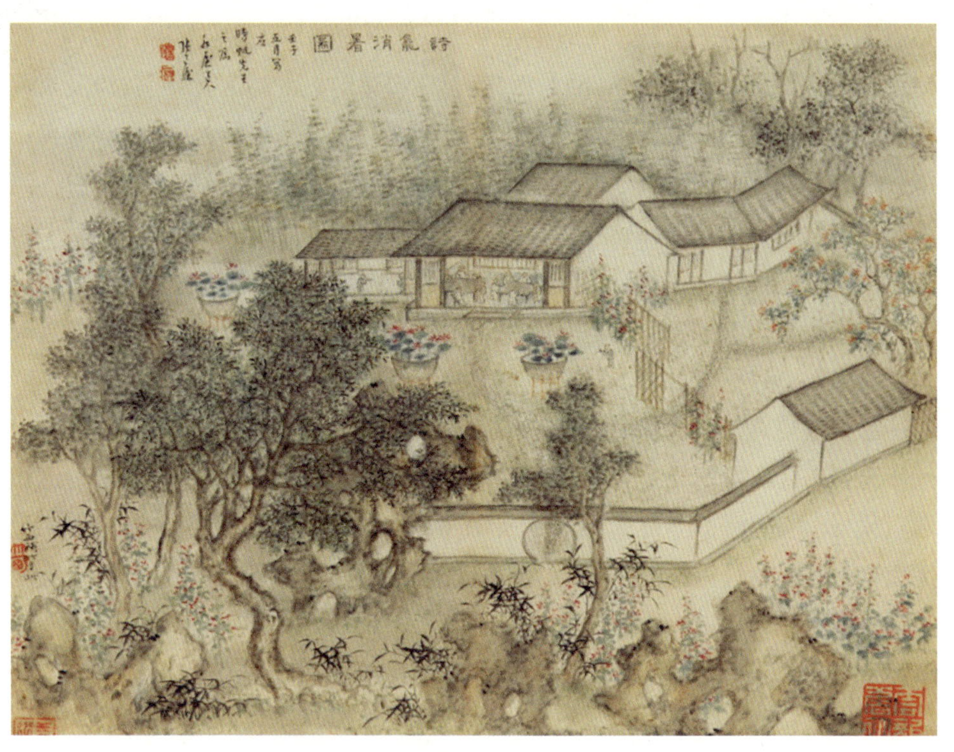

何澄旧藏张道渥为法式善绘《诗龛消暑图册》(苏州博物馆提供)

三人合画议谁始，两峰友梅张风子。
铺将一幅溪藤纸，笔声飒飒风生耳。
一气呵成十五指，烘染如以水济水。
是时木脱秋气高，仿佛满屋生风涛。
瀑布下注势千尺，飞流倒溅茅堂茅。
一株两株树磊砢，三人五人恣游遨。
顿令坐客发遐想，栩栩竟欲凌云翱。
呜呼！两峰友梅张风子，肝胆一家乃如此，
吾欲合传一篇续画史[29]。

合作完《双藤书屋雅集图》，罗聘又拿出自从作好后便不离身左右的《鬼趣图》，请何道生题写长歌。从沈大成(一七〇〇～一七七一，字学子，号沃田，松江华亭人，经学家)于一七六六年为《鬼趣图》题跋以来，《鬼趣图》已有众多的名家大家为之题跋。何道生所题的长歌也许是此图最后多达一百五十余人中最长、最有别于他人的一个题跋。何道生在所题长歌中，有对罗聘画艺的由衷赞赏，有对所画之鬼的理解，有与罗聘的对话，甚至还有鬼与人的拟人化摹写，以及对此图题跋者诸多不同看法所作的评价。“吾爱两峰子，爱画入骨髓。画仙画佛无不能，绝技尤称能画鬼。画鬼纸上鬼有神，两峰不是寻常人”。对罗聘的此种评价，绝不是虚情假意，爱罗聘的画能爱到骨髓里，确实证明了“罗聘不是寻常人”。罗聘笔下的诸鬼“双瞳碧色洞幽界，万鬼不敢藏其身。有时独坐与鬼语，鬼拜稽首祈写真。两峰大笑不忍叱，起夺令升董狐笔。腕中有鬼呼欲出，一埽须臾鬼形毕。青天白日声啾啾，鬼复稽首如有求。先生妙笔大三昧，令吾魂魄升诸幽”。何道生见罗聘所画之鬼逼真得让他都惊出魂魄，马上跟罗聘开玩笑道：“愿先生寿寿无量，永远不与吾为俦。”“两峰复大笑，吾不责汝报”。两人对话间，画上的“鬼乃逡巡相顾”，说“此翁断断，语不可欺，徒令吾辈奇丑态，传与世上人人知”。两人和鬼调侃完之后，何道生对《鬼趣图》作出了不同于他人的评价：“两峰画鬼有深意，世人漫道是游戏。新鬼故鬼大小争，地上那知地下事。阮瞻方著无鬼论，倏有鬼来夺其气。游魂为变易所云，何必纷纷辨真伪。我作此诗题此图，笔锋太利鬼不娱。”罗聘颔首手捻须，读罢何道生这段评语，赞谓何道生的“诗好词非谀，可当骂鬼文，可废吓鬼符”。何道生见罗聘没有完全明白他这段题诗的深意，进而说：“我谓两峰何其迂？人生百岁过隙驹，卷中何者非吾徒，一车之载孰好丑，一丘之貉谁贤愚。此辈终有把臂日，强分畛域胡为乎？”[30]何道生的这首长歌题跋，出口成章，不但充满了现场互动的趣味，最难得的是道出了罗聘所作《鬼趣图》，连他自己也不一定都清楚的真谛。

往后，何道生为罗聘新作的一幅《鬼关图》和《鬼戏图》也题了五言长诗。在《题两峰鬼关图》中，何道生借罗聘画意，道出了人人都会面临生与死的“鬼门关”，你争我夺有何意思的人生观：“众生竞恩怨，扰扰何时平。泯然就怛化，庶几无所争。”[31]在《题两峰鬼戏图》中，何道生请众人细看《鬼戏图》中那狡狯百端的诸鬼：“鬼官何轩昂，鬼卒亦猛鸷。作使万髑髅，一一陈厥艺。腾身若无物，踏空等平地。获赍大欢喜，履险不骇悸。吁嗟尔生前，揣摩熟势利。所以游魂归，不与恒干敝。睢盱伺颜色，觳觫甚奴隶。安得广长舌，流水翻千偈。”直到看清了这些鬼官鬼卒的真相貌，一个不愿为鬼的人，才能“拔出傀儡场，三昧自游戏”。[32]

何道生另为罗聘的《岱宗图》作过长篇题跋。何道生作此题跋时，尚未到过泰山：“五岳一未到，赋志枉高旷。束缚尘土中，胸臆那能畅。虽然志所存，每饭未尝忘。有时作梦游，绝景坠惝恍。”看到罗聘所作此图，何道生决心此生一定要登一登泰山：“我友罗两峰，形骸得天放”；“示我一卷图，灵怪出纸上”；“吾今题此诗，兼以志微尚。何当竞脂车，夙愿勇一偿。振衣日观巅，洗笔沧溟浪。归出袖中诗，与画较卑亢。”[33]

何道生为罗聘早年另一件重要作品所作的题跋是《金农小像》。金农端坐在一块砚石上，寿星般的大脑袋朝前，一根细细的小辫子垂在脑后，左手托着一块书板凝神端看，右手拂弄着长须。何道生看着罗聘所绘的这幅金农小像，不禁感慨万端：

衫履飘然曳杖藤，
先生逸兴想飞腾。
清名自昔称三绝，
高足而今继一灯（谓两峰）。
寿者相宜供作佛，
花之寺本忧为僧（两峰忧前身为花之寺僧）。
回头三十年前事，
面目依稀我见曾（像作于己卯后八年，余始生，今日展拜如旧相识，或者前生从先生游未可知也）[34]。

罗聘的喜忧何道生悉数知道，他在管希宁（一七一二～一七八五，字幼孚，号平原生，江苏江都人）为罗聘的爱妻方婉仪（一七三二～一七七九，自号莲花居士、白莲）所绘的《寒闺吟席图》上，题写了如下凄婉的诗句：

江梅破萼水仙妍，砚席联吟共拂笺。
飞絮簪花标半格（白莲曾刻所作曰半格诗），焚香煮茗悟前缘。
摩挲幻影馀鸿爪，惆怅空华堕白莲。
垂老衣云惟面壁（两峰近号衣云和尚），更无法喜伴参禅[35]。

“两峰画鬼有深意”，这是一个画家对时代社会风物的寓言；“笔锋太利鬼不娱”，这是文士在任何一个社会都该坚持的操守。身为一位入仕的官员，何道生当然不会像罗聘那样在社会、政治、道德等层面上对自己身处的社会进行直接的批判，但在价值取向上他是认同的。他是雅士，更喜有文气的画作，尽管罗聘是古今“画鬼”的第一人，但他还是觉得罗聘的墨兰高雅。何道生号兰士，罗聘也深知何道生爱兰草，于是把早年一册精心之作《兰花册》送给了何道生。

何澄旧藏罗聘《兰花图册》(苏州博物馆提供)

罗聘这册《兰花册》共八幅，全为独具风韵的无山无石无土枯兰，极简中见千姿百态，疏朗中闻旷谷幽香。“香从手出”，遇上罗聘这样的天才画家，确实可以从纸上读出。

第一幅：香从手出。下五峰有此画法，两峰仿之。

第二幅：非素心，即赤心，为名士，为忠臣。香风拂拂，千古为春。

第三幅：仿彝斋居士勾勒笔法。

第四幅：没有题识。

第五幅：春风不叫吹凡卉，先放西天称意花。花之僧罗聘写于塔湾舟次。乙酉雨中(乾隆三十年三月八日，一七六五年四月二十七日)。

第六幅：畹亩同芳。

第七幅：雪窗笔意。

第八幅：和葱和蒜，去卖街头。

何道生与黄易的交游也深也笃。黄易(一七四四～一八〇二)，字大易，号小松，又号秋盦，浙江仁和人。官济宁同知。家学渊源，专于诗词，书画篆刻饮誉当时。师从浙派篆刻创立者丁敬时，比乃师小四十九岁。较之丁敬，黄易的篆刻在运刀上更见细腻准确，于工稳中每每透出雅致峻逸的气息。丁敬曾言，将来能继业者，唯推小松。后人也有把他们并称并“丁黄”的。由于黄易更擅隶书，故在边款上增加了双刀笔意，这也成为后来印人参照的标准。黄易的山水以澹墨简笔取胜，花卉以神韵古雅见长，间做墨梅，亦饶有逸致。

一七九三年，黄易就寄《小蓬莱阁观碑图》请何道生索题，但直到嘉庆三年（一七九八），何道生任山东道监察御史一年之后，巡视济宁漕务之时，才在济宁见到黄易。黄易在宴请何道生时，何道生看到黄易“先生宴坐手欲胼，古碑千纸相周旋。订残补阙证史编，爬搜直突欧洪[36]前。武祠画像霏云烟，石经文字陈桓笾。起秦汉讫元都燕，册以万计目四千。鉴别真赝分媸妍，较若列眉何连娟。赏奇析疑良朋缘，李髯桂叟（铁桥未谷）执弭鞭。”但何道生也发现黄易的古碑帖“偶有阙佚终必全，烟墨奔凑蚁附膻”，于是劝他，“鬼相神劳人无权，始知物聚由好专”。由于懂行，何道生“读碑读画屡舞仙，题句栩栩来毫颠，火速作歌书之笺，偿逋聊赎吾前愆”。[37]

在黄易处，何道生还为黄易所作《岱岩览古廿四图》作了题跋：“节节貌厥神，层层抉其奥。轩窗走烟岚，几研湿飞瀑。岩峦各竞秀，松桧森兀傲。”前人云：看画如入山中，看山如入画中，便佳。为黄易《岱岩览古廿四图》题跋时，何道生又想起罗聘那幅十馀尺的大画《岱宗图》：“却念两峰子，年不跻耄耄。好手让君独，中原树旗纛。余子走且僵，颠仆那敢娼。他年两图传，合并比圭瑁。”[38]友人之友人，友情加友情，念念不忘，事事难忘，何道生的为人，在此图的题跋中尽显无遗。由于祖上与黄易有如此交谊，所以，当何澄遇到黄易散出的作品，都一一收藏起来。何道生为乾嘉画家名士的题跋极多，尤善长歌。他一生嗜酒，与性情之中的画家不分你我，酒怀卓荦，画手诗肠，在其好友法式善多种“诗龛图”的题跋中，多有笔墨生风、作画寓人的惇笃之情。

何澄十分注意收藏先祖的藏品，也继承了其先祖的品行，对友人极真诚。何澄曾藏清初篆书大家王澍（一六六八～一七四三，自号二泉，又号恭寿老人、良常山人，江苏金坛人）所录《诗经》“七月流火”八大幅，苏州书画装裱高手刘定之[39]极想得到这套篆书精品，赠送给吴湖帆。经与何澄商议，何澄以低价成其之美[40]。据徐邦达先生对何澄孙女婿、书法篆刻家庞书田[41]讲，陈巨来当年刻印，一般来说，一个字一至三元，但为何澄治印，何澄往往一字给到五至七元。

由于无论是卖家还是买家，何澄都是一个可以信赖的人，所以很多友人有好的古物想出手，都愿先找何澄；而有友人欲买某种古物，也会托何澄代为购买。如

何澄旧藏黄易隶书七言联『人间忠孝相关处，天意江山有夙期』（苏州博物馆提供）

此聚散，何澄的古物越聚越多，人脉越聚越旺。再加何澄对古物有很高的鉴赏力，其藏品的三大宗——玺印、古墨和元明清有代表性的书法大家作品，遂成蔚为大观之势。

不光是何澄注意收藏先祖的书札墨迹，就连京兆尹何乃莹也好此道。光绪三十一年（一九〇五）十二月十九日，是苏东坡的生日，也是文人雅士纪念苏东坡之日。这一天，他携新得一册嘉庆八年（一八〇三）十二月十九日，翁方纲、杨芳灿、陈云伯（文述）诸诗人集何道生《方雪斋中祝东坡先生生日拈李委南飞鹤[42]曲中语分体赋诗而朱野云鹤年[43]为之图覃溪先生代署款》诗画册，前往表弟恽毓鼎家，请其分享。恽毓鼎展阅一通，赞叹曰："承平士大夫安乐风流，有足令人神往者。余亦拟倩人绘图，以拙诗为之引，遍征题咏，继先辈芳徽，亦使后人见吾辈尚能作此冷生活耳。"[44]能创造、传承，甚至是邂逅这样没有世俗功能的古物，哪怕是几册书页、几轴画卷、几件字帖、几样清玩，无论在哪个时代，无论持什么政治操守，都会如沐春风，怡情染心。

灵石两渡的文化薪火传到何澄的"两渡书屋"、"灌木楼"、"真山园"，终成集大成者。所谓文化，就是这样一件一件积累起来的；所谓文化世家，就是这样一代一代传承下来的——没有世俗的万贯家业，没有以价值论字尺的熏染，只有几片书香的黄叶，几绺翰墨的清风，几缕清心染目的香火。

注释：

① 何道生著《双藤书屋诗集》，卷一，第八页：《傅青主先生画竹》，道光元年八月，雕藻斋吴耀宗刻本。

② 胡永焕（一七五六～一八〇五），字奎若，号雪蕉，安徽婺源人。乾隆四十二年（一七七七）江南乡试举人，乾隆五十二年（一七八七）会试中三甲第八十五名进士。历任工部营缮司、清吏司、都水司主事。著有《丛话古文钞》《龙尾山房文钞》《龙尾山房诗存》等。

③ 何道生著《双藤书屋诗集》，卷三，第一页：《题雪蕉藏傅青主先生草书宋人绝句真迹》，道光元年八月，雕藻斋吴耀宗刻本。

④ 方于鲁编、吴有祥整理《方氏墨谱》，第一四六页："罄鉴图"，山东画报出版社，二〇〇四年二月。

⑤ 周绍良著《清墨谈丛》，二四一～二四二页：《程凤池经义斋墨》，紫禁城出版社，二〇〇〇年九月。

⑥ 周绍良著《蓄墨小言》(上),第一二四～一二五页:《曹素功制"嵩呼万岁"墨》,北京燕山出版社,一九九九年四月。

⑦ 孙铭恩(一八〇八～一八五三),字书常,号兰检,江苏南通人。道光十五年(一八三五)进士,授编修。历官内阁学士,兵部右侍郎,河南、广东乡试主考官,后督学安徽。

⑧ 邵弥,字僧弥,号瓜畴,江苏长洲人。明末清初书画家。山水师承元人,笔墨疏简秀逸。与董其昌、王时敏、王鉴、李流芳、杨文聪、张学曾、程嘉燧、卞文瑜合称画中九友.

⑨ 万承纪(一七六六～一八二六),字廉山,别署廉三、畴五,江西南昌人。

⑩ 陈巨来(一九〇五～一九八四),原名斝,字巨来,后以字行,号塙石、确斋,斋名安持精舍,浙江平湖人。一九一二年,随家迁往上海。一九二〇年,从家庭教师陶惕若学古文及篆刻。一九二一年,赵叔孺偶见所仿刻吴昌硕印,许为可造之才,遂收为开门弟子。此后时往"二弩精舍",获观赵撝叔(赵之谦)、黄士陵等印作,备受教益。数年后,高野侯自杭州来沪,陈巨来常往叩益,观抚到程遂、汪关宝、巴慰祖等名家的印拓,开始领悟从治元朱文入手,别走新路,自创面目。及后,又从乡贤、近代著名藏印家葛书征处,借得所辑《元明清三代象牙犀角印存》,加以修炼元朱文源流正变、章法刀法,镌刻日趋成熟,崭露头角。赵叔孺赞其"篆书醇雅,刻印浑厚,元朱文为近代第一"。至此,以铁笔维持生计。一生治印约三万方,以宋白元朱为主,汉印次之,仿秦古玺又次之。近代书画大家和文化名流溥心畬、张伯驹、章士钊、叶恭绰、沈钧儒、沈尹默、吴湖帆、张大千、谢稚柳、夏敬观、冯超然等名章、收藏印、闲章多出自其手。著有《盍斋藏印》《安持精舍印存》《安持精舍印取》等。晚年在狱中所撰回忆录《安持人物琐忆》自《万象》杂志于一九九九年第一卷第四期开始连载,颇引人关注;上海书画出版社于二〇一一年一月结集出版后,即成为民国年间上海文坛私密类的热门图书。

⑪ 李永翘著《张大千全传》(上),第一〇七页,花城出版社,一九九八年四月。

⑫ 同上。

⑬ 同上,第一〇九～一一〇页。

⑭《徐永昌日记》(第三册),第四六六页,台湾"中央研究院"近代史研究所,一九九一年十二月。

⑮ 贺寿慈(一八一〇～一八九一),初名贺于逵,字云甫,号赘叟、楚天渔叟,后改名贺霖若,字芗垞,号云龢,江西乐平人。道光十七年(一八三七)举人,道光二十一年(一八四一)进士。咸丰元年始,历官吏部考功司主事、军机章京、吏部验封司员外郎、文选司郎中、江南道监察御史、贵州道监察御史、内阁侍读学士、太仆寺卿。同治年间,历任太常寺卿、大理寺卿、左副都御史、礼部右侍郎、刑部左侍郎、兵部左侍郎、工部左侍郎。光绪元年(一八七五),擢升礼部尚书。光绪二年(一八七六),任刑部尚书。光绪三年(一八七七),任工部尚书。光绪五年(一八七九),据说因受北京琉璃厂宝石斋掌柜李春山所馈送财物事件,被参奏,"降三级调用",为左副都御史。晚年多以朝考阅卷大臣、考试御史阅卷大臣、考试试差阅卷大臣、贡士复试阅卷大臣、磨勘乡试试卷大臣、殿试读卷大臣、会试搜检大臣、乡试专事稽察大臣、会试专事稽察大臣、会试钤榜大臣、武会试总裁等为乐事。

⑯ 孙殿起著《琉璃厂小志》，第一七六～一七七页，上海书店出版社，二〇一〇年七月。

⑰ 瞿兑之著《杶庐所闻录》，第三十五页，辽宁教育出版社，一九九七年三月。瞿兑之（一八九四～一九七三），名宣颖，字铢庵，晚号蜕园，湖南善化人，清季军机大臣瞿鸿禨之子。早年就读于上海圣约翰大学及复旦大学，曾任北京政府国务院秘书长、编译馆馆长，河北省政府秘书长及南开大学、燕京大学教授等职。一九四九年后居沪，以著作为业。精于文史，于职官、方志学、掌故有深湛研究。

⑱ 袁枚（一七一六～一七九八），字子才，号简斋，世称随园先生，浙江钱塘人。诗人、文评家。乾隆四年（一七三九）进士。乾隆七年（一七四二），满文大考时落选，服官江南。历任溧水、江浦、沭阳及江宁四县知县。在江宁任上，被荐知州，不成，遂于乾隆十三年（一七四八），请辞江宁知县，退居新置的"小仓山房"，自号"随园"。此园据说原为康熙时江宁织造曹寅所建，后为隋赫德所有，故称隋园。袁枚买下这所衰败不堪的园子后，布置亭台，点缀花木，逐渐将它改建成一座诡丽奇巧、不可名状的园林。四方名士到江南必造访随园，文诗歌无间朝夕。此园坐落在南京小仓山，约在今鼓楼西南一公里处（一八五三年被太平农民军所毁）。故此，诗文集便以"小仓山房"为名。《小仓山房全集》六十卷（乾隆四十年刊行，一九三一年更名为《随园全集》），曾风行中外，名气甚张。袁枚学识渊博，长于历史，思想自由而广阔，能用轻描淡写与寓意深远的幽默笔调表现生活。著作以骈体文为工，诗文皆专。诗文著作最可贵之处在于弃绝"女子无才便是德"的传统观念，认为妇女应有发挥她们自身才智的机会。守旧的学者和顽固的道学家曾猛烈地抨击他，称其为"狂人"，但他不屑一顾，一方面广收女弟子，一方面鼓励妇女作诗。他的两个妹妹，袁机和袁杼，都是诗人。曾作《湖楼请业图长卷》，因画卷上有他闺秀弟子的相貌，名流为此争相题咏。他认为，诗的作用在于娱情怡性，好诗不在于严守固定的格式，而在于诗人的学问、才气以及个性，表现生活中流露出来的自然情感应不受拘束，主张抒写性情，反对"诗以载道"，并由此而创"性灵说"。

⑲ 郑午昌著《中国画学全史》，第二八六页，东方出版社，二〇〇八年一月。郑午昌（一八九四～一九五二），原名郑昶，号若龛，别署丝鬓散人。中国近代画家，美术史学家和画学家。曾任中华书局美术部主任，首创汉文正楷字模，办汉文正楷书局。历任国立杭州艺专、上海美专教授，并与谢公展等组织蜜蜂画社。

⑳ 谭正璧编《中国文学家大辞典》，第一六二七页，上海书店，一九八一年三月。

㉑ 王芑孙（一七五五～一八一八），字念丰，号铁夫，更号惕甫，又号楞伽山人，晚号樗隐老人等。其诗格重骨傲，诗中有人，诗外有事。乾嘉时期有"诗佛"之称的吴兰雪赞其诗作"落笔有芒，压纸有声，浮声肤词，划削殆尽"；以"诗龛"名世的诗评家法式善感谓："渣滓除已尽，字字出瘦硬，匪缘读书精，安得行气盛"；"粤东三子"张维屏更叹其"笔力遒劲，生气涌出，真宇宙间大文字也"。于词赋，早岁已擅，二十六岁时曾著《读赋卮言》，晚年又辑有《古赋识小录》。尤为制词章者所不及的是，"自乾隆五十年以后，国家有典礼文章之事，未尝不操笔窃与其间……因之赓和圣制，以逮进拟、奏上群书、应用杂作，十馀年来，奚啻千篇。"独步应用词章的宫廷经历，有清一代恐无人能望其项背。其古文辞，遵循于他的承学心得："夫将承学治古文，必且融会于群经，

旁贯以小学，导源于身心性命之间，究观于上下天人之际。本其所不容已者发为言，而又裁之以国家之掌故、朝廷之令典，如是，然后行之以马班之法，运之乎韩欧之体，无难易平险高下，而一归乎心之所安，与夫义之所止，非是者不为能。”据此，他的古文辞，有法有度，文气高古，情真意切，为时望所重。其书艺初以唐人书小楷《灵飞经》为范本，后亲观清代大书家刘墉作小楷“运笔如飞”之境，悟得“落笔快则意出”之精髓，所书渐现遒厚浑古之微。清同治年间学术笔记大家叶廷琯有评：“我吴明季以来书家，用笔皆以轻秀俊逸见长，至惕翁始以遒厚浑古矫之，遂为三百年所未有，虽退谷（汪士鋐）、义门（何焯）犹当让出一头，何况馀子。”历经二百多年，王芑孙的书法作品被国家文物局列入禁止出境名单，足以证明王芑孙在中国书坛上的地位。王芑孙一生著述甚丰，留存下来的著作有《渊雅堂全集》《惕甫未定稿》《沤波舫近稿》《惕甫诗抄》《楞伽山人手题杂帖诗》《渊雅堂应奉稿》《王铁夫杂稿》《楞伽山人尺牍》《惕甫时文稿》《独学庐诗稿》《王铁夫先生游诗》等。

㉒ 曹贞秀（一七六二～一八二二），字墨琴，自署写韵轩，安徽休宁人，侨寓吴门，乾隆四十八年（一七八三）为王芑孙继室。工书，能画，尤擅写梅，小楷极佳，所临《十三行临本》为士林推重。叶廷琯在《鸥陂渔话》卷六《王惕甫夫妇合璧书卷》中称：“墨琴夫人书气静神闲，娟秀在骨，应推本朝闺阁第一。”

㉓《洪亮吉集》（第二册），第八九四～八九五页：《十月初六日同人集积善大令晚香精舍看菊并出示古琴十六相示乞主人与何水部道生于花下抚琴率成长句》，中华书局，二〇〇一年十月。

㉔ 何道生著《双藤书屋诗集》，卷八，第十一页：《十月五日积庆亭明府善招同时帆载轩稚存墨卿味辛集晚香别业看菊听琴并出示所藏自唐以下古琴十六枚作歌赠之二首》，道光元年八月，雕藻斋吴耀宗刻本。

㉕ 法式善著，张寅彭、强迪艺编校《梧门诗话合校》，二七一页：卷九第十一：《罗两峰七入京师士大夫铄乐与之游》。凤凰出版社，二〇〇五年十月。

㉖ 张问陶著《船山诗草》（上册），第二九八～二九九页：《戏题罗两峰鬼趣图》，中华书局，一九八六年一月。

㉗ 曹锐（一七三二～一七九三），安徽休宁人，侨居苏州，字友梅，一字又裴，号锷堂。王芑孙岳父。曾任京师兵马司东城正指挥，因故罢官后寓京卖画自给，后侨寓吴门。曾得王时敏曾孙王愫指授，其浑朴处颇有沈周笔意，但其书画创意不足，皆工于临摹，所临文徵明、董其昌诸迹，无不逼肖，鉴赏家几不能辨，由此而名噪都中。但曹锐生性简傲，从不受谀，显贵之人乞其片纸而不能得，诗人好友，却往往累幅以赠。

㉘ 张道渥，字水屋，一字封紫，号竹畦，又自号张风子；因好骑驴，故又自号“骑驴公子”，山西浮山人，一作浑源人。乾隆四十五年（一七八〇）举人，曾在四川简州任官。其为人傲岸不羁，与罗聘、张问陶、法式善交往密切。画、书、诗均绝，山水秀润，脱尽窠臼，墨迹放荡，有郑板桥之风。著有《水屋剩稿》。

㉙ 何道生著《双藤书屋诗集》，卷三，第十一页：《同人集双藤书屋罗两峰曹友梅张水屋合

作一图纪事》，道光元年八月，雕藻斋吴耀宗刻本。

㉚ 同上，第十一页：《题罗两峰聘鬼趣图》。

㉛ 同上，卷六，第四页：《题两峰鬼关图》。

㉜ 同上，卷六，第五页：《题两峰鬼戏图》。

㉝ 同上，卷五，第二页：《题罗两峰岱宗图》。

㉞ 同上，卷四，第八页：《题两峰金寿门农小像》。

㉟ 同上，卷七，第九页：《题管平原（希宁）为罗两峰内子方白莲女士画寒闺吟席图》。

㊱ "欧"为欧阳修；"洪"为洪刍，字驹父，江西南昌人，北宋诗人，黄庭坚的外甥，与兄洪朋，弟洪炎、洪羽并称"四洪"。洪刍著有《老圃集》《香谱》《豫章职方乘》《楚汉逸书》等。近人郭绍虞自《渔隐丛话》《能改斋漫录》《野客丛书》辑出《洪驹父诗话》。王逸唐《今传楼诗话》亦有《题徐积余乃昌狼山访碑图》云："书尘乙览始关中，画仿欧洪剧小松。仿佛承平多韵事，且将江海荡心胸。"

㊲ 何道生著《双藤书屋诗集》，卷十，第二～三页：《题小蓬莱阁观碑图为小松题》，道光元年八月，雕藻斋吴耀宗刻本。

㊳ 同上，卷十，第二页：《题黄小松岱岩览古廿四图》。

㊴ 刘定之（一八八八～一九六四），字春泉，江苏句容人。书画装裱高手。少时到苏州拜师学裱画，民国二十三年在上海开设"刘定之装池"裱画店。吴湖帆的书画大多为其装裱。新中国成立后，先入上海装裱业同业公会，后进上海博物馆裱画组，众多名画经其手修复、装裱。

㊵《郑逸梅选集》第三卷，第一八五页，黑龙江人民出版社，一九九一年五月。

㊶ 庞书田（一九四九～），北京人。著名书法家、篆刻家、文物鉴赏家。何澄孙女婿。师从刘炳森、董寿平书画大师，专攻六朝楷法与汉隶，从魏碑又及唐、宋、元、明百家，作品曾被《国际书法展览精选》《中国书法百家墨迹精华》《中国现代书画家作品集》收录，众多作品被中外博物馆收藏，遂成北京书法界的一颗新星。一九七八年，被国家文物局所属文物出版社破格调任编辑，主持编辑出版了《故宫博物院藏历代书法选集》《辽宁省博物馆藏历代书法选集》《千唐志斋藏志》《南京出土六朝墓志》和《中国墨迹大观》等大型图书。一九八一年，经启功先生推荐，被国家教委聘任为"全国大学书法教师讲习班"讲师，做《魏晋南北朝书法史》讲座。一九八五年，受中共中央委托，为李大钊题写墓碑。一九九〇年，为中央电视台编写十七集的《书法絮语》。一九八九年，从享誉世界的著名中国书画收藏大家、鉴赏家王季迁舅爷赴欧洲、大洋洲游历，考察东西方文化的迥异。一九九二年移居新西兰奥克兰。二〇〇二年起，受北京书画拍卖机构和中央美术学院之聘，时常往返于北京和新西兰之间，进行中国书画的创作和研究工作。著有《庞书田书法集》《庞书田篆刻集》等。

㊷ 李委《南飞鹤》，典出苏轼《献曲求诗》。北宋元丰五年（一〇八二）十二月十九日是苏东坡四十七岁生日："置酒赤壁矶下，踞高峰，酒酣，笛声起于江上。客有郭、尤二生，颇知音，谓坡曰：'笛声有新意，非俗工也。'使人问之，则进士李委闻坡生日，作南曲目《鹤南飞》以献。呼之使前，则青巾紫裘腰笛而已。既奏新曲，又快作数弄，嘹然有穿云石之声，坐客皆引满醉倒。委袖出

嘉纸注一幅曰：'吾无求于公，得一绝句足矣。坡笑而从之。"后有联语："谁吹孤鹤南飞笛，人唱大江东去词。"此联的上联语出苏轼诗作《李委吹笛》："山头孤鹤向南飞，载我南游到九疑。下界何人也吹笛，可怜时复犯龟兹。"下联语出苏轼词作《念奴娇·赤壁怀古》。

㊸ 朱鹤年（一七六〇～一八三四），字野云，号诗龛，江苏泰州人。画家，侨寓北京。山水任意挥洒，不规矩古人蹊径；花卉、竹石，意趣闲远；士女、人物、不染时习、性喜结纳，与何道生、法式善、张问陶相交至深。朝鲜人最喜其画，且重其品，有悬其像而拜之者。

㊹ 恽毓鼎著《恽毓鼎澄斋日记》第一册，第二八九页，浙江古籍出版社，二〇〇四年四月。

十九　蒙难、逃难、卫乐园

"七·七事变"爆发前七天，何澄和彭恭甫尚从苏州同到上海看望吴湖帆。其时，吴湖帆正为"上海文献展览会"陈列馆书画布展之事而忙碌[1]。他们这些人在一起，也不会有其他什么事，不是谈收藏就是说展览。何澄是由上海到北平，还是另外去了什么地方，不详。

一九三七年七月十七日，蒋介石在牯岭图书馆作了有名的一个演说——《若到最后关头》：

> ……我们既是一个弱国，如果临到最后关头，便只有拼全民族的生命，以求国家的生存，那时节再不容许我们中途妥协。须知中途妥协的条件，便是整个投降，整个灭亡的条件。全国国民最要认清所谓最后关头的意义。最后关头一到，我们只有牺牲到底，抵抗到底，唯有牺牲的决心，才能博得最后的胜利。若是彷徨不定，妄想苟安，便会陷民族于万劫不复之地。
>
> ……从这次(卢沟桥)事变的经过，我们知道日本处心积虑的谋我之极，和平已非轻易可以求得。眼前如果要求平安无事，只有让人家的军队无限制地出入我们的国土，而我们本国军队反要经受限制，不能在本国土地内自由驻扎。或是人家向中国军队开枪，而我们不能还枪。换言之，就是"人为刀俎，我为鱼肉"。我们已快要临到这极人世悲惨的境地。在这世界上稍有人格的民族，都无法忍受的。我们的东四省失陷，已有六年之久，继之以《塘沽协定》。现在，冲突的地点已经到了北平的卢沟桥，如果卢沟桥可以受人压迫强占，那么我们五百年古都，北方政治文

化的中心,与军事重镇的北平,就要成为沈阳。

第二,今日的北平若果变成昔日的沈阳,今日的冀察亦将成为昔日的东北四省。北平若可变成沈阳,南京又何尝不可变成北平?所以,卢沟桥事变的推演,是关系中国国家整个的问题,此事能否结束,就是最后关头的境界。

……我们是弱国,又因为拥护和平是我们的国策,所以不可求战。但是,我们固然是一个弱国,但不能不保持我们民族的生命,不能不负起祖宗先民所遗留给我们历史上的责任,所以到了必不得已时,我们不能不应战。至于战端既开之后,则因为我们是弱国,再没有妥协的机会,如果放弃尺寸土地与主权,便是中华民族的千古罪人。那时候便是只有拼民族的生命,求我们最后的胜利。

卢沟桥事件能否不扩大为中日战争,全系日本政府的态度;和平希望绝续之关键,全系日本军队之行动。在和平根本绝望之前一秒钟,我们还是希望由和平的外交方法,求得卢事的解决。

我们的立场有极明显的四点:

(一)任何解决,不能侵害中国主权与领土之完整。

(二)冀察行政组织,不容任何不合法之改变。

(三)中央政府所派地方官吏,如冀察政务委员会委员长宋哲元等,不能任人要求撤换。

(四)第二十九军现在所驻地区,不能受任何拘束。

这四点立场是弱国外交最低限度,如果对方犹能设身处地,为东方民族作一远大打算,不想促成两国关系达于最后关头,不愿造成中日两国世代永远的仇恨,对于我们这最低限度之立场,应该不至于漠视。

总之,政府对于卢沟桥事件已经确定始终一贯的方针和立场,并且以全力固守这个立场。我们希望和平而不求苟安,准备应战而决不求战。我们知道全国应战以后之局势,就只有牺牲到底,无丝毫求侥求免之理。如果战端一开,那就是地无分南北,年无分老幼,无论何人,皆有守土抗战之责任,皆应抱定牺牲一切之决心。所以,政府必须特别谨慎以临此大事。全国国民,亦必须严肃沉着,准备自卫。在此安危绝续之交,唯赖举国一致,服从纪律,严守秩序②。

“七·七事变”后的一个月(一九三七年八月七日),何澄由济南回到上海,即到吴湖帆寓所讲述了北方的情况。彭恭甫本来要在上海租界内赁屋避难,一听何澄说"北方近日甚静",彭恭甫以为这一"地方事件"的战事就此为止,又不想在上海租界租房了[③]。然而,何澄所说"北方近日甚静",实则静中不静。宋哲元在卢沟桥事变发生后,对日军的侵略意图判断不明,犹豫不决。蒋介石曾言:"卢案必不能和平解决,无论我方允其任何条件,而其目的则在以冀、察为不驻兵区域,与区内组织用人皆得其同意,造成第二冀东。若不能做到此步,则彼必得寸进尺,绝无已时。中央已决心运用全力抗战,宁为玉碎,勿为瓦全,以保持我国家之人格。"[④]宋哲元对蒋介石的这一"指示态度不够明朗",也没有按照"以不屈服、不扩大的方针,就地抵抗"的方针应对这起突发事变,反而"向中央表示:要抗战,没有钱,没有军火。中央拟派第二、第十、第二十五、第二十七、第三十八、第八十七师等师协同作战,他拒绝了,并说第二、第十、第二十五各师是失败过的军队,他不欢迎;还表示:河北人民很苦,中央军如来,最好不要住民房……直到七月二十六日,日寇进据廊坊,并致牒宋氏要求二十九军撤退,宋氏这时才知道委曲求全也不能求全,乃下令抗战,但为时已晚。其时,平津已完全陷入日寇包围圈中。二十八日北平撤守,三十一日天津撤守。此北方两大名城遂告沦陷。"[⑤]事后,陈诚[⑥]对宋哲元颇为责难:"其时,平津一带的日军为数有限,宋氏如果能遵照中央的指示,适时奋起抗战,并请中央军火速北上增援,则在开战之始绝无一败涂地之理。平津拱手让人,对尔后北战场的部署极感困难,且士气影响极巨。我们不愿意指责宋氏当时是否别有用心,但对于凶残变诈的敌人缺乏认识,这是宋氏铸造错误的基本原因。至今思之,犹为之扼腕不置。后来韩复榘在山东境内的表现,尤为丑恶,遂使北战场抗战之势,成为一块死棋。"[⑦]

八月九日,日本驻上海陆战队中尉大山勇夫和斋藤要藏驾驶汽车直接冲击我虹桥军用机场,并开枪射击中国哨兵。警卫机场的保安队开枪还击,前来挑衅的这两个日本军人当场毙命。据陈诚回忆,日寇在淞沪挑衅,原意是想要中国政府和军队知难而退及早屈服——认为侵犯上海,是击中要害,射人先射马的绝招,必可使中国早日就范。殊不知中国受日人多年的侵侮,早有抗战到底的决心。所以日军刚在虹口挑衅,我们就将计就计,大规模抵抗起来。他们又错把我们长期抗战的序战当作背城借一的决战,于是集中兵力,不惜多次增援,以图一逞。至是,我们诱敌之计遂完全成功。可以这样说,淞沪会战是我们导演的战役,而敌人在我们导演之下,弄假成真,以为南京一破,凯旋可期,因之由北而南的侵扰,变成由东而西的仰攻,这便是沪战最大的成功所在。

八月十三日,日军集结驻沪陆军及海军陆战队万余人向我保安队进攻,中国

“淞沪会战”前的上海南京路夜景（何泽明摄于二十世纪三十年代）

军队抵抗日军侵略的淞沪会战正式爆发。我军在战役一开始使用的即是中央军的精锐之师，投入兵力多达七十万人，日军使用的兵力亦达三十万人。此战役一打就是三个月，粉碎了日寇“三月亡华”的妄念！更重要的意义是让民众看到了政府抵抗外族侵略的决心，使那些质疑声顿时消除。这是人心。在统一方面，西北、西南在此之前，多少还保有一点割据的局面，淞沪会战即始，在军事统一的大前提下，全国政治统一的局面也开始真正形成[⑧]。

一场战役，打的是场面，看的是情报。“淞沪会战”前后，日军的情报显然比我军来的得心应手。一九三二年“一·二八”事件之后，中国与日本订立了一个《淞沪停战协定》。据该协定，中国军队不得驻扎上海市区，只准在昆山以外。所以昆山以东，是看不到一个中国士兵的，而日本人反而可以在上海公共租界虹口一带屯驻军队。由于失位失防，日军在上海布下了许多间谍，混迹中国和各阶层组织之中。中国老百姓不知道的事情，日本人早已知道了。

抗战初期的上海市市长是财经专家俞鸿钧。有一天，他下令市政府情报处把历年情报档案运出中心区。哪里想到，当搬运人员前去转移时才发现所有档案早已失踪，代替档案的全是白纸。经查，当时市政府的秘书长王长春早已受日本特务的利诱，勾结了几个工作人员，干了这件为敌国“盗宗卷”的丑恶之事。本为上海市政府的情报处，由于王长春的叛国，实已变为日本人的情报处了。为防止再次泄密，俞鸿钧把办公地点从被日本驻沪海军司令部控制的区域搬到了法租界白赛仲路一座神秘的屋宇之内。这处办公地，除了俞鸿钧所带十六名亲信和八个卫士，其他人是根本不知晓的。然而，俞鸿钧八月五日上午开始在这机密之地办公，下午就有日本同盟社送来一份不公开的油印新闻稿（亦称参考资料）。俞鸿钧一看到这个新闻稿，骇然吃惊：他搬到什么地方办公，带了些什么人员，日方都知道得一清二楚。这还了得！经查，在他身边负责与法租界办交涉的法文秘书耿绩之即是出卖情报的投敌者。更为可怕的是，有时同盟社送来的参考资料，竟然把国民政府最高军政当局每天给他的私人密码公文都译了出来。足见日本间谍不仅上海市政府有，连国民政府都有[⑨]。

也是在这一年的八月五日，蒋介石召开最高军事会议，决定为打破我方在中日战争中的被动局面，立即调集中央精锐之师赶赴上海开战，首先要歼灭的是日本驻沪陆军及海军陆战队。为此，下令封锁长江下游江阴要塞江面，以便截获当时在长江上游从南京、九江、武汉、宜昌至重庆各港口的日方军舰与商船。然而，就在这一命令刚刚下达到各部队，江阴要塞尚未封锁，长江中上游的日本军舰、商船共二十多艘，忽然在八月六日至七日全部加速行驶，一艘艘都冲过江阴江面；重庆、武汉、南京等地的日本侨民也都终止了一切活动，即时疏散。待中国海军军舰奉命到江阴江面拦截时，仅阻截了两艘日本商船，中方封锁江阴要塞江面的军事计划就这样失败了。这一切都表明，日方已事先得到了情报[⑩]。

八月十六日，日战机轰炸了第三战区（作战地区为苏浙方面）司令长官冯玉祥主持召开军事会议的苏州西善长巷大众旅馆。日战机前来轰炸时，冯玉祥刚结

抗日战争爆发前的苏州沧浪亭（何泽明摄于二十世纪三十年代）

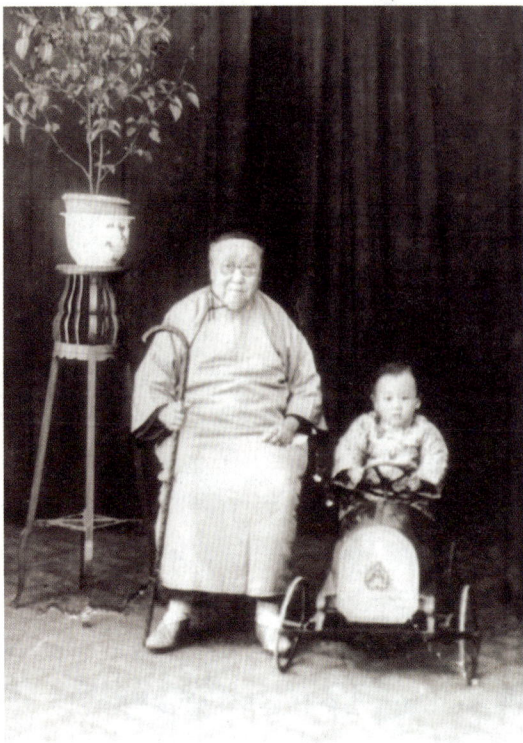

王谢长达与曾孙程毅中（摄于一九三四年）

束会议几分钟，幸免于难，只是无辜居民被炸死十馀人[11]。

八月十七日，国民政府电告全国，拟发行救国公债，并言“爱国民众毁家纾难之热忱，自当加以鼓励”。何澄走家串户，动员亲友们救国公债一旦发行，都要积极购买。因为淞沪会战，已带着孙儿程毅中住在“灵石何寓”的小姨子王季常当即向何澄表示要购买五万元。程毅中，一九三〇年生于苏州，中央文史研究馆馆员。自幼在祖母王季常身边生活，三四岁时，王季常即教他识字，读唐诗。五六岁时，请了家庭教师教读《三字经》、《唐诗三百首》、《千家诗》等，也学做对子。一九四七年考入苏州有原中学高中部，一九五〇年考入燕京大学国文系。一九五二年院系调整，合并入北京大学中文系。一九五八年研究生毕业，同年分配到中华书局，历任副总编辑、编审。长期致力于古籍整理及古小说研究工作。古籍整理著作成果有：《隋唐嘉话》《玄怪录·续玄怪录》《燕丹子》《古体小说钞》（宋元卷）《花影集》《宋元小说家话本集》；论著、编纂有：《宋元话本》《唐代小说史话》《唐代小说史》《不绝如缕的歌声》《古代小说史料漫话》《宋元小说研究》《古籍整理浅谈》《程毅中文存》《程毅中文存续编》等。八月二十一日，财政部即公布《救国公债募集办法》，决定成立募债机构。八月二十四日，救国公债劝募委员会总会在上海成立，由宋子文任委员长。九月一日，宋子文在上海发表讲话，称“当此国难极度严重关头，凡我国民，对于政府，希望尽其份内之天职，殆为同一心理”；并表示，政府必负切实履行救国公债条例之义务。九月三十日，财政部公布了《购募救国公债奖励条例》，规定“团体承购救国公债二百万元以上至五百万元，或劝募救国公债五百万元以上至一千万元者：一、明令褒奖并颁给匾额；二、颁给匾额”。“个人购救国公债一万元以上至二百万元，或劝募救国公债五万元以上至五百万元者：一、明令褒奖并颁给勋章，二、颁给勋章；三、给予奖章”。然而，积极动员亲友购买救国国债的何澄，连同表示要购买五万元的王季常，都随着不二日何澄的蒙难而诡异起来。

八月十九日夜，吴县国民党党部特派员孙丹忱在张仲仁的指使下，带着一班宪兵撞进“灵石何寓”，宣布何澄有“间谍嫌疑”，即行带走，拘押在案⑫。张仲仁即张一麐，生于同治六年十二月二十八日（一八六八年一月二十二日），原字颂仁，后改字仲仁，苏州吴县人。光绪十一年（一八八五）应顺天府乡试，中式第十名举人。后入袁世凯幕。一九一四年五月至一九一五年十月，任袁世凯总统府机要局局长。一九一五年十月至一九一六年四月，任袁世凯政府教育部教育总长。一九一七年八月至一九一八年十月，任黎元洪总统府秘书长。嗣后军阀混战，告老还乡，以兴办教育、改进农事、热心地方公益事业为乐事，曾担任苏州振华女学校第二、三、七、八届校董会董事长。“淞沪会战”，与李根源、马相伯曾组织“老子军”。一九三九年，迁居香港，和许地山等提倡新文字学会，普及大众文化，撰述数十万言。一九四三年十月二十三日，以便血症殁于重庆。历史就是这么蹊跷和诡异！谁会想到，以组织“老子军”闻名的此老，竟然乘时乘势，干了一件“拘押”何澄的事。

刚刚七岁的程毅中看到眼前的这一幕，当时还纳闷：何澄爷爷这两天还到外奔走相告要买救国国债，怎么一下子就成了“汉奸”？确实也是，不但小小年纪的程毅中纳闷，即使是熟悉何澄的人也不知道这件事有什么明堂！

何澄“蒙难”在狱中时，发生了一件震惊中外的外交事件。八月二十六日下午，英国驻华大使许阁森乘专车从南京到上海，欲意尝试调停中日双方。不料他坐的专车行驶至宁沪公路无锡段时，虽然汽车顶上漆了大幅英国米字旗，车头还悬挂着英国国旗，日军飞机却追着俯冲射击，终把这辆专车炸翻，英使许阁森身负重伤，被送进了医院。中立国大使遭袭，顿时震惊中外。英国政府向日本提出外交抗议，日本方面却称许阁森汽车上的英国国旗太小，飞行员无法辨认以致误伤云云。不

也许，“灌木楼”里的这座钟表在何澄蒙难时正好停留在这个时刻

过，最感震惊的却是蒋介石。原先他因上海战事吃紧，准备亲赴沪上视察，为安全起见，白崇禧建议蒋介石坐许阁森的专车，蒋介石当场表示首肯。这一机密决定，当时只有在场的高级将领与机要人员数人知晓。第二天，蒋介石因故改变了计划，不料竟侥幸逃脱此劫。这分明是日军预先探得情报，专为刺杀蒋而来。蒋介石大为震怒，严令特警机关在一月之内侦破此案。当时，南京警备司令部内有一“外事组”专门从事对日的反间谍工作。在逐一分析了知情的少数几个人后，外事组不由得联想到不久前发生在江阴要塞泄密案。这一重大的国防机密，除与会的蒋介石、汪精卫等军委会最高军事长官及担任记录的机要秘书黄濬外，无人知道；又得到内线从日本大使馆递出的种种情报，认定黄濬有重大泄密嫌疑，于是立即布置对黄濬的跟踪侦察[13]。

黄濬（一八九〇～一九三七），字秋岳，又称哲维，别号壶舟，室名花随人圣盦，福建侯官人。十七岁时毕业于京师大学堂译学馆，授七品京官。后留学日本早稻田大学。入民国后，历任北京政府陆军、交通、财政等阁部参、佥秘书及国务院参议。一九三二年，应汪精卫之召往南京，任行政院秘书。以文才受到赏识，逐渐晋升至地位仅次于秘书长的简任机要秘书。所著记述晚清及民初史事掌故、人物轶闻、兼发评议或考证的《花随人圣盦摭忆》在《中央周报》连载后，颇为时人所重。华北危机日亟，黄濬还专门写过一篇关于《汉奸》的考据文章，论列自元朝以来，“日本早惯于勾买无耻，施技刺探”中国情报的历史事实，并得出结论：“可知吾国与外族战争，恒为奸细败事，今日当先为炯鉴！”然而，正是这位高喊反奸防谍的黄濬，恰恰是全面抗战爆发后的第一号汉奸大案的主角[14]。九月十六日，黄濬被秘密逮捕。次日，以色相拉拢黄濬下水的日本女间谍南造云子也被逮捕。审讯之下，黄濬对其罪行供认不讳。经军事法庭审判，以卖国罪判处黄濬父子死刑，公开处决；南造云子被判处无期徒刑；涉及此间谍案的其馀十六人皆判有期徒刑。几个月后，日军进攻南京，南造云子逃出监狱，继而潜往上海。一九四二年四月，终被军统特工制裁[15]。

黄濬父子间谍案告破后，按说何澄涉嫌日谍之事也该了结了。且慢，何澄“蒙难”的事还远远没有结束。

何澄“蒙难”，进了国民党的监狱后，生活很受优待。这种优待，一是张仲仁待价而沽，二是吴中信[16]等一批国民党军政要人纷纷要求吴县方面放人。一开始，何澄对这种优待既感无奈又感气愤；在狱中过了十几天，即九月初，他便达观起来，作《狱中有感二首》：

獄中有感

遍地干戈歲月忙。如斯國難感非常。生存之戰方開始。災禍於身何足傷。雖作階囚猶禮遇。乃知地獄有天堂。行行色色都奔緣。八月清秋志更強。

依前韻

有生有滅總尋常。一入輪回便是忙。濁世本來多々夢。達觀庶可少悲傷。天涯如得同情緣。地獄何殊聚樂堂。我勸諸君休恨々。清秋八月照人強。

一九三七年九月，何澄在"蒙难"的监狱中所作蒙难诗（何怡贞当年抄录）

遍地干戈岁月忙，如斯国难感非常。
生存之战方开始，灾祸于身何足伤。
虽作阶囚犹礼遇，乃知地狱有天堂。
行行色色都参得，八月清秋志更强。

依前韵

有生有灭总寻常，一入轮回便是忙。
浊世本来多幻梦，达观庶可少悲伤。
天涯如得同情泪，地狱何殊聚乐堂。
我劝诸君休恨恨，清秋八月照人强。

何澄“蒙难”的当天夜里，时在苏州的何澄次子何泽涌急忙去找大姨王季昭，王季昭带着他到同在十全街居住的李根源[17]家请求营救；王季山则跑着到了振华女中，去找三姊王季玉通报这桩天大的不幸。姊妹后商量了一阵前因后果，决定去找张仲仁。张仲仁见了王季玉、王季山就说：你妹妹王季常不是很有钱吗？她不是还要买五万的救国国债吗？让她拿出十万块来，何亚农马上就可放出来，否则，性命不保。王季玉、王季山一听抓何澄原来是这么一回事，马上返回“灵石何寓”请王季常帮忙（姊妹俩谁都没有那么一大笔钱），先拿出十万把人保出来。王季常当即就答应了：我捐出十万元救姊夫可以，但要用救国公债的法子。事后，她写信给上海陈果夫（时任江苏省政府主席，曾在王季常夫家上海的苏州程家钱庄做过店员）太太申述情况。没隔多久，陈果夫给王季常来了一封信，接信后她就拿了一个十万元的存折交出去了，但不是直接给张仲仁，而是买救国公债。没过几天，王季常的一个哥哥给她打来电话，说张仲仁要抓她。她就问，为什么要抓我？她哥哥说，你不是答应了给他十万元，为什么还不拿出来给他？王季常说，我已经交出去了啊。又过了两天，王季常听说张仲仁要带顾祝同的宪兵和吴县县长温俊城到她西百花巷的家抄家。她吓得不得了，就跑到她所办私立安定商科职学校担任校董的李根源家商量如何应对是好。商量之后，李根源派了一个人陪她亲自去见张仲仁。一见张仲仁，王季常就质问：为什么逼我这样紧？张仲仁说：你十万元为什么不给我，要交给别的地方？！如果你给我，只要五万元就行了。张仲仁的话音刚落，王季常就拿了陈果夫的信给他看。张仲仁一看，这事已经没油水了，隔天就把何澄放了出来[18]。

被放出来的何澄并没有如释重负：一九三七年十一月九日，中国军队决心全部从上海撤退；十一日，绕道沪宁路线，撤离上海。同一天，敌机开始频频袭击苏州。在十一月二十三日，日军占领苏州之前的这一段时间里，何澄和其他苏州城的居民一样，不得不开始着手蒙难之后的逃难安排。他把当时收藏到的一批古物，藏匿在"两渡书屋"浴室上方的阁楼里；把七十二组印章、印材装在一个青花瓷罐内，埋藏在"灌木楼"前的假山上。

一九五五年，苏州南园饭店工作人员在对所租用的"灵石何寓"内的"两渡书屋"进行整修时，发现了何澄的这批藏品。这批文物被苏州市文物保管委员会接收后，与何澄有旧交的钱镛先生即与何澄三女儿何泽瑛取得联系，何泽瑛又把父亲生前所藏文物被发现之事告之兄弟姊姐，并商议如何妥善保存父亲的心爱之物。最后，何澄八位子女无一例外地同意把这批文物捐献给国家。这八位捐献人为：何澄长女、光谱和固体物理学家何怡贞；何澄长子、教育家何泽明；何澄次女、核物理学家何泽慧；何澄次子、细胞学家何泽涌；何澄三女、植物学家何泽瑛；何澄三子、机械技术专家何泽源；何澄四子、物探高级工程师何泽诚；何澄五子、物理学家何泽庆。

一九五六年二月二十九日，苏州市文物保管委员会给何澄子女的代表人何泽瑛开具了捐赠收据及一册捐赠文物清单，并在"捐谢函"中说：

何泽瑛先生：兹承

惠赠本会文物一三七四件[19]、图书六四二册，具徵

先生爱护文物及关怀人民文化事业之热情，至深感佩；除将此项惠赠之件由会妥为保管外，谨此申谢。并致

敬礼！

苏州市文物保管委员会谨启

一九五六年二月廿九日

（附上收据壹张，清单一册）

何澄埋藏在"灌木楼"假山上的这批印章、印材，挖掘出来的时间远晚于藏匿在"两渡书屋"的那批藏品。一九九〇年夏季的一个星期天，何泽瑛的大女儿刘意达在路上遇见了在南京博物院保管部工作的一位同学。闲谈中，她向这位同学提起了外公生前收藏了一批印章、印材，日寇侵占苏州前，被外公埋在了私宅"灌木楼"南边的假山上。她妈妈想把这批东西找找看，如还在，就捐献给国家。谁知，路上碰了同学随便说说的这番话，日后却爆出一场真还挖出"宝物"来的收藏佳话。

一九九〇年，何泽瑛从自家私宅“灌木楼”前假山上挖出先父当年逃难时所埋藏的印章印材

刘意达的这位同学听了这则秘闻后，出于对文物的职业敏感，将此事放在了心上。她想，宁可让它没有，也不能让它一直埋藏在苏州南园宾馆的那座假山上。上班后，即向时任南京博物院保管部主任的周晓陆汇报。周晓陆对这批印章、印材的下落也很上心，一面向院领导请示，一面积极联系何泽瑛。几天后的一个深夜，办齐各种手续的周晓陆带领保管部的人员随着何泽瑛和她的二女儿刘心恬驱车来到苏州南园宾馆。何泽瑛的记忆力真好，拿着手电筒，到了她最熟悉不过的假山上，一下子就记起这批印材印章的藏身之处。在她的指点下，南京博物院的工作人员，很快就把一个装着七十二方印章、印材的青花瓷罐挖了出来。回到家后，何泽瑛即将此事通知哥哥、姐姐、弟弟，大家一致同意将这批印章、印材捐献给南京博物院。一九九〇年九月十五日，何泽瑛代表何澄儿女与南京博物院签订了捐赠协议书。九月二十四日至十月十一日，南京博物院举办了“老同盟会员何澄先生遗藏印章捐赠展览”，将这一批罕见的印章、印材，亮展于世。

苏州沦陷之后，何澄一家的逃难处是西乡的光福。“光福四面皆山，中有巨浸，两峡一溪，画峦四匝，虎山桥跨其上，东曰东崦，西称西崦……光福铜井山麓有马驾山，俗称吾家山，山不甚高，上有平石。早春时节，红葩绿萼，相间万重，弥望不绝；日暖风来，浓芳遥袭，熏袂染衣，为观梅（苏州著名的香雪海访梅处即在此）最胜处”[20]。“至三官堂，堂北有水阁，面临西崦，极湖山之胜。所谓崦，乃太湖之水汇流山间，淹没而成者也。东西两崦，一水可通，中惟隔以感梁耳。堂后复有一亭，登之，更豁然开朗，西崦全部，宛在栏下。崦之三面皆山，其南则邓尉、西碛、铜井诸山，绵延不断，直至太湖口而止”[21]。然而，再好的风景，在国破家亡，逃难、避难人的眼里，也不过是残山剩水。

日军占据苏州后，于一九三八年一月，限令逃往光福的苏州城居民在一周时间内返回。逃难在此的苏州红十字会副会长潘子义（后出任伪苏州“自治会”农工商务处处长、伪江苏省政府委员等职）、苏州乡绅顾衡如等人请何澄到苏州同日本占领军打个交道，说明苏州逃难在光福的人一时不能回城的理由。何澄答应

一九三七年十二月，在光福避难的何澄子女合影。背面是太湖和玄墓山。前排左起：何泽诚、何泽庆；后排左起：何泽源、何泽瑛、何怡贞（何泽明摄，何长孝提供）

一九三七年十二月，何澄一家在光福避难时合影（前排左起：何泽庆、王季昭、何泽诚、王季山，后排左起：何泽源、何泽明、何泽瑛、何怡贞）

了。何澄回城时，为了避嫌，由留学日本、曾任江苏公立医科专门学校外科教授林苏民、内科教授顾月槎陪同，一起去找日军交涉。日本占领军一个叫市西的少尉参谋代为出见接洽。何澄与他说，在光福的逃难人中，很多是妇孺老弱，要限他们一星期回到城里，一时无法找到可以运送这七八万人的交通问题，所以希望展延时日。起初，市西的态度甚为傲慢，当何澄把预先写好的一封日文信，要求代转日本驻上海领事馆的少将武官原田熊吉，并说明自己和原田熊吉少将是日本士官学校的同学，但我比他高一届，市西一下子肃然，态度马上变得很客气起来，要求难民一周之内返城的限令也得以展延[22]。

何澄写给时任驻华公使馆少将武官、在沪处理“上海事变”的原田熊吉[23]的信是什么内容呢？原来是何澄回到“灵石何寓”后，看到家里已被日军搜查过；在美

一九三七年十二月，何澄一家在光福避难时，王季山、何怡贞在老乡王全福提供的居住处，清理门前的杂草（何泽明摄，何长孝提供）

二〇〇四年四月六日，何泽瑛携侄女何长涓，儿子刘恒谦，重访当年逃难地光福，在陈家祠堂与提供全家住处的老乡王全福夫人喜相逢（何泽瑛提供）

国获得博士学位的长女何怡贞绕道欧洲，刚刚带回家中的一个皮箱内的物品，如读书时用的书籍，与美国同学、老师的书信等等，都被日军当作情报搜走，十分气愤。他要求原田熊吉派两辆大汽车来苏州，帮他把家搬到上海去住。一九三八年一月十二日，何澄间道来到上海，入住位于三马路、云南路口的扬子饭店。十三日早晨，何澄请内弟王季迁一起在饭店吃了点心，并请他转告吴湖帆、彭恭甫等老友下午五点到扬子饭店会晤，谈"别后情怀、数日来避难状况"。㉔

王季迁（一九〇七～二〇〇三），名季迁、季铨，亦作纪千，后改己千，字选青，江苏吴县人，明武英殿大学士、制艺开山始祖、八股文大师王鏊第十四世孙，何澄内弟，世界级的中国书画大收藏家和大鉴赏家。十四岁时，王季迁得到一批中国最优秀的古画，从此开始了习画和鉴赏中国古代名家画作的之路。王季迁生前曾讲，之所以爱好古画，是受了四姐夫何澄的影响。王季迁最初学画时的老师，是他的表亲顾麟士，后为吴湖帆的开门弟子。一九三五年，故宫一批书画藏品将赴英国展览，由吴湖帆提携，不到三十岁的王季迁得以参加审查挑选藏品之事，这使他成为第一批看到皇家藏品的民国画家，鉴赏力陡然提升。一九四七年，移居美国。一九五九年至一九六三年间，两次到台北故宫博物院审看古画，鉴赏中国古代绘画的能力达到世界级水准。一九七三年，纽约大都会博物馆向王季迁买了二十四张宋、元中国画，计北宋屈鼎的《夏山图》，南宋李唐的《晋文公复国图》，马和之的《诗经·国风图》《秋晓渔村图》，米友仁的《云山图》，李嵩的《货郎图》，赵孟坚的《水仙图》，元代钱选的《王羲之观鹅图》，赵孟頫的《双松平远图》，唐棣的《归渔图》，倪瓒的《虞山林壑图》，王蒙的《丹崖翠壑图》，方从义的《云山图片》和李珩的《竹石图》等，中国古画由此在国外受到崇拜和敬爱。王季迁此举被西方艺术史家称为世界艺术史上的一件大事。可以说，王季迁对中国传统书画的最大贡献，是靠他的鉴赏能力及所收藏的一大批中国历史上顶级画家的画作，给西方人开启了一扇欣赏中国书画的艺术之门，从而推动了西方人对于收藏、研究中国书画的持续热情。一九九九年，王季迁再次出售十二幅精品藏画给纽约大都会博物馆。该馆耗资一千四百万美元，特为王季迁的捐让开设了面积达一千四百八十九平方米的"王季迁家族陈列馆"。中国书画藏品能在世界最为著名的博物馆开辟专馆，王季迁是中国第一人。编著有《中国明清画家印鉴》（与德国孔达博士合著），《王季迁读画笔记》。一九八六年，王季迁回国探亲访友，在北京与何澄长子何泽明、二女何泽慧及晚辈钱民协、何长慧、庞书田晤面叙旧，后由时在文物出版社工作的庞书田陪同，到北京、上海、苏州、杭州等地访亲友故旧㉕。

何长慧，何泽诚次女，一九五一年十二月生于北京。因母亲王涵光与父亲何

王季迁（前中）与外甥何泽庆（前左二）在“灵石何寓”

一九八六年，王季迁（前排中）与外甥何泽明（前排右）、外甥女何泽慧（前排左），外甥孙女钱民协（后排左一），外甥孙女婿庞书田（后排左二）、外甥孙女何长慧（后排左三）、王季迁女儿王娴歌（后排左四）相聚于北京和平饭店。（庞书田提供）

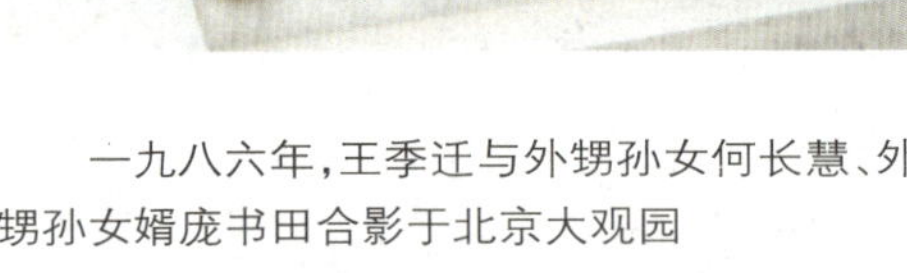

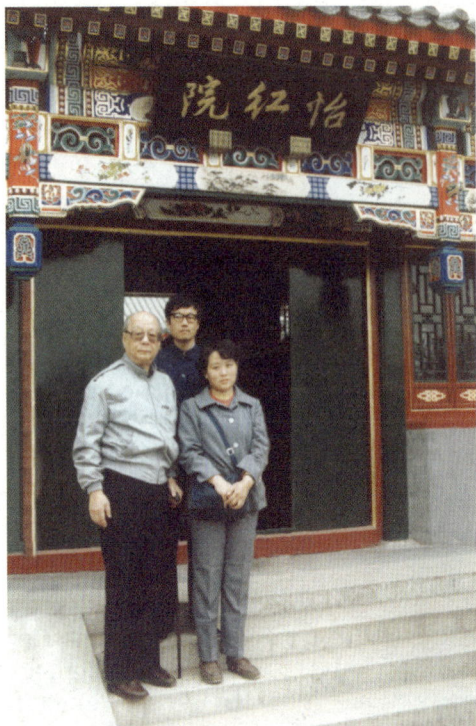

一九八六年，王季迁与外甥孙女何长慧、外甥孙女婿庞书田合影于北京大观园

何长慧（右）和父亲何泽诚（中）、姐姐何长涓（左）在新西兰岛屿湾海边

泽诚在兴趣、爱好诸方面都不怎么契合，两人离异，姐姐何长涓随父亲，她随母亲。

王涵光（一九二八～二〇〇七），王金钰长女。生性开朗、遇事无所顾忌，简单洒脱，有着很高的古典文学修养，琴棋书画亦样样皆通。和何澄四子何泽诚离异后，与侯少白之子侯堉结婚。侯堉，生于一九二四年，病逝于一九七六年。新中国成立后，因侯少白劝说傅作义和平解放北平有功，经其所请，周恩来特批爱好历史、擅长书法篆刻的侯堉从政法部门调到故宫博物院历史组工作，后成为研究宫廷历史的专家，亦是继姚华（姚茫父）之后的最后一位颖拓大师张海若的关门弟子。何长慧幼年时，曾听养父侯堉讲过许多文人逸事和历史故事；及长成少女，除了经常跟着养父在故宫里四处跑着玩，侯堉还时不时教她书法篆刻。“文化大革命”，王涵光和侯堉去了文化部在湖北的“五七”干校劳动“洗澡”，何长慧则到了陕西插队落户。“文革”后期，王涵光和侯堉回到北京，何长慧也从陕西农村返回北京，被分配到西城服装公司当会计，后调入北京市文物局工作。之后她读电大会计专业，遂成为一名正式的会计师。何长慧很怀恋养父对她的种种好，念想给予她的众多文化及文物知识，也一直惋惜养父的离世太早太早……一九八九年一月，何长慧移居新西兰的奥克兰。初到之始，即到皇冠语言学校学英文三个月。英文过关后，即做洗碗、打扫卫生之事，还在潜水衣工厂做小工，在西红柿大棚摘西红柿。经历了千辛万苦，才正式定居下来。一九九三年，把丈夫庞书田和女儿接到新西兰。再十多年，两人共同奋斗，在花果飘零的异国他乡，终于创出属于自己的一片天地——于是把父亲何泽诚也接到奥克兰，一起住在自己的一幢别墅，过着清静开心的日子。

何澄此番前来上海，主要目的是寻找全家在上海租界所住的房子。大陆银行时任董事长颜惠庆和总经理许福昞等上上下下都知道何澄曾帮过大陆银行，所以很乐意在何澄急于找房子的档口回报给一个人情。没多信，大陆银行方面就将一九二四年在法租界投资建造的一幢花园洋房卖给了何澄，门牌号码为海格路(Avenue Haig)卫乐园二十三号(现为泰安路一二〇弄二十三号)。办完购房手续后，何澄回到苏州等候原田熊吉的汽车前来搬家。一月二十七日，离丁丑年春节只剩三天，原田熊吉派来的两辆军用卡车停在"灵石何寓"门前。何澄把该带的一些生活用品装上汽车，携妻子儿女坐上原田熊吉派来的这两辆军用卡车离开了苏州。何澄离开苏州时，还帮苏州几家银行把重要的账册带给了上海总行[26]。

一九三八年二月一日，寓居到海格路卫乐园二十三号的何澄与严庆祥(按：严庆祥为上海著名实业家严裕棠之子，严裕棠是何澄长女何怡贞的干爹)、程福林一同到吴湖帆家拜年。这一年整个正月，不是何澄往吴湖帆家，就是吴湖帆到何澄家。二月三日，吴湖帆与何澄吃中饭；二月八日，何澄、张博渊、王季迁夫妇聚集在吴湖帆的嵩山路一弄"梅景书屋"闲谈；二月十二日，两路人马又聚到吴湖帆家："沈尹默、刘三到来观四欧帖，何亚农、镇三亦至。六时，余与亚(何澄)、镇(三)同至蜀腴(按：饭店名，以经营川菜著名)曲理斋之宴"；二月十四，何澄、王季迁到吴湖帆的"梅景书屋"；二月二十日，吴湖帆"至亚农处吃中饭(按：吴湖帆《丑簃日记》前一日记有：上午季迁来，明日午彼与亚农合请客于亚农家中。季迁夫妇及恭甫俱先在，继而东翠夫妇及石井、叔雍等至)"[27]。四月，何澄回了一趟苏州，四月二十二日，从苏州返回后即到吴湖帆处长谈[28]。五月，何澄到北平看望读书的孩子们。五月十四日，王季迁收到何澄的来信，请他转告吴湖帆，说北京艺校有一教授职欲请吴湖帆去[29]。

何澄与吴湖帆的友谊，只有叶恭绰可比。而何澄避难寓居到上海，也为他们几乎日日来往提供了地利上的诸多机会。

何泽瑛、何怡贞在上海法租界海格路卫乐园二十三号何澄寓所（葛运培、葛运健提供）

何怡贞、何泽瑛在上海法租界海格路卫乐园二十三号寓所每日看报，关注中日战况

一九三九年四月二日，吴湖帆为母亲六十九岁祝寿。吴湖帆在所请晚间前来参加家宴的十六七位男宾中，何澄为第一人[30]。

一九三九年七月三日，吴湖帆夫人潘静淑得急症病逝。吴湖帆的折鸾之痛长久不能愈合。为纪念生前对其依付众多的夫人，吴湖帆从潘静淑所作《千秋岁·清明》词中选出佳句“绿遍池塘草”，发出函告，向海内名流广征图咏，以一咏一图的格式排列付印，成《绿遍池塘草图咏》集册。何澄为潘静淑作绝句两首，诗后有题跋：“湖帆兄忽赋悼亡，以其静淑夫人集中《千秋岁》词句，分属友好作图题辞，以志纪念。得诗二绝，呈正。”诗曰：

芳草萋萋满曲池，东风吹作绿参差。
闺中夺得江淹笔，南浦伤心赋别诗。

滟潋依然似镜开，年年新绿报春回。
人间真有消魂地，曾是惊鸿照影来[31]。

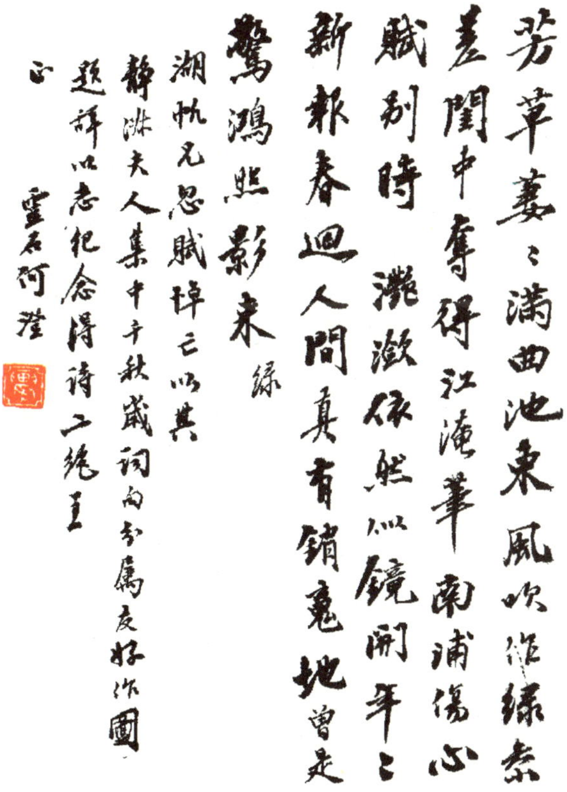

何澄悼吴湖帆夫人潘静淑绝句两首

由于何澄常去吴湖帆家，与潘静淑极熟，对其文才和持家相夫的事也极了解。两首悼亡绝句，前一首，以极其沉痛的心情，盛赞潘静淑为诗画双绝的才女；后一首，感念这样出众的才女并没有死去，永远会被人铭记在心。

何澄与吴湖帆交情甚笃，所以吴湖帆有得意之藏品，在做成影印件之后，总要送给何澄一件，与他共同分享得到一件神品的喜悦。

在何澄的旧藏中，就有一件被藏界考证来考证去，疑为张大千做假、吴湖帆走眼的《睡猿图》影印件。此影印件正面右手有吴湖帆亲题"亚农兄，湖帆摄赠"字样；正面左手有宋廖莹中题："梁风子睡猿图神品"；背面文字为吴湖帆所写："白镜面笺，长五十一英寸，宽十八英寸，宋廖莹中题字（邵武廖氏）。药洲贾似道幕客刻世綵堂韩柳集。元朱泽民（德润）、明朱芾（孟辩）藏印。黄羊大夫之裔一印不详。窓斋鉴藏印。吴氏旧藏。"

另一件为新罗山人所作《石竹临风图》，题款为"乾隆十三年冬日，新罗山人写于解弢馆"。题诗曰：

山人写竹不加思，大叶长竿信笔为。
但恐吟堂霜月夜，老鸦来踏受风枝。

第三件是唐寅的《题东方朔像》，落款"唐寅为守斋索奉马守斋寿"。题诗曰：

王母东邻劣小儿，偷桃三度到瑶池。
群仙无处追踪迹，却自持来荐寿卮。

第四件是恽寿平的《小园春雪》，落款为"庚戌二月，花下秉烛戏画。南田恽寿平"；题识者为弘旿[32]"白雪溪外史书画皆臻梅道人极致，前明一代，无其俦匹正也。嘉庆五年腊月朔日展观并题，一如居士。"题诗曰：

雪际灯前酒半酣，春光先许上豪端。
画师不为惊时史，欲写清姿带雪看。
几欲临摹落笔迟，精华千古系人思，
前身应是梅庵主，想见高风领一时。

白鏡面箋　長五十一英寸　寬十八英寸
宋廖瑩中題字　御武 廖氏　藥洲　賈似道幕客刻世綵堂韓柳集
元朱澤民　德潤　明朱芾　孟辯　藏印
黄羊大夫之裔　一印不詳
愙齋鑒藏印　吳氏舊藏

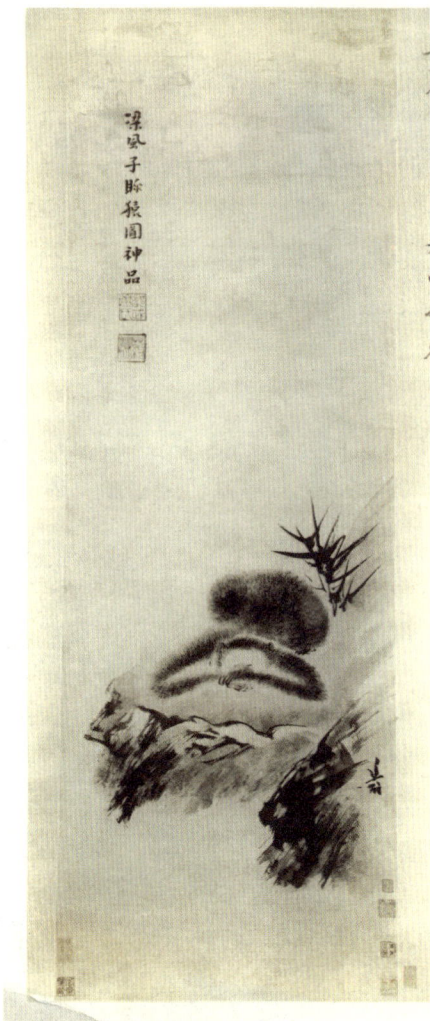

亞農兄　湖帆攝贈

梁風子睡猿圖神品

吴湖帆赠何澄《睡猿图》影印件（葛运培、葛运健提供）

第五件是陈洪绶的人物画《静者斩》[33]：

何澄在以后的日子里，仍然为重庆国民政府服务，但在无事可做的时候，总还是不由自主地往吴湖帆的"梅景书屋"走一走，坐一坐，因为那里有他的说话处，有他愿意耗时清赏的古物。

在上海卫乐园居住期间，何澄得到了一件他最想得到的重要藏品——王铎的《枯兰复花图卷》。王铎（一五九二一～一六五二），字觉斯，号嵩樵，别号甚多。明天启二年进士，累官礼部尚书，东阁大学士。入清，官礼部尚书。其书法名重当时，影响后世，何澄收有多幅他王铎的各体书法真迹，独独缺少一幅墨笔画作。这幅《枯兰复花图卷》是一宏篇巨作：纵三十二点六厘米，横一千零三五厘米，为清顺治六年（一六四九）五月王铎酒醉后醒来所作。全卷以七纸作成，兰花就石披

何泽瑛陪老父何澄在上海卫乐园寓所

生，山间杂草旁缀，“纵横绳轨之外，读之使人色飞气壮”，王铎的长篇题跋书于卷尾，极尽文人空谷幽兰之气象。

一九二九年，何澄曾在沪上小住时，就在宣哲[34]处见到这幅书画双璧之作，喜爱极了，但碍于这是宣哲的秘笈之物，没好意思把请求将此图卷转让给他的话说出口。一九四〇年，日寇和汪伪集团控制下的上海，米价飞涨，宣哲为吃饱肚子，不得不靠变卖字画度日。适在此时，有广东一画沽欲出重金买走宣哲所秘藏的王铎这幅《枯兰复花图卷》。事情被何澄得知，很想截下，但又不能亲求转让与他，于是请另一好友王秋湄[35]居间协商，看他梦寐有年的这幅图卷，能否请宣老割爱。王秋湄到宣哲家里说：“亚农先生亦极爱此卷，若归粤客，吾辈此后恐不复再见，不如在亚农箧中，得常常而见之也。”宣哲听罢，掷地有声地说：“余生来遇所好，不论值期余必得，今亚翁好此又过于余，故欣然归之。”这幅本值重金的图

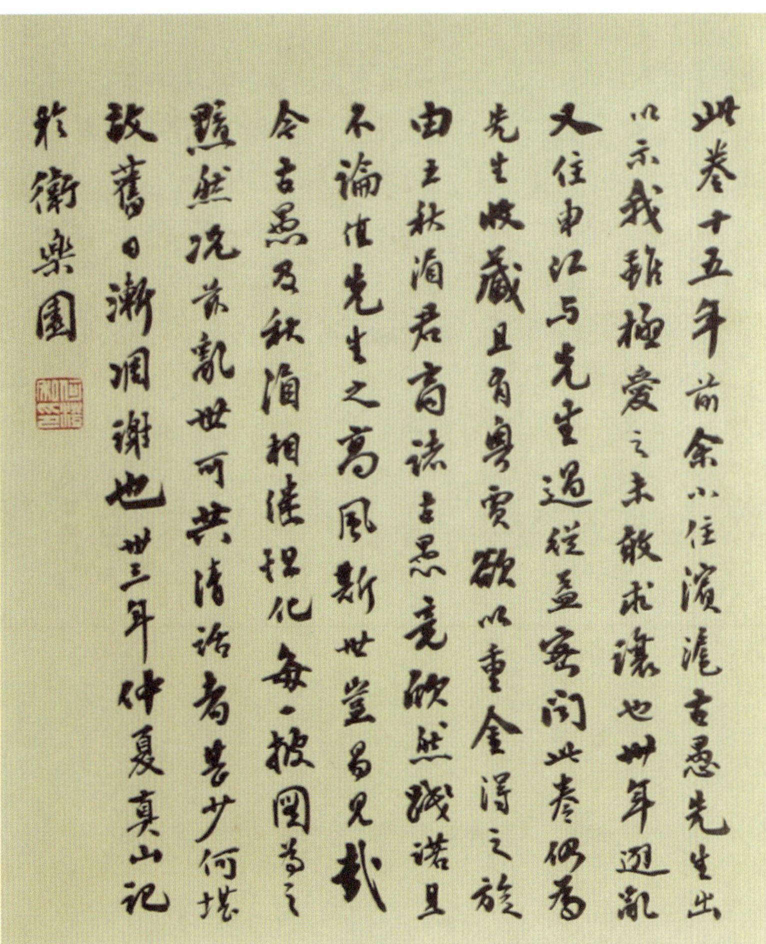
此卷十五年前余小住滨沪古愚先生出以示我静极爱之未敢求让也卅年避乱又住申江与先生过从益密闻此卷仍为先生收藏且有粤贾欲以重金得之旋由王秋湄君商请古愚竟欣然践诺且不论值先生之高风斯世岂易见哉今古愚及秋湄相继归化每一披图为之黯然况今乱世可共清谈者甚少何堪故旧日渐凋谢也卅三年仲夏真山记于卫乐园

何澄在王铎《枯兰复花图卷》尾题跋

卷，宣哲"乃以美金十铢易归"何澄。何澄得到幅梦寐以求的图卷后，欣喜万分，对宣古寓的不论价钱，只论情义，只论古物是否能留在上海，感慨万端。他说："先生之高风，斯世岂易见哉。"遂即请苏州装裱好手刘定之为之装裱。他把装裱好的《枯兰复花图卷》拿回后，即钤印"真山"和"亚农秘笈"。后又和宣哲一起观赏，宣哲感叹道："余侥幸此卷仍在海上，未化为劫灰。重睹名迹，为之一快。"

不论值，只论情，只论秘笈是否能留在上海比自己更喜爱此物的友人处而时时得以观看，这种收藏古物的胸襟，现在到哪里去寻？

宣哲让《枯兰复花图卷》给何澄后不多时就逝去了；另一位藏界好友王秋湄也于一九四四年三月十六日病殁。何澄在《枯兰复花图卷》拖尾写下非常沉痛的跋语：

> 此卷十五年前余小住滨沪，古愚先生出以示我，虽极爱之，未敢求让也。卅年避乱，又住申江，与先生过从益密，闻此卷仍为先生收藏，且有鲁贾欲以重金得之，旋由王秋湄君商誌古愚，竟欣然践诺，且不论值。先生之高风，斯世岂易见哉？今古愚及秋湄相继怛化，每一披图，为之黯然，况兹乱世，可共清话者甚少，何堪故旧日渐凋谢也。
>
> 卅三年仲夏　真山记于卫乐园

真山園主人

"怛化"，西晋哲学家郭象在《庄子注》中说："夫死生犹寤寐耳，于理当寐，不愿人惊之，将化而死，亦宜无为怛之也。"何澄不愿惊动亡友，所以他在跋语里用了"怛化"一词，哀叹本来可共清话者就少，现在竟连这两位品行高古的旧故也不在了……

观图思故，字里人影，也是战乱中漫录着的一种人品。

注释：

① 吴元京审订、梁颖编校《吴湖帆文稿》，第八十八页，中国美术学院出版社，二○○四年九月。

② ［日］松本重治著《上海时代》，第五三九～五四一页，上海书店，二○○五年三月。

③ 吴元京审订、梁颖编校《吴湖帆文稿》，第九十四页，中国美术学院出版社，二○○四年

九月。

④ 陈诚著《陈诚回忆录——抗日战争》，第三十三页，东方出版社，二〇〇九年十月。

⑤ 同上，第二十六～二十七页。

⑥ 陈诚（一八九八～一九六五），字辞修，别号石叟，浙江青田人。一九一八年考入保定陆军军官学校第八期炮兵科，后在国民党军队中历任排长、连长、营长、团长、军长、集团军总司令、战区司令长官等职。一九三八年二月，任军事委员会政治部部长；六月，任湖北省政府主席。一九四三年二月，任远征军司令长官。一九四四年十一月，任军政部部长。一九四六年五月，任国防部参谋总长。后去台湾，任"行政院"院长、"副总统"等职。

⑦ 陈诚著《陈诚回忆录——抗日战争》，第三十三页，东方出版社，二〇〇九年十月。

⑧ 同上，第四十三页。

⑨ 陈存仁著《抗战时代生活史》，第四页：《战事未起，间谍密布》，广西师范大学出版社，二〇〇七年五月。

⑩ 马振犊著《国民党特务活动史》，第一七〇～一七一页，九州出版社，二〇〇八年三月。

⑪ 小田著《苏州史纪》（近代史），第一八二页，苏州大学出版社，一九九九年八月。

⑫ 何澄"蒙难"时间，据吴元京审订、梁颖编校《吴湖帆文稿》（第一〇五页，中国美术学院出版社，二〇〇四年九月）；何澄"蒙难"及由孙丹忱前去拘押，事见孙荣昌、姜晋《灌木楼主何亚农》（《南园春秋》，新华出版社，一九九四年十月，第四十四页）；"张仲仁"为幕后指使者，见苏州公安局就王季山被害事派员到王季常家进行访问。时间是一九五九年二月二十六日下午。王季常口述，杨忠麟笔录。在这份文档中，张仲仁录为"张重仁"，我们认为这是"音同字不同"。之所以有此判断，实因王季常说到"张重仁"抓何澄之事时，还说了"本来五卅路是重仁路"之语，而王季常所说的这个"重仁路"，即是抗日战争胜利后，吴县参议会为纪念对苏州公益事业贡献良多的张一麐，曾把"五卅路改名仲仁路"，至此，何澄"蒙难"的这个谜局也可以定案了。

⑬ 马振犊著《国民党特务活动史》，第一七〇页，九州出版社，二〇〇八年三月。

⑭ 黄濬著《花随人圣盦摭忆》，"出版说明"第二页，上海书店出版社，一九九八年八月。

⑮ 马振犊著《国民党特务活动史》，第一七二页，九州出版社，二〇〇八年三月。

⑯ 吴忠信（一八八四～一九五九），字礼卿，号守坚，安徽合肥人。一九〇五年，毕业于江南武备学堂。旋被任命为清廷陆军第九镇第三十五标第三营管带。一九〇六年，经刚从日本回国的同盟会会员杨卓霖介绍，加入中国同盟会。从此，就经常与陈其美秘密联系。辛亥革命起义，任江、浙、沪联军总司令部执法官兼兵站总监。一九一二年，任中华民国首都（南京）警察总监；同年五月三十一日辞去警察总监一职，至上海任《民主报》总经理、代理社长，襄助于右任办报。"二次革命"时，黄兴任南京讨袁军总司令，吴忠信再次出任南京警察总监。"二次革命"失败后亡命日本，为孙中山组建的中华革命党首批党员。一九一五年十二月五日，在上海参与发动肇和兵舰起义，是为反对袁世凯称帝的先声。一九一七年至一九一八年，参与护法之役，任粤军第七支队司令官、左翼总指挥兼汀州绥靖主任。一九一九年，任粤军第二军总指挥。次年，任粤军第七独立旅旅长。一九二一年十二月，任粤军第七独立旅旅长兼任桂林卫戍司令，后又兼任孙

中山大本营宪兵司令。一九二二年五月，遵孙中山命，北上联络张作霖、段祺瑞，以形成南北夹击直系曹锟、吴佩孚之势；同年六、七月间至一九二七年三月，寓居苏州凤凰孔府司巷宅内，疗养肠胃病。这期间，蒋介石把二夫人姚冶诚和蒋纬国母子托付给吴忠信照料。吴忠信为姚冶诚和蒋纬国母子在南园蔡贞坊置地建造的住宅，即在“灵石何寓”隔壁与何澄的“灌木楼”相对。一九二七年三月，北伐革命军攻克上海，蒋介石任命吴忠信为江苏省政府委员，旋改任淞沪警察厅厅长；同年八月，随着蒋介石的第一次下野，吴忠信也辞去淞沪警察厅厅长职务，返回苏州，新购东小桥八号一座近十亩地的园林住宅。一九二八年十月，北伐成功，南北统一，任华北编遣委员会主任委员。一九三二年四月二日，任安徽省政府主席。一九三三年五月，坚请辞职。旋任国民政府军事委员会南昌行营总参议。一九三五年四月十七日，任贵州省政府主席。一九三六年八月八日，调任国民政府蒙藏委员会委员长，开始长达八年的主持边政工作。一九三九年十月二十一日，不带一兵一卒，不携一枪一弹，代表国民政府启程赴藏，主持十四世达赖喇嘛坐床典礼，同时开展如下工作：一、中央在保持中华民国之完整之唯一条件之下，只求增加西藏地方人民之福利。二、西藏为中国领土之一部，但中央不将西藏划为省区，可按照特种地方自治。三、中央应在拉萨驻藏办事大员，代表中央宣达意旨，并体察地方情形随时具报。四、西藏得在国民政府所在地设立办事处，负联络之责。西藏人员经中央依法遴选者，得在各院、部、会及所属机关任职。五、西藏治安应由西藏负责维护。但如受外国侵略或遇其他重大事件，请求中央援助时，中央当尽量予以援助。六、西藏应服膺三民主义。七、西藏应拥护国民政府。八、西藏对外关系，应由中央政府依照国际条约及惯例统筹办理。一九四〇年一月十五日，吴忠信率蒙藏委员会委员长行辕一行十九人到达拉萨；二月二十二日，会同热振呼图克图主持第十四世达赖喇嘛坐床大典；四月十四日启程东返。一九四一年九月，任甘宁青党政工作考察团团长，考察西北。一九四四年八月二十九日，任新疆省政府主席兼保安司令。一九四六年三月辞职，任中孚银行董事长。一九四八年十二月，任总统府秘书长。后去台湾。著有《西藏纪要》《吴忠信主新日记》等。

⑰ 李根源，生于一八七九年四月十七日，卒于一九六五年七月六日，字雪生，又字养溪、印泉，云南腾冲人。一九〇四年，考取云南官费留日陆军生，毕业于日本陆军士官学校第六期。一九〇五年加入中国同盟会。一九〇九年夏回国，任云南陆军讲武堂监督；一年后升任总办。武昌起义后，与蔡锷等在昆明重九发动新军响应，云南光复，蔡锷任大都督，李根源任军政部总长兼参议院议长，继任云南陆军第二师师长兼国民军总统，负责节制文武官吏。一九一三年一月，被选为众议员议员。袁世凯曾以高官厚禄进行拉拢，均峻拒。后参加“二次革命”，反袁失败后亡命日本，入早稻田大学政治经济科。一九一五年回国，策动广西陆荣廷独立讨袁；同年底，任护国军驻粤港代表。一九一六年五月一日，任两广都司令部副参谋长。一九一六年七月二十九日，被黎元洪任命为陕西省省长。一九一七年二月二十七日，辞职。一九一八年二月，赴广州参加护法斗争，任粤滇军总司令，旋奉调为粤湘赣边防军务督办。一九二〇年三月，调广东琼崖镇守使。同年十月，与岑春煊归上海。一九二二年十一月二十九日至一九二三年一月四日，历黎元洪总统府农商部总长。一九二三年六月六日，国务总理张绍曾内阁总辞职，李根源于六月十二日以

真山园主人

农商总长兼代国务总理。旋因曹锟贿选总统，退出政坛，寓居苏州葑门“曲石精庐”。抗日战争爆发后，与张一麐组织老子军。一九三九年，任国民政府监察院云贵监察使。新中国成立后，历任西南军政委员、行政委员，全国政协委员，一九六五年七月六日病逝于北京。主要著作有《中华民国宪法史案》《军务院考实》《吴郡西山访古记》《荷戈集》《雪生年录》《曲石文录》《曲石诗录》。

⑱ 苏州公安局刑侦档案：一九五九年二月二十六日下午，王季常口述，杨忠麟笔录。

⑲ 一、苏州市文物保管委员会当时登记造册的文物清单件数，是把包括装字画的两个樟木箱、两个皮箱、一个木箱、三十五支笔、十五束纸及九件各种玻璃板画谱、阁帖和五十册英文杂志也计算在内的，并不全是文物数；二、在“两渡书屋”发现的这批文物，也不全是何澄在日军侵占苏州逃难时的所藏，有部分文物是于一九四五年七月，赴北平再转赴山西、重庆之前存放进去的。

⑳ 王稼句著《消逝的苏州风景》，第一四三～一四四页，福建美术出版社，二〇〇六年一月。

㉑ 同上，第一四三页：蒋维乔《光福游记》。

㉒ 王志豪主编《南园春秋》，第四十三～四十四页：孙荣昌、姜晋《灌木楼主何亚农》，新华出版社，一九九四年十月。

㉓ 原田熊吉（一八八八～一九四七），日本大阪府和香川县人。陆军士官学校第二十二期、陆军大学第二十八期毕业生。一九二七年十二月来华，任日本驻华公使馆陆军武官候补校官。一九三一年，代理驻上海领事馆武官。一九三七年八月十三日，任驻华公使馆少将武官，在沪处理“上海事变”。一九三八年二月，任侵华日军华中派遣军特务部长。一九三九年十月，晋升陆军中将。一九四〇年，任日军第三十五师团长。一九四二年三月任第二十七师团长；同年十一月，任第十六军司令官兼爪哇军政首脑。一九四五年，任第五十五军团司令官兼四国军管区司令官。战后被新加坡军事法庭指名为战犯。一九四七年五月，被执行绞刑。

㉔ 吴元京审订、梁颖编校《吴湖帆文稿》，第一八五页，中国美术学院出版社，二〇〇四年九月。

㉕ ［美］杨凯琳编著《王季迁读画笔记》，“前言”，第一～二页，中华书局，二〇一〇年十二月；冯天虬著《艺林双清：“嵩山草堂”“梅景书屋”故旧录》，第一一四页：《世界级的书画收藏家王己千》，上海书画出版社，二〇一一年一月。

㉖ 王志豪主编《南园春秋》，第四十四页：孙荣昌、姜晋《灌木楼主何亚农》，新华出版社，一九九四年十月。

㉗ 吴元京审订、梁颖编校《吴湖帆文稿》，第一九〇～一九五页，中国美术学院出版社，二〇〇四年九月。

㉘ 同上，第二一〇页。

㉙ 同上，第二一五页。

㉚ 同上，第二五二页。

㉛ 吴湖帆编《绿遍池塘草图咏》，第七十六页。

㉜ 弘旿(一七四三～一八一一),字恕斋,又字醉迂,号一如居士、瑶华道人,满洲人。能吟善画,曾随名重一时的宫廷画家董邦达学画,为清皇族宗室中难得的才子。

㉝ 何澄旧藏的古画影印件共有七张,除本书用于图版的五幅外,还有张大千为"长岭先生"所作《庐山图》和《翠竹仕女图》各一幅。本书所用这五幅影印件,除《睡猿图》有吴湖帆的题款外,其馀四幅均没有赠送者的题签,权作吴湖帆所赠。

㉞ 宣哲(一八六六～一九四二),名哲,字古愚,别署黄叶翁,原名宣哲,江苏高邮人。诗人、书画家、收藏家。少壮时好声律,晚年致力于金石考证,精于鉴别,著有《寸灰集》辑有《安昌里馆玺存》。

㉟ 王蘧(一八八四～一九四四),字秋湄,号秋斋,广东番禺人。上海震旦大学毕业。致力于金石书画鉴赏,古文声韵研究,精章草,叶恭绰曾有"世殆无与匹"之评。入民国,回广州办报。一九一七年,与友人潘达微、高奇峰等编撰出版《天荒》画报,后移居上海,与叶恭绰交笃最深,和何澄交谊最诚。著有《章草例》《摄堂诗选》《北周造像影编》《汉石疑》《说文粤语徵》《章草辨异手册》《秋斋遗墨》。

二十　为汪伪集团摆摊卜卦

一九三八年十二月二十九日，国民党惊出党史、中华民族史上最大的一件丑闻和永远无可洗刷的耻辱——汪精卫经昆明飞逃到越南河内后，公开发出响应日本帝国主义近卫文麿首相所谓"更生中国"声明的"艳电"，认贼作父、卖国投日、甘做汉奸的丑恶行径昭然于天下。所谓"更生中国"声明，已是近卫文麿第三次对华政策的声明。第一次声明是在一九三八年一月十六日，声称："帝国政府今后不以国民政府为对手，而期望真能与帝国合作的中国新政权的建立与发展，并将与此新政权调整两国邦交，协助建设复兴的'新中国'"；第二次声明是在十一月三日，鼓吹"建设东亚新秩序"，并改变了日本不以国民党政府为谈判对手的方针。声明称："如果国民政府抛弃以前的一贯政策，更换人事组织，取得新生的成果，参加新秩序的建设，我方并不予以拒绝。"[①]而近卫文麿第三次对华政策，即所谓"更生中国"声明，其主要内容有六点：一、建设东亚新秩序，日本、伪满洲国、中国协同一致，建立"东亚新秩序"。二、经济提携。三、"新中国"应清算过去一切误谬之政策，而与伪满洲国携手。四、共同防共，允许日本侵略军在华北内蒙地区驻屯。五、要求在华北内蒙予以特别开发的便利。六、中国政府应给予日本臣民以内地住居、营业之自由权。近卫文麿在声明中还厚颜无耻地说："此等要求，实为日本对中国最低限度之要求。"[②]实质上就是准备扶植汪精卫叛国傀儡集团，以实现在军事上已不可能全部吞噬中国的要求。

十二月三十日，汪精卫向日本提出四点希望：一、日本在完成新东亚建设的基础以前，不要与英美等国引起争端，以争取英美对他建立祸害中华民族的汉奸集团的支持。二、在其伪政权建立前，日本每月供给活动费三百万元。三、日本对北海、长沙、南昌、潼关等地的作战，以获得政治效果为目标。四、日本应彻底轰炸重庆。

对于叛国投敌的汪精卫，以种种花言巧语辩护自己是为民族为人民而和平的伪装宣传，何澄作了三首无题诗，直言不讳地揭露其丑恶的叛国嘴脸：

一

抗战时人渐倒戈，纷纷出蜀唱平和。
无他不耐酸辛味，只想重寻安乐窝。
民族如斯天下少，国家至此古今多。
贪生纵欲忘羞耻，子子孙孙将奈何。

二

究竟谁人是汉奸，但闻党棍富奴颜。
冒充首领飞瀛岛，假借和平出蜀山。
挥战方艰心竟变，高谈未罢手先攀。
官僚学者闻人类，献媚何曾怕鬼讪。

三

一个扛夫二百元，扛夫二百各衔恩。
尾摇舌甜如豚犬，屁滚尿流似兔鼋。
结党营私家国破，丢人作恶祖宗冤。
天生败类知多少，扰扰咻咻捧自尊。

第一首是斥抗战刚开始，汪精卫就带着老婆陈璧君、女婿何文杰、随从秘书长曾仲鸣夫妇从重庆出逃，欲逃避战时的生活，找个安乐享受的窝。堂堂的中国国民党副总裁，战争状态下的一个国家国防最高会议副主席，竟然出逃，且与交战国谈条件，准备共同对付原先效力的政府。何澄感叹，世界各个民族，出这样的奸贼少之又少；而在中华民族，这样的败类却是数不胜数。

第二首痛斥欺世盗名，偷换概念，明明是一个汉奸，还要打着和平的幌子，把自己伪装成跳进火炕拯救人民的救星，飞到日本去乞求侵略者给自己谋私欲。这种党棍、这个假首领，不是汉奸还能是什么！

第三首以极度夸张的手法，以扛夫比喻出席汪精卫在上海秘密召开的伪国民党第六次代表会(一九三九年八月二十八日)二百四十馀所谓代表，为了二百

抗戰時人漸倒戈紛紛出蜀唱平和無他不
耐酸辛味只想重尋安樂窩民族興衰天
下事國家成敗古今多貪生從此忘羞恥
子子孫孫將奈何

究竟誰人是漢奸但同黨挑當奴顏買充
首領飛瀛島假借和平出蜀山揮我方狠心
甘變高談未罷先攀官僚學者同人
類獻媚何曾怕鬼訕

一個拉夫二百元拉夫高呼各銜恩尾搖舌甜
如豚犬屁滾尿流似兔黿結黨營私家
國破丟人作惡祖宗冤天生敗類知多少
樓樓唯唯捧自尊

何澄《无题三首》墨迹（何泽瑛提供）

元的“出场费”，竟然“尾摇舌甜如豚犬，屁滚尿流似兔鼋”，其人格之卑下，灵魂之丑陋，“结党营私家国破”，连祖宗的脸都丢尽了，还不知羞耻。

整个一九三九年，汪精卫汉奸集团为了成立伪中央政府，和日本帝国主义进行了一系列卖国求荣的秘密勾当。何澄从这一年的夏季到冬季，对汪精卫在中华民族浴血奋战之时，却从抗战大本营重庆出逃，甘当日本帝国主义的小妾，痛恨万分，写下了以“哀逃妾”为总题的系列组诗，共计十九首，并于是年冬，请中国象牙微刻鼻祖、一代微刻大师于硕镌刻在一块长六点七厘米、宽七点五厘米的象牙方牌上。

于硕（一八七三～一九五七），字啸轩、啸仙，江苏江都人。书画皆工，亦能刻印，尤善在象牙扇骨上作山水诗文。一九一五年，其微雕作品《赤壁夜游》，以方寸之牙，刻万馀字，获巴拿马万国博览会工艺类金奖。何澄拟镌刻“哀逃妾”组诗之时，于硕已是六十七岁的老人，但他还是欣然接下了何澄的这件活儿。以牙代纸，以刀代笔，以同仇敌忾为枪，为中华民族抗战文艺史，镌刻下一件永载史册、永存人间的艺术珍品。

于硕所刻的这件象牙微雕作品名曰《真山卜隐图》（何澄子女捐赠给苏州博物馆的藏品之一，国家三级文物）。正面为一棵高茂的苍松，两枝交叉缠绕，伞盖着“真山园”的屋顶。何澄着明人衣装，扮傅山重生像，端坐在敞开的大门中厅里。一张明式几案，左置卦签一桶，右摆相书一函，外面前排从左至右等待算卦者有：马、驴、猪、蛇、牛，后排从左至右有猴、鸡、鼠、兔、狗，此为不齿的十畜！旁以楷书刻录何澄专为此图所作的两首“摆卦摊”诗：

昔年曾作散车夫，街口门前拉短途。
不管媪优与仆奴，专凭脚腿论锱铢。
虽知来客已贫贱，终觉奔波似马驴。
决意改行星相卜，卦摊静坐看江湖。

何老真山摆卦摊，王侯将相到门栏。
流年好坏时时问，末日升沉处处攒。
得失喜忧关气色，正邪喜恶见心肝。
可怜徒抱哀悲愿，指点迷津悔悟难。

于硕所刻《真山卜隐图》，虽不是巨制，但因系抗战时期中华民族为维护国家

何澄旧藏于硕刻《真山卜隐图》象牙方牌正面（苏州博物馆提供）

独立、领土完整、民族尊严，共同抵御外侮，对汪精卫汉奸卖国集团的种种罪恶和丑行进行冷嘲热讽，伸张民族正义，实属珍贵。在《真山卜隐图》的正面，于硕用遒劲之力，把神态严肃的真山"何老"精湛地勾勒出来；而等待"何老"卜卦的马、驴、猪、蛇、牛、猴、鸡、鼠、兔、狗十畜，无一不逼真传神：被日本侵略者当猴耍的华北伪政权已被"何老"算过，垂头丧气地蹲在真山"何老"的卦摊的墙根；狗仰头朝天，狂吠不止；老鼠正听着"何老"给它的卜辞，兔子在旁侧听时，还不时扭头看着蹲在那里的猴子，盘算着自己的命运如何；一条毒蛇口喷毒汁正对着"何老"，但也不敢越过"何老"卦摊的门槛。马、驴、猪、牛这四种大牲畜，尚在"何老"卦摊的台阶前左顾右望，一派心怀鬼胎、忐忑不安的神情，真是绝妙致极。何澄摆卦摊的"真山园"茅草屋屋顶和苍松，线条细密、流畅，格高韵雅，所谓鬼斧神工者，在这件作品中终可一见。

《真山卜隐图》的背面，是何澄分别于一九三九年夏日、九月和冬日所作的十九首打油诗：

真山园诗

哀逃妾四首（己卯夏日）

一

水性杨花志未坚，不甘寂寞怨人天。
东邻浪子过墙搂，南国妖姬欲梦圆。
空恋何能长久爱，私奔徒使古今怜。
痴迷色相忘恩义，暮楚朝秦似昔年。

二

只因好色与贪财，空手奔来岂重哉。
误解恋人非逆境，妄思染指竟摊台。
烟云变化真难料，露水姻缘怎少猜。
好梦方圆消息恶，落花无力堕尘埃。

三

恋热情痴不顾身，徘徊放眼望前尘。
亲生儿女犹难谅，苟且夫妻怎认真。

应悔一时遭诱惑，徒留千载剩酸辛。
为人作嫁终何用，家丑轰传溢四邻。

四

近世人心不可思，单言恋爱已非时。
果能床第工夫尽，哪管娇嗔筋力疲。
大欲端为多侍妾，纵情何惜下陈尸。
古今万事馀强暴，惨忍精神天要欺。

逃妾怨三首

一

未曾掩耳忽晨雷，震得奴家骚兴灰。
岂料姘夫因缺德，居然犯案致奇灾。
帮腔合伙纷纷散，吃屁丢人件件来。
我靠他凶他靠了，伤心薄命是应该。

二

郎君好运未添加，辛苦奔来日正斜。
不怨年华流似水，实伤妾命薄于霞。
一生经遇偏妨主，半世飘零总败家。
木已成舟何所望，望人切莫献残花。

三

好梦方酣被未温，一盆冷水抖惊魂。
主人自顾当难顾，奴婢原浑热更浑。
片刻贪欢欢有限，长期恋爱爱何存。
烟行身体将生厌，迟暮谁依泪暗吞。

地久古今非

迎春喜 喜鹊来辰 周妈喜报自东来传说佳期，近戴银妆宝饰装扮动作包包乡装头不开者管事青眼宜新光照到猪才引报相当花灯夜挂前和请同良媒 奴本良家女家富贵身惹食浮

忽被秘密编明言此爱今归我诸谓今城出有人名义要且骂乡归怡姻邪评误良辰今如嘉传喜情甚美娱妹头要诺真 今春万福喜何如许。君心与当舒身上没有欢欣深夢中甜蜜味咱虚私

夸娇夜长独美正式开张马似驰若在甘来陡而顺世人美笑者婊徐 看人猫哭新人哭岂是奴家妻料 中想到传心难道屈亲馀泪眼暗弹当满思回婚长寺寡寿说撞娘为本工尊。问

那真原虚梁，恁那恁怎东风

迎春恨回首 己卯冬小病中 久已婚后外装罪有何报恨不乎归为剑名贵美相副厥望酸奋婚外配银杜侍舍得心舍乱商谈非难事非欺同居屋设替张似肖徐心急毒怡误 御觉娟顽要驰奴

仍言欲恶昔今殊强要痛革全家命此亲犹传喜命能罗水东轧来重新当大今作日良国思裂急空声由来世社经年一张身 深悔当年离事弱乱文厚爱身难属身痛叫饿

忽痛风寂独东急身猜左右猜直把肉骨者货物不经血水须偿客早知结果出如此步剐心肝对祖宗 前言侵诗太艰殊刹东难且急剐吾奴从伏罪详尼谋他不拄多离要幕独贵舍

春妆何易草打红吹为己身胡闹一场天下笑花结银信美吾湖

己卯仲冬款升子硕录制时年六十有七

真山园诗

求遇妻四首 己卯五月　水性杨花志未坚不甘寂寞恐人天来偕老退堪摇南国妖姬欲夺园中意何敢长夫无我往依古今倩痴迷色相忍恩义莫非犹春似昔年　私园好色与贪财皆多

自来真事我误断恩人非迷途妻思无指竟难当烟雪重化真难斟露水田缘忽步稍好梦方圆消息恩情若已力渐虚缺　意在情痴不顾身秋棚眼望当辰老见太精难谅万且夫

妻急迷真应悔一时迷误旅程留千载剧政辛为人作嫁终何用家配彝传温四讲　近世人心可不思早者患祭已非嗟乎耕[illegible]第五夫尽耶管娘嗔脑力疲大获端为多传妻经请何措下

陈尸古今万事休任他暴怒忘精神天无拙

求妻怨三首　未曾拔可息暴雷寒深如家断弄在宜耕娇夫因欲穗居然犯异致奇灾岂肯旋合胜铎，欲嗔后五人伴，未成靠他死他肯了伤心薄命更应谁　郎君好运未嘉加辛苦太

夫日西斜不思年算流似水宝伤妻命贵非定一生留退倚妇，半世凯宠撤家木已成舟何所望，人切莫[illegible]残花　好梦方酣社未温一盆冷水拌鸳魂主人自顾虽颓妮娉原泽

真更泽片刻贪欢，有限长期离爱，何若烟行身体将生[illegible]迷幕泪倚波时吞

再遇妻怨四首 己卯九月　艳妆大窗待人[illegible]忽报娇夫读书[illegible]不应施色相始知早已误良娘绯[illegible]艰感悟难[illegible]远近传闻事更哉携带进衙真是重自家勾当[illegible]　求怜息怨等献郎先行

何澄旧藏于硕刻《真山园诗》十九首象牙方牌（苏州博物馆提供）

再逃妾怨四首(己卯九月)

一

艳妆久罢待人抬,忽报姘夫怀鬼胎。
徒恨不应施色相,始知早已误良媒。
徘徊疑虑情难禁,远近传闻事要栽。
裤带过松身欠重,自家幼稚怨谁来。

二

深悔急忙牵就郎,先行交易后商量。
甘言蜜语奴轻信,背主离家事异常。
纵使未全遭虐弃,已经微露近炎凉。
床头口约将何恃,恶梦偏多秋夜长。

三

可怜两眼泪汪汪,秋风秋雨欲断肠。
只顾姘人贪恋热,那知度日剩凄凉。
生来命薄天难助,死固心甘运怎长。
虽觉卖身无可靠,依然不许减梳妆。

四

戚亲内外献眉深,笑骂齐来门鬼临。
守节不终伤祖德,含羞待幸表微忱。
兴家岂是姘夫意,祸族实为逃妾心。
利用一时原苟且,天长地久非古今。

逃妾喜怒乐哀

喜

周妈喜报自东来,传说佳期期近哉。
锣鼓催妆骚性动,琵琶抱手粉头。(按:此处漏刻一字)

不图劣质垂青眼，岂料宏恩到狗才。
形秽怕尝花烛夜，低声私语问良媒。

怒

奴本豪家富贵身，为贪淫欲被奸轮。
明言此爱全归我，胡谓分赃尚有人。
名义当然称主妇，婚姻哪许误良辰。
尔如薄幸无情甚，莫怪床头要认真。

乐

含羞坐轿乐何如，薄薄芳心筋骨舒。
床上温存欢欲涕，梦中酣蜜味非虚。
私奔姘处妻犹妾，正式开张马似驴。
苦尽甘来随所愿，世人莫笑老娘徐。

哀

旧人犹笑新人哭，岂是奴家意料中。
想到伤心难过处，只馀泪眼暗弹空。
满思以媚长专宠，竟说撒娇尚未工。
暮暮朝朝真罪虏，凄凄惨惨怨东风。

逃妾恨四首（己卯冬日舟中）

一

久已姘居比翼飞，有何忸怩不于归。
苟能名实真相副，敢望妆奁格外肥。
锣鼓愈催心愈乱，商谈非确事非微。
洞房虚设簪环假，郎纵心急妾怕讥。

二

渐觉姘头要骗奴，约言微露昔今殊。
强要痛革全家命，始肯稍怜薄命躯。

覆水未乾来变卦，前夫合作日良图。
忽松忽紧都由尔，空趁经年一样无。

三

深悔当年裤带松，乱交薄爱满身痈。
奴虽忍痛周旋徧，尔怎无情左右冲。
直把肉躯当货物，反嫌血水损仪容。
早知结果凶如此，少剩心肝对祖宗。

四

前言后语太悬殊，利尔虽然怎利吾。
奴纵低头谁见谅，他不放手我安苏。
双簧合奏谈何易，单打狂吹力已无。
胡闹一场天下笑，徒增铁像莫愁湖。

己卯仲冬啸轩于硕录刻　时年六十有七

真山園主人

于硕将何澄十九首《真山园诗》，镌刻于六厘米见方的象牙面时，全凭目力和手感运刀，共芒刻了一千一百二十六个字，且刀法细若蝇须，诚乃大师之作。

中国古代，妻为正室，妾为副贰。妾是贱者之定名。而逃妾，本寓汪精卫是蒋介石的小妾，看到日本人对其拉拢、许诺，便转投日本人再为妾，所以何澄把汪精卫以“逃妾”名之。《管子·戒》说：“妾人，犹言妾身。”何澄深得此字意，把汪精卫投靠日本帝国主义后，自以为傍了一个宠爱自己且有钱的姘头，哪想到，这姘头家底本不厚，资源又匮乏，在中国战场被打成了一个穷光蛋，再加纳下的妾太多，新纳他为妾，只是希图从他身上榨取更多利益。诗通俗明快、竭尽讥讽挖苦之能事。《逃妾喜怒乐哀》四首之一首句“周妈喜报自东来，传说佳期期近哉”，系指汪伪汉奸卖国集团第三号人物周佛海，于是年十月赴日本东京，代表汪精卫祝贺阿部信行内阁成立，并与日本军政当局会谈，乞求姘头早日恩准建立伪中央政府，早日“荣登”妾妇的座位。但令汪精卫失望、恼怒的是，日本政府这个姘头却迟迟不准他的“中央政府”成立。这不是由于汪妾对日本这个姘头不忠顺，而是因为日本方面当时认为他们新纳的这个妾，尚未具备搞垮前夫重庆政府的实力，尽管百般奴颜婢膝地发表了不少广播讲话，发表不少鼓吹“和平运动”的文章，但仍未能诱使多少真正有用的重庆政府方面的军政人员前来。因此，日本方面寄希望于仍在进行中的劝降“吴佩孚工作”能获得成功。

何澄此组打油诗最后四首《逃妾恨》，写于“己卯冬日舟中”。实际上早在是年三月，何澄就已报知重庆方面：“日方拉拢吴佩孚出山一事，吴氏对土肥原贤二要求，除非日军全数退出中国或日本政府正式声明退出，馀则不必再谈。日方拉拢吴氏一事，可谓完全失败……”[③]日方拉拢吴佩孚出山的是日本参谋本部“对华特别委员会”负责人土肥原。土肥原的梦想，是把原北洋直系军阀统帅吴佩孚，原北洋政府国务总理靳云鹏，清末民初历任要职的唐绍仪扶上台，即在中国建立一个“北吴南唐”的伪中央政府，以吴佩孚管军，唐绍仪管政。吴佩孚威风不在时，曾有“三不主义”，即：一不住租界，二不出洋，三不纳妾。以秀才出身而握兵符的吴佩孚，“三不”一传出，即博得不少的声誉。不住租界、不出洋是不向外国人低头，虽身为败将，还是不甘受帝国主义者羽翼；不纳妾是表示私生活不腐化。在旧军阀群里，论个人的品格，吴佩孚总还不失为自重且有些骨气的！不过，一九三八年八月，在“土肥原机关”派出大迫通贞少将来到沦陷地北平，正式对吴佩孚开展“劝降”后，吴佩孚对日方的诱降态度越来越暧昧，不但不明确拒绝，反与日本人谈条件开价码，提出了“新三不主义”：一、（国防）不要友邦驻军，二、（内政）不要友邦顾问，三、（外交）不要友邦代庖。与汪精卫也是信函往来，自称两人“敢谓道同”，后因在伪中央政府中的地位之争而与汪精卫闹翻。对重庆方面孔祥熙等人的专使来函劝告，尽显虚与委蛇之态。因此在一九三九年的一年里，对于吴佩孚的传说很多，但一般人对于他还终未失望。当时，重庆国民政府中统局侦察到土肥原的这一计划后，密报给蒋介石，决定等待时机，对吴佩孚、靳云鹏和唐绍仪进行观察，只要谁与日本合作，就对其采取制裁手段，以阻止伪政权的成立。

当时，在天津的靳云鹏不但不答应日本人的劝降，反而秘密派人与蒋介石联系，只有唐绍仪叛向明显。一九三九年九月三十日，上海军统特工对其实施了制裁行动。而吴佩孚的死因却扑朔迷离：有说他是对日本人采取拖延时间的战术，而日本特务却无耐心和他玩猫捉老鼠的游戏，于是在限定的时间（一九三九年十二月四日）来到后，吴佩孚最终死在了日本医生为其治疗牙疾之时；另一种说法是，重庆方面特工截获了“日吴会谈”的文件，确认吴佩孚已决定投敌，即将出任伪“华中绥靖委员会”委员长，于是为了粉碎敌人的阴谋，就像前次刺杀准备降日的唐绍仪一样，按预定计划，让吴佩孚的副官、一位军统特工利用吴氏“牙疾”，当机立断把他“解决”了[④]。无论是当时日本姘头在等待更合其意的吴佩孚，还是后来因吴佩孚的死而“恩准”汪精卫建立伪中央政府，何澄请于硕刻下的“胡闹一场天下笑，徒增铁像莫愁湖”结句，还是得到了历史的证实。寓言汪精卫这个逃妾，必定会给南京的莫愁湖也徒增秦桧之类铁像的。一九四六年一月二十一日，汪精卫的墓被国民党七十四军的工兵营炸毁，何澄卜给汪精卫的卦签因此想不到的变故，只兑现了一半。

一九四一年七月七日下午三时，何澄在上海大陆商场（今南京东路三五三号）的清华同学会处为长女何怡贞和葛庭燧举行结婚仪式。何澄送给何怡贞和葛庭燧的结婚礼物，不是金项链，不是玉镯，也不是其他什么珍贵的纪念物，而是一九三九年冬季请于硕镌刻的另一件讽刺汉奸的微雕挂件。

这件微雕挂件，一面为“耍猴儿图”，一面为“鸡犬舔丹图”。

“耍猴儿图”：刻着一位敲着铜锣的耍猴艺人，身后背着一个表演时所用的道具箱子上蹲着两只猴子，前面奔跑的是一只打场子短腿小狗，小狗背上站立着一只穿着衣冠的猴子，这只猴子的脖子套着一条绳子，被耍猴艺人牵着。这种场面，属于老北京的三百六十行之一的耍猴儿，叫“乱蹦跟斗弄刀枪”。耍猴艺人只要敲一阵喧闹的铜锣，便是通知人们，他和他的“搭档”——小猴子的表演就要开始了。耍猴的人在表演时，对猴子连说带唱，颇能招徕爱看热闹的妇孺。看耍猴的当然各有所想，妇孺看的是热闹，而在愤世嫉俗的文人眼中，看到的却是猴戏中的“禽兽衣冠”。清季便有《竹枝词》云：“猢狲也会出把戏，兽类之中算灵衣。乱蹦跟斗弄刀枪，身躯矫健真无比。筋斗刀枪技须完，身骑狗背换衣冠。”何澄在“耍猴儿图”所题打油诗更直接、更形象：

锣鼓喧天猴狗欢，皮鞭一指跳攒攒。
莫言动物善灵气，冠戴堂堂不是官。

“鸡犬舔丹图”：鸡犬聚会于山水烟云之间，一只炼丹的大鼎在云间从底部喷出灵丹烟火，吐向人间一堆灵丹妙药。四只狗、四只鸡围在灵丹妙药四周，有的埋头猛啄，有的用舌舔吃，有的东张西望；而上方的云雾中，尚有几只鸡犬在奔走，在惊惶顾盼，还有一个人正像邯郸学步那样爬行……在这一派“鸡犬升天”的气氛中，于硕把何澄诗中笔意镌刻描绘得逼真传神：

刘安好事鼎留丹，若得畜生当大餐(西洋菜谓大餐)。
鸡犬人间住不住，云中天上梦邯郸。

于硕刻、何澄诗《耍猴儿图》微雕挂件（何怡贞旧藏，葛运培、葛运健提供）

于硕刻、何澄诗《鸡犬舔丹》微雕挂件（何怡贞旧藏，葛运培、葛运健提供）

于硕刻、何澄诗《桃花源记》圆牌

何澄此诗用汉代淮南王刘安“一人得道，鸡犬升天”的传说，惟妙惟肖地嘲弄挖苦了汪精卫于一九三九年九月五日在上海召开伪国民党六届一中全会，成立所谓“中央党部”，群奸分赃争肥的丑态。

何澄请于硕镌刻于象牙方牌和微雕挂件上的打油诗，鞭挞了民族败类，讽刺了无耻的奸佞之徒，揭露了群奸祸害民族大业的阴谋诡计，可谓一字之讽，等同斧钺，是中华民族有气节的文人，为民族尊严掷向投敌叛国者的一杆杆标枪，劈向人间丑类心脏的刀斧[5]！除此之外，何澄还请于硕刻有一件名为《桃花源记》的象牙圆牌，所刻诗的字迹虽然辨别不清，但隐居在桃花源里看着汉奸们的丑恶行径，作诗“打油”，也该是应有的内容。

何澄因有留学日本的背景，归国后与同为留日生的岑德广、殷汝耕、王揖唐[6]、王克敏以及赵凤昌之子赵尊岳[7]等几位二三十年代的闻人私交甚好。但私交是私交，民族大义归民族大义。当他们有降敌的心思和叛降的行动之初，何澄总是规劝他们不要做。但上述这些人诚如何澄所言：“人领不走，鬼领飞跑！”最终还是死心塌地做了汉奸。既然不听劝，何澄就作打油诗一个人一个人地骂。有的是直接寄给本人，有的公开发表出来。在上述这些人当中，何澄和岑德广、殷汝耕交游最多，往来最多。尤其是殷汝耕，当年何澄经商办厂时，殷汝耕帮何澄办了不少商业往来上的事。一九三五年十一月二十四日，时为河北蓟密区行政督察专员的殷汝耕在日本人的唆使下，突然通电宣布独立，成立了所谓的“冀东防共自治委员会”；十二月二十五日，又改名为“冀东防共自治政府”。至此，何澄便不再与其往来。因殷汝耕的伪政权在所辖冀东二十二县，包括临榆、香河、通县的各厅县都聘用了日籍顾问和秘书等等，同时也是日本在华北建立的第一个伪政权，所以何澄将其视为人不可面相的利欲熏心的无耻之徒。一九三五年十一月三十日，王季山在给何怡贞的信中谈到殷汝耕组织伪政权之事：“北平左近之各县（共计廿二个），向属殷亦农主管者，近因整委会取消之，彼更加大道，今于十一月廿五日宣告独立，脱离中央，暗中尚有一班狼人助手，不知到年底拢成如何也？”

而对岑德广，因有与汪伪集团暗战的掩护需要，所以何澄对其还算客气，对其命运仍然极为关切。

岑德广，字心叔，广西桂林人。早年曾留学日本和英国。一九二二年出席华盛顿会议，任中国代表团专员。历任梧州海关监督兼外交部特派广西交涉员、滇桂联军总司令部总参议、善后会议代表等。一九三八年九月，和土肥原等日方人员商讨与其岳父唐绍仪“合作”问题。在《解决东亚危机及谋求永久和平之方案》中，岑德广向日方提出，以“唐绍仪为中心”，组织统一的伪中央政府。并对未来的汉奸政府作了具体设想：拟定政府名称为“中华民国国民政府”，首都设于南京，国旗用青天白日旗，“以北京为陪都，由国民政府特派一政务高级大员常驻，以便就近处置一般事务”。关于基本国策，提出“以防共睦邻为保持东亚永久和平，并以民主政体彻底保障主权独立及领土完整，对于友邦之一切条约均继续实行”。除此之外，还对其汉奸政府的组织系统，反蒋倒蒋的计划，以及正式登台前准备发表的《和平救国宣言》提纲，作了详细的规划[⑧]。唐绍仪被重庆方面特工制裁后，岑德广又参与筹建汪精卫伪政权的活动。历任汪伪中央政治会议委员、赈务委员会委员长、伪国民政府委员、最高国防会议秘书、经理总监部总监等职。

一九四三年七月，何澄在《大众》月刊刊出诗作《简心叔》，对其不听劝告，出任伪职后的罪孽，作了如下描述：

须知世态本炎凉，且莫尤人妄自伤！
事过当然无必要，运亨亦是有专长。
纵教附势应吹捧，岂恃交情可懒荒？
我早语君今日到，不能水淡怎如常[⑨]。

殷亦農主管者,近因整委會取消之後,更加大逍遥。今于十月廿五日宣告獨立,脱離中央,暗中尚有一班狼人助手,不知到年底搞成如何也。清華亦將一切機械儀器均装木箱運至漢口矣。隱為打算,美一切是否均自備者履歷校之,式無一定標準,惟將汝所學得者及實驗參觀過幾處及其成效,多多寫一詳細之英文信与龍哥,或汝三姊,請彼轉代繕此信,仍可寄我處由我轉給可。但三姊云汝恐明年未必一定能歸國,看汝自己在彼處覓得好事,望便寄詳細告我為履。年蘇州患瘧疾甚多,前星期璞与處為此,今難愈,到校而源又犯矣,寒熱高至一百〇五度,幸延補程,亦有注射藥,不日即愈,汝可勿念。

母字 廿四 十一月

一九三五年十一月三十日,王季山给长女何怡贞骂殷汝耕为“狼人”信

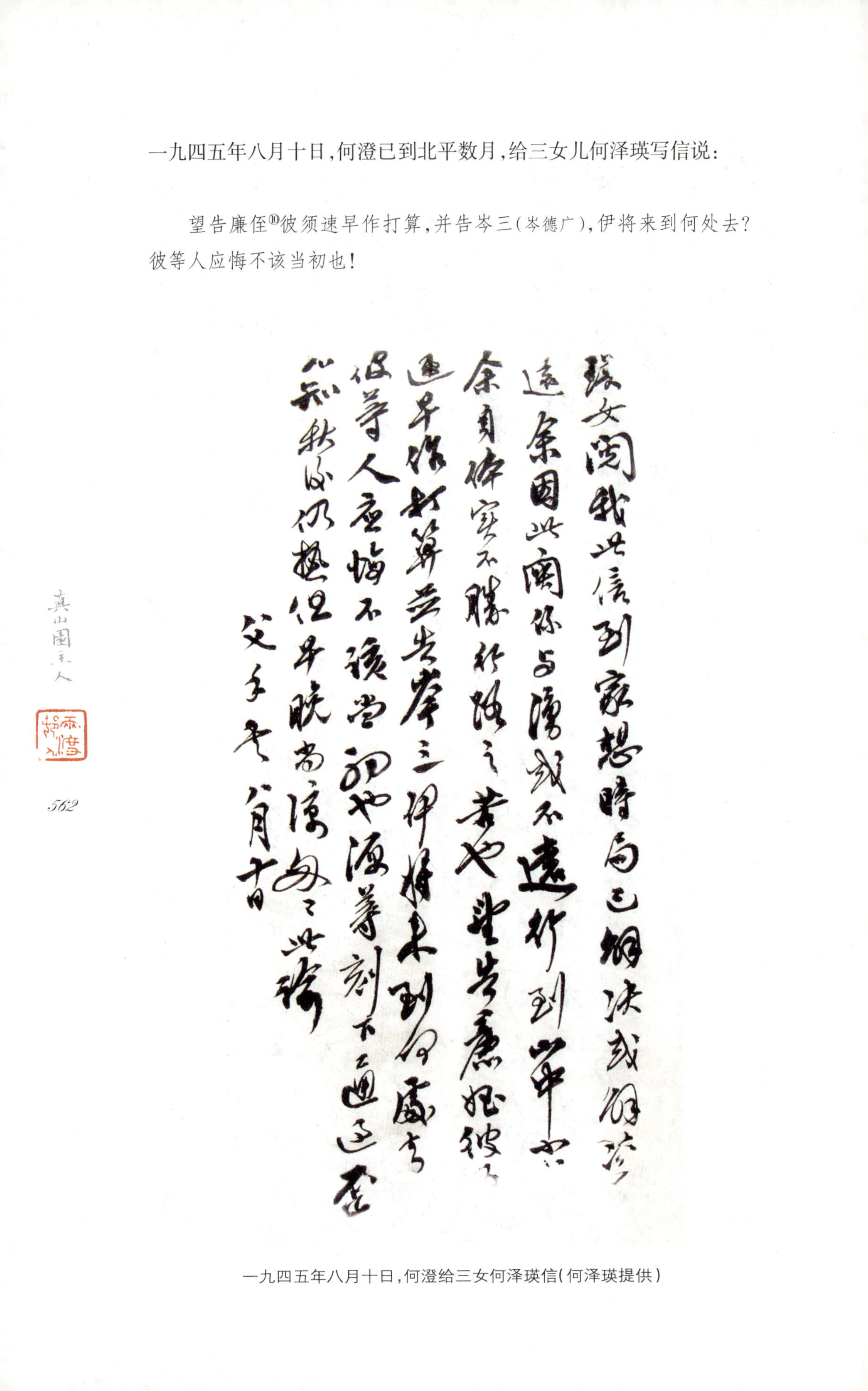

一九四五年八月十日，何澄已到北平数月，给三女儿何泽瑛写信说：

望告廉侄[10]彼须速早作打算，并告岑三（岑德广），伊将来到何处去？彼等人应悔不该当初也！

一九四五年八月十日，何澄给三女何泽瑛信（何泽瑛提供）

日本宣布无条件投降后，八月二十五日凌晨三时，汪伪国民政府主席陈公博、妻李励庄、伪实业部长陈君慧、陈公博的女秘书莫国康、安徽省长林柏生、行政院秘书长周隆庠、军事委员会经理总监部总监何炳贤一行七人，为逃避人民的审判，乘日本航空公司一架飞机亡命日本京都。八月二十八日，国军陆军中将冷欣派兵搜查陈公博住宅，发现陈公博已不知去向，当即与日本驻南京大使馆交涉，挑明陈公博等数人似已逃往日本，要求追查是什么人帮助逃走的。日本方面为了掩护陈公博亡命日本，不仅没有把他临走时交呈蒋介石的信转交中国军方，而且通过八月三十日的《朝日新闻》散布陈氏已自杀身亡或失踪的假消息。九月三日，重庆中央社播发电讯稿，详尽披露陈公博自杀是虚假的消息，实际上早已亡命日本。九月五日，日本驻南京大使密电外相重光葵：重庆的电讯对陈公博亡命日本事，除将李励庄误为岑德广，小川中将误为雄川中尉等二三处外，已全部掌握。九月九日，中国陆军总司令何应钦将一备忘录交给日本中国派遣军总司令冈村宁次，正式提出交涉。备忘录驳斥了日本同盟社关于陈公博自杀的报道，指出我方在南京获得确实报告，逆贼陈公博一行七人已于八月二十五日秘密飞往日本米子。要求冈村转达日本政府"速将陈公博等逮捕，护送南京本部司令部"。⑪

当年何澄并不知晓陈公博外逃时，重庆军技室截获的日方密电把李励庄误为岑德广。一九四五年九月十二日，他给何泽瑛去信，专说岑德广逃往日本的事：

瑛女阅：

昨寄一书，不知收见否？

顷闻岑三竟同耳东飞逃，真糊涂万分。中立国尚不许容留此群，况战败国耶？余曾切劝其不要干，最好随我北游，乃不肯丢开目前舒适，且于余行后，更不管寿命长短，竟趋炎不已。所谓人领不走，鬼领飞跑，天意使然，命运使然。余于今更深信矣。可恨可怜！

王大人屋（按：王大人屋即何澄在北平私宅王大人胡同一号"真山园"，日本侵略军占领北平后，强行征用，后作价卖掉。日本投降后，此时在北平的何澄想把"真山园"收回）原璧归赵已商妥（大约比原价少大），亦出吾意料也。匆匆此谕。

父手书

九月十二日

一九四五年九月二十六日，岑德广与其他汪伪汉奸集团的主要成员在上海

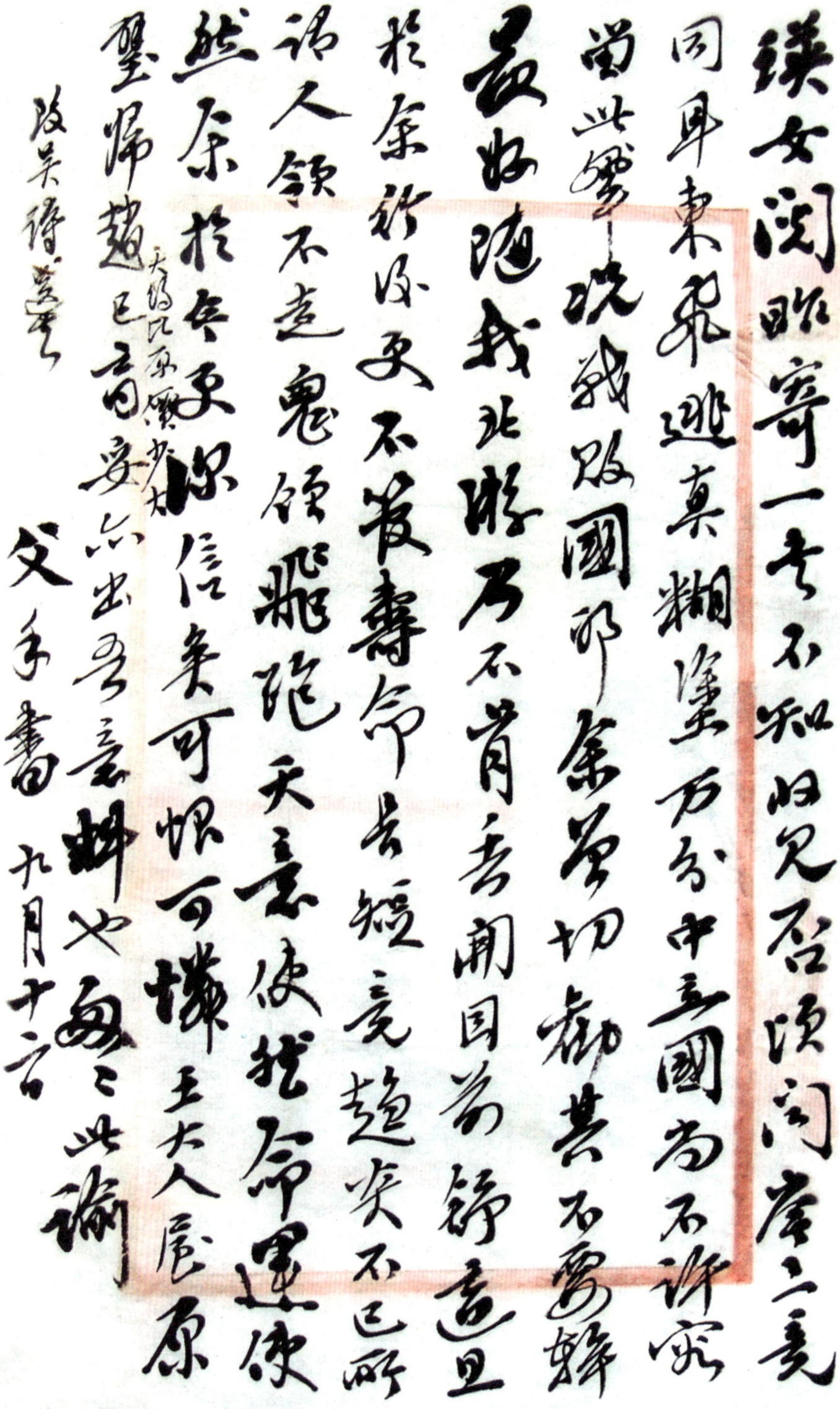

一九四五年九月十二日，何澄给三女何泽瑛信（何泽瑛提供）

真山園主人

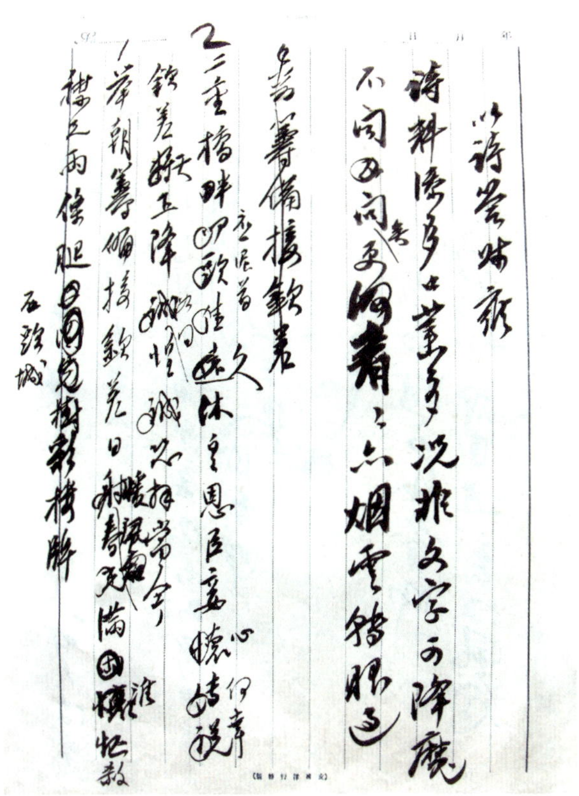

何澄《以诗答叔雍》墨稿（何泽瑛提供）

被军统局逮捕。

一九四〇年，何澄的另一位旧友赵尊岳不听劝告，自甘落水，赴南京参加汪伪政权。何澄想起其父赵凤昌在惜阴堂中厅墙上挂着内置中华民国国玺印帖的镜框，插在花瓶中的五色旗，不禁感慨万千，作《以诗答叔雍》，直接寄呈赵尊岳，嬉笑怒骂尽在其中：

诗料添多口业多，况非文字可降魔。
不闻问矣更何看，看亦烟云转眼过。

举朝筹备接钦差，日暖风和春满淮。
忙杀襟兄两条腿，石头城树彩楼牌。

二重桥畔应泥首，久沐皇恩臣妾心。
何幸钦差天上降，如得惶恐拜当今。

一九三九年，王揖唐早已成为华北日伪政权的核心人物。何澄曾寄他多首打油诗，但他没有脸面直接答复，而是借与汤尔和唱和的一首《次和太松元日试笔》寄给何澄，表明无论你怎么说，如何挖苦，我也要这样走下来的心迹。何澄不依不饶，你不爱听也要说，也要骂。最后把不可一世的王揖唐惹火了，竟在一九四四年，把回敬何澄的一首《叠休韵酬何亚农澄》在伪《中国留日同学会季刊》第七期公开刊出：

新诗迸出如泉涌，语不惊人总不休。
同室操戈忙蚁斗，是谁缘木更鱼求。
散材落落师蒙叟，盲史陈陈付左丘。
愿子梦游怀葛上，北窗隔断世间愁⑫。

何澄的打油诗，"一半打油"，一半是对汉奸们卖国行径的痛斥，毫不留情。真是"何老"打油一出，"怕得鱼出不应人"。

注释：

① 蔡德金、李惠贤编《汪精卫伪国民政府纪事》，第八、十二页，中国社会科学出版社，一九八二年七月。

② 陈诚著《陈诚回忆录——抗日战争》，第六十九页，东方出版社，二〇〇九年十月。

③ 台湾国史馆典藏《敌伪组织》档案(二)，典藏号：〇〇二〇八〇一〇三〇一〇〇〇八，一九三九年三月十五日。

④ 马振犊著《国民党特务活动史》，第一九七～二〇三页：《日本扶植"南唐北吴"计划破产》，九州出版社，二〇〇八年三月。

⑤ 苏州博物馆还藏有一块何澄旧物《桃花源记》圆牌，因没有高倍放大上面的字迹，无法辨识于硕所刻何诗，但据何澄所作所为判断，仍可能为讽刺汉奸的诗篇。

⑥ 王揖唐(一八七八～一九四六)，初名志洋，字慎吾，后更名赓，字一堂，号揖唐，别署绶卿、逸塘、揖堂、今传是楼主人等，安徽合肥人。光绪三十年(一九〇四)进士，授职主事，自请赴日习兵事，毕业于日本振武学校及士官学校。归国后，受知于徐世昌，调充东三省督练处总参议，嗣调充吉林省混成协统领官。一九〇九年，随尚书戴鸿慈使俄，任头等参议。事毕，赴欧美各

国游历。归国后，任吉林兵备处总办。入民国，经徐世昌推荐，入袁世凯幕下为总统府秘书、参议、顾问诸职。民国二年，组织统一党，专以卫袁为职志。一九一五年八月，任吉林巡按使。袁世凯帝制议起，王揖唐在北京办《国华报》，鼓吹帝制，与段祺瑞呼应，在吉林煽动帝制。一九一六年四月，任段祺瑞内阁内务总长；六月辞职，游历东西欧及巴尔干诸战地。一九一七年九月，被推为国会解散后的临时参议院议长，与徐树铮、曾毓乔等组织安福俱乐部，被推为主任干事，拥卫段祺瑞。一九一九年一月，赴沪任南北和议之代表，为南方所反对，不久辞职。一九二〇年，直皖战后，被通缉，亡命日本，从事著述。一九二二年，梁士诒组阁，下令赦其罪。一九二四年春，返回天津，秘密参与段派的复活运动；同年十一月，段祺瑞出任执政，任命王揖唐为安徽省省长兼安徽军务督办。一九二五年六月，辞安徽省省长，不问时事。一九二八年夏，北伐告成，有谓段系人物，阴谋活动者，国民政府遂以劣迹昭著罪名，下令通缉，后以大赦免通缉。一九三六年五月起，即委身投靠日本帝国主义，先后出任伪蒙古军政府实业署署长、伪中华民国临时政府赈济部、内政部总长、汪伪国民政府考试院院长等。一九四六年，被国民政府以汉奸罪枪决。王揖唐工演说，善接纳。著有《今传是楼诗话》，译有《新俄罗斯》《德皇威廉第二自传》《逸塘诗存》《上海租界问题》《近代建署概略》《世界最新之宪法》诸书。

⑦ 赵尊岳（一八九八～一九六五），字叔雍，别号珍重阁、高梧轩。其父赵凤昌为《申报》大股东，得以任《申报》馆经理秘书。一九四〇年，任汪伪国民政府铁道部政务次长。一九四二年，任汪伪上海市政府秘书长。一九四四年，任汪伪中央政治委员会秘书长、宣传部长。抗战胜利后，被国民政府判处无期徒刑，经申请复判，保外就医。一九四九年赴港，曾在香港大学任教。一九五八年，应新加坡大学之聘主讲国学，几年后任《星岛日报》主笔。素喜诗词，曾为清末民初著名词人况周颐弟子。著有《重臣倾国记》《人往风微录》《说梦》，去世后有《高梧轩诗全集》《珍重阁词集》《明词汇刊》留世。

⑧ 马振犊著《国民党特务活动史》，第一九九页，九州出版社，二〇〇八年三月。

⑨ 《大众》月刊，民国三十二年七月号，第六十三页。

⑩ 何泽远，字廉泉，为何澄族内大排行三哥何厚忱次子。一九二七年，为张学良创办的同泽新民储才馆学员。一九三五年，任军事委员会北平军分会政训处少校课员。后在汪伪政权任一文职小官，新中国成立后，回北京赋闲。

⑪ 石源华著《"乱世能臣"陈公博》，第三四一～三四二页，团结出版社，二〇〇八年十二月。

⑫ 伪《中国留日同学会季刊》出版人为朱深，于一九四二年九月出刊。第一期主编为钱稻孙，第二期改由高观如主编。王揖唐此诗刊发在一九四四年第七期第五页

何澄旧藏“山藏红叶白云”鸡血印

二十一　汪伪“还都”，何澄揭底

日本侵略者经过两年多的军事和政治方面的苦头，终于认识到，此前下了许多心思，费了许多时间所进行的撇开蒋介石及重庆政府成立各种伪政权的“工作”，对其解决中国问题的如意算盘，是根本行不通的。因此，他们把寻求各种途径诱降蒋介石，当作比扶正汪精卫更重要的事情来进行。

一九三九年十二月，日本驻香港特务机关长铃木卓尔中佐，通过香港大学教授张治平的斡旋，得以见到宋子文的胞弟、时在香港西南运输公司担任董事长的宋子良。截至日方同意汪伪政府成立之前，中日双方由此而展开了真真假假、扑朔迷离的五次试谈、一次座谈，一次正式会谈。这就是抗战时期中方称为“宋子良路线”，日方称为“桐工作”的一次关系重大的谈判①。在中日双方各提“和平条件”期间，发生了一起轰动中外的香港《大公报》披露“汪日密约”的事件。事情的肇始者为参加汪精卫“和平运动”的两位当事人高宗武②和陶希圣③。一九四〇年元月三日，高宗武与陶希圣在杜月笙的掩护接应下，一同潜离上海，五日抵达香港。元月二十一日，高宗武、陶希圣联名致函香港《大公报》，并将智取的“汪日密约”，即《日支新关系调整要纲》及附件交由该报公开揭露。一九四〇年一月二十二日，《大公报》头条新闻为：

高宗武陶希圣携港发表

汪兆铭卖国条件全文

集日阀多年梦想之大成！

极中外历史卖国之罪恶！

从现在卖到将来从物资卖到思想④

一九四〇年一月二十三日，香港《大公报》又发表陶希圣的《日本对所谓新政府的条件》。一月二十四日，蒋介石在重庆《大公报》发表《关于日汪协议之告全国军民书》指出：

> 近日中外各报所披露的汪逆卖国文件，有“日汪”在上海签订，而由犬养健携回东京的《日支新关系调整要纲》，以及汪逆向敌方提出成立伪政府的必具条件，和敌方的答复。这几个文件全国同胞批阅之后，对敌阀与汪逆的阴谋诡计，必有更进一步的认识了……我们可以察知敌国在一月初所谓“兴亚院”开会讨论的内幕，我们更可以由此认识汪逆是不惜将整个国家和世代子孙的生命奉送给敌国……所谓“善邻友好”就是“日支合并”，所谓“共同防共”就是“永远驻防”，所谓“经济提携”，就是“经济独霸”……这个敌伪协议，比之“二十一条”凶恶十倍，比之亡韩手段更加毒辣。我敢相信，稍有血气稍有灵性的黄帝子孙中华国民，读了这一文件，一定发指眦裂……⑤

香港《大公报》和重庆《大公报》相继披露“汪日密约”和《日本对所谓新政府的条件》后，汪精卫在上海出版的卖国机关报《中华日报》（一九三九年七月十日创刊，林柏生任社长，叶雪松任总经理，郭秀峰任总编辑），对此极力否认。先是发表汪精卫“随从秘书长”陈春圃的谈话：“就本人所知，最近数度之折冲，高、陶已未参与，因此最近之文件高、陶即使蓄意摄存，已为事实不许。”⑥后又刊发一月二十四日，汪精卫在青岛接见路透社记者的谈话：“迨去年十一月左右，因对于彼等二人之态度，发现可疑形迹，故此后遇有重要交涉，即不复使彼二人参加，二人乃竟窃取去年十二月五日日本方面与该地当局一部分人士之和案，居为奇货，向重庆方面告发，此种行为，实堪慨叹……故高、陶两人所发表者，完全出于向壁虚造，事实必有可证明之耳。”⑦

何澄针对汪精卫的“向壁虚造”之说及《中华日报》对高、陶二人的咒骂，亦作打油诗一首：

> 近日《大公报》论和平条件，《中华日报》骂其不达时务，索价过高，戏代《中华日报》作打油诗，以嘲大公

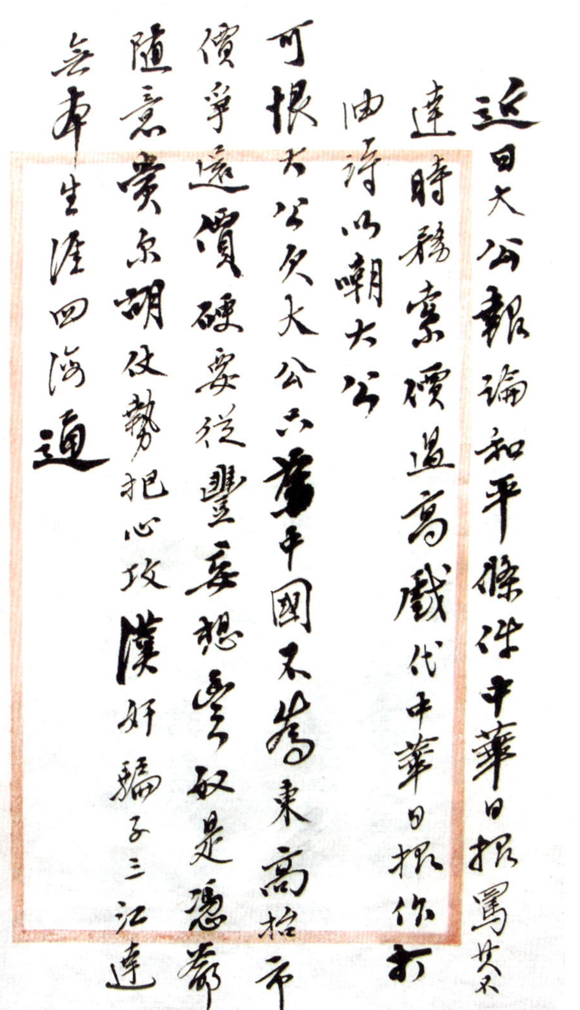
近日大公報論和平條件中華日報罵其不
達時務索價過高戲代中華日報作打
油詩以嘲大公
可恨大公欠大公只為中國不為東高抬市
價爭還價硬要從豐妄想豐奴是憑爺
隨意賞爾胡仗勢把心攻漢奸騙子三江達
無本生涯四海通

何澄《可恨〈大公〉欠大公》诗稿（何泽瑛提供）

可恨《大公》欠大公，只为中国不为东。（按：指东瀛日本）
高抬市价争还价，硬要从丰妄想丰。
奴是凭爷随意赏，尔胡仗势把心攻。
汉奸骗子三江达，无本生涯四海通。

一九四〇年三月二十五日，是日本方面“桐工作”等待重庆方面答复是否派遣代表前来谈判的最后期限。期至，重庆国民政府没有一句话递给板垣征四郎。不得已，日本方面只好让汪精卫的傀儡政府在南京粉墨登场。

三月三十日，汪伪汉奸集团“还都”大典在南京举行。汪精卫宣读《还都宣言》，然后与各伪院、部、会官员宣誓就职。汪精卫任伪国民政府代理主席（虚位以待林森为主席）兼行政院长、伪中央政治委员会委员长、军事委员会委员长、海军部长。

非常可笑的是，日本侵略者自己扶植起来的傀儡政府，自己却不在典礼当天承认，只是发表了一个声明，仅表示支持而已。日方留给自己的这点馀地，是为了继续对蒋介石进行诱降。此前由板垣征四郎进行的“桐工作”虽然失败，但其真实意图也正在于此。他们通过各种渠道与蒋介石谈条件，均感蒋介石不同于汪精卫，不会轻易就范。因此，才决定在对重庆国民政府继续开展“和平”工作的同时，承认早已睡在一起，且百依百顺的汪精卫为新妾。

汪伪“还都”的同一天，重庆国民政府就公布了汪精卫、褚民谊、周佛海、陈璧君、陈春圃、陈群、陈公博、梁鸿志、王揖唐、赵正平、岑德广、王克敏等一百多名汉奸的通缉名单，并发表“悬赏拿办汪兆铭之命令”，谴责汪精卫“依附敌人，组织伪政府，卖国求荣，罔知悔悟”，命令“各主管机关，严切拿捕，各地军民人等，并一体协缉，如能就获，赏给国币六十万元，俾元恶归案伏法，以肃纪纲”。[8]

汪伪“还都”闹剧大幕一拉启，何澄便写下众多为群奸画像的打油诗。在题为《无题二首》的“真山打油诗”中，何澄的愤怒几达肺炸——“创造畜生传染病，演成魔鬼纵横身”。在他眼里，宣誓“还都”的这些伪官已不是平常的畜生了，而是败类创造出来的、且能传染成一群的魔鬼！他用十六国时期“刘石乱华”的史典，把汪精卫比作开启“五胡乱华”危局，使中原陷入分裂、混战一百三十馀年的罪魁祸首刘渊和石勒；这个当年以“慷慨歌燕市，从容作楚囚；引刀成一快，不负少年头”的英雄志士，现在虽然师从刘渊和石勒，但在谋略上比之纵横家贾谊和苏秦还差得远呢。所以，何澄深信迷沦有欲、淆乱本真，已走上畜生道、饿鬼道的汪精卫，终究会被走在保家卫国神道、人道的爱国者送往地狱的。

无题二首

破阵之先先摆阵，架桥桥断舞台成。
六朝过眼烟云散，四海归心家国倾。
指日太平谁粉饰，望洋浩叹众竞争。
人间多少离奇事，历史徒留榜上名。

五洲万国都妖变，绝后空前花样新。

创造畜生传染病，演成魔鬼纵横身。
英雄祸世师刘石，志士言和逊贾秦。
不信人间常恶劣，只教五道总回轮。

庚辰春二月晨起遣兴之作
无所指，有所指；有所指，无所指；
都不指，都指，读者知之。

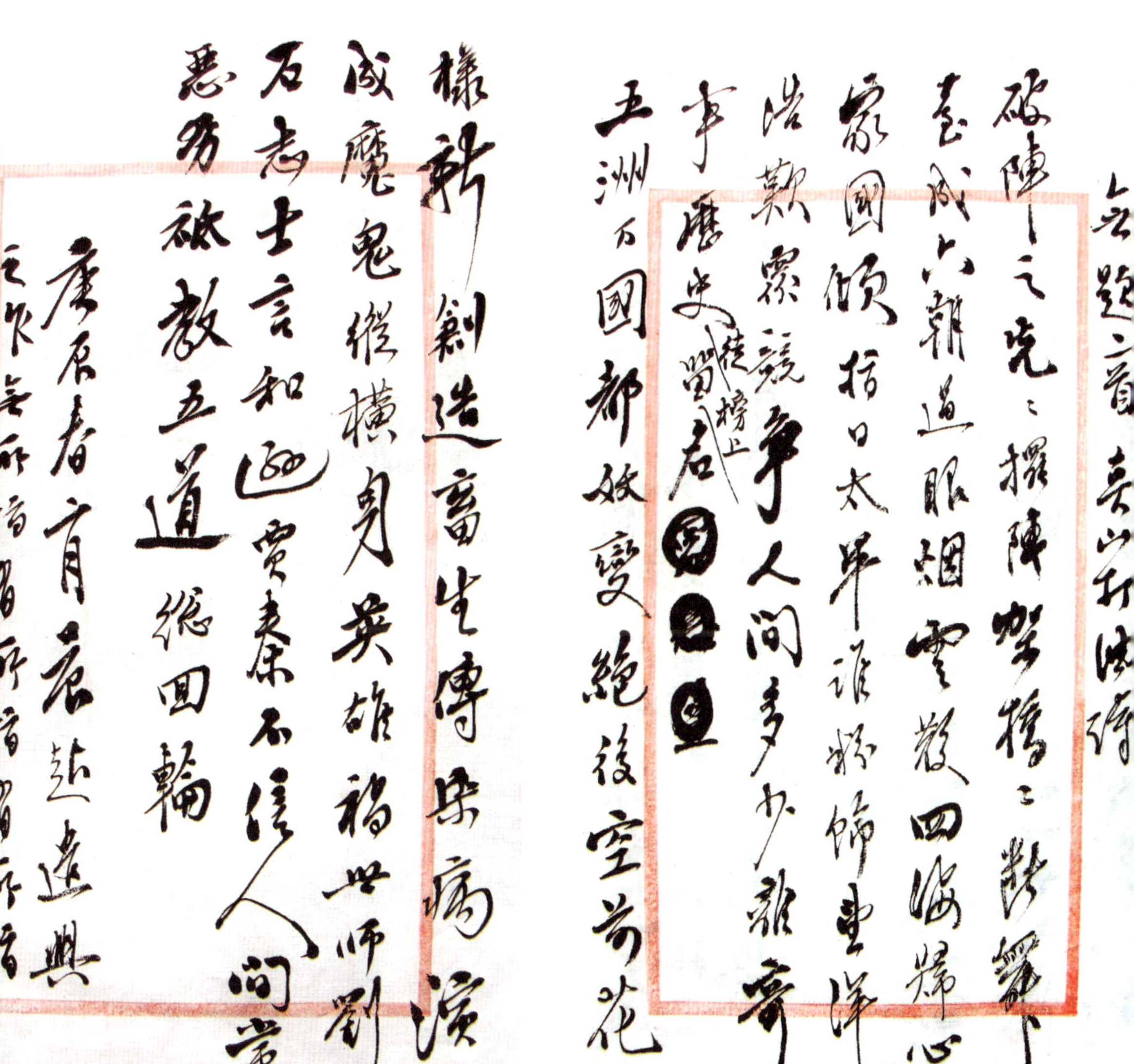

何澄《无题二首》诗稿（何泽瑛提供）

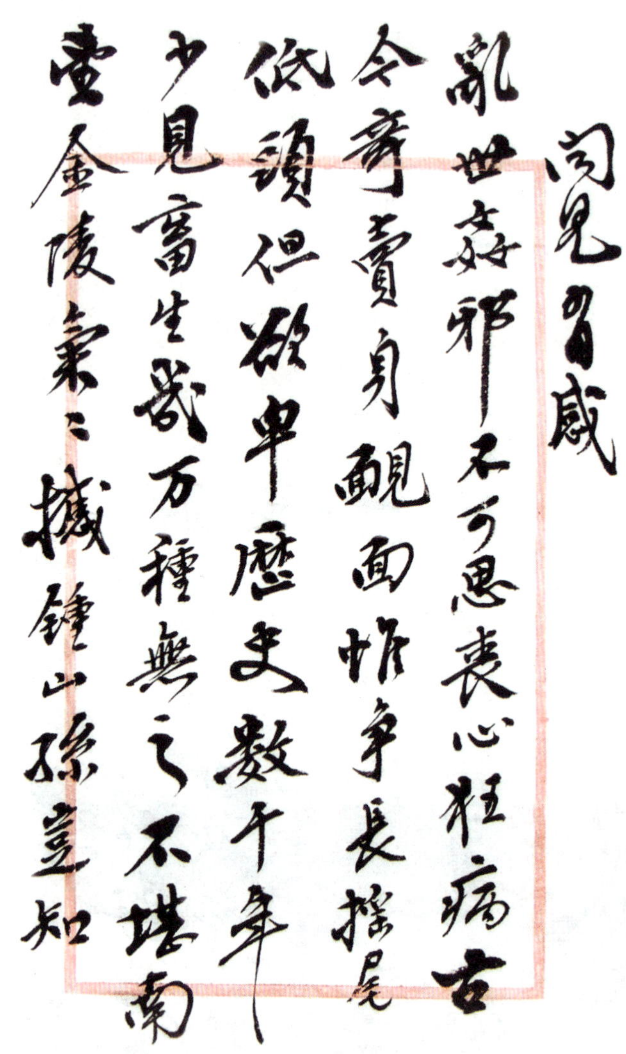

何澄《闻见有感》诗稿（何泽瑛提供）

面对汪伪叛国集团的“还都”闹剧，何澄还作有一首《闻见有感》。对孙中山先生当年缔造共和的首都，如今已被这帮败类和日寇沆瀣一气，只是残山剩水发出了心中的浩叹：

乱世奸邪不可思，丧心狂病古今奇。
卖身腼面惟争长，摇尾低头但欲卑。
历史数千年少见，畜生几万种无之。

不堪南望金陵气，气撼钟山孙岂知。

何澄在《无题》一诗中，以汪精卫过去在南京国民政府时期一直不甘心于“王佐才”的辅佐角色为内容，对其进行了辛辣的暗讽：真正的南京政府西迁了，你这个在日本鬼子卵翼下的木偶傀儡方能登台。但这种从“王佐才”到“领袖”的角色转换，都是一种梦幻：

万事空留影，伤心王佐才。
石头流水去，木偶舞台开。

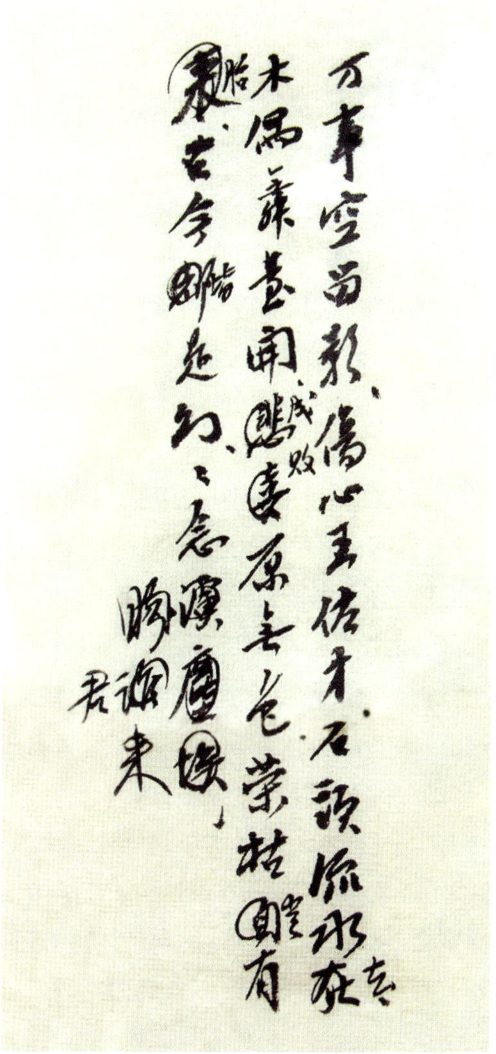

何澄《无题》诗稿（何泽瑛提供）

成败原无色，荣枯岂有胎。
古今皆是幻，幻念盼君来。

自从华北日伪政权成立之日起，王克敏和王揖唐就在人事安排、机构设置等问题上明着激烈争吵，暗地互相争夺，被人讥为“二王斗法”。一九四〇年三月，华北伪中华民国临时政府、南京伪中华民国维新政府与汪伪国民政府合污，四月至六月，王揖唐被王克敏排挤出华北，担任汪伪国民政府考试院院长，成为汪伪集团成员之一。而王克敏在为汪伪筹建伪府的过程中，由华北日军的撑腰和唆使，对汪精卫明言讥讽，正面对抗，采取不合作的态度，华北伪政权的政治体制、“国旗”、“国歌”等等都是自行其是。其人事任免、政务管理、经济掠夺等，均由日本在华北的主子直接操纵，汪伪的伪员非但派不到华北来，而且连插手和染指的机会都没有。由此，王克敏和汪精卫结下了仇隙。一九四〇年六月，汪精卫在与日本主子的反复要求下，王克敏被迫辞去了华北日伪政权一把手的位置[9]。何澄以《北归闻见有感》，作打油诗，对此予以调侃：

满目干戈又北来，几人憔悴几人哀。
争趋仕路为泥俑，甘作囚奴成祸胎。
害国殃民心未足，卖身无耻首难回。
而今幸有汪精卫，都谅王三老不才。

出任汪伪集团外交部长的褚民谊，起初，汪精卫本想让其担任行政院秘书长兼海军部部长，但遭到陈公博、周佛海的竭力反对。反对的理由使汪精卫没有再坚持的道理——唱大花脸、打太极拳、拉马车、踢毽子、放风筝，以中央大员而有此行径，已显得滑稽，如让他出任海军部长，再到轮船上兜圈子耍威风，岂不更将腾笑中外？由此，始改任为行政院副院长兼外交部长。但外交部长，也是一个分外滑稽的角色，因为外交对象只有一个日本姘头，人家怎么说，只能照样画诺签字，所谓尸位素餐，用在褚民谊身上真是合适极了[10]。

褚民谊（一八八四～一九四六），曾名明遗，字重行，浙江吴兴人。一九〇三年东渡日本求学，习政治经济。一九〇六年，随张静江赴法国，途经新加坡时，由尤烈等介绍加入中国同盟会。一九一一年底，结识了汪精卫，后和陈璧君之母卫月朗养女陈舜贞结婚，遂与汪精卫成为连襟。一九二四年，以“兔子阴部构造”论文，获法国斯特拉斯堡大学医学博士学位，被人戏称为“兔阴博士”。一九三二年，汪

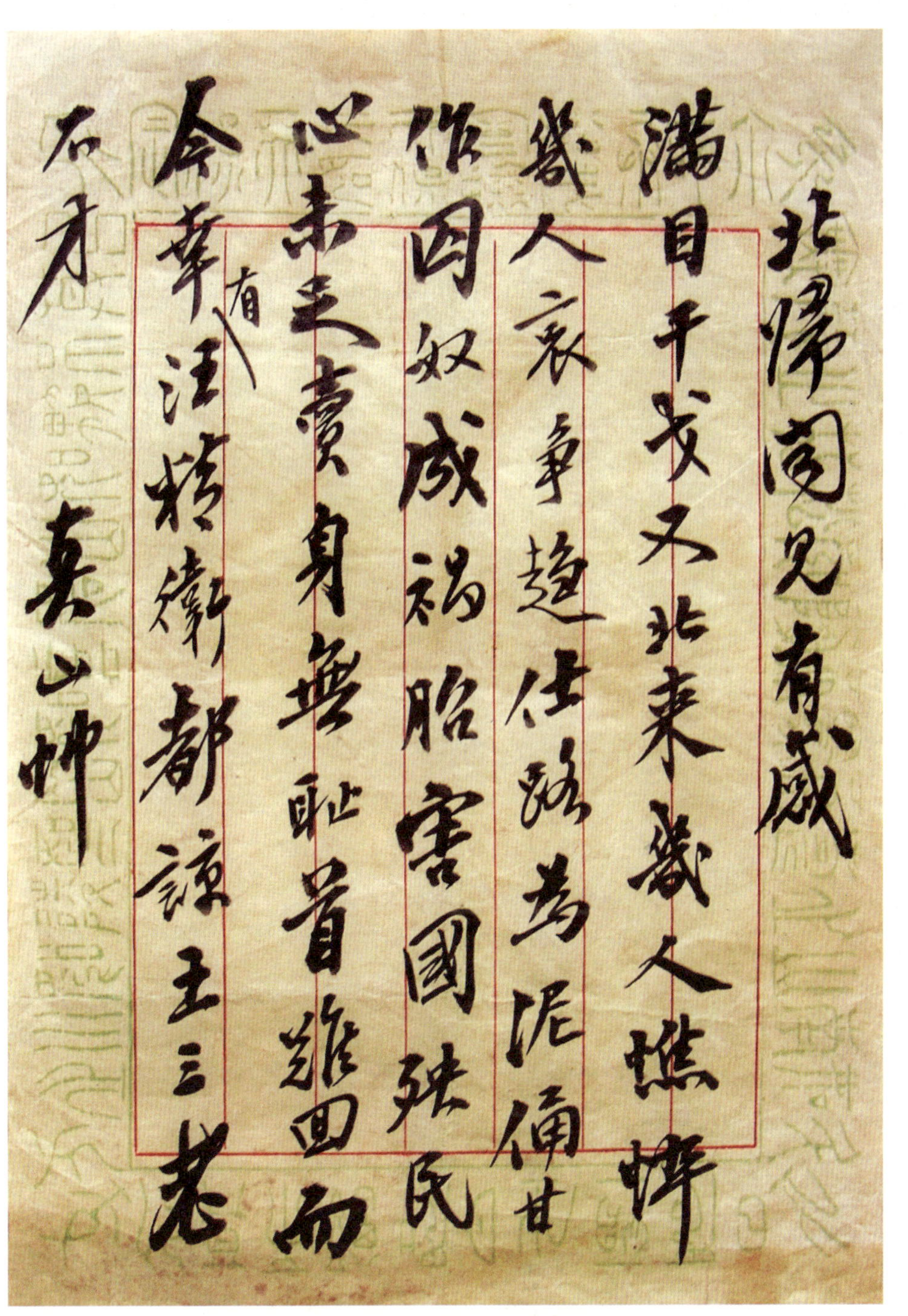

北歸聞見有感
滿目干戈又北來蟻人瞧蚌
蟻人哀爭趨仕路為泥偏甘
作囚奴成禍胎害國殃民
心未足賣身無恥首難回而
今幸有汪精衛都諒王三老
不才 真山艸

何澄《北归闻见有感》诗稿（何泽瑛提供）

精卫任行政院院长，褚民谊出任行政院秘书长，主持院内一切事务。抗日战争爆发后，国民政府西迁重庆，褚民谊却滞留上海，任中法国立工学院院长、中法技术学校医学部研究部主任。汪精卫成立伪国民政府后，褚民谊任行政院副院长兼外交部长。一九四〇年十月，任伪驻日大使。一九四五年七月，任伪广东省省长。一九四五年九月十二日，被军统局捕获。一九四六年四月二十二日，被江苏省高等法院以"通谋敌国，图谋反抗本国"罪，判处死刑。同年八月二十三日，在苏州狮子口第三监狱刑场被枪决。褚民谊登台后，何澄作《老英雄九首》(外一首)，予以讽刺。讽褚民谊的打油诗，先作六首，后何澄意犹未尽，又作四首，终成十首：

老英雄九首(外一首)

一

不论乱世与升平，宠爱都为裙带情。
莫谓要人不要脸，要钞要命最分明。

二

多才多艺姓名扬，踢毽风筝兼跑堂。
太极南腔与北调，还能运动伴徐娘。(徐娘名来)

三

秘书长手御香车，有美人鱼坐上花。
毕竟巴黎平等化，屈尊降贵作干爷。

四

大国人多艳事多，一场胡闹葬山河。
而今况是临混水，纵不摸鱼鱼奈何。

五

草包特演草桥关，笑杀东邻司令官。
此曲只应今日有，谁云叔宝少心肝。

六

二男双寿祝吴门，两长同庚一样尊。
锣鼓喧天天晓得，空前绝后发迷昏。

前六首犹嫌未尽，兴来，再成四首

七

和平建国国何兴，才艺襟兄作股肱。
杂耍不输徐狗子，（北平卖艺场杂耍第一有名者）
天桥足可舞台登。

八

各路英雄大会来，纷纷扰扰镜头开。
偏劳部长亲提笔，画地为牢真快哉。
（快，动作敏捷迅速之谓）

九

写真快镜手提高，撮得猴羊衣锦袍。
好梦方酣人影乱，姑留鸿爪赛鸿毛。

十

汽车装甲亦还都，空手得来大丈夫。
不出斯人谁露脸，戏衣三袭易三吴。
（戏衣三件为陈所赠）

《老英雄九首》（外一首）第一首，何澄讽褚民谊无论是在真国民政府时期，还是在伪国民政府炮制之际，他的官都是靠裙带关系当上的。

第二首，是讽褚民谊在汪精卫当南京国民政府行政院长时期，以行政院秘书长身份到上海参加市立学校运动会，站在演说台上，发表完头头是道的演说之后，又参加了一个踢毽子的表演。在踢毽子时，褚民谊不但手脚敏捷，而且花样繁多。各报热烈捧场，不但竞相报道，还刊出他踢毽子时的照片；踢毽子表演之后，褚民谊又在上海民立中学演讲“打太极拳的益处”，接着又在沪报发表了一篇“太

草包特潰草橋兩笑啟東隣司令官當
之憩今日有誰云然寔步心肝
二男相壽祝丟門兩長同康一樣尊鑼鼓喧
天之曉得空前絕後叢迷詧
和平建國之何與羅發才藝襟之張股肱歡
要不拾綜猶子天橋之可之登
多謀英雄大會來紛之攘之鏡頭開偏勞郭
長親操導吏地為軍喜快哉
寫真快鏡手捏高攝得猴羊衣錦飛好夢方
酣人影亂始留鴻爪實鴻毛

真山園主人

老英雄九首

不論世亂與昇平寵愛都為裙帶情
要人不要臉要錢要命最分明

多才多藝佳君揚踢毽風箏萬能堂太極南
腔與北調還能運動伴褚娘 徐娘 君来

秘書長乎御香車書羨人魚坐上花畢竟巴黎平
等化屈尊降貴作乾爹

大國人多能事多一場胡鬧葬山河而今況是腥
混水縱不摸魚亦奈何

无题三首

和平建國國時興才藝襟先作股肱要不

轅轍狗子天橋是可羨堂登

今路英雄大會來紛紛擾擾說湖偏勞

部長親提筆畫地為牢真快哉

當真快鏡手提高攝得猴華衣錦旋歸

夢方甜人影亂結網鴻從雞鴻毛

真山園主人

雨澄抄

何澄从《老英雄九首》诗稿抄录出的《无题三首》(何泽瑛提供)

极操讲义”，将太极拳化为团体操，于是上海各学校纷纷加上一课太极操。当时褚民谊有一句口号，叫做“救国不忘运动！”[11]褚民谊先是爱唱昆曲，曾跟仙霓社的华传浩练过身段和唱功，后跟净行金派金少山学戏。一九三六年，上海滩三大帮会之一的张啸天六十岁生日，褚民谊在其海格路大沪花园的堂会上，又演又唱。“还能运动伴徐娘”句，点明徐娘就是徐来，是讽刺褚民谊除了有踢毽子、放风筝、打太极，唱堂会这些闲本事外，还有一个真本事，就是利用徐来，把唐生明都拉拢到伪府这边来了。徐来（一九〇九～一九七三），浙江绍兴人，原名小妹，又名“洁凤”，一九二七年，考入近代音乐家、艺术教育家黎锦晖所办中华歌舞专修学校，毕业后即入黎锦晖的明月歌舞团，并与黎锦晖结婚。明星影片公司看中了长得标致的徐来，请她加入“明星”。一九三三年，徐来主演了无声片《残春》，以“东方标准美人”之誉，一举成名。之后，又主演了《泰山鸿毛》《华山艳史》《到西北去》《路柳墙花》《船家女》等片。一九三五年，被在上海当中将参谋的唐生明看上，遂与黎锦晖离婚，再嫁唐生明，从此息影。唐生明（一九〇六～一九八七），湖南东安人，民国军政要人唐生智之弟。一九二四年，入湘军第三师师长叶开鑫部。一九二六年，由唐生智作为私人代表送往黄埔军校，为第四期步科生。毕业后，任国民革命军第四集团军学生队副队长，未几，即任第四集团军总司令部警卫团第二团团长。一九三一年，任国民政府军事参议院中将参议；同年秋，入中央陆军大学。一九三五年毕业后，任军事委员会中将参谋。抗日战争爆发，任长沙第九战区常（德）桃（源）警备司令。一九四〇年九月，受蒋介石派遣，打入汪伪内部。何澄不知此谍案的秘史，于是连“同志”也讽刺了。

第三首，是言一九三三年十月十日在南京举行的第五届全国运动会上，杨秀琼（一九一八～一九八二，广东东莞人）一举摘得女子游泳五十米、一百米自由泳、一百米仰泳和二百米蛙泳的金牌，再加体格健美，长得漂亮，“美人鱼”的雅号不胫而走。另一条不胫而走的新闻的是，褚民谊亲自为杨秀琼坐的马车执鞭拉缰，游览中山陵。何澄在此一是讥笑他风流成性，二是嘲他自当官起就有失官箴[12]。

第五首是说褚民谊为讨好侵华日军司令官，特地登台演出《草桥关》。《草桥关》为京剧传统剧目，剧情梗概为：刘秀登基后，命姚期镇守草桥关，日久思念姚期，又命马武、杜茂、岑彭三人替回姚期，随朝伴驾。姚期入都后，其子姚刚打死郭太师，姚期捆子上殿请罪。刘秀大怒，要将姚期全家问斩。马武适因牛邈攻打草桥，回朝搬兵，闻讯，闯宫保奏，逼刘秀下赦旨，才救下姚期父子，使父子二人戴罪出征。褚民谊奴颜婢膝的一幕，只在现今才可看到。

外一首，汪伪“还都”典礼，由褚民谊主持。一天之中，不同场合换了三套陈公博所赐的行头。何澄以数字“三”，嘲笑他是“戏衣三袭易三吴”。

对褚民谊的嘲讽，何澄尚有一首《观某女伶演〈思凡〉打油一首》：

曼舞擅清歌，庐山面若何。
行腔三两掌，飞眼百千梭。
掌急陈降表，梭繁念弥陀。
逢场原作戏，优劣待经过。

出任汪伪教育部长的是赵正平。赵正平（一八七八～一九四五），字厚生，又字厚圣、侯声、后声、夷门，号仁斋，别署南风主人、喜马拉雅，笔名侯声，斋名仁斋，上海宝山人。一九〇二年，看到梁启超所办《新民丛报》后，即动赴日本留学习陆军之念，至东京后，始悉有凡自费生不得学陆军之例，只得返回。一九〇四年，考入浙江省武备学堂。一九〇五年，清廷练兵处命各省选派留日陆军学生，与黄郛得浙江省官费东渡留学；是年夏，入东京振武学校，后改入早稻田大学。一九〇五年，加入中国同盟会。一九〇九年十月，加入“南社”，为早期会员之一。一九一〇年，在广西同盟会支部办机关刊物《南报》月刊。一九一一年，任广西同盟会支部机关刊物《南风报》月刊主笔兼主要撰稿人。一九一二年一月，任南京临时政府兵站总监部参谋长。清帝逊位，任南京留守府调查局局长。南京留守府裁撤后，改任江苏都督府副参谋长。一九一三年九月，讨袁失败，亡命日本，旋由日本前往南洋爪哇，任巴达维亚侨校中华学校校长。一九一八年，返回上海，任国立暨南学校校长。一九二〇年，卸去校长职务。一九二一年秋，继柯成懋之后重任暨南学校校长。一九二五年夏，卸除校长职务。一九二六年，在上海主编《太平导报》，为浙闽苏皖赣五省联军总司令孙传芳鼓吹联省自治。一九二八年八月，任南北统一后的北平特别市政府社会局局长。一九二九年一月，社会局局长一职被免，任青岛特别市政府教育局局长。一九三二年，任黄郛发起组织的新中国建设学会会刊《复兴月刊》主编。一九三九年春，由后方经香港前往上海，参加汪精卫“和平运动”；七月中旬，与四十余人出席汪兆铭主持召开的“干部会议”，正式投身汪伪集团。一九四〇年三月，出任汪伪南京政府教育部部长。上任伊始，即下令中、小学每周实行一小时之“精神训话”，对学生推行亲日奴化教育；四月九日，伪行政院决定恢复中央大学，成立中央大学筹备委员会，兼任委员长，同月兼任中央图书馆馆长、编译馆馆长等职。一九四一年七月二十九日，汪伪行政院院会通过筹办上海大学案；八月十六日，任上海大学校长，教育部部长由李圣五接任。一九四五

觀某女伶演思凡打油一首
曼舞擅清歌廬山面若何行腔三
兩掌飛眼百千梭掌息陳隋舂
梭繁喚孫陀逢場原作戲優孟
袂經過

近闻寧國府教育部長曾以自己之花
瓶轉妻其子更遣子遠学於北平仍以
媳為花瓶並以花瓶為模範女子中学校
校長花瓶長校一下馬即革除兩校役
校役老矣因生计断後則自殺艷事慘
事遍傳社会衆皆以為此是遂都盛舉
和平偉業實績表現敬以詩美之詩
雖不佳特記實耳

萬類遠都百事齋振興女校屬家
難威加校内變奴婢蕩浪床頭雨
代迷前後燕難父子輪流博愛似
姬妻宋朝遺孽應新運美得汪
南人鬼啼

前題戲代花瓶簡未婚夫

早經親手做羮湯々好先特翁舅
嘗々罷一杯分給你々真幸福趙家
郎

何澄《近闻宁国府教育部长……》诗稿(何泽瑛提供)

年八月十五日,日本宣布无条件投降,八月十六日,汪伪国民政府宣布解散,于伪府覆亡后,由上海逃往镇海;畏罪自杀(亦有心脏旧病复发致死之说)。著有《兴国记》《孟子新解》等。

何澄与赵正平也是旧交。《论时局与粮食问题书》一文即是在赵正平当年主编的《太平导报》上刊发的。但赵正平投身汪伪集团后,何澄以他的恶迹为题,亦作打油诗二首:

近闻宁国府教育部长曾以自己之花瓶转妻其子,更遣子远学于北平。仍以媳为花瓶,并以花瓶为模范女子中学校校长。花瓶校长一下马,即革除两校役。两校役老矣,因生计断,后则自杀。艳事惨事,遍传社会,

众皆以为此是“还都”盛举，“和平”伟业实绩表现。敢以诗美之？诗虽不佳，特记实耳

万类“还都”百事齐，振兴女校属家鸡。
威加校内双奴婢，荡浪床头两代迷。
前后兼施难父子，轮流博爱似姬妻。
宋朝遗孽应新运，弄得江南人鬼啼。

前题戏代花瓶简未婚夫

早经亲手做羹汤，汤好先将翁舅尝。
尝罢一杯分给尔，尔真幸福赵家郎。

汪伪国府成立后，在上海还网罗了一批社会渣滓充当打手。如，靠经营赌场挣下作孽钱的潘三省（字西崖，上海人，其赌场“兆丰总会”是汪伪政权“新贵”的销金窟）；靠心黑手毒、杀人不眨眼成为汪伪特务机关七十六号警卫大队大队长的吴四宝（字云甫，后改名吴世宝，江苏南通人）等等，都是为害国家和国民的混世魔王。何澄对依附汪伪集团的此类人物，也作打油诗予以辛辣的嘲讽：

潘三省

蝇营狗苟小流氓，新贵交游酒色荒。
声势居然差似杜（按：杜月笙），
神通竟而大于张（按：张啸林）。
摇身一变为商界，洗手三思罢赌场。
罪孽轮盘人害尽，皇天那许纵豺狼！

吴世保（按：“保”为“宝“之误）

出身本是一车轮，两脚如飞更有神。
藉势忽为汪队长，垂时竟比沪闻人。
腰缠万贯钱来易，恶作多端祸有因。

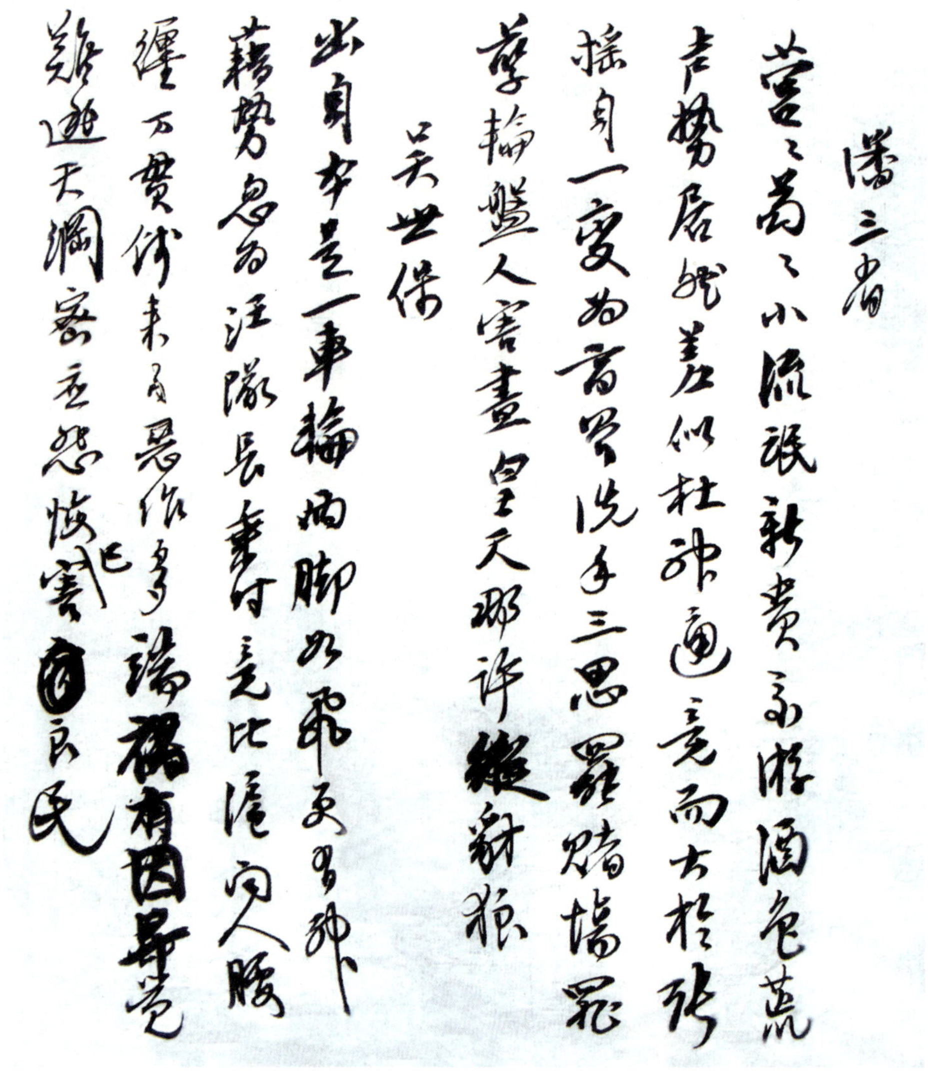

何澄《潘三省》《吴世保》(吴四宝)诗稿(何泽瑛提供)

早觉难逃天网密,应悲悔已害良民。

卖身投靠,被人当鸡养的人,从来也没有好下场。一旦用毕,免不了被包养者所抛弃。投靠汪伪政权的一些人便遭到这种礼遇。何澄的《戏鸡》诗,就是对这类群体进行的形象描述:

饲鸡不杀期生卵,卵尽当然论到鸡。

既已轮回为畜道，何犹翅振向人啼。
循环受报每每过，运数随缘缓缓栖。
世说三年天命转，且看日暮夕阳西。

日本侵占，汪伪乱华，人民生活困苦不堪，何澄每每见到这种景象，总会感叹奈何奈何！诗作《即事有感》，就是对此惨景的直言记录：

国亡何必问民生，弱昧当然任意烹。
沟壑专留人宿处，囚奴哪许共存荣。

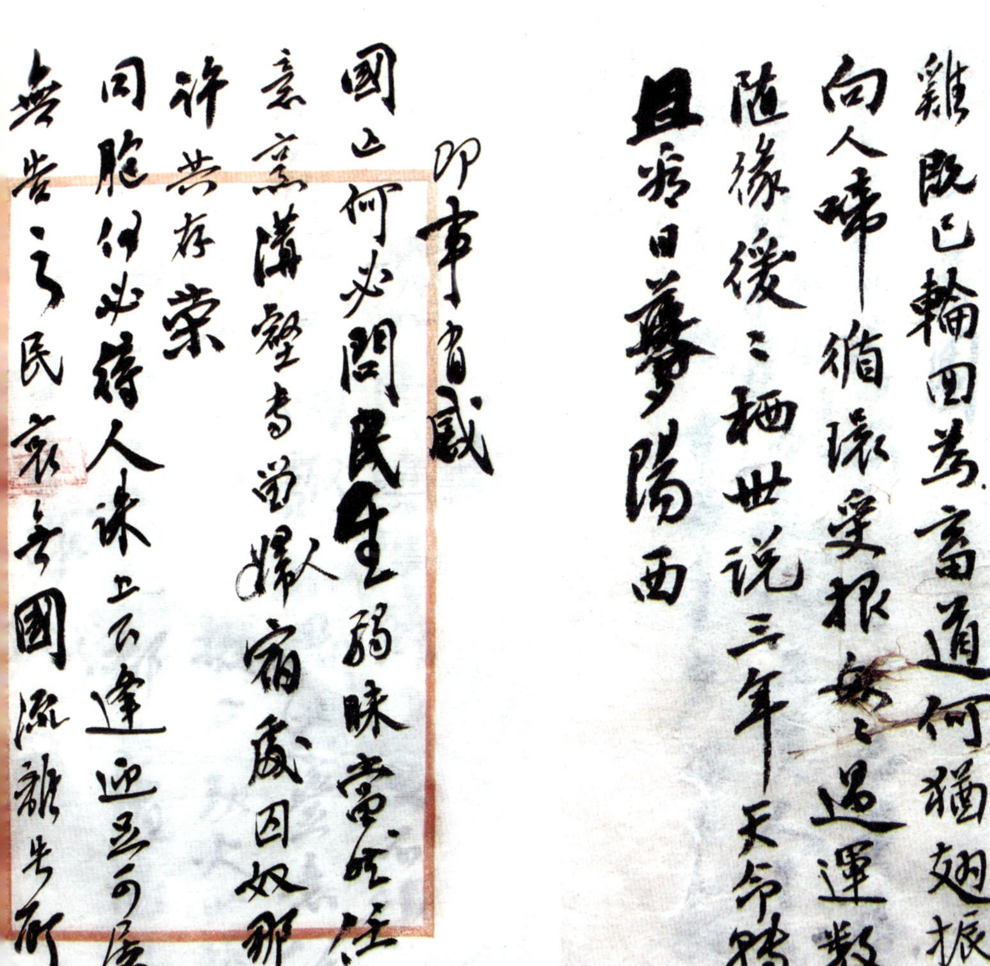

何澄《即事有感》诗稿（何泽瑛提供）　　何澄《戏鸡》诗稿（何泽瑛提供）

何泽瑛给何澄的明信片(一九四二年六月廿一日)

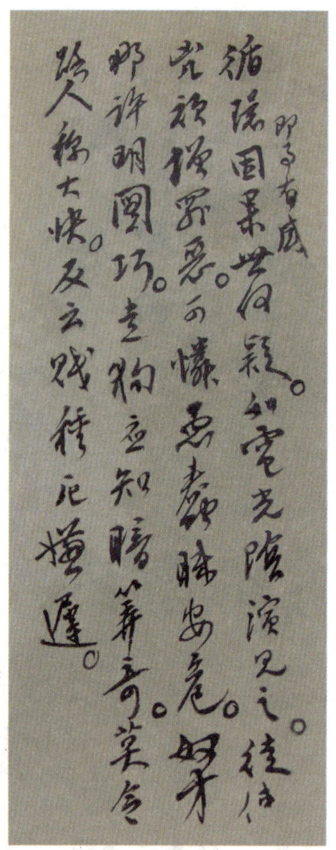

何澄《即事有感》诗稿

同胞何必待人诛,上下逢迎足可屠。
无告之民哀无国,流离失所不如奴。

在汪伪集团沦陷区,人民生活困苦、物价飞涨,可从何泽瑛给父亲何澄的一张明信片中所列举的具体明细得到证实:

父亲大人膝下敬禀者:

六月十四日尊谕已收到。凌杨之信已于收到日送去。

敬悉北方遭天灾。谚云,“水灾一线,旱灾一片”,且水灾之第二年必丰,而旱灾则三四年不易复原。真苦死老百姓矣。南方天时尚好,今年尚未发大水。霉节亦正常,但民仍苦极,乃苦于人祸也。近日各地生活更高,沪上米已近千元(合新币五百),煤气大涨,比上月竟涨价二十倍之多。吾家虽算俭省,此月亦将付一百五十元储钞。电涨四倍,水涨二倍,

连冰箱电，此月共须付储钞二百零四元馀，可谓惊人矣。大人拟几时回南，北京之家有办法结束否？盼便中示知一二。肃此　敬请

福安。

女泽瑛拜上

六月廿一日晚

母亲大人回苏后甚好，苏沪寓亦均安，请勿远念。又禀。

在沦陷区，也不尽全是悲叹的事，作恶多端，必有所报。一九四〇年八月十四日，投靠日寇、组织“新亚和平促进会”的上海青帮大亨张啸林，被军统特工暗杀；十月十日，伪上海市长傅筱庵，在军统局除奸行动的精心策划下，被“义仆”朱升刀劈死，大快人心，何澄亦作诗称快。

即事有感

循环因果世何疑，如电光阴演见之。
徒使凶顽增罪恶，可怜愚蠢昧安危。
奴才哪许明图巧，走狗应知暗算奇。
莫令路人称大快，反云贱种死嫌迟。

诗言心志。作了诗，光自己抒抒一腔闷气也没啥意思，总要有人唱和才更解恨，更有兴致。一九四〇年起，何澄就与吴济时，有所唱和。

吴济时，一八七八年生人，号谷宜，江苏宜兴人。早年曾留学日本、德国，习医，后获柏林大学医学博士学位。回国后，任江苏公立医学专门学校教务长、第三任校长。我国首倡人体解剖者。晚年信佛，法号无生。有诗作。家住苏州民治路四号。

去年岁暮即事感怀诗一首，不知呈阅否，兹录上博笑

天寒岁暮冻云低，兵火南北东与西。
年复一年鼎沸兮，天地暗暗黑如漆。
翻云覆雨人情奇，井底欲觅青云梯。

去年歲暮即事感懷詩一首不知云云

閑居荒録上博笑

天寒歲暮凍雲低兵火南北東西年復一年

鼎沸兮天地暗暗黑如漆翻雲覆雨人情竒

井底欲覓青雲梯袍笏登場鬚眉齊自吹

自唱笑又啼水花泡影塵埃泥丹砂鍊盡難

是難我生不辰聽鼓鞞避地何地心懷懷城

廓已非況應黎園林雖好安易樓靜以觀動

神不迷造物玩世真滑稽

真山打油詩稿

何澄《即事》诗稿（何泽瑛提供）

何澄《即事有感》诗稿（何泽瑛提供）

袍笏登场须眉齐，自吹自唱笑又啼。
水花泡影尘埃泥，丹砂舔尽鸡是鸡。
我生不辰听鼓鞞，避地何地心凄凄。
城廓已非况庶黎，园林虽好安易栖。
静以观动神不迷，造物玩世真滑稽。

即　事

见微知著古名言，侥幸期图何足论。
倘使众民都死去，徒教空图怎生存。
痴心妄想仇来助，负气胡思泪只吞。
霹雳一声迷梦觉，后门利害过前门。
　　谷宜老兄长吟粲八月九日　真山油诗

即事有感，得诗一首，录请吟粲　真山草

佛睹下界悯忙虫，杀气腾腾海陆空。
极短人生炽妄念，一微尘里斗英雄。
经营建设原多事，计画摧残岂谓功。
将未成名民已瘁，沙场白骨涨西东。
　　庚辰秋九月

吴济时唱和：

慧治由沪来，出示沈先生和作，奉读之馀，感佩曷既，乃再叠前韵，率成二律，呈木道人沈先生斧削，此后撇不后叠，并乞原谅

六十翁无二竖侵，未忘习气尚多吟。
良禽知止常栖木，倦鸟停鸣暮宿林。
枯菀两般身外事，笑啼一样世间音。
何如念佛参禅去，悟到圆通自在心。

中原民物望昭苏，满地荆榛待剪除。
如许云烟呈转眼，几多风雨阻前途。
蚍蜉蚁子悲同尽，猿鹤虫沙例可符。
忘世未能我已愧，凑成俚句更嫌敷。
右诗呈真山主人一粲
　　吴无生谨上
　　庚辰八月初一日，时在吴门

何澄的诗里多有佛教用语。佛教是讲善恶因果的，何澄把这些佛教常用之语嵌用在诗中，语境有些舒缓，但诗义反而更加浓烈。吴济时诗作的非常好，尤其是“枯菀两般身外事，笑啼一样世间音”句，在外族辱侮本族同胞，权奸祸国殃民之时，身为信佛的人，当以不杀生为要，但吴济时却有“中原民物望昭苏，满地荆榛待剪除”的心志，不能不令人顿生感佩之情。

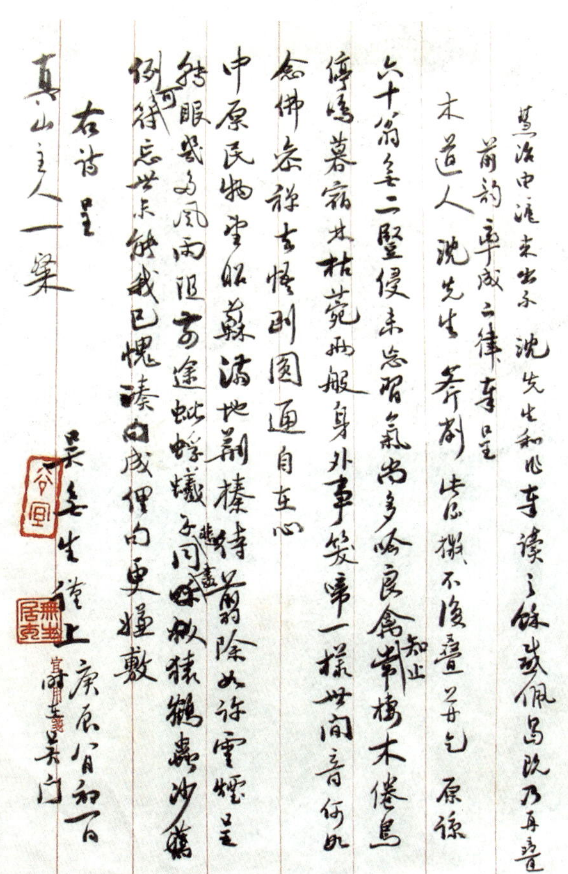

吴济时和何澄诗稿（何泽瑛提供）

何澄与吴济时(谷宜，前排中坐者)、季新益(铭又，前排左坐者)在“两渡书屋”门前交谈。后排站立者左为王季山、何怡贞(葛运培、葛运健提供)

相比之后，何澄另一位也信佛的好友季新益[13]，却不守佛门三戒，于一九四〇年六月二十日就任汪伪江苏省政府委员兼建设厅厅长（一九四五年五月一日，改任汪伪国民政府参事，同年七月二十五日免），何澄只能徒唤"奈何奈何！"

与何澄唱和的还有一位"墨溪"，何澄有《和大作原韵，录尘墨溪宗兄吟粲》：

我爱园林君近邻，隔墙不限两家春。
欲分幽趣酬高士，岂意红尘少隐伦。
天瞶方拟延劫火，世非安用要良民。
闲忙都可随缘住，巢许何曾易作人。
真山诗稿　庚辰三月

墨溪随后有奉赠何澄诗一首：

石头胜事众皆闻，葛亮于今不见君。
才子何须藉科第，男儿终久要功勋。（此一联成语。）
名士过江多似鲫，园花幽赏锦如云。
剧怜此身为情累，悔不逡巡作殿军。
百忙中赋此奉答真山道兄吟幾　墨溪漫草

在此前或之后，墨溪还有《金陵杂感》寄呈给何澄：

王气今何在，凄凉瓦砾场。
旗高迎晓日，栋折任斜阳。
菜色多蓬户，脂香竞教坊。
隔江花事好，无复话兴亡。
金陵杂感
墨溪草

在中华民族抗日的战场，不仅有炮火的血战，还有人格的冲刷和洗礼！

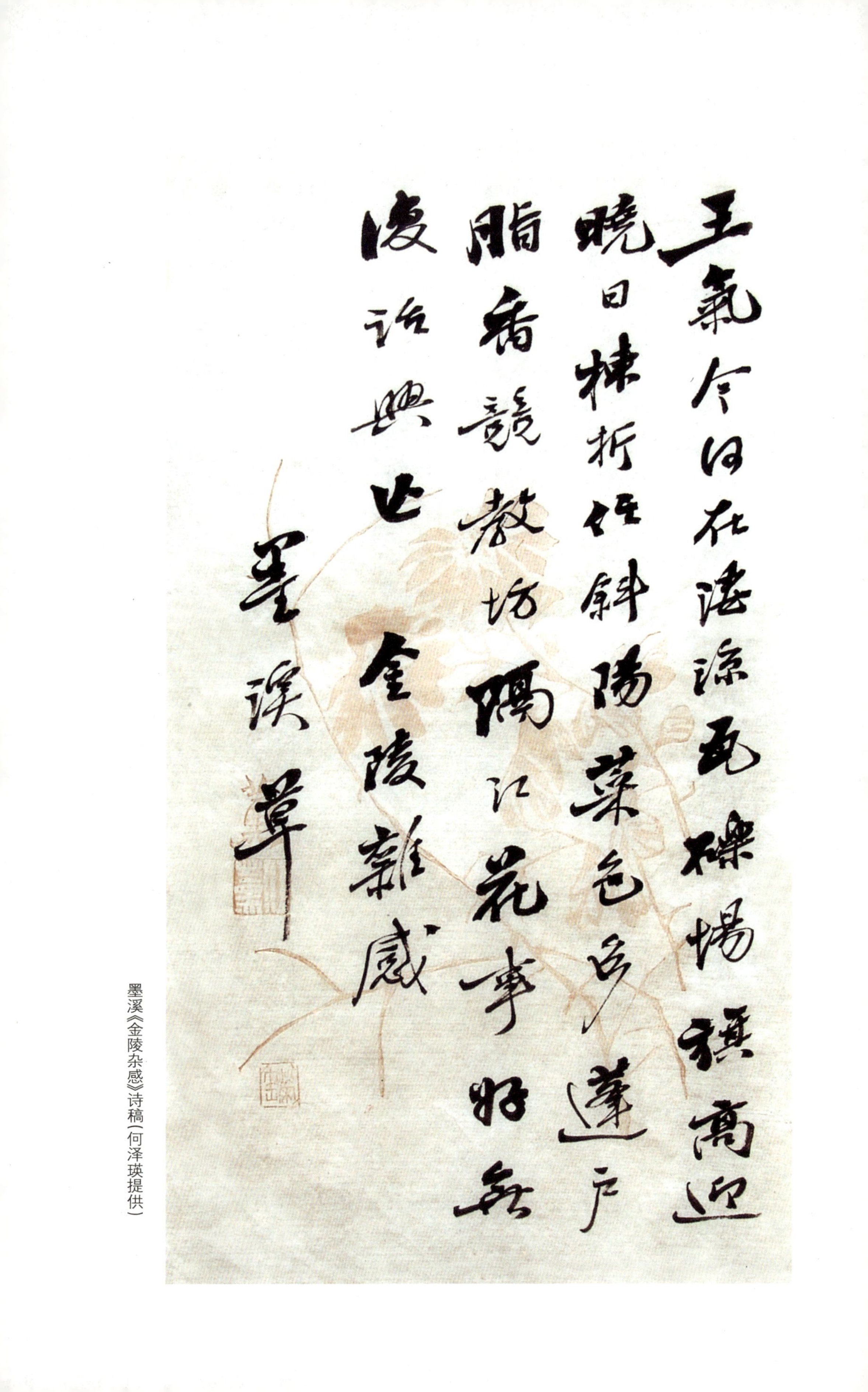

墨溪《金陵杂感》诗稿（何泽瑛提供）

石頭緣事家皆閱，驚覺於今
不見君才子何須藉科第男兒
擬久要功勳 此一聯成語 居士過江後
似錦園花幽賞錦如雲劇憐
身世為情累不愧逍遙作戲年
而地中藏此等書
真山道兄吟正 墨溪潤草

墨溪和何澄诗稿（何泽瑛提供）

和大佺原韵录尘

墨溪学兄吟案　真山诗稿

我爱园林君近陈隔墙不限两家春

欲分逸趣酬高士岂意红尘少隐伦

天赋方拟近翻大世非安用要良民閑

忙都可随缘住巢许何当易作人

庚辰六月

真山園主人

600

何澄和墨溪诗稿（何泽瑛提供）

注释：

① 杨天石著《抗战与战后中国》，第二二四～二二五页：《“桐工作”辨析》，中国人民大学出版社，二○○七年七月。

② 高宗武(一九○六～一九九四)，浙江乐清人。一九二一年，从温州高等小学堂毕业后赴日本留学。毕业于日本九州帝国大学法学院，旋入东京帝国大学。留学期间，其中日外交问题的博士论文有部分章节在国内数家报刊发表。一九三一年，结束学业回国。先在南京国立中央大学任教，讲授政治学。一九三二年五月十五日，日本首相犬养毅被刺身亡。针对这一事件，高宗武写了一篇约六百字的短文《日本之法西斯蒂运动》，投给《中央日报》，引起报社高层的关注，随即被聘为特约撰稿人。之后，相继发表《日本法西斯运动发生之原因及将来》《日本新内阁人物》等文章，一时名声大噪。蒋介石很欣赏这些分析日本问题的文章，特意邀其长谈。一九三二年十一月，高宗武任国民政府军事委员会国防设计委员会委员，负责日本问题的研究。一九三三年，时任国民政府行政院长兼外交部长的汪精卫，对高宗武很为赏识，力邀其转入外交部服务。一九三四年，高宗武进入外交领域：五月，任亚洲司科长，一个月后升为副司长；一九三五年擢升为司长。从进入外交部工作后到一九三七年，高宗武作为外交界的新锐，在汪精卫、张群、王宠惠等几任外交部长手下都得到了重用。蒋介石亦视其为经办对日交涉的好手，屡屡单独召见。抗战爆发后，高宗武接受蒋介石的指派，辞去外交部职务，在香港以“宗记洋行”为名，暗中则操纵隶属于国民党宣传部的“艺文研究会”香港分会，利用其中的“日本问题研究所”，代蒋介石负责对日联络和觅取情报工作。一九三八年六月，高宗武为刺探日本最高当局对华真实意图，潜赴日本，会见近卫文麿、板垣征四郎等军政要人，并将会晤和判断结果呈报给蒋介石。之后，他一度背离蒋介石，为汪精卫的“和平运动”从事秘密外交活动。一九三九年二月，高宗武在东京之行后，深信日本人不诚实。一九三九年三月三十一日，汪精卫秘书曾仲鸣在河内被重庆军统特工刺杀后，多次劝说汪精卫前往欧洲或菲律宾，并反复提醒汪精卫不能轻信日本人。同年五月，高宗武跟随汪精卫到上海，参与“汪日密约”谈判。一九四○年元月三日，高宗武与陶希圣在杜月笙的掩护接应下，一同潜离上海，五日抵达香港；二十一日，与陶希圣联名致函香港《大公报》，并将智取的“汪日密约”，即《日支新关系调整要纲》及附件交由该报公开揭露。史称“高陶事件”。一九四○年三月八日，高宗武化名“高其昌”，以国防最高委员会秘书厅参事官的名义，偕夫人沈惟瑜离开香港，辗转于五月二十一日抵达美国。从一九四一年至一九四四年，高宗武每年均收到蒋介石特批的生活补助费四千多美金。以后便靠做股票为生，不意因为深入研究美国市场行情而获利颇丰。赴美后的高宗武，于一九四四年八月，用英文写了一本回忆录，尘封六十年之久，始被发现。

③ 陶希圣(一八九九～一九八八)，名汇曾，字希圣，以字行，笔名方峻峰，湖北黄冈人。一

九一四年，十五岁即入北京大学预科，为旁听生。次年编入预科一年级。一九一八年结业，升入北大法科法律门一年级。一九二二年自北大毕业后，受聘为安徽省立法政专科学校教员，教亲属法及继承法。两年后因学潮而离开安庆。一九二四年七月，进上海商务印书馆编译所，任法制经济部编辑。一九二六年，在上海大学教授法学通论。一九二七年二月，应聘为中央军事武汉分校政治教员（校长蒋介石，政治部主任周佛海）。同时，武汉大学也聘请他教授法律。一九二七年八月，任武汉军事委员会总政治部（主任陈公博）秘书处主任兼宣传处长及《党军日报》社长。一九二八年二月，任南京总政治部宣传处编纂科长，后改任中央陆军军官学校政治总教官，兼政治部（主任周佛海）训育组组长。一九二九年一月，《新生命》月刊社把陶希圣的论文结集为《中国社会之史的分析》，一时洛阳纸贵，销售一空。此书在四年之内，一共印行了八版。一九二九年，先后在上海复旦大学、劳动大学、暨南大学、中国公学、上海法政学院任教。是年，出版《中国社会与中国革命》，次年出版《中国社会现象拾零》，均成为畅销书。一九二九年底，开办新生命书局。一九三〇年，应上海商务馆总经理王云五之约，重返商务印书馆，任总经理中文秘书。是年著有《中国之家族与婚姻》《中国封建社会史》《辩士与游侠》《西汉经济史》等书。翻译了奥本海《国家论》《马克思经济学说的发展》等译作。还曾为商务印书馆写了一本《五权宪法》的小书，未出版即为南京国民党中央党部下令禁止。一九三一年一月，应聘南京中央大学法学院教授，在政治系讲授中国政治思想史，在法律系讲授中国法律思想史。是年八月，应聘北京大学法学院教授。一九三二年至一九三四年，出版《中国政治思想史》四卷。一九三四年十二月，创办《食货》半月刊，主张以史料的整理与分析为基础，根据史实立论重写中国社会史。一九三七年，任北京大学法学院政治系主任；七月十七日，参加蒋介石的牯岭茶话会；八月，加入军事委员会侍从室第五组，从事国际宣传工作。一九三八年一月，任军事委员会参事室参事，与周佛海在汉口同办“艺文研究会”，任设计总干事（周佛海任事务总干事）。当时，一些知名学者和党政要员，时常聚在一起议论局势，间或批评当时甚嚣尘上的抗战言论为高调，于是有人戏称他们为“低调俱乐部”。九月，“艺文研究会”迁重庆；十二月五日赴昆明，十九日随汪精卫飞逃河内，不久转赴香港。一九三九年八月二十六日，赴上海参加汪日“和平”谈判。一九四〇年元月三日，与陶希圣在杜月笙的掩护接应下，一同潜离上海，五日抵达香港；二十一日，和高宗武联名致函香港《大公报》，并将智取的“汪日密约”，即《日支新关系调整要纲》及附件交由该报公开揭露。一九四〇年六月起，在香港创办“国际通讯社”，编印《国际通讯》周刊。一九四一年二月，回归重庆，在委员长侍从室第二处主任陈布雷手下担任第五组组长。一九四三年三月，为蒋介石编写的专著《中国之命运》，由重庆正中书局出版。一九四三年，任《中央日报》总主笔。一九四五年，国民政府还都南京后，担任国民党中央宣传部副部长。一九四九年，随国民党迁台。

④ 陶恒生著《“高陶事件”始末》，第二〇九页，湖北人民出版社，二〇〇三年九月。

⑤ 同上，第二二〇页。

⑥ 同上，第二一三页。

⑦ 同上，第二一四页。

⑧ 同上，第二八二页。

⑨ 刘敬忠著《华北日伪政权研究》,第二十八~二十九页,人民出版社,二〇〇七年七月。

⑩ 陈存仁著《抗战时代生活史》,第八十五页,广西师范大学出版社,二〇〇七年五月。

⑪ 同上,第六十七页。

⑫ 同上,第七十七页。

⑬ 季新益,一八八三年生人,号铭又,法名圣一,江苏海门人。住苏州庆吉街一百十二号。早年曾留学日本名古屋高等工业学校学习纺织色染。宣统二年(一九一〇)九月,参加清廷的游学生毕业考试,赏给工科进士。宣统三年(一九一一),授职翰林院检讨。入民国,先后任江苏民政厅实业司科长、司司长。一九一六年,署浙江平湖知事。著有《单级小学教授管理法》《己未考察日本实业见闻录》;编修过《平湖县续志》《平湖县地名志》。

何澄旧藏“竹头木屑”兽钮田黄章

二十二　罗良鉴、司徒雷登两条线

一九四〇年二月十二日，负责扶持汪伪叛国集团的日本派驻上海的“梅机关”机关长影佐祯昭，告诉周佛海：日本驻华北派遣军司令官多田骏通过王克敏[①]，建议司徒雷登[②]再到重庆一次，向蒋介石转达两点意见：一、如蒋有诚意，根本变更容共抗日政策，肃清重庆政府共产分子，而与汪先生合作，汪先生或可接受。二、蒋介石对于收拾时局若有意见，最好与汪精卫径谈，否则王克敏可从中传达，并派重庆的密使来谈[③]。近日，司徒雷登会晤了王克敏，说他将赴重庆，希望王克敏出任汪精卫、蒋介石和日本方面的调停人[④]。在司徒雷登到上海与周佛海会晤的前四天，周佛海在日记中袒露：“余殊悲观。目前关键，不在东京，而在重庆。东京有和之意，而重庆反以东京欲和为日军将崩溃，其气焰更甚，此和平之不可期也。”[⑤]二月二十四日，司徒雷登在上海与周佛海会晤，周佛海托司徒雷登到重庆见蒋介石时转述：“（汪伪）中央政府势必组织，但决不为东京、重庆间讲和障碍。并劝蒋先生勿因日本困难，过于轻敌，勿因个人恩怨决定大计。”[⑥]而司徒雷登则对周佛海表示：“对重庆工作并不是英美大使及王克敏的意愿，而是日本渴望和平，希望恢复到七·七事变以前的状态，所以放弃‘新政府’较为妥善。”[⑦]

三月初，司徒雷登到达重庆。他向蒋介石表示：不仅他个人，而且美国政府和人民都盼望中日之间有建立于共同利益之上的关系。美国关心中国的自由、领土完整和政治独立。蒋介石则表示，除非经由美国总统，他将不考虑与日本的和平谈判。这是由于，他相信美国对中国的友谊及其对国际道义的认知，也是由于对罗斯福总统个人的尊重。但是，蒋又表示：他现在还不准备要求总统出面调停。让日本人违背自己的利益，放下架子，走出侵略热狂，进入谈判过程，还有很长的路。中国宁愿继续战斗，直到和平条件成熟，中国获得自由。日本人必须从长城以南撤退全部军队，和中国讨论满洲问题，或者双方坦率认可，将这一问题搁置。蒋介石还向司徒雷登表示：中国有决心依靠自己的力量打下去，三年、五年在所不计。目前的困难在于财政，因此，进一步的外国贷款成为抑制通货膨胀，鼓舞抗日信心的重要措施。司徒雷登受此感染，于四月五日、十日，分别写信给燕京大学美国托事部和罗斯福总统，汇报上述情况。在致罗斯福总统函中，他呼吁总统采取实际行动帮助中国。例如，对日本实行经济封锁，进一步给予中国财政援助，减少其通货膨胀的危险等。他认为，这种做法，所冒风险甚小，而利益，即使从美国自身利益出发，都是巨大的[⑧]。三月十八日，何澄的老朋友、燕京大学校长司徒雷登的私人助手傅泾波给他来函，说司徒雷登从重庆打电话给他，想到上海与周佛海再次会晤，请何澄代为约定。三月二十八日，岑德广到周佛海的南京寓所，"出示北平傅某致何亚农函，盖司徒雷登自渝电渠来沪晤余，渠托亚农先生约也。事于全面和平关系甚大，惟其缄系十八日所发，恐中政会开后，渝方意思又变也"。[⑨]

傅泾波（一九〇〇～一九八八），满族正红旗人。北京教会学校汇文中学毕业后，考入北京大学。一九一九年，司徒雷登到北京就任燕京大学校长，在北京基督教青年会总干事爱德华的介绍下，与司徒雷登结识，从此，开始了长达近半个世纪的忘年之交。一九二〇年，傅泾波转学至燕京大学，一边读书，一边帮司徒雷登做事。一九二二年，傅泾波接受了司徒雷登的洗礼，成为一名基督徒。一九二四年，司徒雷登作为主婚人，为傅泾波和妻子刘倬汉主持了结婚典礼。一九二六年，傅泾波自燕京大学政治系毕业后，与司徒雷登约法三章：一、不接受薪金报酬；二、不介入燕京大学内部事务；三、仅对司徒雷登个人负责。遂成为司徒雷登的业务推广秘书。据傅泾波晚年告诉林孟熹，一九三七年初，宋子文来北平，约见司徒雷登和傅泾波，在谈到日益严峻的北平时局时，宋子文提出，如果北平沦陷，"不如先把王克敏推出来，让他对付日本人一阵"。后来，宋子文、司徒雷登、傅泾波三人约王克敏见了一次面，事情就这样拍板了。当时，王克敏曾问宋子文："以后怎样联系？"宋子文说："找司徒。"[⑩]一九三八年十月至一九四〇年，傅泾波在王克敏旗下的伪中华民国临时政府行政委员会任参事。一九四六年七月，司徒雷登被任命为美国驻华大使，傅泾波以"大使私人顾问"的名义，协助司徒雷登的工作。一九四九年八月二日，傅泾波随司徒雷登去了美国。两个月后，获得美国永久居留权。一九六〇年，傅泾波决定加入美国国籍。一九七二年，傅泾波三女傅海澜随龙云四子龙绳文任团长的华裔人士参访团访华，傅泾波托傅海澜带了一封信给周恩来。一九七三年，傅泾波偕夫人回到中国，在北京一住就是十个月。一九八三年，傅泾波在家人的陪同下，赴台湾访问会友。台湾之行后，再次回国访问。返美后，致力于台海两岸和平事宜。一九八八年十月二十七日，在美国去世。

傅泾波在致何澄的信中还附了一首诗，表达了停止战争，祈求和平的心愿：

立春翌日，满地梨花，但见琼楼银树，一片静寂，刹那间收尽江山旧。读书后寂寞无聊，勉强数行，用当所思，寄情挚友，并祈指正

昨夜春复归，今晨雨雪霏。
故都山河旧，边城鸟倦飞。
高洁荣疏柳，凛冽茂松辉。
风烟蓦野漫，杯水复何直。
东西两屠场，南北戈待挥。
浩劫刍狗瑫，文物烬蜿灰。
无人不祈和，愈祈和愈微。
吾侪固努力，天心难测窥。
　　亚农吾兄道席并颂年釐
　　弟泾波拜

傅泾波寄呈何澄诗稿（何澄旧藏，何泽瑛提供）

王克敏也是何澄任华北政务整理委员会高等顾问时的老熟人。投靠日本后，日本人曾打算将他的华北日伪政权扶植为“重建新中国的中心势力”。孰料，汪伪叛国集团突然从重庆杀出来，要让他这个叛国的“爷爷”归属于叛国比自己晚许多的这位“孙子”名下，他自然不愿屈高就下。一九三九年六月，汪精卫到北平与王克敏会谈，希望王克敏与他“合作”，王克敏则强调华北日伪政权的“独立”和“自主”地位，要求以他为首的华北日伪政权为主体组织伪中央政府，谈判不欢而散。汪精卫刚一离开北平，王克敏立即召开记者会，宣布不支持汪精卫的任何冒险事业。同年七月，汪精卫在南京继续与王克敏、梁鸿志会谈，磋商成立“中央政府”。王克敏大谈其所谓“皮之不存，毛将焉附”之说，自称为“皮”，指汪为“毛”，要求汪附到自己这张“皮”上来。汪精卫则提出，未来的“中央政治委员会主席”由“国民党中央执行委员会主席”担任，这就排除了王克敏等染指这一职务的任何可能。按汪精卫的设计，王克敏的“临时”政府和梁鸿志的“维新”政府，一共只能有六个人参加“中央政治委员会”。这种伪府设计，自然引起王克敏的强烈不满，“激忿到几乎使会谈决裂”。在狗咬狗相争不下之时，日本主子出面，汪精卫作了让步，决定“国民党占三分之一”，“临时”和“维新”两个政府占三分之一。一九四〇年一月，汪精卫在青岛再次与王克敏、梁鸿志等会谈。三方达成协议，合组“中央政府”，由汪精卫任行政院长，汪精卫则同意成立华北政务委员会，在行政、立法、司法等方面给予相对独立的权力，并以王克敏为委员长。

三个汉奸集团分赃完毕后，同年三月二十九日，王克敏宣布“临时政府”自动撤销。三月三十日，汪精卫在南京宣称“还都”，成立伪国民政府。四月一日，王克敏宣布伪华北政务委员会成立[11]。无论是在汪精卫汉奸集团与王克敏汉奸集团谈判期间，还是三个汉奸集团在日本侵略者的强迫之下，无奈地同流合污成所谓的“中央政府”，王克敏心里总是不甘归顺在汪精卫的手下干活，于是他找到司徒雷登的助手傅泾波，企图建立与重庆国民政府的联系，藉此推倒新建的汪伪政权。王克敏甚至表示，愿亲到重庆谈判：将“推翻汪伪，重新与日订立比较平等条约”。海峡两岸公认的民国史研究专家杨天石对此总结道：“前一句话确系王克敏的愿望，后一句话不过是向重庆国民政府展示的诱饵而已。”[12]

四月六日，王克敏致宋子文一函云：“别将三载，不殊隔世，想望之殷，笔楮难宣，必维起居胜常为颂。弟抵此二年馀，一言难尽，忆前在沪与兄所论，殊非想象能及。今而知世事之变幻无常，而人心之莫可测也，然庸人自扰耳。近来孱体大非昔比，虽目力较增，而体力弥退。惟恐身先朝露，无由自明其心迹，时用忧煎。爱我如兄，宜有以教之。此间近状，傅君当能面述不赘。诸惟心照，顺颂时祺。弟名心叩。”[13]

据杨天石研究所得：函称“别将三载”，是指王克敏与宋子文的上次聚首是在一九三七年。当时，宋子文一度被蒋介石摒弃于国民党权力中心之外，但仍任中国银行董事长。王克敏当时蛰居在上海，得以与宋子文时常往来。王克敏写此信时，宋子文正寓居香港，处理中国银行业务。函中所言傅君，即指傅泾波。王克敏致宋子文此函属于叙旧与联络，函称“惟恐身先朝露，无由自明其心迹”，暗示他虽出任伪职，但仍忠于国家。“爱我如兄，宜有以教之”，则是明显地要求宋子文为其助力[14]。

四月十七日，宋子文致函蒋介石称：“昨傅泾波兄来港晤谈，最近在平时，叔鲁告以日军统制派对汪伪组织仍持不妥协态度，彼亦正在进行破坏工作。就彼所知，汪日所订条约，如撤兵驻兵问题、内蒙问题以及经济合作问题等等，均极端丧失国权。据彼见解，应觅取途径，推翻汪伪，重新与日订立比较平等条约。如果有此可能，彼甚至竟来重庆。彼如一经到港，则汪伪当可瓦解云云。傅泾波兄刻尚在港。倘兄有所询问，当即来渝陈述。叔鲁致弟一函，兹并附察。”[15]四月二十一日，蒋介石复宋子文函云：“十七日函悉。傅转来之意，请代告其前途，切勿有架桥之意，望其绝念为要。此意且已面详司徒校长矣。傅不可来渝。饬勿谈。”杨天石对此解读：“请代告其前途”。“前途”，指王克敏。“架桥”，指联系中日双方。蒋介石要王克敏“绝念”，并且不准傅泾波到重庆。“饬勿谈”，这是对宋子文的约束。复函很短，但蒋介石拒绝和谈的态度表达得很坚决、很明确[16]。

四月二十五日，岑德广找到周佛海说，司徒雷登将自港来沪，切盼与周佛海晤谈。周佛海在其当日日记中记道：“岂蒋先生有和意欤？果尔，是天福中国也。”[17]周佛海急切的心理可见一斑。四月二十八日，司徒雷登与周佛海在上海会晤后，周佛海大失所望：“听司徒谓美国出面调解，蒋或可接受。余仍告以吾辈决不作和平障碍，如和平成功，吾辈下野，亦所不惜，而蒋对汪，仍不谅解，未免意气用事。谈二小时。虽相约努力，恐前途仍属悲观也。”[18]

在汪精卫、周佛海等谋划与蒋介石“言和”的同时，司徒雷登偕同傅泾波再到重庆，继续斡旋，但仍以无果而终。曾担任日本帝国主义中国派遣军总部主管情报和政务第二课课长兼第四科课长、派遣军报道部部长、派遣军总参谋副长、上海陆军部高级部长等职的今井武夫回忆说：“南京国民政府刚刚成立的五月，司徒雷登校长同傅泾波教授相偕去重庆，王克敏和华北日军首脑间进行密切联系，期待他们的答复。可是，司徒雷登校长却一时难回，唯有徒耗时日而已。一隔数月之久，带回的只不过是作为蒋介石意图的抽象的答复。因此，果如所料，汪兆铭政权的成立，使重庆政府对日军谈判的热情突然降低了。”[19]

今井武夫的这个判断，据杨天石梳理历史文献：其实，今井讲得并不正确。六月四日，蒋介石日记云：“闻王克敏、周佛海派人来求和。彼辈妄想由汉奸为桥梁而谈和议，并以较低条件为诱饵。彼辈心理，以为先立伪组织，再求中央谅解，以图合流，所以造成汉奸罪恶，而敌阀受其愚弄至此，尚不觉悟，匪夷所思，又来诱和，亦太不自量矣！敌在此时，如有理智与常识，果为爱国，应真正无条件撤兵，以挽救其颓势，然而敌必冒险狂妄，非激起其国内变乱与崩溃，中倭必无和平之望也。”杨天石还进一步分析说：“日本侵略者认为，通过王克敏、周佛海等一类‘中国人’出面，实现汪、蒋合流，并且降低条件，以为这种做法较易收效。今井等没有想到的是，这一时期，重庆方面正弥漫着强烈的反汉奸、反投降气氛，日本人的做法只能遭到蒋的鄙视。蒋并非不想‘和平’，但他的条件是：日本从中国‘真正无条件撤兵’。蒋认识到，日本侵略者的特点一是‘冒险’，二是‘狂妄’，不到穷途末路，是不会放弃其侵华方针的。”[20]

汪精卫得知王克敏的“反心”后，于一九四〇年六月五日将其免职，由王揖唐替代。假设说，王克敏在抗战初期就任伪职是经宋子文的提议的，那么，一九四三年七月二日，他再度出山，复任伪华北政务委员会委员长，毋庸置疑，是沦为彻头彻尾的汉奸了。何澄闻悉王克敏贼心不死，再次认贼作父，如同当年重庆方面军统局特工于一九三八年三月二十八日，在北平煤渣胡同二十号门口对其进行制裁那样（按：此次行刺王克敏的行动，军统方面得到的情报是，王克敏总是一个人坐在汽车的后排座位。行动当天，恰有日本顾问山本荣治同到平汉铁路俱乐部，王克敏把自己的后座让给了山本荣治，山本荣治当了王克敏的替死鬼，而王克敏幸免制裁），毫不客气地对其进行口诛笔伐：

健在期间没世评，老兄似欠自知明。
有心救国谈何易，无意殃民罪尚轻。
遗臭当然×氏让，流芳不必×君争。
（按：“×”为原作刊发时即被隐去一字）
全球浩劫人微末，博士油诗岂足惊[21]！

何澄此诗公开刊发，王克敏不得不以诗答复说，我也就是这样了，你们骂我死心塌地也好，重蹈故伎也罢，我一个快七十岁的人了，还有什么怕的呢？任凭你们怎么骂，该睡的时候，我也会睡得香香的，真是应了死猪不怕开水烫那句老话。

步亚农韵

博士(亚农先生有打油博士之称)居然有好评,
交深情重语分明。
清闲实是三生幸,饥溺何如一死轻。
笑问鸡虫谁得失?坐观鹬蚌自纷争。
七旬岁月行将至,半夜烽烟总不惊㉒。

非常有意思的是,当王克敏找到傅泾波、司徒雷登说服蒋介石搞倒汪伪集团的同时,华北日伪政权的另一位要角王揖唐,看到过去与他素有深交的吴忠信,深得蒋介石的信任,乃从一九三九年十月下旬起到十一月间,也派使者罗抱一到香港,与吴忠信的叔叔、重庆国民政府蒙藏委员会参事、委员吴叔仁进行会谈,意欲确立和平路线。后因未得吴忠信的确切答复而草草收场㉓。

一九四〇年五月八日,何澄收到一封发自香港跑马地毓秀街二十四号三楼,署名为"中国人范少农"的明信片:

久未接函,甚念。近况想甚佳。沪上粮食经济未知究何情形?公事业务不则完全停顿否,深为系念。弟因此间旧友相邀,兼以经费困难,一时未得来前万祈时赐大札,用航空快寄下,以免想念为幸。顺颂
近祺。

弟少农敬上
四月六日

这封明信片,内容隐晦,似乎只有投递者和收信人才能知晓是什么意思。许是在收到这封明信片之后,何澄即到了一趟香港。在香港,他与重庆国民政府蒋介石侍从室三处副处长、好友罗良鉴见了面。罗良鉴,别号罗部子,湖南善化人,举人出身。晚清民初曾入江苏都督程德全幕府,寓居苏州。宅院在苏州东小桥孔副司巷四号,与吴忠信孔副司巷的四号寓所望宇而居(何澄的另一位好朋友、上海商业储蓄银行总经理伍克家的寓所在吴忠信宅院南边),系吴忠信的好友和政事的心腹。一九二八年十一月至一九二九年五月,任安徽省民政厅厅长。一九三〇年三月至一九三二年四月,任江苏省政府委员。一九三二年四月,吴忠信被国

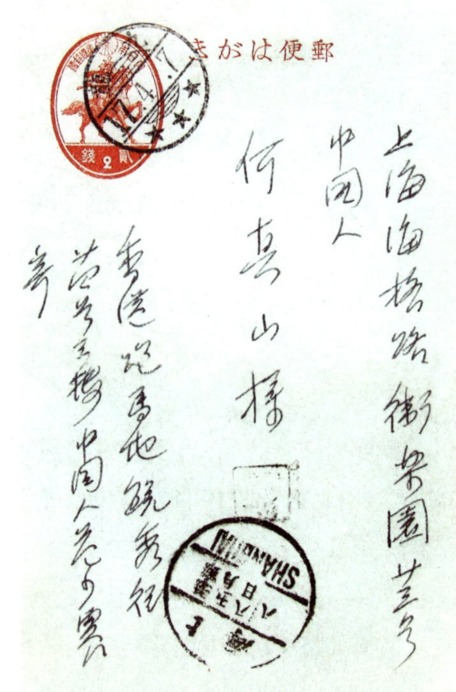

范少农自香港寄何澄明信片(何泽瑛提供)

民政府任命为安徽省主席,罗良鉴重任安徽省民政厅厅长。一九三三年五月,吴忠信辞去安徽省主席,罗良鉴与其共进退,亦辞去民政厅厅长。一九三三年十月到一九三七年十一月,任江苏省政府委员。一九三八年,任国民政府军事委员会侍从室第三处副主任。一九四四年十二月至一九四七年四月,任国民政府蒙藏委员会委员长。

六月二十日前后,何澄回到上海。六月二十三日,周佛海从南京飞到上海,前来晤见何澄。当夜日记中记:“据云在港晤罗部子,罗谓余非投机者,并述‘八一三’后,余自镇江约其赴会,访白崇禧活动停战一段。余告亚农,余必努力全面和平,但成功后蒋先生必杀余,但最初一年利用余与日本接洽,反必重用,一年以后,必以暗杀方法杀余。余明知之,但必努力劝日本取消蒋下野之主张,并情愿受蒋利用一年,凡此皆为国也。至明哲保身,余将学张良矣。亚农甚表赞同。十二时返寓。”㉔

八月七日,岑德广到南京向周佛海报告上海各种消息:“据云,罗部子自渝电何亚农,约于香港见面,岂蒋先生真有和意耶?”㉕八月十四日,周佛海“晚约何亚农来谈,请其赴港一行,约罗部子赴港晤谈,以促成全面和平,大约罗与吴礼卿或可向蒋先生进言。亚农允前往，并先电渝约部子。"[26]九、十月间，何澄再赴香港与罗良鉴晤面。是向罗良鉴给重庆递交情报，还是另有什么密商和行动计划，因史料的缺乏无法得知。十月十一日，从香港回来的何澄到周佛海处，"谈赴香港晤罗部子情形，罗详告重庆状况，然对于和平无头绪。"何澄与周佛海所谈他急切盼望的与重庆国民政府的"和平"，显然不能令其满意。因此，周佛海在当天的日记中记下："此人空洞，今后不能任奔走之任也。"[27]何澄本为重庆方面的人，即便有具体的内容，也不能与脚踏两只船的周佛海谈啊。周佛海自以为聪明，殊不知，知道自己在做什么的何澄要的就是这个"空洞"！

罗良鉴、何澄这条对"和平"无头绪的线断了之后，周佛海又对日本新任外相松冈洋右掌控的、"南满"铁道驻南京事务所主任西义显进行的重庆国民政府方面的钱永铭[28]、张竞立[29]"诱和"路线充满了恐慌。一九四〇年八月末，西义显赴香港，访问交通银行总经理钱永铭，进行"和平"试探。钱永铭对西义显表示：如果恢复七·七事变以前的状态，日本全部撤兵，或许能同重庆谈判。西义显要求钱永铭派代表去东京了解日本方面的条件。钱永铭于是派了张竞立作为私人代表于九月十七日到达东京。九月十八日，松冈洋右外相接见了张竞立，听取他带来的钱永铭的意见。钱永铭的条件是：实行停战，日本将卢沟桥事变后派到中国的军队撤走，六个月至一年完成；"个别驻兵"以协定规定之；重庆、南京合并，国民政府实行健全的统一；中国统治权归属于改组后的中国政府；中日在平等互惠的原则下实行经济合作；以秘密协定承认"满洲国"；缔结防共协定等。松冈认为钱永铭的主张与"太田试案"[30]大体接近，于十月一日将"钱永铭工作"案提交日本首相、陆相、海相、外相四相会议审议。四相会议决定以日汪"基本条约"草案为依据，同重庆进行"和平交涉"。这就意味着日本依然要以汪精卫接受了的亡华条件跟蒋介石谈判。

松冈派外务省参事田尻爱义和前驻上海总领事船津辰一郎和西义显一同前往香港，与钱永铭接洽。十月二十八日，田尻一行会见周作民[31]、张竞立，拿出"太田试案"。钱永铭看到日方提案，立即同周作民草拟致蒋介石的报告书，于十一月一日派金城银行重庆分行经理戴自牧带往重庆[32]。

蒋介石研究了钱永铭、周作民报告的日方"和平"条件后，在日记云："此条件，不过文字变换，而内容实无少异。钱新之不察，以为较汪奸之条件减轻矣，希望政府采纳，是真只知私利而不顾国家者也，可痛！"杨天石对此研究认为："不过，当时蒋介石正在向美、英两方提出'合作方案'，建立同盟，尚未得到答复，日本方面又准备在十一月三十日正式承认汪伪南京国民政府，这使蒋介石感到忧虑。他担心德国、意大利会跟踵承认，担心正在和德国拉关系的苏联会对华冷淡，也担心国内民心、军心的动摇"。所以蒋介石在十七日的日记记道："英美未与我确实合作以前，对倭不使其承认汪伪为宜，此亟应设法运用者也。"十一月十八日，蒋介石决定派张季鸾（重庆《大公报》主编）赴香港，日记云："且嘱钱新之与周作民周旋，未知能使倭不承认汪伪否？"[33]

十一月十九日，张季鸾到香港，责成钱永铭转告日本方面：此次带来外相的口信，我们对日方的诚意仍不免有所怀疑。如果日本确认以下两个条件：一、无限期延期承认汪精卫傀儡政权；二、原则上承认在华日军全面撤兵，我们就同意开始谈判。十一月二十日，田尻发急电报告东京。十一月二十二日，四相会议通过重庆所提两项条件。陆相东条英机要求重庆须派相当人物，于十二月五日到香港交涉。钱永铭即将有关情况电告重庆，并请杜月笙携带详函飞渝，要求指派前驻日大使计世英为首席正式代表。此刻，汪伪政权的炮制者影佐祯昭偕周佛海赶到东京，游说东条英机和松冈。周佛海对卧病中的松冈说，据他所获得的情报显示，重庆暂无和意，力陈日本"勿中重庆拖延之计"。十一月二十七日，重庆方面拟派许世英赴港，但情况到第二天就起了变化。十一月二十八日，日本大本营、政府联席会议上陆军断言：钱永铭活动是重庆阻碍日本承认汪伪政府的谋略。首相近卫于是宣布停止同重庆的和平谈判，按照预定日期签署日汪"基本关系条约"[34]。同日夜，蒋介石接到钱永铭的来电，得知日方变卦，在日记中写下："敌倭与钱新之所谈及其态度仍以威胁为主。松冈外长尤为荒唐。无论其文武人员皆不可理，若欧亚交手，卑污恶劣狰狞之形态即毕露矣。无礼无信之国，不可再理，应即令钱新之决绝不理。"[35]

十一月三十日，日汪"基本关系条约"在南京签署。同一天，美国政府发表声明，申明重庆国民政府为中国的合法政府，并给予一亿美元的贷款。日本想谋求的"汪蒋合流"的"钱永铭工作"就此失败。

一九四一年二月二十一日，周佛海从南京飞赴上海，开完伪中央储备银行职员会后，旋赴岑德广家，与司徒雷登会晤。周佛海关于此次与司徒雷登的会晤，所记甚简："据云渠系美人，当然深悉美国情形，美近态度极强，如日南进，美决开战。旋又详谈全面和平问题。余意，如美国出面调停，重庆自可接受，在目前形势之下，日本亦可一反以前态度，有接受之可能。渠云重庆愿和，美亦可出面调解，问题仍在东京。谈一小时，相约分别努力而去。"[36]陪同司徒雷登一起与周佛海会晤的何澄，在事后对周佛海、司徒雷登所谈记述甚详：

周佛海对司徒一夕话

二月廿一日下午五点半在岐山邨五十四号

关于去年十一月张竞立运动和平失败事

司徒自北平来,欲知周佛海意见,遂约定会于岐山邨。余亦参加,彼此尚能畅谈。余曰:"君等既同意和平,应将去年十一月和平运动失败情形告知司徒,使其先了然以往,方好尽力将来。"佛海欣然陈说之。

周佛海云:

张竞立忽偕日人西君(西义显)自香港来南京,谓钱永铭愿尽力和平。据钱称,虽未与蒋见面,但确知可商量。如南京方面赞成,请写绍介书给近卫及松冈,好直接商量之。周答张曰:"当取得汪同意办理,我是无问题的。"旋告汪,汪曰:"可。"遂以周之名义写绍介书给近卫、松冈(周云:汪心中如何不可知,但口头上是赞成的)。张竞立持书往东京。伊到东京如何说法不得而知,但知日内阁因此开五相会议,决定推外务松冈一手办理此事。松冈写亲笔信给钱永铭,并附有条件。条件甚简单,大略是:撤兵、政治、经济等问题。撤兵可缩短六个月,并可全部撤,但须订立军事同盟。此盟约成后,于必要地点重新另派军队驻屯。其他与南京所订者大同小异。

张由东京仍来南京,谓,如南京赞成和平,应派一人同往香港表示诚意。盖日方已派定前驻粤总领事田尻(按:驻穗总领事为田尻和宏。周佛海所记恐有误,松冈所派前往香港者为外务省参事田尻爱义)及船津(按:船津辰一郎为前驻上海总领事,此时为汪伪政府及上海市政府的经济顾问),南京似不可少。周以无适当之人可派。张云:"否则请上海在野名流一人去亦可。"并推举周作民。周云:"甚好。"于是同陈公博等(梅思平)到上海劝驾。周作民始以钱肯出头为奇怪。伊深知钱胆小如鼠,且自利之心重于为公,不信张所云。继经大家坚劝,亦欣然愿行。于是,周作民、张竞立及日方之田尻、船津、西(显义)等浩浩荡荡向香港。

周作民先见钱永铭,钱大骇,谓事前毫无所闻,皆张竞立影射。然大帮人马既到,只好勉为之,但无人敢送此条件入川。适金城银行重庆行之经理某因事到港,此人并与张群有关系,即令此人将松冈条件带呈张群,再由张群呈蒋。不料,其时张群往成都就职,此人又飞成都。张群谓:

[illegible]
上海各界名流一人去六子並推舉周作民周君甚好於是同陳公博
到滬勸駕周作民擬以錢肯出頭為之奇怪伊深知錢膽小如鼠且因
利心重於為何不信張所云遂促大家出勸亦頗然錢於是周作
民請張競立及日方之田尻船津西義等港之富商之向香港周作民先見錢
永銘錢大駭謂事前毫無所聞皆張競立影射錢大驚人焉呢
到底我勉強之但無人敢送此條件入川適金城銀行重慶行之經
理某因事到港此人曾與張羣有關係即令此人將松岡條件帶去
給張羣每由張羣呈蔣不料其時張羣往成都就職此人又飛成都
張羣謂我已不在重慶無法轉呈乃寫信給陳布雷由伊辦理此人
遞待張出回又陳布雷但久無消息此時張競立告田尻等謂已由
蔣已派親信人來港將條件取去矣（全是謊說）田尻等大喜遞電
告松岡岡亦大喜這時周佛海適在東京（進行承認事）松岡告周云

周佛海對司徒一夕話　二月廿四日下午五時半在岐山邨五十四號

關於去年十月張競立運動和平失敗事

司徒自北平來，欲知周佛海意見，邀約會于岐山邨，余亦參加，彼此尚能暢談。余曰：君等既同意和平，應將去年十月和平運動失敗情形告知司徒，徒甚先之，然以後方好盡力將來。佛海欣然陳說之。周佛海云：張競立忽偕日人西君自香港來南京，謂錢永銘願盡力和平，擔錢稼軒與蔣見面，但確知可商量，如南京方面贊成，請寫紹介書給近衛及松岡，好直接商量之。周答張回當取得汪同意辦理就是々向題的，旋告汪，汪曰可，遂以周之名義寫紹介書給近衛、松岡（周云汪心中如何不可知，但口頭上是贊成的）。張競立持書往東京，伊到東京如何說法不得而知，但知日內閣因此開五相會議，決定推外務松岡一手辦理此事。松岡寫親筆信給錢永銘，並附有條件，條件甚簡單，大略是撤兵、政治、經濟等問題。撤兵可縮短六個月，並可全部撤，但須訂立軍事同盟，先留部份於必要地點

兄君因病不看見周出席電話因病之之大評伊云所見者與此大異

乃知此乃張競生與西君所演的一劇買空賣空欺騙詐欺戲目後

西周曰張之目的何在周曰金錢而已目後不同周而君對和平究

竟是否贊成周云如能書展喜不日本議和我不成問題可以立刻

發展因復亦以周之言比其他人為直爽頗為滿意周佛海云如此大

事而日方條限甚嚴不過向日本黨掛其用意云云余就周所言指

形細細研究則知日方之心理不難而知且中日之和我亦不難而知

日本之不一致可事無成就也不但將來終不可即壞日本亦不能擴展

之作悵首將來受他人支配可蓋不受德支配則無寧受蔣支配

或受英美支配也且周等已自知墮入九淵和固非所心願備日英

蔣生戰爭更覺尋命不喜山記

保存將不知不戰贊和平者必非真話也

表 上海

余一分钟一刻钟烟待蒋之答复因此时正商是承认汪等一方面支
持汪者通从其意松冈遂致电田尻训渝重庆务于廿日以前派出
代表到港承认汪等于近卫十二月廿二日声明以电报前一阶段删除（即
停限廿八日以前代表一阶段删去）此是我其部内加予者另作（用）田尻得
饬告陈布雷训注意无期近卫声明及陈复电训国密向已确知廿日将承认
汪矣因以回无期近卫饬告田尻之答回此是否如何知吾人工作恐破坏
故援此烟茶缔乎云云饬又复陈斯时周作民看出不安情形及渝之大表定
烟因谓矣斯时周佛海尚在东京已将陈公博电训周作民已回沪
予如无效果但日方亦务若及参谋本部尚云周作民仍留港来沪
者为另一人饬旋由陈布雷复电及蒋答复松冈案云狱无须无时间
地域之限不能以承认南京为要挟其他但以平等自由为原则者尤之
饬告张竞立转告田尻张竞立云蒋之气遏破将电改较为田尻之喜
出现外以蒋之条件与松冈案颇近也不拟者天无时应卅日到思汪予冥

“我已不在重庆,无法转呈,可写信给陈布雷,由伊办理。”此人遂持张函回见陈布雷,但久无消息。此时,张竞立告田尻等谓:“已由蒋派极亲信人来港,将条件取去矣。”(全是瞎说)田尻等大喜,遂电告松冈,松冈亦大喜。是时,周佛海适在东京(进行承认事),松冈告周云:“余一分钟一刻钟期待蒋之答复……”因此时正商量承认汪事,一方面支持汪者逼促甚急,松冈遂致电田尻谓:“望重庆务于廿八日以前派出代表到港,承认汪事可延至十二月五日。”嗣以电报过长,将前一段删除(即将限廿八日派代表一段删去,此点或其部内办事者有作用)。田尻得电甚喜,请钱告陈布雷谓:“是无期延期。”嗣得陈复电谓:“国际间已确知卅日准备承认汪矣,何以曰无期延期?”钱告田尻。田尻答曰:“此是恐外间知吾人工作,思破坏,故放此烟幕弹耳”云云。钱又复陈。斯时,周作民看出不妥情形,乃溜之大吉,先期回沪矣。斯时,周佛海尚在东京,已得陈公博电,谓:“周作民已回沪,事必无效果,但日方外务省及参谋本部尚云周作民仍留港,来沪者为另一人。”钱旋得陈布雷复电,及蒋答复松冈按云:“撤兵须无时间、地域之限,不能以承认南京为要挟,其他应以平等、自由为原则商量之。”钱告张竞立转告田尻。张竞立恐蒋口气过硬,将电改软交田尻。田尻喜出望外,以蒋之条件与松案颇近也。不料晴天霹雳,卅日承认汪事实现矣,于是田尻不得不颓然离港。钱亦恐张竞立有不直之处,将原电另派人至南京交周佛海。延田尻到宁,周佛海问田尻:“蒋之答复想见否?”田尻云:“看见。”周出原电给田尻,田尻大讶,伊云:“所见者与此大异!”乃知,此乃张竞立与西君所演的一剧买空卖空欺骗滑稽戏。

司徒问周曰:“张之目的何在?”周曰:“金钱而已。”司徒又问周曰:“君对和平究竟是否赞成?”周云:“如能重庆真与日本议和,我不成问题,可以立刻滚蛋!”司徒亦以周之言,比其他人为直爽,颇为满意。周佛海云:“如此大事,而日方仅限期不过旬日,真莫妙其用意”云云。

何澄记述完周佛海与司徒雷登会晤所谈之后,还有一段精彩的分析总结:

余就周所言情形,细细研究,则各方之心理不难而知,且中日之和战亦不难而知。日本之不一致,百事无成就也,不但好事作不了,即坏事亦不能彻底去作,惟有将来受他人支配——盖不受德支配,则西受苏支配,或受英美支配也。

至周(周佛海)等已自知堕入九渊,和固非所心愿,倘日美发生战争,更觉寿命不保,最好不和不战,赞和平者总非真话也。

真山记于上海

一九四一年六月初,何澄再赴香港,与孔祥熙夫人宋蔼龄会面[37]。何澄此次赴港,似乎与孔祥熙在上海的管家姚文凯被汪伪李士群抓捕有关。姚文凯,浙江诸暨人,重庆国民政府中央银行(上海分行)帮办。李士群抓他时,先请他吃饭,然后才说要他出来帮日本人做事。姚文凯说,我是中国人,不会帮日本人做事。姚文凯被七十六号逮捕后,杀人魔王们给他灌辣椒水,受尽酷刑,但仍不出卖任何情报给汪伪,更不答应出来给日本人做事。后经何澄保释,秘密转赴重庆。日本无条件投降后,姚文凯回到上海,上海快解放时,到了澳门。不久,因病逝于澳门[38]。

六月七日,周佛海到上海岑德广家,会晤何澄,在当天的日记记有:"渠甫自港归,在港曾晤孔祥熙之夫人。据云孔主和甚力,对余感想亦颇佳,盼将来能合作。余告以日本方面余有办法,只须渝方有和平之决心与诚意。盖日本求了之心颇切,余对日方陆、海、外当局及近卫首相,均可说话也。"[39]周佛海不知,何澄说孔祥熙的那番话,根本是想把他从汪精卫伪政权拉出来。当时进行这项策反工作的还有唐生明[40]。

一九四〇年至一九四一年,鉴于国际形势的急速变化,何澄写下了多篇国际问题的分析研究报告及随笔。

一九四〇年七月二十六日,日本内阁正式提出《基本国策纲要》。宣称"皇国以八纮一宇的伟大精神为根本,把确立世界和平作为基础,以皇国为核心,牢固结合日、满、支之大东亚的新秩序"。"八纮一宇",语出日本神武乙未年(六二五)三月的诏书:"掩八纮而为宇。"意思是使天下与日本合为一家,世界都在日本的统治之下。八月一日,松冈发表"外相谈","大东亚共荣圈"第一次在公开场合出现了:"我相信,我虽然主张向世界宣布皇道是皇国的使命;从国际关系来看,皇道要让各国民、各民族得到好处。也就是作为我国现行的外交方针是皇道之精神的体现,首先必须力图确立日、满、支大东亚共荣圈,为树立公正的世界和平颁布皇道作贡献[41]。何澄针对松冈的"外相谈",写下了《日本之所谓大东亚主义》,提醒有关方面注意"东京最高之大本营"对"重庆拆基破阵之术":

日本之垂涎中国土地,轻视中国人民由来已久,远自丰臣秀吉、西乡隆盛、伊藤博文等，近至土肥原、板垣等，无一不抱此侵略野心。其对中国方法、手段虽有缓急之别，而欲并吞中国则同也。

其初，世人多轻视此小国，不为注意，至甲午中东之战开始，始为世人所共晓。幸彼时中国正在西洋列强均势之下，且日本羽毛尚未十分丰满，故虽战胜仍不能遂其大欲，只能割台湾、租旅大、并朝鲜而已，且知中国虽上下昧弱，而土广人众，社会复杂，一口难吞巨象，于是换用种种利诱手段，所谓同文同种应亲善也，帮助变法维新也，更于清季援助革命党革命也，民初之收容亡命助其卷土重来也，更由其朝野浪人如犬养毅、头山满等等奔走挑拨，分立南北也。万法不离一宗，无非欲打倒握有中国主权之统一政府，而使其分裂紊乱，举国不安，好趁火打劫，以便遇机并吞此不能自立，而又不自知昧弱之中国也。故中国无论何人何派执政，只要其少能为国谋强或欲防彼侵略，则不惜用种种方法以阴之。袁世凯之倒也，非西南革命军也；曹锟之倒也，非冯玉祥也；张作霖之出关被炸也，非国民革命军之阎锡山也；阎与蒋战也，李、白之以抗日倒蒋也，其内幕无不有日人指挥策动也。其后，以利用宋哲元、韩复榘、阎锡山、李宗仁、白崇禧等藉口抗日为倒蒋之策难行，于是变其“以华制华”之术而为自己出马，实行侵略之举——奉天之变，卢沟桥之变，上海之变，均有精密计划，况非偶然。然又知整个并吞难于零碎侵占，于是广为利用奸人于其占据区域内组织种种政府，然仍不欲其统一扩大也。故宣统虽许组织非驴非马之满洲国，而不许其恢复清朝；以王克敏组织临时政府，而硬割河北、山西两省之数县；于内蒙而使德王组织蒙疆政府，又于南京以梁鸿志组织维新政府与临时政府并立，更引诱失节之国民党汪精卫组织所谓还都中央政府，以破重庆抗日之阵线。奸人惟恐不来组织，惟恐不多，诚欲割裂中国为无数之国，引诱中国之人为无数派，操纵指挥，以便吞并。其利令智昏，甘为汉奸者固迷昧于局中处之不觉，然少细心研求，则甚明显，其用意无非欲化整为零，零吞统制也。以遂其大东亚称雄之志也。

近则更分头猛进，其对重庆拆基破阵之术，无孔不入。其潜居香港一带之浪人、军人、政客不下七八派，表面上似各不相容，实则都由其东京最高之大本营指使之也。例如，西义显之与张竞立、钱新之、周作民等等；萱野之与孙科等等；最近田中隆吉之与阎锡山等等，五方八门，各尽其妙。盖欲先破抗日之阵线，而后再分割之，并吞之，细咽之也。呜呼，国方八門各盡其妙蓋欲先破抗日之陣而後再分割之併吞之細嚥之也嗚呼國勢危急至此漢奸如毛彼漢奸固天良早已喪盡不足深責所可痛者即自命抗日且主張抗日更逼政府非抗日不合作者亦別有肺肝暗中通敵阻擾抗戰且利用抗戰而圖私利其較真漢奸更為可慮民族卑劣如此不可測如此宜敵國之不得中國不心死也吁

松岡與史達林

松岡此次與史達林忽結為同志實非偶然蓋有至理存焉蓋日本今對中國欲分割吞喫蘇俄對中國亦欲分割赤化

央政府以破重慶抗日之陣綫奸人唯恐不來組織唯恐不多誠欲割裂中國為無數之國引誘中國之人為無數派操縱指揮以便吞併其利令智昏甘為漢奸者固迷昧於局中而處之不覺然少細心研求則甚明顯其用意無非欲化整為零吞併統制也以遂其大東亞稱雄之志也近則更分頭猛進其對重慶拆臺破陣之術無孔不入其潛居香港一帶之浪人軍人政客不下七八派表面上似各不相容實則都由其東京最高之大本營指使之也例如西義顯之與張競立錢新之周作民等等萱野之與孫科等等最近田中隆吉之與閻錫山等等五

真山園主人

揮策動也其後以利用宋哲元韓復渠閻錫山李宗仁白崇禧等藉口抗日為倒蔣之策雖行於是乃變其以華制華之術而為自己出馬實行侵略之舉奉天之變蘆溝橋之變上海之變均有精密計劃決非偶然然又知整個併吞難于零碎侵佔於是廣為利用奸人於其佔據區域內組織種種政府然仍不欲其統一擴大也故宣統雖許組織非驢非馬之滿洲國而不許其恢復清朝以王克敏組織臨時政府而硬劃河北山西兩省之數縣於內蒙而使德王組織蒙疆政府又於南京以梁鴻志組織維新政府與臨時政府並立更引誘失節之國民黨汪精衛組織所謂還都中

變法維新也更於清季援助革命黨革命也民國初之收容亡命助其捲土重來也更由其朝野浪人如犬養毅頭山滿等等奔走挑撥分立南北也萬法不離一家無非欲打倒擁有中國主權之統一政府而使其分裂棼亂舉國不安好趁火打劫以便遇機併吞此不能自立而又不自知昧弱之中國也故中國無論何人何派執政只要其少能為國謀强或欲防彼侵略則不惜用種種方法以陷之袁世凱之倒也非西南革命軍也曹琨之倒也非馮玉祥也張作霖之出關被炸也非國民革命軍之閻錫山也馮閻與蔣戰也李白之以抗日倒蔣也其内幕無不有日人指

真山園主人

日本之所謂大東亞主義

日本之垂涎中國土地輕視中國人民由來已久遠自豐臣秀吉西鄉隆盛伊藤博文等近至土肥原板垣等無一不抱此侵略野心其對中國方法手段雖有緩急之別而欲併吞中國則同也其初世人多輕視此小國不為注意至甲午中東之戰開始始為世人所共曉幸彼時中國正在西洋列強均勢之下且日本羽毛尚未十分豐滿故雖戰勝仍不能遂其大欲只能割台灣租旅大併朝鮮而已且知中國雖上下昧弱而土廣人眾社會複雜一口難吞巨象於是換用種種利誘手段所謂同文同種應親善也幫助

何澄《真山随笔·日本之所谓大东亚主义》(何泽源当年抄录,何泽瑛提供)

势危急至此，汉奸如毛！彼汉奸固天良早已丧尽，不足深责；所可痛者，即自命抗日且主张抗日，更逼政府非抗日不合作者，亦别有肺肝暗中通敌，阻扰抗战且利用抗战而图私利，其较真汉奸更为可虑。民族卑劣如此不可测，如此宜敌国之不得中国不心死也。吁！

……

一九四一年四月二十日，何澄对蒋介石一味想依赖美、英、苏援华的战略设想，做出如下分析：

以我推测，自己力量不能抵抗日本，他人援助恐无把握。苏俄以正统视延安，且并不希望中国有办法，乃希望日本无办法者。美国视中日一样，并无轻重之别，如日本能敷衍他，他仍可如前之援助不停。日本前所用打中国之武器材料，以美国之赐为多。英国在欧洲大陆已无胜利，今已事实证明矣。英国到无可如何之时，什么事都为之，安能顾及到中国？美国援助英，尚如此迟缓，援助中国，岂肯迅速。今日之借给五千万金，不过给块糖吃，骗骗小孩子而已，不足延生命、救急病也。日本固极困难，然并不似我们推想之甚，彼时时刻刻以全国力量、精神，从事于此次战争。对美对俄，容或不足，然对中国，确尚有办法。至其政府人材，个人与个人比，或劣于我们；若以全体论，确优于我们。即以目前外交言，以建川到苏俄运用之，以野村到美国运用之——建川之功效已明，吾恐野村之事，不久亦必有惊人消息。如将来松冈有美国之行，当必有类似苏俄之协定出世。要知美国是为自己，不能全为人家，苟能自己销灾免祸，则何爱于中国？中国执政者，尤其是外交人员，非有世界眼光、宏富知识、灵敏头脑、勤奋体气，有公无私之良心，则不足以应付此非常之遭遇。此时当整个考虑，斟酌轻重，缓急利害，而不犹豫的谋出路，求危亡，方是真爱国者。

卅年四月廿日

真山随笔

一九三九年九月一日，德国进攻波兰。九月三日，英国和法国对德国宣战。一九四〇年，德国发动"闪电"攻势，相继攻占丹麦、挪威、荷兰、比利时、卢森堡、法国。一九四一年六月二十二日，德国撕毁《苏德互不侵犯条约》，大举入侵苏联。何以我推測，自己力量不能抵抗日本，他人援助恐無把握，藉俄以正統視延安，且並不希望中國有辦法，乃希望日本無辦法者，美國視中日一樣，並無輕重之別，如日本能敷衍他，他仍可如前之援助不停，日本前所用打中國之武器材料以美國之賜為多，英國在歐洲大陸，已無勝利，今已事實證明矣，英國到無可如何之時，什麼事都為之，安能顧及到中國，美國援助英，尚如此遲緩，援助中國，豈肯迅速，今日之借給五千萬金，不過給塊糖吃，騙騙小孩子而已，不足延生命救急病也，日本國極困難，然並不似我們推想之甚，彼時時刻刻以全國力量精神從事於此次戰爭，對美對俄，容或不足，然對中國，確尚有辦法，至其政府人材，個人與個人比，或劣於我們，若以全體論，確優於我們，即以目前外交言，以建川到蘇俄運用之，以野村到美國運用之，建川之功效已明，吾恐野村之事，不久亦必有驚人消息，如將來松岡有美國之行，當必有類似蘇俄之協定出世，要知美國是為自己，不能全為人家，苟能自己銷災免禍，則何愛於中國，中國執政者，尤其是外交人員，非有世界眼光，宏富知識，靈敏頭腦，勤奮體氣，有公無私之良心，則不足以應付此非常之遭遇，此時當整個考慮，斟酌輕重緩急利害，而不猶豫的謀出路，救危亡，方是真愛國者，卅年四月廿日真山隨筆

一九四一年四月二十日，何澄所作《真山随笔·求危亡，方是真爱国者》（何泽瑛当年抄录）

澄以第二次世界大战战事为例，请有关方面注意在后方活动的叛徒、间谍和破坏分子组成的形形色色“第五纵队”：

……由巴尔干而东欧、英德之战方酣，苏德之战又起，除美洲半球外，几全世界无一得免。推究其故，日本实可祸首也。从犯尚受天罚，安有祸首而能逃免之理?！今果已临到非决定不可之时矣。

然以国内政治多头外交错误，军事不仅准备未成，且因对中国作战已逾四年，消耗颇多，兵气衰老，民心虚弱，期进则无十分把握，不进则无时间。犹豫欲南进则非即与英美冲突不可，欲北进则非即与苏俄开仗不可。原欲侵进中国，独吃大陆，称霸亚洲，今则弄巧成拙，与温和之英美反目，与强横之德意为伍，想独吃者反须分吃，且不许白吃，通其先尽盟约之义务责任，而后再议吃否。如此害多利少的生意，使日本惟有徬徨焦虑，啼哭不得，有苦难说，后悔莫及。故如德意之承认南京等事，吾恐非日本此时所乐闻也。法意此举盖益使日本不能自由矣，益恐为人作嫁衣裳矣。夫以极自由之日本而竟被德勾引强迫，至于举国遑遑，可见希特勒之第五纵队隐没之高明神秘也。日本凡亲德之军人、外交家、政客，皆受第五纵队之支配，所谓大岛、白乌、中野、桥本等皆自命不凡，轻视老辈，殊不知已为第五纵队之工具矣。以据有国家思想之日本，安有不爱其国之理，今则以国为赌，甘为第五纵队之工具，似有不爱其国矣，

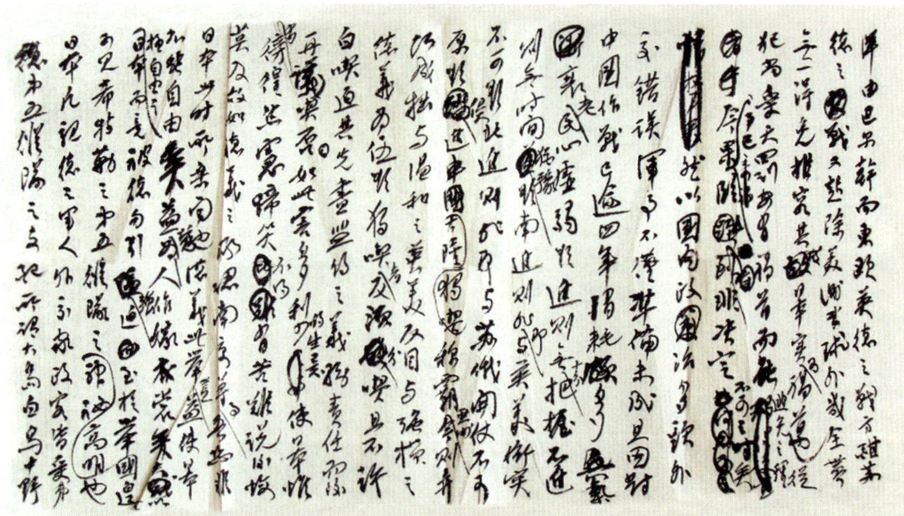

何澄所作《真山随笔·人切不可有贪痴妄念》（何泽瑛提供）

岂非离奇之事乎?

要知人切不可有贪痴妄念,一有贪痴妄念则万魔附身矣。日本只图对地大物博、人民昧弱之中国起了一个无穷贪痴妄念,于是用尽种种方法策略而想得之。贪痴之念愈炽,则真正之大道愈昧,故日本自踌躇与中国开仗以来,除安分农工商外,其他心目中,只见侵中国之利,而不知离轨道,毁信义、开新例,反足自伤其身,自毙其命之害,甘寻苦恼……今日日本所处境遇情势已昭然矣。倘作孽未深,当知痛改前非,收心敛性,平心静气,而早图变计,虽然迷途已远,希望未死,惜甘为第五纵队工具者尚摩拳擦掌,非与老希同生死不可,此固时势使然,亦关其国运民德(以下缺文)

第二次世界大战爆发后,何澄感叹这场战争"几遍全球,不分海陆,人死于此劫者可以数千万计",认为根本原因是"为一人之野心,为一族之繁荣,为一党之专,为一主义之实行,为部落,为一国"所造成的,于是提出一个"世界各国非组织一个真民主国家不可"的设想:

为一人之野心,为一族之繁荣,为一党之专,为一主义之实行,为部落,为一国而使人类牺牲痛苦,古今来真不胜数,真不忍追想。总而言之,都是人之浅识、偏见,只知自私自利,不知世界乃公,有的仅以豪杰自命,盗贼行为致世界无永久和平。试观以往中外历史纷扰,千年战争,百年战争,几无一无战争,最近更烈矣。第一次欧战未几时,今又成世界大战,几遍全球,不分海陆,人死于此劫者可以数千万计。

为永久和平起见,世界各国非组织一个真民主国家不可!人民须有绝对自由,人民须自由选择自己所愿意的主义和国家,政府论理应自由选择自己所愿的公仆。谁能使人民安乐,谁能克尽公仆之职,令谁来作公仆。凡压迫欺骗是不许的。果能如此,则世界自然可永久和平。

何澄还认为:"天下事不论大小",都是要个基本正确的判断才能赢得胜利:

天下事不论大小,往往估计错误事甚大;虚骄而受实祸尤大。所以贵知己知彼也。我近在街头睹一趣事,足可殷鉴。有甲乙两人互相冲突动武,甲之臂力本过乙,惟甲见乙方左右有丙丁从旁助威,且表面上生為永久和平起見，我們的國家的組織一個真民主國家，不可人民須有絕對自由，人民須自由選擇自己所願意的主義的國家的政府，論理應自由選擇自己喜歡的公僕，須能使人民安樂，須能盡責公僕之職，否者須來作公僕，就壓迫與驕甚不肯的暴政，如此則世界自然可永久和平！

何澄所作《真山随笔·世界各国非组织一个真民主国家不可》墨迹(何泽瑛提供)

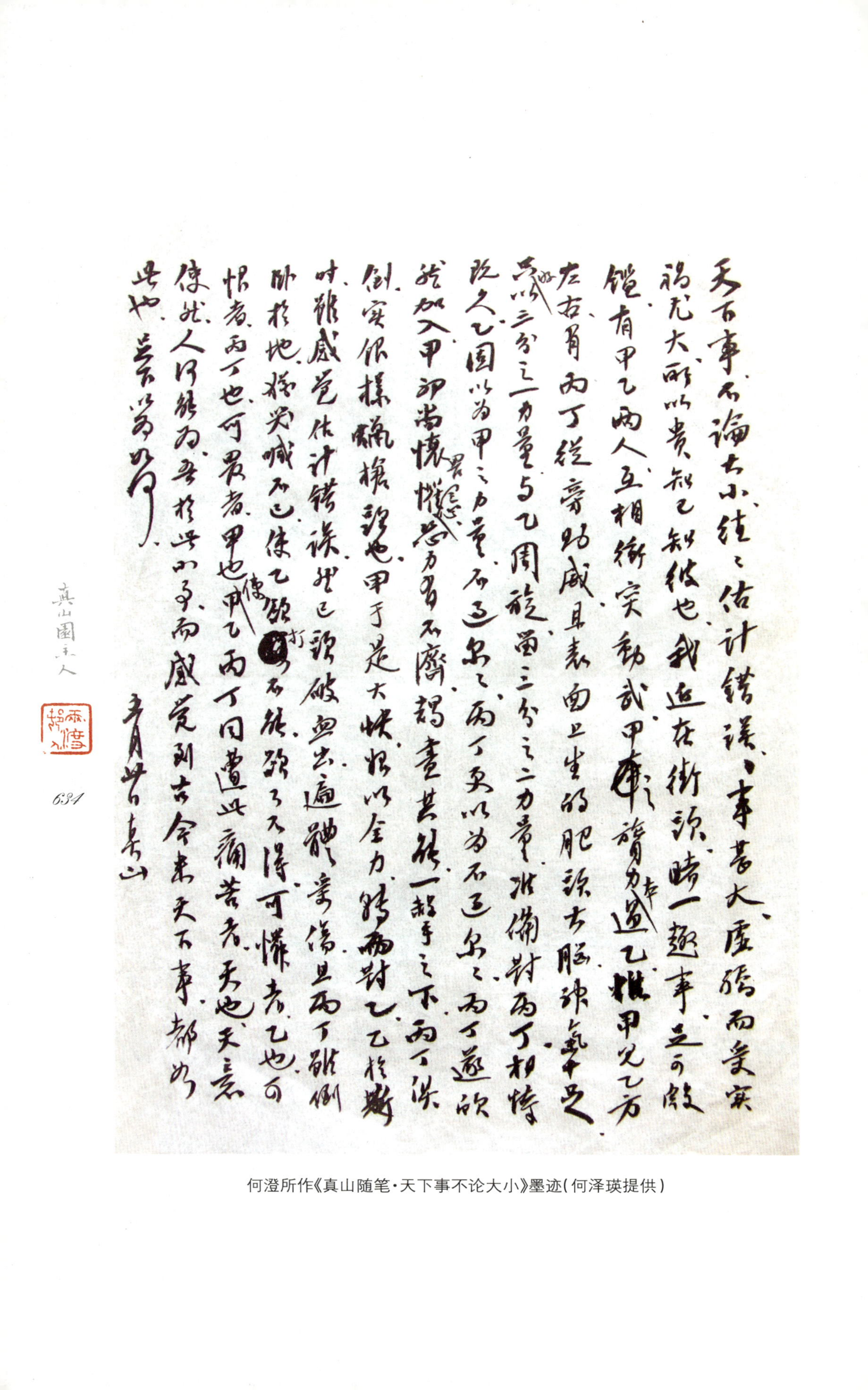

真山園主人

何澄所作《真山随笔·天下事不论大小》墨迹（何泽瑛提供）

的肥头大脑，神气十足，只好以三分之一力量与乙周旋，留三分之二力量准备对丙丁相峙。既久，乙固以为甲之力量不过尔尔，丙丁更以为不过尔尔，丙丁遂欣然加入。甲初尚怀畏惧之心，恐力有不济，竭尽其能一击之下，丙丁俱倒，实银样鑞枪头也。甲于是大快，始以全力转而对乙。乙于斯时虽感觉估计错误，然已头破血出，遍体受伤，且丙丁虽倒卧于地，犹哭喊不已，使乙欲打不能，欲了不得。可怜者乙也，可恨者丙丁也，可畏者甲也。使甲乙丙丁同遭此痛苦者，天也！天意使然，人何能为？吾于此小事，而感觉到古今来天下事，都如此也。足下以为如何？

真山

五月廿日

如果说，何澄在追随孙中山先生期间，已经具有了很强烈的国家观念，那么，到了日本帝国主义侵华，企图亡华，及至第二次世界大战爆发之后，已使他的思想和看问题的眼光，具有了整个人类的普世价值和世界大同的视野。这在当时，已是十分超前的思想，直到现在，仍然是超人一等的高论和理想。

注释：

① 王克敏（一八七三～一九四五），字叔鲁，浙江杭县人。清光绪二十九年（一九〇三）中举。由清廷派赴日本，历任浙江留日学生监督、驻日公使馆参赞，专司监视中国留学生之责。一九〇七年回国，任职于清廷度支部、外务部。民国成立后，远游法国，结识法国金融界人士，回国任中法实业银行中方总经理，从此进入中国银行界。一九一七年，任中国银行总裁；同年十二月，进入冯国璋的核心圈子，出任王士珍内阁财政总长，以善理财而在其后的段祺瑞、高凌霨、孙宝琦、顾维钧、颜惠庆、胡惟德内阁出任财政总长。一九二四年十月，冯玉祥、黄郛发动“首都革命”，被通缉，逃往日本。一九二八年五月，被南京国民政府以“把持财政，植党营私，接济逆军，延长祸乱”的罪名通缉，王克敏逃往大连。一九三一年十二月，张学良筹组北平财政整理委员会，委王克敏为副委员长，授全权处理财政事务。一九三三年五月，任国民政府行政院驻平政务整理委员会财务主任。一九三五年一月，黄郛南下不归；六月二十四日，北平政务整理委员会委员长由王克敏代理。一九三五年十二月，任宋哲元执掌的冀察政务委员会经济委员会主席。抗日战争爆发后，很快投敌。一九三七年十二月十四日，伪中华民国临时政府成立，王克敏任五位常务委员之首（另四位为王揖唐、董康、齐燮元、朱深），并抓住了行使主要权利的行政委员会

委员长和行政部总长两职(另有一说,抗日战争初期,王克敏出任华北日伪政权伪职,系宋子文指派出来应付的)。一九四〇年三月三十日,就任伪华北政务委员会委员长。同年六月被免职,由王揖唐接任。一九四三年七月,复任伪华北政务委员会委员长。一九四五年十二月五日,在北平兵马司胡同一号汪公馆被戴笠逮捕。一向吸食鸦片的王克敏在狱中长期没有烟吸,其妻和女儿探监时给他烧烟。因体弱突受刺激,造成心力衰竭,于一九四五年十二月二十五日死亡。

② 司徒雷登(一八七六~一九六二),苏格兰人,出生在杭州耶稣堂弄美国南长老会传教团寓所。英文姓名是 John Leighton Stuart,中文通常译作约翰?雷登?斯图尔特。后来,司徒雷登给自己取了一个中国人的复姓“司徒”,加上他的英文名字的译音“雷登”,合起来就是他的中文姓名“司徒雷登”。一八八七年,随父母回到美国度假,返回时把他和两个弟弟留在美国读书,毕业于纽约神学院。一九〇三年,被册立为牧师。一九〇五年回到杭州。一九〇六年开始,被美国南长老会派到杭州以北的乡村传教。一九一九年任燕京大学校长。一九三六年,国民政府行政院以办理燕京大学十数年如一日,为燕京大学先后募集经费二千万,给予一等褒奖状。北平沦陷后,燕京大学坚守北平,为沦陷区学子提供了不与侵略者合作,拒绝奴化教育的一块净土。为中国人民抗击日本侵略军,培养、输送了大批战时急需的人才,成为北中国抵抗日本侵略者的地下中心。一九三八年至一九四一年,受日本人之托,多次赴武汉、重庆会见蒋介石,并到上海和周佛海会晤,居间调停。一九四一年十二月,被日本宪兵逮捕,一直囚禁到日本无条件投降。一九四六年七月,任美驻华大使。一九四九年八月二日,离开中国回国。一九五二年十二月二十八日,致信杜鲁门总统,辞去驻华大使。一九六二年九月十八日,在华盛顿与世长辞。

③ 杨天石著《抗战与战后中国》,第二八四页:“王克敏、宋子文与司徒雷登的和平斡旋”,中国人民大学出版社,二〇〇三年八月。

④ 蔡德金编注《周佛海日记全编》(上编),第二四四~二四五页,中国文联出版社,二〇〇三年八月。

⑤ 同上,第二四九页。

⑥ 同上,第二五一页。

⑦ 杨天石著《抗战与战后中国》,第二八五页:“王克敏、宋子文与司徒雷登的和平斡旋”,中国人民大学出版社,二〇〇三年八月。

⑧ 同上,第二八五~二八六页。

⑨ 蔡德金编注《周佛海日记全编》(上编),第二七〇~二七一页,中国文联出版社,二〇〇三年八月。

⑩ 林孟熹著《司徒雷登与中国政局》(内部发行),第二十九页,新华出版社,二〇〇一年四月。

⑪ 杨天石著《抗战与战后中国》,第二八〇~二八一页:“王克敏、宋子文与司徒雷登的和平斡旋”,中国人民大学出版社,二〇〇三年八月。

⑫ 同上,第二八一页。

⑬ 同上,第二七七~二七八页。

⑭ 同上，第二七八～二七九页。

⑮ 同上，第二七九页。

⑯ 同上，第二八一页。

⑰ 蔡德金编注《周佛海日记全编》（上编），第二八五～二八六页，中国文联出版社，二〇〇三年八月。

⑱ 同上，第二八七页。

⑲《今井武夫回忆录》（内部发行），第一九二页，上海译文出版社，一九七八年五月。

⑳ 杨天石著《抗战与战后中国》，第二八八～二八九页："王克敏、宋子文与司徒雷登的和平斡旋"，中国人民大学出版社，二〇〇三年八月。

㉑《大众》月刊，民国三十二年八月号，第一三九页。

㉒《大众》月刊，民国三十二年十一月号，第一六七页。

㉓《今井武夫回忆录》（内部发行），第一九〇页，上海译文出版社，一九七八年五月。

㉔ 蔡德金编注《周佛海日记全编》（上编），第三一二页，中国文联出版社，二〇〇三年八月。

㉕ 同上，第三三二页。

㉖ 同上，第三三五页。

㉗ 同上，第三六四页。

㉘ 钱新之（一八八五～一九五八），名永铭，字新之，晚号北监老人，浙江吴兴人。少年时，进入王培孙主办的南洋中学读书。一九〇二年，得王培孙资助留学日本。一九〇三年，入神户高等商业学校攻读财政经济和银行学。一九〇九年毕业回国后，参加清廷"洋进士"考试，因丁父忧南归。一九一〇年，任教于南洋高等商业学校。一九一二年，任北京政府农工商部会计科长。一九一三年"二次革命"时，离职，与友人组织捷运公司。一九一七年，经张謇介绍任交通银行上海分行副经理。一九一九年，升任该行经理。一九二二年，张謇任交通银行上海分行总理，任命钱新之为协理。一九二七年五月，任南京国民政府财政部次长；八月，代理部长。一九二八年十月，任中央银行理事；十一月，任浙江省政府委员兼财政厅厅长。一九二九年，辞去浙江省财政厅厅长职，经蒋介石推荐，任山东枣庄中兴煤矿公司总经理。旋成立中兴轮船公司，任董事长。一九三〇年，任中法工商银行中方副董事长。"九·一八"事变后，任上海地方维持会（后改称上海地方协会）理事，一九三四年任副会长。一九三五年，中国、交通两行改组，仍被派任为两行常务董事。抗日战争爆发后，与杜月笙等组织上海各界抗敌后援会。上海沦陷，与杜月笙等转赴香港，在港成立中国红十字会总办事处和赈济委员会第九区赈济事务所。一九三八年六月，当选为第一届国民参政会参政员；八月，任交通银行董事长。一九三九年，任中央银行、中国银行、交通银行、农业银行四银行联合办事处常务理事（另两位常务理事为宋子文和孔祥熙，主席为蒋介石）。太平洋战争爆发后赴重庆。一九四二年三月，与杜月笙在重庆设立中华实业信托公司，任常务董事。抗战胜利前夕，任孚中公司董事长。一九四六年一月，赴重庆出席中国政治协商会议。会后回到上海，先后担任闸北水电公司、中国盐业公司、上海《新闻报》等许多企事业机构董

事长。一九四八年，与杜月笙筹组复兴航业公司，任董事长。一九四九年去香港。一九五〇年三月，将复兴航业公司迁往台湾，后因病退休。

㉙ 张竞立，一八八七年生，字彬人，浙江海宁人。毕业于日本东京高等商业学校。回国后，曾在清邮传部和大清银行任职。入民国，任北京政府交通部科长，后任中国银行总行发行局局长、中国银行长春分行行长。北京国立政法专门学校、交通大学教授，一九三一年六月，任南京国民政府铁道部会计处会计长；一九三四年，任铁道部财政司司长。一九三八年九月，任国民政府交通部财政司司长，一九四〇年七月去职，任中业信托银行董事长。

㉚ "太田试案"，系松冈责成外务省东亚局官员太田一郎草拟的《处理日华全面和平试案》的简称。该试案的前提条件是要求中国承认"满洲国"、共同防共和经济合作；同时表示可"宽大"为：一、不要求蒋介石下野；二、承认"满洲国"可以秘密文书约定；三、日本撤兵，"防共驻兵"不包括山东，长江三角洲不实行"治安驻兵"，而作为"准武装地带"。

㉛ 周作民（一八八四～一九五五），江苏淮安人。一八九九年，入读罗振玉在上海举办的东文学堂。一九〇一年，罗振玉应广东公学之聘，赴粤学堂，函召周作民赴粤继续学业。一九〇六年，考取广东官费赴日留学学额，入京都第三高等学校财政经济科。一九〇八年毕业回国后，在南洋法政学政学堂任翻译。一九一二年，任南京临时政府财政部库藏司科长。一九一四年，任北京政府财政部库藏司司长，兼财政部驻交通银行国库稽核。一九一五年，辞去财政部职务，进交通银行任稽核课主任，旋任芜湖分行经理。一九一七年五月，任金城银行总经理。一九三一年九月，任南京国民政府全国经济委员会委员。抗日战争爆发后，赴港。太平洋战争爆发后，被日军拘留，一九四二年三月，被遣送回上海。一九四三年，被汪伪发表为"全国经济委员会"常务委员。抗日战争胜利后，被军统局特工于一九四五年十月十八日逮捕，后经杜月笙和原中国银行总经理、中央银行副总裁张嘉璈妹妹张嘉蕊与戴笠联系，方得释放；十月二十四日，又被汤恩伯第三方面军二处派兵至寓所监禁。一九四六年一月，周作民亲赴重庆见蒋介石，才讨得一份在"沦陷期间为中央秘密工作，请分令有关机关加以保护，以免误会"的护身符。一九四八年十月，赴港。新中国成立后，由香港返回北京。一九五一年九月，建议成立"北五行"（盐业、金城、中南、大陆、联合商业储蓄信托五银行）公私合营联合部管理处，并出任董事长。一九五二年十二月，出任由六十馀家银行银号和钱庄组成的公私合营银行联合董事会副董事长。一九五五年春，赴上海视察行务，因心脏病突发去世。

㉜ 沈予著《日本大陆政策史（一八六八～一九四五）》，第六二二～六二三页，社会科学文献出版社，二〇〇五年八月。

㉝ 杨天石著《抗战与战后中国》，第一七九页："蒋介石亲自掌控的对日秘密谈判"，中国人民大学出版社，二〇〇三年八月。

㉞ 沈予著《日本大陆政策史（一八六八～一九四五）》，第六二五页，社会科学文献出版社，二〇〇五年八月。

㉟ 杨天石著《抗战与战后中国》，第一八一～一八二页："蒋介石亲自掌控的对日秘密谈判"，中国人民大学出版社，二〇〇三年八月。

㊱ 蔡德金编注《周佛海日记全编》(上编),第四二六页,中国文联出版社,二○○三年八月。

㊲ 同上,第四七四页。

㊳ 何澄营救保释姚文凯之事,系本书作者于二○一○年十一月二十日,通过何澄四子何泽诚与姚文凯妹妹姚文澂通电话,反复核对有关事情经过,得以确认。

㊴ 蔡德金编注《周佛海日记全编》(上编),第四七四页,中国文联出版社,二○○三年八月。

㊵ 马振犊著《国民党特务活动史》,第二五一～二五五页:《"派进唐生明"与"拉出周佛海"》,九州出版社,二○○八年三月。

㊶ 林庆元、杨齐福著《"大东亚共荣圈"源流》,第三八八～三八九页,社会科学文献出版社,二○○六年十一月。

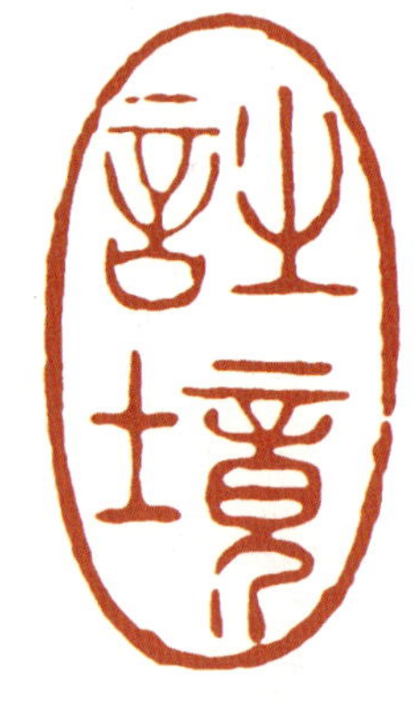

何澄旧藏“诗境”兽钮田黄章

二十三　网师园、叶恭绰

网师园在苏州十全街阔家头巷。

始造园者为史正志。史正志，南宋扬州江都县人，居丹阳，字志道，号吴门老圃、乐闲居士、柳溪钓翁。绍兴二十一年（一一五一）进士，枢密院编修，历任建康、宁国府知府，赣州、庐州知州。淳熙初年（一一七四）休致，始建万卷堂，花圃则称渔隐。卒年六十。著有《建康志》《菊谱》。

清乾隆年间，宋宗元在此治园，为奉母养亲之所，因近有王思巷，取谐音，题名网师。宋宗元，苏州府元和县人，字光少，一字鲁儒，号悫庭。乾隆三年（一七三八）举人，授直隶顺天府良乡县知县，历官天津清河道，迁光禄寺少卿。乞养归，好刻书，有网师园课本传世。乾隆四十四年（一七七九）卒，年七十，著有《网师吟草》《网师园唐诗笺》。宋宗元殁后，嗣子宋保邦继为园主，因起讼事，耗尽遗产，将网师园半售予他人。

未久，园为瞿兆骙所得，审势协宜，增置堂亭轩馆，几乎半易旧规，乾隆六十年（一七九五）竣工，仍循旧名，苏人则俗呼瞿园。瞿兆骙，清苏州府嘉定县人，父迁居苏州，占籍长洲，字乘六，号远村。嘉庆十三年（一八〇八）卒，年六十八。潘奕隽《瞿君远村墓志铭》称其"春秋佳日，延故乡戚友王西沚光禄、钱竹汀官詹及吴中诸朋友游宴其中，或有吟讽，必以纸，索书装成卷册，披览什袭以为乐"。

瞿氏父子拥有网师园仅三十年，即于道光初，归天都吴嘉道。同治初，又归江苏按察使李鸿裔，改名苏邻园。光绪三十三年（一九〇七），归达桂。达桂，汉军正黄旗人，崔氏，字馨山，咸丰十年（一八六〇）生。光绪三十年（一九〇四）署黑龙江将军，三十一年（一九〇五）署吉林将军。光绪三十三年（一九〇七），清廷设吉林巡抚，达桂没捞上本任，遂退居苏州这个园子，住园仅四年，一九一一年归冯姓者所有[①]。

入民国后，何澄与苏州网师园似乎一直有一种若即若离的关系。一九一九年六月十四日，大连金州印人李西（字东园）持张锡銮名刺前往郑孝胥上海寓所拜访。李西对郑孝胥说，他和张锡銮的儿子张师黄此次来南方，是到苏州购买网师园的。现在张师黄还在苏州，他到上海是行前就定下要专诚登府拜访的[②]。

张锡銮（一八四三～一九二八），号金坡，后改今颇，浙江省钱塘县人。一八六三年，投身军营。张作霖以马贼投诚，即张锡銮所致，故张作霖终身对张锡銮敬礼有加。一九一一年十一月，张锡銮被清廷任命为山西巡抚。一九一二年三月，署直隶省都督兼民政长；同年六年，任北京政府将军府镇安上将军。一九一三年，任奉天都督，兼署吉林都督。一九一七年后退出军政界，寓居天津，著有《张都护诗存》。据叶恭绰[③]《书张都护诗存》载，经唐绍仪之暗通，张锡銮在任山西巡抚期间，曾与山西起义民军达成默契。于清室逊位事，也多所运筹。宣统逊位诏书第一稿，即是由张锡銮拟好交叶恭绰之手。这份宣统逊位诏书，叶恭绰装在口袋月馀，后改用他稿，叶恭绰才销毁。各省督抚请清室逊位之电奏文稿，也是张锡銮主稿。张锡銮任直隶总督时，恰好叶恭绰自天津入北京，看见张锡銮竟自己提着一铺盖上火车。上车后，张锡銮邀叶恭绰到包厢畅谈，其中有两句话令叶恭绰终生难忘："君前程远大不待言，但胸次宜加恢廓，身体宜加保啬，方足任重致远。"因了这种在清室逊位问题上的一致和真诚善意的规劝，叶恭绰始终认为张锡銮不是一介武夫，而是一个文武双全的智者。叶恭绰始在读完《张都护诗存》后，除了记述几件人生旅途中的大事，又题诗曰："万口齐呼快马来，雅歌裘带拥壶觞。谁知楚汉兴亡际，帷幄机谋赖子房。"[④]

何澄族内四兄何厚琦先后娶张锡銮的长女和次女为妻。入民国后，经张锡銮推荐，曾任奉天省盖平、复州、沙河等地税捐征收局局长。一九二〇年六月，任奉天东边道道尹兼外交部奉天、安东交涉员。一九二一年四月至一九二七年七月，任辽沈道道尹兼外交部营口交涉员。张锡銮购网师园，似为何厚琦托何澄选定。一九四〇年，何澄购下这座已荒废多年的园子，似也由张锡銮次女转让。

苏州园林，凡几上百，新建与颓废，整修与废弛，总是随着历史和园主人的兴衰而存亡。网师园在民国以前，并没有什么大名，只是在叶恭绰和张善孖、张大千兄弟借居之后，因文人际会而渐被人知，何澄即是这里的常客。当时张善孖一家住在芍药圃，张大千和家眷住在桂花厅畔的琳琅馆，叶恭绰住后院。一九三五年，何澄同学傅增湘与好友长汀江庸、绍兴周肇祥、贵阳邢端、嵊县邢震，同游黄山后，于六月五日来到网师园雅集。叶恭绰即作《旧历端阳与亚农善孖大千秋湄恭甫小集网师园适傅元叔游黄山归同集既为图以志因书此写怀》：

百年一日意何任，寥落兹辰感独深。
思水鱼烦愁呴沫，巢林燕瘁几哓音。
椒焚孰识行吟痛，帆卸空馀竞渡心。
辛苦醯鸡能共舞，瓮天闲处一相寻[5]。

何澄没有买下网师园之前，不但他来，他的儿女们也常到这里看张善孖、张大千、叶恭绰、吴湖帆他们作画，但更爱看的是张善孖所养的老虎。爱好摄影的长子何泽明曾给张善孖在网师园冷泉亭（亦称"半亭"）拍过一张与亭内虎墓中的爱虎留影的照片，半亭墙上似有张大千撰书的墓志。张善孖在网师园最为人津当乐道的是养虎如儿。据台北艺术史学者王家诚考证，张善孖在这个园子一共养过两只虎仔。第一只为东北虎，一九三三年春节时，已是网师园中的宠物，惜因生活不惯，病死园中。这只东北虎死后，张善孖很伤心，一直想再找一只虎来喂养。第二只虎来到网师园，事在一九三五年。这年，郝梦麟率部从江西进入贵州，"匪"没剿着，却在郎袋山捉到两只三尺长的乳虎。据张大千说，郝梦麟当时看着这两只幼虎，左右为难，因为既不能放虎归山，行军带虎也不方便，忽想起贵州省主席吴忠信说过张善孖爱虎且正为失去一只爱虎而无法画画，于是特地打了一个电报给张善孖。张善孖接电后大喜过望。经商议，由郝梦麟派员把两只小虎送到汉口，张善孖自苏州赶到汉口迎虎。虎到汉口，两只却存活了一只，张善孖心疼得要命。剩下的这一只，也颇为难办——所有的客货船都不敢让虎坐船！幸亏那时的军政要员对艺术家还是真心敬重的，正当张善孖一筹莫展时，何应钦运军火的船恰巧到汉口，张善孖便和这只虎搭上这条船到了南京，再由南京一同坐在火车行李厢回到苏州网师园[6]。抗战初起，张大千困在北京，张善孖准备前往庐山，张大千家眷避难郎溪农林场，惟独这时已名"革心"的虎儿难疏散，张善孖就让高徒吴子京留守网师园，关照"革心"。一九三七年十一月，日机开始轰炸苏州。"网师园没有防空洞等设备，又恐炸弹惊虎，万一墙破受惊的老虎出去会伤人，吴子京在逃空袭之前，就把老虎关入铁笼里，那个铁笼重达一千零廿斤，虽是为老虎定造的，以前从来没有使用过。吴子京把虎关进去后，就放了几十斤牛肉，够虎儿一天的粮食，他自己逃到苏州城外木渎去避空袭，以为一天就可以回来，谁知三天后才能回来，老虎就这么饿死了。"[7]张大千特别强调，虎儿"革心"不是外传的那样因吃素绝食而死的，是饿死的。他更强调："当初在贵州郎袋山捉住它的郝梦麟军长也战

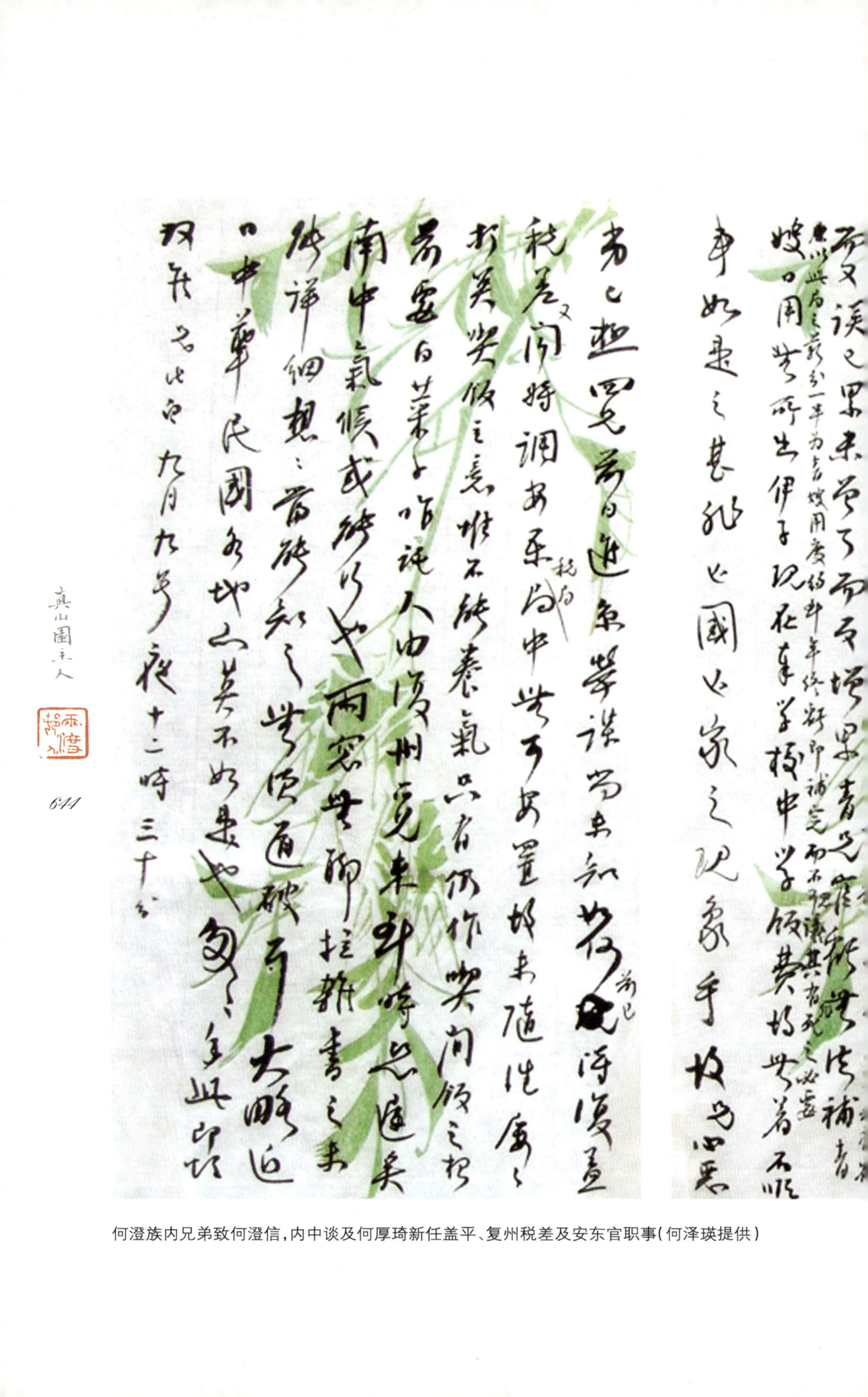

真山園主人

何澄族内兄弟致何澄信，内中谈及何厚琦新任盖平、复州税差及安东官职事（何泽瑛提供）

俗人之知己则存不负知己之每说当为知己者竭力以保
其万世而不料其不然也种种之事丝毫不进（於）上下日日
争利凡事之大小皆一于利而成近年来事鉴竹
杂书大将军日事（一切事均收拾）八园麻茬壹夜建筑改山栽树
种花弄禽刻刻论为馨香括亲行走狗犹之如在槛旁（朝夕歌舞犹太平之象）
义源中不知世界事更不问国事其次者（将军等）日聚（去年天中之三年之后世界篇）
三五括土娼饮麻雀印牌九动则胜败万计从未知国（前日廿师之长吴光新未一刻体轿万元）
家财政困难情形四外盗贼如毛各州钱粮皆日掳
署印（带）城内六处之多更而无人过问良民均无可抗
时有（如此而）内政外交之失败更难言之也国之不亡无（前日本将军长本溪钢罪折毁完全呼了之如此类者多矣）
天理也而吾家亦如此（不幸）青之城内家被萧条宵和

网师园冷泉亭内英石峰（选自《世界文化遗产——网师园》）

二十世纪三十年代，张善孖在苏州网师园冷泉亭留影，身后及背墙上为张善孖所豢虎儿之墓及墓志（何泽明摄，何长孝提供）

死疆场，人、虎都是为抗日而殉国的！我二家兄对此当然很难过，但二家兄也不会怪学生，国难当前，国家损失那么大，好多人家破人亡，我们一家保了性命，但多年收藏在网师园的书画珍品还不是毁诸一旦！我二家兄从此贡献全力为抗日而宣传。他画的虎，代表民族精神正气，在他心底长存老虎的影子，在他笔下老虎也没有死！"[8]吴子京避空袭回到网师园，见虎儿饿死，只得埋于园中，其后曾修墓立碑"[9]。

据此，可以略约知悉，何泽明所摄张善孖在网师园冷泉亭与爱虎之墓这张照片是第一只虎儿之墓，时间在一九三六年前后。现在这座亭内已无张善孖虎儿之墓和墓志，取而代之的据说是一块唐伯虎的遗物"鹰石"及一干二净的白墙。那么当年的"虎儿之墓"现在到哪儿去看呢？殿春簃外书房南窗下西墙角！冷泉亭内的这块"鹰石"又到底是怎么个来历呢？何澄修复网师园时，嫌这个"半亭"放圆柱体的太湖石太占空间，于是四处想找一块片状形的观赏石放入亭内，但寻找了好久都没合意的。此事被费孝通姥爷杨敦颐[10]家后人知道后，就到网师园来找何澄，说："我家院子那儿有一块，您去看看合用不合用，如合用就送您。"何澄到了杨家一看，正合他的心意。搬运到网师园后，由杨家送给的这块石英石，就被何澄安置在了冷泉亭。据金学智所编《世界文化遗产——网师园》（古吴轩出版社，二〇〇三年八月），点评这块石英石是："扣之，铿然发清音；观之，黧黑隐白纹；嵌空虚中，峭硬坚润，层棱险怪，折襞纵横；似雄鹰而将飞，蓄势而未腾。"

明人计成在其杰出的造园理论著作《园冶》开篇即说："世之兴造，专主鸠匠，独不闻三分匠，七分主人之谚乎？"[11]造一座好的园林，自然是规划设计师居七分，工匠占三分；但园子造好后，谁住，谁在养园，就该变成"园以主名"了。而当园林全部化私为公，成为公众游览观赏的名胜时，任何园林就不存个人色彩了，只有曾经的往事。网师园后来的命运也出人意料，一是何澄在"满目干戈"之时收下这座荒园，加以修整，得以保全；后被子女捐献给国家，使其免遭"剥削阶级"的毁灭；及至一九八〇年，以园中殿春簃为蓝本，被美国纽约大都会博物馆移植到馆内，建为一座封闭式的庭院，改称"明轩"，意为中国明代文人日常生活的居所，网师园始在世界暴得大名。一座园子的命运，似乎也可见证园主人的命运。

在民国，引起专业学者关注网师园的要数中国现代建筑学家、建筑师、建筑教育学家童寯[12]。一九三六年，他用英文写了一篇《中国园林——以江苏、浙江两省园林为主》的论文，刊发在《天下月刊》。文中对网师园有如此评价："瞿园在城南，本宋代网师园，十八世纪初，园中芍药茂盛，品种与扬州并称。数次易主，今属张氏，园中仍有人居住，为名园中罕例。富于人性的精美细部，给园林增添很多魅

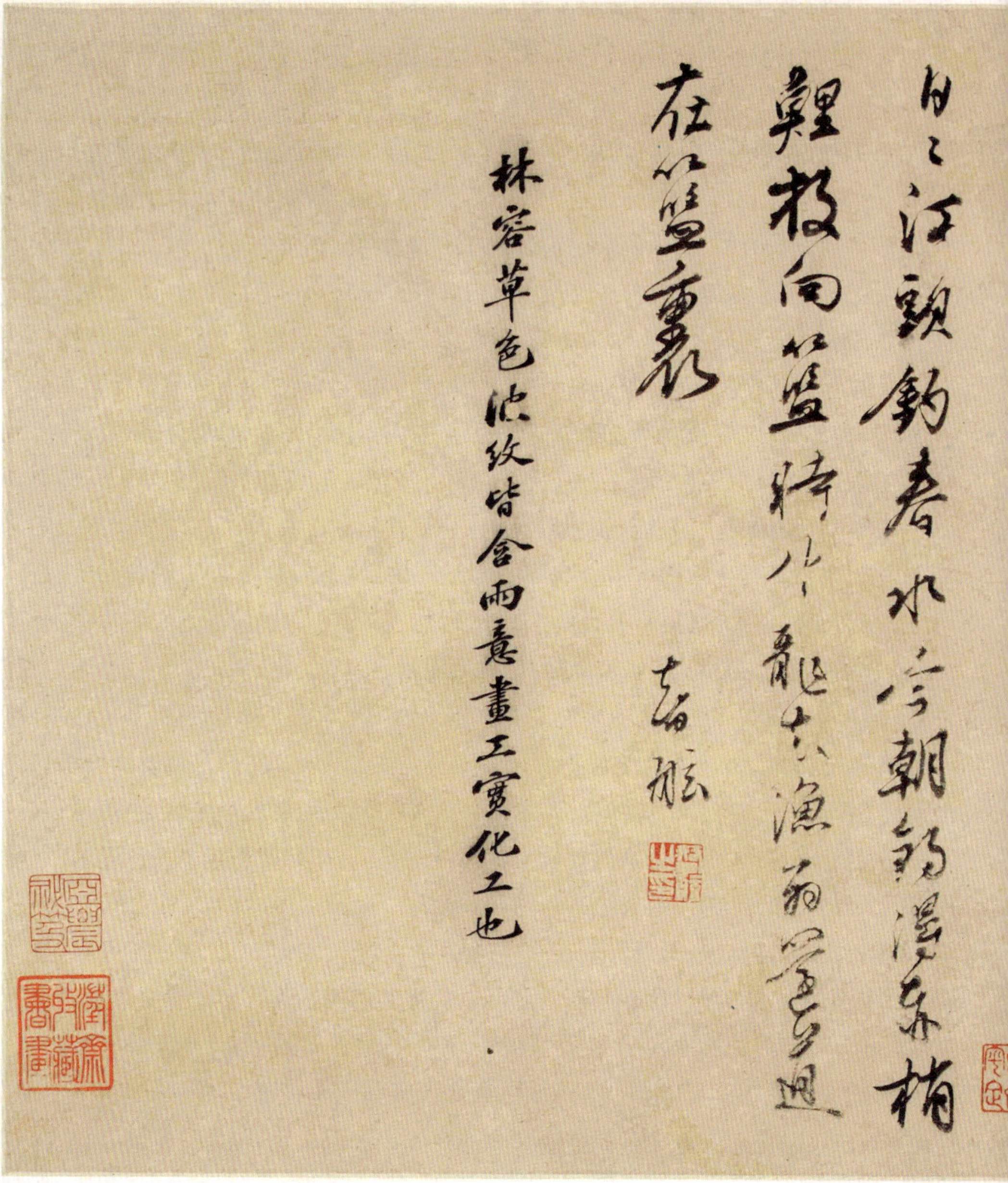

何澄旧藏项圣谟《山水兰竹册》中何澄跋识（苏州博物馆提供）

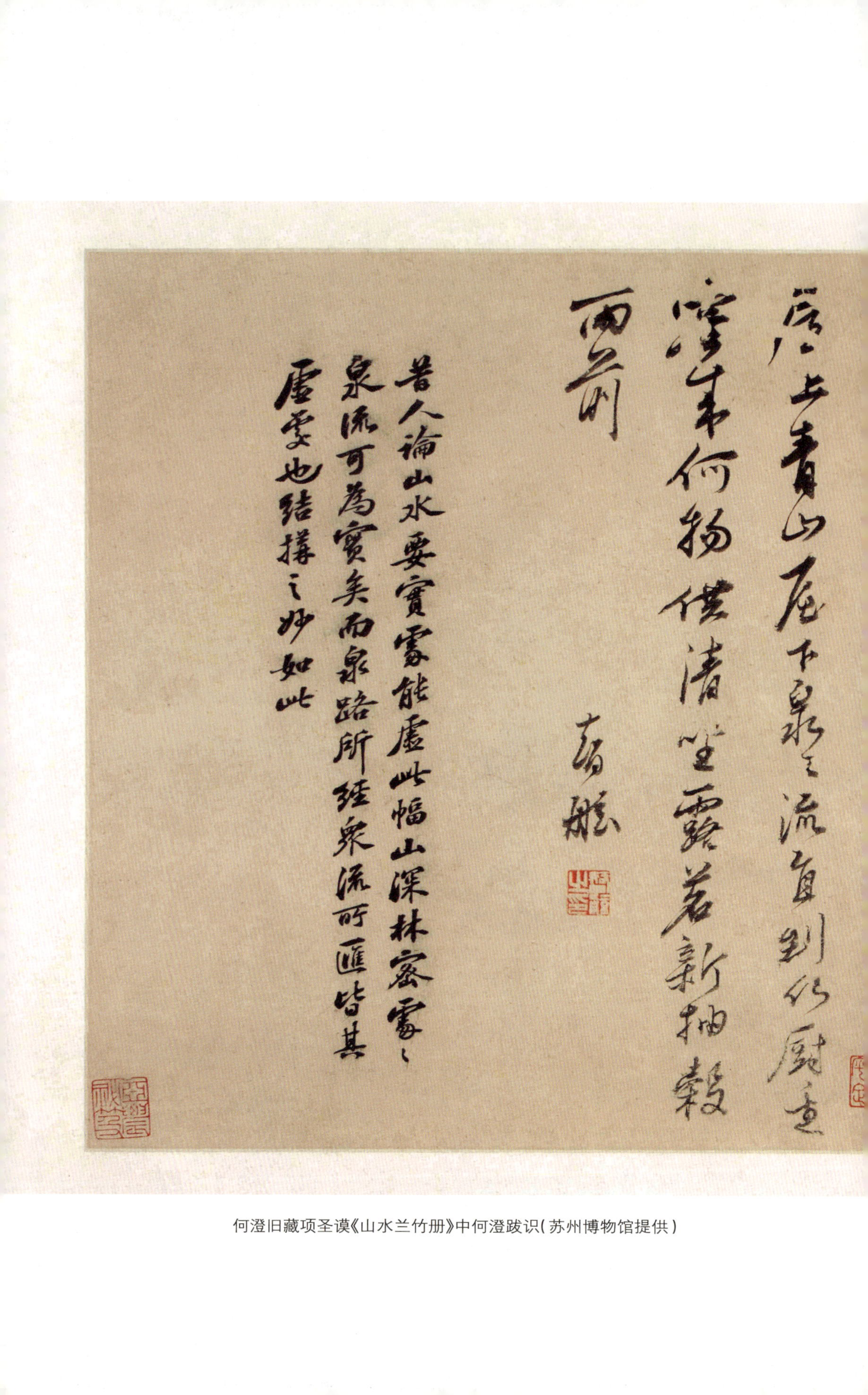

何澄旧藏项圣谟《山水兰竹册》中何澄跋识（苏州博物馆提供）

項聖謨

何澄请来整修苏州网师园的木工师傅（何泽明摄，何长孝提供）

力，近池宴亭为总体点睛。是园同其他古园，老树依存。”[13]短短百馀字，把网师园的精华概述无馀，无论后人对网师园有多少图解，总也脱不开童寯先生的笔墨。

何澄在当年购得人家不要了的这座荒园，每天都在园里转转，想着如何整修。因他对这座园子太熟悉了，又懂得园艺、园史，富收藏，所以看这座已荒废的破园子，就像看一幅残唐五代的古画那样，左看右瞅，上品下观，知道哪里是引首，哪里是卷本，哪里是拖尾，所以略加整理，就是修古如古了。何澄在项圣谟《山水兰竹图》“屋上青山屋下泉”一幅题识：“昔人论山水要实处能虚，此幅山深林密，处处泉流，可为实矣；而泉路所经，泉流所汇，皆其虚处也，结构之妙如此。”在“日日河头钓春水”一幅，何澄题识：“林容草色，波纹皆含雨意，画工实化工也。”由此可知，何澄对山水画的鉴赏水准已不同于一般的园主了。

从一九四〇年到一九四三年，他投入精力最多最大的是整修山池亭屋，恢复名园旧观。他改“竹外一枝轩”为敞轩，辟潭西渔隐园门，还广植花木，处处充满了画意。诚如园林学家陈从周所评赏的那样：“窗外花树一角，即折枝尺幅；山间古树三五，幽篁一丛，乃模拟枯木竹石图，重姿态，不讲品种，和盆景一样，能入画[14]。”陈从周还说：网师园的古柏，是左右大局的一园之胜，如果这些饶有画意的古木去了，一园景色便会顿减[15]。外面的整修工程完成后，何澄着力最勤者是对各厅、堂、室、屋内的家具，或购买添置，或加以修复，等一切都摆弄好后，又充实古玩字

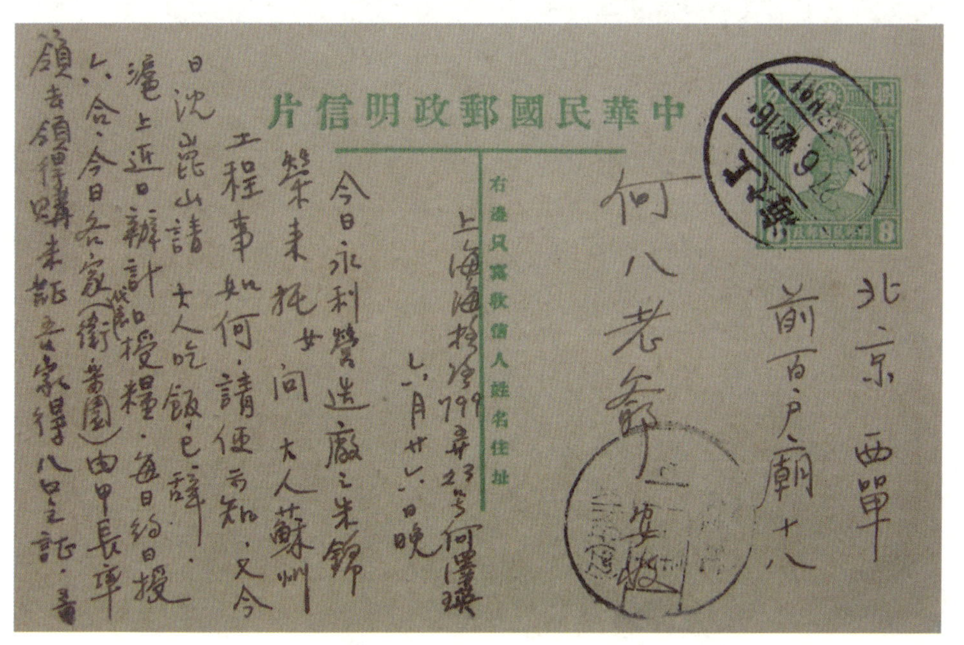

一九四二年六月二十六日,何泽瑛给父亲何澄的明信片(何泽瑛提供)

画。从一九四二年六月二十六日,何泽瑛给父亲何澄的一张明信片中可以得知,何澄似乎还请过专业的营造厂来修复他已想好该修哪儿,补哪里儿的网师园:

> 今日永利营造厂之朱锦荣来托女问大人,苏州工程事如何,请便示知。又今日沈昆山[16]请大人吃饭,已辞。沪上近日办计口授粮,每日约日授六合。今日各家代表(卫乐园)由甲长率领得购米证,吾家得八口之证。

何澄对网师园的整修、保全贡献极大。一九九七年十二月,网师园和狮子林、拙政园、留园一同以"苏州古典园林"被列入为世界文化遗产名录(二〇〇一年沧浪亭也被列入《世界文化遗产名录》),就是最好的例证;世界遗产委员会对"苏州古典园林"的评价,也是对何澄的评价——没有哪些园林比历史名城苏州的四大园林更能体现出中国古典园林设计的理想品质。咫尺之内再造乾坤,苏州园林被公认是实现这一设计思想的典范。这些建造于十六至十八世纪的园林,以其精雕细琢的设计,折射出中国文化中取法自然而又超越自然的深邃意境。

现在网师园内留下何澄这位最后的园主直接痕迹的地方不多,只有殿春簃门框西的一处砖刻"真意"。而当年何澄亲书并镌刻在云冈假山山墙上的"云冈",落款为"庚辰年真山书"(一九四〇)的这块匾额,却被"移花接木",弄到了假山

一九四一年七月，何澄在苏州网师园殿春簃“真意”圆形门外扶栏看水趣（何怡贞旧藏，葛运培、葛运健提供）

何澄亲书“真意”镌刻在苏州网师园殿春簃庭院门楣

上，成为“摩崖石刻”！也许是当年改造网师园的工程人员不知“真山”即是何澄——本来这儿是一座假山，墙上却放了一块署名“真山”的匾额，为了“名副其实”，把“真山”去掉，改放到假山上去了。

何澄当年所题“真意”，只要考察他自抗日爆发后，在苏州所受卑鄙无耻小人之诬告，借以诈钱，以至“蒙难”数周，及自一九三九年到一九四五年所写无数讽刺汉奸的诗作，“意旨”便十分清楚：那就是他要退隐到这座进入路径极窄的渔隐之园、静观之园，看到日寇灭华之心的最后惨败，等到附逆于日本帝国主义主子的汪伪汉奸集团受到中国人民审判的那一天！“云冈”两字书成，雕刻到墙上，何澄坐在竖立在“云冈”对面的一片太湖石平起部，一只脚蹬在对面的一块小湖石上，手里拿着一根由三女儿何泽瑛用莲蓬梗编成的烟斗，吟出一首《园居寄怀北方亲友》诗：

星火燎原江海翻，文明只是杀儿孙。
九州万国鸡虫斗，赤地倾城日月昏。
生死须臾人鬼哭，荣枯顷刻弱强吞。
狰狞面目贪痴妄，无奈真山隐旧园。

不爱良田爱旧园，旧园日涉忘黄昏。
林泉料理非争胜，庭树盘桓为避烦。

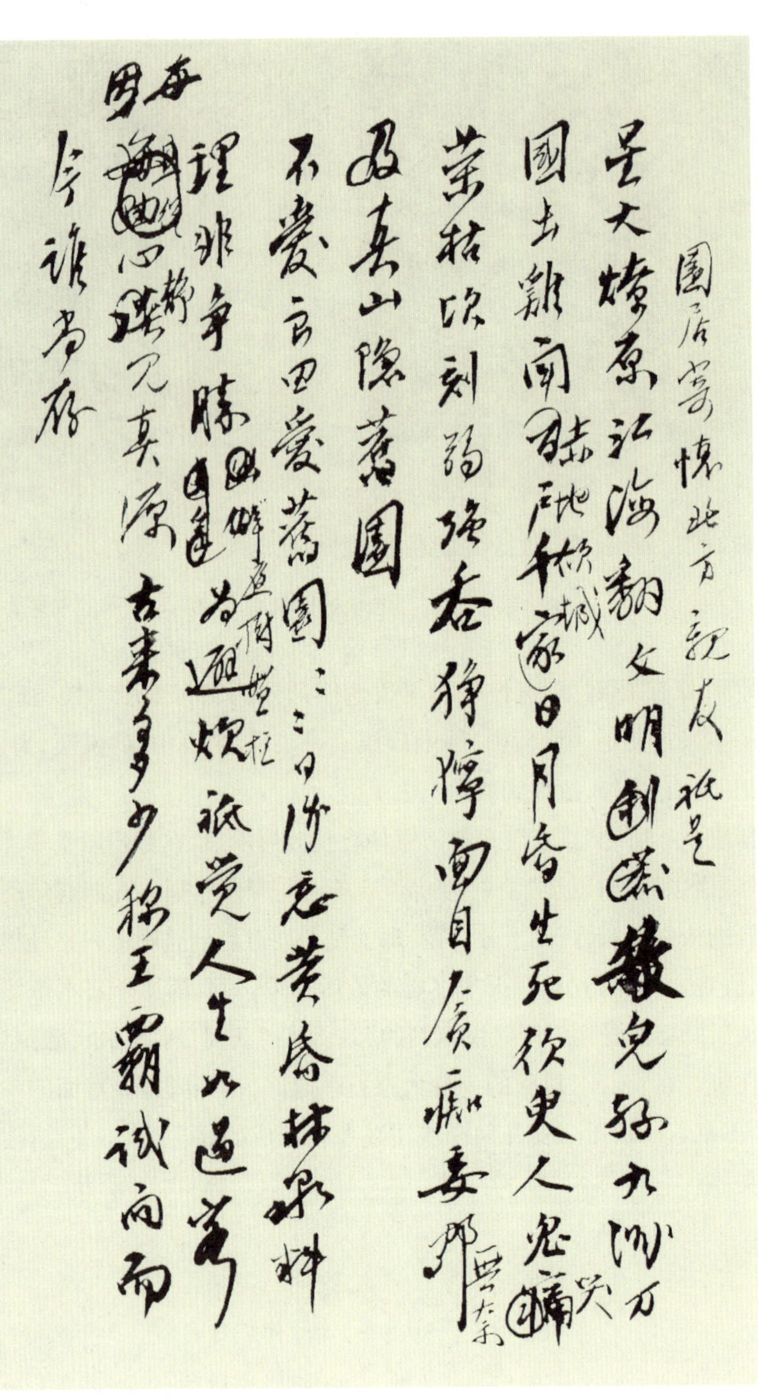

何澄《园居寄怀北方亲友》诗稿

右图：一九四〇年，何澄亲自督修网师园时所留影。背后山墙上系何澄亲书并镌刻的“云冈”匾额，落款为“庚辰年，真山书”（何泽明摄，何长孝提供）

雲岡

只觉人生如过客，每因心静见真源。

古来多少称王霸，试问而今谁尚存？

何澄整修网师园时，他收到了老友叶恭绰赠予的《傅山傅眉父子手书诗词册》（叶恭绰称之为《甲申集》，国家二级文物）。对何澄来说，这是一份比什么都珍贵的礼物。傅山、傅眉父子的这本《甲申集》诗词册，系叶恭绰在上海沦陷之后，不愿与汉奸为伍，于一九三七年十一月二十七日悄然离开上海赴香港避难之前就将题跋写好了的。由于走得匆忙，本来在移地避难之前就想送给"真山园"主人何澄的这件爱物，一直迟至一九四〇年何澄赴香港借与罗良鉴会晤之际，专诚看望老友，叶恭绰二次题跋后才送给何澄的。

叶恭绰第一次题款：

公之佗父子手书此册，藏遐庵有年。其书法正所谓散僧入圣，教外别传。同时犷野甜熟两派皆在下风矣。所录各诗，复多为集中所无，尤可矜贵。亚农先生于乡先哲遗墨素所爱重，尤折服傅氏乔梓，因举以奉贻，为真山园清供。

遐庵叶恭绰

叶恭绰第二次题款：

网师园近闻已加修治，以此为东震溪堂藏物，尚不至减色。书此竟，心已驰于读画楼矣。

叶恭绰赠给何澄的傅山、傅眉《甲申集》，共十八页，高二十六点三厘米，宽十五点五厘米。此小楷即事诗册（二十一首缺二）写于甲申年（一六四四），即明崇祯末年清顺治初年，对于研究傅山不仕清朝的心路历程尤为重要。叶恭绰也是一个对傅山之人之物极为倾心的藏家，他在《明清间傅青主诗册跋》说："先生手迹余收获甚夥，以此册及《甲申集》为最精。《甲申集》诗多未入《霜红龛集》。此册'老眼苦濇痛'一诗中，多讽刺，集中亦不载，盖当时多所讳也。先生书法由颜（颜真卿）、褚（褚遂良）上窥魏、晋，悬腕中锋，力追古淡，同时惟觉斯（王铎）、雪个（朱耷）略足抗衡。馀子碌碌，不足道也。"[17]在叶氏题写于一九三六年十月的《明清间傅青主寿髦父子画册跋》里说："此六幅皆脱尽町畦，目无馀子，见此方知傅氏父子真本领也。寿髦画尤稀见，并赝本亦少，盖世人趋炎成习，伪此未易获售耳。曾农翁宝此，不轻示人，其逝后张子鹤乃介余得之，闻其家以归余为得所，故不索重值，殊可感也。”[18]面对一个在日本制造华北事件后，即又署“真山”的老友，叶恭绰毅然决然把自己所收傅山作品最精者之一送给一个比自己更爱傅山作品的人，也算是宝刀赠壮士的豪举。此情亦令何澄“殊可感也！”

叶恭绰在傅山、傅眉《甲申集》上，有多处题识。如，第五页：“此所脱二句，依丁刻本，乃‘野寺盐水足，生缘酒肉(造字左克右京’十字。”第十页：“此实得十九首，尚缺二首。”傅山宫词五首后题跋：“此宫词五首，仅《影娥》一首见集中，馀为诸刻本所无。”第十一页：“此五言绝句为诸刻本所无。”在册尾，又跋：“依丁著年谱，寿髦是年正十七岁。”

在此之前，何澄所收傅山作品也够私人藏家的顶级：

傅山草书七绝轴(国家一级文物)

傅山与戴枫仲尺牍(国家二级文物)

傅山傅眉父子尺牍册(国家二级文物)

傅山药册(国家三级文物)

傅山六言楷书联(国家三级文物)

傅山墨荷图轴(墨笔，国家三级文物)

傅山行草九华安妃降杨司命诗二首册(国家三级文物)

另有未定级的：傅青主画凤幅、傅山山水册、傅山芭蕉金面扇，加上叶恭绰所赠《傅山傅眉父子手书诗词册》及《傅青主集》，何澄几乎拥有傅山所涉及之书、画、册页、尺牍、杂书、扇面等所有艺术门类。

在何澄并不算大宗的书画藏品中，叶恭绰题跋是最多的。

一九三三年二月八日，叶恭绰、张大千和吴湖帆从上海到苏州，在彭恭甫处进行正社第二期集会[19]。何澄携董其昌所题明郑元勋仿沈周山一幅水画轴前来集会。这幅名为《郑元勋临石田山水画轴》画作的右沿边中部署名“郑元勋”，左上有董其昌题跋五行：“沈启南自题画山水云：诗在大痴画中，画在大痴诗存。恰好百二十年翻身出世作怪，吾于超宗此图亦云然。其昌。” 画幅上方右侧有郑元勋补题一则：“此余辛未(一六三一)冬临沈石田笔也，时年三十有四。腕力尚稚，然董思白(董其昌)先生已极赏之，为题数语。画不足存，题不忍废，当赖以传矣。付子为显藏之。崇祯辛巳(一六四一)秋重识于影园之蒿亭。”郑超宗的画作连吴湖帆也从未见过，惊叹：“殆亦孤本与？画极似查梅壑、邹臣虎一类。超宗殉甲申之难，其遗墨亦绝无仅有者。”[20]叶恭绰则看出这幅图的背后有着众多遗民故事，何

以奉貽為真山園清供
遐菴葉恭綽
網師園近聞已加脩治以此為東震溪堂
藏物尚不至減色書此竟心已馳于讀畫
樓矣

公之佗父子手書此册藏遐菴有年其書法一正所謂散僧入聖教外別傳同時獷野甜熟兩派皆在下風矣所錄各詩復多為集中所無允可矜貴 丞農先生于鄉先哲遺墨素所愛重尤折服傅氏喬梓因舉

澄当即呼好："何不效长庆体，题长歌一章于其上？"[21]叶恭绰在当天正社的这次雅集结束后，即把这幅画作带回家，查阅资料，直到三月下旬，才据史料作好一首长庆体的长歌题跋：

亚农好古还好客，读画谈玄屡前席。

听雨同登灌木楼（亚农所居楼），开缄忽睹连城璧。

郑虔三绝记当年（超宗工诗画，见杭大宗文集画史汇传及江都县志），觞咏风流杂管弦。复社阳秋高北部（超宗名在复社），虹桥花木压平泉。

名园杰构推三影，署榜华亭亲记省。（杭大宗影园瑶华集序云，胜园时广陵郑超宗缚茅于蜀冈冈南华亭，董尚书以为在柳影山影水影之间。题曰："影园胜流过广陵者，以不蹋影园户限为黏事。"）

喜同坡老咏烟江，更为痴翁题大岭。（超宗自作影园记云，壬申冬，元宰先生过邗，余将画请政先生，谬赏为得山水骨性，不当以工拙论此轴。作于壬申前一年，正精力弥满时。越十年，辛巳重题，则年已四十四，距被难仅三年馀耳。）

此轴当时荷赏音，画禅拈笔几沈吟。

传衣偈证当头棒，敲柑情移海上琴。

琴尊雅集倾江国，厨顾名流竞相识。

状头诗选得姚黄，万紫千红黯无色。（崇祯庚辰，宗超集海内名流赋黄牡丹诗，请钱牧斋评阅，吾粤黎氏、周遂球膺首选，时称牡丹状元。黎后殉甲申之难。南海梁子春（梅）有长歌咏其事，内云："闻道扬州郑子真，杀身亦已共成仁。可怜宾主皆奇节，只愧当年校艺人。"即指此也。）

换羽移宫事不期，山崩川竭感同悲。

瑶华空续新心史，樗散畴寻老画师。

呜呼世谛真如幻，妙绘还成广陵散。

当门竟遗葬芳兰，覆巢差幸留完卵。（超宗甲申五月缘城守事被害，子为显，亦有时名。）

介弟高名重小山，沧桑历尽作殷顽。

同休园，多少遗民泪，洒入荆枝尺幅间。（画有郑侠如图记。侠如，字士介，超宗弟，入清不仕，构休园奉母，有休园词。）

百年兴废纷如电，竹西歌吹矜文燕。

乡邦文物重琳琅，又向玲珑馆中见。（画中有玲珑及马氏丛书楼二印，此画盖鲁归半查昆季。)

玲珑山馆辟临流,绛帐扶风盛贵游。
即景填词朝选谱,分曹射覆夜藏钩。
宾筵几许丹青手,秋岳(华)冬心(金)侪九友。
后生可信畏前贤,只惜留题付乌有。
辗转流传付子云,(画为无锡杨氏家藏,已归亚农)梦中割锦复贻君。
宝章岂第夸双璧,清闷浑堪张一军。
我来展卷增凄怆,剩水残山岂殊状。
上河渺矣复谁图,万木郁然犹在望。
谁是江山旧主人,空从翰墨织前因。
结邻待赁皋桥庑,艺海相从即幸民。(余近颇有卜居吴门之意)

民国二十二年二月游吴下,亚农先生以此画见示,意未寄也,余因而考订超宗事作漫赋长歌。余诗不足为此画增重,盖神物自有真价值耳。番禺叶恭绰记。

三月二十七日,叶恭绰派人给吴湖帆送来已题好的《郑元勋临石田山水画轴》,遵何澄嘱,吴湖帆在董其昌题跋之上,题写了"郑嵩亭不以画闻而笔墨娴雅雄厚。竟如此幸,思翁拈出,岂人间孤本耶?今归灌木楼而遐庵又长歌咏之,皆三百年后嵩亭知己"之语[22]。

叶恭绰《为亚农题所藏明郑超宗元勋山水画轴》长篇题跋,可视为"多少遗民泪,洒入荆枝尺幅间",宁死也不仕外族的诗史之作。这首题写在《郑元勋临石田山水画轴》轴首的长歌,几为一部明代逸民简史,与明清各类名人计成、马曰琯和马曰璐、杭世骏、黎遂球、钱牧斋、董其昌都有关联,不了解叶恭绰在这首长歌里所提到的这些人物,就不知道这幅画为什么特别会让叶恭绰感慨万千,沉痛万分。

郑元勋(一五九八～一六四四),字超宗,号惠东。南直隶徽州府歙县长龄桥人,家江都(今江苏扬州),占籍仪征。明天启四年(一六二四)中举,崇祯十六年(一六四三)成进士。一六四四年六月,明朝廷有兵部职方司主事之命,故世以"职方"称之。工诗文,著有《影园诗稿》《文稿》各一卷,辑有《媚幽阁文娱》。善画山水,董其昌评其"笔法出入子昂、子久、叔明、元稹间"。郑元勋的画迹今存世者仅为四件:作于一六四二年的《山水》扇页(故宫博物院藏),一六三四年的《纪游山水图》

何澄旧藏《郑元勋临石田山水幅》（苏州博物馆提供）

（南京博物院藏）；另外两件均为何澄旧藏：一为作于一六三一年的《临石田山水画轴》，一为作于一六四一年的《为镜月作山水》扇页（后两件均为何澄旧藏，苏州博物馆现藏）。

郑元勋筑有影园，系与计成合作建成。计成所著《园冶》，郑元勋在明崇祯八年（一六三五年七月一日）有题词："影园在湖中长屿上，古渡禅林之右，宝蕊楼之左……园户东南，隔水南城脚岸，皆植桃柳，人呼为'小桃源'。入门，山径数折，松杉密布，间以梅杏梨栗。山穷，左为荼蘼架，架外丛苇，渔罟所聚。右小涧隔涧，疏竹短篱篱，取古木为之。小门二，取古木根如虬蟠者为之。入古木门，高悟夹径"。[23]一切似都在柳影、水影、山影之中。董其昌过扬州，以为郑元勋此园有山水画意，遂取"三影"之意，题"影园"相赠。郑元勋后将其所题嵌在园内三门石额上。

杭世骏（一六九六～一七七三），字大宗，号堇浦，一作堇甫，晚号秦亭老民，浙江仁和人。清雍正二年（一七二四）中举，乾隆元年（一七三六）荐试博学鸿词，授编修。乾隆八年（一七四三）二月，因疏议触怒高宗，几遭不测，后被罢官还乡。一七六六年至一七七〇年，主讲扬州安定书院，课诸生杜氏《通典》，马氏《文献通考》，郑氏《通志》。著有《道古堂诗集》二十六卷，《道古堂文集》四十八卷。

郑侠如，字士介，号俟庵。郑元勋弟。入清不仕，购休园养母。据清人李斗《扬州画舫录》载："休园在流水桥圉，本朱氏园。其地产诸葛菜，亦名诸葛花。园宽五十亩，南向，在所居住宅后，间一街，乃为阁道。而下行如坂，坂尽而径，径尽而门，门内为休园……中多文震孟、徐元文、董香光真迹。止心楼下有美人石，楼后有五百年棕榈，墨池中有蟒，来鹤台下多产药草[24]。"

马曰琯（一六八八～一七五五），字秋玉，号嶰谷、沙河逸老，安徽祁门人。马曰璐（一六九五～一七六九），字佩兮，号半查、半槎、南斋。兄弟二人，虽为盐商，但喜习经史文集，金石字画，且有诗名，藏书甚富。其"上玲珑山馆"为扬州一代名园，亦是当时文化人的活动中心。

黎遂球（一六〇二～一六四六），字美周，广东番禺人。明天启七年（一六二七）中举。授兵部职主司主事，出守赣州。城被清军破，与弟黎遂洪同殉节。著有《莲须阁诗文集》。

钱谦益（一五八二～一六六四），字受之，号牧斋，后自称牧翁，又称蒙叟、绛云老人、敬他老人，最后号东涧遗老，江苏常熟人。明万历三十八年（一六一〇）进士。官礼部右侍郎，革职后南归。南宋福王时，官方礼部尚书。入清后，官礼部右侍郎，充修《明史》副总裁。任职仅六月，即告病归。集政治家、学者、古文家、诗人于一身，为明末清初文坛领袖，有东林党魁、文坛祭酒桂冠。晚年成为贰臣。功过是非,后世对其评价不一。历史学大师陈寅恪著《柳如是别传》,研究柳如是身世,考订钱谦益为“复明”所做的事及活动,影响巨大。著有《牧斋初学集》《牧斋有学集》等。

崇祯十三年(一六四〇),“影园”内的牡丹花盛开,最奇丽的是,一丛牡丹竟开出五朵黄牡丹。菊以黄为正,君子正其名。郑元勋随着奇异的黄牡丹盛开也有啧奇正名的盛举:邀各路文人聚集园内,饮宴赏花,拈韵赋诗。

“评委”钱谦益为此作《广陵郑超宗圃中忽放黄牡丹一枝群贤题咏烂然聊复效颦遂得四首》,另作《姚黄集序》,言这场江南文人最后的盛事:

> 姚黄花世不多见,今年广陵郑超宗园中,忽放一枝。淮海、维扬诸俊人,流传题咏,争妍竞爽,至百馀章,都人传写,为之纸贵。超宗汇而刻之,特走一介,渡江邮诗卷以诧余,俾题其首。
>
> 余观唐人咏牡丹诗,大都托物讽刺,如白乐天、杜荀鹤所云,其与夫极命草木,流连景物之指远矣。韩魏公守维扬,郡圃芍药,得黄缘绫者四朵。公召王岐公、荆公、陈秀公开宴,四公各簪一朵,其后相继登宰辅,人以为花瑞。花发于超宗之圃,人亦曰超宗之花瑞也。吾家思公为留守,始置驿贡雒花。当有宋之初,称为太平盛事。今此花见于广陵,为瑞博矣,宜作者之善颂也。虽然,花以人瑞也。向令今之演纶操笔,伴食覆餗者,胥在维扬幕中,此花将应之乎?不应之乎?不应则非花瑞,应之则为花妖,无一而可也。王师在野,飞蝗蔽天,超宗而为思公也,此花将贡致之乎?否乎?雒阳相君忠孝家,可怜亦进姚黄花贡之,诚未是也。令采诗者译以献之太师,回卿士爱花之心,念中人十户之赋。则是编也,安知不为长庆之讽谕乎?或曰:朱逊之谓菊以黄为正,馀皆可鄙。诸君子之咏姚黄,取其正也。世有欧阳公续牡丹之谱,知作者之志,不在于妖红艳紫之间矣。是即可书也。庚辰六月(一六四〇年七月)序[25]。

是年,黎遂球途经扬州,正值郑元勋在园中大会文士,黎遂球遂参会,以所赋黄牡丹七律十首,被钱谦益评为第一。女乐歌吹迎于红轿,一时传为盛事,被誉为“黄牡丹状元”。

时过一年,一六四四年六月二十六日,牡丹盛会的主办人郑超宗在扬州因被城民所误,遭害,“黄牡丹状元”黎遂球也于二年后殉节大明朝。这之后,就是郑超宗这幅画作流传的过程了。

叶恭绰《为亚农题所藏明郑超宗元勋山水画轴》题跋后的一九四一年七月二十四，叶恭绰得到一幅《钱牧斋行草手卷》，为此卷作跋时，他又忆起何澄所藏《郑元勋临石田山水》及郑元勋、黎遂球殉节之后遗民泪之痛，跋语曰：

此为甲申前一年牧斋所书，阅者不无彦回老寿之感。卷中郑超宗《黄牡丹》诗，即黎美周牡丹状元故事，当时评定甲乙者，亦牧翁也。郑、黎皆殉国难，吾乡梁子春云："闻道扬州郑子真，杀身亦已共成仁。可怜宾主皆奇节，只愧当年校艺人。"可为增叹。卷中诸作是否已入集中，暇当一勘。民国三十年七月二十四晨起展观因题。

超宗画法得董宗伯之传，余曾见友人处(何澄)山水一帧，苍秀似杨龙友(名文骢，号山子，贵阳人，"复社四公子"之一)，今时流竞赏《媚幽阁文娱》(郑元勋辑)，然能明其身世节行者鲜矣[26]。

叶恭绰"今时流竞赏《媚幽阁文娱》，然能明其身世节行者鲜矣"之语，实是大收藏家与只重好看、只想今后能升值几何的所谓藏家之大不同处。诚如吴湖帆所言："今归灌木楼而遐庵又长歌咏之，皆三百年后蒿亭知己。"

何澄虽是网师园主，但他从来没有在园内住过。他懂得，真正养园的人是不能住在园子里的。当年童寯看到"园中仍有人居住，为名园中罕例"，奇怪怎么会有人居住在园子里，原来就是不明白怎么会有人破坏这种惯例。

网师园有人住，在何澄生前，只有两次例外：一九四一年六月，长子何泽明和吴君珊喜结良缘；七月七日，他的大女儿何怡贞和葛庭燧[27]在上海清华同学会结婚后，因女儿已是外人，就住进了网师园度蜜月。贺喜的亲友和弟弟们也在网师园里热闹了几天。

养园真是费心费钱的一件事。既不能出租，也不能居住，所以在一九四五年，何澄就曾想把它卖掉。

一九四五年十二月二十五日，身在北平的何澄在给小女儿何泽瑛的一封信中说：

……此间有人想买网师园，我亦想卖。此后社会民主化，我不想多有此奢华废物也。拟索黄(金)千两(百条)，可与王季勉老伯商之。能有比此数多主，则更妙……

一九四一年七月，何澄、王季山夫妇和家人在苏州网师园平石桥。前排左一何澄、前排中四子何泽诚、前排左三长媳吴君珊，中排左一次子何泽涌、中排左二吴济时（谷宜）、中排左三长女婿葛庭燧、中排左五夫人王季山、中排左六长女何怡贞、中排左七小儿何泽庆，后排三子何泽源

一九四一年七月，何澄苏州在网师园“月到风来亭”

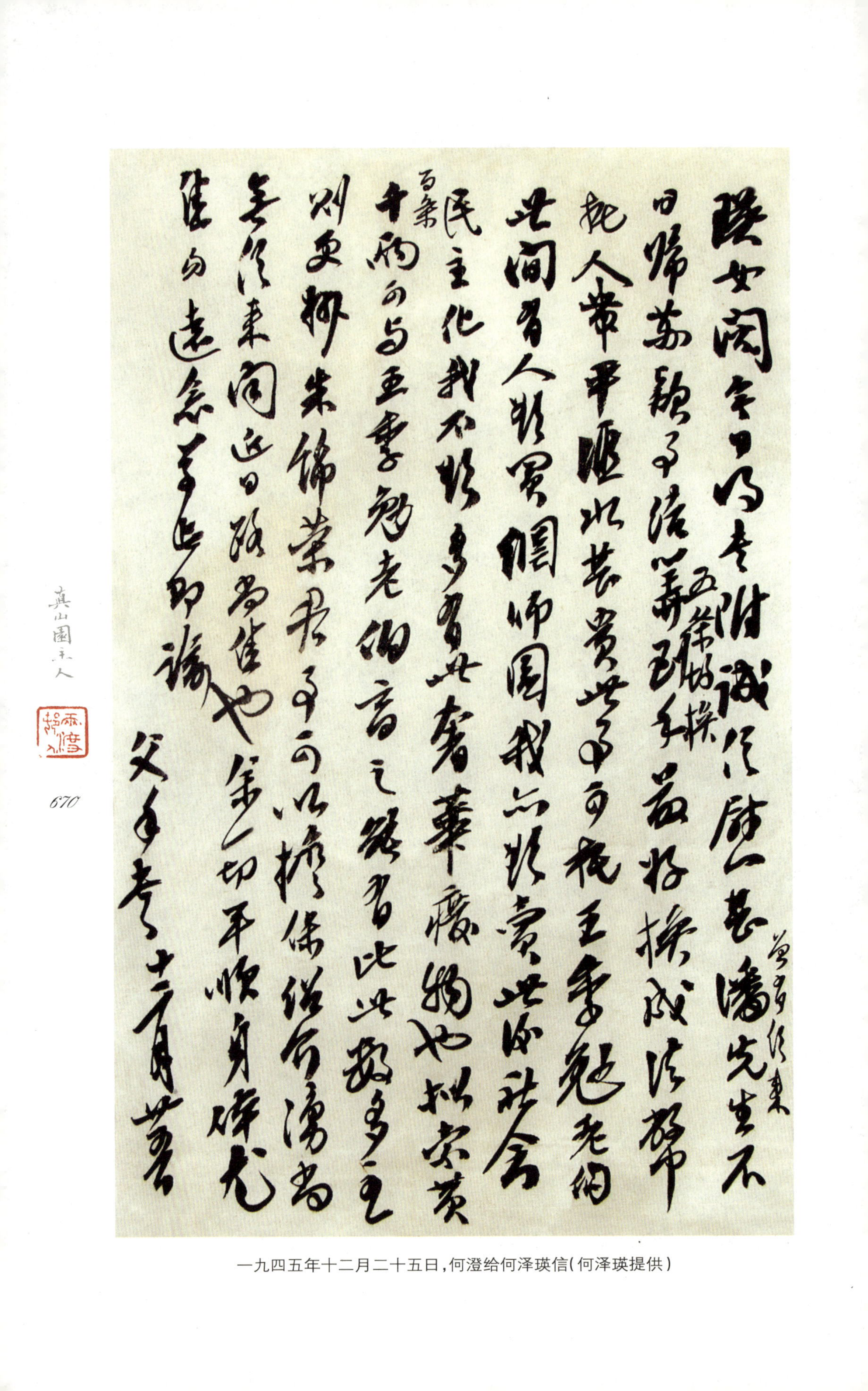

真山园主人

一九四五年十二月二十五日，何澄给何泽瑛信（何泽瑛提供）

在另一封信后又及：

> 再：此间有人想买网师园，余亦嫌此大花园为累甚，欲出手，正论价中。又及。

一九五〇年，何澄的儿女遵照先父生前的遗愿，把网师园无偿无悔地捐献给了国家。八位女子，捐献之前，没有从网师园拿一件字画，一件明清红木、楠木、紫檀、黄花梨家具，一件明清瓷器。何澄二子何泽涌（著名的胚胎组织学家、细胞学家）在给他外甥女的一封信中说：

> 网师园在他（何澄）也视为一种艺术品。买了以后，他自己没住过一天，只是加以整修、保护。而后把所收藏的那么多的珍贵文物和世界文化遗产网师园，全部捐献给国家（苏州博物馆、南京博物院）。这样的人，在中国少有的，在世界也少有的。

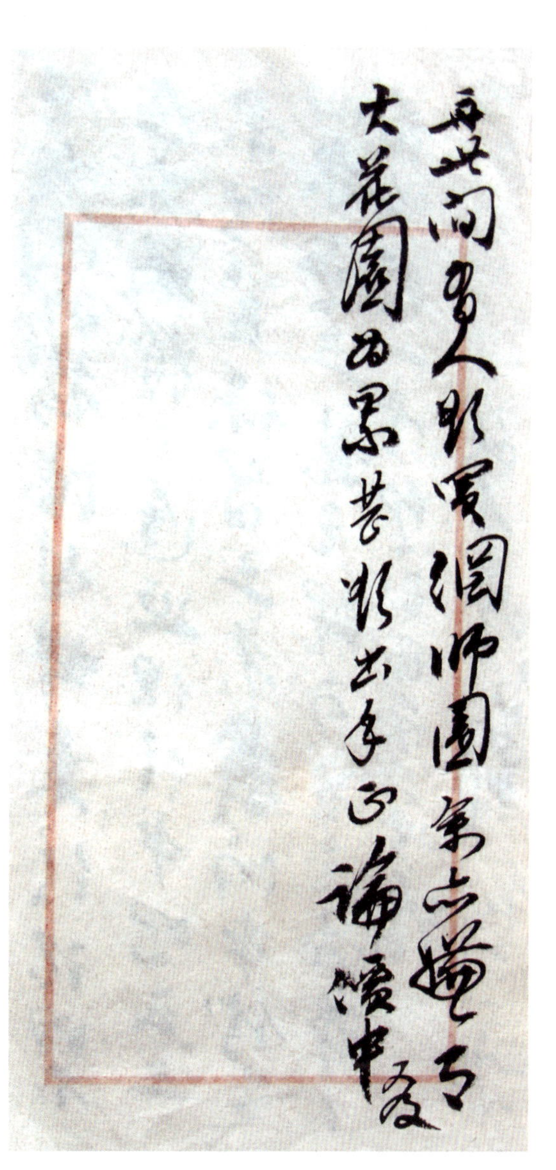
再此間有人想買網師園余亦嫌此
大花園為累甚欲出手正論價中又及

何澄关于网师园为累信（何泽瑛提供）

注释：

① 王稼句编注《苏州园林历代文钞》，第七十五～七十九页，上海三联书店，二〇〇八年一月。

②中国历史博物馆编、劳祖德整理《郑孝胥日记》（第四册），第一七八六页，中华书局，一九九三年十月。

③叶恭绰（一八八一～一九六八），字玉甫，又字誉虎，号遐庵，别署比德堂、矩园，广东番禺人，生于北京。中国近代交通的开拓者，民国政坛的风云人物，学界博洽非凡的通人，收藏界的典范才杰。一九〇六年入邮传部。一九〇七年十一月，邮传部把铁路提调处改组为铁路总局，被任为总科员。一九〇八年四月，升路政司主事，五月升路政司员外郎，九月再升路政司郎中，未几，调任承政厅佥事。由于对交通行政管理业务娴熟，更有不避劳怨、忘身奉公的勤勉，一年之中，由七品办事员升任品秩五品郎中，遂在邮传部崭露头角。一九〇九年，任承政厅副厅长，不久任厅长。一九一〇年，被任命为铁路总局提调。一九一一年，继徐世昌为邮传部尚书的盛宣怀，以“专权糜费”之由，免去了叶恭绰铁路总局提调的职务。未久，盛宣怀就因推行“铁路国有”惹出乱子，被清廷革职。盛宣怀下台后，叶恭绰官复原职，仍署理铁路总局局长，并执掌全国铁路督办。辛亥革命，南北交战和议和期间，叶恭绰上午在邮传部办公，下午到袁世凯的官舍商讨政治途径，曾就清室逊位、力促北方共和，提出过若干建议。一九一二年三月十日，袁世凯在北京宣誓就任中华民国临时大总统，其表示坚决拥护共和的誓词即由叶恭绰执笔。同年，叶恭绰开始兼任交通银行帮理（副总裁）。交通银行是梁士诒于一九〇七年以“收回权利”为号召倡议成立官商合办银行。成立初衷，是想掌握邮传部所管的航、路、电、邮四政的收入，在举债修路时包揽有关金融业务。交通银行成立后，影响力很快就超过中国银行，而且还诞生了一个政治派系“交通系”，叶恭绰由此成为“交通系”的二号人物。南北议和后，邮传部改组为交通部。叶恭绰以路政司司长的身份兼任铁路总局局长。期间，提出了“铁路问题乃民国建设上第一应先决之问题”的主张，认为，“今日第一在赶急造路，其他皆不成问题。诸如国有、民有之争，内债、外债之别，皆枝叶上事。”为此，采取向全国国民征询意见的方法，形成了铁路布局的基本思路：（一）对于国际上宜设法缩短欧亚交通之途程，使吾国得直接与西比利亚铁路连接。（二）对于国内宜迅速建筑纵横两大干线，一为横断亚陆之陇海线，一为纵断线，另之粤汉线，使之早日接通京粤。这个思路，直接影响了后来中国铁路建设的战略布局，推动了中国铁路的战略布局。辛亥革命时，任内阁议和处参议。一九一三年十二月，任路政局局长兼代交通次长。一九一五年六月，庄蕴宽发起政治目的很强的“三次长参案”，所参陆军次长徐树铮、财政次长张弧和交通次长叶恭绰，被谕令停职；涉案者还有津浦、京汉、京绥、正太、沪宁五路局长，史称“五路大参案”。一九一七年，叶恭绰出任段祺瑞内阁交通次长兼邮政总局局长。一九一八年十月，因在西原借款问

题上与顶头上司、交通总长曹汝霖意见不同，遂辞职。冬季，带着四项任务开始了环球旅行：(一)受交通部委托，协助中国出席巴黎和会的代表，并调查第一次世界大战后各国复兴工业的计划；(二)受交通银行委托，调查国外汇兑方法与制度；(三)受中华银公司委托，与各国银团洽谈相关业务；(四)受天津惠民公司委托，安抚、慰问在欧洲各国为军队效力的华工。一九二〇年八月，靳云鹏出任国务总理，叶恭绰为交通总长。由于骂各地军阀胡作非为，破坏路政，被军阀怀恨，于一九二一年四月被排挤出内阁。一九二一年十二月，梁士诒出任内阁总理，叶恭绰仍掌交通总长。一九二二年一月十九日，吴佩孚领衔六省督军省长，电请大总统徐世昌免梁士诒内阁总理之职。一周之后，与梁士诒避地天津。五月五日，奉军战败，直系上台。大总统徐世昌下令通缉梁士诒、叶恭绰，遂逃亡日本，于一九二二年十一月完成其重要著作《交通救国论》。一九二三年四月，叶恭绰返回广州，担任孙中山大元帅大本营财政部长。一九二四年九月，第二次直奉战争爆发，直军战败，由奉军支持的段祺瑞组成临时执政府，叶恭绰奉孙中山委派北上，第三次出任交通总长。一九二五年孙中山逝世后，于十一月辞去交通总长。一九二七年六月，在国民革命军节节胜利的背景下，国民革命军的败将孙传芳、张宗昌，与张作霖结盟，组成了“安国军”，拥张作霖为“海陆军大元帅”，在北京组织军政府，张作霖聘叶恭绰为财政委员会副会长。一九三一年，为表达自己对孙中山的崇敬之心，叶恭绰捐私款在南京中山陵墓左边流徽榭北面二道沟侧，捐建了一座“仰止亭”，此亭由中央大学教授刘敦桢设计，单檐攒尖顶，覆蓝色琉璃瓦，朱红色立柱，额枋、藻井、雀替均饰以彩绘，庄严清丽。一九三二年元月，蒋介石第二次下野，孙科组织南京国民政府，邀其出任铁道部长。一个月之后，随孙科去职。从此以后，叶恭绰脱离政坛，专事文化事业。一九三七年十一月二十七日，悄然避居香港。太平洋战争爆发后，香港沦陷，被日军软禁。一九四二年十月转往上海，拒受伪职，以书画自娱。抗日战争胜利后，由沪返穗。一九四八年移居香港。新中国成立后，任中央人民政府政务院文化教育委员会委员。一九五一年七月，被聘任为中央文史研究馆副馆长。一九五八年，被划为“右派分子”，停止全国政协常委职务并解聘代理中央文史研究馆馆长职务。“文化大革命”中遭受迫害，一九六八年八月六日逝世。一九八〇年，全国政协为其举行追悼会，平反昭雪。遵其遗嘱，经有关方面特批，骨灰葬于南京中山陵“仰止亭”旁。

叶恭绰在教育上的杰出贡献是决定组织成立交通大学，并实行董事会制度。在文博事业方面，一九三三年九月，应上海市市长吴铁城之邀，参加上海博物馆的筹建，一九三五年上海博物馆与图书馆同时建成，出任上海博物馆第一任董事长，一九三六年四月，上海博物馆正式展出。一九三二年二月，伦敦中国艺术国际展览会聘其为委员，挑选故宫博物院精品赴英国展出，轰动一时。一九三五年八月，中英庚款董事会组建补助保存国内固有文化史迹古物委员会，被推为主任委员。一九三六年，力促故宫文物大规模南迁。一九三七年四月，在上海举办中国建筑展览会，以唤起海内外对中国传统建筑的注意。在整理出版中国典籍上，身体力行，将祖父叶衍兰的《清代学者像传》影印出版，不遗馀力地编印“广东丛书”，编纂有《全清词钞》等。其收藏的国宝重器颇多，收藏境界甚高。喜墨，为现代藏墨四大名家之一。著作甚丰，主要有《遐庵诗稿》《遐庵词甲稿》《遐庵谈艺录》《遐庵汇稿》《遐庵清秘录》《交通救国论》《矩园馀墨》《叶恭绰先生书画选集》《叶恭绰书画集》等。

④叶恭绰著《矩园馀墨》,第一七八页:"张都护诗存后",辽宁教育出版社,一九九七年三月。张锡銮卒年,一作一九二二年;叶恭绰在"张都护诗存后"有"张作霖死,今颇亦不久卒",拟为一九二八年。

⑤刘景山等编《遐庵汇稿》(中编),第一〇三页,台湾文海出版社,民国三十五年增订本。

⑥王家诚著《张大千传》,第一五三页,百花文艺出版社,二〇〇八年一月;李永翘编《张大千艺术随笔》,第一七三页:《我的二哥张善孖与他的虎儿》,上海文艺出版社,二〇一二年三月。

⑦李永翘编《张大千艺术随笔》,第一七八页:《我的二哥张善孖与他的虎儿》,上海文艺出版社,二〇一二年三月。

⑧同上,第一七八~一七九页。

⑨王家诚著《张大千传》,第一五五页,百花文艺出版社,二〇〇八年一月。

⑩杨敦颐(一八五九~一九二八),字粹卿,江苏震泽人,后迁吴江同里。一九〇四年甲辰恩科举人,中举后任镇江学台。一九〇五年进上海商务印书馆当编辑。编写初级小学教科书,参与《辞海》编纂,著有《满夷猾夏始末记》。后弃文经商,在同里开设米行,乡下置有田产众多,并在苏州十全街有振丰毛纺厂,生前与何澄有交谊。

⑪计成原著、陈植注释《园冶注释》,第四十七页,中国建筑工业出版社,一九八八年五月。

⑫童寯(一九〇〇~一九八三),字伯潜,满族人。一九二五年毕业清华学校后,即赴美留学,入读宾夕法尼亚大学建筑系。期间,获全美建筑系学生设计竞赛二等奖(一九二七)和一等奖(一九二八)。一九二八年获建筑硕士学位后,在费城、纽约的建筑事务所工作两年。一九三〇年赴欧洲考察建筑后回国。一九三〇年至一九三一年,任东北大学建筑系教授。一九三二年至一九五二年,在上海与建筑师赵深、陈植共同组织华盖建筑事务所,主持绘图室工作。华盖建筑事务所组建之后,共设计工程两百馀项。其中,与赵深、陈植合作设计的有南京国民政府外交部大楼、上海大戏院、上海浙江兴业银行大楼等世纪杰出建筑。一九四四年起,先后在重庆和南京兼任中央大学工学院建筑系教授。一九五二年,南京大学工学院改组为南京工学院,仍为建筑系教授。参加设计的工程约百项。主要建筑作品有南京首都饭店、上海金城大戏院、南京下关首都电厂、南京中山文化教育馆、南京地质矿产陈列馆、国民政府资源委员会办公楼等。在建筑创作上,反对因袭模仿,坚持创作,作品比例严谨,质朴端庄。上世纪三十年代开始致力于中国古典园林研究,调查、踏勘和测绘、拍摄江南一带园林,写出划时代造园著作《江南园林志》(一九三七)及《东南别墅》《造园史纲》《随园考》等,是继计成之后,倾心研究江南园林的专家。无论是近代中国的杰出建筑学家,还是建筑学的专家,均对童寯作出中肯的评价。建筑名家陈植说:"他研究园林早于对建筑理论的探讨,在一九三二年至一九三七年间,遍访上海、苏州、无锡、常熟、扬州及杭、嘉、湖一带,考察庭园,不辞劳苦,独自一人徒步(他从不乘人力车)踏勘、摄影、测绘。这一工作十分繁重、艰苦而富有成效……由于他在中英文方面造诣极深,他的文笔不论中文或英文,总是古朴、凝练、流畅,可与文学家媲美。"建筑学家刘致平说:"我在北京图书馆看到了《天下》杂志有童老夫子一篇讲中国园林的美文大著……国内最先从事园林研究及著作的当

推童老夫子了,童先生是我国最早的园林家,可谓当之无愧了。”中国科学院、工程学院院士吴良镛说:“童老是我国杰出的建筑大师、建筑学家、建筑教育家和画家。作为建筑师,他留下了如南京外交部等杰出作品;作为建筑学家,他博览群书,著书立说,有《童寯文集》出版;作为建筑教育家,他是一代宗师,桃李满天下;作为画家,他留下了传世之作数百幅。东南大学建筑史学家郭湖生说:“童寯先生是近代研究中国古代园林的第一人。”

⑬童寯著《园论》,第十四页:《中国园林——以江苏、浙江两省园林为主》,百花文艺出版社,二〇〇六年一月。

⑭陈从周著《说园》(抄本影印、中英文对照本),第三~四页,同济大学出版社,一九八四年十一月。

⑮同上,第四页。

⑯沈昆三(一八八九~一九五五),字成式,福建福州人。祖父系曾官至两江总督兼船政大臣的沈葆桢,父亲沈瑜庆为清朝贵州最后一任巡抚。一九〇八年赴英国留学,入剑桥大学攻机械工程学。在英期间,结识了在中国做外交官多年的英国人娄斯。毕业回国后,初在北京政府海军部供职。一九一三年,在北京大学教书,后任北京工务局总工程师,主持过东西长安街的建造。一九二一年,经娄斯推荐,进入英美烟草公司,任常驻北平顾问,专办在中国市场销售后税务等交涉事宜。抗日战争开始后到上海,办理由香港经滇缅公路到云南运输烟草业务。一九四八年,离沪赴港。

胡适在沈昆三四十岁生日时,曾写贺词祝寿:“最美无忧公子,生平豪气难除。冯来蒋去一窝猪,天下何思何虑!行遍江南塞北,新来游兴何如?何时再去逛匡庐?莫待便便大肚!”

⑰叶恭绰著《矩园馀墨》,第一三九页,辽宁教育出版社,一九九七年三月。

⑱同上,第一三八~一三九页。

⑲吴元京审订、梁颖编校《吴湖帆文稿》,第二十二页,中国美术学院出版社,二〇〇四年九月。

⑳同上,第三十页。

㉑同上。

㉒同上。

㉓[清]李斗著《扬州画舫录》,第一〇九页,中华书局,二〇〇七年九月。

㉔同上,第一一一页。

㉕钱谦益著《牧斋初学集》(中册),第八八五~八八六页,上海古籍出版社,一九八五年九月。

㉖叶恭绰著《矩园馀墨》,第一四五页,辽宁教育出版社,一九九七年三月。

㉗葛庭燧(一九一三~二〇〇〇),山东蓬莱人。一九三〇年,考入清华大学物理系。一九三三年,因患肺病休学。一九三七年,从清华大学毕业后,一边养病,一边在中华教育文化基金会进行科学书籍的翻译工作。一九三八年,考入燕京大学研究院研究生,兼任助教。一九四〇年获理学硕士学位。后应西南联合大学吴有训、叶企孙教授邀请,赴昆明任清华大学物理系教员。

在燕京大学学习期间，与在研究院任教的何怡贞博士结识，并于一九四一年七月七在上海结婚，同年八月同去美国。

一九四一年九月，在加州大学伯克利分校物理系攻读博士学位并兼任助教，以全优成绩获得该校一九四二年授予的“大学研究员”资格及清华留美奖学金。一九四三年获得博士学位。随后在美国麻省理工学院光谱实验室参加研制原子弹的“曼哈顿计划”的有关工作，并在该学院辐射实验室进行微波雷达发射和接收两用天线自动开关的研制，获得美国国防研究委员会颁发的奖状、奖章以及一项专利。美国出版的《雷达丛书》和战后内部出版的《Five Years at the Radiation laboratory》一书，记载了葛庭燧在二战期间在这里所做的出色工作。

一九四五年至一九四九年，应甄纳教授邀请，参加了芝加哥大学金属研究所的筹建工作，并进行金属弛豫谱（内耗）和金属力学性质的基础研究工作，先后任讲师级和副教授级研究员。这一时期是葛庭燧在科研上取得奠基性和开拓性成就的时期，共发表十八篇研究论文，主要是创制了用于低频内耗测量的扭摆，证明了金属晶粒间界的粘滞性质，提出了晶粒间界的粘滞滑动模型，并且发表了表现反常振幅效应的反常内耗现象，突破了经典内耗理论的框架。

一九四九年初，葛庭燧收到清华大学校务委员会主席叶企孙教授签颁的聘书，聘请他自八月一日起为物理系教授。与何怡贞带着子女于十一月底离开美国，一九五〇年一月经香港回国。在清华大学开设了我国第一个“金属物理”课程，并建立了我国第一个内耗实验室“金属物理实验室”，同时兼任中国科学院应用物理研究所的合聘研究员。

一九五二年，奉调赴沈阳参加中国科学院金属研究所筹建工作，后任研究员和研究室主任。一九五六年，以《金属中的内耗与力学性质的研究》等十一篇论文获得国家自然科学奖二等奖。

一九五七年，国际文献将葛庭燧创制的用于低频内耗测量的扭摆装置称作“葛氏扭摆”，把扭转线圈装置称为“葛氏弛豫计”。一九七六年，葛庭燧发现的晶粒间界的内耗峰，被国际文献上正式命名为“葛峰”。

一九五五年，当选为中国科学院学部委员（后改称院士），任数理化学部的常务委员。一九六一年，被任命为中国科学院金属研究所副所长。

一九八〇年七月，调往合肥，任中国科学院合肥分院副院长，中国科学院固体物理研究所筹建组组长、所长、名誉所长。一九八二年，与张进修、王中光等人一起以《位错内耗与范性形变机理研究》等三十四篇研究成果获得国家自然科学奖三等奖。一九八五年八月，中国科学院批准由他任主任的内耗与固体缺陷开放研究实验室向国内外开放。带领博士研究生崔平、方前锋、程波林、文亦汀和研究人员朱震刚、张立德等，在内耗实验技术、晶界内耗、非线性内耗、功能材料内耗的研究方面，取得诸多新成果，多次获得中国科学院的奖励。一九八六年和一九九三年，这个研究集体以“晶粒间界内耗研究的新进展”和“竹节晶界内耗峰的发现及其机理的研究”项目，分别获得中国科学院科技进步奖一等奖和自然科学二等奖。

一九八九年，在北京召开的第九届国际内耗与超声衰减学术会议上，荣获这一科学领域的最高国际奖——甄纳奖，以表彰他近半个世纪在这个领域内的理论和实验研究以及在仪器创新方面所做出的创造性贡献。

一九九六年，荣获桥口隆吉（R.R.Hasiguti）材料科学奖和何梁何利基金技术进步奖。

一九九九年，荣获美国矿物、金属和材料协会（TMS）学术最高奖——梅尔奖（R.F.Mehl）。

共发表二百四十馀篇学术论文，出版多种著作和译作。曾当选为全国人民代表大会第三、五、六、七届人民代表。曾任九三学社第三、四、五、六届中央委员，第七、八届中央常务委员，第九届中央参议委员会副主任。

二〇〇〇年四月二十九日，因病在合肥市逝世。

何澄旧藏“金石长寿”薄意白寿山章

二十四 《大众》"诗版主"

一九四二年十一月，上海报界闻人钱芥尘[①]，在白克路同春坊四十八号的寓所编辑出版了颇为醒目的《大众》月刊。他在《发刊献辞》中言明了杂志创办的缘起和宗旨：

世间一切动物，凡是有一张嘴的，总要饮要食；除此以外，更要说话。

鸟啁啁而言，鸡喔喔而言，马啸啸而言，蛙阁阁而言，至于我们人类，就应该侃侃而言。只要有一日活着，我们便一日要饮食，也一日要说话。不论何时何地，我们总不能长期沉默，一语不发；我们每日对于任何样的天气，也不免要赞叹一声，或者埋怨一声。

画家以丹青言，音乐家以弦管言，聋哑者以手势言，然而最普遍的，莫如以文字言。一切书信，简牍，报章，杂志，都是以文字来和当代人说话的工具。

说话有时候，有地方，然而也有不限于一定时候或一定地方的，这便是一种适合于永久人性的说话，以及一种有益于日常生活的说话。

我们今日为什么不谈政治？因为政治是一种专门学问，自有专家来谈，以我们的浅陋，实觉无从谈起。我们也不谈风月，因为遍地烽烟，万方多难，我们的鲁钝，亦觉不忍再谈。

我们愿意在政治和风月以外，谈一点适合于永久人性的东西，谈一点有益于日常生活的东西。

我们谈话对象，既是大众，便以《大众》命名。我们有时站在十字街头说话，有时亦不免在象牙塔中清谈。我们愿十字街头的读者，勿责我们不合时宜；亦愿象牙塔中的读者，勿骂我们低级趣味。

《大众》月刊创刊号

沦陷区不愿“落水”的文人已很久没有说话的地方了。他们除了要吃要喝，还需要有说话的地方。所以钱芥尘的这份杂志一创刊，便受到沦陷区一批靠卖文吃饭的文人的欢迎。

创刊号上有张恨水的《京尘影事》、包天笑的《拈花记》、程小青的《咖啡馆》长篇小说连载，有钱士的翻译小说《蔡夫人》和姚克的话剧剧本《清宫怨》连载，还有吕思勉、包天笑、徐卓呆、邓粪翁、予且、钱公侠、卢焚、郑逸梅等一批名家的散文随笔和杂谈，更推出“女作家特辑”，所以该刊一出版，在积郁已久的沦陷区，便成为一件文化大事。据《申报》一九四二年十一月八日“本埠”栏云：“《大众》再版出书：当代硕彦钱须弥创办《大众》月刊，本月一日创刊后，不三日行销一空，本外埠经销处纷纷要求添书，即赶印再版，业于昨日出版发售。内容精彩，有口皆碑。”《大众》月刊出版三天就将再版的消息，也许是钱芥尘的自导自演，但“一纸风行”，也是一个基本事实。

在《大众》创刊号上，许多人都注意小说、剧作和词章名家，对何澄的三首打油诗却忽视了。钱芥尘虽在《发刊献辞》中标榜不谈政治，但何澄的这三首诗却没有一首不是谈论政治的。

第一首注明为“打油诗”，实则是何澄个人的政治声明：一九四二年六月二十七日，广东南海籍的何兴农，出任汪伪国民政府侨务委员会委员[②]，报纸在发表何兴农任此职务时，却把何兴农错印为何亚农，何澄于是作打油诗予以调侃。指出那个何兴农与我何亚农一东一西，风马牛不相及，我堂堂一个真山老人，从来没有向日伪政权低过头，折过腰，现在你们以一字之差发表出来，真者成了假的，假者成了真的，我也只能笑哈哈地说："何幸折腰事，人来替老翁。"

兴农与亚农，一字不相同。
既异东西籍，当然牛马风。
古书犹有误，新报岂全通，
何幸折腰事，人来替老翁。

有何兴农者，南海籍，近任侨务委员，报载误兴农为亚农，朋侪疑问究竟，以诗答之，亦趣闻也[3]。

第二首《无题》，何澄用"朝秦暮楚"典故，讽刺周佛海时而与重庆方面暗通，时而又与日寇明过，朝朝暮暮，反复无常。但无论怎样拿不定主意，你这个前生已种下恶因恶果的痴儿，到头来也是"苦辛"一场，但决不会有好结果的。

既恋娘家莫嫁人，嫁人暮楚岂朝秦。
盛言解放胡施绑？大展欺迷为救贫。
乱世无奇原不有，一时见怪或非真。
恶因恶果前生孽，钓上痴儿正苦辛[4]。

第三首《克难坡》，更具强烈的政治意义。"克难坡"，本为山西吉县黄河壶口瀑布边上一个只有六户人家的小村庄，因二战区司令长官阎锡山将司令部和山西省政府设在这里，遂改名为"克难坡"，意为"克国难"、"克战时生活之难"。一九四一、一九四二年，却传出阎锡山与日本陆军省兵务局长田中隆吉勾勾搭搭，并签订了"汾阳协议"。何澄闻此传言，对老朋友阎锡山也不客气了，于是写了这首愤怒异常的诗作。其中，"仕汉偏思亡汉室，连秦又欲倒秦戈"句，把阎锡山与日本侵略军说不清道不明的关系一语点破：既然如此，"雄图何必要山河"呢！

斯人斯世近如何？莫测风云克难坡。
仕汉偏思亡汉室，连秦又欲倒秦戈。
阴柔无耻生存久，欺骗能圆过去多。
三晋萧条吉县甚，雄图何必要山河[5]。

何亞農先生（澄）最近詩稿墨寶

壬午秋飲於王四酒家
今日虞山脚猶存王四家游
人能盡醉醉到夕陽斜
宿三峯寺留别逸溪和尚
一夜清涼夢三峯宿有
緣我來乾淨地眼見碧
天劫重人應悟迷深佛可
憐高僧心願大説法任年
年 眞山詩草

何亞農先生，論物望則文武兼資，（士官畢業）言學問則新舊並擅，襟懷恬淡，有感每發爲詩歌，打油詩固南北知名，膾炙人口，第不僅以俳諧見長，今錄其近遊常熟虞山二詩，一記王四酒家，一記三峯寺，除以墨寶製版外，更錄於次；

▽壬午秋飲於王四酒家

今日虞山脚，猶存王四家，游人能盡醉，醉到夕陽斜。

▽宿三峯寺留别逸溪和尚

一夜清涼夢，三峯宿有緣。我來乾淨地，眼見碧空天。劫重人應悟，迷深佛可憐。高僧心願大，說法任年年。

眞山詩草。（按：眞山爲先生筆名。）

《大众月刊》在一九四三年第二期上，刊发的何澄诗稿及墨迹

真山園主人

一九四一年十二月一日，《大众》月刊第二号隆重推出“诗版主”何澄。钱芥尘亲撰作者简介：“何亚农先生，论物望则文武兼资（士官毕业），言学问则新旧并擅，襟怀恬淡，有感每发为诗歌，打油诗固南北知名，脍炙人口，第不仅以俳谐见长，今录其近游常熟虞山二诗，一记王四酒家，一记三峰寺，除以墨宝制版外，更录于次。”正栏内有诗两首：

壬午秋饮于王四酒家

今日虞山脚，犹存王四家，
游人能尽醉，醉到夕阳斜。

宿三峰寺留别逸溪和尚

一夜清凉梦，三峰宿有缘。
我来干净地，眼见碧空天。
劫重人应悟，迷深佛可怜。
高僧心愿大，说法住年年。
真山诗草⑥
（钱芥尘原按：真山为先生笔名）

王四酒家，位于常熟虞山脚下。三峰寺，在虞山第三峰。何澄这两首诗，别有深意。先是说在虞山脚下的王四酒家吃叫化鸡（据说，过去的王四酒家叫化鸡做得好）、喝醉了酒，第二天到三峰寺留宿，与逸溪和尚交谈。深深感到，已处在劫难泥潭中的那些投敌叛国的人，现在该是醒悟的时候了，如果再深度沉迷下去，连佛都不会可怜你了。在同期第六十九页有《哀蟋蟀》，第八十七页有《观挑滑车》：

哀蟋蟀

可哀可惜可怜虫，露冷秋深运要终。
盆底斗争鸣得意，圈中旋转力称雄。
只知好日方如火，那料微躯不任风！
修短全然由造化，何能苟活隐墙东。

观挑滑车

滑车滚滚如财宝，引入峡中马怎收？
愈挑愈多心愈乱，难前难退势难休。
贪嗔一念伤千古，精锐三军葬九州。
既昧于人尤昧己，甘心情死快雠仇。

《哀蟋蟀》是借王孙贵族斗蟋蟀的娱乐活动，讽喻汉奸们就是蟋蟀。因为参加斗蟋蟀活动的蟋蟀多为雄性，寿命仅为百日左右，所以也叫“秋兴”。这些“蟋蟀”

为争夺配偶权而相互撕咬，战败的一方很少有“战死沙场”的时候，不是逃之夭夭，就是退出争斗。无论胜败哪一方，一过了“秋兴”期，所有争斗的蟋蟀都会一一死掉。

《观挑滑车》，借南宋初年，金兵侵犯江南，岳飞与金兀术会战，金兀术在险要处暗设铁叶滑车，阻击宋兵，高宠连续挑滑车的故事，暗讽日军陷入中国人民全面抗战的泥潭而不能自拔。此诗背景似乎与中国军队三次长沙会战中的前两次有关。

第一次长沙会战是在一九三九年九、十月间开始的。其时汪伪正加紧与日寇勾结，准备于是年双十节，沐猴而冠，傀儡登场。敌以西尾寿造为对华派遣军总司令，板垣征四郎为参谋长，扬言攻略西安、宜昌、长沙、衡阳、北海，完成其所谓“板垣战线”，以求解决“中国事件”，不料，这一梦想才开始就破灭了。十月二日，我军反攻，至十月六日，完全恢复战前之态势，各路敌军死伤计四万馀人。

第二次长沙会战于一九四一年九月六日开始。敌军集结赣鄂兵力，达十万之众，由阿南惟几指挥。先以一部向我岳阳东南方面大雪山根据地攻击，被我守军痛击，未得逞。九月七日，敌一部与海军配合，向洞庭湖营田以西各地活动，以保障其主力之右翼，其主力则南犯。九月二十六日，敌军分路窜至捞刀河畔，以一部由渡头市向长沙东南迂回，又以一部由春华山迂回长沙之东，主力则从正面直扑长沙，企图加以包围。九月二十七日，敌伞兵一部窜入长沙城内时，我援军已先后赶至战场，乃将敌层层包围，予以猛击。是日，宜昌方面，我军已开始进攻；江浙皖方面，我军亦向当面之敌采取行动。敌顾此失彼，无法转用兵力，长沙地区被围之敌，后路已被我军切断，至十月三日，乃突围北窜。十月八日，始又恢复以前态势⑦。

一九四二年一月，《大众》刊出新年特大号，内有何澄与何其巩⑧的唱和诗及感怀北平诸亲友的诗一首。

何克之（按：克之为何其巩先生）丧子以诗写其哀念索和

何　澄

生儿最好是愚痴，死活无关任所之。
有子聪明前债重，欠他怜爱与吟诗。

儿女多因索债来，债清他便自离开。

劝君莫羡人家子，不死安知未可哀。

克之次原韵

何其巩

本来万事似云烟，可笑彭殇犹计年。
刹那光阴谁永住，有缘亦是等无缘。

呱呱坠地死由生，生死循环浊世成。
最好家家贤弟子，少闻今日杀人声。

秋风秋雨长烽烟，时事艰危又五年。
我辈若轻今世累，最宜少结子孙缘。

莫谓苍天曰好生，沙场白骨积山成。
可怜教养耗心血，徒供人间路哭声。

纵将万物化为烟，天地何曾减岁年。
任你贤愚痴妄甚，小魔暂与大魔缘。

不死惟须人不生，生斯尘世总无成。
果真欲觅长生道，多念弥陀佛几声⑨。

壬午留别故都亲友

何　澄

北来一次一悲欢，两鬓丝丝难未完。
鼠目何曾能见道，麋头依旧是求官。
人人都觉折腰易，处处惟闻得米难。
久旱方苏又久雨，天心似亦起波澜⑩。

人生有三痛，少年丧父，中年丧妻，老年丧子。何其巩丧子，以诗写其哀念索和,何澄宽慰他"劝君莫羡人家子,不死安知未可哀"。在《壬午留别故都亲友》中,何澄一句"人人都觉折腰易,处处惟闻得米难",把沦陷区人民日坐愁城,一日苦似一日的生活场景,一表无馀。

一九四二年,何澄到北平,准备把从"真山园"搬出来的家具等杂物从百户庙亲友家全部清理一下,另外还想把"真山园"造好后一直饲养的一条黑犬送给友人。但就在行李搬毕,即将南归时,这条黑犬忽然无疾死去。何澄叹之。

余北平寓内有黑犬,于此次移居,行李搬毕,人将离居之时,忽无疾而毙。原拟将此犬赠给友人也。饲此犬不过十年,平时守夜尽职,忠甚!今则不肯去食二主,义极矣!使余能弗感叹?以诗哀之

尔到吾家仅十年,冬寒夏热卧檐前。
窝头饲料原非厚,摇尾输忠真可怜!
宁死不甘依二主,为生似厌过三迁。(由王大人胡同一移于真武庙,再移于石虎胡同,三移于百户庙)
如斯义气堪千古,乱世儿孙少有焉[11]。

一九三九年夏,何泽瑛在北平王大人胡同『真山园』与别人家的家犬戏耍,下方露出头来的即为不肯去食二主的『黑』

一九三九年冬，何泽源、何泽诚在北平王大人胡同“真山园”与家犬合影。前方躺卧着的，即是不肯去食二主的“黑”。

因了自家的黑犬不肯去伺候另一位主人，亦不肯去吃另一位主人的狗食而自毙，何澄联想起那些卖身投靠日本侵略者的汉奸走狗的丑恶嘴脸。这些汉奸走狗与自家饲养的这条“宁死不甘依二主”黑犬相比，不但没有“义”，甚至连“摇尾输忠真可怜”，都给人一种不一样的心情。

值得注意的是，在一九四三年八月号上的《大众》月刊，何澄还有《无题二首》。“无题”是不能题，但内容却是明眼人一望而知的。此诗的背景是，一九四一年五月二日、三日，李士群、吴四宝以给周佛海岳母祝寿为名，请周佛海到“七十六”号看京戏。前来演出的“筱玲红”（本名吴棣芳）被周佛海看上，从此之后屡屡深夜不归。事被周佛海夫人杨淑慧发现，派出自己的“特工”跟踪周佛海。吴四宝新居、卢英的“楚园”和伪财政部驻沪专员公署、伪上海复兴银行总经理孙曜东的家里，都是周佛海和筱玲红的幽会处。杨淑慧得到线报，都急急赶去捉奸，但每每扑空。有鉴于此，杨淑慧买通了周佛海的亲信，很快摸清其行踪。一九四二年四月十一日，在孙曜东豪宅中，杨淑慧带领的一群“女将”一哄而上，把周佛海和筱玲红捉个正着。孙曜东赶来“救驾”，被杨淑慧让人拎着马桶，把粪汁倒了一身。周佛海见状只想息事宁人，于是当面立下字据，表示与筱玲红一刀两断。这样，悍妇杨淑慧才出了一口气，筱玲红也暂时得以脱身。周佛海的这桩艳事不但在上海哄传，还惊动了汪精卫等一干人，纷纷劝周佛海妥善处理“感情纠纷”。一九四二年九月十日，与周佛海分居多时的杨淑慧，突然通知周佛海到她杨家吃晚饭。周佛海来了之后才知道，是杨淑慧主动让筱玲红拜她妈为义母，她自己则已和筱玲红结为姊妹。是日，周佛海在日记中记下：“晚赴杨宅宴会，因淑慧建议吴棣芳拜杨老太太为义母也；饮酒甚多，一时半始返。白云苍狗，变幻无常，一切惟有听其自然而已。”两天后，筱玲红来与周佛海告别，说要回老家。周佛海才恍然大悟，因此写下“棣芳回家，相见恐无期也。”[12]何澄的这《无题两首》，即是以周佛海的这桩艳事为打油的：

一

春满人间桃色鲜，毫无偏见井中天。
不泥小节偷安日，欲赏风流在盛年。
忍气吞声奴味咽，无情有泪醋汤煎。
恼人黄脸思争艳，短景犹多云雨烟。

二

可笑年年艳事传，江山不爱爱婵娟。
高官酒色英雄似，浪子荒唐帷薄穿。
风雨满城谈掩耳，声名坠地论离缘。
排除万难甘情死，目的原来纵欲焉[13]。

李士群（一九〇五～一九四三），浙江遂昌县人。中国共产党早期党员。一九三二年在上海被国民党中统特务逮捕，随即叛变。一九三八年，再次叛变——为日本驻香港领事馆在上海搞情报。一九三九年五月，在日本特务机关的授意下，组建了伪特工总部。以后汪伪政权即以这个班底扩展为警政部。一九四一年三月，汪伪政府与侵华日军在长江下游进行“清乡”，成立了“清乡委员会”，汪精卫亲任主任，李士群任秘书长，实为“清乡”负责人。同年八月，汪伪警政部与内政部合并，成立调查统计部，李士群任部长。一九四三年一月，苏州地区第一、二期“清乡”结束后，李士群出任肥缺——伪江苏省政府主席。戴笠给唐生明发来密令，想法去掉李士群。唐生明利用李士群独揽江苏税收，另起炉灶，立泰银行，不但引起周佛海的不满，也给汪伪集团内部倾轧制造了间隙。一直对李士群心怀不满的几员悍将，便乘机与日本驻上海宪兵司令部特高课长冈村密谋，看如何才能整死李士群。同年九月六日，冈村以说合李士群和伪税警总团副团长熊剑东之间的矛盾为由，在上海宴请李士群时下了毒药，三天后毙命。李士群被日本人毒死之事，不胫而走，大小汉奸，噤若寒蝉，生怕这种事下一个也轮到自己头上[14]。何澄在李士群毙命后，作《无题两首》，刊发在一九四四年二月号的《大众》月刊上：

可怜缺席判分明，降等拟刑总算轻。
后果三思惟有死，前途四顾哪能生？
应知致败非人过，殷欲求全在气平！
孤注疯狂甘一掷，徒教仁者少同情。

恼羞成怒智偏昏，德力无多妄自尊！
只以存心贪货利，每因好事损基根。
犬灵宝鼎虽能舔，鱼小舟长岂易吞？
至死犹为非分想，神仙哪有自鸡豚[15]。

何澄的《答客问》，极具诙谐、幽默和戏谑的效果。此打油诗的具体所指尚不清楚，但从诗中可以看出，投身汪伪的这两个人都曾是何澄的朋友，当年何澄规劝过他们，但不听。一旦入错门，两人又你争我斗。都来找何澄诉苦，何澄于是戏谑他们说：

既云合伙同营业，业务盈亏应共当。
甲已显然伤血本，乙何能以善收场？
不将往事从头改，或恐前途依旧僵。
苦口数年曾告尔，至今我亦少良方[16]。

何澄在《大众》月刊刊出的讽刺汉奸的打油诗还有以下多首：

哀逝者

祸害犹难把命长，冥诛应悔事徒忙。
一身邪气生何用，两手横财死怎将？
行险安知哀末世，为非哪有好收场。
能逃国法忽忽毙，总算皇天待尔良。
(《大众》月刊，民国三十二年五月号，第一七一页)

即事有感

数点微尘世界成，人焉不比一尘轻。
胡为自弃趋同死？偏欲相残苦众生。
事业无非竟大恶，功名乃是长虚荣。
鸡争狗斗桑田里，扰扰鱼虾沧海更。

几千世界几千年，玄妙难明此地天。
佛说纵然空不见，人为究竟值多钱？
移山破海技诚巧，驾雾穿云身似仙。
上下翻腾徒作恶，谁真逃出地球盘。
　　癸未春日真山诗草
(《大众》月刊，民国三十二年六月号，第三十页)

杂　咏

贪痴弄巧拙无伦，至死犹思欺路人。
道义空言原是假，野蛮劣性本难真。
只馀贱种甘为伥，岂料遗民敢逆鳞！
八月秋风吹指际，且看落叶满江滨。
(《大众》月刊，民国三十二年九月号，第九十八页)

真山园主人

有　感

老子无为何所疑？而今事足证明之。
不争胜过争难胜，转变奇于变得奇。
早肯回头天地广，先能罢手国家宜。
古人教训非迂阔，痛苦方休似已迟。

（《大众》月刊，民国三十二年十二月号，第一〇七页）

即事二首

富而不仁

冰天雪地繁华夜，酒绿灯红路毙人。
一日万钱无箸下，全家八口绝粮频。
甘将厚货交新×，忍看平民到赤贫，
只顾本身恣兽欲，心中哪有半些仁。

老而不死

可怜已近墓中人，犹自卑污便卖身，
趋热虫忙几忘老，怕闲鬼混乱求神。
争先插足头头入，恐后折腰处处亲，
不死徒教腥臭大，朽衰应早葬荆榛。

（《大众》月刊，民国三十三年五月号，第一〇五页）

哀赌客

孤注胡为一掷轻？如斯豪博实堪惊！
百年祖业甘销尽，两手横财渐送清。
运气不佳应罢手，赌场能退或留情，
贪痴硬欲争难胜，输到全盘悔更生。

（《大众》月刊，民国三十三年五月号，第一〇五页）

《大众》月刊从一九四二年创刊，至一九四五年七月休刊，共出版了三十二册。何澄在其上发表诗作四十馀首。诚如景耀月在《亚农兄以诗见赠依韵和答》所说："吾子今操月旦评，阳秋皮里气分明。黄钟大吕言言重，泰岳鸿毛事事轻。巢许帝王犹见让，蛞蜣屎溺却交争。黄冠顾问文山可，薇蕨西山亦漫惊。"[17]何澄品评汉奸人物，当时的读者还是心知肚明的。只不过，有些人是不会写不能写不敢写而已。何澄则不怕，能明着骂你就明着，不能骂你阳秋皮里也要骂。有些人，同仇敌忾起来也写一首二首，但像何澄这样，从抗战开始到抗战胜利，一直写打油诗骂汉奸的，似不多见。

何澄的诗作几乎一期不拉地在《大众》月刊中固定出现，所以在当时也颇为引人注目。一九四五年六月号的《大众》月刊在"编后小记"中说：有写日本留学生的一位作者竟认为何澄即是善作诗的何苍回。编者给予解释说："何澄曾参陈英士先烈戎幕，与蒋公介石、张群先生同寅，继更任沧石铁路督办，有官无路，先生每举以自嘲。苍回先生名虞，字学愚，甬人，中英并精，久在金城银行总务处，今犹以商自隐也。"[18]

何苍回在《大众》月刊最后一期也作了一篇《换巢鸾凤》的小文："有署名老统先生者，在《杂志》刊布日本士官学校回忆一文，误余名为何澄，而在第四期毕业，犹忆昨岁为监邀轩题名，某小型报亦指余出身科甲，曾登仕版。余在清季，犹属幼冲，学拙萤窗，何来功名？力等鸡助，敢学戈矛？宠荣洊被，渐思滋深；昔尝倚声，藉明实况；今欲有白，辄复作歌。"[19]

作者队伍强大的《大众》月刊，以不谈政治，只谈适合于永久人性的东西为标榜，众多作者都是遁隐其间，惟最不被看重的何澄竖起了"打油"的旗帜，让世人看到了他愤世嫉邪的脊骨。

注释：

① 钱芥尘（一八八七～一九六九），名须弥，字芥尘，浙江嘉兴人。堕地未及三月，父亲就染疾身亡，赖母鞠养成人。及长，一切惟母是从，学业则由祖父督教。十七岁考取秀才，后入上海法政学堂，毕业后回到嘉兴与亲友合资创办小火轮公司。因经营不善，由他祖父偿还债务后，赋闲在家，以诗文自娱。看到蔡元培所办《警钟日报》，他写了几篇短文寄去，被刊出。蔡元培还写信给他，鼓励继续写稿，并邀其前来上海加盟报社工作。上海光复后，章太炎组织了中华民国联合会，要办机关报，蔡元培遂把钱芥尘介绍给章太炎，在《大共和日报》任总编辑兼总经理。袁世凯

开始鼓吹帝制,《大共和日报》于一九一五年六月停刊。一九一五年,《神州日报》原创办人之一汪彭年被袁党拘捕,被迫将创办于一九〇七年的《神州日报》让与帝制议员孙震东,孙震东于一九一六年再让给钱芥尘。一九一八年,钱芥尘把经理让给协理余大雄,余大雄便办了颇为有名的《神州日报》附刊《晶报》。后来,《神州日报》销数日少,《晶报》却天天增加,仗着附刊收入聊以挹注,成为"靠儿养母"笑谈。一九一九年至一九二一年,席子佩创办《新申报》,聘请钱芥尘为总主笔。五四运动的第二天,《新申报》即刊印了"五四运动"号外,成为当时很轰动的一件新闻大事。一九一九年二月四日起,《新申报》还为近代翻译家林纾开设专栏——"蠡叟丛谈"。二十年代,钱芥尘赴天津主持《华北新闻》事务,与入关的张作霖、张学良父子相识,被延聘为顾问。一九二五年,用张作霖提供的资金请小说家毕倚虹创办《上海画报》。一九三三年,毕倚虹病故,钱芥尘向张学良说情,拨付一千元,办理毕倚虹身后遗事。一九二八年,在沈阳为张学良创办奉天《新民晚报》,在创刊号上推出张恨水的《春明新史》。张学良易帜后,钱芥尘成为张学良与上海新闻界的联系人,各大报主要成员均从钱芥尘处可以得到张学良发给的津贴若干。一九四二年十一月,钱芥尘利用与汪伪政权中几位旧友的关系,搞到出版许可证和配给纸,创办《大众》月刊。一九五三年,被上海市文史馆研究馆聘为馆员。一九五五年五月,以"历史反革命"罪,被判刑入狱。一九五八年二月,获准保外就医。一九六九年八月,病逝于上海家中。

②刘寿林等编《民国职官年表》,第一〇九九页,中华书局,一九九五年八月。

③《大众》月刊创刊号,民国三十一年十一月一日,第八十七页。

④同上,第一〇〇页。

⑤同上,第一五三页。

⑥同上,第八页。

⑦《陈诚回忆录——抗日战争》,第七十六~八十一页:《长沙会战》,东方出版社,二〇〇九年十月。

⑧何其巩(一八九九~一九五五),字克之,安徽桐城人。早年就读于桐城中学,与朱光潜、章伯钧同学。后在安徽公学及江淮大学习农业及政治经济学,未毕业就到北京谋生。当过中学教员,在《正言报》当过记者。以乡谊谒马其和、姚永朴诸名流,得承指导,学问益进。一九二〇年,入冯玉祥幕,担任文书一职。一九二五年春,冯玉祥任西北边防督办,建节张垣,任其为秘书。一九二六年九月,冯玉祥在五原誓师,组织国民联军,自任总司令,任命何其巩为总司令部秘书长,追随冯玉祥转战甘陕豫等地。一九二七年五月一日,冯玉祥就任国民革命军第二集团军总司令,仍任秘书长。在其后举行的郑州会议、徐州会议中,都以第一秘书的身份陪同冯玉祥赴会。冯玉祥在河南任省主席时,何其巩被任命为豫南行政长官兼民团军军长,未几调内防处长。屡为冯命奔走于宁汉沪间,李烈钧、谭延闿等均重之,聘为国民政府顾问。一九二八年,北伐告成,国都南迁,北平设特别市,何其巩为首任市长。一九二九年四月,任北平政治分会委员。未几,蒋介石和冯玉祥暗潮即起,何其巩称病入医院,旋即去职,由张荫梧继任市长。一九三一年八月,被安徽省主席陈调元任为省府委员,十二月任安徽省教育厅厅长;一九三二年四月改任财政厅厅长,九月去职。一九三三年,任行政院驻平政务整理委员会秘书长。一九三五年,代理

北平中国大学校长。北平沦陷期间，坚决不任伪职，还把不为敌用、不与日伪合作的一些教师，延聘到中国大学任教。一九四五年，日本无条件投降后，重庆国民政府通过广播发布命令，任命其为军事委员会委员长驻北平代表，不久即撤销此令。一九四七年，辞去中国大学校长职，在北平隐居。

⑨《大众》月刊，民国三十二年一月新年特大号，第十八页。

⑩同上，第一八一页。

⑪《大众》月刊，民国三十二年二月号，第二一四页。

⑫王晓华、张庆华著《大红大黑周佛海》，第四一二～四一六页，上海人民出版社，二〇〇二年六月。

⑬《大众》月刊，民国三十二年八月号，第一九二页。

⑭沈美娟著《风流秘使唐生明》，第二八四～三〇三：《李士群的末日》，中国文史出版社，二〇一〇年十二月。

⑮《大众》月刊，民国三十三年二月号，第九十九页。

⑯《大众》月刊，民国三十二年七月号，第一五〇页。

⑰《大众》月刊，民国三十二年五月号，第一二五页。

⑱《大众》月刊，民国三十四年六月号，第一三九页。

⑲《大众》月刊，民国三十四年第七期，第五十五页。

二十五　何澄与景耀月

在民国史上，景耀月是一颗耀眼的明星，他与何澄为山西同乡，且为好友。

景耀月（一八八二～一九四四），字瑞星，号太昭，别号秋陆、迷阳、帝昭等，山西芮城人。一九〇四年，考获直隶和山西两省与日本方面达成的选派留学生协议学额，赴日留学。初入明治大学预备学校经纬学堂，后肄业于早稻田大学法政科。一九〇五年，加入中国同盟会。与于右任发起晋豫秦陇学会，主张团结力量，协力革命。一九〇七年、一九〇九在东京和上海分别参与创办《晋乘》《夏声》《民呼日报》等报刊，并为主要执笔者之一。《民呼日报》后改为《民吁日报》，以犀利之笔，为激发革命思想，撰写了大量文稿。连载作品有《迷阳庐新诗品》《迷阳庐问学录》等。景耀月的意气轩昂，再加才华卓越，为时所重。柳亚子称他为"太原公子"（古人称李世民为"太原公子"），友人则称之为"景芮城"。是南社第一批成员之一。

一九一一年十二月十六日，景耀月以山西省代表资格，被推举"各省都督府代表联合会"议长。一九一二年元月一日，中华民国肇建，急草《临时大总统就职宣言》。在孙中山就职典礼时，又以议长身份，代表光复起义的省份人民向孙中山临时大总统致欢迎辞。此为景耀月一生最荣耀，且永载史册的一页。嗣任南京临时政府教育部次长（殊为遗憾的是，与总长蔡元培对民初教育的大政意见不合）。一九一三年四月，景耀月任第一届国会（第一次常会）众议院议员；第一次恢复国会众议院议员；第二次恢复国会众议院议员。据邵迎武所著《南社人物吟评?景耀月》载：一九二三年，曹锟贿选大总统，每票送银元若干元，景耀月受贿投票，失足堕落为"猪仔议员"，被柳亚子、陈去病等人开除出南社[①]。另据景耀月之子景柔、景炎所谈，贿选之事系曹锟冒用景耀月之名所为[②]。但无论真相如何，"中间一度依袁，乃为同盟会人所疏远"[③]，确是一段无法挽回的名誉上的大损失。

国民革命军北伐成功后，景耀月致力学术，专心著述，执教于上海、北平各大学。其后，抗日决心弥坚：郑孝胥出任伪满洲国总理，他移书痛斥。抗日战争爆发，山西沦陷，景耀月家产尽毁于炮火，夫人及幼孙相继殉难。日伪企图强其出任伪华北政权文职，遭严词拒绝，遂逮其两子，羁押于北平宪兵队，刑笞交加，欲撼景耀月之志，终不为所动。相反，暗中与学人创立大夏学会，以忠义相号召，进行抗日活动。一九四四年四月二十三日，病逝于北平。同年七月十四日，获重庆国民政府明令褒扬。

何澄与景耀月相识于一九〇四年，肇建共和前后，在上海、南京交往日密。由于景耀月"中间一度依袁，乃为同盟会人所疏远"，何澄在其后很长一段时间内似乎也没有与景耀月密切往来。抗战中兴，景耀月宁可饿死，也不愿出来为日伪做事之后，两人的交往又复如初。一九四〇年前后，何澄主动与景耀月取得联系，从此之后，两人唱和不断。

一九四〇年四月七日和九日，景耀月先后两次寄呈何澄诗作。前一首对何澄讽刺汉奸的打油诗给予极高评价，后一首对何澄在他生病期间前来探望，充满了感念之情。

戏和真山即事遣兴三首

世间驵侩重牙钱，卖尽儿孙是可怜。
无佣真山一博士，只能独立万人前。
（俗称牙钱曰佣钱）

安石东山不肯起，空抛热泪吊斯民。
签降表上无名姓，坐发狂言也有神。
（谢安石也）

黑鸦啼舅雁啼奴，看去仍非白泽图。
鸾鹫角貓噤不语，鸱鸮破獍一群呼。
（白泽，瑞兽）

八兄正之
芮城稿
四月七日灯下

戲和真山師事遣興三首

世間驅僧要牙錢，賣盡兜孫是太可憐，無佣真山一

博士只能獨立萬人前（俗称牙钱曰佣钱）

安石東山未肯起，空抛熱淚吊斯民，蒼蒼表上無名

姓，光芒狂言也有神（谢安石也）

黑鶴啼男徒啼奴，看去仍非白澤圖，鸞鸞旗鳥角端

噤不語，聞鳴鵲破獲一聲呼（白澤端獸）

八大遯之

澍城書　四月七日燈下

二十五　何澄与景耀月

喜亚农苏州书至三首

兵气缠华夏，新书挚友传。
微苏知病起，小别见心怜。
故旧驰情切，襟期感意先。
论文当世乱，安得酒尊边。

君怀齐日月，予病正衰颜。
江表开新国，河中念旧山。
戟矛须敌忾，弓甲要亲擐。
老友足风义，高云日往还。

焦土今如许，年年世宇燔。
裨瀛兵气恶，春日杏花繁。
管乐的人杰，昆仑是海源。
夷吾江左卧，长念网师园。

八兄正之　芮城稿　四月九号

真山园主人

何澄收到景耀月的《喜亚农苏州书至三首》后，即作《和太昭喜苏州书至三首》。此诗在痛恨日寇侵华、汉奸卖国的基调上，对景耀月的病情表示了念念的关切，同时还对以前因误会而疏远了老友表达了歉意：

故人常不见，消息尺鱼传。
世乱君偏病，天高谁可怜。
虚荣甘落后，实利应居先。
惟望烽烟净，佳音到耳边。

家国时多故，愁深难驻颜。
豺狼依草木，蝼蚁穴江山。
当事理都悖，无弓甲怎擐。
少年心已淡，老更悟知还。

喜亞農蘇州書至三首　太照

兵氣纏華夏新書摯友傳微蘇知病起闊別見心憐故

舊馳情切殊期感意先論文當世亂安得酒尊邊

君懷齊日月丁病正衰顏江表聞新國河中念舊山戰才

須激慨有畢要親擐老友足風義高雲日往還

焦土今如許年年世宇燔稗瀛兵氣惡春日杏花繁

的人傑崑崙是海源東吾江左卧長念網師園

苟城蒙　八月九日

八九已三

大學文學院公用箋

景耀月《喜亚农苏州书至三首》墨迹（何澄旧藏，何泽瑛提供）

何澄《和太昭喜苏州书至三首》墨迹（何泽瑛提供）

举世方焦土，神州胡更燔。
兵凶人鬼哭，运丧党徒繁。
破国开先例，空谈探本源。
友朋休冀我，我已醉林园。

一九四〇年四五月，景耀月用“景芮城笺”将《和亚农兄春日园居韵》及写在“太昭白事信笺”上的《念亚农苏州三首》《和亚农兄即事韵》《戏和亚农即事遣兴三首》等诗书给何澄：

和亚农兄春日园居韵

我有圣谷园，经劫半已毁。
嘉木盛华实，久与群莽委。
君园岿然存，事信有休否。
几本秋柞赤，几格春藤紫。
金谷与平泉，过艳宁足比。
世乱林园废，鶗鴂触人耳。
衰白不由人，盛时惜逝矣。

读君园居诗，感慨晨坐起。
写园如写山，清籁胜流水。
主人既悦隐，名园亦信美。
史瞿与李张，或未达此旨。
慨从邦家变，冠翠贵群婢。
臣虏复妻妾，已矣世心死。
指纵自卿相，患难曷由己。
安得起尧舜，忘荣若弃屣。
逆流汩鸿陆，与日冀坎止。
我贵陶元亮，高逝美世史。
芳圃足繁蕰，可以荐祖妣。
我重八男儿，立节志明耻。

[illegible]

念匪叢蘄州三首 庚辰春胃 太昭蕉未

網園入月書不到定是對門學種瓜勉向兵煙消歲月力從戎轂

送生涯里莫廣陂今無國王祭尚平底有家悵望蘇州老友在

不知心境亦紛拏

厚慮重憂日日煎神從識字不能全悔隨塵土拋初服苦向丹鉛

拾故編滄海橫流有今日空山初讀誤當年與君歲暮孫松節

相勗王義菩莫笑

故國山光休迴首陌南雨後滿兵荒燕荼周道[illegible]的誰念鞠草殷墟

祇共傷不死少康終一復尚餘即墨未全亡王城水斷三川滄

後許荷秦兵運長

真山園主人

雨僧持人

太昭白事

和亞農兄春日園居韻　庚辰花朝　三月

我有聖谷園經劫半已毀喜木盛華實久與群芳委君園歸然存事信有休否幾本秋柞赤幾格春藤紫金谷與平泉過豔寧足比世亂林園廢雞鳩觸人耳衰白不由人盛時惜逝邈矣讀君園居詩感慨累晨坐起寫園如寫山清籟勝流水主人既悅隱名園亦信美史瞿與李張或未達此旨嘅縱邦家變冠翠貴君舉婦匡虜復妻妾已矣世心死指蹤自卿相患難曷由已安得起古人舜忘榮若棄屣從逆流汩鴻陸與日冀坎止我貴陶元亮高遯美世史勞圃足蘇蘊可以薦祖妣我重八男兒立節春明恥高蹈對門下遠置長安市

太昭草　庚辰三月

亞農八兄正之

真山

景萬城造箋

高蹈葑门下，远嚣长安市。

亚农八兄正之

大昭稿　庚辰三月

念亚农苏州三首（庚辰四月）

太昭稿

网园入月书不到，定是葑门学种瓜。
勉向兵烟消岁月，力从戎毂送生涯。
里奚虞阪今无国，王粲高平底有家。
怅望苏州老友在，不知心境亦纷拏。

厚虑重忧日日煎，神从识字不能全。
悔随尘土抛初服，苦向丹铅拾故编。
沧海横流有今日，空山初读误当年。
与君岁暮褒松节，相勖王羲誓墓笺。

故国山光休回首，陌南两渡满兵荒。
芜茶周道的谁念，鞠草殷墟衹共伤。
不死少康终一复，尚馀即墨未全亡。
王城水斗三川溢，漫许苻秦兵运长。

八兄正句

和亚农兄即事韵

如发民生气怆辛，肩担国命是儒真。
拟披苦雾留风鉴，欲抉恶云透日轮。
死事道邻实④遂志，成仁宋瑞⑤却全身。
戴高履厚期无愧，须立人彝对百神。

太昭稿

庚辰四月

真山正之

真山園主人

三

和亞農先生即事均

如聞民生氣愴辛屠擾國命是儒真擬披苦霧當風攬欲抉惡雲遮日翳此事道難寶遂志成仁宗端都身載高覆厚期無愧須立人群對百神

太昭稾庚辰四月

真山正之

贈和數什每欲寫不及茲乘亂餘暇臨流拔擬皆

數事中尚有未騰出者俟當寫寄并弟耀月拜白

二十五 何澄与景耀月

赠和繁多，每愁写不及，稿乱纷纭，誊清披检皆费事，尚有未誊出者，俟当写寄。弟耀月附白。

经过书信及诗词唱和往还，景耀月与何澄无事不告，无话不说。一九四一年二月二十二日，景耀月有给何澄的一信，颇能说明两人之间的这种神交：

亚农八兄鉴：

两日连得五古二首，读之甚快。吾兄近年不但诗学大进，学问亦大进隲也。皆是进道之言，非泛泛然为诗者可比，真今日诗史也。少陵经天宝之乱，言之皆有物，此李杜之诗所以千秋为贵也。世俗恒流，焉能解此！不惜歌者苦，但怨知音稀，知言者寡，此古今所同慨也。天道人事，皆能窥见端倪，可谓近之矣。近日婆事，迫进甚急，种种谣传，有可致信者，亦有不可致信者，不知南中有所闻不。肃此 顺颂

春祺 不宣。

弟耀顿首

二月廿三日

真山园主人

一九四一年六月，何澄给景耀月去信，说已回到苏州网师园。六月二十三日，景耀月即有书寄往苏州：

亚农书来，称已返苏园消夏

辛巳旧五月二十九早所成(帝召谷主)

我友垂纶江上居，网师园僻夏何如。
荫浓林密消长至，心迹双清得澹於。

同时所成七截，此首外尚有数首，皆系吟婆妄等类之事，不记已为兄前抄去否？兄若见过此首，则前者必同写上矣。若未见此，即皆未寄，容后补誊。

一九四三年，何澄在《大众》月刊成为“诗歌栏”的盟主后，把景耀月典雅古

亚农仁兄鉴：两日连还寄五古二篇，读之甚快。吾兄近年不但诗学大进，学问亦大进，随也？皆是进道之言。我说之然，若乃诗者，乃此真今日诗史也。古诗能未能见之气，言之有物，此李杜之诗所以千秋万古者也。世俗恒流焉能解此？不惜最有者，但稍不知音稀，亦不言者寡，此古今所同慨也。天道人事，皆能究竟端倪，可谓近之矣。近日堂事自觉[illegible]稍付有可致信者，亦不可致，亦不必，而中心不能毕说，顺候春祺不宣。弟耀月顿首 廿七日

二十五 何澄与景耀月

真山園主人

一九四一年六月二十三日，景耀月致何澄诗书墨迹朴、格律严谨的不少诗作推荐给《大众》月刊出刊人钱芥尘。何澄此举，除了唱和，似也有变相接济之意。其时，景耀月对于自己的生活窘困，曾在《自戏口占一首》中有所调侃："帝召先生感暮年，元龙豪气已全捐；讲堂浑似吹箫业，乞食燕街亦可怜。"[⑥]据何戍君晚年回忆："《大众》还有一个特点，与别的期刊不同。我们以投稿为主的，经常碰到杂志编辑拖赖稿费的纠纷，到底文化人爱面子，不敢干涉查问。而《大众》则不然，稿子一送去，他（钱芥尘）一数字数，即吩咐办事员刘台开一稿费收据，立即付清稿费。其时在我们这一行中，如谭正璧、吴丁谛、周楞伽都以写作为生的，钱芥尘这样付稿费的办法，大受穷作者欢迎。"[⑦]另据《大众》创刊号"征稿简章"之一称："稿资每千字，自十元至十五元，特约基本撰述，不在此例。稿件一经刊出，立送酬资。"一首诗当按千字算，如此算来，如得特约撰述，稿酬似十分可观。

一九四三年正月，何澄新收得南北新出土翁仲数具，面对这几具石人像，颇为感慨，于是作《哀翁仲》。在《大众》三月号刊发时，钱芥尘改题为《得南北新出土翁仲数具》：

翁仲原无南北分，有泥有木有花纹。
六朝制造才收市，五代衣冠新出坟。
面目似真还是假？形骸虽殉未为勋！
任人排列埋荒穴，同死同生何足云[⑧]。

翁仲，即石像。传说，秦朝有大将名叫阮翁仲，此人身长过人（一丈三尺），力大无穷，秦始皇曾命他驻守临洮（今甘肃岷县），降服匈奴有功。死后，秦始皇命人铸了铜像，立于咸阳宫的司马门外。何澄此诗，借"翁仲"之说，对"六朝制造"、"五代衣冠"的汪伪汉奸集团进行了辛辣的讽刺和刻骨的唾骂。景耀月得何澄寄呈的这首诗后，即作《得何亚农八兄翁仲诗感赋一首》：

览倪观化任推移，刍狗刍灵事可知，
芝谷谣歌人郑重，竹林游衍道清奇。
培风鹏背得千里，扑灯蛾黄又一时，
太平有象吾能俟，头白河清未是迟[⑨]。

何澄读罢景耀月寄给他的《翁仲诗感赋》诗，意犹未尽，又作《再哀翁仲》一

哀翁仲 癸未正月

翁仲原無南北分，有泥有木有花紋。六朝製造饒收市，五代衣冠彩出墳。面目似真還是假，形骸雖殉未為勳。任人排列埋荒穴，同死同生何必云。

再哀翁仲 癸未七月

縱使天饒鬼不饒，果然在數已難逃。一經製造為翁仲，何惜裝潢飾排花。晚景猶須見棄叢，永埋豈為免糟鰁。不憐濁世與家因惡業，須着紛紛雨手撓。

真山園主人

何澄《哀翁仲诗》墨迹（何泽瑛提供）

首，惜未公开刊出：

纵使天饶鬼不饶，果然在数竟难逃。
一经制造为翁仲，何惜装潢饰绯袍。
晚景犹须充葬器，永埋岂易免糟糕。
可怜浊世无羞恶，羡者纷纷两手搔。

尚可慰藉的是，何澄借用景耀月“扑灯蛾黄又一时”诗句，所作一首《哀扑灯蛾》，在一九四三年七月号的《大众》刊登了出来：

在数难逃语信然，扑灯迈进任油煎！
但知火是光明路，哪晓焚身正目前[10]？

何澄的侄孙儿何春畬看到《哀扑灯蛾》，即作了一首《恭和八叔祖咏扑灯蛾诗》；何澄吟罢侄孙的和诗后，又用何春畬原韵作《再咏扑灯蛾》，对“灯蛾扑火，惹焰烧身”的大小汉奸进行了“围剿”：

恭和八叔祖咏扑灯蛾诗

何春畬

一点萤光入眼来，忽忽飞去又飞回。
燃眉岂悔趋炎猛，灼翅方知蹈火灾。
辗转有依何所怨，屈伸无力实堪哀！
只缘错认辉煌路，俄顷微躯化碧灰[11]。

用侄孙春畬韵再咏扑灯蛾

何　澄

纷纷振翅乱飞来，小扇频挥逐不回。
直扑灯光思近火，欲沾油水忘罹灾。
于情速避方为善，在数难逃岂足哀？
枉使天生微性命，看他转瞬化烟灰[12]。

何澄为侄孙何春畬书讽汉奸诗墨迹

己卯冬日录近作

不受人怜受鬼怜，油盐柴米卖身价。
时时屈膝称奴仆，处处扬眉骂祖先。
迁怒只为光蛋出，复仇定要火灾燃。
天生贱种真天意，悔祸无非到九泉。

真山老人

景耀月的诗作,除上述与何澄一唱一和“哀翁仲”,在《大众》月刊发表的还有如下几首:

壬午腊日寄怀亚农苏州

久病思亲友,苏园每念君;
滑稽知玩世,风雪怅离群。
秀句如清瑟,尺书亦妙文;
郁蟠苍栝老,仍作气为云[13]。

朝餐抚案二首

几岁风鞞白发新,腐儒端合坐羁食。
稆盘亦比食千贯,糠覈应知贵八珍。
似愧薇歌雷首老,微疑毡嚼汉边臣。
劳庐子弟七州散,愁绝枯床忍病身。

九坏全迷鼠雀乡,神祇狱渎告荒芒。
十年扰扰壑舟改,一夕纷纷牡钥亡。
地上断无神瀵井,寰中哪有禹馀粮。
赤松圣士知安在? 欲乞生民辟谷方[14]。

世　道

世道如环未可期,菀枯繁谢几人知?
苍衣幻狗心难解,腐草为萤梦也疑。
不待过戈灭败子,未尝王谢出佳儿。
观恒识变为贤圣,多读休琏数首诗[15]。

景耀月在《大众》月刊发表诗作后,引起过去老友的关注,纷纷通过何澄与他通邮联系。为此,他的心情从未有过的大好,从如下两首诗中可以见得:

戏柯璜

浙士柯定础，木强饶古貌。
头发常鬅鬙，黑白瞳变曜。
鴂舌不肯休，工谈复善笑。
不类江湖客，不操中原调。
作绘体狞恶，有时亦清要。
自诩李龙眠，千年抉秘妙。
为书如盘蛇，与性同捩拗。
虽则气诘屈，却能平矜躁。
掷毫每得意，猿猴与同啸。
或云性所偏，或云名故钓。
十客十评骘，观者皆绝叫。
世人每相多，我则不敢效。
作诗寄南中，可用醒午觉⑯。

真山园主人

714

柯璜（一八七七～一九六三），字定础，浙江黄岩人。七岁丧母，由祖母抚养照料。祖母读书识字，常常躺在床上看闲书，影响了柯璜的性格。一八九四年，赴杭州参加甲午科乡试，中举。一八九五年，赴京参加会试，组组浙江籍举人参加康、梁发起的“公车上书”活动，结识康有为、梁启超，并与康有为成为莫逆之交。一九〇二年，考入京师大学堂博物科。一九〇六年毕业后，入清廷陆军邮传部，因不喜官场，只待了两个多月，即应景耀月之邀前往山西大学堂任教。一九一一年至一九三六年，为宣扬孔学、捍卫孔学，一直在孔庙（文庙）住了二十六年。先后在太原创办三晋中学、新民中学、尚志学校、养正幼稚园等；在重庆创办敦义农工学院、新声中学、重庆艺专，期以学生能养成“诚实、勤朴、清洁、高逸”的品行。创办山西图书博物馆。抗日战争爆发，避难回乡。经陈诚的帮助，又迁移到了重庆，与国民政府主席林森为邻，靠鬻字卖画为生。柯璜自谓三十学书，五十学画。应阎锡山之邀，任故宫古物陈列所主任之时，得以浏览三大殿古物，其中包括宝蕴楼二十馀万件历代名人书画。书时，爱用煮墨，使墨沸热后才用笔。书时，用乡音吟唱书写内容，兴之所至、气足神舒时，常仰天大叫。有一段时期，书件太多，为此，还请人制作了一个磨墨机，每天要雇佣两个人磨才能供上所需。柯璜习画，初学恽南田，后宗八大山人。作画喜用草书笔气，以为写意复写意，爱画藤萝和松柏。新中国成立前夕，阎锡山亲自到重庆歌乐山云顶寺，动员其赴台，以年老婉拒。当时柯璜云顶寺的寓所内挂一幅孔夫子的像，阎锡山临走曾感慨道："或许孔子思想能够帮助中国"。抗战胜利后，留在重庆，为艺术教育奔走呼号。一九四九年，与美术、教育界知名人士办蜀中艺术专科学校，被推举为校长。一九五一年，蜀中艺专与西南美专合并为重庆艺专，任校长。后艺专并入西南师院美术系，任西南师院筹备主任，并当选为中国美术家协会理事、西南区美协主席、重庆市文史馆副馆长、政协四川省常务委员。一九五七年，回山西定居，任省美协主席，全国政协二、三届委员，政协山西省副主席。总结自己的一生，柯璜自谓："如果把我说成是一个孔子门下的忠实学生，我大概不会反对。"[17]

老友徐朗西海上书至(癸未春)

患难别垂四十年，一书驰到意欣然！
发封惆怅思南海，也念苏卿北海边。

仆顷与朗西书云：弟尝作数语自勖云，我出则为文文山，处则为傅青主，今日纵不能为文文山，亦当为傅青主，想吾兄当以为不辱故人也[18]。

徐朗西(一八八五～一九六一)，字朗西，陕西三原人。一九〇五年赴日本留学，入东京预备日语学校。在东京加入中国同盟会，奉孙中山之命负责联络反清帮会。半年后即回国，在上海加入青帮，为青字辈，洪门峪云山山主，与同在上海联络帮会势力反清的陈其美结下友谊。辛亥革命时，徐朗西领导的洪帮对上海光复做出过贡献。民国成立，徐朗西任南京临时政府造币厂厂长。孙中山就任全国铁路督办时，徐朗西为秘书。"二次革命"期间，徐朗西与陈其美在上海起兵讨袁。反袁失败后，在上海参与创办《民意》《生活日报》《民国日报》，继续从事反袁宣传。一九一八年，任七省靖国联军援陕前锋总指挥。北伐成功后，徐朗西在上海继续与刘海粟、汪亚尘在民国初年就办起的上海图画美术院(后改名为上海美术专科学校)任教，又与中西画双绝的汪亚尘创办了新华艺术专科学校。上海沦陷，校舍被夷为平地。为不使学子失学，与汪亚尘竭资瘁力在租界赁址施教。一九四四年，日伪逼迫学校登记，徐朗西和汪亚尘予以严拒，解散学校。为避免日伪纠缠，剃发为僧。新中国成立前转道赴香港。一九四九年，以特邀代表身份出席第一届中国人民政治协商会议，后任上海市人民代表和政协委员。

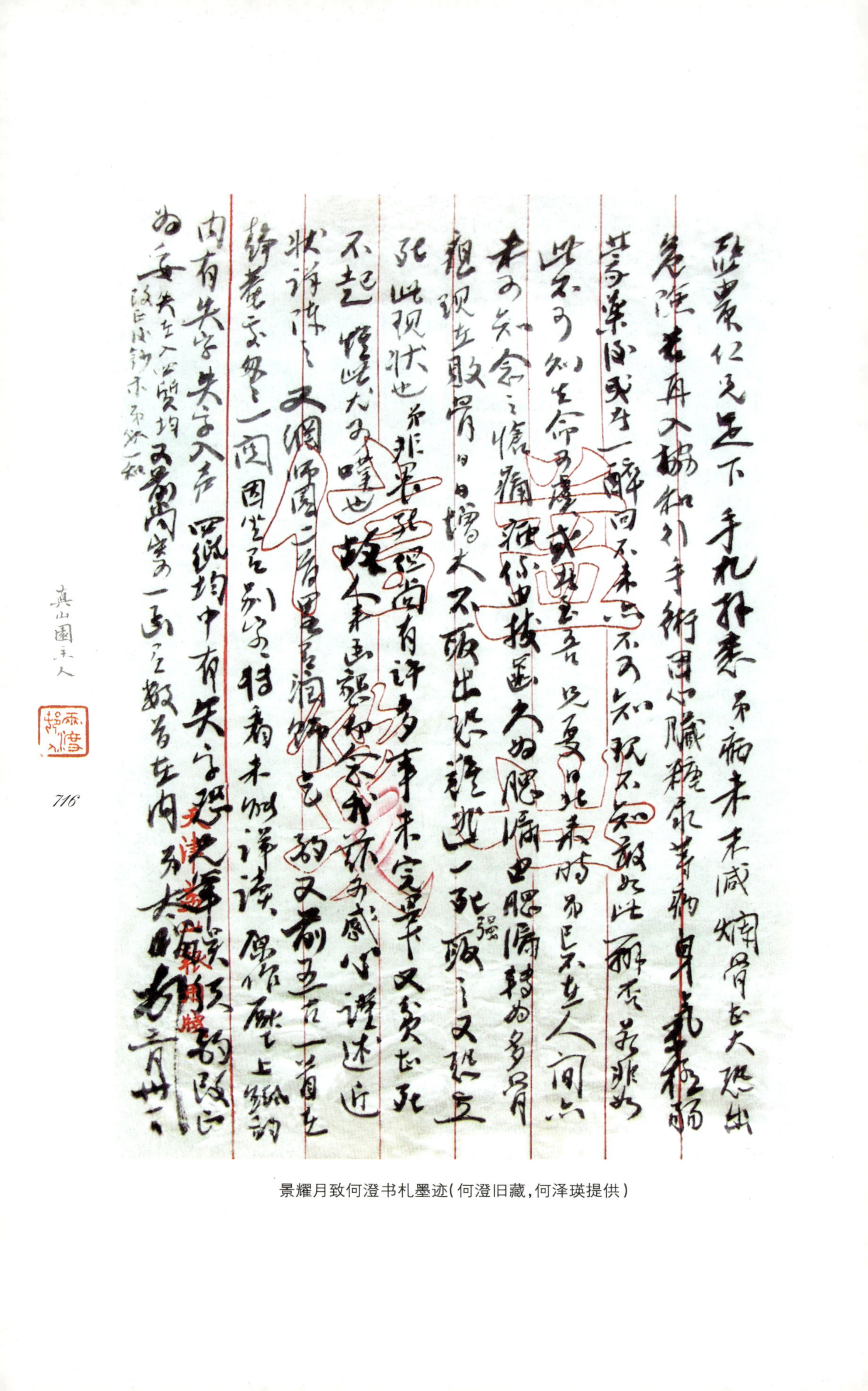

真山园主人

景耀月致何澄书札墨迹（何澄旧藏，何泽瑛提供）

除此之外，景耀月在《大众》月刊刊出的诗作还有《挽余叔岩联》《癸未上巳傅沅叔郭啸麓夏蔚如傅治芗诸公招约禊集探韵得睢字再探得稽字为二首》和《答俞士镇》等。

景耀月在《大众》月刊刊发的诗，写得实在是好！令人叹惋的是，这位怀着“太平有象吾能俟，头白河清未是迟”的坚定信心，以民族大义和气节来抗日的英杰，没能等到日寇无条件投降、汉奸被审判的那一天就逝去了。

景耀月在去世之前，曾有一封致何澄的信。信中有对何澄与他的关怀和惦念的感谢，也有对自己病重的陈述，是一封具有史料价值的书札，尤其是对于景耀月的确切死因，可解众多不确之说：

亚农仁兄足下：

手札拜悉。弟病未减，烂骨甚大，恐出危险。若再入协和行手术，因心脏、糖尿等病，身气极弱，蒙药后或者一醉回不来亦不可知。现不知敢如此办否？若非如此不可，知生命可虞，或者至吾兄夏日北来时，弟已不在人间亦未可知，念之怆痛。病系由拔齿，久为腮漏，由腮漏转为多骨疸，现在败骨日日增大，不取出恐难逃一死，强取之又恐立死，此现状也。弟非畏死，但尚有许多事未完毕，又贫甚，死不起，惟此尤可叹也。

故人来函，恳切念我，兹可感心，谨述近状详陈之。

又网师园二首，略有润饰，乞酌。又前五古一首在静庵（按：温寿泉）处，匆匆一阅。因坐有别客传看，未能详读。原作压上纸韵，内有失字，失字入声；四纸韵中有失字，恐兄笔误，须酌改正为妥（失在入四质韵，改正后钞示，弟必一和）。又前尚寄一函，有数首在内。

弟太昭顿首

三月卅一日

对于景耀月的逝去，何澄以自己的方式予以沉痛的追悼。民国三十三年八月号的《大众》月刊发表了他的《挽景君太昭》。其中两句被出刊人钱芥尘“×”掉，也许是怕何澄骂南北汉奸太露骨的词句，会给何澄及《大众》带来杀头、查封之祸吧。

此诗及《大众》月刊原“编者按”如下：

挽景君太昭

撒手西归去，脱离百病缠。
文章犹有价，清白自无钱。
×××××，×××××。
此生君莫恨，不死又谁怜！

编者按：景太昭先生，名耀月，为同盟会老同志，任国会议员有年，更从事新闻业，有声于时。中间一度依袁，乃为同盟会人所疏远！近年旅居北平，穷愁赍志以殁，身后殊为萧条，闻何克之先生（其巩）为经纪其丧，始能成殓，是可哀矣⑲。

注释：

① 邵迎武著《南社人物吟评》，第二七八～二七九页，社会科学文献出版社，一九九四年四月。

② 政协山西省委员会文史资料研究委员会编《山西文史资料》，第二六一～二六二页：景柔、景炎《景耀月事略》，一九九一年第四、五期合刊。

③《大众》月刊，民国三十三年八月号，第一二一页。

④ 道邻：即史可法。

⑤ 宋瑞：即文天祥。

⑥《大众》月刊，民国三十二年五月号，第一七六页。

⑦ 上海市政协文史资料委员会编《上海文史资料存稿汇编》（十），第二六一页：何成君《钱芥尘与〈大众〉月刊》，上海古籍出版社，二〇〇一年十二月。

⑧《大众》月刊，民国三十二年三月号，第六十八页。

⑨《大众》月刊，民国三十二年六月号，第一三九页。（按：一九四四年二月号第一三一页重复刊发了该诗）

⑩《大众》月刊，民国三十二年七月号，第二二〇页。

⑪《大众》月刊，民国三十二年八月号，第六十七页。

⑫ 同上，第八十三页。

⑬《大众》月刊，民国三十二年五月号，第三十九页。

⑭《大众》月刊，民国三十二年六月号，第七十七页。

⑮《大众》月刊，民国三十二年十月号，第九十页。

⑯ 同上，第一三四页。

⑰《柯璜自述》，《中国作家》，二〇一〇年第四期，第一七六～一八三页。

⑱《大众》月刊，民国三十二年十一月号，第一五七页。

⑲《大众》月刊，民国三十三年八月号，第一二一页。

何澄旧藏“香心一寸古梅花”白寿山章

二十六　阅世一生不悲歌

一九四一年十二月七日，日本偷袭美国珍珠港；翌日，美国向日本宣战；十二月九日，中国合法政府重庆政府正式向日本宣战。没多久，日军侵入上海租界。何澄三子何泽源入读的江苏省立苏州工业专科学校在校长邓邦逖的率领下，不与汪伪汉奸政权妥协，不登记立案，几经奔波，借得一所民营纱厂余屋，以“工业补习班”之名继续办学。一九四二年七月，何泽源从该校纺织科毕业。同年七月，何澄四子何泽诚从苏州私立武陵中学高中毕业。

面对沦陷区的种种险恶和丑陋，何澄既不愿为三子何泽源在苟且的上海找事做，也不愿让四子何泽诚像三子那样东躲西藏地接受高等教育，于是做出了让何泽源、何泽诚结伴到重庆大后方找抗战的事做，读国立西南联合大学的书去的决定。

一九四三年一月，何澄为两个儿子联系好了各地接应的关系后，即让何泽源带着何泽诚向重庆进发。何泽源、何泽诚先从苏州到上海，再坐火车到南京，从南京又坐江轮到汉口。到达汉口后，由时在汉口市立医院任院长的堂兄何同泽（字铁庵，上海同济大学毕业）迎接，住在他汉口半山街汉润里三号的家里。谁知，哥俩这一住就住了四个多月。先是，日军在武汉地区以汪伪军队打头阵，发动了对鄂中独立抗战的王劲哉部的进攻和围剿；后是日伪军又快速推进到长江北岸，其第三师团和第十七独立旅团，突破了国军第六战区第四十四军和第八十七军的江防阵地，占领了藕池口、石首、华容等地，取得了向江南战略要地——常德发起进攻的桥头阵地。此时的常德，对于国府重庆和国军第六战区来说，战略地位极为重要。不说别的，重庆的补给命脉和湘米就是从这里输送内地的。如果日军占领该地，东南可窥伺长沙、衡阳，西可窥伺鄂西、川东，大后方和内地马上危在旦夕，于是国军在江汉平原的水陆空各个战场与日伪军展开了殊死搏斗。这场“鄂西会战”，一直持续到一九四三年六月十五日才告结束。此次会战，日军死伤二万五千七百一十八名；毙伤和缴获战马一千三百八十四匹；击落敌机四十五架；击毁敌汽车七十五辆；击沉、击伤敌舟艇一百二十二艘……“鄂西会战”，用时任中国远征军司令长官，在重庆危急时离滇返鄂，指挥对日作战，取得鄂西大捷的陈诚的话讲：敌我胜负之比，已由过去的一与五之比，转变为二与一之比。也就是说，在“鄂西会战”中，国军的一个士兵可以对付两个日本兵。由此可见，国军在对日军的实力比上，已有了巨大的提升。

局部战事结束，何泽源和何泽诚准备动身上路了，但就在此时，何同泽收到何澄的电报，叫他转告何泽源、何泽诚哥俩在汉口等上姚文凯的妹妹姚文澂、姚文清，唐兄姚文晋，一个外甥以及重庆国民政府中央信托局的职员秦景祥一起走。

七月二日，姚文澂一行到达汉口。当时，通往重庆的有两条路可达：一条走沔阳、荆州、宜昌、恩施至重庆；一条是萧家港、孝感、襄阳、老河口、巴东至重庆。何家兄弟和姚家姊妹决定走萧家港这条线。上路的当天，他们上了一辆早已雇好了的大车，通过十馀里的游击区，驶往日占区的萧家港。

萧家港是一个京汉路上的一个小小铁路车站，始建于一九〇二年。该站南抵武昌，北邻平汉铁路重镇花园口，属武汉外围战略要道。这个小小车站之所以有名，缘于一九一一年的辛亥革命。十月二十七日，清廷任命袁世凯为钦差大臣，统率北洋军向武汉进攻，袁世凯督师到鄂，即驻节萧家港，指挥北洋军与武汉革命军真真假假之战。抗战中兴时的“武汉保卫战”，国军曾在这里设过战地医院。何家兄弟和姚家姊妹一行，在此之前，还庆幸他们这一路真是顺畅，但没想到了萧家港却遇上了大麻烦——被日军盘问再三之后给拦阻回来！返回汉口之后，是回上海、苏州，还是等等再走，或是绕水道立即就走？何家兄弟和姚家姊妹经过几天讨论也没结果，最后，还是姚文澂执意绕水道快走。于是，一行七人，只留下何泽源一人处理他们未了之事，其馀六人在汉口张公提租乘了一只小船绕过敌占区，并于当天下午四时左右上了岸，雇了当地一个姓张的农民作向导，一路前行，于夜间住宿在樊城一家开酱园店的店主家里。

在这家酱园店里，他们一方面等着何泽源前来联系国统区的熟人照应，一方面因为正值大热天，脚上生疮，实在也不能走了。

何澄无时不惦念着儿子和姚家一行的情况。何同泽于当年八月二日有信回复何澄：

八叔大人尊鉴两握！

电函敬悉。一是姚小姐等坚欲前行，故于家叔电到之前又绕道出发，诚弟亦随行。幸喜数日辛苦，安然过来矣。途中已有信来，受适，勿念。源弟当时因结束以前未了事，故未同行，本拟随后赶去，适奉赐谕，敬当遵命而归。兹已托人购票，侄并办理请假手续，约十号前或可抵苏。再者，最近侄因筹垫等用款均已千元，久未与苏寓寄款，前仅由沪拨付千元，恐将用罄。敢请家叔就近拨付侄媳储币两千元，以备购置各项之用。据闻苏州目前物价亦飞涨不已，久此生活，奈何奈何！耑肃敬恳。顺祝

福安。

侄铁庵谨奉

（一九四三年）八月二日

八婶大人前同此请安

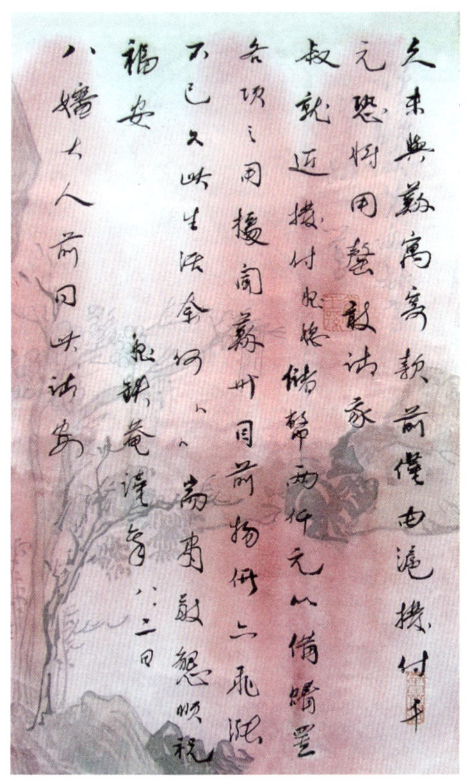

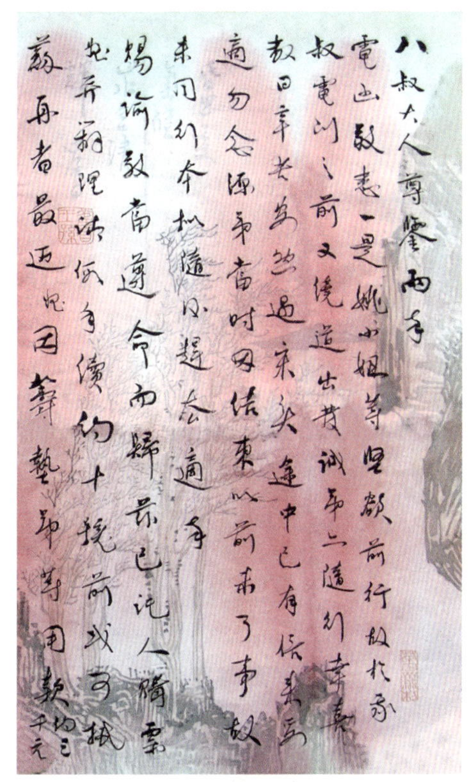

何同泽（铁庵）致何澄信函（何泽瑛提供）

从这封信中可知，何澄安排二子前往重庆，仅由苏州至汉口这一段就花费了将近两千元储备券，这个数目无论是在沦陷区还是在国统区，在哪里都是一笔大钱。但生性节俭的何澄，在孩子们为抗战尽一份力的前行路途上，绝无不给的道理。

前行的六人在樊城的这家酱园店休整了一周之后，何泽源终于赶来汇合，互相述说了这几天的情况，何泽源即与父亲在重庆的老友王徵（王文伯）联系。王徵托第五战区副司令长官孙震派员接应他们。没多久，第五战区就派了两个人前来，其中一个是第二十二集团军特务营营长沈人宁。沈人宁问他们需要什么帮助？何泽源说，我们就想快点到重庆，别的也没什么要帮的。沈人宁闻言，也没多说什么，很快让五战区派了一辆大汽车过来，并护送他们一同到了老河口。

老河口，位于湖北西北部，汉水中游，丹江口下游，东依中原，西依武当，北枕秦巴，南眺荆襄，是典型的交通要冲要道。汽车在老河口停下来，沈人宁告他们说，车到这儿就过不去了，你们翻山过去，走四天，到了巴东就有船了。在交待如何走的时候，沈人宁拿给他们一张开好了的五战区司令部路条。这样，何家兄弟和姚家姊妹一行坐船什么的都不用花钱了。

告别了接应他们的沈人宁，何家兄弟和姚家姊妹从老河口到巴东，一路顺畅。巴东位于恩施东北边缘，在长江三峡地段的巫峡之尾，西陵峡之首。到了巴东，北宋词人李之仪的《卜算子》："我住长江头，君住长江尾，日日思君不见君，共饮一江水……"竟真成了一行人的愁绪：何泽源、何泽诚先后发烧，不得不在巴东逗留几天，等小哥俩的烧退了之后，他们才从巴东坐船驶向万县。因为当时湖北的江船只能到四川的万县，所以他们在万县待了一天，再坐船到重庆。从巴东到重庆近七百公里，他们也不管船行几天，反正目的地重庆经过跋山涉水只剩下这么最后一段水路了，一行少年的心情终于舒放开来。

到达重庆后，何家兄弟和姚家姊妹一行告别，何泽源、何泽诚哥俩给父亲写了一封报平安的信。何澄收到信后，喜不胜喜，当即作了一首"示儿诗"，此诗后在《大众》月刊一九四四年一月号刊出：

喜源诚两儿远游

一

一纸书来语尽详，跋山涉水苦全忘，
少年志气艰能旺，故国精神乱始强。

莫谓旅行无大用，应知阅历岂寻常，
尔曹徒步兵荒里，都是将来作事方。

二

愈历艰难愈念亲，孝思流露到风尘。
两儿切莫伤离别，老父依然耐苦辛。
乱世清贫心自淡，全家快乐气如春。
但期尔辈能坚忍，恶俗之中作好人。
《大众》月刊按：源、诚为何亚老公子之名，近有远游，
作此壮之①。

“示儿诗”是我国古代诗中一种特殊形式的诗。家长以特定子女为对象，示谕、劝勉孩子们勤奋读书，自立自强，经受磨砺，诚实坦荡，清白做人，以期孩子们的品行规范和人格的养成；也有据儿女所做某事进行夸赞和勉励及嘱托某种事和愿望的。如陆游的“死去原知万事空，但悲不见九州同。王师北定中原日，家祭无忘告乃翁”；傅山的“作字先作人，人奇字自古。纲常叛周孔，笔墨不可补”等等，都是令人念诵不已的千古名篇。何澄的《喜源诚两儿远游》诗，除了夸赞两儿在兵荒马乱的旅途中学到了以后做事的良方，还期望二子能在“恶俗之中作好人”。一句“恶俗之中作好人”，不但在上世纪是劝勉，是心愿，是名言，即使到了现今，仍然是众多家长对儿女的最起码的期望！

一九三八年八月，何泽源经表兄王守则（一八九七～一九六〇，王季烈次子，毕业于北洋工学院冶金系，时在中央机器厂工作）介绍，进入国民政府军政部制呢厂工务课任工务员。军政制呢厂主要从事军用毛毯及服装呢料的生产。下设总务课、会计课、营业课、工务课等，何泽源在此正好发挥在苏州工学专科学校纺织课所学的专长。军政部制呢厂建在重庆主城以西十多公里嘉陵江畔、歌乐山上的磁器口古镇。何泽源来时，这里已被国民政府划定为沙磁区，同时也是国民政府教育部的一个实验区。重庆大学、四川教育学院、四川省立重庆女子职业学校、南开中学、中央大学、国际广播电台、中央研究院博物院、北平师范大学劳作专修科、药学专科学校等科教文化机构都在这里安家设院。由于集中了多所高等学府和全国八分之一的大学生，以及二百五十余家工厂企业，所以为之服务的商铺、货栈和各种作坊、摊贩多达二千多户。每天有三百多条载重十馀吨的货船进出码

头。除大码头外，军政部制呢厂和近邻的两个兵工厂，都有自己的专用货运码头。制呢厂生产出来的毛毯和服装呢料，从早到晚水陆两路，装卸搬运络绎不绝，快速运往抗战前线将士的手中，何泽源从这一派繁忙的景象中，深切地体会到父亲何澄让他前来重庆，亲历抗战的一片苦心。

制呢厂家属宿舍盖在四川教育学院附近。这些宿舍造的极为简陋，竹笆两边糊上泥就是墙，没有顶棚，但屋顶上有盖瓦，通过盖瓦的缝隙可以看见天上的月亮和星星。何泽源住在这里有一年之久。好在他是单身，偶尔也会到镇上的茶馆去坐坐一边品茶，一边与茶客摆摆"龙门阵"，回来时也不用数星星过日子。

何泽诚到了重庆，在南岸黄桷垭国民党战区学生登记处登记后，就在战区学生寄宿舍住下，准备报考大后方的国立大学。此时，为了宣传抗战以来后方国营工业建设的成就，增强国人对抗战胜利的信心，国民政府资源委员会于一九四四年二月准备在重庆曾家岩求精中学举办一个大规模的工矿产品展览会。展品全部来自于资源委员所属工矿企业的出产。分资源、煤、石油、钢铁、非铁金属、特种矿产、化工、电器、电力、机械十个分馆。当时，负责中央机器厂展出的是何泽诚大舅王季烈四子王守泰。王守泰得知何泽诚在重庆，就让他帮着布置此次工矿产品展览。

王守泰（一九〇八～一九九二），江苏吴县人，毕业于北洋大学电机系，后去英、德留学。一九三五年，在德国 A.E.G（AllgemeineElektrizitt-Gesellschaft）当工程师。抗战开始后返国，任中央机器厂四分厂厂长，后又兼任三分厂厂长。一九四五年四月，调任宜宾机器厂厂长。抗战胜利后，派赴天津接收机器厂及冀势察三省的机器工业。一九四六年，到北平工学院（当时是北洋大学北平部）任教。新中国成立后，先后在江南大学、苏州工业专科学校和南京工学院（现东南大学）动力工程系任教授。专业著作有《汽轮机原理构造及性能》等。业馀爱好昆曲。在昆明期间，其昆曲就有很有名。著有《昆曲格律》（江苏人民出版社，一九八二年）；生前曾主编《昆曲曲牌及套数范例集》南套和北套，共四册，一九九四年七月由上海文艺出版社出版。

此次工矿产品展览会预展期是二月二十四日至二十六日。二十一日，国民政府主席蒋介石在经济部部长、资源委员会主任委员翁文灏的陪同下，亲临布展现场参观，并对资源委员会提出要延长展览时间，使重庆大中小学学生均有参观的机会。二十四日至二十六日，主办方邀请重庆党政军机关人员及外交、新闻界参观，二十七日起公开展览。短短三四天，观众已达二万馀人，一时间成为重庆的一

件盛事。《中央日报》于二月二十六日专门发表了社论《民族自信心的具体化》:

参观了这个展览会陈列的实物和图片，我们由此更增强了抗战必胜、建国必成的信心。我们由此可以知道，中华民族坚贞不屈的精神，不但能够以劣势的技术打败强敌，并且能够以劣势的设备产生优良的成品，还能够更进一步，改良我们的技术。我们的工业化，还是在幼稚的阶段，我们不必讳言。开始，我们并不是纯粹依赖先进工业国，我们在技术上却有自力更生的能力，从无办法中想出办法，开发我们埋藏的资源，以增进国防的力量，改善人民的生计。②

同一天的《大公报》发表了题为《看了工矿展览之后》的社论。社论中有这样一段话说得十分中肯:“在准备反攻的现阶段中，许多物资，需要盟邦协济，欲并非由整架的飞机到一个螺丝钉，都须由国外运来。若干物件，中国已能自造。将宝贵的运输量，运中国所无而且最急需物件来，实是经济而有效。倘能因目前中国这一点工矿成就，使友邦人士认识中国工业建设之有希望，则对战后的中外经济合作，预奠一块心理的基石，那就更意味深长了。”

两天之后，国民政府外交部所办、发行对象为各国驻华外交使团和具有一定英语水平的中国读者的英文《自由西报》(社长兼总编辑陈钦仁)，也发表社论《工矿产品展览会》:“由于此次展览会，可知中国之建国工作，如欲早日完成，非加速工业化不可。以往之成就，固堪欣慰，而待举之工作，亦正不少，以视并世各工业先进国家，落后甚多。如欲迎头赶上，必须在战时战后，加倍努力，始克有望。”③

资源委员会下属机器厂共有六家，即昆明中央机器厂、宜宾中央机器厂四川分厂、甘肃机器厂(与甘肃省政府合办)、泰和江西机器厂及江西车船厂(与江西省政府合办)、坪石粤北铁工厂(与广东省政府合办)。甘肃、江西及粤北各厂，因交通不便，运费高昂，无法一一运渝展览，只有一小部分或者以模型来代展，所以机械馆所陈列的产品，主要是以昆明机器厂的出产为主。以中央机器厂出品为主的机械馆，共分原动机、作业机、交通工具、工具机、工具及杂项机器五类陈列。

原动机部分：展出大型煤气机及发电机各一套。大型煤气机和发电机一套(系仿造瑞士著名的B.B.C公司的产品);中川牌小型煤气机一座(由宜宾中央机器厂四川分厂出产);二千瓦水管式锅炉模型一套(该锅炉全部由中央机器厂制造，是当时国内制造锅炉之首创);水轮发电机模型二具(该机水轮部分及发电机部分，为中央机器厂出品);蒸汽机(由江西车船厂出品)。

作业机部分：纺织机械（所展仅为中央机器厂所产纺纱机的小部分）；碾米机一部（由宜宾中央机器厂四川分厂出产）；圆盘印刷机一部（由宜宾中央机器厂四川分厂出产）；炼泥机一部（由宜宾中央机器厂四川分厂应中央瓷厂之需要而制造）；离心抽水机一部（由宜宾中央机器厂四川分厂为适应四川境内灌溉之需而出产）。

交通工具部分："忠勇"、"正气"、"江十七"号内河浅水轮船模型三具。"忠勇"号为浅水客轮，"正气"号为浅水拖轮，"江十七"号也是浅水拖轮，有客舱二间，可载客四十八人（上述浅水轮船均由江西车船厂出品）；"孝顺号"内河民船模型一具，该船有客厅一间，客房三十八间，可载客一百五十二人，也是由江西车船厂出品。

工具机部分：车床四部（分别由甘肃机器厂和中央机器厂出品）；钻床二部；电动台钻三部；牛头刨床一部；精密铣床一部（该机床由中央机器厂为某兵工厂之需所制，其精度及性能可与当时世界最好的同类产品相抗衡）。

工具及杂项机器部分：工具及量具，计有各式铣刀、螺丝入及钢板、齿轮铣刀及滚刀、圆锯片、钻帽、三角夹头、万能剂针盘及分厘卡等。这些工具及量具，其材料选取，工作方法及精密度，均合各国标准，而齿轮滚刀，在国内也是首创；显微镜五具，该产品由北平研究所提供镜片，中央机器厂制造，可放大五百倍；钢绽、汽车钢板及焊条[4]。

何泽诚在以中央机器厂出品为主的机械馆内忙活了好久。他喜欢机械，喜欢

一九四四年，在重庆举办的工矿产品展览会后，何泽诚留作纪念的小锉刀及量口径的硬币

动手做一些小玩意，也喜欢拿着精密的工具摆弄修理钟表，所以在这个展览馆里，他乐此不疲。展览结束，资源委员会要酬劳办展、参展、布展的工作人员。何泽诚说，我也没做什么，就是做了些事情，你们也管吃住，这已经是报酬了，这钱我不领。资源委员会的人见他真是不肯要，就变通了一下，说，我们看你挺喜欢机械工具的，你看看展馆剩下的这些物件，喜欢的你就挑上几件……何泽诚对这个建议倒满心喜欢，他真挑了几件实用性很强的金属工具，一直使用并保存到现在。

一九四三年冬季，何澄次子何泽涌从日本庆应大学毕业后，听从父亲的教诲，决计像日本学生到中国旅行考察那样，多走一些地方，也看看日占地区的情况到底如何。他从东京到长崎，乘火车经朝鲜，到沈阳，下车后到哈尔滨看了看日本统治下的民众生活状况，又回到沈阳。在沈阳稍待，即乘车到承德——古北口——北平，在北平看望了几位亲戚才回到苏州。他的归来给已从武陵中学毕业后在家待了一年的小弟弟何泽庆带来了极大的欢乐，因为按照安排，何泽涌要带何泽庆第二批从苏州赴重庆。

一九四四年一月二十五日是农历甲申年的春节。过了初五(一月三十日)，何泽涌带着准备到重庆投考西南联大的何泽庆从苏州出发，经安徽蚌埠，河南商丘，陕西西安、宝鸡前往重庆。

何泽涌、何泽庆上路后，何澄对送儿子们到抗日前线和大后方，既兴奋又担心，乃作《久阴雨喜除夕快晴》，刊发在《大众》月刊一九四四年三月号上：

忽忽今又逢除夕，艰苦七年愁里过。
纵使闭门能种菜，却难阅世不悲歌！
兵戈遍地仍如此，儿女四方将若何？
老眼喜看新岁换，明朝更有好晴和[⑤]。

一句“兵戈遍地仍如此，儿女四方将若何”？充满了为父之人对儿女的惦念；一句“老眼喜看新岁换，明朝更有好晴和”，又充满了明年定能打败日寇的自信和判断。

何泽涌和何泽庆这一路倒比何涌源、何泽诚那一路走得顺利。他们走到蚌埠后，给老父写了一封报平安的信，说他们从苏州坐火车到南京，然后乘渡轮到浦口，又乘火车到达了蚌埠，安全通过敌伪区。何澄接到何泽涌的信后，当下写了一首《得自蚌埠来书》诗：

万里征途雨雪天，书来告我我应怜。
能相亲爱真兄弟，莫忘艰辛比岁年。
阅历渐多增理智，见闻稍广减空玄。
尔曹异地如思父，父语遵循学圣贤。

这首情深意切的诗，是何泽涌到达重庆后，由何澄的密友、时任国民政府蒙藏委员会委员长吴忠信亲手交给他的。何澄所寄语他们的“尔曹异地如思父，父语遵循学圣贤”，他们一直铭记在心，甚至到了荒诞绝伦的“文化大革命”，也铭记着先父要学“圣贤”的教诲。

通过商丘、洛阳、西安、宝鸡到达重庆的这一条路线之好走，完全出乎何泽涌的意料。在商丘至洛阳的路上，他和何泽庆不但没有见到任何日伪军，就连国军也没见到。最奇特的是，这段路途虽然需要步行，但有拉老人和行李的平车，只要在平车上铺上褥子，老年人也可平缓舒坦地通过。到了商丘，想象中异常艰难的路途更是便捷多了，从商丘到洛阳到西安到宝鸡都有火车可以通行乘坐。而在宝鸡，前往重庆方面的大卡车上还有座位。到达重庆后，何泽涌就把这一路的见闻和交通情况报告给父亲何澄。当何澄接到何泽涌的书信，知他们兄弟俩都已安全抵达重庆后，就在与何泽涌、何泽庆的最后一张合影上亲题：“三十二年冬摄于灌木楼前，三十三年春正月两儿相偕远游，今已平安达目的地矣。”喜悦之情溢于言辞，再作《寄涌庆》，刊发在《大众》月刊一九四四年六月号上：

离我出门去，能无久别伤。
庆仍嫌幼稚，涌尚不荒唐。
两子心都善，青年志更强。
同情难溺爱，天性忍相忘。
道路应多险，兵戈况正荒。
汝曹休忽略，斯世要思量。
万事闻非见，千辛味勉尝。
余曾深阅历，尔岂解炎凉。

克己追贤圣，交游慎虎狼。

一九四四年初夏，何泽涌（右）和何泽庆（左）赴重庆后，何澄在此前与两儿合影的相册上题字

对人涵养贵，随俗合流防。
恶腐均邪径，中庸乃病方。
从容医乱国，坚决救亡羊。
躐等行安速，澄怀理自昌。
虚荣何济用，任意只加忙。
老父言虽甚，前途虑异常。
真金堪火炼，瑜瑾发奇光[⑥]。

在这首示儿诗里，原先在何澄眼里有时荒唐的何泽涌已被老父认为是“尚不荒唐”的了，不但不荒唐了，而且是“心善”、“志更强”的有为青年了。“瑜瑾发奇光” 陶渊明《读山海经》诗句），是何澄挂在北平“真山园”客厅的一副字对中的一句，何泽涌、何泽庆自然记得。父亲以“真金堪火炼，瑜瑾发奇光”诗句来激励和历练他们，真是最好不过的教导了。

一九四四年夏，何泽涌（前排左）何泽源（前排右）何泽诚（后排左）何泽庆（后排右）到达重庆后合影。右为何澄在其子寄回的合影照片旁题记（刘意达提供）

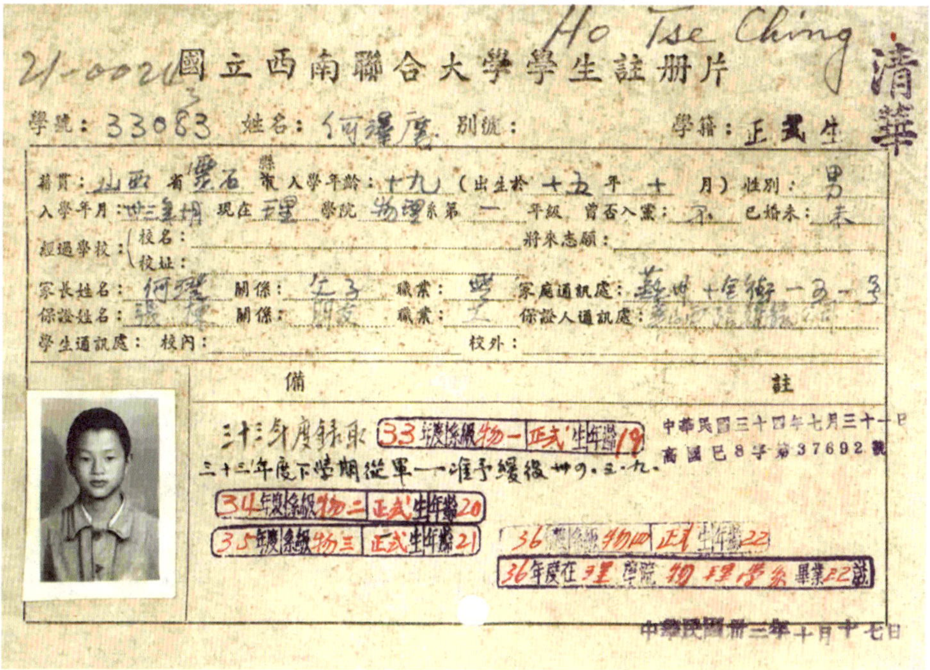
21-0026 國立西南聯合大學學生註册片 Ho Tse Ching 清華

學號：33083 姓名：何澤慶 別號： 學籍：正式生

籍貫：山西省靈石縣 入學年齡：十九（出生於十五年十月）性別：男

入學年月：卅三年八月 現在理學院物理系第一年級 曾否入黨：否 已婚未：未

經過學校：校名： 校址： 將來志願：

家長姓名：何澄 關係：父子 職業： 家庭通訊處：蘇州十全街一五一號

保證人姓名： 關係：朋友 職業： 保證人通訊處：

學生通訊處：校內： 校外：

備 註

三十三年度錄取 33年度係級物一 正式生年齡19

中華民國三十四年七月三十一日 高區已8字第37692號

34年度係級物二 正式生年齡20

35年度係級物三 正式生年齡21

36年度係級物四 正式生年齡22

36年度在理學院物理學系畢業22歲

中華民國卅三年十月十七日

何泽庆的国立西南联合大学学生注册片

何泽涌、何泽源、何泽诚、何泽庆兄弟四人在重庆相聚后，立即照了一张合影，寄回给苏州的父亲。何澄在这张照片旁题记：“涌源诚庆兄弟四人合。甲申夏日　真山老人记。”

兄弟四人在合照过给父亲相片后，何泽源回军政部制呢厂忙他的工作；何泽诚忙他的工矿产品展览；何泽庆住在教育部所设的战区学生宿舍，准备报考西南联大，备考期间，还读了沈志远的《新经济学大纲》《世界生存论》，经常看《新华日报》，从那时起，他就关心起政治问题来了。一九四四年七月三十一日，何泽庆顺利被国立西南联合大学物理系录取。

何泽涌在等待大哥来重庆的一段时间内，先后拜访了父亲的老朋友吴忠信、上海商业储蓄银行的创始人、董事长陈光甫，蒙藏委员会副委员长赵丕廉等。五月中旬，张大千率弟子数人赴重庆筹备临摹敦煌画展，何泽涌从报上得知消息后，即和弟弟何泽庆一同前往张大千的住处见了面，张大千请两位世侄吃饭，并详问了何澄（张大千称何澄为亚农八兄）买下网师园后如何修复的情况。最后，给了何泽涌当时他绝对买不起的二十元的画展门票。五月二十一日，画展开幕，何泽涌来到上清寺中央图书馆，入场观看张大千伯伯的画作。

六月十日前后，何泽明终于来到重庆。六月十四日，重庆国民政府军令部部

何泽明赴重庆时，通过故乡山西时所摄（何长孝提供）

长的徐永昌听说何澄之子来到重庆，就放下手头的工作，在这天的下午专门在家里招待了何泽明、何泽涌和侯少白长子侯培。徐永昌在这一天的日记中，这样写道：

午后三四时间，何亚农之子泽明、泽涌及侯九之子培来见，俱来自北平，均属优秀，尤以泽涌为佳。渠习医官客夏，七月自日本、朝鲜、奉天、哈尔滨复折返奉，经承德而至北平。奉、热、平火车已通。据述，去年七月间，其人民一般心理对于战局知其难而有自信心，谓盟军物质虽强，必能以精神克服之。仍以日俄战争之信念为信念，决无颓唐畏葸之状。观于此言，殊不似当时吾人想象敌之心理。渠又谓，去沙坪坝各大学观察亦殊，与想象大异。应以为此间各大学学子必多有不切实际、乌烟瘴气之爱国行动，乃竟多谈恋爱，如此消沉。因又述及日本学生数人徘徊于游玩场所之旁，为警察悉数拘去，加之训诫，谓国难严重，出发，何心寻乐？责成其中之一年长者率之回校，学生奉命惟谨云云。以视我国学生之骂教员、偷鞋丁、抢胡豆为何，如东西二邻之情形皆属类似，而吾国朝野上下似犹未醒，可悲也夫⑦。

对属于小字辈的何泽涌的评价之高，对他所提供的日本国内情况之重视，在厚厚十二大册的《徐永昌日记》中实属特例。

一九四四年九月，何家五位兄弟除何泽源仍留在重庆工作外，其他四人陆陆续续从重庆分赴各自工作和学习之地。何泽明、何泽诚、何泽庆是一线，都是昆明；何泽明到昆明中央机器厂电炉车间当助理工程师；何泽诚考上西南联大先修班；何泽庆考上西南联大物理系正式生。哥仨有的是坐飞机前往昆明，有的是坐汽车前往。何泽涌经父亲与二战区司令长官阎锡山说项，则独自从剑阁关到西安，又从汉中平原辗转于秋林，于九月渡过距壶口瀑布下游三百米处的悬空铁索桥，来到东岸的二战区司令长官部和山西省政府驻地，向阎锡山老伯报到。

阎锡山的二战区司令长官部位于一新沟，居所是两孔窑洞，但洞壁是用白麻纸裱刷了的，办公用品摆放得井然有序，显得极其干净整洁。阎老伯见到何泽涌，

何泽明（左三）在昆明中央机器厂（何长孝提供）

先是问了一句:“你父亲身体还好吗?”何泽涌回答说:“还好。”就这么一问一答之后,也没再问及其他事情,阎锡山随即提起毛笔在“第二战区长官司令部用笺”的信纸上写了几个字,递交给何泽涌说:“好吧!你到杨镇西校长那个地方工作吧!”何泽涌就退了出来。出门后何泽涌还纳闷:本来准备了好多问题,预备着阎老伯要问,没想到就一句问候的话就完事了,工作了!原来阎锡山同父亲一样,与孩儿辈的人是从来不谈政治的。就这样,何泽涌便成为克难坡山西女子医学校的一位教员。教授两门课,一是德文,二是组织学。

何泽涌在克难坡山西女子医学校教学时,这里已是经过四年多的克国难、克生活难的“克难运动”,使一个原先只有六户人家,三面不是临沟就是面对着黄河,一面通高原的葫芦状独立山梁的小南村,已经发展成为可容纳两万多人居住、办公的山岭小城。整个克难坡结构、布局是以内外两道城垣构成的。根据自然地形命名的一新沟和二新沟居内,是核心地区;三新沟、四新沟、五新沟和西新沟为外城。在克难坡的日子里,最让何泽涌兴奋的是,夜晚睡在那盘火炕上,可清晰地听到壶口瀑布的涛声。最让他想不到的是,到了晚上,他不用因黑暗而仰头看天上的星星点灯,也不用秉烛夜读,这里的电灯比重庆的还要明亮些,可自由自在地自编教材,自刻蜡纸讲义,看书备课、给父亲和哥哥弟弟写信,内心充溢着壶口瀑布咆哮般的豪情。

在克难坡,何泽涌得到妹妹何泽瑛的来信,说父亲为了让何泽庆在国立西南联合大学好好读书,把上海法租界内海格路卫乐园二十三号的花园洋房也卖掉了。这使得何泽涌又增加了一份为父母分忧的责任感。每当发薪水之后,他除了留下必备的日用品花销外,节馀的部分全都寄给何泽庆以补学杂费和生活费。

在克难坡工作、生活了几个月,何泽涌初来这里的兴奋劲渐渐淡去,看着每天只有两孔窑洞的几十个学生,他颇觉这样教教书实在没多大意思,萌生了离开这里再行医学研究的念头。恰在此时,阎锡山患了糖尿病,二战区需药品,受阎锡山委派,一九四四年十二月,何泽涌从克难坡坐马车走孝义、义棠,然后改乘火车到太原、北京、南京、苏州,直至上海,为二战区和阎锡山购买药品。

何澄把五个儿子全派到抗战前线和大后方后,家里只有小女儿何泽瑛伺候左右。一九四四年正月,何澄为何泽瑛写下一首《二老膝前瑛一人》,后被儿女们戏称为姥爷的“表扬信”诗:

全家十口今留几?二老膝前瑛一人。

操作都能本领大，艰辛不畏孝心纯。
晨昏赖汝常常慰，岁月如梭刻刻新。
兵气未销情未减，八年离乱发成银。

子女八人，今惟瑛女留侍左右，馀均散在四方。幸瑛女孝而能终日欢欣慰我二老，使余减去寂寞不少。感成此诗，写示瑛女。

甲申正月　真山老人

虽然被父亲美美地表扬了一番，但看着哥哥弟弟们都到了大后方，想着大姐在美国，二姐德国，生性快乐的何泽瑛有时还是要发发小脾气，使使小性子。

抗战胜利后，东吴大学在苏州原址复课，何泽瑛想继续学业，可宥于家中缺人管事，想上，又不忍父母无人照料，一时小女孩脾气上来，与父亲写信，把两种心思都说了出来。何澄接到她的"述苦"信，很快就回她一封什么叫真正父爱的信：

汝在家劳累，余时觉对不住汝。不论家中有人无人招呼，汝可(不)必再劳累矣。老父之爱汝，尤过他人。望汝不必焦燥。只要汝想如何，余必尽所能援助之也。子女对父母不要客气，更不要负气！使余心安，即是孝顺。金钱不重要也。

何泽瑛收到父亲的这封信后，一下子就成熟了起来。笑脸和幽默的话语成了她这一时期的显著特征。

何澄是深受孙中山男女平权思想的一个人。对于长女何怡贞和次女何泽慧，他也是挂念不已。一九四二年至一九四三年，因第二次世界大战及太平洋战争爆发，邮路断绝，在美国的何怡贞和在德国的何泽慧平安与否，就成为何澄、王季山夫妇十分担心的事。身在海外的两个女儿也通过国际红十字会焦急地打问家里的情况，但总是有去无回。这时期，何怡贞、何泽慧通过国际红十字会互相发了多封极简的短信，不停地询问家里的情况：

一九四二年七月二十三日，何怡贞从美国致何泽慧：

泽慧：

还没收到父母的新消息，已于五月通过红十字会给父母去信。我会附上你的消息再给他们去信。我的女儿运培已四个月了，一切安好。怡贞瑛女阅：昨日得六月七日书，欣悉一切。真山园章并未带与曲匠亚农，章均留在家中，汝细细寻之可也。识习消息，使余极喜。彼如回来，可试考东吴，如不取，再来北考。其他学校时局未必稳定，观远是读书为佳。至于汝在家劳累，余时觉对不住汝。不论家中有人无人招呼，汝与母每劳累矣。老父之爱汝，尤过他人。望汝不必焦燥，只要汝能此符余心，尽所能援助之也。子女对父母不要若气，更不要负气，使余心安，即是孝顺。金钱不重要也。余刻已移居樾馆之旁十一号与孙小甫同

何澄给三女何泽瑛信（何泽瑛提供）

真山园主人

全家十口今留養，二老膝前瑛一人。操作都能率領大，艱辛不畏孝心純。晨昏賴汝常常慰，歲月如梭刻刻新。兵氣未銷情未減，八年離亂髮成銀。

予女八人，今惟瑛女留侍左右，餘均散在四方。幸瑛女孝而能，終日歡欣慰我二老，使余減去寂寞不少，感成此詩寫示瑛女

甲申正月真山老人

一九四四年二月，何澄写给爱女何泽瑛的诗幅(何泽瑛提供)

一九四二年七月二十三日，何怡贞从美国致何泽瑛：

泽瑛：

刚刚收到泽慧通过红十字会转发一切安好的消息。问候家里。你们都好吗？我们都很好，运培很健康。请回信。

一九四二年三月二十四日，何泽慧从德国致何怡贞：

亲爱的姐姐：

你们和家里如何？你有父母和兄弟姐妹的消息吗？你能给家里写信吗？我挺好的。祝好。你的何泽慧

一九四二年十月二十六日，何泽慧从德国致何怡贞：

亲爱的姐姐：

你和家里怎么样？我挺好的。你有父母和兄弟姐妹的消息吗？你能给家里写信吗？你什么时候回家？泽慧

一九四三年一月二十九日，何泽慧从德国致何怡贞：

衷心祝愿！希望你们都好！你有父母的消息吗？家里怎么样？我很健康。主要工作除了物理之外，种菜和水果栽培。何泽慧

一九四三年二月二十五日，何泽慧从德国致何怡贞：

你们怎么样？你有家里的消息吗？我挺好的。在我的花园里有很多事要做。祝你们都好，身体健康。何泽慧

一九四三年四月九日，何泽慧从德国致何怡贞：

你们和家里如何？我挺好的。你们何时回家？如有可能，我将立即

启程。不久再见。何泽慧

久无身在海外女儿的消息，再加这一时期长子在北京大陆银行做事，次子何泽涌在日本留学，三子、四子何泽源、何泽诚在前往重庆的途中，平素对子女要求极严的何澄，此时也再抑制不住挂念儿女之心，写下了一首在他的诗作中并不多见的《感怀》诗：

怡慧（何怡贞、何泽慧）无消息，时非涌（何泽涌）未归。
源诚（何泽源、何泽诚）仍远去，瑛庆（何泽瑛、何泽庆）尚欢依。
纵把慈心抑，难禁老泪挥。
家家离散恨，我较感伤微。

《大众》月刊编者按：怡慧等辞，皆先生男女公子之名，留学欧洲或日本，尚未言旋也⑧。

纵然难掩思念儿女的泪水，在泪水不停地流下又不停地擦拭的当头，何澄仍表现出一种追圣贤的家国情怀：他说，在整个民族蒙难的时候，凡是真正的爱国者，哪一家没有离散之恨呢！相比之下，我这点思念儿女情长的感伤，又算得了什么呢？

一九四二年五月二十一日，何怡贞通过美国红十字会伯克利分部邮递给家里的一封信，非常幸运地于这一年的十月八号送达何澄手里：

外孙女（葛运培）三月三十日生于伯克利，一切安好。庭燧被授予大学会员资格。经济状况良好。家中所有人都好吗？

终于得到长女的音讯，长期的思盼终于从悬在心上落到了笔头。何澄于一九四三年一月二十七日，给何怡贞回了信：

家里一切安好。明、儿媳和孙子都在北平。源、诚在去四川的路上。其他人还是跟以前一样。有慧的新消息吗？

一九四二年三月三十日，何怡贞在美国伯克利生下女儿葛运培。五月二十五日，葛庭燧、何怡贞夫妇怀抱女儿摄影（葛运培提供）

有了大女儿的消息，何澄最惦念的就是在德国留学的何泽慧了。还是在一九三九年九月二十七日，第二次世界大战爆发不久，何澄曾给何泽慧发过一封信，让她考虑在明春毕业后，是否该从中立国回来：

> 慧女阅：
>
> 此次的战争恐非短时间所能止。汝之求学，似多一障碍。若能明春毕其业，则由中立国归来，或尚非难。否则，今日之中立，明日或为交战国，亦未可知也。汝细研究之为要。余及汝母等均好，勿念。匆匆此谕。
>
> 父手书　中秋日

一九四三年五六月间，时常坐在灵石何寓院内盼等邮差前来的何澄，终于得到何泽慧从德国柏林寄来的一封平安信。何澄喜不自禁，马上挥毫写下一首《寄泽慧二女瑞士》的感怀诗：

慧女阅：此次战争恐非短时间所能止。海上求学似多一障碍，苟能收者毕其业，则由中立国归来最为[illegible]，[illegible]则今日之中立国，恐他日或为参战国，亦未可知也。[illegible]研究之为要，[illegible]及此。母等均好，勿念。[illegible]此谕。

父手书　中秋日

一九三九年九月二十七日，何澄给次女何泽慧信（何泽瑛提供）

欧亚同遭劫火侵，是谁祸首恨难禁。
达观似我头犹白，纯孝如儿感更深！
只以兵凶殃世界，亦曾俗扰到园林。
七年不见音书少，消息平安老父心。

《大众月刊》编者按：泽慧女士，留学欧洲，已得学位，近由瑞士转到家书，故其尊人亚农先生赋诗志感焉[9]。

又为何泽慧写下了“对技术要精细周到，对事物要明快通达，对人要忠厚宽大”的劝勉格言。孰为遗憾的是，没等到把写下的这三句人生格言送给爱女何泽慧，何澄就已故去。

一九四三年七月二十八日，何泽慧也盼到了家里的消息，令她悬挂了一年的心总算落了下来：

亲爱的姐姐：

很久没听到你们的消息了。怎么样？昨天我得到父母的消息。家里好，我也好。你的泽慧。

一九四四年，何澄又得到何泽慧从德国柏林寄来的一封虽遇盟军大轰炸，但她却平安无恙的信。何澄看后，当即在何泽慧在一九四一年寄来的一张贴在家庭相册上的照片旁边，用红笔题写了：“民国三十年，自柏林寄来。刻安居海特堡皇家研究院。大轰炸后尚能免于难，老怀甚慰矣。三十三年　真山识。”

儿女都安然无恙，令何澄的心情大快。一九四五年春节一过，何澄即等待时机前往重庆。为避敌伪眼目，他在《大众》月刊二月号刊出一首《拟入灵岩山寺》的诗作后，就不在《大众》月刊露面了，专等次子何泽涌从山西回来接他和被汪伪通缉的《申报》总经理马荫良（在何澄“灌木楼”后的小洋房避居多时）、马荫良的朋友刘寿祺（上海华丰面粉厂经理）、刘寿祺的表弟徐树滋（辅仁大学毕业生）、何澄族侄何铮（一九一四～一九八六，族名何长兴，字永昌）、王义吉（王季烈次子王守则次女）、王义澄（王季烈长子王守兑三女儿）等老老少少十几人先赴北平，再转赴山西到西安、重庆。其诗如下：

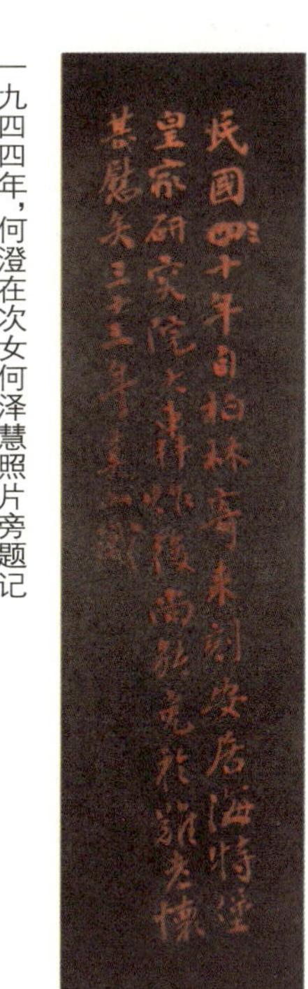

一九四四年，何澄在次女何泽慧照片旁题记

一九三七年七月十八日，何泽慧摄于德国绅士岛“新殿宫”(Scoloss Herrenchiemse)。此宫由国王路德维希二世建于一八七八年，又名绅士岛宫

對技術要精細周到
对事物要明快通達
對人要忠厚寬大

何澄为次女何泽慧题劝勉格言

曾忆昔乡贤，甲申悲痛年！
怕官非欠税，寻寺不逃禅（青主先生诗句）。
虚境差如我，知心惟有天。
展观遗墨迹，读罢气浩然。

无欲始能闲，闭门似入山。
明知难理喻，何必勉枝攀？
我岂高身价，人多比石顽。
失言不如默，搔首竹松间[10]。

一九四五年七月，何泽涌把购买药品的事办好后便回到苏州接父亲等一行人北上。到了北平，何澄原准备稍事停留后就到太原的。但好久没到北平的何澄，每日于亲友相见，把酒当剑，述说这些年来分别已久的方方面面，因应酬过多，竟患起病来，不能起程。适何泽源此时由山西来京办事（一九四四年九月，何泽源辞去重庆军政部第一制呢厂职务，来到山西大宁县二战区经济建设委员会纺织厂任工务员），何澄当即提议由何泽源送随他前来北平的一行人经太原前往西安，他呢，则在病好之后，由次子何泽涌陪同即行。那些早日想到西安、或延安、或重庆的众人心急如切，纷纷同意何澄的这一建议。这一帮亲友先行走后，何澄真是为他们担心，这从他于一九四五年九月九日写给何泽瑛的一封信中看得出来：

瑛女阅：

交通四方都断，邮递更不顺矣。北平一切平稳，黄金及米粮、日用品均一落千丈，多有因米粮失利而自杀者。正太路亦不通，余与涌（何泽涌）尚不知何时能去（按：指到太原），只好任其自然。

苏州近日想亦安静，中秋节大可赏月于网师园矣。源（何泽源）与永昌（何铮）等一去无消息，不知马（荫良）先生家中有信否？马先生可以归矣。多此一行。倘在平迟待五六日，即可免此跋涉。亦许久不得汝来信，交通使然。彼此一样无信，明知未必能达，姑试寄之，胜于不写信也。匆匆

此谕。

父手书

九月九日

一九四五年九月九日，何澄给三女何泽瑛信（何泽瑛提供）

一九四五年八月十七日，何澄给三女何泽瑛信

七月底八月初，何澄的族孙、中共北平情报组织主要负责人何长谦，秘密拜见了何澄，并打算为他的这位八叔祖父在西山找一个可以疗养的居所。

八月十五日，日本宣布无条件投降的胜利消息传来，何澄想着何泽涌与他所说想离开老阎到别处另谋发展的事，便改变早先的打算，在北平暂时停留下来，想看看时局再决定行程。八月十七日，他给何泽瑛写了一封信：

瑛女阅：

昨寄一书，想已收见。全面停战，世界和平矣。我们能如此过此难

关，真是天佑。余已无远行必要，且老阎不日到太原，涌拟俟其到后再同余前往，略周旋之即辞职另谋。苏州情形如何？望详告我。物品想必大落，此间已一落千丈，尤其是黄金也。余现移东煤厂二十八号雨三处，甚幽静，涌亦同住。匆匆

此谕。

父手书

八月十七日

日本无条件投降后，由于陆路交通阻断，也由于何澄患病，一九四五年十二月二十日，何澄决定先让何泽涌返回太原。次日，何泽涌背着行李和药品乘火车走走停停，到了无法开行的地段下火车步走，到了可以通行的路段再上火车前行，于十二月二十六日到达太原。到达太原后，何泽涌即向阎锡山汇报购买药品的情况并把他患糖尿病所需医治的药物一一交待清楚。阎锡山对何泽涌在国势大变的局面下，有始有终地办好这件事大为欣赏，不但给他了一年的薪金，还补发给他全套的夏冬衣服。何泽涌把回到山西后的情形写信告诉父亲，并提醒父亲由于石太线轨道常被破坏，旅客需背着行李和物品走一段路。

一九四六年一月四日，何澄在接到何泽涌来信的当日，就给何泽涌回了信：

涌儿阅：

顷接十二月二十六日书，欣悉一切。旅中情形如此困难，使余闻之却步矣。林君拟约其来，面告彼等言语，艰涩行路更不易，不知彼等有此勇气否。瑛时有信来，家中均甚安好。诚已过长沙，想不日可到家矣。吴日升昨飞来平，汝大哥托带之款当交清矣，尚不失为好青年也。伊甚想与汝见面，闻汝方行，颇为怅恨。余一时不想回晋，究不胜往返其劳，且不愿与新贵同乘飞机也。决在海淀村物色一屋，正托人进行中……阎老伯病虽慢性的，但不易根除，劳心过度，更非所宜，应劝其节劳为要。去夕是日本训育民主监督，焉是中国训育监督也，此举三国外长会议之结果。人不争气，应有此情势，无可如何者。匆匆

此谕。

父手书

一月四日

大沙石沙沙米非毛一层已抵人迎行中僧
归国后法定先赏去擘矣日非言上海租四洞
原欲赍所领赏金十余条卖尽其价可都
此间物价较出行时又加两倍据吴日非云
若比南方须宜国老伯病体难撑性的很不易
根除常心过度更如所宜应观其此节常内需
当是最初言民主道德篤是中国训育道德也
此华之加者会议之结果人不争上乱应有此情势矣
可如何者毋、此请
文ま
七月 署

潤兒閱頃接十二月廿六日來諭悉一切旅中情

形如此困難使余閱之卻些矣林君拟約

其來面告彼等言語難識彼輩不易

不知彼等有此勇氣否議時有信來敝

中均甚安好識正是長此想不日可到家

矣秉日昨飛來平此大哥撫養之穎當家

清矣尚不失為好青年也伊書非与此兒

面詢此方能斷其婚姻余一時不能回國實

何澄在此信中，有两件事可见其思想：一是"余一时不想回晋，究不胜往返其劳，且不愿与新贵同乘飞机也"。"不愿与新贵同乘飞机"，表明了他对抗战胜利后国民党政府的普遍腐败痛恨到都不愿碰上的程度；二是一九四五年十二月十六日至二十六日，苏美英三国在莫斯科举行三国外长（苏联外交人民委员莫洛托夫、美国国务卿贝尔纳斯、英国外交大臣欧内斯特·贝文）会议。会议讨论了战后欧洲和远东的一些重大问题。会议决定：一、立即恢复草拟对意、罗、保、匈芬和约，只有停战协定签字国才有资格参与和约条款的初步审议，和平会议召开日期不应迟于一九四六年五月一日。二、为管制日本，成立设在华盛顿的远东委员会和设在东京的盟国对日管制委员会。三、美、英两国表示将承认改组后的罗马尼亚政府和保加利亚政府。四、三国外长一致同意，应在中国实现统一与民主，国民政府各部门应有民主人士广泛参加，中国内战必须停止，苏、美等外国军队应迅速撤离中国，三国应遵守不干涉中国内政的政策。五、争取早日成立朝鲜临时政府，设立苏美联合委员会以帮助实现这一目标。六、赞成向联合国提议设立原子能管制委员会会议。何澄对苏美英三国外长达成的协议很是无语，遂有"去夕是日本训育民主监督，焉是中国训育监督也？此举三国外长会议之结果，人不争气，应有此情势，无可如何者。"以后世界大势的发展，证明了何澄的"无可奈何"真是一般民众所无法抗御的。

第二天，何澄又将何泽涌回到太原后的情况写信告诉何泽瑛：

瑛女阅：

昨日已得涌自晋来信，沿途固甚苦，幸尚未遭危险。伊离晋已十二个月，到后竟将十二个月薪水全给，且给冬夏衣服。老阎对彼可谓情甚厚矣。但老阎现患糖尿症，不健康可知矣。庆处有信否？颇为悬念也。草草

此谕。

父手书

一月五日

一九四六年三月，何泽涌被委派到山西省立川至医学专科学校任副教授。日本投降后，阎锡山回到省府太原，派山西女子医学校校长杨镇西接收了日本人办的桐旭医专，将山西女子医学校改为川至医学专科学校，并迁至原桐旭医专校

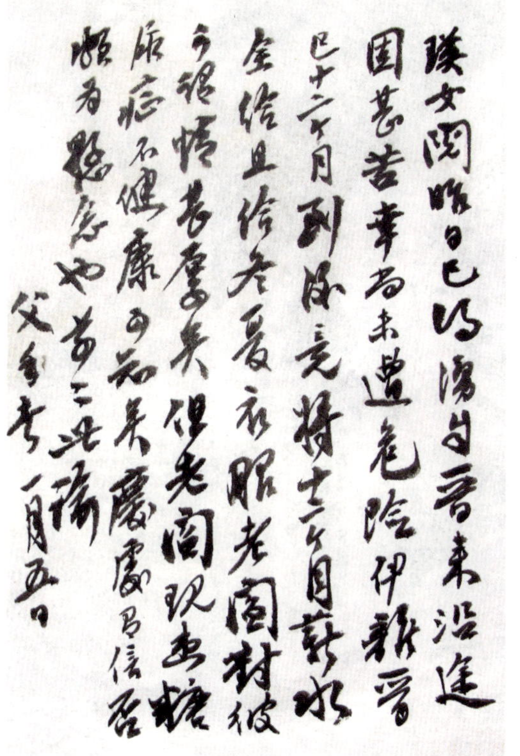

一九四六年一月五日，何澄给三女何泽瑛信（何泽瑛提供）

址。桐旭医专原址在太原精营东二道街（今山西医科大学第二附属医院处），占地面积八万多平方米。主楼为两层砖木结构，造型为日式。楼东为图书室，西为病理教室。各种科研教室、学生宿舍、教授宿舍、运动场以及医学院的各种门诊室、病房等等很是齐全，医学仪器和教学设备较完整，比之克难坡的山西女子医学校的条件要好出不知多少倍。在病理室，何泽涌还碰到一件非常有趣的事。在桐旭医专教授组织学、解剖学的日本人江口，原来是他庆应大学医学部的校友。他很想见见这位没有见过面的校友，但闻说已被遣返回日本，这使他深感战争的无情。上世纪八十年代，何泽涌应邀请到日本进行学术交流活动，还曾向日本同学打问过这位叫江口的校友现在是否还活着，在什么地方供职。有知情的同学告诉他，说江口自中国回来后，在家乡开了自己的诊所，当了私人大夫。也是在这所接收过来的桐旭医专，何泽涌还欣喜地发现了两大木盒组织切片标本，玻璃片上都贴着庆应大学的标签。这些组织标本为何泽涌以后从事教学和研究工作提供了极大的便利。

此时的何泽涌无心在山西工作，想辞职到别处干一番医学研究事业。何澄对他这种不安于现状、处处都要理想主义的思想给予了婉转批评，并于三月五日写

二十世纪四十年代，何泽涌在省立山西大学医学院门前留影（何为群提供）

信给何泽瑛说："涌已到并，仍感觉不满意，拟辞归。现在各处相同，必理想者绝对无有任其所想可也。"

也许是为了给何泽涌一个安慰，三月十三日，何澄又给何泽涌一信，告他准备跟琉璃厂开古董铺的山西老店——英古斋掌柜杨兰阶到山西看一看有无千年以上的古董可买。何泽涌得悉父亲要来山西的讯儿，真是天天盼着。然而，北平在三月十六日突然下了两天两夜的大雪，何澄因"积有尺馀，交通不便极矣，因此不能出门，终日在室内吟诗写字"。之后，又因国共两军在东北进行了一系列的接收内战，何澄认为："东三省虽云好转，不过由急性症变为慢性病了，中国亡不了亦好不了，欲望太平，实难实难！"（一九四六年三月十七日，何澄给何泽瑛信）因为时局关系，辽津铁路不通，正太路也是时通时不通，何澄到山西与阎锡山一晤的打算一拖再拖。稍后，何澄又有了"必在此玩的兴尽即归苏矣"的打道回府的打算……这令何泽涌十分失望。

何澄困在北平期间，好事连连。先是他的亲戚孙新彦（字山甫）被派为国民政府北平市的接收大员，再是何乃莹的大女儿何兆英的次子、何澄的侄孙李方玉（南开大学政治系毕业，曾为阎锡山的机要秘书）也被重庆方面派为北平市的接收大员，经过他们的互助，原王大人胡同"真山园"似有收回来的可能：

瑛女阅：

……

小阿姊（何泽慧）、大阿姊（何怡贞）都有消息，使吾尤喜。余现移居汝十二叔（何子京）处，此后来信寄牛八宝可也。

王大人屋亦正设法收回，如能办到，自然搬回去。

余近来身体甚好，旧病几完全好矣。勿念。匆匆此谕。

父手书

十月二十三日

一九四五年十一月，何澄离别了八年的老朋友王徵被国民政府派赴长春，与苏联方面商谈中长铁路共同管理之事归来，给何澄讲了重庆方面和此次前往东北的诸多见闻，引起何澄的高度重视。十一月九日，何澄就将这种担心写信告诉

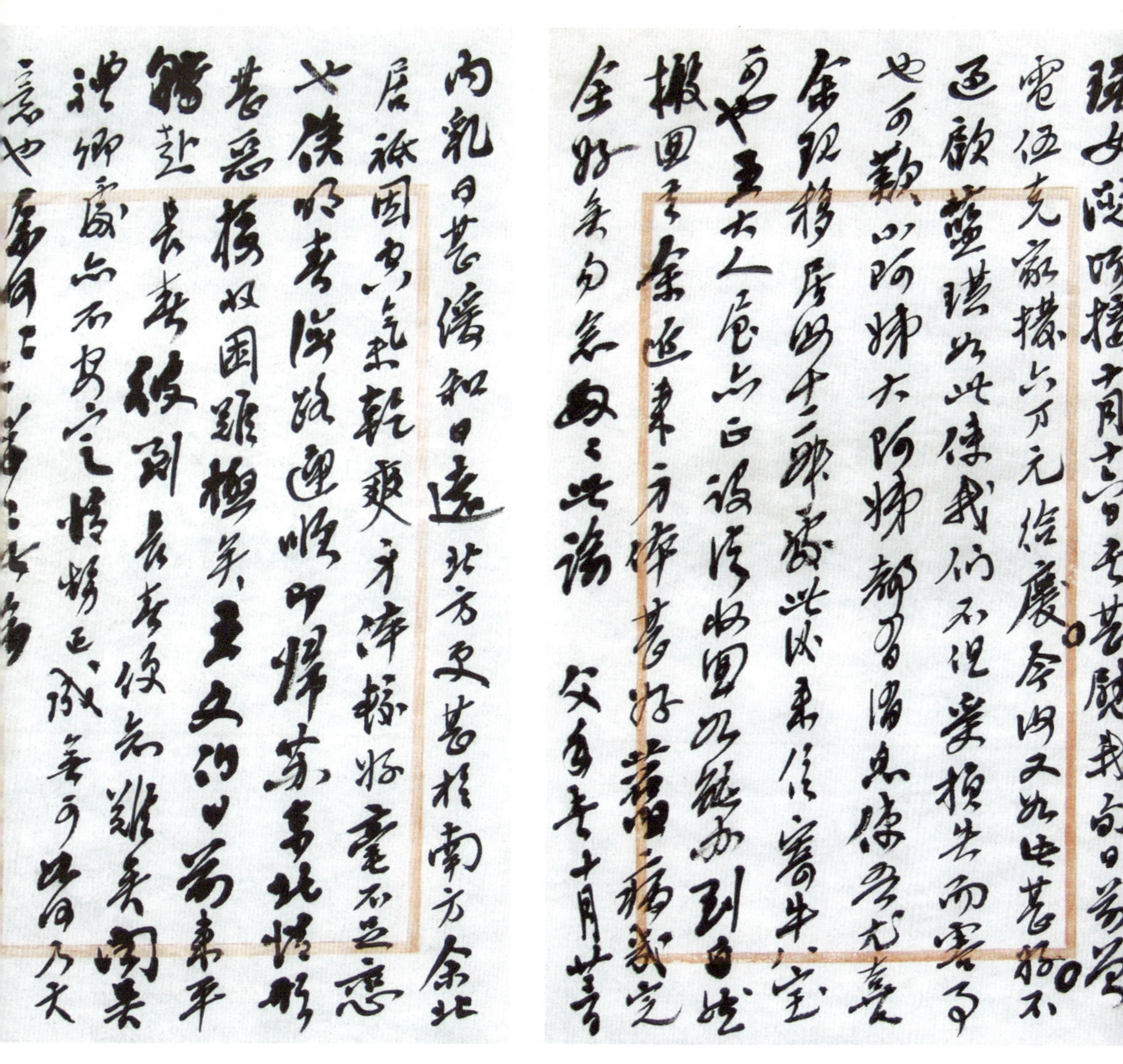

一九四五年十月二十三日、十一月九日，何澄给三女何泽瑛信

了何泽瑛：

瑛女阅：

……

内乱日甚，缓和日远，北方更甚于南方。余北居只因空气干爽，身体较好，毫不足恋也。俟明春海路通顺即归苏。

东北情形甚恶，接收困难极矣。王文伯日前来平，转赴长春，彼到长春便知难矣。闻吴礼卿(吴忠信)处亦不安定，情势正成无可如何，乃天意也。奈何奈何。草草

此谕。

父手书

一九四五年十一月九日

鉴于国内形势的不明朗，何澄在十一月二十八日又给何泽瑛写信，让她写信告诉何怡贞、葛庭燧，不要回国为妙：

瑛女阅：

昨寄一书想已收览。汇款事如托柏晋带来亦可，汝可与商之。廉泉来亦无妨，各处皆相同也。余不写信矣。汝可信给怡贞、庭燧，不必思归，回国反不如多在国外求学为妙。三千美金现在是不容易得的。照片留存苏(州)可也。望将苏州油盐柴米行情时时告我，此间已飞涨矣，穷民几无办法，奈何奈何！匆匆

此谕。

父字

十一月廿八日

一九四五年十一月十八日，何泽瑛收到大姊从美国转来钱三强写给何怡贞的一封信，是说他和何泽慧已经决定结合为科学伴侣，但依何泽慧的意思，必须要给父亲何澄写信说明情况，父亲同意后，才可办理正式的手续。于是，不知道该如何说明这种事的钱三强就写信给何怡贞，请她转告“老泰山”何澄。收到这封信后，因事情重大，何泽瑛当日就转寄给北平的何澄了。十二月二日，何泽瑛又收到何怡贞写给家里的另一封信。十二月四日，何泽瑛给何怡贞回了一封很长的信，

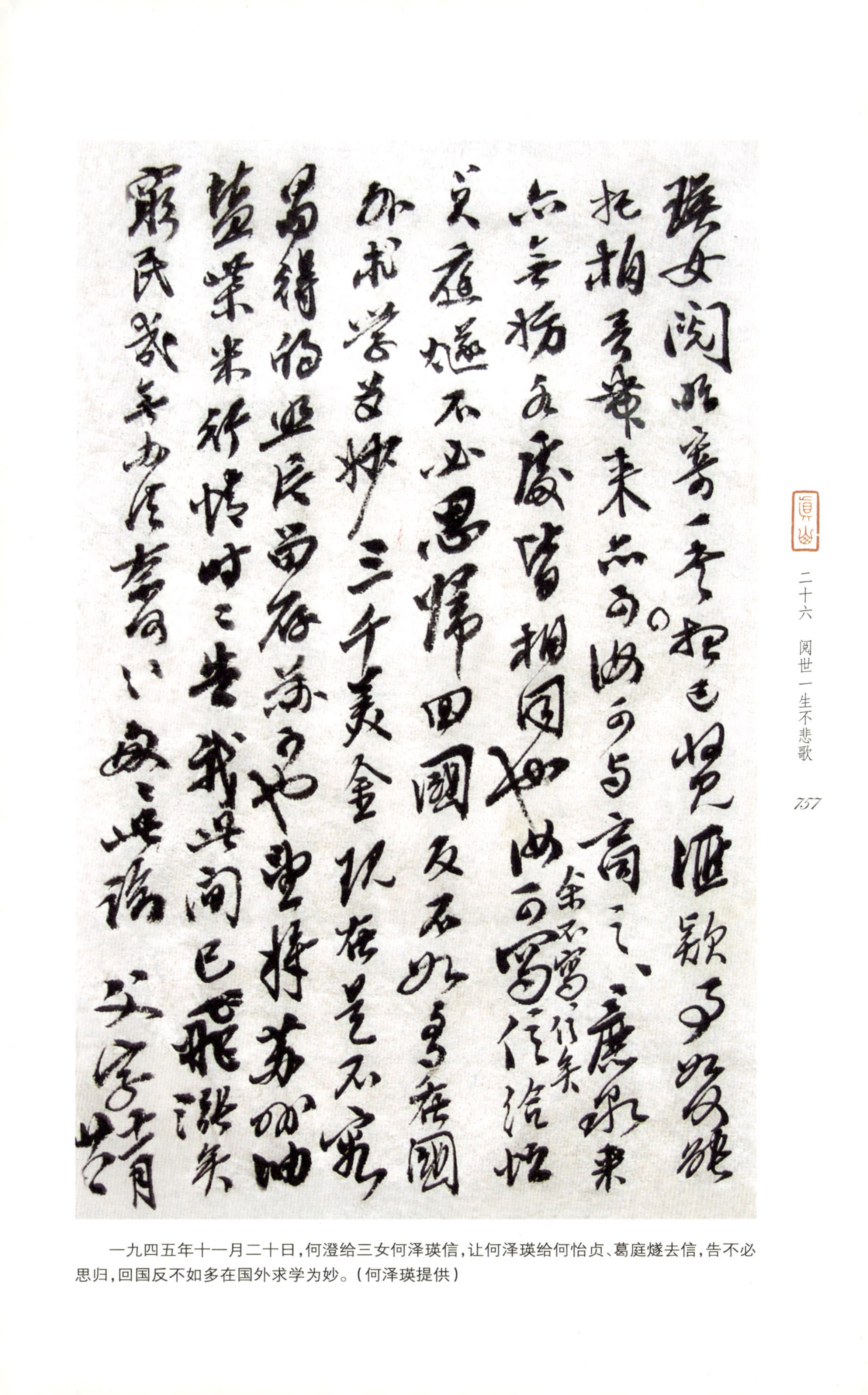

一九四五年十一月二十日，何澄给三女何泽瑛信，让何泽瑛给何怡贞、葛庭燧去信，告不必思归，回国反不如多在国外求学为妙。（何泽瑛提供）

详详细细地说了家里方方面面的情况。这封信，把家里事情讲述得清清爽爽，对兄弟姊姊事状和性格的描述生动逼真；既有幽默的段落，也有自己对人生的思考，还有对花木的喜爱；对抗战胜利后，国共即将内战，一般民众心理的分析，高超深刻；另有对懒惰之人的气闷，对小阿姊何泽慧和钱三强恋爱之事的有趣坦白……

大姊：

十一月十八日收到十月廿四号航信，十二月二日收到十一月五日的。这么久没有信，当然分外欣慰，尤其是知道大家都平安着。第一封我已当时转寄给父亲，第二封预备今天发出。现在我来报告一些这儿的情形：

父亲是今年七月和小阿哥(何泽涌)一同去北平的。当时的动机是耐不住苏州的黄霉天，更耐不住这儿沉闷的环境，就毅然带了全年所需的衣服来一次远游。打算由平而山西而西进入川。到平后曾因应酬多，肚子吃坏，又加久别重逢，恋恋不舍，一再延迟。同行多人先走了，就在这当儿和平消息传来，所以至今仍留在北平，住十二叔家。身体健壮，兴致很高。因为一则现在南北交通不通(除非有特权搭空机或军舰等)，一则父亲怕在南方过没有煤用的寒冬。所以拟明春再作归计。小阿哥将回山西去，正在候通车。

源弟仍在山西，不常来信。

诚弟(何泽诚)据庆(何泽庆)的来信，得悉已上归途，但由昆明经贵阳走陆路，一定很费时日的。

大哥仍在昆明厂内。本已被派为至东北接收工厂人员之一，现在因时局关系，不能有所行动。来信说："时局不清，东北去不成，闲散过日，比胜利前精神更形痛苦……"

庆弟尚安顺。和平前东西交通阻隔，托人间接汇去的钱至今没有收到(相当数目的钱，是去年卖掉卫乐园二十三号的一部分)，因之使诚、庆、源、小阿哥等很拮据了些时日。现在汇兑通了，信已十分便利，所以已两次汇钱给他们，又加伍克家已升任总理，对我们更可方便些。不过庆弟对钱财一向无特别兴趣，也无"理财"之能，所以他来信说：只要每月寄他一万元，钱多了反无办法。他来信几次都提到收到你寄去的药，并且似乎很想写信给你不要再寄了。因为他总以为："这么一小包药，大姊贴了如此多邮票，我又花了如此多的税（几千元）”；又说：“花了整一下午，跑到邮局领取，在街上人车杂乱，头都弄昏了……”他们的学校大概明年暑假搬回去。

现在讲到家中仅剩的三位了：

母亲在我看来，仍如几年前一样健壮，或比二三年前更好些，小病也不生。家中人少，饭食等由我支配，所以整天十分逍遥，亲友家走走，在家弄弄花草，兴致也不差。

四哥哥（何澄侄儿何泽觊，何家儿女都称他为四哥哥）比在北平时更闲静，可以整日不说话，不出门。除了吃饭，房门也不出。去年曾测得“血压高”，尽量少食肥肉好些。现在父亲不在家，我们蔬菜比肉吃得多，所以四哥哥的情形也更好些。他在我家是什么都不参加的。他的兴趣不佳，已近乎怪癖了。

至于我自己，大多数的改变和事情是不自觉的，有的方面退步，有的方面进步。你们回来一看自然就明白了。身体依然很好，力气锻炼的大些，学课方面的东西忘记的很可怕了。我竟怀疑以后是不是仍能继续进学校去！但我打算——至少希望再试试看，只是不愿意再入东吴，也不愿意再读“医预”了。现在的计划就到这儿为止。目前的琐屑工作很多，很忙。我时常弄得手忙脚乱而犹不能把想完成的事——如期结束。因为现在家中四人（一个心地纯正，思想简单——简单的可惊，态度讨厌，没有力气的女仆。她所有的事是烧饭——仅仅饭，洗碗，扫地抹桌），我是最年轻力壮的，所以我就得负最烦重的责任了。

家中一切安祥，美丽。花果树木按期生长，开花结实。现在：菊花刚过，枫叶正红，天竹、乌不宿，已很成熟了。菜地上出产丰富——萝卜红的、白的、青的、黄的都有。菜有青菜、白菜、芥菜、菠菜、芹菜、韮菜、紫叶苔、茄子、辣椒、乌笋、大葱、洋葱、香菜、豌豆、蚕豆，还有一大片麦。

你问我们要什么东西？我觉得我们什么都不需要。若是你一定欢喜寄来，那么什么都要。

还有你们上次信上所说的：你们在明年秋天以前不预备回来。我想我们大家都不会表示什么反对的，但在心理的、自私的意思是你们愈早回来愈好。

照片上：你比以前瘦，葛姊夫没有改变，葛运培与七姊的婷婷像的无人怀疑她们是两个人。当母亲拿照片给婷宝看时问她：“这是不是你而清楚。因之造成了得过且过的心理，更进而更自私了。这是我任性奉告的实在情形，不知这些是不是会吓的你们不敢回来！小河哥来信嘱我多读书少发议论，少说废话，但是我这信占了三大张纸，太不该！太不该！以往不究，从此停笔吧！话说快要，假如这信到时已逢新年那么顺便在此恭禧々々！并候

姊夫运境好！

瑛 拜上

十二月四日

一九四五年十二月四日，何泽瑛给大姊何怡贞信（何怡贞旧藏，葛运培、葛运健提供）

真山园主人

像的美人怀疑她们是两个人。当母亲拿照片给婷宝看时，问她：“这是不是你的照片？”她说：“是的。”恐怕是在上海时照的吧！好笑不？她居然是“学生”了。不知她平常说的是南方话还是北方话，或者中国话，还是美国话。

关于小阿姐的事，我们都很高兴听到她的消息。但不知到法国是否就打算回国。钱君的大名，我第二次听到。第一次是去年五月小阿姐由瑞士转来信中说起他，叫我转告钱的家中说钱三强在法国安好等语，故知道钱的父亲就是钱玄同先生。现在你又提到他，当然在我似乎早已认识了。你的信写的曲折或者钱的用了遮的曲折，因此母亲看了几遍也没有看出你们的意思，我至今没有解释给母亲，因为我想把这些令人喜欢的事慢慢地露出来，会使人得到长久和平衡均匀的感情。但一半是有些捉弄母亲的意思，当然不久自然会忍不住心中的暗笑而会大笑着告诉母亲的。想你不致责备我如此的顽皮。（现在母亲明白了。）你是记中国之内的情形，事实上我们知道的[illegible]！比你们知道的任了。

家中一切安祥，美麗，花果樹木，按期生長，開花結實。現在：菊花剛過。楓葉正紅，天竹，鳥不宿，已經成熟了。菜地上出產豐富：青蘿卜，紅的，白的，青的，黃的都有。菜有青菜，白菜，芥菜，菠菜，芹菜，韭菜，紫菜苔，茄子，辣椒，萵笋，大葱，洋葱，香菜，豌豆，[illegible]豆，還有一大片麥。

你向我們要什么东西，我覺得我們什么都不需要。若是你一定歡喜要，那么什么都要。

還有你們上次信上所說的：你們在明年秋天以前不預備回來，我想我們大家都不会表示什么反对的。但在心裡的自私的意思是你們愈早回来愈好。

照片上：你比以前瘦，菊姊夫沒有改變。菊運嬉与七姊的婷婷

真山園主人

现在讲到家中仅剩的三位了：

母亲现在我看来仍如几年前一样健壮，或比二、三年前更好些些。小病也不生。家中人少，饭食等由我支配，所以整天十分消遥。亲友家走走，在家弄弄花草。兴致也不差。

四哥哥比在北平时更闲静，可以整日不说话，不出门，除了吃饭房门也不出。去年曾测的"血压高"，尽量少食肥肉，好些些。现在父亲不在家，我们蔬菜比肉吃的多，所以四哥哥的情形也更好些些。他在我家是什么都不参加的，他的兴致不佳，还有怪僻了。

至于我自己，大多数的改变和事情是不自觉的。有的方面退步，有的方面进步，你们回来一看自然就明白了。身体依然很好，力气锻炼的大些些。学课方面的东西忘记的很可怕了。我竟怀疑以后是不是仍能继续进学校去，但我打算一到夏天，希望再试试看，只是不愿意再入东吴，也不愿意再读"医预"了。

现在的计划就到这儿为止。目前的销售工作很多，很忙，我时常弄的手忙脚乱，而犹不能把想完成的事一一如期结束。

錢至今沒有收到，這筆數目的錢，是去年賣樟衛學園23號的一部分（分），因之使誠慶源小河弄等張挂据了些好日，現在匯兌通了，信上十分便利，所以已兩次匯錢給他們，又加伍老家已升任總理，对我們更可方便些，不過慶弟好錢財，一向善持到興趣，也善于理財之能，所以他來信說，只要每月寄他一萬元，錢多了反害，這辦法。他來信幾次都提到收到你寄去的卅萬，並且似乎很想寫信給你不要再寄了。因（幾千元）為他總以為這區區一小包藥材大姊給了好些多郵票，我又花了如此多的稅，又說，花了整一下午，總到郵局領取，在街上人車雜亂，頭都弄昏了……。他們的學校大概明年暑假搬回去。

真山園主人

大姊：十一月十八日收到十月廿四号航信，十二月一日收到十一月五日的
这么久没有信，当然分外欣慰，尤其是知道大家都平安
着。第一封我已当时转寄给父亲，第二封预备今天发
出。现在我来报告一些这边的情形：
父亲是今年七月和小河哥一同去北平的，当时的动机之
耐不住苏州的黄霉天，更耐不住这边沉闷的环境，就毅
然带了全年所需的衣服来一次远游，打算由平而山西而西进
入川。到平后曾因应酬多，肚子吃坏，又加久别重逢，恋恋不舍，
一再延迟。同行多人先走了，就在这当儿和平消息传来，所以
至今仍留在北平，住十二叔家。身体健壮，兴致很高。因为一
则现在南北交通不通（陆路非有特权搭坐机或军舰等），一则
父亲怕在南方过没有煤用的寒冬，所以拟明春再作归计。
小河哥将回山西去，已在候交通车。
源弟仍在山西，不常来信。
诚弟据爱的来信说已上归途，但由昆明经贵阳去滇
缅，一定很费时日的。
大哥仍在昆明的一厂内，幸已被派至东北接收的工厂人员之一。

的照片?"她说:"是的,恐怕是在上海时照的吧!"好笑不?她俨然是"学生"了。不知她平常说的是南方话,还是北方话,或者中国话,还是美国话?

关于小阿姊(何泽慧)的事,我们都很高兴听到她的消息。但不知到法国后是否就打算回国?钱君(钱三强)的大名,在我第二次听到。第一次是去年五月,小阿姊由瑞士转来一信中说起他,叫我转告钱的家中说钱三强在法国安好等语,故知道钱的父亲就是钱玄同先生。现在你又提到他,当然在我似乎"早已认识了"。你的信写的曲折,或者钱的句子造的曲折,因此母亲看了几遍也没有看出你们的意思。我至今没有解释给母亲,因为我想把这些令人喜欢的事慢慢地露出来,会使人得到长久和平衡均匀的感情。但一半是有些"捉弄"母亲的意思。当然,不久自然会忍不住心中的暗笑而会大笑着告诉母亲的。想你不致责备我如此的顽皮(现在母亲似乎已明白了)。

你提起中国国内的情形,事实上我们知道的除比你们知道的琐碎外,并不见得比你们晓得更多。交通一断,南北两地相隔犹如中外,消息来源也仅靠编辑过的报纸而已。这儿一般老百姓的心情都不好,由希望过高而失望很大,由失望而悲观,由悲观而消极,因之造成"得过且过"的心理,更进而更自私了。这是我仅能奉告的实在情形。不知这些是不是会吓的你们不敢回来!

小阿哥来信嘱我多读书少发议论,少说废话。但是我这信占了三大张纸,大不该!大不该!以往不究,就此停笔吧!敬祝快乐。假如这信到时已届新年,那么顺便在此恭喜恭喜!并候姊夫、运培好!

瑛

十二月四日

十二月五日,何澄收到何泽瑛转寄来的钱三强请何怡贞传达他与何泽慧婚姻的信函:

怡贞女士:

我是从来尚未与您通信的人,请您原谅我的冒昧,并且请你原谅我对您的称呼。

我最近收到令妹泽慧的信,她叫我转写一信给您。

泽慧同我是在清华大学时的同学,一九三六年她到德国,一九三七年我到法国,在居里实验室从居利欧夫妇作关于放射学原子核物理的研究工作。因为战争的关系,我们于一九四〇年论文完结后,都不能回国。自一九四三年冬起她因柏林有受炸的危险,离柏林至海德堡,从波德教授作原子核物理方面之工作,极得教授之赞扬。由她的信中知她对于这门物理非常之有兴趣。因为工作的范围相同及互相认识的经历,我们最近决定将我们未来生活及工作完全联系一起。但是泽慧因为有点小孩脾气,所以叫我向您报告我们的决定,并且希望您能有机会时,代向堂上报告。我们现在尚处于异国,所以没有任何仪式,但是我们相信我们的决定已经如同有过仪式一般。至于将来的事情,尚希望您指教。

现在泽慧尚不能离德,我希望她今年底或者明年初能出德。出德后的事尚未有具体计划,原则上她可以到法国,因为我是法国科学研究部的研究员,可以代她想办法(工作及生活方面)。但是我现在被派到英国作数月的实习,不知将来情形如何?也许我预备在英住一个比较长的时间。若是这样的话,还是泽慧到英国来好,因为英语对她方便。另外在亚洲战事未完时,我们曾作回国前到美一年半载的计划,但是现在环境变了,我们似乎又觉得应该明年春夏回国,作点建设工作,以尽我们数年来未参与"为祖国战"努力的国民义务。你们二位也许对这些事情有类似的考虑,所以很想听听您的高见,并且对于现在美国原子核物理实验室现状也请告诉一些消息(因为以往有原子炸弹之军事秘密问题),还有到美国手续及奖学金诸问题,希望您都能代为劳神打听一下。听说对于外国人不如以前方便。

您住在Cambridge,不知认识汪德熙先生否?他也是我们清华同学,化学系的。如果有机会见到时,请您代向他致意,并且告诉他的兄嫂汪德昭夫妇尚在巴黎,生活如常。

听泽慧说葛先生是个物理学家,曾在加大物理系作研究。我听了之后非常之高兴,第一与认我一个同行的先进;第二从此更可有地方请教了。若是葛先生不弃的话,希望他不吝加以指教。匆匆不尽,敬祝

俪安。

钱三强敬上

一九四五年九月十日

怡贞女士：

我是从来没有与您通信的人，请您原谅我的冒昧，并且请你原谅我对您的称呼。

我最近收到令妹泽慧的信，她叫我就写一信给您。

泽慧同我是在清华大学时物理系的同学，一九三六年她到德国，一九三七年我到法国，在居里实验室随居里夫人作关于放射性原子核物理的研究工作。因为战争的关系，她我们于一九四〇年论文完结后，都不能回国。自一九四三年冬起她因柏林有受炸的危险，就离柏林去海德堡随波德(Prof. Bothe)教授作原子核物理方面之工作，极得教授之赞扬。由她之信中知她对于近代物理非常之有兴趣，因为工作的范围相同及互相认识的完全，我们最近决定将我们未来生活及工作完全连系一起。但是泽慧因为有[illegible]，所以叫我向您报告我们的决定，并且希望您遇有机会时，代向　堂上禀告。我们现在尚处于异国，所以没有任何仪式，但是我们相信我们的决定已经如同有过仪式一般。至于将来的事情，尚希望您指教。

现在泽慧尚不能离德，我希望她今年底或者明年初能出德。出德后[illegible]到法国，因为我是法国科学研究部的研究员，可以代她想办法（工作及生活方面）。但是我现在被派到英国作数月的实习，不知将来情形如何！也许我预备在英住一个比较长的时间，要是这样的话，还是泽慧到英国来好，因为一切对她方便。另外在欧洲战事了未完时，我们曾作明后年一年半载的计划，但是现在环境变了，我们俩本来觉得应该明年去回国，作点建设工作以完我们数年来未参加抗日战争努力的国民义务。~~[illegible]~~你们二位也许对这些事情有类似的考虑，所以很想听听您的高见。并且对于现在美国的物理实验室状况也请告诉一些消息（因为以往有关原子核物理之事多系秘密问题）[illegible]。还有到美国去的经费问题，希望您或者能代为费神打听一下。

您住在Cambridge，不知您认识[illegible]先生否？他也是我们清华同学，化学系的。如果您有机会见到时，请您代为向他致意，并且告诉他的[illegible]现在尚在巴黎，生活如常。

听泽慧说高先生是个物理学家，要在哈佛大学物理系作研究，我听了很非常之高兴，有一个我一个同行的先进，希望从此之后有地方去请教了。[illegible]先生不[illegible]的话，希望他也不吝加以指教。匆匆不尽，敬祝

俪安

钱三强敬上
一九四五、九、十。

我在英国的通信处为 Dr. Tsien San-Tsiang, c/o Mission Scientifique française, no 1 Carlton Gardens. London SW1.

附：泽慧的意思是叫我将我的"情形"略告诉您，请您转告　堂上。我想不知道该写什么好，不如写一点"履历"罢。

钱三强，浙江吴兴人。民国二年生。清华大学物理系毕业(1936)。国立北平研究院物理学研究所研究助理(1936—1937)。考取中法教育基金委员会留法"镭学"公费生(1937)至法居里实验室作放射性之研究工作。法国国家博士(1940)。[illegible](1940—1943)。法国科学研究部研究员(1943—　　)。现在被研究部派至英国各原子核实验室参观。

真山园主人

一九四五年九月十日，钱三强致何怡贞信（何怡贞旧藏，钱祖玄、钱民协、钱思进提供）

……

附：泽慧的意思是叫我将我的"情形"告诉您，请您转告堂上。我想不知应说什么好，只好写一点"历履"罢。

钱三强，浙江吴兴人，民国二年生，清华大学物理系毕业(一九三六)，国立北平研究院物理系研究所研究助理(一九三六～一九三七)，考取中法教育基金委员会留法"镭学"公费生(一九三七)，至法居里实验室作放射学之研究工作。法国国家博士(一九四〇)，居里公费生(一九四〇～一九四三)，法国科学研究部研究员(一九四三～)，现在被研究部派至英国各实验室实习数月。

何澄不似王季山，看了几遍还不知道钱三强在跟大女儿说什么，马上就明白自己的二女儿找了一位好女婿。十二月十二日，他异常高兴地给何泽瑛回信：

顷接十二月五日信，并汝大姐信，一切均悉，甚慰。慧总算有结果矣，使余减一责任矣……

有感于抑或爆发国共内战，何澄对何怡贞和葛庭燧想近期回国的打算，不是很赞同。在此之前，何澄曾让何泽瑛写信给何怡贞，"不必思归，回国反不好，多在国外求学为妙"。在收到何怡贞的此番来信后，他又亲自写信给何怡贞，让她对二战结束、中国抗战胜利后的形势不要太乐观：

怡女阅：

顷由苏州转来两信，得悉汝等情形甚好，又慧(何泽慧)处情形使余无过虑矣。

八年战乱，无一人得安乐。今虽停止，然世界上问题尚多，乐观尚早。总而言之，人类任性冲动，难有止境，无论好事与坏事皆是矛盾的，断无了时。如果无此现象，惟有无人类，无世界。余北来养病，近尚舒适，一切知足达观，则天地自宽矣。匆匆

此谕。庭燧同此。

父手书　十二月十三日

一九四五年十二月十二、十三日，何澄给三女何泽瑛信（何泽瑛提供）

一九四五年十一月中下旬，张大千从四川飞抵北平，寓居颐和园万寿山养云轩。这一下，何澄的精气神都好了许多。十二月十五日至二十八日，张大千和北平名画家于非闇在中山公园永樹举办联合画展，惹得何澄天天过去和一帮画坛老友相见把欢。一九四六年二月一日，除夕，何澄是和张大千在所租颐和园养云轩寓所过的。吃年夜饭，谈天说地，其乐无比。张大千在这一天，仍按过去的惯例，逢年过节就要送给“亚农社长”一幅画，作为开岁礼物，乃将作于一九三八年的一幅《独树老夫图》送给阔别了八年的何澄。

一九四六年二月二日，何澄在大年初一就迫不及待地把这一好消息写信告知何泽瑛：

瑛女阅：

元旦(今日)接二十九日书，一切均悉。此间过年尚不寂寞，除夕在大千家吃饭谈天，亦甚乐也。惟此地花草奇贵，室内无梅花一盆陈列，略嫌干燥。我家之古盆梅如何？(按：何澄所问古盆梅系指叶恭绰送给何澄的古梅花盆景)。此物为稀世之宝，务望好好栽培之。能摄几张照寄来否？或将前拍之影寄来亦可。吴日升不日返苏，此地详情问彼可也。匆匆

此谕。

父手书

元旦夜

一九四六年的三月间，何泽瑛收到父亲的信，几乎都和张大千有关：

瑛女阅：

吴日升即将返沪。曾交其带扇子二把，是最近请张大千画者，甚佳也。余将移住颐和园。因大千租得屋，为我留三间，甚宽适。现在尚冷，拟月末搬去。但城内仍照旧留屋，两面住住为便也。涌已到并，仍然感觉不满意，拟辞归。现在各处相同，必理想者绝对无有，任其所愿可也。匆匆

此谕。

父手书

三月五日

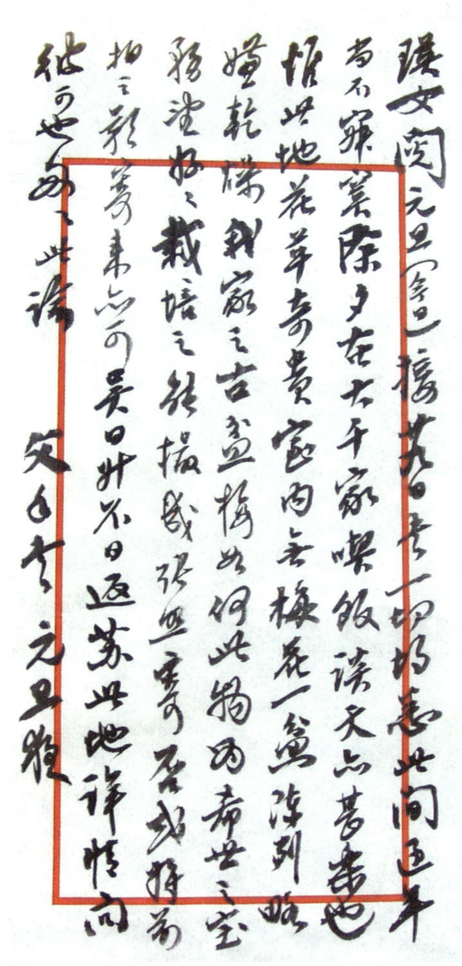

瑛女阅：元旦（今日）接廿九日书，一切均悉。此间过年尚不寂寞，除夕在大千家吃饭谈天，亦甚乐也。惟此地花草奇贵，室内无梅花一盆陈列，略嫌干燥。我家之古盆梅如何？此物为稀世之宝，务望好好栽培之。能摄几张照寄来否？或将前拍之影寄来亦可。吴日升不日返苏，此地详情问彼可也。匆匆此谕。

父手书 元旦夜

一九四六年二月一日，何澄给三女何泽瑛信

何澄旧藏张大千《独树老夫图》（苏州博物馆提供）

倘有便人，可将张大千所画之四幅，又美人一幅及所绘之灌木楼图托其带北。吴日升或有办法也。古画不必带矣。张(大千)画此间甚贵，且不如从前作者。匆匆再给瑛女。

父字

三月二十三日

瑛女安阅：

吴日升昨在平送我东西贵重且多，无以为报，请大千为写扇面，并将余送大千还川诗书之寄赠。俟其到苏，面交可也。此间亦连日阴雨，颇似江南矣。匆匆

此谕。

父手书

三月二十九日

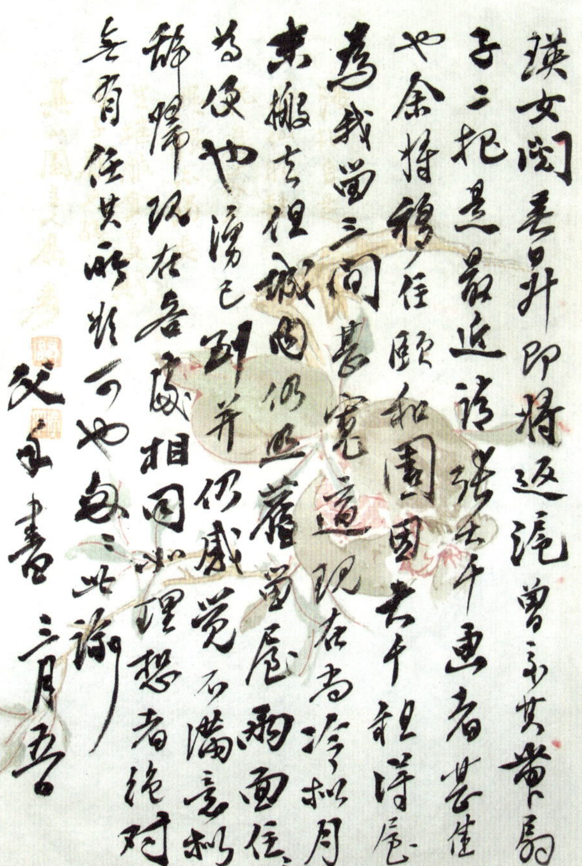

一九四六年三月五日，何澄给三女何泽瑛信（何泽瑛提供）

三月十六日，北平下了一天一夜大雪，积雪尺馀，不能出门，何澄“终日在室内吟诗写字”，不亦乐乎之际，也不忘国内的政治局势，也像这竟日大雪一样：“东三省虽云好转，不过由急性症变为慢性病了。中国亡不了，亦好不了。欲望太平，实难实难。”

三月二十三日，张大千飞回四川。何澄也准备移居到张大千为他租下的颐和园养云轩。

四月十三日，何澄搬进颐和园养云轩。十四日，乘傅作义办公处派来的大汽车进城接张大千四兄张正学（又名揖，字文修，名医），他二哥何厚贻，老友侯少白，儿媳吴君珊，长孙何长孝，三子何泽源等十馀人同来游园。这一天，何澄与他二哥、长媳、长孙分别留下了生平最后两张合影。当晚，其他人都回城，只有张正学陪他留在养云轩居住。四月十四日，何澄给何泽瑛写信说：“养云轩，开朗而幽静，松柏绕屋，红黄花满院，有鲜鱼可吃，青菜亦新鲜，真神仙所不及”。然而，这种神仙也不及的日子尚不足一月——五月十一日，何澄就因脑血栓在北平东交民巷法国医院悄然离世。

何澄离世之前，在养云轩曾写有“是非场里身抽出，烦恼丛中头怕回”诗句。亲友们在办理何澄丧事时，发现了这两句诗。有的认为是何澄自撰的挽联，有的认为是何澄不愿再谈论国共内战的政治苦恼……

何澄的丧事由京城内八刹之一的嘉兴寺住持操办。傅作义将军亲自送了缅怀这位军界前辈的大匾。在北平的亲戚们想方设法买到了北平城内唯一的一口楠木棺材，里面放进了一副眼镜，一根他自用的紫檀拐杖。墓地选在了上风上水的西山福田公墓。

出殡的那天，驻守在西山的傅作义部一个师的官兵应声下跪，齐刷刷向何澄行了最后的大礼！

注释：

① 《大众》月刊，民国三十三年一月号，第一二七页。

② 李学通著《翁文灏年谱》，第三〇七页，山东教育出版社，二〇〇五年十月。

③ 薛毅著《国民政府资源委员会研究》，第二八四～二八五页，社会科学文献出版社，二

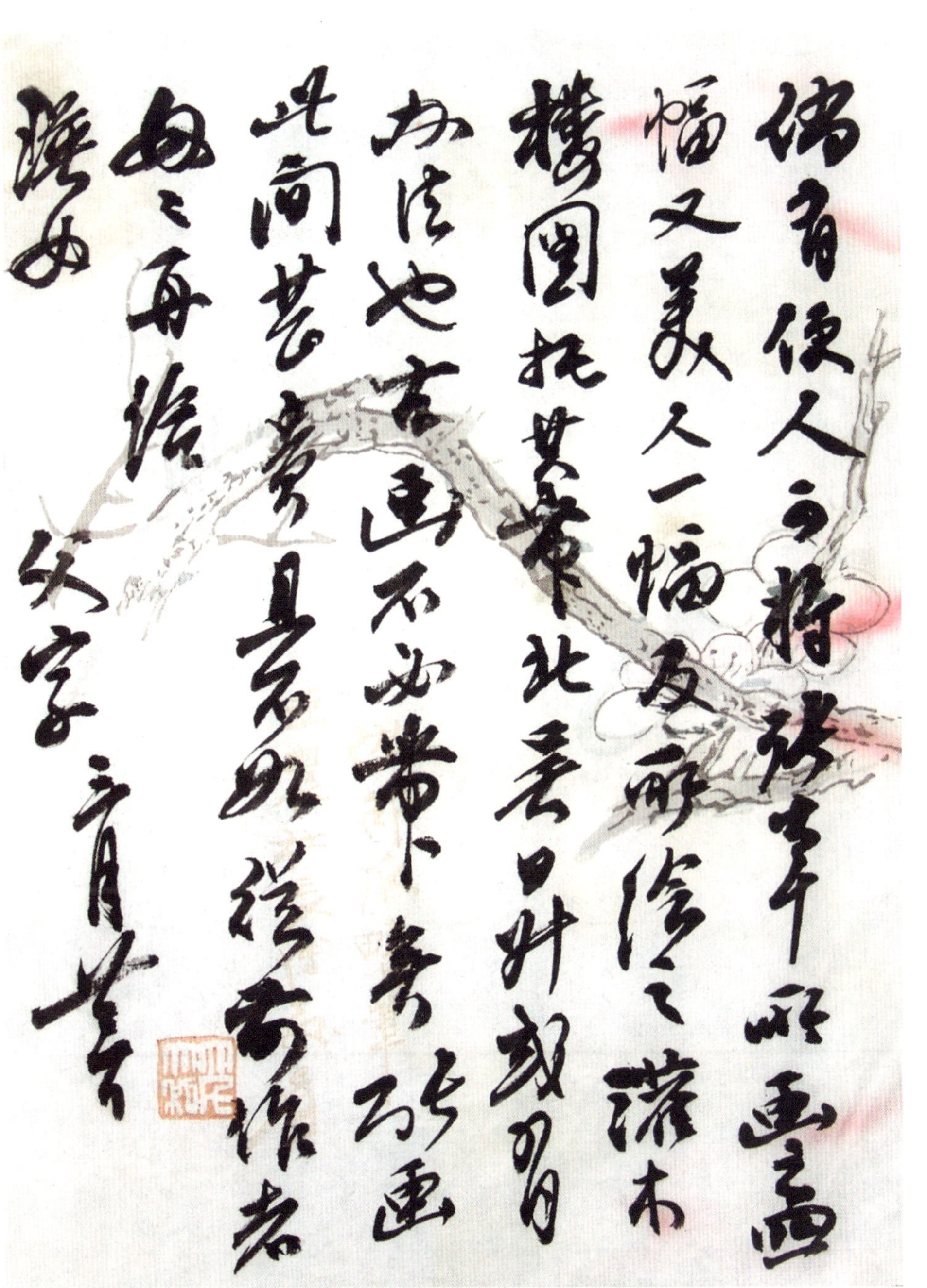

一九四六年三月二十三日，何澄给三女何泽瑛信（何泽瑛提供）

一九四六年三月二十九日，何澄给三女何泽瑛信（何泽瑛提供）

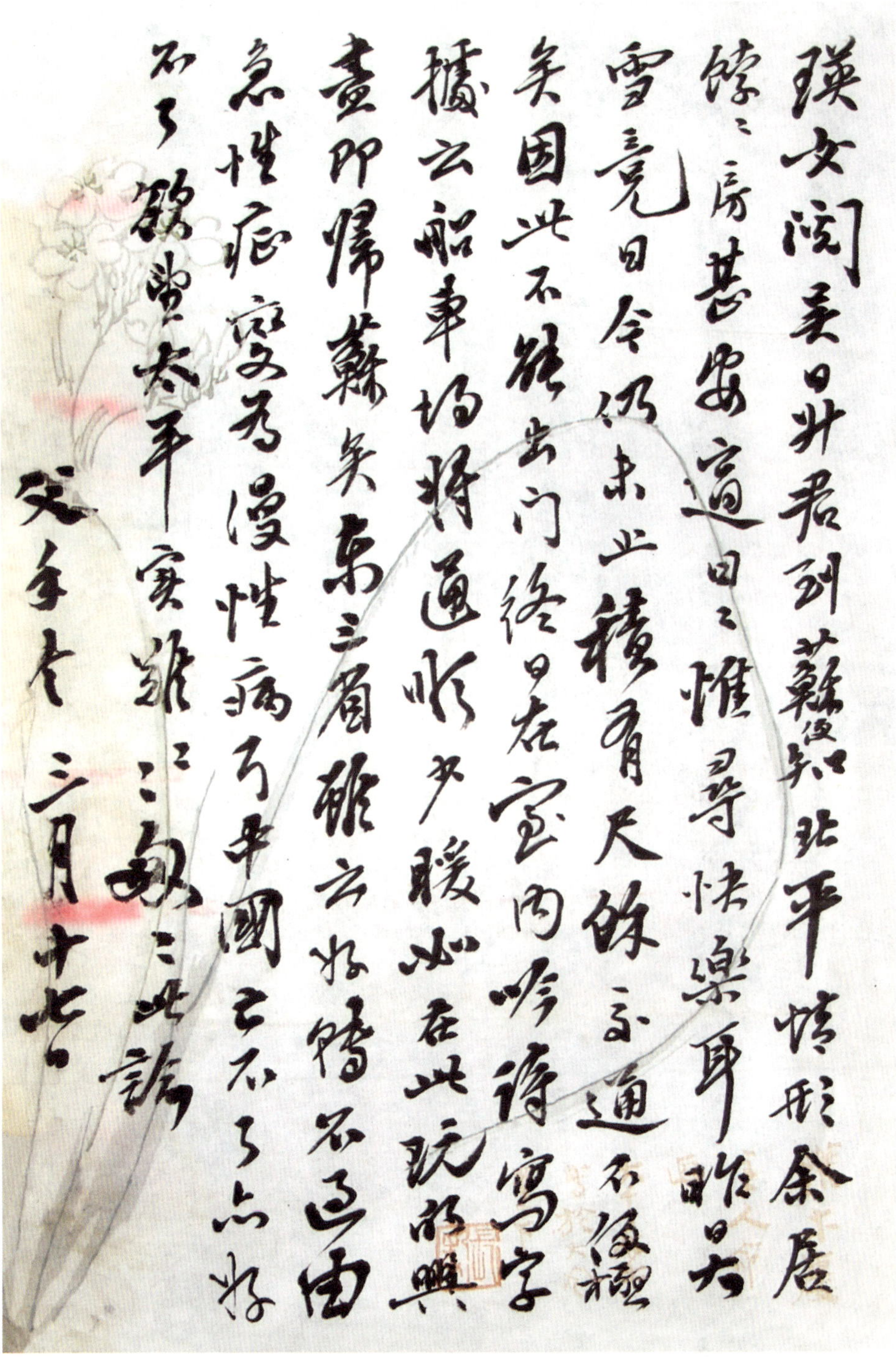

瑛女阅悉日卅君到苏后知北平情形余居
馆之房甚安适日日惟寻快乐耶昨日大
雪竟日今仍未止积有尺余交通不便极
矣因此不能出门终日在室内吟诗写字
据云船车均将通行天暖必在此玩游兴
尽即归苏矣东三省虽云好转不易迅由
急性症变为慢性病可平国亡不了点好
不了终当太平一寰难难勉勉此谕
父手书 三月十七日

一九四六年三月十七日，何澄给三女何泽瑛信（何泽瑛提供）

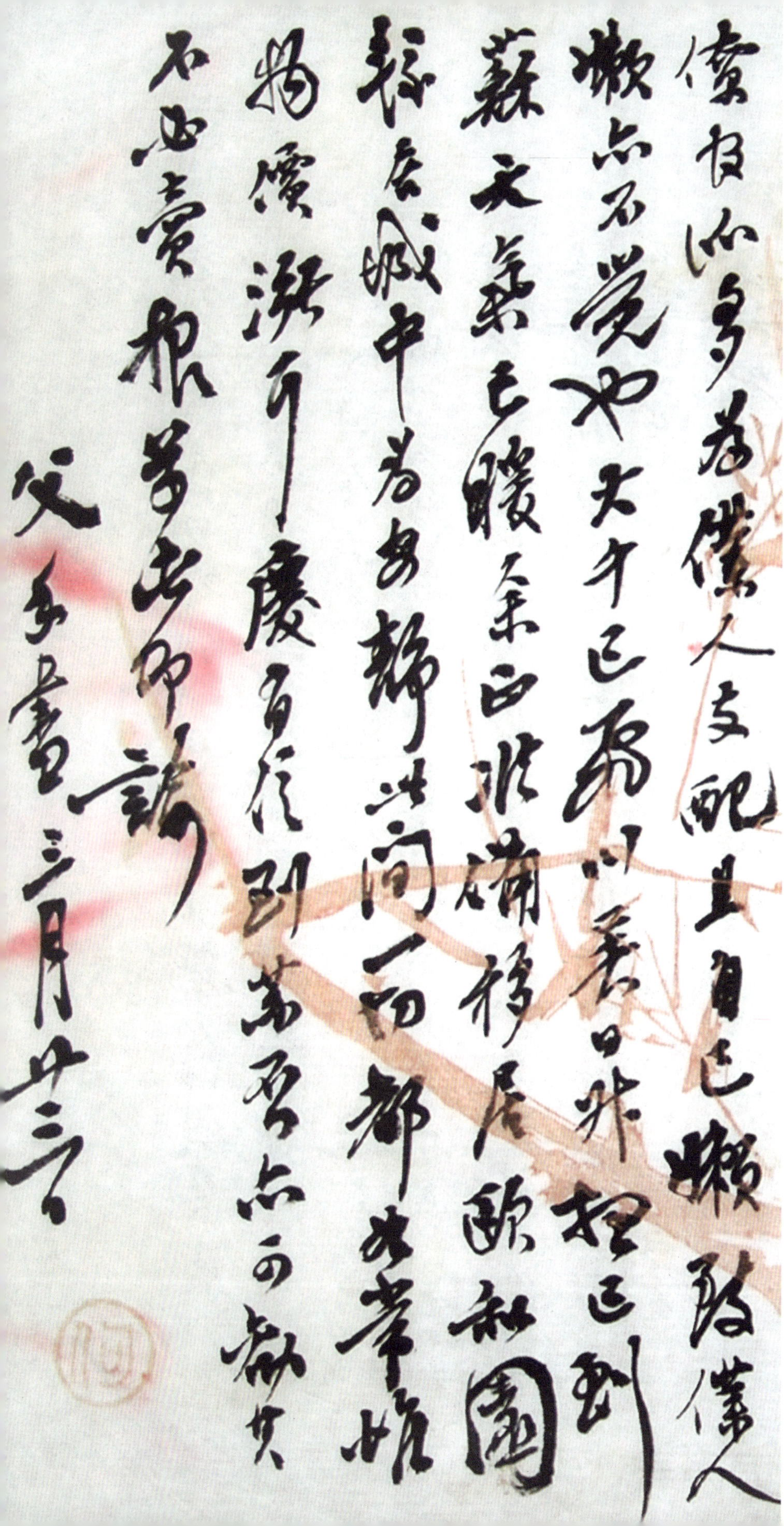

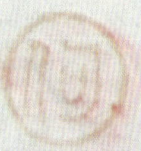

一九四六年三月二十三日，何澄给三女何泽瑛信（何泽瑛提供）

一九四六年四月十四日，何澄给三女何泽瑛信（何泽瑛提供）

一九四六年四月十四日，何澄和长孙何长孝在北平颐和园养云轩门前合影（何长孝提供）

一九四六年四月十四日，何澄与同胞二哥何厚贻、大儿媳吴君珊、长孙何长孝在北平颐和园养云轩留影（何长孝提供）

何澄墓(北平西山福田公墓,何为群提供)

〇〇五年四月。

④《资源委员会季刊》,第四十五～五十一页,一九四四年第四卷第二期“工矿产品展览会特辑”。

⑤《大众》月刊,民国三十三年三月号,第三十五页。

⑥《大众》月刊,民国三十三年六月号,第一一一页。

⑦ 台湾“中央研究院”近代史研究所编《徐永昌日记》第七册,第三三四～三三五页,一九九一年十二月。

⑧《大众》月刊,民国三十二年四月号,第六十四页。

⑨《大众》月刊,民国三十二年十月号,第三十三页。

⑩《大众》月刊,民国三十四年二月号,第一〇六页。

何澄旧藏“芦簾纸阁据梧隐人”青田章

何澄夫妇与在苏州的子女合影：前排左一王季山、二何泽庆，后排左一何泽源、二何泽诚、三何澄、四何泽涌，后排中何泽瑛

附录一　何澄夫人王季山及子女传略

夫人王季山

一八八七年五月二十九日生于北京。乳名钟弟，为苏州洞庭东山明弘治、成化、正德三朝大学士、八股文大师王鏊第十四世孙女；清光绪朝御史王颂蔚之四女。上有四个哥哥，三个姐姐，下有一个妹妹。大哥王季烈，二哥王季同，三哥王季点，四哥王季绪；大姐王季昭，二姐王季茝，三姐王季玉，小妹王季常。一八九四年，随母亲王谢长达从北京回到苏州。一九〇八年，在母亲王谢长达所办振华女校简易师范科毕业后，又到上海中西女校读书。嫁给何澄后，生活幸福美满，人丁兴旺，遂没有像姊姊们那样继续学业，甚至是出国留学，而是相夫教子，直至去世。

王季山的一生，可以何澄写给儿女们的这封信为总结："汝等要知，吾家能如此，皆汝母之功。汝母能体谅我，能安慰我，能帮助我，能规劝我，尤其勤俭过人，时时思深虑远，能将家担在肩上，使余无内顾之忧；尤其对儿女教导不倦，汝等能成人，皆母教之力也。"

王季山对民国时期她所遇到的时局，不似何澄那样或长篇大论，或用内情作为支撑，进行细致入微的分析，她只凭女性的感觉，往往一两句话，就能点中时局的要害。

王季山很爱写家书。几乎可以说，每逢家中有事，她都有家书写给相关的子女。

她对子女的教育，可从小儿何泽庆回忆他父母的一篇文章中找到某种答案："我母亲料理家务很有计划，对孩子管得很严。生活必需品方面从来没有感觉缺乏过，而母亲也很少让我们自己去支配钱。需要什么东西就问母亲要，母亲认为合理的就给，不合理的就不给。所以在那段时期内几乎没有想过钱的问题。"

也许是受上海中西女学的影响，王季山并没有像她二哥王季同那样皈依佛教，而是选择了基督教作为自己的精神寄托。每逢圣诞等教会的重大活动，她都会到美国基督教南监理会在宫巷所建的"乐群社会堂"进行自愿服务。"乐群社"，语出《礼记·学记》："一年视离经辨志，三年视敬业乐群。"苏州的这个"乐群社"，当年办得很好，做了许多服务于苏州民众的事。如乐群中学和附小，都是"乐群社"所办。王季山服务于"乐群社"，也是服务于社会。

一九四九年十二月二十三日，王季山被人杀害于苏州灵石何寓"灌木楼"内。同时遇害的还有何澄表亲高辛生的续妻高潘崇德。这是苏州二十年内发生的第二起杀人大案，且两案的被害者均有高辛生太太。第一起，事发在一九二九年一月十七日，住在萧家巷七号的高辛生前妻及亲戚三人在被图财害命者预谋杀害后，为毁灭罪证，又将房屋纵火焚毁。

长女何怡贞　光谱学家、固体物理学家

第三届全国人大代表，辽宁省人大代表、人大常委，沈阳市政协常委，安徽省政协常委，九三学社中央顾问，九三学社参议委员会中央委员。

一九一〇年十一月十四日出生在北京，二〇〇八年七月三十一日于沈阳逝世。

小学和中学均在苏州外婆王谢长达所办振华女校上学。在振华女中，她是第五届十五级生。插班同学有后来成为著名社会学家的费孝通，较她低一级的则有翻译家、作家杨绛。一九二六年考入当时著名的南京金陵女子文理学院数理系。一九三一年六月，由著名教育家俞庆棠亲写保证书，给金陵女子文理学院校长吴贻芳和时任南京国民政府教育部普通教育司司长顾树森，促成其获得助学金留学美国。在蒙脱霍育克女子大学化学系学习三年，获硕士学位。一九三三年，转入密歇根大学物理系继续深造，于一九三七年获哲学博士学位。“七七”事变爆发后回国。一九三八年，受聘于美国教会大学燕京大学、东吴大学物理系。一九四一年，与在燕京大学执教时相识的研究生葛庭燧结婚。同年，陪葛庭燧再度赴美，先后在霭满斯脱学院、剑桥学院和芝加哥大学金属研究所从事研究工作。新中国成立，和丈夫葛庭燧带一儿一女返国。一九五〇年，在燕京大学物理系任教授。一九五二年，迁居到沈阳，参加中国科学院金属研究所的筹建工作，历任该所研究员、研究室主任、学术委员会委员以及中国物理学会理事等职。一九八二年，由中科院沈阳金属研究所调到中科院合肥固体物理研究所，任该所金属玻璃研究室主任和学术委员会主任。

二十世纪三十年代，何怡贞就标定了从可见光到紫外线的钇的光谱线。新中国成立后，她把光谱学应用于当时钢铁工业急需的合金钢与炉渣的分析之中，填补了光谱分析的空白，解决了生产急需。这一时期的学术成果，主要由《钢的组织结构对光谱化学分析的影响》和《杯形电极溶液电弧法用于平炉渣的光谱分析》两篇学术论文为代表。一九五六年，在荷兰举行的第六届国际光谱学会议大会上，她的这两篇论文在大会上宣读。七十年代，她带领助手和学生在金属玻璃的力学性能和结构的稳定性研究上取得重大成果，在国际上率先测定了金属玻璃与晶化有关的完整的内耗峰和晶化的内耗行为，并发现了与金属玻璃转变相关的新型内耗峰。这一时期的代表性论文就是《等温实效对金属玻璃 Pd80Si20Tg 附近内耗峰的影响》和《金属玻璃 Tg 附近的一种新型内耗峰》。这一重大研究成果，后来荣获中国科学院一九八八年科技进步二等奖。八十年代，她又在低能位错组态的电镜观测、非晶态合金在玻璃转变附近的物性及微构研究中取得重要进展，分别荣获一九九五年和一九九六年中科院自然科学三等奖。著有《何怡贞选集》，内收独立及合作完成的论文五十馀篇。何怡贞八十岁时，钱临照院士有贺诗一首，可视为一生的学术总结：“光谱晶体非晶态，驰骋其间六十载。建功立业在邦国，谁云巾帼让须眉。”

近一个世纪以来，何怡贞一直追求着爱国、强国的梦想，同时也对自己的弟弟妹妹和同事学生敞开着仁爱的情怀。弟弟妹妹都认为，他们这个大姊，像个大姊。虽然她并没有回过自己的祖籍，但仍深深地热爱着灵石——这位在自己研究领域做出突出贡献的女科学家，她的名片上什么头衔都没有，只有“山西灵石何怡贞”这七个字。

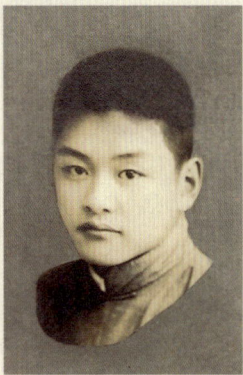

长子何泽明　教育家

一九一二年四月三日生于苏州，二〇〇三年十二月在北京逝世。初字泽民，后因发现与族内同辈重名，遂改为泽明。

一九一八年入外婆王谢长达所办苏州振华女学校小学部读书。一九二四年考入无锡的东吴中学，因学校远离苏州，于第二年转考至苏州的树德学校。一九二五年，又转至苏州桃坞中学读初二，由于第一次国内革命胜利，教会学校停办，遂休学一年。一九二七年，东吴中学从无锡迁回苏州，并由中国人任校长，遂于当年再次考入苏州东吴中学读初中三年级。一九二八年，再次回到桃坞中学读高中。回读该校，也因为是中国人当了校长。一九三一年七月高中毕业，九月考入上海沪江大学。这一年，由于“九·一八”事变发生，父亲何澄心中非常气闷，于是决定让他从沪江大学退学，前往日本读书。让何泽明前往日本读书的原因，何澄在一九三二年十月七日，给长女何怡贞的信中说得很清楚：“中国时局日趋危险，固由于有外患，亦实是自己不好。当此日本占领土地，侵略权利之时，而各省犹依然内争不已，各派只知自私自利，真在国际上丢脸。余此回之决心令明（何泽明）至日本者，固因学费省，求学实易，亦欲使其至彼国看看人家国民是何等模样？我们空谈乱叫能否过此国难？日人月月有人到我国调查，我们亦应回看回看，所谓知己知彼，百战百胜也。”一九三二年九月，何泽明遵从父亲的安排，赴日本东京东亚日语预备学校先学习日语，后于一九三三年四月顺利考入当时非常难考的日本东京第一高等学校理科。得山西官费资助，一九三六年四月，考入京都帝国大学工学院冶金系。一九三九年四月，考入京都帝国大学研究院。一九四二年一月，从日本回国；同年八月，任北京大陆银行秘书。一九四四年一月，辞去大陆银行的工作；同年四月，由苏州到重庆；八月，由重庆前往昆明，在中央机器厂马街子分厂任助理工程师。一九四六年七月，任绥远省驻京特派员办公处秘书。一九四七年二月，到国立北平高等工业职业学校任教。新中国成立后，北平高等工业职业学校相继演变为北京重工业学校、北京钢铁工业学校、北京冶金专科学校、石景山冶金学院、北京钢铁学校、北京冶金机电学院，直至北方工业大学，何泽明一直服务于这所历经变迁的工科大学。从一九五一年起，先后任冶金科主任、教导处副主任、冶金科主任、副院长、教务副校长。一九八四年，受到北京市高等教育局“为人民的教育事业辛勤工作三十年”表彰。一九八五年十一月离休。

解放初期，在其首倡和力主之下，将母亲王季山已经准备分给他们兄弟五人的苏州私家园林网师园捐献给国家。

在中学时期，何泽明即爱好摄影，随着足迹所至，留下了一批京、沪、苏等地和在日留学期间的老照片，为民国时期社会和家族生活史提供了殊为珍贵的图像资料。

次女何泽慧　中国原子能事业的开拓者和奠基人之一，核物理学家、中国科学院院士

第三届全国人大代表，中国人民政治协商会议第五、六、七届全国委员，中国空间科学学会常务理事，中国科学院高能物理研究所副所长。

一九一四年三月五日出生在苏州灵石何寓“两渡书屋”，二〇一一年六月二十日在北京逝世。

小学和中学就读于振华女校，是中学第十一届（新制六届）二十一级学生。一九三二年考入清华大学物理系（同时还以第一名的成绩考上浙江大学物理系），与钱三强、王大珩、于光远为同班同学。在清华大学物理系初读期间，一度曾想转学医学，后又拿定主意，继续攻读物理。一九三六年，从清华大学毕业后，得阎锡山公派留学经费资助，前往德国柏林高等工业学院技术物理系攻读博士学位。柏林高等工业学院（又称柏林夏洛滕堡工学院）是德国始创最早的高等工业学院。一八七九年，由一七七〇年创立的柏林采矿学院、一七九九年创建的皇家柏林建筑学院和一八二一年成立的皇家职业学院合并而成。出于抗日爱国的热忱，她选择了一般男生才学习的实验弹道学专业。一九四〇年，以《一种新的精确简便测量子弹飞行速度的方法》的论文获工程博士学位。从柏林高等工业学院毕业后，即进柏林西门子工厂弱电流实验室参加磁性材料研究。经大姊何怡贞介绍，滞留在德国进行磁性材料研究的何泽慧寄住在著名原子光谱学家巴兴（F·Paschen）家里，与老教授结下了深厚的友谊。一九四三年，经巴兴介绍，始进入海德堡威廉皇家学院核物理研究所，在玻特（W.Bothe）教授指导下从事当时已初露应用前景的原子核物理研究。一九四五年，她首先从云室中观测到正负电子碰撞现象，被《自然》杂志称之为“科学珍闻”。一九四六年春天，从德国到法国巴黎，和大学时期的同学钱三强结婚，并一起在约里奥—居里夫妇领导的法兰西学院原子核化学实验室和居里实验室工作。一九四六年，她和钱三强及另外两名法国研究生发现了铀核裂变的新方式——三分裂和四分裂现象（何泽慧是捕捉到世界上第一例铀核裂变四分裂径迹者）。一九四七年初，何泽慧与钱三强正式发表铀核裂变的新方式——三分裂和四分裂现象的论文，在科学界引起很大反响，开启了以该实验为发端的一系列研究。

一九四八年夏，何泽慧与钱三强回国。新中国诞生后，何泽慧全身心投入到近代物理研究所(一九五三年改称物理研究所)的创建之中。她所领导的研究小组于一九五六年研制成功当时只有英国和苏联两个国家才能制造的原子核乳胶的技术。由此，获得一九五六年中国科学院自然科学部分三等奖。

一九五八年，何泽慧任中子物理研究室主任。在她的精心部署和指导下，使我国中子实验工作很快达到当时的国际水平，并获得了研制原子弹、氢弹所必需的关键性数据。由于核武器制造技术的高度保密性，一些关键数据只能靠自己的实验来澄清。如：热中子裂变截面，国外文献发表的这个数据存在明显的分歧。一九六二年，她提出利用自制的载铀乳胶和载硼乳胶来进行测量，结果得到精确的数值，至今仍与国际上的推荐值一致。一九六三年前后，考虑到中子标准工作的重要性，她建议专门成立一个中子标准组来建立中子源强度和中子通量的标准。二十世纪八十年代中期，在这些工作基础上改进重建的我国两项中子标准，参加了国际比对，达到国际先进水平。一九六五年，她任总指挥，执行测量氘和一种核反应数据的紧急任务，不但没有超过上级要求完成的时间，而且提前完成。紧接着，她又领导相关研究人员对轻核反应数据进行了较系统的测量，为氢弹研制提供了重要数据，对中国原子弹、氢弹的成功研制做出了不可磨灭的重大贡献。

一九六四年，何泽慧担任原子能研究所副所长。一九六五年，赴河南安阳参加社会主义教育运动。“文化大革命”中，被作为“反动学术权威”受到审查和批判；一九六九年冬，被下放到二机部在陕西合阳的“五七”干校参加改造劳动。“文革”中被造反派查抄走的历年学习工作生活日记不知去向。

何泽慧聪慧过人，散文、古体诗写得极好，钢琴、书法也有很高的造诣。在中学和大学及留学德国期间所写的三十多封书信，无一不是有独立思想和史料价值的美文。

次子何泽涌　解剖学家、组织胚胎学家

卫生部高等医药院校医学专业教材编审委员会委员、组织学与胚胎学编审小组组长、《中国医学百科全书组织学与胚胎学分卷》编委；中国解剖学会第六、七、八届理事会理事；山西省解剖学会第二届理事会理事长；中国人民解放军第

四军医大学兼职教授；山西省第三届人民代表大会代表，山西省政协第四、五届委员；山西省优秀教师，享受国务院特殊津贴专家。

一九一九年一月二十八日，出生在苏州的灵石何寓"两渡书屋"。

振华女校小学堂毕业后，考入东吴大学附中，后转入私立纯一中学。一九三四年，考入北平育英学校。一九三七年七月，报考浙江大学和上海交通大学，两校都考中，最后听从了时在德国留学的二姊何泽慧的意见，选择了浙江大学化工系就读。一九三八年三月，从浙大西迁的路上退学回家，欲学医科。这年夏季，他来到日本东京，准备考日华学会"庚子赔款"的留学生学额。一九三九年春季，参加日本文部省留学生综合入学考试，如愿以偿地考入东京庆应大学医学部。一九四三年毕业回国。一九四四年九月，来到第二战区驻地山西吉县兴集，在山西女子医学校当教员，教德文和组织医学两门课。

抗日战争胜利后，任山西省立川至医科学校副教授。一九四九年，所著《结核病常识》，由当时大名鼎鼎的《家》杂志出版社出版发行。

新中国成立后，一直在山西医学院(后更名为山西医科大学)任教授。上世纪五十年代末六十年代初，他比较集中地从事肥大细胞的(Masraco)研究。率先创造了用中性红氯化铁对肥大细胞的新的显示法。"文革"期间，他的人体组织研究被"红卫兵"解剖为"反动学术权威"，胚胎细胞被"造反派"用显微镜照出是"阎锡山的孝子贤孙"，脑组织和脑细胞被发现是"美日帝国主义的走狗"。于是，挂黑牌，挨批斗，"消灭、踏烂、粉碎"，随后便是住牛棚，淘大粪，装卸煤，打蜂窝煤。待到"复课闹革命"时，造反派不得不起用他这个"反动学术权威"来编教材、教学。一九七六年，他在中国科学院主办的《科学通报》第一期上刊发了《关于阑尾与免疫功能的关系及其组织结构的分析》的论文；同年，他的另一篇论文《身体内的识别系统》，也在中国科学院的《生物化学与生物物理进展》第一期上刊发；九月，他的一组三篇关于"细胞膜的结构与功能及其有关问题"的文章又在《生物化学与生物物理进展》杂志第三、四期及一九七七年第一期上分三期连载。这是国内最早介绍细胞膜的液态镶嵌学说、CAMP 与 CGMP 阴阳学说、细胞膜低密度胎与血脂调节关系的学术论文，在细胞质学发现史上具有重大意义，同时也是细胞学研究领域的最新进展。

一九七九年，他开始关注肥大细胞与肿瘤之间的关系，并着手进行肥大细胞对各种乳腺肿瘤间关系的研究。他发现，芫花、天花粉等中期引产药物可使子宫肥大细胞数量增多，子宫的肥大细胞数量因性周期不同而发生变化，但身体其他部位组织中的肥大细胞尚未见因给雌激素而有量的明显变化。这种研究的意义在于，过去一直认为肥大细胞是一种单一的细胞，但他用组化方法发现，子宫皮肤上的肥大细胞在形态上虽然相同，但却有质的不同，这是肥大细胞研究上的新突破。

组织学和胚胎学本来是医学课程中的两门基础学科，但这两门学科在发展中相互渗透、相互推进、密切关联，如何在我国医学教育体系中将组织学与胚胎学合而为一，使之变为一门医学基础课程，在教学中规范地使用，就成为全国从事组织学和胚胎学教学的专家教授考虑的一大问题。在此之前，何泽涌的译著《人体发生学——面向临床的胚胎学》（［加拿大］K·L·穆尔著，人民卫生出版社，一九八二年），他的讲义《组织学与胚胎学》内部教学用本，早已被一些高等医药院校作为主要教材使用。由于何泽涌在组织学和胚胎学领域中钻研得深而广，在"文革"后举行的第一版《组织学与胚胎学》统编教材讨论会上，他的精辟见解和发言，使与会者折服，受到了同行的尊重。因此在《组织学与胚胎学》第二版的编写中，他被推举为主编。由一个非重点院校的山西医学院的教师担纲全国统编教材主编，这在当时是极为罕见的。该书于一九八三年由人民卫生出版社出版后，因其高质量的科学性和实用性，例证浅近而说理精详，结构严谨而见解独到，被全国医学院校广泛应用，使八十年代的无数医科学生受惠。

一九八七年一月，人民卫生出版社出版了由他主编的《组织学与胚胎学进展》；一九八九、一九九〇年，他在国际解剖学、组织学、胚胎学、细胞学的顶级专业期刊《Acta Ana-tomica：International Archives of Anatomy，Histology，Embryology，and Cytology》（解剖学报）连续发表两篇有关肥大细胞的独创性研究论文。该刊在瑞士出版，编委由英、美、德、法、日等世界著名专家组成。由国内一级学报杂志到国际最具权威性的顶级专业期刊，由普及性的医学小册子到专业性的全国统编教科书及译著，何泽涌终于实现了他步入著作之林的夙愿，也对我国解剖学、组织学、胚胎学的教学和实验研究及学科建设与发展做出了开拓性的历史性贡献。

在何澄八位子女中，何泽涌的著述是最多的。如今已经九十四岁的何泽涌，每天仍是读书不倦，凡有心得，仍要一字不苟地记写下来。科学与人生，读书与生命，在这个耄耋老人的身上，让后人看到是老子所说"功遂身退天之道"的那种人生境界。

三女何泽瑛　植物学家

一九二〇年十一月四日，出生在苏州灵石何寓“两渡书屋”。

一九二七年就读于振华女学校小学部，一九三三年升入中学部。一九三七年底，苏州沦陷，三姨妈王季玉坚决不领日本人的良民证，更不在日本人的统治下办学，振华女学校停办，何泽瑛转入美国教会学校北京崇慈女子中学读至高中毕业。一九四〇年，考入迁至上海租界的东吴大学生物系。太平洋战争爆发后，租界内的东吴大学也被迫停办，只好休学回到苏州，在家陪伴父母，始学园艺，并习钢琴。抗战胜利，东吴大学在苏州复课，继续读书直至毕业。

一九四八年九月，考入台湾大学农艺系，攻读植物学硕士学位。但到台大刚刚三个月，国民政府的要员就一拨接一拨地败溃到台湾。因不愿身陷孤岛，在收到二姐何泽慧寄给她的五十美金之后，于当年十一月底，由台湾返回。

一九四九年三月，考入北京协和医院护校学高级护理专业。一九五〇年夏，考入中科院上海实验生物所。

一九五七年，调入中国科学院南京中山植物园（一九六〇年六月更名为中国科学院南京植物研究所，并保留中山植物园名称和功能；一九七〇年，该所划归江苏省领导，一九九三年实行江苏省与中国科学院的双重领导，又名江苏省·中科院植物研究所），从事种子学、植物形态学方面的研究工作。

五十年代末期，参与《江苏南部种子植物检索表》（上海科学技术出版社，一九五八年）和《南京中山植物园栽培植物名录》（科学出版社，一九五九年）的编写工作。

“文革”结束后，重新开始种子方面的研究工作。主编并翻译了二卷本［加拿大］J·D·比尤利和［英］M·布莱克所著《种子萌发的生理生化》一书（第一卷，由江苏科技出版社于一九八一年出版，第二卷由东南大学出版社于一九九〇年出版），使从事种子学研究的科技人员受益。其后，参与编著的《中国药用植物栽培学》和《中国木本植物种子》，分别由农业出版社出版、中国林业出版社于一九九一年和二〇〇一年出版。

二〇〇八年，被中国植物学会表彰为“从事植物学工作五十年的植物学家”。

何澄八位子女，与父母待在一起时间最长的就是何泽瑛。尤其是在小女初成长之后，父亲何澄有时交办的事极多极繁，但她总是事无巨细地一一办好办妥，所以深得父亲信懒。及至何澄晚年，家中的大事要事，更是依靠她来办理。

对于已经故去的父亲的感情，每个子女都有不同的怀念形式。何泽瑛的表现是：凡用钱可以买得到的东西都可以放弃；凡属于国家重器的，都可以代表父亲捐献给公家；唯独对可以唤起思念父亲之情的旧物，连一片破纸头子也舍不得丢掉。何澄身后，有这样一位女儿，真是得天道之福，在天之灵足矣！

三子何泽源　机械技术专家

一九二二年九月十七日生于苏州灵石何寓“两渡书屋”，二〇〇五年七月十九日病逝于保定。

一九二八年就读于振华女学校小学部。一九三四年，在苏州乐群中学读了初中一年级，即转学到北平育英中学。一九三九年十月，考入在上海租界办学的苏州工业专科学校纺织科。一九四三年到抗日陪都重庆，在重庆国民政府军政部第一制呢厂任工务员，开始服务于抗击日本侵略者的后勤工作。一九四四年，到山西大宁县第二战区经济建设委员会纺织厂任工务员。一九四五年七月，从北平带领被汪伪通缉的《申报》总经理马荫良等抗日人士经山西转赴西安时，在平遥被日本宪兵捕获关押，直到抗战胜利后被释放。后随大宁纺织厂人员接收原西北实业公司所属的太原纺织厂，并任该厂副工程师。一九四七年，经侯少白介绍，到绥远毛纺厂任技术员。一九四九年七月，和妻子贾肇芳返回苏州，住在网师园。同年十二月二十三日，发生了母亲被人杀害事件。他积极协助警方破案，后竟因母亲写给哥哥姐姐的一些信中有一些关于他对分家产事不满的家庭纠葛琐事而遭到警方怀疑，错失了破获真正凶手的最佳时机。一九五〇年一月，返回北京，在西单第一商场开设鑫记钟表行，自当东家自当伙计，同年八月，因经营惨淡，不得不关门歇业。后经外甥李方玉介绍，到西单十八半截胡同三十四号的求进电铸厂工作。一九五二年，“三反”“五反”运动开始，求进电铸厂解散。同年十一月，经友人介绍，率全家从北京迁往保定制油厂工作，在化验室任技术员。

在保定制油厂工作期间，为使化验工作做到及时准确，他在操作上曾做了一些改进，即秤样时，由原先用表面器皿改用小铁盘，用镊子改为用毛笔。在节约药品方面，将滤纸包的残余乙醚收回，试制了水缸水位自动报鸣器，以防止乙醚蒸发，并能及时掌握化验仪器的安全，使化验工作能保持经常并节约了维护费。

一九五五年至一九五七年，“肃反运动”中，厂方勒令他停职反省交代捕风捉影而来的在前往重庆途中枪杀新四军一营长的所谓“血案”，以及供职于蒋、阎、傅军队的“反革命”历史罪行。在“反省交代”期间，“五人专案小组”手下的政审人员整天整夜不让他睡觉，站板櫈，大弯腰，站不住就打，甚至有四个打手把他抬起来往地下摔，“逼供”的所有花样都落在了他的身上。一九五六年二月二十九日，因“历史不清”等问题，被保定市公安局逮捕，六月二十日被释放。释放证上写着：“教育释放，回厂恢复工作，原职原薪。”回厂后，他怕再惹出是非，就在“事属胁从，按一般历史问题处理”的结论上签了字。没料到，一九五八年一月二十一日厂党委书记通知他说：“根据你的情况，需要在农业上锻炼一个时期，大致是三个月到半年，发百分之七十工资。”谈完话的次日凌晨，保定制油厂就派一人把他送到了河北省黄骅县国营大苏庄农场实行劳动教养。当他到了这座农场之后，才知道这哪里是“农业锻炼”，而是地地道道的劳动教养！他想讨个说法，想去真正的农村锻炼三个月，但进得来，哪能出得去呢！他被分配在修配厂当钳工及做统计工作。

一九五九年一月二十五日，因母亲被害案，被苏州公安局派员从大苏庄农场押解到苏州公安局进行拘留侦讯。但警方仅于二月二十八日提讯了一次，以后再也没有了动静。期间，警方还曾利用同押人员作卧底，以图诱套出是他杀害了自己母亲的口述罪证，但他什么罪名都可以承认，惟独这件事，他说即使是冤枉死他，也不是他干的。十月三十一日，他给警方写信，要求不论是死是活，尽快结案。未几，终因没有任何证据而被送回到大苏庄农场。

一九六二年八月，他被解除劳动教养后，很奇怪的事情又发生了：本该回到保定进行什么监督劳动的，但未经他本人同意，竟被“留场使用”，一“留”就是五年。一九六九年十月，大苏庄农场解散，留用人员全部送回，因保定方面不接受他，他还是回不去。农场方面没办法，就把他交到河北省第一劳改队（南堡盐场）“寄存”，由南堡盐场继续联系他回保定的事宜。几经联系，他所在的保定制油厂死也不让他返回，于是南堡盐场不管三七二十一，为他联系了灵石两渡革委会，准备把他打发回原籍了事。一九七〇年一月，南堡盐场派了两个人把他送回灵石县两渡公社，至此，便在原籍落了户。在两渡公社农机修造厂劳动改造时，他受到族人的很多关照。两渡村人也没有人把他当成历史反革命，而是把他当成有难的家人，手巧、技术高明的机械专家。在家乡两渡，他设计了大型移动式喷灌设备，抛洒式整地机，高粒谷物水分干燥机，JY450型扬场机等农业机械，为“农业学大寨”，提供了机械化的支持。

一九八三年，已更名为保定化工二厂党委正式撤销了对何泽源的一切错误结论；一九八四年，保定市公安局撤销了对他的劳动教养决定，保定市劳动局批复同意他回厂复工，按退休对待。

何泽源的后半生，他曾总结道："政治上受歧视，工作上受拘束，生活上遭困难，精神上受摧残。"

四子何泽诚　物探高级工程师

一九二四年八月十六日出生于苏州灵石何寓"两渡书屋"。

一九二九年在振华女学校小学部读书。一九三五年，在北京育英中学附小及初中上学。一九三七年"七七"事变后，返回苏州。一九三八年重返北京，入读明德中学，直到初中毕业。一九三九年返回苏州，在武陵中学，一九四一年从该校高中毕业。

一九四四年二月，在重庆参加国民政府资源委员会举办的工矿产品展览会布展工作，后赴昆明入读西南联合大学先修班。抗日战争胜利后，回到苏州。一九四六年，在吴淞国立商船学校学习，主修舱机和航海两个专业。一九四七年考入江南大学数理系。一九四九年，新成立的中央人民政府委托北京华北大学工学院（北京理工大学前身）办一个物理探矿专业的学员班，在全国各大学招收学过物理的人，经二姐何泽慧推荐，他转到该校读书。同年七八月间毕业后，又到长春地质调查所实习，并在鞍山矿区进行了一次地球物理探矿工作。

新中国成立初期，国家建设迫切需要开展地球物理勘探工作。一九五三年，重工业部成立了专业物探队后，何泽诚是第一批在该队进行物探研究物探专业技术人员。一九五四年，他和中国科学院地球物理研究所的曾融生（中国地球深部构造研究工作的开创者、固体地球物理学家、中国科学院院士）、地质部物探处的李发美，共同承担了对过于笨重、操作不便的电阻率仪器进行改进的科研任务，经过反复实验和研究，研制成功了当时我国最先进的地球物理探测器——电法仪器。这一研究成果的理论基础和框架，在他们合作完成的论文《真空管地电阻探矿仪》（《地球物理学报》一九五四年第二期）有所体现。一九五五年，何泽诚任重工业部物探总队仪器实验室负责人，开展对磁法仪器、电法仪器、地震仪器、测井仪器的开发和研制工作。

一九五七年，重工业部物探总队合并到冶金部地质局，他为该局地质研究所工程师之一。一九五八年，受上海电表厂的邀请，对他们失败了的试制产品 UJ-7 电法仪进行了彻底的技术改型，研制出新型的 UJ-18 电法仪器，并大批投入生产。与此同时，他还设计试制出金属矿测井成套专业仪器，研制出了我国自己设计制造的磁通门磁力仪，并运用于南京梅山铁矿区的范围的圈定。一九六一年，地质部在上海成立地质仪器厂，向冶金部商调他到该厂任技术负责人。一九六二年，他从北京调到上海该厂工作，一年之后，就成功地研制出了 DDC-2 型电法仪，并获得一九六四年全国新产品展览会二等奖。

一九六六年三月八日、二十二日，河北省邢台专区隆尧县、宁晋县分别发生震级为六点八和七点二级大地震，造成八千多人死亡。有关方面要求何泽诚尽快改造 DDC-2 型电法仪作为国家监测预报地震的仪器。他日以夜继，将这一用于地震监测预报的仪器进一步升级改造，很快投入批量生产。由于其使用的可靠性，先后共生产了一万馀台，为我国的防震减灾事业做出了不可磨灭的贡献。

一九七二年，地矿部为了提高我国的石油勘探水平，下达给上海地质仪器厂研制石油测井仪的任务。以他牵头的研制攻关小组，很快就研制出六千米超深感应测井仪，为我国石油储量的探测和油田的开发，奠定了良好的基石。

一九七八年，随着改革开放，我国各个部门、各个系统都开始大量进口专业仪器。凭借着丰富的专业知识，他受邀承担了多个部门对其进口仪器进行验收的工作，保证了进口仪器无假货、无质量问题。

退休生活开始后，由于爱跑爱动，不愿在家多待着，仍想为社会多做些事情。他首先参与了核工业部航空物探新系统的开发与野外实验，首创了以航空物探取代地面物探的技术，大大提高了工作效率与测量精度。

一九八六年，他应用物探高精度光泵磁仪，在长江流域准确地探测到距出事地点十多公里以外、水深在三十米以下的一艘沉船，并成功地进行了打捞。

一九八七年，应深圳蛇口工业区的邀请，他承接了测试蛇口到香港海底电缆精确定位工作。这种定位要求精确到正负误差不超过三十公分。这样大的难度，没有世界最先进的高度精密仪器是根本做不到的，而要进口这种仪器，一是时间来不及，二是价格太高。就在双方一筹莫展的时候，何泽诚忽然想起一家名叫 RADIODETECTION LIMITED 的英国公司，曾在深圳举办过管线探测仪器产品推广会，但不很成功。于是他就找到了这家公司在蛇口的协办单位，借出堆在仓库里的一台这种管线探测仪，坐了一条小船便开始了对海底电缆的定位工作。后经开挖验证，结果一举成功。RADIODETECTION LIMITED 公司总裁听说这件事后，感到很惊讶：他们过去只知道这种设备是应用在陆地上的，没想到居然还能应用在海上……后来这家英国公司的仪器由于何泽诚的成功运用而成为在中国的热销产品。

父亲何澄生前曾送给他一把成扇，扇面上有父亲亲书的一段格言：“造物有涯而人情无涯，以有涯定无涯势必争，故人人知足则天下有馀；造物有定而人心无定，以无定撼有定势必败，故人人安分则天下无事。”这把成扇他一直完好地保存着。他曾说，现在炫耀自己有很多头衔的人太多，但他所做的事情又有多少人能让人记住呢？头衔是别人给予你的奉承，不见得是对你的认可。他还说：“我们过去都是做事的，都没职称，只有尊称！”

何泽诚现定居在新西兰的奥克兰。

五子何泽庆　物理学家、经济学家、真理人生的践行者

一九二六年十月十日生于苏州灵石何寓“两渡书屋”，受“文革”造反派迫害，于一九七六年二月二日病逝于上海市杨浦区中心医院肿瘤病房。

因他出生在“双十节”，辛亥革命爆发那一天暨民国的国庆日那一天，父亲何澄便给他起名为“泽庆”。

他的小学一如他的哥哥姐姐，也是在振华女学校小学堂上的。一九三八年，入读北平育英中学。一九四一年，太平洋战争爆发，美国教会在北平所办育英中学被日本人侵占。七月，从育英中学休学回到苏州。同年十月，在武陵中学直接读高中二年级。一九四三年七月从武陵中学毕业后，在家里读书。一九四四年一月，由二哥何泽涌带领赴重庆，考入国立西南联合大学物理系。

在西南联大，他参加了一个反内战运动的学生组织“除夕社”。一九四五年十一月三十日，即被称为“民国史上最黑暗的一天”——“一二一”的前两天，他在昆明南屏街美国新闻处门首，遭到一群暴徒围攻，其中有一个身穿草绿色哔叽军服的暴徒，开枪击伤他的右臂。

一九四六年九月，西南联大复员，他入清华大学物理系，师从留学英国的大科学家余瑞璜攻读金属物理学。一九四八年五月，毕业论文《合金的成分和结构》以七十五分的成绩，顺利从清华大学毕业。清华大学毕业后，他没有像其他同学那样，急着找工作，而是返回苏州，准备奔赴延安，后因解放战争来得迅猛，这个打算作罢。

一九四九年九月，经著名桥梁学家李国豪推荐，到大连大学应用物理系任教。一九五二年八月，东北地区进行高等学校院系调整，东北地质专科学校、山东大学地质矿物学系、东北工学院地质学系和物理系的一部分以及大连工学院的部分教师合并而成新东北地质学院(后更名为长春地质学院)。这年九月，何泽庆来到长春，在东北地质学院重力实验室任讲师。由于业务突出，学识渊博，教学得法，具有国际水准的论文时有发表，超过苏联同类专业的著作出版，很快升任为物探教研室副主任、主任，物探系助理主任。

“反右”开始后，《吉林日报》于六月三日刊发《我对过去思想工作中一些现象的看法》一文，《长春日报》一九五七年六月十二日以《思想僵化的形成》为题名重刊此文。从六月十六日开始，这两张报纸几乎天天都有批判他的文字出现。六月二十日至二十三日，《吉林日报》更是连续发出四篇“马列主义权威”的文章，对他文中的观点进行了全方位的批判。一九五八年二月六日，被定为“极右右派”，撤掉物探教研室主任一职，由讲师降为助教，工资级别由全国高校教师人员六级降为九级，发配至校办大屯农场劳动改造。一九六一年十二月一日，“右派”摘帽成为“摘帽右派”。一九六三年，被校方派到吉林省政治学校接受马克思列宁主义理论学习。在这一时间，他用定量方法(高等数学)和经济模型写成了九篇经济学论文，对我国当时实行的计划经济体制进行了全面批判。

“文革”前期，他被造反派揪了出来，挂上了“现行反革命”的钢板进行批斗，腿脚被打折后，关进连一张床也没有的“监房”，致使身体受到严重损害。就是在这种生存环境下，他完成了一生中最重要的一部著作《理论经济学初步》。

一九四七年十一月一日，是西南联大九周年的纪念日。在教授演讲会上，吴晗说：“遍中国只要有联大同人服务的场所，就有一个联大在。”何泽庆践行了西南联大的精神，也印证了吴晗当年所说的话：因为大家都相信，真理不必要求特权和垄断，在大家面前拿出事实来，拿出道理来，让每个人自由地寻找，独立地思考，谁也不必做谁的尾巴，自然而然，真理就会得到自己的信仰。在长春地质学院，何泽庆招回了西南联大的英魂！

一九七五年九月，在长春确诊为肝癌，遂赴上海就医。十月二日，被确诊为肝占位性病变。一个星期后，住进了上海杨浦区中心医院肿瘤科病房。二十四日，由三姐何泽瑛的同学、著名外科大夫吴传恩为他做了肝癌切除手术。十二月二十六日，写完生前最后一篇论文《利用微生物治疗癌症的设想》(三十日，改为《一个利用微生物治疗癌症的设想》)。

一九七六年一月八日，周恩来总理逝世；一月九日，躺在病床上的何泽庆听到他所敬爱的周总理被癌症夺去了生命后，心情特别难受，连夜给毛泽东写了一封信，请求毛主席能号召有关部门要更加积极努力地、迅速地行动起来早日攻克癌症；同时把他所写的《一个利用微生物治疗癌症的设想》附信寄上。

一九七六年二月二日，何泽庆离世。没有妻子儿女。

真山園主人

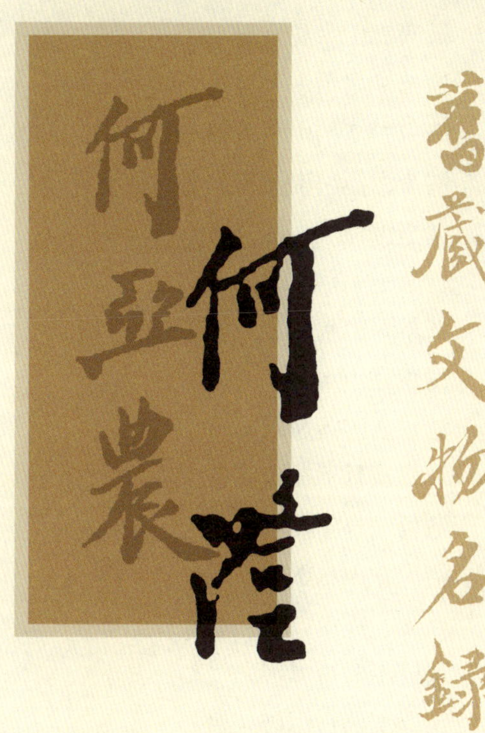

附录二　何澄子女捐赠苏州博物馆何澄遗藏文物名录

国家三级以上文物

书画

唐张旭草书册
南宋无款消夏图
元赵孟頫临兰亭册
元钱良右书吴仲仁游吴中倡和诗卷
明王鏊草书七律轴
明沈周花鸟册
明沈周山水墨扇
明文徵明松厓图卷
明文徵明寒原宿莽图卷
明文徵明尺牍
明祝允明行草唐诗七绝卷
明祝允明小楷南华经内七篇卷
明陈洪绶等为何天章作行乐图
明陈洪绶扑蝶图金面扇页
明郑元勋临石田墨笔山水幅
明陈焕重岩飞瀑图幅
明丁云鹏秋山远眺图幅
明无款蔷薇雄鸡图轴
明董其昌仿诸家山石皴法卷
明董其昌书画合璧卷
明董其昌山水册
明董其昌为方阳谷公行书小传
明陈继儒为方阳谷公行书赞合册
明陈继儒草书七言轴
明项圣谟山水兰竹册
明项圣谟仿宋人山水册
明项圣谟仿子久山水金面扇页
明李东阳行草游慈恩七律册
明孙慎行草书七绝轴
明程嘉燧行书五绝轴

明何远等七家山水集册
明邢慈静草书七绝册
明邢侗尺牍册
明唐志契寒鸦归林金面扇页
明唐志契为谦予绘山水金面扇
明莫云卿与茂俭嗟乎帖卷
明人诗图册
明人诗函册
明侯懋功山水白面扇面
明王武杏花金面扇
明清黄易先人手泽扇页册

清傅山草书七绝轴
清傅山傅眉父子尺牍册
清傅山与戴枫仲尺牍
清傅山行草九华安妃降杨司命诗册
清傅山墨荷图轴
清傅山六言楷书联
清傅山傅眉手书诗词册
清傅山药书册
清王铎枯兰复花图卷轴
清王铎临阁帖卷
清王铎临米芾佛家语卷
清王铎临古帖卷
清王铎草书唐诗册
清王铎为玉调临古帖册
清原济六君子图幅
清俞龄为百朋补洗马图卷
清高其佩峭壁悬桥图轴
清高其佩听松图轴
清蒋和指画诗龛句册
清张道渥为时帆绘诗龛消暑图册

清濮森山水花卉册
清邹圹祖山水人物册
清古中老衲山水图轴
清李世倬河出图洛出书图轴
清李世倬节写江贯道长江图轴
清戴本孝烟波杳霭图轴
清蔡嘉山水花卉自书诗合册
清蔡嘉山水册
清蔡嘉游蕃鳌观图轴
清张敔月下桂兔图轴
清杨法长年图轴
清无款山水图轴

清乾隆帝行书屏
清莫友芝行书碑文册
清李健泰尺牍卷
清庄应会等八家赠朝莱道士诗册
清钱陈群行书守身保世八条轴
清杨宾自书诗册
清李基和行草自诗册
清何焯七言行书联
清何焯行书五律轴
清刘统勋行书七绝轴
清翁同龢七言行书联
清袁昶八言篆书联
清沈乃谦五言隶书联
清姚鼐五言行书联
清吴嵩梁行书五律轴
清何道生送别王芑孙诗函册
清张穆尺牍册
清张穆行书轴
清陈奕禧行书七绝诗轴

清沈宗骞行草七言诗轴
清梁同书行草轴
清杨法隶书五律诗轴
清杨法五言篆书联
清叶封五言行书联
清钱大昕七言隶书联
清黄易七言篆书联
清黄易七言隶书联
清赵魏五言篆书联
清焕然五言楷书联
清吴雯行书七绝诗轴
清孙奇逢行草卷
清嵇璜楷书临黄庭经轴
清孔广森篆书石鼓文及跋册
清王士禛小楷圣德神功诗有序
清姜宸英临右军帖卷
清周亮工临古帖卷
清朱珪临苏轼新岁帖
清翁方纲双钩碑帖册
清名人信札册
清人字集册
清名人尺牍册

清原济广陵茱萸湾白面扇
清张崟山水白面扇册
清王概山水金面扇
清黄慎金面扇
清王原祁仿大痴白面扇
清张风读碑图白面扇页
清高翔临倪瓒白面扇页
清钱善扬兰花白面扇
清李鱓花果白面扇页

清厉宗万白面扇
清顾天植白面扇
清叶道芬玩月图白面扇
清弘旿山水阮元楷书白金面折扇
清庄冏生山水金扇页
清何道生琵琶行白面扇
清江澂为语老绘金面扇
清沈宗骞竹石行草白面折扇
清周亮工山水顾藻隶书白面折扇
清吴荣光山水萧良城楷书金面折扇
清无款山水金面扇

吴湖帆张大千宣古愚为
　何亚农合作灌木楼图卷
张善孖开岁百福图轴
张善孖张大千为何亚农白面折扇
黄宾虹山水册

宋麓山寺碑拓文
晋祠碑
三希堂法帖
钟拓片
苏玄妙观殿座石刻拓片
提梁卣拓片
王作父拓片
汉隃麋鼎拓片
商彝拓片
册二匜拓片

古墨

明万历汪鸿渐歙金家藏墨

明崇祯程公瑜世掌丝纶墨
明万历汪鸿渐海日同生墨
明万历方于鲁鞶鑑图墨
明万历方于鲁夔龙尊墨

清初仿大明宣德国宝墨
清康熙王俊卿不可有二墨
清康熙程凤池千岁芝墨
清康熙程公望此君墨
清康熙詹永新苍玉佩墨
清康熙邵文瑞为凌大寒制墨
清康熙胡圣臣筑阳石墨
清康熙何岩友琴书友墨
清康熙吴守默天蜕墨
清康熙吴天章文字之祖墨
清康熙吴天章龙宾十友墨
清康熙吴天章仿戴嵩牛墨
清康熙汪次侯表青龙涎墨
清康熙刘成章五彩云烟墨
清康熙刘成章佐此书香墨
清康熙刘成章质如金墨
清康熙刘成章复古斋墨
清康熙刘成章天下宝墨
清康熙苍苍室水仙操琴墨
清康熙叶靖公青云路墨
清康熙魏学诚翰墨缘墨
清康熙程公望此君墨
清康熙王俊卿法云慧日墨
清康熙宝墨斋苍龙液墨
清康熙曹素功青麟髓墨
清康熙曹素功非烟金字墨
清康熙曹素功京华轩墨

清康熙曹素功仿古琴漱金千秋光墨
清康熙曹素功监制千秋光墨
清康熙曹素功紫玉光飞龙在天套墨
清康熙曹素功紫玉光华顶归云套墨
清康熙曹素功紫玉光山水套墨
清康熙曹素功紫玉光黄山套墨
清康熙查克丹宸翰辉煌墨
清康熙汪次侯桂林第一枝墨
清康熙汪次侯文光射斗墨
清康熙汪易斋珍赏墨
清康熙程凤池千岁芝墨
清康熙朱文菴十二龙宾墨
清康熙李成龙太平万岁墨
清康熙刘椝槎河山庄墨
清康熙胡星聚不可有二墨
清康熙胡星聚赤水珠墨
清康熙胡星聚臂搁墨
清康熙胡星聚御制万寿无疆墨
清康熙胡星聚万六春秋墨

清雍正无款嵩呼万岁墨

清乾隆御制天府永宝墨
清乾隆御制东林莲社墨
清乾隆御制紫阁铭墨
清乾隆御制春华秋实墨
清乾隆御制御咏百合诗墨
清乾隆御制御咏茶花诗墨
清乾隆御制唤卿呼子谓多事墨
清乾隆御制咏墨诗墨
清乾隆御制依朕研北此宝龙墨
清乾隆御制山水清音墨

真山园主人

清乾隆御制有虞十二章墨
清乾隆御制云汉为章墨
清乾隆御制咏墨诗墨
清乾隆蔡予嘉鉴赏墨
清乾隆詹文川十二龙宾墨
清乾隆曹素功耕织图墨
清乾隆曹素功紫玉光墨
清乾隆曹素功千秋光墨
清乾隆曹素功紫玉光螺溪套墨
清乾隆曹素功御制八卦墨
清乾隆曹素功制御书清爱堂墨
清乾隆曹素功河图洛书墨
清乾隆曹素功青麟髓墨
清乾隆曹素功文露墨
清乾隆曹素功六世孙德酬铜柱墨
清乾隆仿宋犖黄海群芳墨
清乾隆巴慰祖石鼓墨
清乾隆仿程君房青圭墨
清乾隆孙石舟夔龙玦墨
清乾隆汪近圣心经墨
清乾隆汪近圣培阴轩墨
清乾隆汪近圣集锦墨
清乾隆汪近圣江山名胜墨
清乾隆汪节菴俪笙珍赏墨
清乾隆汪节菴仿古钱墨
清乾隆汪斗山仿古墨
清乾隆汪斗山麝香月墨
清乾隆汪斗山始作书契墨
清乾隆汪斗山双脊龙墨
清乾隆无款玉兰蕊墨
清乾隆有怀堂学书墨
清乾隆刘卓菴紫玉光墨

清乾隆罗小华制紫香墨
清乾隆金梅溪宝塔墨
清乾隆桂岑氏云海锺灵墨
清乾隆程秀夫贡墨

清嘉庆程怡甫尺木堂墨
清嘉庆汪春山八仙寿屏墨
清嘉庆汪节菴琴墨
清嘉庆程丽仲仿古钱墨

清同治胡开文退斋书画墨

清同光年间曹素功奇香墨
曹素功荛千氏千秋光墨
曹素功万年青墨
曹素功荛千氏紫玉光墨
曹素功八世孙云崖八宝龙香墨
胡开文宜疆老人七十有九墨
胡开文宜书宜画墨
曹素功青麟髓墨
汪近圣芑田临帖墨
林惠臻制墨

清道光胡开文书画墨
清道光胡爱堂吉羊止止室墨
清道光詹云从宣和砚式墨
清道光曹素功百寿墨
清道光曹素功藏紫玉光墨
清道光荛千氏紫玉光墨
清道光詹方寰八仙寿屏墨
清道光汪近圣五色墨
清道光汪节菴吾山藏烟墨

清道光无款罗汉赞墨

清道光无款硃墨

清光绪胡开文青云路墨

清光绪胡开文封爵铭墨

清光绪胡开文巨川舟楫墨

清光绪胡开文书画墨

清光绪胡开文长洲彭氏墨

清光绪胡学文墨

清光绪胡子卿杏樵著书墨

清光绪胡爱堂梅花墨

清光绪汪近圣书林墨

清光绪仿罗小华汉玉玦墨

清君甫水德墨

清吴天章青琅玕墨

清仿方于鲁同光墨

清程公瑜鸟凤胎墨

清无款紫雪墨

清光绪无款磬形墨

民国胡开文枕雷阁墨

砚

明仿宋式钟乳鸲眼端砚

明澄泥佛手砚

清歙石波涛双树长方砚

清端石佛手砚

清端石云龙天然砚

清端石天然松壑砚

清雕竹节形端石砚

清端石云壑三池砚

清天然石子式端砚

清端石螭龙云纹天然砚

清天然形松壑端砚

清竹爿天然式端砚

清端石长方雕花砚

清仿筒瓦式端砚

铜章

战国郵痰二字阳文方形章

战国悤遲二字阳文方形章

战国長譯二字阳文方形章

战国猲脤二字阳文方形章

战国薛庚二字阳文方形章

战国王瀞二字阳文方形章

战国孟安二字阳文方形章

战国肖倃二字阳文方形章

战国肖瘖二字阳文方形章

战国盍焰二字阳文方形章

战国若汌二字阳文方形章

战国坙秀二字阳文方形章

战国義佴二字阳文长方形章

战国戥安二字阳文方形章

战国左燮二字阳文方形章

战国宧疗二字阴文方形章

战国王窨二字阳文方形章

战国王间二字阳文方形章

战国畋諦二字阳文方形章

战国长生二字阳文方形章

战国高逞二字阳文方形章

战国郚瘖二字阳文方形章

战国高戠二字阳文方形章

战国安官二字阳文方形章

真山園主人

战国利高二字阳文方形章
战国牛昌二字阳文方形章
战国阓期二字阳文方形章
战国高詋二字阳文方形章
战国沱青二字阳文方形章
战国郙朩二字阳文方形章
战国邵勂二字阴文双边方形章
战国郿期二字阳文方形章
战国幻釿二字阳文方形章
战国□币二字阳文方形章
战国长子二字阳文方形章
战国行亘二字阳文方形章
战国王朘二字阳文方形章
战国吿马二字阳文方形章
战国猲章二字阴文方形章
战国高佗二字阳文长方形章
战国齐质二字阳文拱形章
战国王为二字阳文方形章
战国郑去痏三字阳文方形章
战国下池悊三字阳文方形章
战国文是态二字阳文方形章
战国文是瘁三字阳文方形章
战国郢车左三字阳文方形章
战国敀马重三字阳文方形章
战国昌字阳文方形章
战国美字阳文方形章
战国善字阳文方形章
战国生字阳文圆形章
战国尔字阳文方形章
战国公字阳文圆形章
战国尚字阳文方形章
战国禾字阳文方形章

战国正字阳文内方外圆章
战国有字阳文圆形章
战国悊字阳文小圆形章
战国悊之二字阳文方形章
战国悊信二字阳文拱形章
战国事□二字阳文方形章
战国事敬二字阳文方形章
战国事譗二字阳文方形章
战国私鉨二字阳文方形章
战国明上二字阳文小方形章
战国长□二字阳文方形章
战国长生二字阳文方形章
战国千秋二字阳文方形章
战国私入尔阳文三角形圆章
战国敬其上三字阳文方形章
战国周当时三字阴文方形章
战国肖形印方形章

秦骜一字阴文方形章
秦陈信二字阴文方形章
秦宋孟二字阴文方形章
秦赵加二字阴文方形章
秦王午二字阴文方形章
秦徐觭双勾二字阴文方形章
秦安秦双勾二字阴文方形章
秦张慧二字阴文长方形龟钮章
秦淳于买三字阴文方形章
秦颜狗得三字阴文方形章

汉处高二字阴文方形章
汉曹貜二字阴文扁方形章
汉赵居二字阴文扁方形章

汉臣宽张宽二字阴文章
汉张交二字阴文方形章
汉张璜二字阴文章
汉鲁□二字阳文章
汉张印二字阴文章
汉韩□二字阴文章
汉庞有二字阴文章
汉张鼌二字阴文章
汉韩崇二字阴文章
汉李牛印三字阴文章
汉赵代印三字阴文章
汉犨最众三字阴文章
汉公孙建三字阴文章
汉长孙应三字阴文章
汉李道博三字阴文章
汉乐自为臣自为二字章
汉陈汤私印陈子宾印章
汉张王孙印阴文章
汉宋从私印四字阴文章
汉吴成之印四字阴文章
汉苐宽之印四字阴文章
汉郑本之印四字阴文章
汉处丘咸印四字阴文章
汉处禹之印四字阳文章
汉之戎私印四字阴文章
汉高带之印四字阴文章
汉张熊私印四字阴文章
汉王林私印四字阴文章
汉宋奢私印四字阴文章
汉奇印蔓方四字阴阳文章
汉公孙朝印四字阴文章
汉马广私印四字阴文章

汉王匡印信四字阴文章
汉□千万阳文三字长章

东晋曹简二字阳文章
宋乃图作佛四字阴文章
元谨封二字阳文方形章
元花押二字阳文方形章
元八思巴文记阳文小圆形章
景教图形印
清何氏景斗四字阳文方形狮钮章

印章

战国滑石鼻钮方鉥
汉龟钮骨印
汉石质长方形钤记
宋玉龟钮范仲淹名章
清青田石长方印
清朱鸿猷图书记青田石章
清龟钮骨印
清代寿山石瓦钮章
清生于甲戌善保元吉鸡血石方章
清汪藻记长生安乐鸡血石方章
清代鸡血石长方章
清顽伯寿山石瓦钮章
陈巨来刻白寿山何澄私印狮钮方章

铜器

商父中爵
商父乙爵
商凸花纹戈

商饕餮纹戈
商夔纹云纹戈
商弋
商亚字形矛
周铜戈
战铜剑
战铜戈
战铜戈
秦小铜铃
秦小铜权
秦至汉代时期铜小带钩
西汉早期铜矛
汉小铜镜
汉铜权
汉铜带钩
汉铜立马圆形饰片
汉铜圈
汉铜镜
西晋铜镜
北魏铜骑马人
唐鎏金双鱼挂件
唐铜鸟纹菱花镜
明古铜镜
鎏金铜立像
鎏金铜半身像
铜坐像
铜全身立像
鎏金三铜佛像
鎏金铜像
铜立像
铜钫
海棠花形红漆提梁锡酒壶
铜镜
铜小带钩
小铜立像
旧铜造像

雕刻

清乾隆紫檀嵌八宝鹿方盒
清道光紫檀刻罗汉笔筒
清紫檀嵌银丝凸雕九龙笔海
清沉香木雕人物笔筒
清紫檀刻罗汉长方盒
清徽漆嵌螺甸圆砚盒
清红木圆形手卷匣
象牙浅刻真山卜隐图方牌
桃花源记圆牌
石矛

瓷器

隋白釉圆形短流壶
唐瓷小蝦蟆
唐黄褐釉小瓷象
唐绿白釉瓷提篮
唐绿釉瓷小杯
唐青釉瓷盒
唐单耳束颈白釉小壶
宋兔形瓷饰
宋黄褐釉小瓷鸭
宋黄褐釉小瓷鸡
宋白釉褐斑小瓷鸡
宋黄褐釉小瓷龟

宋黄褐釉小瓷狗
宋白瓷小虎
宋瓷小狗
宋褐釉小瓷孩
宋黄褐釉小瓷蛇
宋黄褐釉小瓷猴
宋白瓷小人
宋白瓷座像小人
宋青釉褐斑小人坐像
宋绿釉瓷鸡
宋白瓷杯
宋绿釉三脚小瓷炉
宋粉青瓷小壶
宋影青印花折枝花圆盒
宋白瓷梅花口碗
宋黑釉敞口碗
宋白瓷黑花盘
宋钧窑天蓝红晕开片板沿盘
宋白瓷刻花海水鱼花口大碗
宋白瓷花口碗
宋白瓷刻花缠枝莲钵
宋小白釉杯
清康熙款青花盆
清雍正款青花如意花小印盒
清乾隆炉均釉小观音尊
清乾隆款豆青盘
清乾隆款斗彩团花平底碗
清嘉庆款粉彩花卉六寸盆
日本仿宋黄釉杯
日本仿黄釉有斑小碗
日本仿小宋瓷杯
绿釉小瓷坛
白釉盘

陶器

汉银釉印花骑兽人陶片
汉银釉印花陶片
汉黑陶印花工具
东汉砖砚
唐乳钉纹陶灶
唐釉陶俑立像
明三色釉观音坐像
清紫砂方茶壶

杂项

何熙绩殿试策考卷
麦柴壳做人物花字小屏
盔甲
银质细工粉盒
清旧玉件

注：

①损坏及未辨识清楚的印文铜章未录。

②古墨墨品重复者未录，整盒墨未录所含墨品数量。

附录三
何澄子女捐赠南京博物院
何澄遗藏印章印材名录

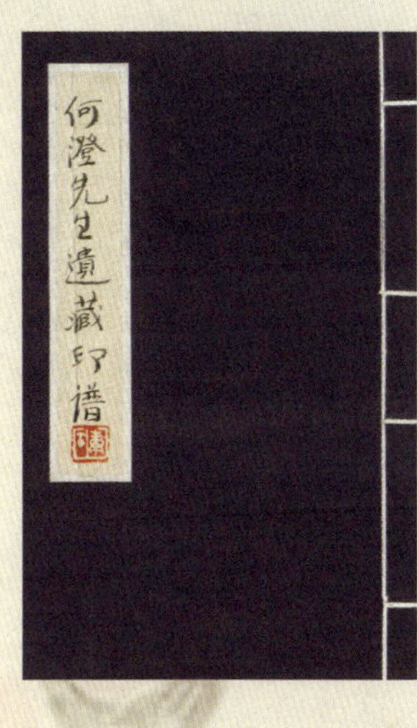

何澄名章

何澄鉴藏黄寿山石章
灵石何氏亚农珍藏印昌化石章
真山心赏黄寿山石章
真山酱油青田章
何澄白寿山章
何澄墨晶章
何澄鸡血章

印章

明成荣刻款兽钮田黄章
明斗酒百篇田黄章
清平生可对人言兽钮田黄章
清肖生兽钮田黄章
清平生心赏兽钮田黄章
清却望并州是故乡桥形钮田黄章
清冶砚斋兽钮金银地田黄章
清星叔清赏兽钮田黄章
清读吾书斋田黄章
清竹头木屑兽钮田黄章
清诗境兽钮田黄章
清钱叔盖刻妙香山人长寿田黄章
清餔糟歠醨随形薄意田黄章
清云史廷彪长方形田黄章
清画桥烟树钟形钮田黄章

清置半亩之园兽钮白芙蓉章
清扬子秦氏白芙蓉章
清东西南北如在目前兽钮白芙蓉章
清鸣道贞吉兽钮白田章

清香心一寸古梅花白寿山章
清金石长寿薄意白寿山章
民国散车偶侍白寿山章
清古观楼兽钮环冻章
清万事风中花昌化冻石章

清觉今是而昨非鸡血章
清太谷曹氏振镰家藏印鸡血章
清字直侯号柳塘鸡血印章
清小松一字澹如鸡血章
清复庵鸡血章
清金石之印鸡血章
清赵光之印鸡血印
清铁轩手生鉴定鸡血章
清子庄启事鸡血印
清身外浮名好是闲鸡血印
清阳湖张寿龄印鸡血章
清清评鸡血章
清多读书少说话鸡血章
清山藏红叶白云鸡血印
清写不成书鸡血印
清铦文鸡血章
清少堂鸡血章
清有道则隐青田章
清杨柳鸣蜩绿暗荷花落日红酣青田章

清进斋螺扁书青田章
清功不可以虚成名不可以伪立青田章
清忘机一钓竿青田章
清芦簾纸阁据梧隐人青田章
清秋麋桥形钮青田章
清足迹历十四省壮游逾四十年青田章
清纸窗印屋灰田章
民国行中书省门下同三品青田章

印材

清田黄印材
清鸡血印材清田黄旧印材
清双环钮白芙蓉印材
顶子红天然鸡血石印材
刘关张天然鸡血石旧印材
清鸡血旧印材
清鸡血旧印材
清鸡血旧印材
清兽钮白芙蓉印材
清鸡血旧印材
清鸡血旧印材
清鸡血旧印材
清鸡血印材

主要征引、参考书目

《江苏》杂志

《湖北学生界》

《新民丛报》

《东方杂志》

《晨报》

《世界日报》

平绥铁路管理局《铁路公报》

津浦铁路管理局《津浦之声》

《大众》月刊

灵石两渡《何氏族谱》,光绪八年刻本

何厚吾(子宽)《辽南征戍图册》

顾廷龙主编《清代硃卷集成》,台湾成文出版有限公司,一九九二年

《纂修四库全书档案》,上海古籍出版社,一九九七年

江庆柏编著《清代人物生卒年表》,人民文学出版社,二〇〇五年十二月

尚小明编著《清代士人游幕表》,中华书局,二〇〇五年三月

朱汝珍辑《清代翰林名录》,北京燕山出版社,二〇〇八年五月

张德泽著《清代国家机关考略》,学苑出版社,二〇〇一年六月

王志瀜修、黄宪臣纂《灵石县志》,清嘉庆二十二年刻本

李凯朋修、耿步蟾纂《灵石县志》,民国二十三年铅印本

上海市政协文史资料委会员编《上海文史资料存稿汇编》,上海古籍出版社,二〇〇一年十二月

王芸生编著《六十五年来中国与日本》,三联书店,二〇〇五年七月

上海通社编《上海研究资料·续集》,上海书店,一九八四年十二月影印本

中央档案馆、中国第二历史档案馆、吉林省社会科学院合编《华北事变》,中华书局,二〇〇〇年七月

何道生著《双藤书屋诗集》,道光元年八月,雕藻斋吴耀宗刻本

姚鼐著《惜抱轩诗文集》,上海古籍出版社,一九九二年十一月

《洪亮吉集》，中华书局，二○○一年十月
法式善著《梧门诗话合校》，凤凰出版社，二○○五年十月
法式善撰《清秘述闻三种》，中华书局，一九八二年五月
张问陶著《船山诗草》，中华书局，一九八六年一月
钱谦益著《牧斋初学集》，上海古籍出版社，一九八五年九月
叶恭绰著《矩园馀墨》，辽宁教育出版社，一九九七年三月
刘景山等编《遐庵汇稿》，台湾文海出版社，民国三十五年增订本
《吴汝纶全集》，黄山书社，二○○二年九月

陈锡祺主编《孙中山年谱长编》，中华书局，一九九一年八月
杨恺龄撰编《民国吴稚晖先生敬恒年谱》，台湾商务印书馆，一九八一年四月
吴剑杰编著《张之洞年谱长编》，上海交通大学出版社，二○○九年七月
孙应祥著《严复年谱》，福建人民出版社，二○○三年八月
高叔平撰著《蔡元培年谱长编》，人民教育出版社，一九九六年三月
毛注青编著《黄兴年谱长编》，中华书局，一九九一年八月
沈云龙编著《黄膺白先生年谱》，台北联经出版事业公司，一九七六年一月
中国第二历史档案馆编《蒋介石年谱》，中国档案出版社，一九九二年十二月
王中秀编著《王一亭年谱长编》，上海书画出版社，一九一○年八月
徐咏平撰《民国陈英士先生其美年谱》，台湾商务印书馆，一九八○年五月
阎伯川先生纪念会编《民国阎伯川先生锡山年谱长编初稿》，台湾商务印书馆，一九八八年
蒋铁生编著《冯玉祥年谱》，齐鲁书社，二○○三年九月
张友坤、钱进、李学群编著《张学良年谱》（修订版），社会科学文献出版社，二○○九年二月
胡颂平编著《胡適之先生年谱长编初稿》，台北联经出版事业公司，一九九○年十一月校订本
吴景平著《宋子文政治生涯编年》，福建人民出版社，一九九八年十月

叶昌炽著《缘督庐日记》，江苏古籍出版社，二○○二年十月
《恽毓鼎澄斋日记》，浙江古籍出版社，二○○四年四月
《郑孝胥日记》，中华书局，一九九三年十月
吴闿生编《桐城吴先生汝纶日记》，台北文海出版社，一九六九年
《宋教仁日记》，湖南人民出版社，一九八○年九月
宁海县政协教文卫体和文史资料委员会编《童保暄日记》，宁波出版社，二○○六年十二月
曹伯言整理《胡適日记全编》，安徽教育出版社，二○○一年十月
《蒋作宾日记》，江苏古籍出版社，一九九○年十月
《邵元冲日记》，上海人民出版社，一九九○年十月

吴元京审订、梁颖编校《吴湖帆文稿》，中国美术学院出版社，二〇〇四年九月
《徐永昌日记》，台湾中央研究院近代史研究所，一九九一年十二月
《蔡元培日记》，北京大学出版社，二〇一〇年九月
蔡德金编注《周佛海日记全编》，中国文联出版社，二〇〇三年八月

实藤惠秀著《中国人留学日本史》，三联书店，一九八三年八月
舒新城编《近代中国留学史》（影印本），上海文化出版社，一九八九年四月
黄福庆著《清末留日学生》，台湾中央研究院近代史研究所，一九七五年七月
房兆楹辑《清末民初洋学生题名录初辑》，台湾精华印书馆，一九六二年四月
郭荣生编著《清末山西留学生》，台湾山西文献社，一九八三年二月
冯自由著《革命逸史》，中华书局，一九八一年
郑志廷、张秋山等编著《保定陆军学堂暨军官学校史略》，人民出版社，二〇〇五年八月
宓汝成编著《中华民国铁路史资料》（一九一二～一九四九），社会科学文献出版社，二〇〇二年九月
曾鲲化著《中国铁路史》，台北文海出版社，一九七三年
金士宣、徐文述著《中国铁路发展史》（一八七六～一九四九），中国铁道出版社，一九八六年十一月
高凤翰著《国民党军事制度史》，中国大百科全书出版社，二〇〇九年一月
马振犊著《国民党特务活动史》，九州出版社，二〇〇八年三月

沈予著《日本大陆政策史（一八六八～一九四五）》，社会科学文献出版社，二〇〇五年八月
《李烈钧集》，中华书局，一九九六年六月
刘泱泱编《黄兴集》，湖南人民出版社，二〇〇八年一月
桑兵著《清末新知识界的社团与活动》，三联书店，一九九五年四月
尚小明著《留日学生与清末新政》，江西教育出版社，二〇〇三年九月
金以林著《国民党高层的派系政治》，社会科学文献出版社，二〇〇九年十一月
宓汝成著《帝国主义与中国铁路》（一八四七～一九四九），经济管理出版社，二〇〇七年三月
杨天石著《抗战与战后中国》，中国人民大学出版社，二〇〇三年八月
杨奎松著《民国人物过眼录》，广东人民出版社，二〇〇九年一月
童寯著《园论》，百花文艺出版社，二〇〇六年一月

景梅九著《罪案》，京津印书局，一九二四年
黄沈亦云著《黄膺白先生家传》，台北文海出版社，一九六七年
沈亦云著《亦云回忆》，台湾传记文学出版社，一九六八年四月

徐樱著《方桂与我五十五年》(增订本),商务印书馆,二〇一〇年一月

李治华著《里昂译事》,商务印书馆,二〇〇五年十二月

邹鲁著《邹鲁回忆录》,东方出版社,二〇一九年十一月

黄绍竑著《五十回忆》,岳麓书社,一九九九年四月

陈诚著《陈诚回忆录——抗日战争》,东方出版社,二〇〇九年十月

吴相湘著《民国人物列传》,中国大百科全书出版社,二〇〇九年四月

吴相湘著《现代史事论述》,中国大百科全书出版社,二〇一一年一月

吴相湘著《民国政治人物》,中国大百科全书出版社,二〇一一年一月

吴相湘著《时代迭变中的文武政要》,中国工人出版社,二〇一一年一月

彤新春编著《民国经济》,中国大百科全书出版社,二〇一〇年二月

陈星编著《民初纪元》,中国大百科全书出版社,二〇一〇年二月

张海林著《端方与清末新政》,南京大学出版社,二〇〇七年一月

林孟熹著《司徒雷登与中国政局》,新华出版社,二〇〇一年四月

陶恒生著《"高陶事件"始末》,湖北人民出版社,二〇〇四年二月

李永翘著《张大千全传》,花城出版社,一九九八年四月

王家诚著《张大千传》,百花文艺出版社,二〇〇八年一月

丁剑著《吴忠信传》,人民出版社,二〇〇九年十二月

喻血轮著《绮情楼杂记》,中国长安出版社,二〇一一年一月

[美]韦慕庭著《孙中山:壮志未酬的爱国者》,新星出版社,二〇〇六年八月

[美]齐锡生著《中国的军阀政治》(一九一六~一九二八),中国人民大学出版社,二〇一〇年四月

[美]柯博文著《走向"最后关头"——中国民族国家构建中的日本因素(一九三一~一九三七)》,社会科学文献出版社,二〇〇四年七月

后　记

本书传主曾藏有一钮"写不成书"印章，是鸡血石的。起先并没太留意，直到二〇〇八年，我们决定毁掉已写了二十多万字的第二稿后，这钮印章和印文竟鬼使神差地跳到我们眼前，于是我们天天看着这钮印文责问自己：是真"写不成书"，还是传主对我们有所暗示？

经过数月的苦思和反省，终于悟出前两稿所写不满意的原因。除了一开始的思路有偏差外，还和对写作材料的理解不够深以及对史料之外的情况掌握不足有关。尽管从二〇〇五年四月起，到这年年底，我们与何澄在世的子女走访了数遍，并从他们那里获得了幸存下来的几百封老书信、几百件书札和几百张老照片，但由于没有寻到正确使用这批史料的方法，所以不能认识，不能定评，更不能较为准确地还原传主的历史活动场景。这是"写不成书"自省出来的第一点。

第二，单凭已是奇迹般幸存下来的这批传主史料，也绝写不成书。因为这批史料是没有一点可以怀疑的，但互不连贯，我们不能对这些史料进行哪怕是局部的一点"翻修"，更不能对其进行"拆迁改造"！但如果找不到相对应的历史背景材料，据实翻拍出来的传主不是觉得空洞无物，干巴巴的没有血肉，就是感到怎么也不像一个真实的传主。

于是，我们试着重头做起。开始动员一切人脉资源寻找传主本身之外的一切史料，哪怕是历史的一个片断，一句话，一个段落，只要是真实的存在，都广加搜罗。这种工作一直进行到二〇一〇年方告基本结束。当我们试着把这些搜罗回来的、经过反复分析比较的史料和传主本身的遗存文墨拼接了一下之后，我们异常兴奋，像是真的找到了传主当年收下、或刻下这钮印章的出处——传主在每个历史阶段的面目都渐渐清晰起来。此时，我们才猛然醒悟——原来“写不成书”的症结出在这里！

在断断续续写作开始后，又遇到一个结构性的问题：第一手的史料和传主上下及同时代人的材料太多了。一本书里，这个也想写，那个也想写，东拉西扯，什么也写不深，写不透，还是“写不成书”。直到二〇一〇年夏季的一天，和韩石山先生小酌之后，请他前来家里聊天。我们与他说起这种苦恼，韩先生马上说：“嘿嘿，这还不好办！祖宗是祖宗，老子是老子，儿子是儿子，分开来写，不是很好嘛。”人常说，听君一席话，胜读十年书。我们怎么笨到这份上呢！为何就不会往这方面想呢。于是决定把原来的一本书，分成《科举世族：灵石两渡何家》《何澄》《何泽庆纪念文集》即按“祖宗”、“老子”和“儿子”三辈分别来写。

结构问题解决后，我们商定了一个说起来易，做起来实难的五条写作原则：

一、尽量使用传主本人的第一手资料，绝不使用自己未加分析研究过的转引资料。

二、尽量找到传主生前所写诗文及相关报道的原发报刊，绝不使用从网上扒下来的任何章句。

三、尽量做到对传主的历史复原，真实可信，绝不凭片言只字，就对传主的某个历史片段妄下结论。

四、尽量客观叙事，对传主的所作所为，不妄作评价，避免出现“我”、“作者”、“笔者”、“我们认为”等字眼。

五、尽量使用传主本人旧藏或其子女、亲属提供的信札、历史照片等文献，绝不使用未经授权或来路不明的任何信札、照片等文献。

现在这本书形成这个样子，自问还是坚持了上述几条原则的。

特别要说明的是，之所以在万难之后，较为完整地写出了这本书，全依仗我们身后有一个强大的写作团队的支持，没有他们，绝不会有这本尚算及格的书。

传主子女：

何怡贞　是我们最先拜访的。她对我们写作的关切，大到所有保存下来的第一手资料的复制，小到我们到她弟弟妹妹那里可能因每个人的性格不同，而遇到窘迫的事该如何面对，都替我们想得周周到到。至今想起，仍然感到浑身充满着暖意。我们在何怡贞家里采访了五天。有一天突然下雨，因找雨伞耽误了点时间，进了家门，何怡贞坐在轮椅上已在门口等我们："你们迟到了五分钟。"这句话，我们铭记永远。最后一天，何怡贞在家设宴请我们吃饭，不断地用公用匙子往我们盘里放她见我们爱吃的。一位九十五岁的老人，对生活如此乐观，对晚辈如此关爱，这是我们平生第一次遇到。

何泽慧　何泽慧不接受访谈，从不谈自己是如何如何出了名的。但我们第一次（二○○五年八月二十七日）到中关村中科院那幢著名的小灰楼，她是请了假（此时，何先生仍然上班）专等我们的。进门第一句话就是："我有什么好写的！"因为有了何怡贞的事先提醒，我们马上应对："您那么大的名气，也不需要我们来写。我们是想写您父亲。"何泽慧听后脸色和语气马上变了过来："噢，写我父亲……我父亲对我好。我父亲为国家做了不少事。阎锡山、徐永昌特别佩服他。不管现在怎么评论阎锡山，但有两点，我是说他好的。一，他不崇洋媚外。二，他肯资助女生留学。我从清华毕业后，军工署因我是女生，不要我。阎锡山当时有个留学政策：每年资助三位女生出国留学。但有两个条件：私立大学的学生不资助，教会大学的学生不资助。我刚好是国立大学的，所以他肯资助我出国。我说阎锡山不崇洋媚外，就是从这点来的。"我们的访谈渐入佳境，从进门右手的饭厅和饭桌边移到对面的会客厅，即温家宝总理每年都要看望她时那个堆满旧物的客厅。当我们发现里面有几件旧家具时，就问："这家具您用了多少年了？"她说："那年代可长了。还是我父亲当年在王大人胡同时家里用的。后来那房子卖掉，东西都放在亲戚家。等我从法国回来，就把有些实用的搬回来用。"何泽慧见我们用相机拍这几件旧家具，她好奇地问："这破家具还有用啊？"我们说："是啊，您父亲是以文物收藏家闻名南北的，我们现在还没有一件他的旧藏，从您这里看到了，要拍一拍。"她听我们这么一说，来了兴趣："来来来，我里头屋还有几件我父亲的旧物。"这样，我们便看到了她在清华大学物理系读书时，数次提到没时间弹琴的那架钢琴，还有摆放在钱三强书房里使用的一个非常阔大的紫檀桌案。当我们试图拍下这张书案时，却发觉上面全是钱三强的遗物，甚至连他突然逝世前所记事的日历都停在那一天那一页。我们感到无从下手，于是掀开台布，想从底下照个侧面就是了。但何泽慧却提议："咱们把东西搬下来，这样拍出来才好看。"我们几乎惊呆了，等缓过神了才觉得这样不妥，一是何泽慧已是九十一岁高龄，如何能搬得动？二是这书案呈钱三强临终前的原貌，搬动了再放上去，会破坏真实性。我们赶紧说，就这样拍拍侧面就挺好的。何泽慧说："这样行吗？"我们说："足可以。"她就

帮我们掀起桌布，直到我们说"拍好了"才松手。此后，我们又多次前往，每一次出来，她都会站在二楼南面的窗户前，看着我们离去。当我们渐远后，回头再望，她还在窗前看着我们。这个身影，我们终生难忘。

何泽涌　他在山西医科大学工作，现已退休。因为地利关系，我们相识在九十年代后期。开始着手写作这本书后，有一段时间，我们每晚八点准时前往，有时一直要谈到十二点。谈到尽兴，往往忘了时间——告别时，已是凌晨时分。他年轻时也是一个文学青年，少时就有习作在多家报刊上发表。晚年更遵太史公笔法，没有的事、渲染的事、空头讲章的话，他是极反对的，故不轻易动笔。我们从他身上，学到了无论做什么事都要不苟的精神。

何泽瑛　我们没有想到经历了多少文化劫难，她还视父亲的那些"破纸头子"如自己的生命，守护着不舍！我们在她那里待了一个星期，边谈边把全部老书信、书札及杂物都拍了下来。之后，又约定到北京，一同到何澄墓地扫墓、看望骨折住院的何泽慧。我们亲见何泽瑛每天亲自在她小阿姊家做好小阿姊爱吃的苏州饭菜送到北大医院，边说着苏州话，边一口一口地喂她的小阿姊，心里真是充满了敬意。

何泽源　何澄子女中唯一一个被遣返回灵石两渡镇劳动改造的。在这位饱经风霜的老人面前，我们没看到他有任何的抱怨，仍是谈笑风生。除了得到许多有趣的旧事，在何泽源家里还吃到了最纯正的炸酱面。那菜码真叫齐全、地道。本来约好，下次再来谈。遗憾的是，过了半年，这位当年风头很劲的老人，竟然是我们开始访谈后第一位逝去的老人。

何泽诚　我们初访何澄子女时，他正在新西兰。从此之后，他年年回来都专程到太原来。有一次还住了一周，专门为我们辨识老照片上的人是谁，老信件的某件事某个人是怎么回事。最为令人感佩的是，他头一次来，跟我们说的第一句话就是，我们没有什么可写的。要写也只有抗战时期，父亲把我们兄弟五人全部送到大后方这一件事。二〇一〇年，我们与何家第十八世孙何文苑带着灵石两渡中学的校长、各科教学骨干老师到何澄曾任校董的原振华女中、现江苏省苏州第十中学进行教师学习交流活动。返回上海，何文苑孝敬四爷爷何泽诚，送给老人家一笔钱。他说，我的退休钱足够，这个钱我是不能收的。如果你非要送我，那我收下，请你捐给两渡中学。

传主孙辈：

何长孝、陈鸣远夫妇　何泽明子、媳。夫妇俩均为北京大学物理系毕业，双双考入中科院高能物理所。他们为我们提供了何泽明生前拍摄的众多颇具艺术水准的老照片，为本书补充了很多形象的史料。

何安泰　何泽涌长子。我们在无数次的夜访时，总能碰到他陪伴着老父。他因不善交际，往往用他自己的方式支持我们。有时，在我们与何泽涌交谈时，他会说出一两句让我们不得不有所注意的善意话语。

何为群、王晓瑾夫妇　何泽涌次子、儿媳。我们相识得最早——一九九四年。可以说，没有他们，我们也没有机缘写这本书。在开始进行访谈的初期，何为群把我们一家一家领进门；在写作过程中，"有困难找为群"，已是我们习惯性的想法。他的穿针引线作用功大莫焉。因为何为群太能招呼何家的事，所以王晓瑾并不怎么出头露面。可在幕后帮助我们的两件事，却不能不念：一是，当我们想到山西省档案馆阅看稿本《阎锡山日记》等馆藏档案时，是她亲自为我们联系了山西省档案局局长阎默彧。在阎默彧局长的特批下，王晓瑾在头一天就找到了何澄写给阎锡山的一封信和一首诗。二，今年春季，我们的头十章初稿出来，王晓瑾以她对文字特有的细腻和对某些段落的不同看法，给我们提出了是否应该这样或应该那样更好些的建议。在此，我们对山西省档案局局长阎默彧档案本该为学术服务的气度，表示诚挚的感谢。

何长涓　何泽诚长女。我们发生绕不过去的问题，需要何泽诚解决时，都是通过她来记录，再传回给我们。当我们写作发生困难，有时实在卡住，写不下去时，是她积极给我们减压，并相告诸亲友，不要催促我们，让我们宁可慢点，也不要像赶工程似地赶出来一本豆腐渣一样的书。

庞书田、何长慧夫妇　何泽诚女婿、次女。何长慧在新西兰奥克兰。在当地有脑算快过电脑、准过电脑的美名。何泽诚在奥克兰时，她为我们记录下何泽诚往事回忆的东西甚多。庞书田，早年在文物出版社工作。故宫的法帖，他大多都亲手摸过。后移民新西兰。近年常居北京。是名满京城的书法家、篆刻家。他对我们写作本书，所提建议最多，交往最频繁。其中最主要的一个建议是："爷爷收藏古物，只是玩玩而已。你们只打算写他文物收藏，这恐怕不能算是他的一个完整人生。"（我们毁掉写何澄文物收藏的第一稿，就是因不知传主尚有比收藏更重要的许多事。）

梁科、葛运培夫妇和葛运健　葛运培和葛运健是中科院院士葛庭燧和物理学家何怡贞之女之子，都出生在美国。我们得到的第一批老书信、老照片，即是由梁科、葛运培夫妇提供给我们的。在此后的写作过程中，但凡我们需要的史料，无论什么情况，都会及时快速地通过电子信箱或快递邮寄给我们。尽管本书使用的这批老书信不多，但为我们以后几本书的写作，提供了第一手的史料。这是我们特别要感谢的。葛运健在“文化大革命”期间，把这批老书信带到上山下乡的地方随身保存，尤使我们深感敬佩。二○一一年三月二十八日，葛运培、葛运健、梁科把当年外公送给何怡贞的一幅张大千所作《春酒松竹梅图轴》，无偿捐献给了苏州博物馆。在当今竞相投资名人字画的狂潮中，他们反其道而行之，把这幅名画的最后归宿落户到国家典藏机构，令我们再生敬意。

钱祖玄、钱民协、钱思进　三位是钱三强、何泽慧长女、次女和儿子。我们在写作本书的过程中，给予多方热情的帮助。尤其是钱思进，为我们准备编辑出版的《何泽庆纪念文集》，认真核校了六篇物理学方面的论文，减轻了我们对物理学一窍不通的担忧。二○○九年夏季，有一件事对我们触动特大。我们问钱思进，你在欧洲对撞什么呢（欧洲核子研究中心建在位于瑞士和法国交界地区的大型强子对撞机，钱思进在这里工作）？他说，就是寻找新物质。我们又问，难吗？他说，总之比你们不据事实想怎么写就怎么写难。我们小数点之后的无数点点点也是要计算精确的，要不，后果不堪设想。从这个话题，我们又谈到人物传记写作。他说，居里的女儿艾芙·居里在写她妈妈的传记时说：“我没有讲述我不确定的任何一件奇闻轶事。我没有歪曲任何一句重要的话，甚至没有杜撰任何一件衣服的颜色。我写的事实都确实发生过；我引用的话也都的确说过。”这种严谨诚实的写作态度，才是真实的。和钱思进的这次见面，让我们感到很脸红。

刘意达、刘心恬　刘意达和刘心恬是何泽瑛的长女和次女。在我们写作此书的后期，刘意达对上百张老书信的翻拍和技术性的修整贡献巨大；刘心恬则对我们提出的任何一件请何泽瑛证实一下的细节，没有一次拖拉的，都是在我们所期望的时间内给予清楚的回复。

何元信　何澄侄孙。他为我们提供了众多灵石两渡何家后人的情况，并送给我们何澄胞兄何厚吾旧藏《辽南征戍图册》。没有这本图册，就不会有剥开历史迷雾的第二章。本书中，使用他的文物图版甚多。

何长旺、何长瑞　灵石两渡何家第十七世孙。何长旺为我们提供了光绪八年刻本《何氏族谱》，道光十五年乙未恩科（一八三五年）举人何庆澜所作两渡镇《竹枝词一百首》稿本。前者对我们的使用价值毋庸多说，后者则是直接了解道光年间甚至整个有清一代两渡镇何家族人生存环境和生活习俗的真实记录。我们真诚地感谢长旺,《何氏族谱》经过一百多年的流传,到他手里还完好如初,这是比什么都珍贵的对祖宗的敬爱。

何长瑞数次带着我们到何澄出生的"小院"、何氏祖上的八卦院,以及汾河西朱家岭武进士何道深的衣冠冢、残存的石牌坊寻访。在何氏厚字辈的茔墓的山上,我们耳边历史的微风在徐徐吹过:乾隆盛世时,活跃在京城的几位何氏祖先,早已被家乡的黄土和荒草所掩埋,但当年吟唱并镌刻出来的诗集却让我们感到他们确然千古永存。何长旺、何长瑞对先祖的那种质朴崇敬的内心世界,深深感染着我们。

何文苑　灵石两渡第十八世孙。如果说,柳袁照先生是在苏州把"振华精神"重新激活、复兴起来的第一人的话,那么,何文苑先生则是把灵石两渡何家近现代以来"科学救国"、"教育爱国"的核心价值发扬光大的第一人。数十年来,他以传递先祖精英文化为己任,出资修建了何家文化广场,并组织一班人马把断了代的何氏族谱续编起来。对我们所写的这本书,他很有自由开放的胸襟和气度,从来不问我们如何写,写什么。何文苑有着很好的文化素养,早年曾为著名版画家力群的爱徒,字写得好,画画得好,所以他知道本书的写作类似于挖煤,煤层浅的好挖,煤层深的难挖,但煤质好。在这几年,他也时时到太原来,请我们缓解一下紧张的心情,交流畅谈一下何家精英文化的心得。有些提法,对我们把握本书的基调,启发良多。本书能最终有如此精美的风貌,乃得益于他只要求"做精做好"的资助。

我们的朋友:

寓真　寓真先生古诗作得好,富藏古印,且对古印有专业水准的研究。有一段时间,为帮我们辨识古印和几封王秋湄当年与何澄商讨藏品的老信,晚上通过电邮,白天通过短信,直到完全破解。一位在诗界、文坛和藏界深受人们爱戴的长者,肯为我们的学养不足而真诚地付出,仅仅一句感谢的话,远远不能表达我们内心深深的谢意。

葛剑雄　复旦大学图书馆馆长,上海市人民政府参事室参事,全国政协常委。他对我们写作此书关心、教诲尤切。有时,碰到历史上很不为人注意,但就是不解确意的小问题、大事情,一经提出,无论当日多晚,都给予回复解释。亦师亦友之情,永怀铭感。

张平　山西省人民政府副省长。与我们其中的一位曾为同事。作为享誉全国的作家，对我们的写作自然十分懂行。他知道我们这本书难在哪里。有时聚会，他常常会问有什么难处？要不要我来帮助协调解决？有一次，还对此书出版后的一些具体事宜谈了他的想法。今年夏季，张平副省长到灵石调研教育现状，与多年来对教育多有资助的何文苑座谈。何文苑谈起我们所写这本书还没有完成时，他开始着急起来，对何文苑说，写了这么长时间了，怎么还没完？你给他们打电话，叫他们该舍弃的就舍弃，先快点出来一本。有什么问题和书出来的后续工作我来协调。听完何文苑对我们转达张副省长的一番话后，我们也确实舍掉了一些无关大局的情节，基本上按商定的日期把这本书写了出来。当然，我们并不是因为张平是副省长，说了让我们快点而赶进度，我们只是觉得他是写作的行家，他说快点自然有他的道理和想法。事实上，我们写完最后一章时，回头看了看，舍掉的那些无关痛痒的情节，反倒减少了许多多馀的话题。

陈国　广州市人民政府副市长（现为广州市委常委、秘书长）。我们因书而结缘，是交往了十五六年的老朋友。当听说我们本书的传主与他家乡番禺的文化名人叶恭绰是好友，但叶恭绰的著述并不太好找时，他请我们前往广州，请番禺外事办主任李炽和等一批好友帮助我们寻访。陈国夫人叫何雪芬，与澳门首任特首何厚铧同乡同村。当他又了解到我们的传主是灵石两渡何家“厚”字辈时，很希望我们查清灵石两渡何家“厚”字辈与番禺何家“厚”字辈有无关系。当我们回来查证了许多史料，告诉他：迄今所知，灵石两渡此何家“厚”字辈与彼番禺何家“厚”字辈，一北一南，没有同支的关系；灵石两渡何家“厚”字辈，在晚清和民国时期，是以科举、留学、革命闻名，番禺何家“厚”字辈是在穗港澳地区，多以金融巨子显赫于世。南辕北辙，实在无法联系在一起。陈国仍不甘心，说：你们写完灵石两渡何家，我来牵线，看看能否请你们写写番禺何家……这之后，几乎每年都请我们到广州，并抽出仍旧繁忙的双周日时间，亲陪我们游览。最近两年，陈国在极其繁忙的工作之馀，经常打电话过来，问我们是不是换个写作环境，到广州来写？一位特大城市的副市长，对我们这两位内地朋友，如此真诚地礼遇，如此关怀，我们只能以更加严谨的写作态度加以回报。

张欣　苏州博物馆馆长。当知道我们如果没有苏州博物馆现藏何澄子女捐赠的这批藏品，此书会减色一半时，当场拍案，只要所需，他都会指派专人为我们写好苏州博物馆所接受的最大宗的一批私人藏品提供支持。本书能具有艺术收藏的价值，很大程度上得益于张欣馆长对我们的研究工作完全开放和钱莺歌馆员的辛勤劳作。

王稼句　苏州才子，藏书家，著作家。我们所需任何一本苏州资料，只要提出，他都会当作自己的急务来为我们办理。

柳袁照　江苏省苏州第十中学校校长。诗人。自从知道我们要写《何澄》这本书起，就把我们当作原振华女学校的校友对待。无论是校史史料还是老照片，无论是百年校庆，还是当我们提出想帮助灵石两渡中学提高一下教学质量，他都是以“老家人”的偏爱，给予格外关照。

谢泳　厦门大学教授。二十多年的老朋友。当他得知我们要写这本书的初始，就把他想到的肯定用得上的《蒋作宾日记》，实藤惠秀的《中国人留学日本史》，舒新城的《近代中国留学史》以及黄郛夫人沈亦云的《亦云回忆》等书送给我们。当我们急需复制《大众》月刊何澄所刊诗作时，他与民国“杂志收藏大王”、民国期刊研究家谢其章和藏书家赵国忠先生取得联系，并亲自飞到北京陪同我们与谢其章、赵国忠先生见面。此情此景，至今可感。

常绍民　商务印书馆著作室主任。十四岁即考入北京大学历史系。他对我们在史料的把握上，帮助和提醒最力。对我们急于复制的几份民国时期的老报纸，给予了无私的支援。

上海古籍出版社的王兴康社长，送给我们所需的全套《上海文史资料存稿汇编》，广陵书社的曾学文社长，送给我们所需的全套《缘督庐日记》。在此特表谢忱。

我们还要感谢山西省人民政府参事室（文史研究馆）主任胡安平，副主任张志斌。他们懂得，我们写灵石两渡何家，也是参事室（文史研究馆）工作的一部分，也是全省文化建设大发展、大繁荣的重要成果，所以特别为我们其中之一提供了充裕的写作时间。在此，向胡安平主任和张志斌副主任深表谢意。

最后，我们破例要感谢本书的责任编辑朱屹。我们当责编的，凡作者感谢的话，都统统删掉。认为，编辑本为本职工作，无论做了多少编辑工作，都属该做的事，即使工作量很大。对朱屹的感谢，我们也说不出更合适的话，只能用她校完最后一章写给我们的信中流露出对传主和帮助我们写好这本书的所有朋友表示共同的感谢：

终于校完了最后一章。按理应该轻松了。心里却充满对何澄的不舍；对这本书付出如此长时间（做这么久编辑，这是校对时间最长的一本）努力的不舍；还有对书中“人、事”投入如此多情感的不舍。不过，书终于要出世了，无论如何是值得庆祝的。

我们自知，这本几乎涵盖了晚清和民国众多名人的书，每个章节都是一门专门的研究学科，以我们的学养和知识水平，远不是一本完美的著述，其中肯定也还会有不少错误，诚恳方家批评指正。最令我们感到遗憾的是，由于种种原因，没有查阅、复制到台北中央研究院近代史研究所郭廷以图书馆所藏《黄郛日记》稿本，也没有查阅日本外务省外交史料馆有关何澄的档案；但也有意外之喜，就是在写作这本传记的同时，我们完成了传主的姻亲、苏州东山王家的如下几个大名鼎鼎的人物列传：

一　不惧宦官、不佐庸君的王鏊
二　总是名落孙山的才子王芑孙
三　可怜的王颂蔚
四　太史夫人王谢长达
五　“忠君”的物理、昆曲学家王季烈
六　科学与佛法附身的王季同
七　“点金成铁”的王季点
八　“绝食”教授王季绪

我们当时的想法是不能不写传主的岳父岳母和内兄内弟，但因王家如上所列篇幅太长，达数十万字，与体例显不相符，于是我们不得不把这部分从本书中抽出来，另行出版。这也是我们想向读者朋友交代一下的。

在注释部分，我们把与传主有各种关联的一百一十馀位人物，综合各种史料，经过反复核对比较，作了长短不一的小传。我们认为，这些人物也是本书的一个重要组成部分，希望读者诸君在阅读传主的同时，不要忽略了这部分内容。

《何澄》一书终于可以问世了。尽管历时五年，耗费心力，在众多朋友的簇拥下追求完美，终于“写成了书”，使一位深埋于历史记忆中的民国老人在今人的阅读中复活，我们却是不敢有丝毫的懈怠，故怀着忐忑的心情等待读者诸君的批评指正。

苏华　张济

二〇一一年十月

《何澄》增订版后记

精神所寄無生死
天道休疑漸不公
壬辰年春月 李玉臻

二〇一二年春节过后，我到寓真先生那文人墨客雅聚的好去处“大理家园”。一进门，见他正悬腕书联。这种场面见得多了，自然就少了些客套，说了一声“您写您写，我先坐坐”就走开了。他的“老书童”刘先生见状，急拉我过去，说，“你看看李院长写的是什么？”那时寓真先生这幅字对还没写好，我眼睛花，看了几眼也不知所书是谁的诗句。“老书童”在一旁提醒说，写的是你书上的一首诗。“我书”？“我诗”？我又不会写诗，就愈发显得有些呆愣。这时，寓真先生已经书完，一手持着笔自言自语地说，何澄录廉南湖悼孙中山这诗真是太好了，我们现在这些文人哪会写出这样的诗！一手指着所书诗句一字一字念了出来：“精神所寄无生死，天道休疑渐不公！”我大为感动，跟着寓真先生往下念：“苍狗白云关世运，残山剩水哭英雄”……从不跟人索字画的我把这幅书联收了起来，因为有故事，也因为寓真先生这字直追清代大儒钱大昕，值得珍视。

那时，寓真先生已经把《何澄》看了二遍，每次看，都作批注。这次前来“大理家园”，就是来拿他所作《何澄》第二次的批校本，以便及时把书中所引格律诗中的错字、没有辨识出来的老书信中的空格字，一一订正过来。坐下喝茶聊天，他说，中原大战的时候，何澄那个在井陉矿务局做事的侄子在信上说的那个河北乡下童谣，我琢磨了好几天，也没弄清楚是什么意思……记着寓真先生所想，回家后就把何泽觋的这封老信的电子版发到他的邮籍，供他放大细看。好久没见有邮件来，这事我也就渐渐忘了。夏日，一次再聚，寓真先生又说起中原大战时的这则河北乡下童谣，说他还是没有弄明白。都这么长时间了，造诣高深者都弄不清爽，一知半解的我，就更不再想这事了。

二〇一三年春节前后，我加紧了《何澄》增订版的修订增补一事。时有新补老书信中的字句不敢断定，于是不断烦请寓真先生予以辨识和研判。三月十九日，我正盯着制作小姑娘给《何澄》增订版配图摆放老照片，寓真先生来短信，说《何澄》头版三一四页最后一行“咸去”应是“咸吉”，我当即就笑自己，认真了大半天，连这么一个敬候语的错都没看出来，真不怎么地……第二天，仍在盯着机子配图，寓真先生又有短信来，说《何澄》三一五页乡下童谣，昨晚我查了草书典，“将来是去”应为“兵去”，意为将军来了，兵已散去。是“将来兵去，老西受骗。”“将”是将帅的将，“兵”字确认无疑！直到此时，我才突然想起，原来寓真先生一直记着这事，知我正在加紧修订增补，十九日一晚，终于把他一年来弄不明白是什么意思的这则童谣弄通弄懂了。当我把这处改过之时，忽然感喟：现在有学问的人不少，但像寓真先生这样，定要把他看到的每一个有疑问的字句，无论多少天多少月多少年，都要搞明白的人不多。所谓学问，不光是学和问，非要有这种一字兼金的释疑精神才能通达。有这种精神且肯牺牲自己的写作时间而为文友少出错别犯常识性错误的人，怎不令人感佩！

另一位令我佩服的是程毅中先生。他是传主何澄夫人王季山妹妹王季常的孙儿，古典文学专家、中央文史馆馆员。一看完《何澄》，即给我的合作者张济先生写来一通书信，除了赞许我们写作的不易，还忆起当年何澄“蒙难”的事——那年月，他和奶奶王季常正住在“灵石何寓”躲避战乱，那天那晚目睹了何澄被宪兵带走的那一幕……在“表扬信”里，附了两页他看出的书中错误及有疑处的打印件。张济把程先生的表扬信和“勘误表”拿给我看，当夜就一一核对，结果由程先生指出的书中错误和有疑处，无一例外，真是全错了。二〇一二年五月，我借到北京开会的时机，前去拜访感谢程先生。谈了好一阵《何澄》，又说起苏州洞庭东山王家的一些旧人旧事。告别时，程先生拿出王家的一些老照片和史料送给我，我则索要了程先生的主要学术论集《程毅中文存》《程毅中文存续编》。挥手告别时，真有相见恨晚之感。

再一位让我心存敬意的是李国涛老师。他是不写有吹捧之嫌文章的那种文评家和读书人。《何澄》出版后，他竟写了三篇说这书真好的文章。我后来去府上感谢他，他说，我也觉得奇怪，读一本书还从来没有过连写三篇文章的事。我是真喜欢，方方面面都喜欢，报纸又不刊长文，就写了三篇小文。面对这位文章老到的前辈，小文章，大学问，文映心影的感触，时时出现。

《何澄》出版印行后，就发现了因编校时间仓促及学力不足，书中有一些很感遗憾之处。尤其是那些错字、漏字、洐字，更成了我心中挥之不去的一种病魔，时时懊悔最后没有亲校一遍。待半年之后，《何澄》差不多快要销完，出版方请我把程毅中、寓真、李国涛先生以及何澄后人所发现的差错改正一下，尽快再版，这种心中的自责感才算舒缓开来。

就在我把这些差错反复核实，一一订正好之时，灵石两渡何氏第十七世孙、晚清大名鼎鼎的京兆府府尹何乃莹的孙子、何浙生的小儿何滋鏐先生为我提供了先前百寻不得的一些史料和老照片；再之后，灵石两渡何氏第十八世孙、何澄二侄儿、民国年间大收藏何景齐的孙儿何引也与我取得了联系。二〇一二年八月，我到他保存先泽旧物的住所，得到许多何家前贤的老照片和可以佐证何氏族人确切生卒的神主牌位，当然，所获最多也最为珍贵的是何景齐一门的史料。这使我又生发出一些感叹：这些何氏族人，自己没饭吃时，宁可卖掉房子，也要守住祖训，千方百计地保留下这些先祖的旧物，甚至是一张烂纸片，这才是对得起列祖列宗的令人肃然的行止！而这些旧物，对一位试着研究家族史的作者来说，又是多么宝贵多么有所用场……

由于何氏后人提供的新史料、老照片、旧文物太多，也由于我所新发现的一些史料和得到的档案使然，原先只准备订正差错出再版本的打算就改为出这么一个增订版了。

需要说明的是，这个增订版是名副其实的：篇幅大为增加，尽管减去不少不必要的图版，但较初版本仍多出一百多页；上册由黑白改为全彩印制；第十一、十六、十七、十八、十九和第二十六章，增加了许多初版本没有的内容，同时也对原先的一些内容进行了改写，某些篇章结构亦有适当调整；以附录的形式，新增了长达一万五千字的"何澄夫人和子女传略"。

经过全面修订和诸多新内容的增写，这个增补本，可以说是成全了我尽可能把事情做得完美一些的所愿、所想。

衷心感谢所有喜爱《何澄》的读者！没有你们的喜爱，也不会在这么短的时间内就能出版这么一个增补本；同时一并感谢对《何澄》增订版有贡献者：

何澄三女儿何泽瑛及她的长女刘意达，次女刘心恬；

何澄三子何泽源的次女何长沂、次子何长汉、三子何长洁；

何澄四子何泽诚和他的长女何长涓，次女何长慧、女婿庞书田；

何澄侄孙、中国汽车工业早期制造专家何泽宝次子何元良；

灵石两渡何氏与苏州洞庭东山王氏家族另一对结为百年之好的何长兴、王义吉夫妇的三女儿何幼美；

民国时代王金钰将军的次女王剑萍；

民国时代著名“绝食教授”王季绪的四女儿王守实。

苏华　张济

二〇一三年三月

图书在版编目（CIP）数据

何澄／苏华.张济著.—太原：三晋出版社，2011.10
ISBN 978-7-5457-0439-6

Ⅰ.①何… Ⅱ.①苏… Ⅲ.①何澄（1880～1946）—传记 Ⅳ.①K827=52

中国版本图书馆CIP数据核字（2011）第210540号

何　澄

著　　者： 苏　华 张　济
责任编辑： 朱　屹
助理编辑： 董润泽
责任印制： 李佳音
装帧设计： 方域文化

出 版 者： 山西出版传媒集团·三晋出版社（原山西古籍出版社）
地　　址： 太原市建设南路21号
邮　　编： 030012
电　　话： 0351-4922268（发行中心）
0351-4956036（综合办）
0351-4922203（印制部）
E-mail： sj@sxpmg.com
网　　址： http://sjs.sxpmg.com

经 销 者： 新华书店
承 印 者： 山西臣功印刷包装有限公司

开　　本： 787mm×1092mm　1/16
印　　张： 53.5
字　　数： 900千字
印　　数： 1-2000套
版　　次： 2013年4月 第2版
印　　次： 2013年4月 第1次印刷
书　　号： ISBN 978-7-5457-0439-6
定　　价： 120.00元（全二册）